Bidrag Till Åbo Stads Historia, Volumes 1-4...

Aabo, Finland. Stads historiska museum

BIDRAG TILL ÅBO STADS HISTORIA.

UTGIFNA PÅ FÖRANSTALTANDE AF

BESTYRELSEN FÖR ÅBO STADS HISTORISKA MUSEUM.

ANDRA SERIEN.

I.

ÅBO STADS HISTORIA

UNDER SJUTTONDE SEKLET.

AF

CARL v. BONSDORFF.

FÖRSTA HÄFTET.

HELSINGFORS,
J. SIMELII ARFVINGARS BOKTRYCKERI-AKTIEBOLAG,
1889.

Nya medlemmar i Sällskapet för utgifvande af bidrag till Åbo stads historia.

FLORIN, J. A., Medicinalråd,   Helsingfors.
WECKSTRÖM, K. A., Hofråd,   »
HOUGBERG, C. J., Assessor,   ,
RUUTH, J. W., Filos. doktor,   »
FONTELL, A. G., Filos. doktor,   »
SUCKSDORFF, WILH., Med. doktor,   »
HOUGBERG, EMIL., Med. doktor,   »
GROTENFELT, N. B., Vicehäradshöfding,   »
HÖCKERT, H., Generaldirektör,   »
HERMANSON, ROBERT, Professor,   »
WREDE, K. A., Friherre, Arkitekt,   »
HJELMAN, W., Fängelsedirektör,   Åbo.
STADIUS, W., Doktor,   »

BIDRAG TILL ÅBO STADS HISTORIA.

UTGIFNA PÅ FÖRANSTALTANDE AF

BESTYRELSEN FÖR ÅBO STADS HISTORISKA MUSEUM.

ANDRA SERIEN.

I.

ÅBO STADS HISTORIA

UNDER SJUTTONDE SEKLET

AF

CARL v. BONSDORFF.

FÖRSTA HÄFTET.

HELSINGFORS,
J. SIMELII ARFVINGARS BOKTRYCKERI-AKTIEBOLAG,
1889.

Våra städers historia hör till de gebit, där ett vidt och endast i jämförelsevis ringa mån uppodladt fält öppnar sig för forskningen, där ett drygt och mödosamt arbete ännu återstår för dem, som stält till sitt mål att för nutida släkten upprulla en bild af vårt land och vårt folk under framfarna dagar. Icke så som skulle de förhållanden, hvilka sammanhänga med forna tiders köpstadsväsende blifvit af historieskrifvarne obeaktade. Särskilda partier af det kommersiela lifvet i vissa städer och under vissa tidsskeden ha nog varit föremål för allvarlig forskning och de ledande ideerna inom handels- och näringslagstiftningens historia ha med klarhet och skärpa blifvit framstälda både af finska och svenska forskare. Från förra seklet har man ock åtskilliga akademiska dissertationer, hvilkas största värde dock ligger, icke i den historiska utredningen, utan i de upplysningar de lämna för den tid, hvarunder de sett dagen. Hvad som saknas är en helgjuten framställning, en totalbild af hela det brokiga lif, som rörde sig i våra städer under förgångna sekel, en fortlöpande skildring af de öden våra äldre städer genomgått från den stund de först upptogo täflan med andra och tidigare grundlagda, såväl inom som utom Finlands gränser.

Ämnet saknar hvarken sitt intresse eller sin betydelse. Det är ock nogsamt förtjänt af en större uppmärksamhet än den, som hittills kommit detsamma till del. Flydda tiders stadslif med dess svåra kamp för tillvaran och dess för vår tid främmande grundsatser på näringsväsendets område bör, trots dess småaktiga tvister och kif, dess kälkborgerlighet och lokalpatriotism, utöfva sin dragningskraft icke allenast på historikern, som söker sambandet mellan forntid och nutid, utan ock på alla dem, hvilka akta fädrens lif och gärningar värda att bevaras i tacksam håkomst. Det är tydligt, att våra älsta och i kulturhistoriskt hänseende mest betydande städer främst äro egnade att göras till föremål för forskarens undersökningar. Deras historia är i många hänseenden vårt lands historia. Deras öden och förhållanden återspegla tydligt och klart det allmänna tillståndet i landet eller i särskilda delar däraf. Men å andra sidan är ingen stad för ringa, dess andel i vårt kulturlif för obetydlig för att dess öden icke skulle vara värda att af historien ihågkommas.

Det är ett glädjande tecken, att man under de sista tiderna på särskilda håll i vårt land riktat blicken på våra städers forntid och att på några orter stadsmyndigheterna gått i författning om att genom nödiga penningeanslag befordra utarbetandet af deras stads historia. Så har det skett i Wiborg, i Wasa, Kexholm och Tavastehus; för Tammerfors, Kuopio och Kajana ha smärre historiska skildringar allaredan blifvit utarbetade. Det är att hoppas, att det exempel, som gifvits i dessa städer, skall i en snar framtid vinna efterföljd på andra håll.

Åbo är den första stad i vårt land, där ett särskildt sällskap tagit saken om hand. Dess historia äger den betydelse samt kräfver den tid och det arbete, att det med skäl ansetts nödigt, att i en serie af publikationer småningom skrida fram till det utstakade målet. Hittills har sällskapets värksamhet gått ut på att befordra till tryck i allmänna samlingar förvarade handlingar och urkunder, hvilka en hvar i sin mån belysa olika tider och olika tidsförhållanden. Detta arbete äger sitt fulla berättigande och sin icke ringa betydelse. Men en urkundsamling är ännu ingen historia. Den utgör en grundval för historikerns arbete och underlättar hans möda, där han icke har tillgång till de originala källorna. Den meddelar intressanta bidrag till det förgångnas historia och det med en noggrannhet i detaljerna, som eljest i historiska arbeten icke är möjlig. Men de företeelser den behandlar ställas icke i deras tillbörliga sammanhang och i belysningen af andra tidsförhållanden. Uppgifter af vikt blandas ihop med sådana, hvilkas betydelse för eftervärlden är ingen. Därtill kommer, att formen, det ålderdomliga språket och den stora omständligheten, i allmänhet göra en urkundsamling till en tröttande, ofta endast för fackmän njutbar läsning, om det ock om många äldre beskrifningar och uttryck kan sägas, att de förlora på att omskrifvas på modernt språk.

Jag har värmts af tanken att kunna till ett helt sammanfoga hvad strödda materialsamlingar, trykta som otrykta, förtälja om Åbo stads framfarna öden och inre förhållanden. Företagets svårigheter ha icke undgått mig och jag känner nogsamt det arbete, som förestår, innan jag ens kan anse mig på god väg till målet. Andra sysselsättningar och forskningar hindra mig dessutom från att med odelad kraft egna mig åt detta ämne och jag måste finna mig i att se arbetet långsamt skrida framåt. Då det skulle draga långt ut på tiden, innan jag kunde tänka på att utgifva en historia öfver Åbo „från älsta tid till våra dagar", och då möjligheten att måsta afbryta arbetet förr än det är afslutadt ju alltid måste tagas med i beräkningen, har det synts mig mest välbetänkt att småningom utarbeta vissa partier och att efter hand som detta skett meddela allmänheten resultaten af mina undersökningar. Jag har valt denna utväg äfven med hänsyn därtill, att det historiska sällskapets publikationer, bland hvilka bestyrelsen samtykt till att intaga dessa mina undersökningar och där dessa ock synts mig lämpligast kunna ingå, äro afsedda att utkomma i mindre häften med kortare mellantid.

Jag har nu gjort början med det sjuttonde seklet. Mången skall det väl synas eget, att jag anknutit mina forskningar till denna sena tid och icke till stadens tidigaste historia, som ju själfmant måste erbjuda sig som begynnelsepunkt. Jag erkänner anmärkningens riktighet och medgifver, att en sådan planläggning varit den naturligaste. Men särskilda tillfälligheter ha gjort, att mina undersökningar först kommit att egnas det sjuttonde seklets Åbo. Utan tanke på något utförligare arbete stälde jag till en början endast en mindre tidsbild som mål för mina undersökningar. Under detta arbete kom jag alt mer att utvidga det ursprungliga ämnet, så jag slutligen fann, att mina samlingar omfattade så godt som alt, hvad ur arkivaliska källor kan inhämtas angående Åbo under 1600:talet. Det har då synts mig motbjudande att lämna detta material obegagnadt tills jag hunnit med en utredning af stadens öden under de föregående seklen. Någon oegentlighet i den allmänna planen för ett fortlöpande historiskt arbete tror jag mig icke ha begått. Af mer än ett skäl kan tiden från 1600:talets början intill stora ofredan behandlas som en särskild period i Åbo stads historia. Därtill kommer, att en behandling af det sjuttonde seklet i följd af källornas beskaffenhet nödvändigtvis får en något annan form än en redogörelse för den föregående tiden. I synnerhet för medeltiden, men ock ännu för 1500 talet äro källorna i många och ganska viktiga hänseenden ytterst torra och torftiga. Med det följande seklet begynna de att strömma rikligare och sätta därigenom forskaren i tillfälle att med noggrannhet studera många förhållanden, många sidor af stadslifvet, som tidigare endast knapphändigt kunnat beröras eller helt och hållet måste lämnas outredda. Det i synnerhet för medeltiden förekommande krönikeartade uppräknandet af data och fakta får vika för en lifligare och fullständigare skildring, det kulturhistoriska elementet träder mera i förgrunden och nya synpunkter erbjuda sig för en mångsidigare utredning af det kommunala lifvet.

Det är dessa omständigheter som dikterat mitt beslut att våga en skildring af Åbo under sjuttonde seklet, innan stadens tidigare öden ännu blifvit af mig belysta.

Till en början meddelas läsaren en framställning af stadens yttre konturer, af hvad som sammanhänger med dess topografi. Sedan skall skildringen gå öfver till det inre samfundslifvet. I en särskild afdelning skall redogöras för de rättsliga och administrativa förhållandena; sedan följer en utredning af näringsväsendets tillstånd och de ledande grundsatserna för detsamma, därpå en teckning af kyrkliga och skolförhållanden och sist strödda drag ur sedernas och lefnadssättets historia.

De källor, på hvilka mina undersökningar basera sig, utgöras främst af rådstufvurättens domböcker (börjande från 1623) och kämnärrättens protokoll (börjande från 1642) samt samlingarna af kronans räkenskaps-, lands- och verifikationsböcker, alla dessa förvarade i statsarkivet i Helsingfors, vidare af riksregistraturet, Åbo stads acta och Åbo stads besvär i riksarkivet i Stockholm, den historiska manuskriptsamlingen på universitetsbiblioteket i Helsingfors och särskilda aktsamlingar i domkyrkoarkivet i Åbo. Intressanta bidrag ha dessutom hämtats ur de Lindmanska samlingarna på historiska museet i Åbo, ur magistratsarkivet i Åbo, de Palmsköldska samlingarna i universitetsbiblioteket i Upsala och arkivet på Skokloster. Utom dessa arkivaliska källor har den till ämnet hörande trykta literaturen, hvaröfver förteckning i slutet af hvarje afdelning bifogas, flitigt rådfrågats. De kartor, som begagnats, förvaras dels i original dels i kopior i riks- och krigsarkiven i Stockholm, på landtmäteristyrelsen och i universitetsbiblioteket i Helsingfors samt på historiska museet i Åbo. Vid utarbetandet af den första afdelningen ha många upplysningar mottagits af särskilda med Åbo stads nuvarande topografiska förhållanden förtrogna personer.

Efter denna redogörelse för arbetets plan och källor vill jag sist till hrr medlemmar af „Bestyrelsen för Åbo stads historiska museum" och i främsta rummet till assistenten doktor L. W. Fagerlund frambära min uppriktiga tacksägelse för det tillmötesgående de visat och den möda de gifvit sig, då det gält att förse arbetet med kartor, planscher och teckningar, hvilka i icke ringa mån öka det värde, som de nu framlagda resultaten af mina undersökningar kunna äga för den för Åbo stads förflutna öden intresserade allmänheten. Med tacksamhet bör jag dessutom omnämna, att domkyrkoföreståndarene i Åbo, för underlättandet af mitt arbete, tillstadt åtskilliga i domkyrkoarkivet förvarade handlingars utlånande till mitt begagnande å universitetsbiblioteket i Helsingfors.

Helsingfors i mars 1889.

Carl v. Bonsdorff.

FÖRSTA AFDELNINGEN.

TOPOGRAFI.

I.

Allmän topografisk öfversikt.

Det Åbo, som mötte grefve Per Brahe, då han den 21 november 1637 beträdde Finlands jord, var så till omfång som utseende vidt olikt den stad, som i våra dagar utbreder sig vid Aura flodens stränder. Den tidrymd af två och ett halft sekel, som flytt, sedan den ädle grefven öfvertog ledningen af det finska folkets öden, ha för Åbo stad, såväl som för Finland i dess helhet, varit en tid af många och genomgripande förändringar, en tid af växlande skiften, som till största delen förändrat såväl den yttre som den inre prägel staden fordomtima bar. Hårda, oblida öden ha ofta och tungt hemsökt det gamla Åbo. Eldens makt har vid flerfaldiga tillfällen lagt dess boningar i grus; krigets röda häst har upprepade gånger sprängt in genom dess portar, lämnande djupa spår efter hofslagen. Mer eller mindre allmänna stads regleringar ha efter hvarje större brand och äfven annars omgestaltat stadens karta. I den allmänna säkerhetens, bekvämlighetens eller prydlighetens intresse ha öfverhetliga påbud tidt och ofta förändrat kvarterens läge, utvidgat eller förminskat deras omfång och förlänat deras yttre en större regelbundenhet. Gator och gränder ha blifvit utvidgade, rätade eller, där de varit obekväma och onyttiga, helt och hållet stängda och nya lämpligare utstakade vägar öppnade för samfärdseln. Byggnadssättet har genomgått många och olika skeden, alt efter som fordran på större trygghet mot den farliga och ofta sedda fienden elden kräft det. Och där elden och öfverheten lämnat husen i fred, där har den enskilda företagsamheten gripit in, slopat ned hus, som i sin tid kanske varit en prydnad för staden, och uppfört nya efter en senare tids anspråk på prydlighet och arkitektonisk fulländning. Åkrar, ängar och bärg, där i sekel skördemannens skära eller lia gått fram, hjorden betat och vallhornet klingat eller väderkvarnen drifvits för vinden, ha tagits i beslag för ständigt nya rader af boningshus, nya kvarter och stadsdelar. Gamla Åboboar, som upplefvat den hemska branden år 1827, ha för visso mycket att förtälja om, huru alt var annorlunda i deras barndom. De erinra sig väl med saknad, huru ringa antal minnesmärken som kvarstå från den tid, då landets tyngdpunkt var förlagd till deras stad, då Finlands studenter i lärosalarna vid S:t Henriks tempel lyssnade till bildningens och lärdomens ord, då Finlands unga inhemska styrelse i Åbo med varsam hand ledde fosterlandets öden under de nya politiska förhållandenas första, orofylda tider. Och desse gamle, som sett ett nytt Åbo så småningom växa upp under sina ögon, ha säkerligen mången gång i sin ungdom hört sina fäder eller farfäder tälja om, huru mycket var olikt i deras barndom, i den tredje Gustafs eller Adolf Fredriks dagar.

Är sålunda bilden af Åbo i våra dagar en helt annan än hvad den var för hundra år sedan, intet under då, om det är svårt, delvis omöjligt för forskaren att ur det förgångnas mörker frammana bilden af det Åbo, som bevitnade invigningen af den finska högskolan, som mottog Isak Rothovius och Per Brahe samt de hemkomne kämparne ur Gustaf Adolfs och Carl Gustafs härar. Utom domkyrkan, också den i delvis förändradt skick, kvarstå från denna tid knapt mera än någon stenmur, utgörande en bottenafsats eller en vägg i en långt senare tillkommen byggnad. Från seklets sista år har sedermera biskopen Daniel Juslenius lämnat en allmän beskrifning af staden. För seklets början och midt däremot erbjuder den historiska literaturen endast få och torftiga topografiska underrättelser. Rikare källor till kännedomen om 1600-talets Åbo erbjuda de några kartor, som bevarats från denna tid, samt domkyrkans räkenskaper och rådstufvurättens protokoll. Ur dessa källsamlingar kan forskaren genom att bit för bit sammanfoga det material, som bjudes honom, styckadt i tusende skärfvor, mana fram konturerna af staden, sådan denna tedde sig för tvänne århundraden tillbaka. Han kan genom jämförelse med under senare tid kända motsvarande förhållanden bestämma stadens omfång, belägenheten af dess flesta gator, dess öppna platser och offentliga byggnader. Han kan uppräkna en myckenhet af enskilda gårdar och nämna deras ägare. Han kan meddela ett antal uppgifter ur vissa offentliga byggnaders, såsom domkyrkans, hofrätts- och rådhusets, historia. Men här står han ock „au bout de son latin". Inga teckningar eller planscher, de bästa källorna i detta hänseende, upplysa om husens yttre utseende, deras stil, storlek och inbördes ordning. Hvad som felas i den bild förefintliga kartor och handlingar lämna, står det då fantasien fritt att fylla. En god vägledning för den, som vill vinna en noggrannare kännedom af arkitekturen under 1600-talet, än hvad denna skildring kan gifva, utgöra dock äldre planschvärk, sådana som t. ex. Erik Dahlbergs år 1694 utkomna stora arbete „Svecia antiqva et hodierna".

Om den bild af 1600-talets Åbo, som historieforskaren i våra dagar kan gifva, sålunda ock företer bristfälligheter i mångahanda stycken, om mycket saknas, som skulle göra bilden fullständig och helgjuten, så kan man dock känna sig lycklig öfver att så många aktstycken undgått förstörelsen, att man med tillhjälp af dem väl kan teckna de allmänna konturerna af staden under ifrågavarande sekel. Trots de stora luckor, som måste kvarstå i en historik öfver Åbo — vare sig att undersökningen gäller topografiska, kommersiela, kulturhistoriska eller andra förhållanden —, så torde det dock knapt finnas någon stad i vårt land, hvars forna drag kunna återgifvas ens med lika tydliga färger som den gamla Aurastadens.

Må vi då tänka oss försatta till Finlands forna hufvudstad och förflyttade inemot trenne sekel tillbaka i tiden. Innan vi begynna vår vandring genom staden, skola vi först taga en allmän öfverblick af dess omfång och utseende samt iakttaga de framsteg i tillväxt och allmän planmässighet staden under seklets lopp gjorde. Sedan vi sålunda i någon mån orienterat oss i de främmande förhållandena, kunna vi begynna en närmare granskning af den goda stadens särskilda partier och alla dess sevärdheter. Vi kunna då följa alla dess gator och gränder samt stanna för de byggnader, hvilka af en eller annan anledning äro egnade att ådraga sig vår uppmärksamhet. Vi få dock icke vänta oss att finna vår nyfikenhet helt och hållet tillfredsstäld. Vi måste ofta tillbakahålla en fråga, på hvilken vi icke kunna få ett svar; vi måste afstå från att söka genomtränga det dunkel, som omhöljer många partier af staden. Våra ciceroner iakttaga envis tystnad i vissa ting och intet kan då locka ur dem en önskad upplysning. Sedan vi så sett oss mätta på staden, företaga vi på turistvis en kort utflykt till omnäjderna.

De älsta kartor öfver Åbo, hvilka mig veterligen bevarats intill våra dagar, äro de tvänne planritningar, hvilka åtfölja de af mig publicerade andra och fjärde häftena af „Bidrag till Åbo stads historia". Bägge förskrifva sig synbarligen från samma tider,

den i fjärde häftet ingående möjligen från något senare år. År-
talet för deras affattande finnes icke utsatt, men alla tecken tyda
på, att de tillkommit under 1630- eller ock i slutet af 1620-
talet [1]). Då för en åskådlig och tillförlitlig framställning af sta-
dens topografi kontrollen af en karta, huru bristfällig denna än
må vara, är så godt som nödvändig, så göra vi klokast i att be-
gynna vår vandring i Åbo först under de årtionden, hvartill dessa
nämda kartor böra hänföras. Det kan tagas för gifvet, att sta-
dens yttre utseende icke undergått någon nämnvärd förändring se-
dan seklets början. Åtminstone lämna förefintliga källor ingen an-
ledning till ett motsatt antagande.

*   *   *

Liksom i våra dagar afdelades vid denna tid staden genom
Aura å i tvänne hälfter. Den söder eller rättare öster om ån be-
fintliga delen, där domkyrkan stod, kallades vanligen med ett ge-
mensamt namn stora sidan, också södra sidan. Den på motsatta
sidan om ån befintliga hälften, som bildade en särskild stadsdel
för sig, kallades än lilla sidan, med hänsyn till den mindre ut-
sträckning byggnaderna ännu vunnit, än Aningais eller Aningais-
kvarteret.

Den förnämsta och bäst bebodda delen af staden utgjorde
stora sidan, som innefattade trenne kvarter: Kyrkokvarteret, Mätä-
järvi och Klosterkvarteret eller Klöstret. Denna del var tillika
den älsta, utgjorde sjelfva stommen af staden, hvarför den ock i
en karta från 1600-talets midt kallas „gamla staden Åbo". Här
sträkte sig boningshusen utmed ån ungefär från nuv. Säveska
gården i norr till nuv. stenbron i söder. Norr om denna sträcka
vidtog omedelbart den s. k. Biskopsåkern. På Ryssbacken, som
ock torde kallats Kvarnbärget, voro utan tecken till plan och ord-
ning uppförda ett antal boningshus, bebodda af stadens mindre
bemedlade innevånare, samt en mängd s. k. fällbodar. Öster om
domkyrkan lågo några oregelbundet bebygda kvarter. Åt detta
håll begränsades boningshusen af kålgårdar och åkrar samt ett
kärr, på kartan liknande en liten insjö samt beläget ungefär mel-

---

[1]) Rådstugurättsprotokollet för den 15 sept. 1634 förmäler, att fullmakt
utfärdades för en tomtmätare, hvilken ägde att uppmäta alla gator, tomter och
hus på landet och i staden samt „veta hvars tomt det är, hvem der inne bor
och hvem han tjänar och hvarmed han sig närer och föder". En möjlighet är,
att de tvänne kartorna eller ock den ena af dem äro frukter af tomtmätarens
värksamhet, ehuru rådstuguprotokollen intet nämna om dem.

lan nuv. Stora och Lilla Tavastgatorna samt Tavasttvär- och Hof-
rättsgatorna. Sydost om kärret reste sig Mätäjärvibärget eller Ger-
trudsbacken, där endast väderkvarnar funnos uppbyggda. På bac-
ken, där nuv. Nylandsgatan drager fram, upphörde husen redan
ett stycke bortom Lilla Tavastgatan.

Den smala landsträckan mellan ån och Observatoriibärget el-
ler Vårdbärget, som det tidigare hette, ända till stenbron var täm-
ligen fullständigt bebygd. Mellan Vårdbärget och nuv. Samppa-
linnabärget funnos några hus och ungefär i hörnet af Östra Aura-
och Arseniitvärgatorna låg en synbarligen af smärre ruckel be-
stående stadsdel, som kallades Lybeck eller Lybecksbacken. Of-
vanom Observatorii- och Samppalinnabärgen syntes endast åkrar
och ängar. Likaså på den smala sträckan söder om stenbron mel-
lan ån och bärgen.

Från platsen nedanom nuv. svenska lyceet förde stadens enda
bro öfver till lilla sidan eller Aningaiskvarteret. Här möttes man
genast af ett tiotal oregelbundna kvarter, nästan alla ytterst små,
omfattande endast en eller par gårdstomter och åtskilda från hvar-
andra genom smala gränder. I riktning med ån sträkte de sig
från den öppna platsen utanför öfra bron ungefär till Köpmans-
gatan. Åt väster sträkte sig byggnaderna i allmänhet icke län-
gre än till Slottsgatan eller något högre upp. Från bron förde en
krokig gata, Aningaisgatan, till Aningaisbacken. Här utbredde
sig själfva kärnan af Aningaiskvarteret, en oordnad, hopgyttrad
massa af oansenliga boningshus, tillhåll för stadens fattigare be-
folkning. Hela den stadsdel, som ligger söder och väster om en
linie, hvilken man tänker sig dragen från ån utmed Köpmansga-
tan, Slottsgatan och Lilla Brahegatan, utgjordes, om man undan-
tager de vid Aningaisgatan möjligen befintliga hustomterna, af
„åker och slät mark" eller var upptagen af fällbodar, såsom vi
snart komma att se. Enahanda var förhållandet med det område,
som ligger norr om nuv. Stora Brahegatan.

Hela stadens område, såväl det bebygda som det obebygda,
begränsades af ett fortlöpande, endast genom ån afbrutet staket,
dels af träd, dels af sten. I sina år 1569 utfärdade privilegier för
Åbo stad hade konung Johan den tredje pröfvat rådligt och nyt-
tigt att till stadens försvar påbjuda uppförandet af en fyra fam-
nar hög och fyra alnar bred mur, „hvilken skall begynna på Vård-
bärget med en fast rundel, därnäst på Kvarnebärget (måhända Ryss-
backen) och så med en stark rundel, item på Stora Wasserbärget
(måhända Samppalinnabärget) en rundel, och sedan fullföljas med

mur emellan förbe:de bärg på båda sidor tvärt ned uti ån". Denna mur kom dock aldrig till stånd. I stället uppfördes ett halft sekel senare kring hela staden ett försvarsvärk, som var afsedt att hålla, icke rikets fiender, utan landets egna söner på tillbörlig distans. Vid riksdagen år 1622 hade ständerna beslutat, att för alla till städerna införda landtmannaprodukter skulle till kronan erläggas en särskild afgift, den s. k. lilla tullen. För att förhindra olaga införsel, hvarigenom den beräknade vinsten ginge förlorad för kronan, stadgades vidare, att alla rikets städer skulle omgifvas med ett staket, försedt med flera eller färre tullportar, genom

Ryssbacken från nordost.

hvilka all trafik skulle gå och där den påbjudna tullen skulle uppbäras af särskilda kronans tjänare. Det staket, hvarigenom Åbo, jämlikt ständernas och regeringens beslut, afspärrades från landsbygden, synes kommit till stånd år 1623. Rådstuguprotokollet för den 13 oktober detta år förmäler, att borgarene blefvo „på det häftigaste" förmanade och tillsagda att bistå med dagsvärken vid staketportarnas förfärdigande. Och den 14 januari följande år kungjordes under trumslag rådstufvurättens och ståthållarens påbud, att från denna dag ingen bland stadens innevånare finge, vid hot af 120 ⅍ böter, löpa utom staketet eller stadsportarna de till staden kommande bönderna till möte, utan skulle alla lass, sedan den fordrade afgiften blifvit erlagd, köras till torget, där handeln med landtmannavaror skulle försiggå.

Med tillhjälp af de kartor af äldre och yngre datum, som man ännu har i behåll, är man ganska väl i stånd att med tämlig noggrannhet angifva, hvar Åbo stads älsta staket löpte fram. De från sjuttonde seklet sig förskrifvande planteckningarna förete visserligen på sina ställen olikheter, men dessa skiljaktigheter äro icke af större betydenhet. Med ledning af dessa äldre planer — bland hvilka vi sätta största liten till en af ingeniören Hans Hansson på Brahes befallning år 1652 uppgjord karta — och en

Ryssbacken från norr.

år 1828 uppgjord „Karta öfver Åbo stad enligt gamla Plan och nya Regleringen" finna vi, att stadens råmärken vid begynnelsen af „grefvens tid" befunno sig ungefär på följande ställen.

På stora sidan begynte staketet vid ån litet norr om nuv. ärkebiskopsgården, gick sedan öfver Ryssbacken ned till Tavasttull, som var belägen vid ändan af Stora Tavastgatan vidpass 40 steg utom nordöstra linien [1]). Från Tavasttullen fortsattes staketet ungefär

---

[1]) Där staketet löpte fram öfver Ryssbacken ser man ännu en c. 1½ aln hög mur, begynnande strax bakom gården n:o 2 vid Henriksgatan och sträckande sig till närheten af Tavasttull. Det har icke lyckats mig att utreda, huruvida

förbi hörnet af Tavasttvärgatan och Brunnsplan samt förbi hörnet af Klockringare- och Arseniitvärgatorna till den s. k. Fätullen, som var belägen framför gården N:o 22 vid Nylandsgatan. Från Fätullen gick det vidare i sydvästlig riktning ungefär till hörnet af Österlång- och Östra Auragatan [2]), gjorde här en böjning mera mot väster och löpte ned till ån mellan öfra och nedra Munktvärgatorna.

Följa vi vidare staketet på lilla sidan, så få vi börja emellan Birgers- och Spinnhusgatorna. Vi passera då först en vid Slottsgatan befintlig tullport, kallad lilla bommen, göra här en vikning mot norr och komma förbi hörnet af nuv. Eriks- och Humlegårdsgatorna till Puolalabacken. Härifrån fortsätta vi tvärs öfver höjden och komma till Aningais tullport, belägen där i våra dagar Stora Brahegatan utmynnar i allmänna landsvägarna till Tammerfors och Björneborg. Från denna tullport återstår oss endast en kort sträcka kvar af staketet. Vi följa med norra sluttningen af Multavierubacken, som Juslenius kallar Miesmäki, och komma ned till ån vid det plank, som står framför klädesfabrikens tomt.

Sådan var den utsträckning Åbo ägde under de första årtiondena af 1600-talet. Det var ingen storartad anblick staden kunde bjuda främlingen, som i köpmannavärf eller andra ärenden blef förd till dessa näjder. Icke heller på oss kan den göra annat intryck än det af en vanlig småstad, som med möda arbetar sig fram genom kampen för tillvaron. Och dock var Åbo vid denna tid Finlands hufvudstad, centralpunkten för landets kyrkliga och världsliga styrelse, den främsta bland landets städer så i merkantilt och ekonomiskt som andligt och historiskt hänseende.

* * *

detta gärde förskrifver sig från äldre tider. En gammal Åbobo, aflidne kommerserådet E. Julin, berättar i sina „Strödda anteckningar om Åbo stad", att man året 1810 och 1812 såg en del af stakettets träpallisader mellan Ryssbacken och Tavasttull samt ännu åren 1817 och 1818 en del af stenmuren på Ryssbacken. Då anteckningarna gjordes år 1873, skulle detta tyda på, att det gamla staketet blifvit alldeles undanröjdt i detta århundrades början efter lilla tullens upphäfvande. Det är dock icke sagdt, att de af Julin sedda kvarlefvorna icke kunna ha stått där långt efter 1810—18.

[2]) Enl. 1652 års plan. På de äldre kartorna befinner sig böjningen ungefär i ändan af Arseniitvärgatan. På 1828 års karta är staketet draget från Fätullen till tomten n:o 35 vid Östra linien, härifrån förbi hörnen af Österlång- och Östra Auragatorna samt Arseniitvär- och Bärgsgatorna ned till ån.

Med Per Brahes generalguvernörstid begynner för Åbo stad en i mångahanda afseenden ny tid. Icke allenast på bildningens och den ekonomiska utvecklingens gebit gifvas mäktiga uppslag, förberedas stora förändringar. Äfven inom stadens byggnadshistoria beteckna „grefvens dagar" en nyfödelsens tid, en tid af stora ansatser och märkliga framsteg. Nya rymliga tomtplatser erbjudas borgarene till bebyggande, nya stadsdelar stakas ut och blifva under årens lopp så småningom upptagna af boningshus. Gamla kvarter underkastas en tidsenlig reglering och slopas ned, där de anses strida mot hvad god ordning och politi kräfver.

Reformarbetet möter, som naturligt är, segt motstånd från borgarenes sida, hvilka icke fatta nyttan af de nya påfunden, men det drifves igenom med maktpåbud, hotelser och andra kraftåtgärder af regeringens befallningshafvande och stadens magistrat. Det gynnas dessutom af händelser, hvilka i sig själfva äro olycksdigra för staden, stora och tätt på hvarandra följande vådeldar, men hvilka bättre än öfvertalningar och påbud inskärpa nödvändigheten af tidsenliga förbättringar och sålunda föra stadens öfverhetspersoner alt närmare det mål de i fråga om stadens omskapande stält för sig.

Af det område, som låg inom staketet på lilla sidan, var endast en ringa del egentlig stadsmark. Det mesta tillhörde enskilda personer eller var anslaget åt välgörenhetsanstalter. Norr om Aningaisgatan låg ett hemman, som kallades Pyhähenki (måhända tidigare Aningos?) och som af gammalt tillhörde Helgeandshuset, efter hvars upphörande på 1620-talet det öfverfördes till Själö hospital. Att detta hemman låg inom staketet och icke tillhörde staden, intygas bl. a. af ett bref från landshöfdingen Lorentz Creutz till Jakob Mattsson, dateradt den 4 december 1650. Genom detta bref immitteras åt Själö hospital ett hemman i Nagu socken som vederlag för Pyhähenki, „som här till hafver varit under hospitalet, hvilket ock inom stadsens staket är beläget" [1]). Af hvad anledning detta byte skedde, komma vi snart att se.

Området väster om Aningaisgatan åter hörde till Mättälä och Huhkala herrarne Jöran och Erik Boye tillhöriga hemman. På dessa hemmans mark hade ett stort antal borgare mot erläggande af tomtören till herrarne Boye upptagit och bebygt gårdstomter samt uppfört s. k. fällbodar och jordbodar. Det dubbla beroende, innehafvarene af dessa tomter och bodar såsom på engång Boyar-

---

[1]) Fagerlund, Finlands leprosorier, I: 34.

2

nes arrendatorer och borgare i staden voro underkastade, gaf anledning till ständiga tvistigheter. Boyarne anförde mot sina arrendatorer, att de visade stor försumlighet vid tomtörens erläggande. Dessa åter klagade öfver arrendeafgiftens stegrande. Magistraten var missbelåten öfver att trätorna och kontroversierna mellan de bägge parterna förorsakade den mera bekymmer „än eljest hela staden".

Äfven på stora sidan fans inom staketet ett område, som var undandraget stadens disposition: den åt biskopen anslagna Biskopsåkern. Denna sträkte sig ända till närmaste grannskapet af kyrkan.

Då det för stadens förkofran och tillväxt ansågs oundgängligt att få det till stadens förfogande stående inskränkta utrymmet utvidgadt, vände sig borgerskapet till regeringen med anmälan om de svårigheter det hade att kämpa med. Först upptogs frågan om de boyeska hemmanen. Genom sina representanter vid 1638 års riksdag klagade staden öfver det ringa mullbete den hade och de trakasserier, som förorsakades af herr Erik Boye, „som sine tvänne bönder hafver boendes vägg i vägg med staden vid Aningaisgatan". För att afhjälpa detta missförhållande föreslogs, att regeringen allernådigst ville efterlåta staden de tvänne hemmanen och lämna Boye vederlag på annat håll. Till denna begäran fogades en annan: att äfven Stor-Heikkilä ladugårds ägor skulle ingå i gåfvan [1]).

I sitt svar af den 20 mars 1638 förkastade regeringen utan vidare den senare ansökningen samt resolverade om den förra, att en undersökning skulle inledas rörande de öfverklagade missförhållandena. Huru denna ransakning utfallit, är icke bekant, men den 8 mars 1639 afgick till grefve Brahe befallning att med herrarne Boye afhandla om ett jordabyte på de af dessa framstälda vilkoren. Dessa vilkor syntes väl regeringen något öfverdrifna, men å andra sidan var det för kronan angeläget att komma sig till Mättälä och Huhkala, „enkannerligen där någon reformation framdeles med Åbo stad och dess byggningar företagas skulle" [2]). Bytet uppgjordes och bekräftades den 27 augusti s. å., då Erik och Jöran Boye afstodo till kronan sina tvänne hemman jämte tomtören och grefve Brahe på regeringens vägnar tillförsäkrade

---

[1]) Åbo stads besvär. Svenska riksarkivet.
[2]) Åbo stads acta i sv. R. A. K. K. Tigerstedt, Handlingar rör. Finlands historia, s. 327—328.

dem i ersättning sju hemman i Pojo socken. Transaktionen godkändes af förmyndareregeringen den 16 november 1642 samt af drottning Kristina den 21 juli 1645.

Redan innan regeringens bekräftelse å bytet gifvits, hade hemmanen öfvergått till stadsegendom. Hvarken själfva donationsbrefvet eller någon afskrift däraf har af mig påträffats, men andra aktstycken ådagalägga, att afträdelsen skedde i början af 1640. I sitt svar af den 29 februari 1640 på Åbo stads besvär öfver att man ännu icke kommit till målet för sina önskningar förklarar regeringen, att grefve Brahe fått tillsägelse att med det snaraste förhjälpa staden till possession af de efterlängtade hemmanen. I resolution af den 28 april 1640 förmäler Brahe, att han nyss inrymt åt staden så stor del af Boyarnes forna hemman, som kom att ligga inom den nya grafven — hvilken enligt en karta af år 1652 drogs väster om Puolalabacken till norra foten af Kakolabärget — samt att sålunda en åkertäppa af några tunnlands omfång kommit att undanhållas staden. Då borgarene emellertid gjorde anspråk äfven på detta jordstycke, så förklarar Brahe, att han ville tillmötesgå deras önskningar äfven i denna punkt och afträda åkertäppan till regeringens vidare behag och tills man finge se, huruvida staden hade värkligt gagn af den erhållna donationen [1]). Tullporten åt detta håll, den s. k. lilla bommen, kom, enligt hvad planteckningar från denna tid utvisa, att flyttas c. 1000 alnar närmare mot slottet framför nuv. stentryckeriet i södra ändan af Västra esplanaden.

Ur en af Erik Boye uppgjord specifikation [2]) öfver det afträdda området finner man närmare upplysning om värdet af den gåfva, som förunnades staden. Den årliga räntan jämte dagsvärks-, ved- och frälsepenningarna anslås i denna förteckning till 103 daler 12 öre s. m. De årliga tomtörena uppgingo till 32 daler 2 öre s. m. och de lägenheter, för hvilka de erlagts, voro följande:

1. „Vid Aningais och Slottsgatan": 19$^{1}/_{2}$ gårdstomt, $^{1}/_{2}$ hummelgårdstomt och 10 „bodar".

2. „På Öster Åcker" (antagligen mellan det gamla staketet och Aningaisgatan): 28$^{1}/_{2}$ gårdstomter, 4 stallgårdstomter, 3 fägårdstomter, 1 kryddgårdstomt, 1 hummelgårdstomt, 2 svinhus, 19 bodar, 27 fällbodar, 12 jordebodar samt 2 jordebodar „med skoff".

---

[1]) Åbo stads acta. Niclas Wasström uppgifver i sin år 1749 utkomna disputation „Oeconomisk beskrifning öfver Åbo stad", att staketet flyttades 900 alnar. Äfven han nämner, att donationon skedde 1640.

[2]) Finlands Kopiebok n:o 4 i statsarkivet i Helsingfors.

3. Väster om staden: 6 bodar, 24 fällbodar, 24 jordebodar, 2 jordeskoff, 1 skoff, 1 bod med skoff samt 5 jordebodar med skoff.

4. Ofvan slottsvägen: 20 fällbodar.

Tio år efter det Mättälä och Huhkala hemmanen blifvit förvandlade till stadsmark öfverläts, år 1650, Pyhähenki hemman åt staden. I resolution af den 8 november 1650 på Åbo stads besvär meddelade regeringen, att den i och för förbättrandet af magistratens löneförmåner velat förunna „åt borgmästare och råd in communi och utan fördelning" åtskilliga hemman i Vårfrukyrka socken, nämligen Raunistula, två mantal, Kastu, ett mantal, Hallis, två mantal, Ruohonpää, ett mantal, Pyhähenki, ett mantal och S:t Jöran, ett mantal. Af dessa hemman låg, som nämdt, Pyhähenki inom staketet och ehuru intet särskildt nämdes om detsamma, utan samtliga hemman öfverlätos åt magistraten „att njuta och behålla kvitte och frie för alla visse och ovisse däraf gående utlagor till evärdlig egendom, dock kyrkotionden med alla extraordinarie kontributioner undantagna", så följde dock af dess belägenhet inom staketet och dess senare bebyggande af stadsboarne, att det kom i en annan ställning till staden än de öfriga hemmanen, hvilka blefvo stadens landbohemman.

År 1651 timade en ny tillökning af stadens område på lilla sidan, då den smala landsträckan mellan ån och nuv. Kakolabärget, den senare s. k Slottslunden, uppläts till tomtplatser [1]). Lilla bommen flyttades nu andra gången. Den kom att stå vid slottsvägen ung. vid Varfsgatan, där den sedan alt framgent befann sig.

Samtidigt med dessa utvidgningar på lilla sidan ökades ock stadens mark på stora sidan. Efter hvad Wasström berättar, lösryktes från Sotalais bys och Lill-Heikkilä ladugårds ägor en landsträckan mellan bärgen och ån, så lång, att staketet kom att skjuta lika långt ut mot åmynningen som på motsatta sidan. När detta skedde, är obekant. — I resolution af den 8 november 1650 uttalade drottning Kristina sitt nådiga välbehag med hvad som gjorts till stadens utvidgande och regulerande samt lofvade skänka åt borgerskapet nya tomtplatser nedanför kyrkan innan om staketet, sedan området vid lilla bommen blifvit utskiftadt och bebygdt. Ehuru det med löftet förenade vilkoret ännu icke kunnat uppfyllas, inrymde landshöfdingen Lorentz Creutz den 11 maj 1652 åt staden ett stycke af biskopsåkern, norr om kyrkan och den till ån

---

[1]) N. Wasström, a. a. s. 11.

löpande Helgalekamens gränden. Huru stort dotta område var, finnes icke angifvet, men i ett intyg, som är 1661 utfärdades af några af rätten tillsatta värderingsmän, uppskattades den årliga förlust biskopen kom att lida genom åkerns bebyggande till 20 tunnor [1]).

Utvidgningen af stadens mark medförde naturligtvis en motsvarande flyttning af staketet. Redan år 1638 blef borgerskapet tillsagdt att ombygga det förfallna staketet och att förse detsamma med nya tullportar. På sommaren följande år utgick betallning om allmänt deltagande i arbetet vid den graf, som grefve Brahe „begynt låta förfärdiga kringom staden". Denna graf torde till större delen blifvit färdig några månader senare, ty redan i oktober s. å. varnades borgarene för att öfverskrida densamma. I ett bref af den 12 aug. 1642 till underlandshöfdingen Jöns Rosenschmitt nämner grefve Brahe om „den nya grafven kring om Åbo stad, som för par år sedan uti vår guvernements tid blef gjord, hvilken nu på några ställen begynner att infalla, såframt hon icke efter handen årligen någon hjälp bekommer och blifver uppkastad". Efter hvad kartor från denna tid gifva vid handen, drogs denna „nya graf" från Puolalabacken till lilla bommen, hvars belägenhet ofvan blifvit angifven. Vid grafvens uppkastande och dess underhåll under de första åren deltog äfven landsbefolkningen, men år 1648 lades hela underhållsskyldigheten på borgerskapet [2]).

Sistnämda år, 1648, omnämnes en annan graf, som Brahe ville låta uppkasta „genom ladugårdsåkern utanför lilla bommen". Det framgår icke med full säkerhet, huruvida man har att härmed förstå den graf, som anlades mellan Kakolabärget och den enligt Wasströms uppgift åt staden år 1651 upplåtna s. k. slottslunden eller någon annan. Troligast är väl det förra antagandet På 1652 års karta ser man „den nya grafven" omfatta hela det område på bägge sidorna om ån, som genom Brahes försorg blifvit fogadt till staden.

[1]) Wasström, a. a., Jac. Tengström, Afhandling om Presterliga Tjenstgöringen och Aflöningen i Åbo Erke-Stift II: 51, Åbo stads acta, Universitetsbiblioteket i Helsingfors katalognummer A. I. 8. Om det från Biskopsåkern tagna området nämner Wasström (s. 12), att det begynte bakom „den Biskopstvärgatan, som af ålder blifvit kallad Helige andes gränd." Detta måste bero på ett misstag, ty Helige andes gränd eller Pyhähenkigatan, såsom den ock kallas, låg på lilla sidan; Helgalekamensgatan eller gränden åter invid domkyrkan.

[2]) Rådst. protokollen. Skoklosters bibliotek.

År 1684, förtälja rådstuguprotokollen, afhandlade landshöfdingen Creutz med tullinspektoren Edner om staketets fortsättande ända till slottsmuren. Edner afrådde från företaget för borgerskapets fattigdoms skull, men landshöfdingen resolverade det oaktadt, att ett staket skulle uppsättas öfver slottsplatsen (slottsfältet), „nämligen under backen och ofvanför deras tomter, så att det slutas uti tvärgränden vid Slottsträdgården (som befann sig strax utanför lilla bommen), lofvandes hans nåde tillsätta därtill något af själfva trädgården". Tvänne år senare påmindes borgerskapet om samma sak och fick landshöfdingen då till svar, att arbetets utförande var omöjligt, emedan isen årligen komme att bortföra virket och det sålunda blefve odrägligt för borgerskapet att upprätta ett nytt staket hvarje år. Huruvida planen sedermera sattes i värket framgår icke med säkerhet. På en karta, som upprättades åren 1709 och 1710, finnes staketet icke utsatt.

Åbo stad ägde sålunda vid denna tid karaktären af en befästad ort, omgifven som den var af en dubbel skyddsmur: ett delvis af träd, delvis af stenar och jordvallar bestående gärde samt på sina ställen en löpgraf. Fienden, hvars infall man ville mota, var landtmannen, och besättningen utgjordes af tulltjänstemännen, hvilkas vakttjänst väl icke var den lättaste, då fienden ägde talrika vänner i borgen. I besvär till regeringen förklarade borgarene en gång, att de voro „innanom stadens grafvar instängda lika som får uti kätta". Att grafven småningom torde förfallit och förlorat sin strategiska betydelse, därför talar den omständighet, att den under seklets senaste årtionden ytterst sällan omnämnes, under det att staketets underhåll utgör ett ständigt föremål för myndigheternas bekymmer. Anmärkas bör dessutom, att hvarken Juslenius eller Wasström nämna något om tillvaron af en stadsgraf.

* * *

Innan den af borgerskapet petitionerade utvidgningen af stadens område på lilla sidan blifvit en värklighet, hade grefve Brahe vidtagit energiska åtgärder i syfte att ställa byggnadsväsendet i vissa delar af staden på en bättre och ändamålsenligare fot. Så utfärdade han i oktober 1638 ett påbud, att ingen finge uppföra hus och fällbodar vare sig på Ryssbacken, i Mätäjärvi eller annorstädes vid stadens periferi, utan skulle alla nybyggnader anläggas utmed stränderna af ån. När sedan Boyarnes hemman förenades med stadens mark, gick grefvens sträfvande ut på att förmå borgarene att lämna sina trångt bebygda tomter och att utse åt sig andra, rymligare boningsplatser på det nya området. Den 25 april 1640 tillsades alla ägare af fällbodar på norra sidan, synbarligen i främsta rummet de på Aningaisbacken boende, att nedtaga bodarna och flytta dem till åstranden på samma sida, där tomter efterhand skulle blifva dem tilldelade. Tillsägelsen upprepades sedermera par gånger med större eftertryck och med hotelse om straff för de tredskande. År 1647 nämnes, att ett antal borgare, som fått sig tomter tilldelade norr om ån på åkern (antagligen nedanom Puolalabacken) och åtnjutit frihet för stadsutskylder, numera voro pliktiga att deltaga i skatternas erläggande [1]).

Vid rådstufvusammanträde den 26 febr. 1651 föredrogs ett bref från grefve Brahe, dateradt den 12 novemb. 1650 och innehållande, att grefven för stadens bästa och regularitet låtit affatta en dessein och förordning, i enlighet hvarmed staden skulle „förändras och rifvas." De bland borgerskapet, hvilkas hus blifvit fördömda af den nya stadsplanen, ägde att om våren vid islossningstiden ställa densamma sig till efterrättelse, och synnerligen påmindes de vid Aningaisgatan och på Aningaisbacken boende att flytta sina hus till de tomter vid slottsvägen och lilla bommen, som af vederbörande myndighet komme att uppmätas för deras räkning. Den 23 maj s. å. tillkännagaf magistraten, att med de nya tomterna skulle åtfölja 6 års frihet för tomtörespenningar och dagsvärken, möjligen ännu andra skattelindringar, om hvilka magistraten lofvade göra underdånig hemställan hos regeringen. En månad senare ålades Aningaisboarne att kringgärda sina tomter vid lilla bommen och att bebygga dem med ett eller par hus. Skedde detta icke, komme kronans båtsmän att beordras till arbetets utförande.

Den 30 juni 1651 träffades innevånarene på Ryss- och Lybecksbackarna af tillsägelsen att med det första flytta sina hus in på Lill-Heikkilä ängen utmed ån midt emot dem, som bygde på Aningaissidan vid lilla bommen. De, hvilka bodde vid den från stora torget till Fätullen ledande Fägatan samt under kyrkan och hvilkas hus stodo i vägen vid den nya regleringen, förmanades att foga sig efter öfverhetens vilja. Sex års frihet för mantals- och bakugnspenningar samt dagsvärken utlofvades alla dem, hvilka måste lämna sina gamla boplatser.

Det var ingen lätt sak för stadens myndigheter att förmå de

---

[1]) Rådst. prot.

motspänstiga borgarene att utbyta sina gamla tomter mot de nya
Det fordrades många och eftertryckliga påminnelser, förmaningar
på rådstugan och allmänna kungörelser genom stadens trumslagare,
innan den öfverhetligen sanktionerade nya stadsplanen kunde ge-
nomföras. Än var det ett större antal borgare tillsägelsen gälde,
än utmärktes någon enskild person, hvars hus icke stod i rät li-
nie eller genom brand och vanskötsel förfallit. Någongång hände
det t. o. m., att magistraten gjorde, såsom man kan tycka, nog
mycket bruk af sin maktfullkomlighet och mera än tillbörligt pröf-
vade borgarenes lojalitet. Så t. ex. då år 1666 alla de, hvilka
bodde mellan biskopshuset och generalguvernören Herman Fle-
mings gård, beordrades att flytta sina bostäder, emedan Fleming
tillkännagifvit sin afsigt vara att „staden till sirat" uppföra ett
„skönt och realt" stenhus.

* * *

Jag har par gånger varit i tillfälle att citera en på öfver-
styrelsen för landtmäteriet i Helsingfors förvarad karta med
påskrift „Åboo Stadhz Affritningh 1652. Efter både Gamla och
Nya Anläggningen tillika med Slottet". Den är tydligen en ko-
pia af den stadsplan, som grefve Brahe uppdrog åt ingeniören
Hans Hansson att utföra och som han, enligt hvad Wasström för-
täljer, den 28 juni 1651 meddelade magistraten och borgerskapet
till allmän efterrättelse. På södra sidan af ån företer denna karta
inga andra olikheter med planteckningarna af äldre datum
än att helt obetydliga förändringar vidtagits med några af kvar-
teren närmast domkyrkan, att Fägatan, som tidigare erbjudit många
oregelbundenheter, dragits i snörrät riktning samt att en enkel
rad af kvarter grupperats utmed ån på Sotalais' och Lill-Heikkilä
förra ägor. På norra eller lilla sidan däremot visar kartan an-
läggningen till en helt ny stad. Från bron synes en ny rät gata
dragen till Aningaisbacken litet höger om Aningaisgatan och i
parallel sträckning med denna. Det blef denna gata, som efter
stadens reorganisator mottog namnet Brahegatan. Öster om
denna gata ända till staketet vid Multavieru är området mellan
Aningaisbacken och ån indeladt i stora och tämligen regelbundna
kvarter. Likaså äro åkrarna och fälten väster om Aningaisgatan
mellan Puolalabacken och ån utmärkta med långa, oklanderligt
raka gator och mellan dem ganska symmetriskt utmätta kvarter.
Fem långa gator, dem vi framdeles komma att närmare känna,
sträcka sig i riktning med ån, den längsta från bron ända till

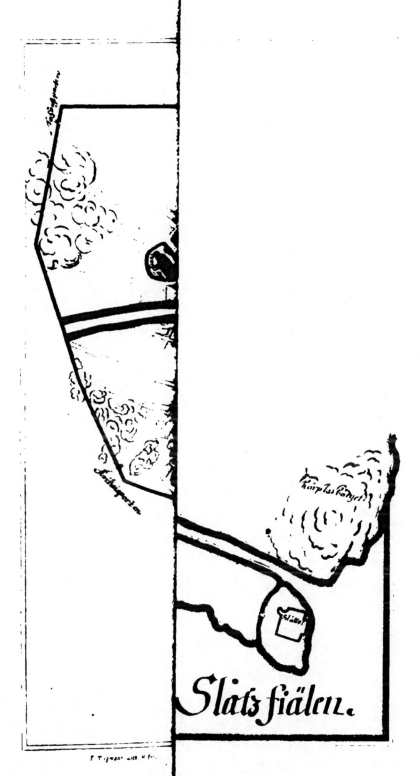

Slåts fiälen.

den nyaste lilla bommen, den öfversta strax nedanom Puolalubacken. En stor mängd tvärgator med tämligen lika mellanrum skära dessa hufvudgator. Man ser samma planläggning, endast med några smärre förändringar, på den karta, som åren 1709 och 1710 upprättades af Magnus Bergman m. fl. och som förvaras hos kongl. svenska generalstaben i Stockholm. Ännu vid 1827 års brand erbjöd, efter hvad en af Joh. Tillberg år 1808 upprättad samt af J. G. Wallenius år 1827 kompletterad karta utvisar, lilla sidan i hufvudsak samma ordning, enligt hvilken grefve Brahe velat „regulera" densamma [1]).

Det är svårt att noggrant angifva, i hvad mån och med hvilken raskhet de nya tomtplatser Brahe lät utstaka för stadens räkning blifvit bebygda under 1600-talets senare hälft. Minst var tillväxten på stora sidan. Wasström, hvars beskrifning öfver Åbo utkom år 1749, nämner, att de på Sotalaisbys och Lill-Heikkilä förra mark uppmätta tomterna ännu icke på hans tid blifvit rätt bebygda. Äfven den af Tillberg år 1808 affattade kartan upptager härstädes — utom stadens tegelbruk, om hvilket mera framdeles, samt upplagsplatser — endast åkrar och hagar. Obetydligt synes och det område varit, som nybyggnaderna inkräktat omkring Vårdbärget och S:t Gertrudsbacken. Det var icke häller på denna sida om ån Brahe tänkt sig, att stadens utvidgning skulle ske. Här försvårade bärg- och sumpmarker i hög grad uppkomsten af nya regelbundna stadsdelar samt inkräktade på större de-

---

[1]) Innan den på Brahes initiativ utförda kartan vunnit öfverhetlig fastställelse, synes en annan plan till stadens regulerande blifvit utarbetad. En kopia af denna stadsplan, som icke blef mera än ett projekt, förvaras i riksarkivet i Stockholm. Äfven på denna ser man hela Aningaissidan indelad i tomter och kvarter, ehuru annorlunda utstakade än på den ofvannämda kartan af 1652 Där ån kröker sig invid Västra esplanaden ser man tydligt en brygga eller lastageplats utmärkt. Sitt största intresse äger kartan därigenom, att den visar oss planläggningen till en befästning af staden. Från Aningaistullport är en linie dragen väster om Puolalabacken ända till saltsjön, löpande ungefär där hvarest man på nyaste kartor öfver Åbo ser Västerlånggatan och Västra linien utsatta. Vid denna linie och det på stora sidan löpande staketet ser man på särskilda ställen bastioner betecknande utsprång utprickade. Dessa utsprång, till antalet elfva, gifva tydligen vid handen, att man en tid varit betänkt på att befästa staden. Om en sådan afsigt hos regeringen eller Per Brahe lämna emellertid urkunderna från denna tid ingen antydan. Det får väl då antagas, att projektet snart öfvergifvits, då det icke lämnat annat spår efter sig än denna karta. Då kartan icke är utan sitt intresse såväl för skyddsmurens skull som emedan den visar, huru man först tänkte sig Aningaissidans reglering, har den bifogats i slutet af detta häfte.

len af det område, som ännu stod obebygdt. Dock gick denna del af staden ingalunda fri för genomgripande förändringar. Genom de förödande eldsvådorna åren 1656, 1678 och 1681 underkastades den regleringar, hvilka gåfvo dess byggnadsskick ett nytt utseende. Vi komma framdeles, vid den närmare redogörelsen för kvarteren på denna sida, att se, i hvilken mån kartan öfver domkyrkosidan modifierats och ändrats vid seklets slut.

Var stadens expansion ringa söder om ån, så var tillväxten desto större på motsatta sidan. Här kunde nya stadsdelar uppbyggas från grunden och med iakttagande af de fordringar man småningom lärt sig att ställa på en stad i afseende å prydlighet, regelbundenhet, bekvämlighet och allmän säkerhet. Här kände sig stadens reorganisator fri från de hänsyn, som måste tagas till gamla hus och kvarter, hvilka, så behöfligt det än månde varit, icke gärna kunde i massa raseras för att sedan uppbyggas efter nyare mönster. Här var dessutom den jämnare terrängen mera egnad för en lifligare samfärdsel och trafik. Det framgår äfven tydligt ur rådstugurättens protokoll, hurusom Brahes sträfvan i främsta rummet gick ut på att skapa en ny stad af det oordnade Aningaiskvarteret, som kanske i en framtid komme att taga lofven af stora sidan.

Det dröjde icke länge, innan Brahes planer kröntes med framgång. Redan på 1650-talet omtalas en mängd nya och långsträkta gator, hvilka under årens lopp blefvo alt tätare bebygda, och under seklets sista årtionde igenfinnas så godt som alla de gator, hvilka påträffas under det följande århundradet. Redan år 1660 funno sig stadsmyndigheterna föranlåtna att indela Aningaiskvarteret i tvänne kvarter, af hvilka det ena, det södra, icke så långt därefter var det folkrikaste i staden.

Att döma af den redan nämda Bergmanska kartan af år 1710 sträkte sig vid denna tid de bebygda tomterna öfver hela det område, som faller inom ramen af ån och en linie, som man tänker sig dragen från Multavieru längs Ryska kyrkogatan, eller rättare litet väster därom, Västra Auragatan och S:t Eriksgatan. Äfven på området utanför denna linie hade åtminstone enstaka nybyggnader blifvit uppförda, ehuru det hufvudsakligen upptogs af åkrar och humlegårdar. Vi få längre fram, vid skildringen af de särskilda kvarteren för sig, tillfälle att närmare lära känna denna del af staden, hvars allmänna konturer allenast kunnat i denna topografiska öfversikt antydas.

* * *

Då nya husrader och kvarter timrades upp och åkrarna fingo släppa till alt större jordstycken, klagades det bitterligen öfver det men byggnadsväsendet led däraf, att åtskilliga personer låtit tillmäta sig vidsträkta och välbelägna tomtplatser, som de sedan år för år läto ligga öde och obebygda, till skada för staden och förtret för dem, som själfva hoppats på att få platserna sig tilldelade. Isynnerhet riktades klagomålen mot medlemmar af ridderskapet och adeln, hvilka väl själfva bodde långt utom stadens gränser, men vid den rikliga tillgången på obebygd mark vare sig af spekulation eller för att befordra stadens tillväxt låtit tilldela sig tomtplatser, dem de sedan lämnade vind för våg eller använde till andra ändamål, än de voro afsedda. Ett sådant fall hade visserligen förutsetts och föreskrifter gifvits, huru då förhållas skulle. I sin den 14 april 1600 utfärdade konfirmation å Åbo stads privilegier hade hertig Carl inrykt en punkt af följande lydelse:

„Till det sjette. Efter uti för:de Åbo stad många tomter hafva länge legat öde, som både adeln och andra tillhöra, där staden slätt ingen rättighet eller någon nytta utaf haft hafver; därföre hafva vi nådigst efterlåtit och beviljat, att så många gårdar och tomter, som där i staden finnes, som anten adeln, präster, fogdar, skrifvare eller andre tillhöra, dem de själfve icke besitta eller hafve boende folk uti, som hjälpe till att göra någon rättighet till staden, dem skole de hafva makt att vederkänna under staden, dock med sådane besked, att först skall dem blifva tillsagdt, som äganderne äro därtill, att de sådane gårdar och tomter låta bygga och besitta med de folk, som hjälpa till att draga stadens tunga och rättighet, och att sådant sker innan år och dag. Men hvar dessförinnan för:de gårdar och tomter icke bygde och besatte varde, då skola borgmästare och råd låta uppbjuda dem efter lagen på rådhuset, och sedan de således lagbudne och lagståndne äro, skola de hafva makt att sälja dem någon borgare och invånare i staden, som själf sådan gård eller tomt besitta vill, och hvad de därför bekomma till betalning, det skall höra staden enskildt till. Och vare samma köp så gildt och fast, som det eljest af rätta ägande lagligen skedt vore" [1]).

Ehuru sålunda strängt straff statuerats för dem, som lämnade sina gårdar att förfalla, hade påbudet icke medfört åsyftad värkan, utan regeringen fann sig af borgerskapets klagomål upprepade gånger föranlåten att inskärpa sin befallning i veder-

---

[1]) J. E Waaranen, Saml. af urkunder rör. Finlands historia, I: 42—43.

börandes minne. I resolution af den 24 febr. 1642 nämner regeringen, hurusom till densammas kännedom kommit, „huruledes där i staden skall finnas en hop ödes tomter, som ridderskapet och adeln tillkommer och ändock eganderne däraf äro esomoftast påminde vordne, sådana tomter till att bebygga låta, blifvit icke desto mindre den ena tiden som den andra slagit i vädret och ej efterkommit, ej häller vela de borgerskapet i staden sina tomter emot skälig betalning upplåta eller afstå". Af denna anledning fann regeringen för godt förordna, „att borgmästare och råd ännu en gång skola påminna och förmana dem af ridderskapet och adeln, som sina tomter där i staden hafva kunna, det de dem samma utan vidare förhalning bebygga låte, gifvandes dem en viss och determinerad tid, näml. år och dag till sådant i värket ställa. Men där de då intet innan förelagdan termin sig därtill bekväma vele, då tillstå vi borgmästare och råd alle sådana tomter efter deras privilegier att vederkänna under staden och dem utdela ibland borgerskapet, som vilja och förmögenhet hafva dem till stadens sirat och prydning att bebygga".

Redan följande året fick regeringen orsak att förnya sina tillsägelser. Besvär hade anförts öfver, att de ägor, som kronan tillbytt sig af Erik Boye och skänkt Åbo stad till utrymme, „märkeligen förminskade blifva, därigenom att någre af ridderskapet och adeln intaga och tillvälla sig på båda sidor om vägen, som går åt slottet, stora tomter icke allenast till mangårdar, utan ock till trädgårdar. För att afhjälpa det öfverklagade missförhållandet resolverades den 2 december 1643, att „alldenstund be:te ägor äro förnämligast till den ända staden donerade, att handtvärkare och borgare skole dem med vånhus bebygga, hvarför, där några af ridderskapet och andre kronans tjänare kunne vara af generalguvernören några tomter på omberörde ägor tilldelte och utrymde till att sätta byggningar och vånhus på, då skole de samme vara förtänkte och skyldige att anten betala staden samma tomter med en billig penning eller ock gifva årligen där tomtören af och ingen makt hafva af egen autoritet att intaga och sig tillvälla några trädgårdsplatser på andra sidan om vägen, med mindre de kunna och vele sig där om med stadens magistrat förena och staden skäligen därför förnöja"[1]).

* * *

[1]) Åbo stads acta.

Såsom redan nämts, råder en fullkomlig brist på planscher, vyer eller teckningar, hvilka kunde gifva en uppfattning om den allmänt följda byggnadsstilen, om husens yttre utseende och tomternas storlek m. m. Icke ens Dahlberg har aktat nödigt att i sitt stora planschvärk „Svecia antiqva et hodierna" intaga en vy öfver den finska hufvudstaden. Vår kännedom om 1600-talets Åbo måste därför i denna punkt blifva mycket bristfällig. Juslenius, som intagits af synnerlig beundran för Åbo, berättar, att byggnaderna i staden framstodo mindre genom deras höjd, än genom deras ändamålsenliga vidd, i följd hvaraf inkörseln blef lämpligare än i städer med hopträngda hus, och gårdarna utmärkte sig såväl genom sin elegans som genom sin bekvämlighet. I regeln voro husen uppförda af träd och i en våning, troligen med gaflarna vända mot gatan, såsom tidens vana var. Men stenhusen hörde långt ifrån till ovanligheterna. Isynnerhet funnos sådana invid kyrkan och stadens trenne torg. Numismatikern C. R. Berch, som reste genom Åbo år 1735, framhåller som något egendomligt, att, i motsats till bruket i svenska städer, endast ett fåtal trähus voro rödfärgade samt att på hörnbyggnader hörnen i allmänhet voro afskurna och porten bygd liksom en nisch, „hvilket, ehuru sällsamt det och tyckes vara, hafver likväl sin bekvämlighet med sig, emedan man ifrån bägge gatorna hafver lika när till ingången, och krambodarna, som i dessa hus merendels varda hållna, kunna af trämmande så mycket lättare finnas" [1].

Att under seklets lopp många framsteg inom byggnadsväsendet skedde, därom kan man vara fullt förvissad. Såsom redan framhållits, visade sig isynnerhet grefve Brahe varmt intresserad icke allenast för stadens utvidgande utan äfven för införandet af en rationelare byggnadsmetod. Att den nya högskolan invärkade fördelaktigt äfven i detta hänseende, kan man väl antaga, och i allmänhet följde med stadens stigande betydelse som centrum för den lärda bildningen, folkstockens tillökning och näringarnas tillväxt en förändring äfven i stadens yttre prägel. Hurusom de stora vådeldarna befrämjade framstegen, är redan anmärkt. Man bör dock icke altför mycket låta sig hänföras af den fördelaktiga skildringen hos Juslenius, som gärna sökte upp Aurastadens ljusa sidor och blundade för dess svagheter och mörka punkter. Att många partier funnos, dem Juslenius icke ansett nödigt eller rådligt att göra sina läsare förtrogna med, är nogsamt bevisadt.

---

[1] Reseberättelsen publicerad i sv. literatursällskapets skrifter IX.

Synnerligen mycket bekymmer vållades stadens vördiga fäder, främst dem, som hade uppsikt öfver byggnaderna, af de för stadens allmänna säkerhet så farliga och i arkitektoniskt hänseende så missprydande rökpörtena. Mot dem drogo generalguvernör, landshöfding och magistrat oafbrutet i härnad, påbjudande deras nedrifvande eller förseende med ordentliga eldstäder. Men lika nitiska som myndigheterna voro i sina påbud, lika sega voro borgarene i sitt motstånd mot ordningsmakten. Hvarken goda ord, hotelser eller böter tycktes förmå dem att lämna sina kära pörten. Första gången jag funnit en aktsförklaring utfärdad mot pörtena, var år 1624, då gubernatoren Nils Bjelke i skrifvelse af den 2 september d. å. till ståthållaren Casper Rottermund förordnade. „att ingen må hafva pörten här uti staden, utan där sådana finnas kunne, strax från staden utflytta låte, ej häller några badstugor, som icke äro med skorstenar igenom taket murade" [1]). Huru striden mot pörtena fortsattes så godt som hela seklet igenom, får jag framdeles, i sammanhang med skildringen om stadens brandväsende, tillfälle att närmare belysa.

I en år 1638 till landshöfdingen inlämnad ransakningslängd öfver i staden befintliga pörten upptages deras antal i Kyrkokvarteret till 79, i Klöstret till 76, i Mätäjärvi till 71 och i Aningaiskvarteret till 208 [2]). Att dessa siffror under den följande tiden befunno sig i starkt aftagande, framgår tydligt, ehuru inga längder anträffats, som skulle belysa detta sjunkande. Vid seklets slut kan man väl antaga, att öfverhetens ansträngningar slutligen krönts med seger.

Ännu en art af byggnader må nämnas, hvilka i vida högre grad än pörtena sårade vandrarens öga, priveterna. Under seklets första decennier var det icke alldeles ovanligt att påträffa sådana uppförda vid gatan. Deras afhysande till mindre observerade platser torde väl icke medfört nämnvärda svårigheter, ehuru påbud i detta syfte finnas utfärdade ännu vid seklets slut.

Om husens vanligaste takbetäcknad är det svårt att bestämdt uttala sig. Antagligen voro de bättre husen täckta med spån- eller tegelstenstak. Mycket ofta förekommo tillsägelser om uppförandet af jordtak eller husens betäckande med näfver och torf. Förbjudna voro s. k. „färjetak" och „malkotak". Icke häller var det tillstadt att använda allenast „takved".

För fönstren funnos ofta anbragta luckor. Hinnor i stället

---

[1]) Bidr. t. Åbo stads hist. II: 54. [2]) Åbo stads besvär i R. A.

för glas förekommo ännu åtminstone inpå seklets midt och säkerligen ännu långt senare. År 1646 påbjöds, att de hvilka hade hinnor skulle ersätta dem med glas, såsom i andra städer brukligt var.

* * *

Om antalet af stadens byggnader kunna endast allmänna och sväfvande uppgifter lämnas. Från år 1609 har man i behåll ett af kamreraren Johan Ottesson i närvaro af borgmästare och råd samt stadens kyrkoherde uppgjordt „Register opå Åbo stadz gårder och tompter, huru månge hionelagh uthi them boendes äro, bode husmän och huskonor, så well förmögne som ofermögne"[1]) Vid registrets uppgörande har den princip blifvit följd, att „the såm boendes äro vthi etth pyrte eller tw hws på små tompter, ähro rechnadt för $\frac{1}{4}$ och $\frac{1}{2}$ gårder"[2]). Man har på detta sätt kommit till en summa af $285\frac{1}{2}$ gårdar, d. v. s. $74\frac{1}{4}$ för Kyrkokvarteret, $50\frac{1}{2}$ för Mätäjärvi, $74\frac{1}{4}$ för Klöstret samt $86\frac{1}{2}$ för Aningais. Förteckningen kompletteras af ett „Register opå them i Åbo stadh boendes äro, som aldrigh nogen skott med borgerskaped giortt haffue, eij heller hwarcken till Åbo doomkyrkio eller slottthet dagzwercker giöre och ingen gestningh holle, eij heller i skiutzferdh, som är meeste deels emoth stadzens welfångne priuilegier, desslickes ingen wacht eller wårdh hålle". Detta register upptager $69\frac{1}{2}$ gård, näml. för Kyrkokvarteret $28\frac{1}{2}$, för Mätäjärvi 9, för Klöstret $13\frac{1}{8}$ samt för Aningais $18\frac{7}{8}$. Beräknar man särskildt de gårdar, hvilka i förteckningen upptagits som hela gårdar och som delar af en hel gård, erhåller man följande uppgifter.

	Antalet gårdar enl. det första registret, skattade som						Antal gårdar enl. det andra registret, skattade som						Summa gårdar.
	2 gårdar	1½ gård	— gård	½ gård	¼ gård	Summa	1 gård	¾ gård	½ gård	¼ gård	⅛ gård	Summa	
Kyrkokvarteret ..	—	—	51	34	25	110	20	3	8	9	—	40	150
Mätäjärvi „	—	—	32	34	6	72	5	—	5	6	—	16	88
Kloster „	—	—	52	36	17	105	8	—	6	8	1	23	128
Aningais „	1	1	49	53	31	134	5	—	9	37	1	52	186
Summa	1	1	184	156	79	421	38	3	28	60	2	131	552

[1]) Finlands statsarkiv. Titeln på ett koncept till detta register lyder: „Register opå Åbo stadz. adlens, borgerskaps, presteskaps samt cronones tienares gårder och tompter, huru månge hionelagh uthi them boendes äro etc..."

[2]) Uttrycket något dunkelt. Får väl förstås sålunda, att ett pörte (upp-

Till dessa siffror får man ännu tillägga antalet af de i förteckningarna upptagna gårdar, hvilka alls icke tagits med i beräkningen af skatterna, emedan deras innehafvare eller bebyggare voro alldeles husarma och utfattiga eller stadda på krigståg. De belöpa sig inalles till inemot 100. — Med stöd af dessa uträkningar kan man sålunda bestämma antalet gårdstomter i Åbo år 1609 till c. 650. Dessa tomter voro naturligtvis af mycket varierande storlek. En del upptogo ordinära boningshus, andra åter endast ett pörte eller en koja.

På medlet af 1620-talet hade gårdarnas antal ökats med hundra. En af Martinus Plato uppgjord uppbördslängd öfver bakugnspengarna för år 1623 upptager inalles 577 gårdar, för hvilkå nämda skatt skall erläggas, samt 168 gårdar, från hvilka, af särskilda anledningar, inga pengar kunna utkräfvas. En annan af samme Plato inlämnad „Mantals lengd opå Abo borgerskaps, så och adels, prästeskaps, knechtars och botzmans gårder och vghnar här i stadhenn bode förmögne och ofermögne, onde och gode ... pro anno 1624" upptager inalles 761 gårdar, näml. 183 i Kyrkokvarteret 136 i Mätäjärvi (däribland 89 nedbrunna), 193 i Klösterkvarteret samt 249 i Aningais [1])

Från sjuttonde seklets slut har man en uppgift af vikt att hålla sig till vid en approximativ beräkning af gårdarnas summa. Det heter om den stora branden år 1681, att den lade i grus 700 à 800 gårdar och lämnade allenast $^1/_6$ af staden kvar. Denna utsaga, som förskrifver sig från ett åsyna vittne till branden, skulle sålunda berättiga oss att anslå gårdarnas antal vid denna tid till 900 à 1000 [2]). Att dessa gårdar i allmänhet voro mycket rymligare än de, som upptagas i 1609 års förteckningar, kan tagas för gifvet, då man känner de stadsregleringar, som ägt rum under den mellanliggande tiden.

* * *

tagande 1 rum) beräknades som $^1/_4$ gård, en byggnad med 2 kammare („tw hws") som $^1/_2$ gård. Anmärkas bör, att pörtenas antal sålunda blefve mindre än i den nyss nämda längden af 1638. De sväfvande ordalagen i denna medgifva dock den tolkningen, att äfven „badstugor utan skorstenar" äro däri inberäknade.

[1]) Finlands statsarkiv, allmänna handlingar n:o 250.
[2]) Gabr. Wallenius. En kort vnderrättelse om vådeldars rätta ursprung. Åbo 1681. Samma notis i en trykt bön i anledning af 1681 års brand (Åbo domkyrkoarkiv).

Om gatorna och gränderna uppgifver Juslenius, att de under hans tid i allmänhet voro breda och ingen af dem så trång, att icke äfven den största vagn där kunde köra fram. Denna utsaga må dock tagas med en viss reservation. Julin, hvars anteckningar jag redan tidigare varit i tillfälle att omnämna, berättar, att före 1827 års brand funnos 6 à 7 gator, alla utmynnande i stora torget, hvilka voro så smala, att tvänne kärror endast under iakttagande af den största försiktighet kunde passera förbi hvarandra. År 1697 påpekade landshöfdingen Lorentz Creutz, hurusom en till lastageplatsen på lilla sidan ledande allmänt trafikerad gata var delvis så smal, „att omöjligen ett par drächter med tunne gods kunne mötas på den gatan och hvarandra förbi oskadde passera" [1]). De i rådstuguprotokollen jämt och ständigt förekommande påminnelserna om gatornas ordentliga stenbeläggande och deras förseende med dugliga aflopp för vattnets afledande tala ovedersägligen för, att åtminstone i vissa delar af staden gatorna merendels befunno sig i ett tämligen bristfälligt skick. Främst var detta fallet med de mera afsides belägna, men också hufvudgatornas beskaffenhet gaf ofta anledning till ordningsmaktens ingripande. Liksom byggnadsväsendet i allmänhet undergick förändringar under „grefvens tid", så daterar sig ock från samma tid en noggrannare uppsikt öfver gatornas försättande i bättre stånd.

Brunnar funnos icke allenast inne på gårdarna, utan ock på gatorna. De voro oftast otäkta eller omgifna af ett mycket lågt skrank, hvarför de icke sällan förorsakade olyckshändelser. De användes ofta, ehuru mot förbud, till byktvätt. En mycket allmänt anlitad brunn stod invid Fägatan, där i våra dagar uppgången från Nylandsgatan till Observatoriibärget leder.

Gatubelysning var något, hvarom 1600-talets Åboboar icke hade någon aning. Man rörde sig i mörkret med lyktor och facklor; äfven med pärtbloss.

* * *

Trots alla de skröpligheter, som vidlådde staden, beprisas den dock såväl af sina egna innevånare som af främlingar för sin täckhet och sina många landtliga behag. Till detta fördelaktiga intryck bidrog i väsentlig mån de grönskande åkrarna inom och utom staketet samt de talrika frukt- och trädgårdar, hvilka fun-

---

[1]) Rådst. prot.

nos inne i staden kringom. boningshusen. Från medlet af seklet ifrade myndigheterna isynnerhet för anläggandet af humlegårdar. På särskilda riksdagar, såsom åren 1642, 1643 och 1647, hade stän derna uttalat sig för nyttan af sådana anläggningar, isynnerhet i städerna, samt ålagt resp. borgmästare och råd att värka för saken befrämjande. Man finner ock magistraten i Åbo genom eftergifter i skatterna för den odlade jord, som besåddes med humla, arbeta för riksdagsbeslutens efterföljande [1]).

Sina gamla prydnader trädgårdarna äger Åbo kvar i den stund som är. Däremot har det förlorat en egendomlighet, som i forna dagar i icke ringa mån ökade den landtliga effekten af trädgårdsanläggningarna, de talrika väderkvarnarna, hvilka arbetade på stadens många kullar. På främlingen skola dessa kvarnar gjort ett likaså frapperande som angenämt intryck. Tysken Martin Zeillerus, som år 1656 utgaf en beskrifning öfver Sverige med dess provinser, räknade till 400 sådana kvarnar [2]). Juslenius uppgifver, inemot femtio år senare, summan till 84. Vid en år 1638 anstäld beräkning kom man upp till 105 eller till 45 för Aningaiskvarteret, 22 för Kyrkokvarteret, 19 för Mätäjärvi och lika många för Klöstret [3]).

---

[1]) Stiernman, Riksdagars och mötens beslut, II: 1008, 1030, 1091, Per Brahes bref af den 19 sept. 1644 i afskrift i Univ. biblioteket i Helsingfors, katalognummer A. I. 8 n:o 22.

[2]) Nova descriptio regnorum Sveciæ etc. Amstelodami 1656. Sid 88: Molae velares quadringentae circa urbem aspectum jucundum toti viciniae conciliant.

[3]) Åbo stads Besvär.

II.

Kyrkokvarteret.

I det föregående är redan nämdt, att den förnämligare delen af Åbo stad utgjordes af den, som låg söder om ån, den s. k. stora sidan. För sin större vikt och betydelse hade denna del icke allenast sin höga ålder och sin talrikare folkmängd att tacka, utan jämväl de andliga och världsliga institutioner, hvilka blifvit förlagda till densamma. Här reste sig det af många och svåra hemsökelser pröfvade åldriga, vördnadsvärda templet, stadens och hela Finlands stolthet och ära. Här hade i forna dagar, innan reformationen gjort en ända på katolicismens välde i norden, Finlands första kloster haft sin plats. Här lågo numera Finlands unga akademi, plantskolan för lärda och vittra idrotter, rådhuset, där stadens rådsfäder och borgare öfverlade om stadens högnödiga kommunala angelägenheter, under seklets sista årtionden dessutom hofrättshuset, där lagens och rättvisans högste väktare i Finland utöfvade sitt maktpåliggande kall. På denna sida var handeln koncentrerad; här köpslog och prutade på stora torget borgaren med landtmannen om afkastningen från hans jord; här utbjödo de förnämsta köpmännen sina från fjärran länder importerade varor.

För skatteuppbördens handhafvande var stora sidan indelad i trenne stadsdelar eller „kvarter": Kyrkokvarteret, Klosterkvarteret och Mätäjärvi. Det förstnämda omfattade det område, som begränsades af staketet, ån, stora torget, som låg framför nuvarande svenska lyceet och rådhuset, samt Tavastgatan, som under 1600-talets förra hälft sträkte sig från stortorgets nordöstra hörn till Tavasttull, men under seklets senare hälft genom då utförda stadsregleringar kom att skjutas något österut, så att den icke mera utmynnade i torget. Mätäjärvi kallades det kvarter, som föll mellan Tavastgatan och den från Stortorget till Fätullen löpande Fägatan. Hvad som låg söder om dessa kvarter hänfördes till Klöstret.

Centrum inom Kyrkokvarteret var, såsom redan namnet antyder, domkyrkan. Denna omgafs ända till 1827 års brand af en hög, längs kullens fot löpande mur. I muren hade redan under äldre tider byggnader uppförts, hvilka inrymde stadens läroanstalter eller användes som kyrkans förrådsrum m. m. Vi afstå tills vidare från en närmare beskrifning af denna byggnadskomplex, som gaf Juslenius anledning att kalla Kyrkokvarteret „själfva boet eller nederlagsplatsen för all lärdom". Vi skola i ett särskildt kapitel återkomma till densamma, då vi äro i tillfällo att fullständigare lära känna dessa åt religionen och vetenskapen helgade boningshus.

Norr om domkyrkan, mellan ån och Ryssbacken, utbredde sig den s. k. biskopsåkern, som vidtog alldeles invid domkyrkomuren. Denna åker, som tidigare hört till Pispala hemman, var lagd under biskopsstolen och hade konfirmerats åt biskopen genom hertig Carls och riksrådets resolution af den 27 augusti 1595 på Åbo domkapitels och prästerskap besvär samt genom Gustaf II Adolfs ordning af den 4 februari 1616 angående biskopens och domkapitlets underhåll[1]). Det har redan nämts, hurusom genom kunglig resolution af den 8 november 1650 samt landshöfdingen Lorentz Creutz' immission af den 11 maj 1652 en del af biskopsåkern uppläts åt staden till nybyggnader samt att år 1661 en så stor sträcka var dels bebygd, dels uppmätt till tomtplatser, att biskopen därigenom led en årlig förlust af 20 tunnor spannmål. Den väster om domkyrkomuren löpande Biskopsgatan, som på den älsta kartan icke går längre än ungefär till nuv. svenska fruntimtimmersskolans hus och ägde några till ån löpande gränder, bland dem Heligalekamens gränd, drogs då längre mot norr i en riktning, som alldeles sammanföll med den nuv. Biskopsgatans. På 1660-talet omnämnes redan en tvärgata till densamma, Biskopstvärgatan, motsvarande nuv. Södra Biskopstvärgatan. 1710 års karta upptager en nordligare tvärgata, Svarfvaregatan kallad och motsvarande nuv. Norra Biskopstvärgatan.

Mellan domkyrkan, ån och biskopsåkern har man att söka platsen eller rättare platserna för det gamla biskopshuset. Den

---

[1]) Jac. Tengström, Afhandling om presterliga tjänstgöringen och aflöningen i Åbo erkestift. Del. II s 33—41. Waaranen, Samling af urkunder, del. V s. 81.

älsta kartan öfver Åbo upptager strax norr om domkyrkan (ung. på gränsen mellan rektor Reuters och svenska fruntimmersskolans gårdar) „bispens gård". Tengström förmodar, att det var på denna tomt biskop Magnus Tavast i tiden lät uppföra ett stenhus till biskopsresidens. År 1627, då Isak Rothovius tillträdde biskopsstolen, var biskopshuset så förfallet, att biskopen nödgades anskaffa sig eget hus. Huruvida den då utfärdade tillsägelsen till stiftet att upprätta den förfallna gården blef hörsammad eller om ny plats utsågs till biskopens boställe, är obekant. På 1640-talet synes emellertid det gamla biskopsresidenset varit lämnadt. I rådstuguprotokollet för den 22 mars 1648 uppgifves nämligen, att rätten på grund af domkapitlets hemställan ålägger en Hartvik Henriksson att med det första undanskaffa de hus aflidne magister Joachimus Stutæus, död såsom kyrkoherde i Åbo år 1633 och åren 1625—1627 förordnad att förestå det efter Ericus Erici lediga biskopsämbetet, låtit uppbygga på „gamla biskopsgårdstomten", ty consistoriales voro sinnade att reparera köket och de ifrågavarande husen voro till hinder för kyrkans „högnödiga byggningar". Då det senare någon gång talas om „kyrkans hus", har man härmed förmodligen att förstå just den „gamla biskopsgårdstomten."

Hvar biskopshuset sedan stod, eller om ett sådant saknades och biskopen fortfarande residerade i egen privat gård, därom råder fullständig brist på upplysningar. Biskop Eskil Petræus klagade år 1656 (någon tid efter den stora branden) öfver att han icke hade något biskopshus, [1]) och samma klagomål anförde Johannes Terserus, då han tillträdde styrelsen öfver stiftet år 1659. Ett försök att afhjälpa missförhållandet gjordes dock sistnämda år, då till biskopsgård utsågs ett mellan Biskopsgatan och ån beläget tomtstycke, som i våra dagar motsvaras af gården n:o 15 vid Biskopsgatan. Vid en år 1659 i närvaro af landshöfdingen, vicepresidenten m. fl. anstäld syn befans gården upptaga i längd 112 alnar åt Biskopsgatan och 150 alnar åt ån samt äga några dels halffärdiga, dels förfallna träbyggnader. Upprepade gånger anslogos af regeringen medel till husets försättande i beboeligt skick och reparationsarbeten värkstäldes äfven, men länge utan tillbörlig framgång. Biskop Terserus tillhandlade sig därför af biskop

---

[1]) Han uppgifves ha ägt en gård vid Tavastgatan, där han väl ock residerade (Domb. 1656 o. 1662).

Rothovii arfvingar egen gård vid Kyrkogatan [1]) och exemplet följdes af hans efterträdare Johan Gezelius d. ä. [2]). Vid 1681 års brand förstördes byggnaderna å biskopshustomten i grund, hvarför man fick påbörja arbetet från början. År 1683 utskref regeringen en allmän hjälp från hela landet, de östra delarna undantagna, hvarpå byggnadsarbetet fortgick oafbrutet under biskop Gezelius d. y:s uppsigt åren 1684—88. Sistnämda år var residenset i det närmaste färdigt. Det hade då kostat öfver 12,000 daler kopparmynt samt utmärkte sig genom sin soliditet, prydlighet och bekvämlighet. Utom nödiga ekonomibyggnader stodo på tomten ett boningshus af träd samt corps de logis' et, som var uppfördt af sten. Ett syneinstrument upptager i det sistnämda 1 sal, 1 förmak, 5 kamrar, kök, förstuga och skafferi [3]). En vacker trädgård, på hvars anläggning redan Terserus arbetat, omgaf byggnaderna Här residerade Åbobiskopen till år 1713, då stora ofredens åskor förmådde Johan Gezelius d. y. att i Sverige söka en tryggare fristad, än den Finland kunde bjuda. Hans residens nedrefs och teglen skola blifvit använda till något palats i den nya tsarstaden vid Nevan. I långa tider låg sedan biskopsgården öde och förfallen. År 1750 uppdrogs den åt universitetet i och för anläggning af en trädgård, den s. k. akademieträdgården, och åt biskopen inköptes en annan tomt invid kyrkan [4]).

---

[1]) Domboken 1661 s. 100. Vid uppbudet å rådstugan kallas gården „biskopsgården". Synbarligen var det samma gård, som tidigare kallats S:t Johannes prebendegård och som år 1634 inköptes af biskop Rothovius från sal. Trummels arfvingar. Gårdens läge kan utsättas till nuv. Nikolaitorget i närheten af domkyrkan. Det heter nämligen i rådstuguprotokollet för den 15 juli 1685, att professor Elias Tillandz erhöll fastebref å ett stenhus invid kyrkan mellan gamla och nya Kyrkogatorna (om dessas läge se längre fram), som han för 2000 daler k. m. tillöst sig af biskop Terseri arfvingar.

[2]) Hvilket hus som uuder Johan Gezelius d. ä:s tid tjänade som biskopsresidens, kan icke med bestämdhet angifvas. Tengström förmodar, att Gezelius bodde i ett hus invid kyrkan, som kort före 1827 års brand kallades det Tjäderska och som Lindman (samlingar i Åbo stads historiska museum) uppgifver ha varit beläget vid Stora eller Nya Kyrkogatan.

[3]) 1 sal om 17$\frac{1}{4}$ alnars längd och 13 aln. bredd, 1 stuga eller förmak om 13 aln. längd och 9$\frac{1}{2}$ aln. bredd, 2 kamrar hvardera om 8$\frac{1}{2}$ aln i kvadrat, 1 kammare om 9$\frac{1}{2}$ aln. längd och 7 aln. bredd, 1 kammare om 7$\frac{1}{2}$ aln. längd och 6$\frac{1}{2}$ aln. bredd, 1 kammare om 8$\frac{1}{4}$ aln längd och 8 aln bredd, köket om 9$\frac{1}{4}$ aln. längd och 6 aln. bredd, förstugan 7 aln. i kvadrat, skafferiet om 7$\frac{1}{4}$ aln. längd och 6 aln. bredd.

[4]) Tengström, Presterliga tjenstgöringen II: 55—71.

Öster om biskopsåkern höjde sig Ryssbacken, måhända också kallad Kvarnbärget, med sina väderkvarnar och låga arbetareboningar. Uppkomsten af bärgets namn förklarar Juslenius sålunda, att novgoroderne under sitt krigståg år 1318 haft sitt läger uppslaget på denna backe, som stadsboarna sedan till minne af händelsen uppkallat efter sina fiender. Under Per Brahes andra generalguvernörstid utdömdes de boningshus, som blifvit uppförda på Ryssbacken, och den här bosatta befolkningen tillsades att flytta annorstädes. Påbudets efterlefvande blef dock icke med tillbörlig stränghet öfvervakadt, utan Ryssbacken fortfor alt framgent att vara hemvist för de fattigare klasserna. Utom boningshus fans här ock talrika fällbodar.

Området mellan Ryssbacken och domkyrkan samt Kyrkokvarterets östra gränslinie Tavastgatan synes mot seklets slut varit tämligen tätt bebygdt. På de äldre kartorna förete kvarteren ett mycket oregelbundet utseende; först på den bergmanska planteckningen ser man en någorlunda regelbunden byggnadsordning iakttagen. En gammal och ofta nämd gata i denna trakt var Napaturugatan, som torde befunnit sig i grannskapet af nuv. S:t Henriksgatan och löpt i någorlunda samma riktning med denna. Med säkerhet kan man bestämma dess läge till närmaste närheten af biskopsåkern, innan denna ännu blef upptagen af stadsboarne. År 1649 klagade nämligen biskop Rothovius inför magistraten öfver att de på Ryssbacken och vid Napaturugränden boende icke fastspikat sina åt biskopsåkern vettande dörrar och bakportar, utan låtit sina svin tidt och ofta intränga på åkern. Vid Napaturugatan nämnes år 1670 ett brygghus.

Öster om Napaturugatan låg Skolgatan eller Skolstugugatan, såsom den ock nämdes. Den begynte vid det i kyrkomuren uppförda hus, som tidigare var inrymdt åt katedralskolan, och som år 1640 uppläts åt akademien, samt löpte enligt 1652 års karta c. 500 alnar i parallel riktning med Tavastgatan åt tullporten till. I domkyrkoräkenskaperna omtalas ofta skoldjäknar boende vid denna gata. Af de korta gator eller gränder, som förenade Skol- och Tavastgatorna, omnämnes par gånger Skoletvärgatan.

Mellan Ryssbacken och domkyrkan ha vi ännu att märka „Hopersgatan", omnämd i domkyrkoräkenskaperna åren 1615 och 1619 [1]), Hundgatan, omnämd par gånger på 1630 och 1660-talen såsom

---

[1]) Bidrag t. Åbo stads historia I: 170, 175. Då den s. k. Kalkila-gården uppgifves varit belägen vid denna gata, kan man förlägga den till trakten norr om kyrkan. Gatan hade måhända sitt namn efter Hoperi-gården, som nämnes i domk. räk. 1656.

liggande bakom kyrkan, Skolmästaregatan, omnämd på 1690-talet och sträckande sig från gården n:o 11 in på gården n:o 8 vid S:t -Henriksgatan. Tvänne gators, Hörtagatans och Pässisgatans, namn har jag påträffat först på 1710 års karta.

Öster om Ryssbacken stod, som bekant, Tavasttullporten. Härinvid hade uppförts en tullstuga, där kronans vinst af de inkommande varorna uppbars och en tullskrifvare var inkvarterad [1]. Äldre kartor angifva icke, på hvilkendera sidan af Tavastgatan tullstugan stod. De från senare tid förlägga densamma till Kyrkokvarterssidan. Om tullhusets utseenda får man en föreställning ur ett inventerings instrument, som år 1691 upprättades öfver stadens samtliga tullstugor. Häri nämnes, att stugan vid Tavasttullen bestod af en stuga och en kammare att huset reparerats efter branden år 1681, då den blifvit förstörd af elden, men nu åter förfallit, så att taket måste uppföras ånyo, 5 nya fönster insättas och mullbänkarna, som omgåfvo huset, förses med nya stockar och nytt näfver [2].

Där Skolgatan tog sin början vid skol- sedermera akademihuset, sålunda mellan domkyrkan, Brahestoden och hofrätts-huset, låg ett litet torg, Skoletorget kalladt [3]. Senare, åtminstone redan på 1650-talet, hade benämningen förändrats till Hästtorget. Såsom namnet låter ana, användes torget för hästhandel vid marknaderna, men dessutom blef det jämte Nytorget på Aningaissidan, hvarom mera framdeles, den lagliga försäljningsplatsen för skogs-produkter. Då hofrätten i början af 1670-talet tog sitt säte vid Stora torget, klagade rättens medlemmar redan efter sina första sessioner öfver att de stördes i sitt arbete genom det buller, som vedlassen förorsakade. För att afhjälpa detta missförhållande, stadgade magistraten år 1672, att vedhandeln skulle förflyttas till Häst- och Nytorgen. Tre år senare, den 4 januari 1675, utfärdades en formlig „stadga om veden", hvari på det strängaste tillsades, att all den ved samt alla stockar och bräden, som hämtades till staden från Piikkis och Masku härad genom Tavast- orh Fätullarna, skulle försäljas på Hästtorget samt alla genom Aningais-porten inkomna varor af samma slag på Nytorget [4]. Att de akademiska fädren och deras åhörare kunde enerveras genom att de

---

[1] Domboken 1696 s. 680.
[2] Protokollet för d. 25 april 1691.
[3] Kartan i Bidrag II.
[4] Rådstuguprotokollen.

i hofrättsherrarnes öron så bullersamma vedlassen placerades utan-
för deras fönster, däråt synes man alls icke egnat någon tanke.

Från Hästtorget förde Tavasttvärgatan till Tavastgatan [1]).

Mellan domkyrkan och Stora torget låg en stadsdel, som
numera fullkomligt försvunnit. Där i våra dagar Porthans och
Brahes statyer erinra om flydda tiders kulturarbete, domkyrko-
skvären bjuder svalka och hvila åt vandraren och det lilla värds-
huset „Pinellan" ligger inbäddadt mellan almar och lindar, där
utbredde sig ännu inpå detta sekel eller till 1827 års brand en
kompakt byggnadsmassa, i äldre tider den bäst bebygda delen af
staden. Då och då händer, att genom jordras ett hål uppstår i
marken på detta område. Man ställer då en sådan händelse i
samband med tron på underjordiska gångar, som ledt från dom-
kyrkan till slottet eller det forna klostret. Det är helt enkelt
gamla källare, som rasat in, jordvåningar under de hus, som se-
dan mer än ett halft sekel tillbaka slopats bort. Detta område
af staden var kanske mera än andra ett ständigt föremål för el-
dens förstörande makt. Det blef ock utsatt för många smärre reg-
leringar, genom hvilka man hoppades bättre kunna motstå den
farliga fienden och försvara såväl sina hus som det af eldsfaran
alltid starkt hotade templet. Det var blott halfmesyrer. Efter
den sista stora branden i början af detta sekel fann man slutligen
den allmänna säkerheten fordra, att de så eldfarliga kvarteren al-
drig mera reste sig upp ur sin aska.

Jämför man de älsta planteckningarna från 1620—1650-talen,
så finner man, att området mellan kyrkan och Stortorget icke un-
dergått några förändringar under denna tid. Nederst vid ån, nå-
got ofvanom den del af Östra Strandgatan, som går fram mellan
lyceet och öfra bron, låg Kyrkoågatan. Från denna utgingo nå-
gra smala gränder ned till ån. Högre upp, äfvenledes parallelt
med ån och utmynnande i Stortorget, löpte Kyrkogatan, ungefär
från platsen nedanom nuv. stora domkyrkotrappan i riktning mot
brandgatan mellan lycei- och rådhusbyggnaderna. Norrut fortsat-
tes denna gata förbi domkyrkan under namn af Biskopsgatan;
dess fortsättning i Klöstret kallades Klostermellangatan.

Ofvanom Kyrkogatan, från domkyrkans södra port ett kort
stycke mot torget, gick en tredje gata någorlunda parallelt med
ån. Dess namn har det icke lyckats mig att utgrunda. Såväl
denna gata som Kyrkogatan och Kyrkoågatan skuros af en krokig

---

[1]) Protok. 1692 s. 104, 131.

tvärgata, som begynte vid nuv. träbron, gick vinkelrätt mot Kyrko-
gatan, gjorde här en vändning åt höger och löpte sedan, parallelt
med Fägatan, ett godt stycke in i Mätäjärvi (något vänster om nuv.
Nylandsgatan ända till Lilla Tavastgatan). Ehuru direkta bevis
icke föreligga, synes man mig dock med bestämdhet kunna an-
taga, att denna gata bar namnen Kyrkotvärgatan och Grop- eller
Kyrkogropgatan [1]. På 1710 års karta nämnes den väl Lilla Fä-
gatan, ett gatunamn, som jag anträffat första gången år 1669, men
det synes mig knapt möjligt, att den ifrågavarande gatan tidigare
än på sin höjd i sista slutet af 1600-talet eller början af 1700-ta-
let burit detta namn. Däremot torde med detta namn betecknats
någon nära Fägatan belägen gata i Mätäjärvi.

Efter de stora eldsvådorna, som rasade åren 1656, 1678 och
1681, genomfördes, såsom redan framhållits, vissa förändringar i
den del af staden, hvarom nu är fråga. Kyrkoågatan, Kyrkoga-
tan och Grop- [eller Kyrkotvär-] gatan lämnades någorlunda orub-
bade. Däremot igenbygdes de smala gränder, som ledt ned till
ån från Ågatan. Den vid södra kyrkoporten vidtagande korta
gatan fortsattes, enligt af landshöfdingen Erik von der Linde den
18 juni 1656 utfärdad befallning, ända fram till Stortorgets nord-
östra hörn. Den erhöll sedan namnet Nya Kyrkogatan, också
Stora Kyrkogatan [2]. Den förra Kyrkogatan blef Gamla Kyrko-
gatan, som ock någon gång kallades Kyrkomellangatan.

Allmänna byggnader i denna del af Kyrkokvarteret voro un-
der seklets senare hälft stadens vakthus eller corps de garde och
bankhuset, hvardera befintliga vid torget och närmare skildrade
i ett följande kapitel, samt stadens nya prästgård. Den äldre präst-
gården hade legat vid Fägatan, men råkat i så förfallet skick, att
magistraten vid allmän rådstugusammankomst i maj månad 1642
förelade borgerskapet valet mellan husets grundliga reparation
och inlösandet af en annan tomt. Med borgerskapets samtycke
uppgjordes på hösten samma år ett byte med doktor Eskil Pe-
træus, hvarvid denne emot erhållande af det gamla huset vid Fä-
gatan afstod åt staden till blifvande kyrkoherdegård det hus vid
kyrkan, som han icke långt därförinnan bekommit genom kung-
lig donation [3]. På senare kartor utsättes platsen för detta hus till
närheten af domkyrkomuren emellan Gamla och Nya kyrkoga-
torna. — Det räkte icke länge, innan denna nya prästgård rå-

<hr>

[1] Att dessa voro olika namn på samma gata, därför talar t. ex. dom-
boken 1658 s. 193 jämförd med Åbo läns verifikationsbok 1694 s. 4414.

[2] Domb. 1689 s. 85, 113. [3] Prot. ⁴/₆ o. ¹²/₉ 1642.

kade i samma belägenhet, som vållat den gamlas kasserande. Mot seklets slut omtalas den än som ytterst förfallen, än som uthyrd åt enskilda personer och under sjuttonhundratalet synes den merendels legat öde.

Gränsen mellan Kyrkokvarteret och Mätäjärvi bildades, såsom redan angifvits, af Tavastgatan, som under förra hälften af 1600-talet begynte vid stora torgets nordöstra hörn (sålunda framför inkörsporten till Juselii skjortfabrik), följde till en början nuv. Nikolaitorgets östra gränslinie och fortsattes sedan något väster om nuv. Tavastgatan till Tavasttullen. Senare skjöts gränsen ett stycke mot öster. Då större delen af stora sidan lagts i aska genom branden den 13 maj 1656, påbjöd landshöfdingen von der Linde i skrifvelse af den 18 juni s. å., att Klöstergatändan, d. v. s. platsen nedanför nuv. Samppalinna, skulle förbindas med Tavasttull genom en enda rakt fortlöpande gata, som skulle kallas Konungsgatan. Denna gata, som synes blifvit färdig under den närmast följande tiden, kom att ligga i så godt som samma linie med den nuv. Tavastgatan. Det officielt påbjudna namnet för den nya gatan kom sedan att inskränkas till den del, som låg i Klosterkvarteret, d. v. s. från Klösterändan till Fägatan, och fortsättningen från Fägatan till tullen uppkallades efter den förra Tavastgatan. Denna försvann dock icke, utan uppbygdes ånyo, ehuru icke längre än ungefär till trädgården framför nuv. läneresidenset. Till skilnad från den nya eller Stora Tavastgatan benämdes den Gamla Tavastgatan.

Tullportens plats förändrades icke genom den nya Konungs-Tavastgatans tillkomst.

* * *.

Mycket ofta omtalas i tidens handlingar den i Kyrkokvarteret befintliga „Gropen“. Den var ett ständigt föremål för stadsmyndigheternas lagstiftande och ordnande värksamhet. År 1633 anmälde stadsfogden, att byggnaderna vid gropen förfallit, så att där folket skulle till kyrkan, „samkar sig [så] mycket vatten, att man näppelig kan fram komma“. År 1658 klagade assessorerne Gyldenstolpe och Thesleff m. fl. på sina egna och grannarnes vägnar öfver den skada, som deras hus och isynnerhet källarena vid Tavastgatan ledo däraf, att „gamla gropen“ icke blifvit föregående år ordentligt igenfyld, „ej häller den nya gropen vederbörligen bygd och förvarad, såsom ock någonstädes igenbygd och förhindrat, att vattnet sitt bekväma utlopp icke hafva kunde och därtill vid vårens annalkande intet öppnad och renhållen, hvaraf följde, att vattnet icke allenast alla källare på be:te ort öfvergick, utan ock uti andra hus och själfva stugorna och bodar inströmmade och ändtligen lämnade källarena öfverfulla, dem icke till ringa afsaknad, skada och fördärf". År 1678 framhölls för vederbörande, huruledes "den genom staden flytande rännan eller gropen" blifvit igenfyld genom hvarjehanda orenlighet, som inkastats i densamma.

Sådana klagomål drefvo magistraten till alt mer skärpta påbud rörande bevarandet af gropen "som leder från Mätäjärvi" [1]. Än förbjöds vid vite klädbykning och priveters anläggande vid densamma. Än påbjöds enhvar, som bodde vid gropen, att hålla den ren och att om våren bråka sönder isen samt att utföra behöfliga reparationer, så vattnet kunde ha sitt fria utlopp. Åt särskilda gropvaktare uppdrogs tillsynen öfver befallningarnas efterlefvande.

Såsom man af dessa och andra strödda notiser kan finna, har man att med "gropen", såväl den gamla som den nya, att förstå, icke någon grop i vanlig bemärkelse, utan ett till ån ledande afloppsdike för det vatten, som samlade sig i Mätäjärvikvarteret. Hvar kanalen gick fram, kan icke med noggrannhet angifvas. Endast det kan bestämmas, att den löpte ned söder om kyrkomuren och förmodligen längs Gropgatan. Så nämnes år 1698 om en handelsman Henrik Frank, att han ägde en gård vid Kyrkogatan invid gropen. Om en kyrkoherden i Rimito Michael Castrenius tillhörig gård i hörnet af Gamla Tavast- och Kyrkotvärgatan heter det, att den låg vid gropen [2]. Utfallsstället för denna hufvudledning, hvartill antagligen andra smärre rännor förde nya tillflöden, torde man kunna förlägga ofvanom träbron, måhända till samma ställe, där ännu i våra dagar en kloak utmynnar. [3]

Det vatten, som gropen hade att afleda, synes delvis kommit från längre håll än från kärret nedanom Gertrudsbacken. Åtminstone under 1600-talets slut finner man, att gropen varit en fortsättning på en kanal, som ledde från Kuppis källa till Mätäjärvi, såframt man icke vill antaga, att Kuppisrännan utan förmedling af "gropen" förde till

[1] Domboken 1692 s. 410.
[2] Prot. 8/11 1686 o. 9/5 1689.
[3] På en af Joh. Tillberg uppgjord karta af år 1808 (kopia i historiska museet i Åbo) ser man en blå linie dragen från norra delen af Mätäjärvi längs Tavastgatan och den gata, som vi kallat Grop- eller Kyrkotvärgatan. Det är otvifvelaktigt, att denna blåa linie betecknar ett afloppsdike.

ån. År 1691 tillsades borgerskapet om uppgräfvandet af den ränna, som ledde „från Kuppis igenom Mätäjärvi" och nu låg „alldeles igengrodder, så att både höst och vår uti Mätäjärvi är medelst vatten stor skada att befara." Två år senare talades vid ett tillfälle om „den ränna, som från Kuppis källa hit till staden löper", och ålades en annan gång de, som bodde vid gropen, „löpande neder från Kuppis källa", att rensa gropen och göra den vidare mot ån [1]).

Att den vattenmassa som genom Kuppisrännan och „gropen" strömmade till ån, icke var så ringa, därom vitnar följande företag, som en tid sysselsatte de goda Åboborgarenes hjärnor.

Inför sittande rätt den 9 augusti 1686 anmälde landshöfdingen öfver Åbo och Björneborgs län Lorentz Creutz sin afsikt vara att inrätta en vattenkvarn på professor Jac. Flachsenii tomt vid Biskopsgatan invid ån. Kvarnen skulle äga två par stenar och drifvas af Kuppis källvatten, som genom „pipstockar" skulle ledas till densamma. Ifrån denna ledning lofvade landshöfdingen på egen bekostnad låta gräfva en arm till torget och där inrätta en fontän, „som ej allenast vore staden till sirat, utan ock i all vådelig händelse af eld till gagn och nytta". Vid kvarnens i framtiden möjligen timande försäljniug skulle magistraten äga företrädesrätt till inlösen. Då denna kvarn möjligen komme att konkurrera med Hallis kvarn, hvaraf inkomsten tillföll magistraten, ville landshöfdingen först inhämta rättens betänkande, „förr än han sina medel i ett så stort värk lade."

---

[1]) Juslenius omtalar en vattenränna, som löpte från Kuppis källa genom staden. Öfver den gamla „gropen" under senare tid finner man följande beskrifning hos Julin: „Ännu i dag (anteckningarna äro gjorda 1873) rinner strax ofvan om norra bron på kyrkosidan ut från stenmuren tvänne vattenstrålar, som efter olika årstider äro större eller mindre. Denna vattentillgång var ännu före 1827 års brand ganska rik, så att den måste ledas öfver gatan uti enkom derför bygd ränna af 2:ne bottenplankor och 4 plankväggar. — Rännan var icke täckt, var öppen. — Början till denna vattentillgång var vid ryska bageriet och nejderna af värdshuset Parken, der Åbo stads vallhjon ännu året 1811 hade sitt af staden uppbygda torp med liten åkertäppa; leddes genom gården tills den kom ut på Stora Tavastgatan, som den följde ett godt stycke, gjorde sedermera en vikning vid nuvarande fabrikör Holms (f. d. Trapps) gård, derifrån raka vägen ner till ån. Uppfångade under vägen öfverflödvattnet ifrån Kuppis brunnen samt ifrån Mätäjärvi, nuvarande Lilla Tavastgatan. Denna vattenström skall uti äldre tider varit så stark, att man närmast ån, strax intill — — — Kiseleffska gården [strax ofvanom träbron], der fallet var störst, hade uppbygt en liten qvarn med ett par stenar. Stället, der qvarnen stått, kunde man ännu uti mina yngre år utpeka. Man talte om att det varit snusqvarn."

Då de vördiga rådsfäderna togo detta ärende i öfvervägande, funno de detsamma vara såväl staden som landsbygden till synnerlig nytta, då mången, som exporterat omalen säd till Stockholm och andra orter, hädanefter kunde få sin exportvara malad och andra, som behöfde kvarnar endast till eget husbehof, numera sluppo att företaga långväga resor, „som sker dels till S:t Mårtens". Någon förlust för Hallis kvarnarna trodde magistraten att den nya kvarnen icke komme medföra, då de förra endast gingo vår och höst och tilloppet af kunder där alltid varit mycket starkt. Ännu en fördel väntade man sig af Creutz' kvarn, den att „Kuppis källvatten, som härtill har lupit utan stadens och dess inbyggares nytta med annan orenlighet i rännstenarna genom staden, hvaraf ingen sig hvarken till kokvatten eller annat i hushållen har kunnat betjäna, nu likväl staden till nytta och prydnad på torget hafvas kan." Som värket sålunda syntes „såväl nödigt som kronan, landet och staden nyttigt" och ingen af stadsboarne mäktade gå i land med detsamma, gaf magistraten sitt samtycke till dess utförande och tillförsäkrade Creutz samt hans arfvingar rätt att den tilltänkta kvarnen „såsom sin lagfångna egendom njuta, bruka och behålla af oss och allom klanderlöst nu och i tillkommande tider."

Det storartade företaget, som med sådan välvilja mottagits af magistraten och hvaraf man väntade sig så stora fördelar, gick emellertid om intet. Vid närmare besinnande torde Creutz funnit, att kvarnen kommit att kräfva vida större omkostnader och ländt sin ägare till mindre gagn, än som först beräknats.

År 1686 uppbjöds visserligen för Creutz' räkning professor Flachsenii mellan ån och Biskopsgatan (måhända på nuv. ärkebiskopshusets plats) belägna gård, som utsetts till kvarnställe, och följande år får man veta, att några kvarnrännor blifvit nedlagda, men härmed synes värket ock afstannat. Man finner senare ingen uppgift om den påtänkta inrättningen, hvarken i rådstuguprotokollen eller i trykta källor. Då år 1689 biskop Gezelius låter uppbjuda en gård vid Biskopsgatan, den han tillöst sig af landshöfdingen Creutz, får man väl antaga, att denna gård var densamma, som Creutz uppköpt i och för sitt företag. Kuppis och Mätäjärvi-vatten fingo sålunda alt framgent rinna ned till ån lika obegagnade som förut och Stortorget blef utan sin fontän.

III.

Mätäjärvikvarteret.

Oster om Kyrkokvarteret mellan Tavast- och Fägatorna låg Mätäjärvikvarteret. Sitt namn hade denna stadsdel fått efter den oländiga sumpmark, som befann sig midt i den samma mellan Tavastgatan och Gertruds-backen eller ungefär mellan de nuv. Tavasttvär- och Hofrättsgatorna. På de kartor, som åtfölja „Bidragen" II och IV ser man i denna trakt en liten insjö, omgifven af talrika kålgårdar. Man vore böjd för att antaga, att denna platsens sumpighet bort sätta en gräns för stadens utvidgning åt detta håll, då de ogynsamma lokalförhållandena väl gjorde trakten ytterst farlig i sanitärt hänseende. Så lär det emellertid icke varit fallet. Juslenius försäkrar, att man aldrig hört talas om någon olägenhet, som skulle berott på traktens lågländthet, alldenstund stadsboarne genom diken sökt förhindra vattnets stagnation och med sten och sand fylt en del af kärret. Jämför man 1710 års karta med den från 1620-talet, så finner man, hurusom under 1600-talets lopp en sträcka af kärret värkligen blifvit bebygd, om detta område ock, såsom tidigare är framhållet, icke var synnerligen betydligt [1]).

Hurusom man genom kanaler afledde vattnet till ån, är nyss framstäldt.

Ofvanom träsket höjde sig Mätäjärvibärget eller S:t Gertruds-backen. Liksom på stadens öfriga höjder drefs här en mängd

---

[1]) Att den af Juslenius uttalade sangviniska förhoppningen, att man genom fyllningsarbetets fortsättande „innan kort skall få fast grund där förut varit ett kärr", icke torde slagit in, ådagalägges af Julins uppgift, att han år 1810 såg en flytande ökstock i Mätäjärvi.

väderkvarnar för vinden. Den redan nämda kvarnförteckningen af år 1638 upptager 19 sådana.

På Gertrudsbacken, invid Fägatan och i närheten af Fätullen, upptager den med andra häftet af „Bidragen" följande kartan „Kärtula"- eller S:t Gertruds kyrkogård. Tengström har uttalat den åsigt, att denna kyrkogård stod i samband med S:t Gertrudskyrkan, som var inrymd i den kyrkan omgifvande byggnadskomplexen och användes af de många i staden bosatta tyskarne. I hans „Handlingar till upplysning i Finlands kyrkohistoria" anträffas ett stadgande af år 1578, hvari bestämmes, att „fattigt och gement folk" må begrafvas i Helgeandes och S:t Gertruds kyrkogårdar.

Senare planteckningar upptaga icke S:t Gertruds kyrkogård. Däremot finner man på dem, såsom t. ex. redan på 1710 års karta, stadens afrättsplats förlagd på samma ställe, där kyrkogården varit belägen (på gårdarna n:o 16 o. 18 vid Nylandsgatan). Redan år 1669 kan man med bestämdhet uppgifva, att rättareplatsen var på Gertrudsbacken. I ett mål från 1683 talas om rättareplatsen nära Fätullen. År 1642 tillsäges om uppförandet af en stengärdsgård kring galgen, hvars plats dock icke närmare bestämmes. På denna afrättsplats exekverades synbarligen alla domar, som lydde på hängning och likets förbrännande. På Stortorget, där afrättningar med svärd och yxa icke sällan anstäldes, kan man väl antaga, att exekutioner af detta slag icke förekommo. På afrättsplatsen jordades åtminstone någongång delinkventerna. Från år 1678 nämnes ett hofrättens utslag, som föreskref, att en dagen förut hängd brottsling skulle begrafvas under galgen. Invid denna hemska plats var i mediet af 1700-talet mästermannens bostad belägen. Måhända var så förhållandet redan under sjuttonde seklet, ty år 1698 finner man magistraten anslå förra mästermannens stuga på Gertrudsbacken till boställe åt en risare.

Mellan Gertrudsbacken och staketet hade enskilda stadsboar upptagit åkrar och kryddgårdar.

Gator funnos icke många i Mätäjärvi. Utom Fägatan [1]) (också kallad Karjagatan) samt Tavastgatan har jag under 1600-talets förra hälft icke påträffat namn på andra gator, hvilka med säkerhet kunde förläggas till Mätäjärvi, än Kyrkotvär- eller Gropgatan,

---

[1]) Riktningen af Fägatan, som gick närmare Observatoriibärget än nuv. Nylandsgatan, skönjes, såsom jag tykt mig finna, af de gamla stenhusen inne på gårdarna n:o 1, 3, 11 och 13 vid Nylandsgatan.

som på 1710 års karta dock icke mera sträkte sig in på Mätäjärvi, utan upphörde vid Stora Tavastgatan. Tavasttvärgatan, som omnämnes redan på 1660-talet och började vid Hästtorget, fortsattes äfven ett stycke in i Mätäjärvi. På 1710 års karta kallas denna fortsättning, måhända hela gatan, Doktor Johans gata. På 1690-talet nämnas Tavast-, Tavasttvär-, Fä-, Lillfä- samt Tvärfägatorna. Den sistnämda var synbarligen samma gata, som år 1710 nämnes Kvarngatan och gick obetydligt väster om nuv. Lilla Tavastgatan. År 1710 upptagas på kartan dessutom Hampus- eller Nuckarigatan, som gick litet ofvanom Kvarngatan och parallelt med denna, samt Hurulagatan, som gick öster om Doktor Johans gata. Mätäjärvitvärgatan, som någongång nämnes, är synbarligen liktydig med Tavasttvär- eller Tvärfägatan.

Offentliga byggnader funnos icke flera än två: under seklets förra hälft det invid torget belägna vakthuset (hvarom framdeles mera) samt under dess sista år det publika kvarnhuset, där samtliga handkvarnar i staden höllos förvarade. Vid rådstufvusammanträde den 6 oktoher 1684 resolverade landshöfdingen Creutz och magistraten, att på ett lämpligt ställe ett hus skulle uppföras, där borgarene voro skyldige att deponera sina handkvarnar och i vederbörande tullbetjänings närvaro mala sin mäld. „På det värket måtte så mycket bättre kronan till nytta befrämjadt blifva", erbjöd Creutz för ändamålet sin egen tomt på lilla sidan. Tvänne månader senare kom från generalinspektoren Nils Arvidsson Hägerflycht i Stockholm tillsägelse att uppföra kvarnhuset med stadens egna medel. Det varade emellertid flera år, innan befallningen blef efterföljd. Ännu i början af år 1691 protesterade borgerskapet mot att i gemen kontribuera till inrättningen, då långt ifrån alla hade i sin ägo handkvarnar. De som ägde sådana sade sig hällre vilja sönderslå dem, än de bygde det påbjudna huset. Efter upprepade påminnelser från rättens sida gick det dock på sommaren 1691 så långt med företaget, att ackord uppgjordes med rådman Wilhelm Wargentin om erhållande af en dennes tomt i Mätäjärvi till offentligt handkvarnhus för en lösesumma af 50 daler s. m. Arbetet med det nya husets uppförande och inredande begynte kort därpå, pågick ännu följande år, men slutfördes väl redan vid samma tid.

Juslenius, som omtalar detta kvarnhus, nämner allenast, att det låg i Mätäjärvi. På 1710 års karta finnes det icke utsatt, men man torde kunna sluta till dess ungefärliga belägenhet efter namnet på den nyss nämda Kvarngatan. I slutet af 1700-talet utsättes stadens kvarnhus till Tavastgatan nära intill hörnet af denna och Fägatan [1]). Huruvida någon flyttning därförinnan ägt rum, . är mig obekant.

---

[1]) J. A. Wiblingens „Charta öfver Sjö- och Stapelstaden Åbo" af år 1799, Kongl. Svenska Generalstaben i Stockholm.

IV.

Klosterkvarteret.

Uti den redan nämde numismatikern Berchs reseanteckningar finnes uppgifvet, att Klosterkvarteret var den älsta stadsdelen och att det, enligt sägen, skulle uppbygts af lybeckare. Huruvida dessa uppgifter äga sin riktighet, må lämnas därhän. Att lybeckska köpmän redan under älsta tider idkade handel vid Auraflodens utlopp och att mången bland dem äfven slog sina bopålar ned vid denna ort, det är af historien nogsamt kändt. För antagandet, att deras faktorier i synnerhet anlagts på Klöstrets område, kunde väl anföras den omständighet, att åtminstone ännu i slutet af 1600-talet en i denna trakt befintlig backe, Lybecksbacken, nämdes efter dem.

Sitt namn bar Klosterkvarteret efter Finlands första kloster, det åt S:t Olof helgade dominikanerklostret, som år 1537 uppgick i lågor „till ett tecken, att den påfliga lärans boss på den tiden blifvit förtärdt af evangelii sanna eld" (Juslenius). Under senare tider värkstälda tillfälliga gräfningar ha ledt till det antagande, att klostret befunnit sig ungefär i hörnet af nuv. Stora Tavast- och Östra Auragatorna [1]). Den i Åbo stads äldre historia bevan-

---

[1]) Härom har Julin antecknat: „Ett franciskaner [ɔ: dominikaner] kloster torde hafva varit uppbygdt strax ofvanom f. d. handl. Forsells, numera magasinsförvaltaren Carenius circa 150—175 alnar ifrån ån på Östra Auragatan. Vid gaturegleringen år 1851 framkom en gammal gråstensmur circa 2 aln under jordytan, som endast med krut kunde söndersprängas. Uti denna mur var inmurad en sten (Pargas kalksten) af circa 3 menniskohufvudens storlek, försedd med inhuggningar föreställande hjerta och löfblad (lotusblad?). Denna enda qvarlefva af Åbo klostertid, som torde finnas efter alla kloster, aflemnade jag 1873 till fornminnesföreningen i Helsingfors. Vid grundgräfningen till Forsells husbyggnader år 1829 och vid planering af uppkörsallén till Observatoriibacken året 1873 påträffades massor af menniskoben ifrån f. d. kloster begraf-

drade Adolf Lindman uttalar den förmodan, att på denna plats, där enligt andras mening klostret stått, Finlands älsta leprosorium, S:t Jörans hospital, varit beläget. Jag kommer framdeles i tillfälle att ådagalägga, hurusom denna förmodan knapt kan äga sin riktighet. Att ett hospital under en tid af 1600:talet befunnit sig i dessa trakter, är säkert, men detta hospital var en fattigvårdsinrättning, som tillkom först efter leprosoriets förflyttning till Sjählö eller, om det existerade tidigare, icke kan ha varit förbundet med spetälskehuset. Att detta fattighus skulle stått på den plats, där klostret antages varit beläget, denna förmodan kan visserligen icke förkastas som otrolig, men inga bindande bevis kunna häller anföras därför. Lika möjligt är, att inrättningen med dess särskilda kyrkogård legat vid nuv. Nunnegatan, där ju äfven, liksom vid den ofvan nämda platsen, människoben anträffats i jorden. Vi återkomma i ett följande kapitel till denna fråga.

Centrum af Klosterkvarterets område upptogs af det stora Vårdbärget, nuv. Observatoriibärget. Det bar sitt namn efter ett vårdtorn, som var uppbygdt på detsamma och där i äldre tider poster varit utsatta för att signalera en befarad fiendes ankomst. På den karta, som åtföljer Bidragen I och II, finnes detta vårdtorn utsatt; i öfriga planteckningar återfinnes det icke. Om Vårdbärget är för öfrigt intet annat att säga än att det, i likhet med andra höjder i staden, pryddes af väderkvarnar samt att dess närmast staketet befintliga del var upptagen till åkrar och kålgårdar.

Hela sträckan mellan Vårdbärget och ån var bebygd. I närheten af Fägatan och torget såg man många prydliga, väl uppförda hus, som dock, i liket med husen i allmänhet i staden, icke utmärkte sig genom någon synnerlig höjd. Främst bland dessa byggnader har man att fästa sig vid stadens rådstuga, hofrättshuset och stadshuset, alla belägna vid torget. Vi spara beskrifningen af dessa remarkabla byggnader till nästa kapitel.

I riktning med ån, mellan denna och Vårdbärget, löpte fyra gator. Den öfversta kallades tidigare Klostergatan, äfven Klosteröfvergatan; den följde i en något bågformig linie foten af Vårdbärget från Klöstrets sydligaste del till Fägatan. Genom den efter 1656 års brand företagna och i det föregående omnämda gaturegleringen drogs Klostergatan i en rak linie i riktning mot Tavasttull och kom sålunda att utmynna i Fägatan något närmare

---

ningsplatsen. Benen inlagda i kistor nedgräfdes uppå begrafningsplatsen vid Skansen."

torget än förut. Dess namn blef numera Konungsgatan, ehuru de gamla benämningarna ännu en god tid framåt begagnades[1]). Konungsgatan sammanföll fullkomligt med nuv. Stora Tavastgatan (mellan Samppalinna och Nylandsgatan).

Mellan rådhuset och det s. k. Brinkalahuset löpte en kort gata, Rådstugugatan. Dess belägenhet utmärkes ännu af den smala gränden mellan nuv. rådhuset och skjortfabriken därinvid.

En fortsättning på Gamla Kyrkogatan var Klostermellangatan, som begynte vid torget mellan Brinkala och Kankas (sedermera hofrätts-) husen. Äfven dess forna läge utmärkes ännu tydligt af nuv. rådhus- och svenska lyceibyggnaderna samt P. C. Rettig & C:os tobaksfabrik.

Närmast ån, något ofvanom nuv. Östra Strandgatan från lyceet till stenbron, gick Klosterågatan.

Dessa gator skuros af några tvärgator. Den längsta, som låg närmast torget och skar alla de fyra ofvanuppräknade gatorna, kallades måhända Klostertvärgatan. Öfriga tvärgator eller gränder voro Konungstvärgatan, Konungs yttersta tvärgatan, Gostilagatan och Vindigatan. På 1710 års karta förekomma 2:ne Konungstvärgator, den ena sammanfallande med början af nuv. Östra Auragatan, den andra belägen litet nordligare. Gostila- och Vindigatorna har jag funnit omnämda endast en gång, den förra år 1624, den senare år 1677. Hvardera sägas vara belägna i Klöstret[2]).

Det nuvarande Samppalinnabärgets namn finnes icke utsatt på äldre planteckningar. På den redan citerade kartan från år 1828 nämnes bärget Klösterbärget. Detta förekommer mycket ofta nämdt i handlingar från 1600-talet. Att det icke motsvarade den nuv. Klösterbacken är alldeles säkert. Denna trakt var nämligen under tiden för vår skildring upptagen endast af åkrar, och domkyrkans begrafningslängder ådagalägga tydligen, att om Klösterbärget eller Klosterbacken också ej var någon tätt bebygd trakt, så voro boningshusen härstädes icke så alldeles fåtaliga. Det synes mig knapt lida något tvifvel därom, att man med Klosterbacken har att förstå just den bärgshöjd, som i våra dagar bär namnet Samppalinnabärget.

Den trakt, där Kloster- eller Konungsgatan utmynnade vid Klosterbärget, kallades gemenligen Katinhäntä, synbarligen en

---

[1]) Så nämnes t. ex. den s. k. Fläskilägården i protokollen för 1667 belägen vid Kungsgatan, år 1694 vid Klosteröfvergatan.

[2]) Rådst. prot. och domk. räkenskaperna.

förvrängning af det äfven förekommande uttrycket Gatändan eller Klostergatändan. Gyllenius nämner stället „Katterumpan“. Under detta sekel användes, enligt Julin, uttrycket Kattsvansen. Folkhumorn synes sålunda utsett denna plats till föremål för sin filologiska uppfinningsförmåga.

Under Brahes generalguvernörstid stod vid Katinhäntä ett stort antal fällbodar såväl invid stranden („bollvärksbodar“) som något högre upp. Dessa fällbodar kommo, liksom så många andra, i kollision med den på Brahes initiativ företagna stadsregleringen, hvarför innehafvarene af desamma år 1649 ålades att flytta bort till den närmare åmynningen belägna Sotalaisängen, där lämpliga tomter skulle åt dem anvisas. På de utdömda bodarnas plats var det grefvens mening att förlägga stadens lastage. Det framgår icke med säkerhet, i hvad mån befallningen blef satt i värket. Sotalaisängen ville aldrig blifva bebygd och vid Katinhäntä kvarstodo hela seklet igenom talrika bodar, hvilkas antal magistraten vid särskilda tillfällen sökte att minska för att förekomma den eldfara, för hvilken byggnaderna i följd af sin hopgyttring på ett inskränkt område ständigt voro utsatta. Utom fällbodar fans vid Katinhäntä en mängd spannmålsmagasin samt några brygghus, bland dem ett tillhörigt staden.

År 1664 förstördes byggnaderna i Katinhäntä af en rasande vådeld, hvarvid inalles 300 spanmålsbodar beräknas ha gått förlorade.

År 1693 inträffade här ett större jordras, som förstörde brygghusen och injagade hos borgerskapet stora farhågor för åns tilltäppande.

Ett stycke ofvanom Katinhäntä, ung. i hörnet af Östra Aura- och Arseniitvärgatorna (invid det ställe, där under 1700-talet trädgården Surutoin anlades), låg en trakt, som kallades Lybeck eller Lybecksbacken. År 1651 emanerade väl en förordning, att innevånarene på denna backe skulle flytta sina bopålar till Lill-Heikkilä ängen invid ån, men ännu lång tid efteråt omtalas personer bosatta därstädes. I likhet med andra innebyggare vid stadens periferi hörde „Lybecksboarne“ till de obemedlade klasserna. Vid riksdagen i Stockholm år 1686 anhöllo åtskilliga af stadens borgare och bönderna i omnäjden, att i likhet med hvad tillförene varit fallet få begagna en port i staketet vid Lybecksbacken, rödporten kallad, „emedan eljest är för borgerskapet till deras åkrar som böndren, [hwilka til kyrckian] genom tullporten måste resa, lång, elak och sumpig väg, besynnerlig höst och vår, att de intet kunna komma väl fram". Sedan landshöfdingens och kammarkollegii utlåtande infordrats, bifölls denna begäran mot vilkor, att nyckeln till porten förvarades i tullstugan vid Fäporten och utlämnades endast vid förefallande behof.

Söder om Katinhäntä, på den mellan ån och bärgen belägna smala landsträckan, som genom Brahes bemedling blifvit införlifvad ·med stadens mark, mötte åkrar och ängar. Såsom ofta framhållits, sökte Brahe att förmå borgarene, isynnerhet de på Lybecks- och Ryssbackarna boende, att slå sig ned i denna trakt, men alla ansträngningar i detta syfte strandade. Ännu vid medlet af följande sekel kunde Wasström uppgifva, att kolonisationen härstädes icke ville taga någon fart.

Ett stycke bakom Aura sockerbruk befann sig stadens tegelbruk, Tegelsalen kallad. År 1634 omnämnes ett kontrakt med en mäster Mölchior Mosskoski, hvarigenom denne åtog sig att blifva stadens tegelslagare. Följande år uppgjordes, i följd af brukets förfallna tillstånd, den öfverenskommelse, att stadens trenne borgmästare jämte fyra bland rådmännen skulle öfvertaga inrättningen mot åtnjutande af arrendefrihet för fyra år och med utsigt att efter denna tids förlopp få behålla bruket mot en billig afgift. Synbarligen ledde åtgärden icke till någon märkligare påföljd, ty år 1642 låg bruket ännu förfallet. Dess iståndsättande uppdrogs nu åt borgmästaren Johan Hansson och rådmannen Petter Jesenhaus, hvilka äfven synas fått inrättningen åter i gång. Under tegelbruket hörde några jordstycken i närheten. Genom blunder från vederbörandes sida befunno de sig en tid i privata händer, men återkallades såsom omistliga år 1688.

Julin omnämner i sina anteckningar en mellan Katinhäntä och Tegelsalen belägen trakt, som kallades Betlehem. Namnet, som han gissningsvis härleder från under katolska tiden i denna trakt öfliga ceremonier, har jag ingenstädes anträffat i handlingar från 1600-talet.

V.

Stortorget med omgifvande byggnader.
Bron och ån.

tadens förnämsta torg Stortorget låg, såsom redan är nämdt, utanför nuvarande rådhus- och lyceibyggnaderna. Dess bredd upptages i kartorna till circa 50, längden till inemot 200 alnar. Tidigare var stadens hela torghandel koncentrerad till detsamma, men äfven sedan en torgplats förlagts till lilla sidan och Hästtorget bestämts för skogsprodukter fortfor Stortorget att vara centrum för handeln med landtmannavaror. Utrymmet var icke synnerligen stort, men motsvarade till fullo behofven. I och för sig ägde torget ingen annan märkvärdighet än kåken, vid hvilken, till de torgbesökandes stora uppbyggelse, tidt och ofta delinkventer af bägge könen underkastades „hudstrykning" eller utstäldes till menighetens benägna påseende[1]). Då och då bjöds här på det mera sällsynta skådespelet af en afrättning. Det har redan nämts, hurusom de goda Åboborgarene en tid fröjdade sig med utsikten att se torget prydt med en fontän, men hurusom denna förhoppning aldrig gick i fullbordan.

Var Stortorget sålunda intet mera än ett vanligt torg, där borgarene köpslogo och prutade med landtmännen, så intog det dock en mycket remarkabel plats bland stadens sevärdheter genom de prydliga och i stadens annaler märkliga hus, som omgåfvo detsamma. I allmänhet synes man ifrat för att endast stenhus finge uppföras vid torget, så att, då magistraten en gång, år 1664, beslöt sig för att därstädes låta uppföra ett trähus, påminde en rättens medlem, hurusom detta stred mot gammal god sedvana). Då

---

[1]) I Åbo o. Björneborgs läns verifikationsbok 1687 s. 3455 talas om „ståltrådskvasten, som belätet på kåkstolpen har i handen".

vi gå att taga torgets omgifning i betraktande, vilja vi först fästa oss vid det hus, som utgjorde centrum för stadens rättsskipning och förvaltning, rådhuset.

Rådhuset reste sig på samma plats, som f. n. Juselii skjortfabrik. Det var under loppet af detta sekel åtminstone tvänne gånger, näml. åren 1656 och 1681, utsatt för vådeld, då det väl mestadels nedbrann. Två år efter den senare olyckan stod det ånyo färdig-bygdt och erbjöd då ett mycket prydligare yttre än förut. Det var uppbygdt af träd — såsom under hela seklet — och räknade tvänne våningar, den öfra afsedd för rättens sammanträden, den nedra inrymmande bl. a. stadsfängelset. Handlingarna omnämna „tjufvekällaren“, „boden“, „stadens gömmor“, „häktelset“ m. m. I ett mål från 1683 göres åtskilnad mellan „borgarefängelset“, hvil-ket användes bl. a. vid bysättning, samt „tjufvekällaren“. Hela fängelselokalen upptog icke mera än två rum (Juslenius). Synner-ligen nogräknad torde man icke varit med fångarnes välbefin-nande, om man får tro en stadens mästerman, som år 1663 blifvit dömd till fängelse, men på det bevekligaste anhöll om att blifva befriad från detta straff, emedan han fruktade att i fängelsehålan blifva uppäten af „maskar och ormar“. Ett rådstuguur, „seger-wärk“ eller „säijerwärk“, omnämnes första gången år 1643, ehuru ett sådant nog kan ha funnits tidigare. Nämda år uppgjorde ma-gistraten med segermakaren Lorens Meyer från Wiborg ackord om förfärdigandet af ett nytt segervärk till rådstugan i st. f. det gamla, som Didrik Bugenhagen anskaffat och som förlidet år blif-vit uppsatt på prof, men väl befunnits odugligt. Värket sköttes af en särskild urmakare, som tämligen ofta mottog af rätten allvar-liga föreställningar för „orätt klockställande“. Efter 1681 års brand försågs rådhuset med ett torn, hvari ett slagur var uppsatt. I samma torn fans äfven en vårdklocka, med hvilken bl. a. signa-lerades dagens inbrott (klockan 4 på morgonen) och ringdes till rådstugusammankomst [1]. — Utanför rådstugudörren befann sig „råd-stugustocken“, vid hvilken delinkventer då och då stodo fastked-jade. Inne i rådstugans portgång förrättades hudstrykning med ris och „tjärutampen“. Stundom utstäldes för rådhuset ett straff-redskap, som kallades „hästen“. Alldeles i närheten stod den re-dan nämda kåken på torget.

---

[1] I rådst. protokollet för den 7 nov. 1691 talas om en drucken tornväk-tare, som ringt med vårdklockan kl. 9 på aftonen i tron att klockan slagit 4 på morg.

7

Invid rådhuset i nordöstra hörnet af torget stod stadens vakt-hus, „corps de garde". Före den med anledning af 1656 års brand vidtagna regleringen af gatorna på stora sidan synes vakthuset stått inom Mätäjärvikvarteret, invid hörnet af Fägatan och Tavastgatan. När sedan en gata, Tavast-Konungsgatan, drogs direkte emellan Ta-vasttullen och Kätinhäntä och en annan ny gata, Nya Kyrkoga-tan, öppnades från torget till domkyrkan, inkvarterades vakten i en bredvidstående byggnad, som begränsades af Nya Kyrkogatan, torget och Gamla Tavastgatan. „Kortgardet", såsom den vanliga, från „corps de garde" härledda benämningen lydde, föll sålunda inom Kyrkokvarterets område. Det förra vakthuset uppläts år 1663 åt det nyinrättade bankokontoret mot vilkor att staden fortfarande hade eganderätten till huset, för hvilket bankokommissarierne hade att erlägga en årlig hyra af 100 daler k. mt. Då staden år 1685 be-slöt sig för inrättandet af ett auktionskollegium, inrymdes detta i bankhuset. Därförinnan synes bankohuset en tid varit upphyrdt af tobakskompaniet. Det förmäles nämligen i rådstuguprotokollet för den 21 okt. 1672, att tobakskompaniets afnämare lämnade från sig nycklarna till bankohuset, „sägande sig därmed icke mera vela utfärda, efter de intet gods mera hafva att afsätta". Det hus, som sålunda under seklets lopp tjänade först som corps de garde, se-dan som bank- och auktionshus, var mycket anspråkslöst; det kal-las af Juslenius endast ett hvalf. Större omsorg synes man ha egnat det nya vakthuset, som i likhet med rådhuset pryddes af ett torn.

På rådhusets nuvarande plats låg det s. k. Brinkalahuset, bland hvars ägare må nämnas grefvinnan Agneta Horn, enka efter friherre Lars Krus. Efter 1656 års brand stod detta hus till stor vanprydnad för torget, öde och förfallet i fem års tid, konfiskerades därför af magistraten i enlighet med stadens pri-vilegier, men återstäldes till innehafvarinnan, nämda grefvinna Horn, mot skyldighet från hennes sida att inom bestämd termin utföra nödiga ombyggnader.

Invid Brinkalahuset, skildt allenast genom Klostermellanga-tan befann sig från början af 1670-talet hofrättshuset. Under sina tidigaste år hade hofrätten hållit sina sessioner på slottet, sedan hade den sammanträdt i hyrda lokaler, från år 1637 i det billsteenska huset, som kort därpå inlöstes af kronan. Från detta hus — beläget, såsom vi snart komma att se, på lilla sidan invid ån — flyttade hofrätten par och trettio år senare in i det s. k. hornska palatset vid torget, ett trevånings stenhus, som regeringen därförinnan tillhandlat sig af fältmarskalken, friherre Gustaf Evertsson Horns arfvingar. Inflyttningen i detta hus, som var hofrättens säte ända till branden 1827, torde skett år 1671. Detta år uppbjöds nämligen vid tre laga rådstugudagar i augusti och september månader det hornska palatset för hofrättens räkning och den 9 januari följande år utsågos gode män att värdera det förra hofrättshuset. I januari 1672 utfärdades jämväl på hofrättens begäran det redan nämda påbudet om skogsprodukters försäljning på Häst- och Nya torgen, hvarigenom hofrättens ledamöter befriades från det störande buller de tunga vedlassen åstadkommo.

Tio år efter inflyttningen i den nya lokalen drabbades hofrätten af den svåra brand, som den 29 maj 1681 härjade större delen af staden. Förödelsen synes varit fruktansvärd; såväl byggnaden som dess inventarier med en del af arkivet blefvo lågornas rof. Det varade tio år, innan huset återuppbygts med kollekter, samlade från hela Finland och Ingermanland, och ännu 3 år därtill, innan husets inredning var någorlunda fulländad. Under denna långa mellantid torde rätten hållit sina sessioner på Åbo slott.

Hofrättshusets plats kan utan svårighet bestämmas till det område, som upptages af östra flygeln af nuv. svenska lyceibyggnaden. Om dess utseende känner man icke annat än hvad Juslenius berättar därom, att det öfverträffade alla öfriga vid torget befintliga byggnader i höjd och inre glans. Däremot träffar man några underrättelser om husets inventarier. I en år 1694 uppgjord förteckning öfver af presidenten Falckenberg anskaffade möbler uppräknas: 18 stycken gyllenläder, hvart stycke om 25 rutor, en stol för presidenten och 18 stolar för ledamöterna, alla betäkta med juft. Det nämnes vidare, att det mindre sessionsrummet redan var beklädt med gyllenläder samt att man som bäst var sysselsatt med att på samma sätt tapetsera det större sessionsrummet och ˙en kammare. En himmel öfver bordet „för rättens sirat" hade vicepresidenten Simon Ruuth fått i uppdrag att ombestyra och presidenten hade lofvat anskaffa konungens konterfej och ett engelskt ur. Före Carl XI:s död torde såväl husets yttre som dess inredning varit i oklanderligt och fullfärdigt skick[1]).

Till offentliga byggnader invid torget hörde ännu det mel-

---

[1]) H. Vörlund Historisk beskrifning öfver den kongl. hofrätten i Åbo s. 26—37.

lan hofrätten och ån strax invid bron befintliga s. k. stadshuset.
Det heter i domboken för år 1664, att detta hus skulle uppföras
af träd och i tvänne våningar samt att där skulle hållas „skän-
keri". Senare handlingar upplysa, att huset var af sten[1] samt
att stadskällaren befann sig därstädes. Åtminstone vissa tider var
en del af stadshuset uthyrd åt enskilda, bl. a. på 1690-talet åt sta-
dens apotekare. Kartor från 1700-talet förlägga till den ifrågava-
rande tomten stadshuset och acciskammaren. Juslenius nämner
intet om stadshuset; förmäler blott, att vid Stortorget invid åstran-
den stod ett hus, hvars öfra våning användes för uppbörden af
tull och accis, den nedra som våghus. Det lider intet tvifvel, att
icke fråga är om samma byggnad.

Hvad våghuset beträffar, så har det icke lyckats mig att utreda,
hvar det tidigare stod. En underrättelse från 1633 meddelar alle-
nast, att magistraten hyrt af (den enligt borgarelängden i Kloster-
kvarteret bosatte) Petter Wedrich en plats vid stadsbron för upp-
förandet af stadens våghus. År 1691 får man veta, att stadens
våghus var „hvarken nog stort, commoditerligt eller eljest dug-
ligt", hvarför landshöfdingen yrkade, att ett nytt hus borde an-
skaffas.

Någonstädes i närheten af torget, måhända invid ån, befann
sig stadens packhus. Lindman förlägger visserligen dess plats till
torget, men det är icke alldeles säkert, att denna uppgift är riktig.
Från år 1725 stod packhuset nog vid torget; om så äfven var fal-
let under hela sjuttonde seklet eller en del däraf, måste lämnas
oafgjordt. Under 1630-talet omtalas en packhusbyggnads uppfö-
rande, då äfven regeringens bistånd anropades. Måhända var det
vid denna tid som, enligt en gammal uppgift, grefve Brahe tillät
. borgerskapet att för uppbyggandet af ett packhus taga teglen från
den nyss därförinnan utdömda Helgeandskyrkan.

Vid torgets norra sida, midt emot hofrätts- och stadshusen,
reste sig enskilda byggnader, hvilka upptogos af butiklokaler, s. k.
„gatubodar". Bland andra nämnas härstädes år 1655 köpmannen
Jakob Wolles och år 1675 köpmannen Wilhelm Wargentins stenhus.

* * *

Från torget förde stadens enda öfver ån slagna bro till Anin-
gaissidan. Den var bygd af trä och hvilade på en kista, hvars
mot strömmen vända spets var beklädd med järn. Ofvanpå bron

---

[1] Åbo och B:borgs läns verifik. bok 1687 s. 3455, 1688 s. 4612.

Domkyrkan och bron i äldre tider (före 1827). Originalet bland Winterska
samlingarna på Ispois.

stod en köttmånglare- eller slaktarebutik. Den var en tid nedtagen, men uppfördes ånyo 1691 och stod kvar ännu vid branden år 1827. Vid högtidliga tillfällen synes man ha aflossat stycken eller kanoner från bron.[1] År 1612 berättas vårfloden varit så stark, att den förde med sig brobyggnaden. Vid branden år 1681 förstördes äfven bron, men blef med stora kostnader återuppbygd redan tvänne år senare. Under tiden begagnade man sig af en färja, som enligt magistratens beslut (af den 31 maj 1681) skulle bestå af tio fyra famnar långa stockar. Öfverfarten ombesörjdes af en färjkarl, som ägde att uppbära $\frac{1}{2}$ öre för person och 1 öre för häst och karl.

Ån var vid tiden för denna skildring djupare än i våra dagar. Icke allenast små skutor, utan äfven större, djupgående farkoster kunde med lätthet styra upp till bron. Mot åns uppgrundande var man på det sorgfälligaste betänkt. Höga böter — ända till 100 d. s. m:t — bestämdes för dem, som nedkastade orenlighet i vattnet; priveter och stall voro bannlysta från stränderna och särskilda åvaktare hade sig uppdraget att öfvervaka påbudens efterlefvande. De ständigt återkommande tillsägelserna tala emellertid för, att magistratens förbud oafbrutet öfverskredos.

Till skydd mot jordras och öfversvämningar hade man på särskilda ställen („där det var af nöden“, säger Juslenius) försedt stränderna med bollvärk. Dessa bestodo merendels af nedslagna pålar; på sina ställen voro de uppförda af sten. Försiktighetsmåtten torde icke varit nog strängt iakttagna, ty då och då hör man talas om strandens nedrasande.

---

[1] Utdr. ur Åbo stads dombok 1626—1632 s. 106.

VI.

Enskilda gårdar på stora sidan.

En märklig omständighet, som genast faller i ögonen vid genomgåendet af topografica från 1600-talet, är den, att ett flertal gårdar hade sina särskilda namn. Icke allenast att de uppkallades efter ägaren; de hade dessutom, i likhet med hemman på landet, ett namn, som förblef oförändradt under det att gården bytte om innehafvare. Detta förhållande är dock icke något specielt utmärkande för 1600-talet. Det kännetecknar lika mycket den föregående tiden såväl som det följande seklet. Ja, ännu inpå detta sekel fortfor bruket att använda de gamla gårdsnamnen.

Dessa namn synas i allmänhet ha uppkommit sålunda, att den första ägarens eller någons bland de älsta släktnamn fortfarande användes sekel igenom, synnerligen om gården en längre tid befunnit sig i samma familjs ägo. Så kallades en gård vid Tavastgatan, som hvars ägare en tid nämnes en af släkten Äijälä, långa tider Äijälägården. En gård på Ryssbacken, som tillhört en, kanske par medlemmar af släkten Lähteenkorva (Borenius,) kallades fortfarande Lähteenkorvagården. Adelsmäns stadsgårdar uppkallades ofta efter det släktgods, hvartill adelsmannen skref sig. Så t. ex. Kankasgården, tillhörig Horn till Kankas, Lehtisgården, tillhörig Fleming till Lechtis, Brinkalagården, en tid tillhörig ståthållaren Hans Eriksson till Brinkala.

Som vidare exempel på sådana gårdsnamn må nämnas i Kyrkokvarteret: Pietilä, Kalkila, Finnilä, Lassila, Bondila, Hakola, Pässilä, Strykilä, Huittilagårdarna; i Klöstret: Mälkilä, Kissala, Fläskilä, Häkärä, Kakskerta, Sikalagårdarna; vid Tavastgatan: Kulmala, Sipilä, Kuukalagårdarna m. fl.

Fäster man sig vid gårdarnas ägare, finner man personer af

alla samhällslager i staden: kroppsarbetare, handtvärkare, handels-
män, borgare, akademiekursorer, präster, studenter, professorer, bi-
skopar m. m. Dessutom folk, som voro bosatta utom stadens rå-
märken; mycket ofta präster i närbelägna landsortsförsamlingar,
ännu oftare medlemmar af ridderskapet och adeln. Det är redan
framhållet, hurusom talrika klagomål riktades mot de sistnämde för
att de togo tämligen lätt skyldigheten att underhålla sina hus och
tomter.

Följer man med noggrannhet samtliga vid rådstufvurätten
gjorda uppbud af gårdar, blefve man i tillfälle att meddela en
aktningsvärdt lång lista på gårdar och deras ägare. Man kunde
dessutom i en stor mängd fall redogöra för, huru gårdarna bytte
om ägare under seklets lopp och hvilka dessa ägare voro. Man
kunde med andra ord lämna en slags genealogisk utredning af
särskilda tomters innehafvare. Vill man därtill fortsätta sin un-
dersökning genom de följande seklen, så kunde man otvifvelak-
ttgt uppbygga ganska många nu lefvande gårdsägare i Åbo med
berättelse om, hvilka som innehade deras tomt under adertonde
seklet och hvilka under det sjuttonde. Längre tillbaka i tiden
torde man svårligen kunna gå. En sådan undersökning skulle
visserligen vitna om ett värkligen rörande forskarenit och skulle
måhända erbjuda intresse för en och annan. Men ehuru det lig-
ger i detta arbetes plan att göra läsaren såvidt möjligt förtrogen
med det sjuttonde seklets Åbo, må det dock ursäktas mig, om jag
finner denna utredning altför litet tilltalande för att ens göra en
början därmed. Det må vara nog med att ur den stora massan
uttaga ett antal gårdar vid särskilda gator utan att närmare söka
lokalisera dem. Den lista, som här meddelas, är uppgjord efter
ingen annan grund än den, att sådana gårdsägare blifvit omnämda,
hvilka höjde sig öfver den gemena mängden och hvilkas gårdar
man väl kan antaga att i regeln hörde till de bättre bygda i sta-
den. Något strängt urval har sålunda icke skett, icke häller nå-
gon fullständighet i uppgifterna åsyftats.

Då läsaren lätt kan ur första häftet af „Bidrag till Åbo stads
historia" vinna kännedom om enskilda gårdar under 1600-talets
första årtionden, äro exemplen tagna från seklets senare hälft.
Siffrorna angifva årtalet för den dombok, ur hvilken uppgifterna
äro hämtade.

Biskopsgatan. Kyrkoherden Clas Alanus (1663), öfverinspek-
tor Didrik Leijonberg (1677), handelsman Jochim Wittfooth (går-
den såld 1684 åt murmästaren Bogislaus Hornborg, 1689 åt kolle-

gan Gustaf Säkylensis), professor Axel Kempe (gården såld 1682 åt professor Jac. Flachsenius; måhända samma gård, som landshöfding Creutz år 1686 tillhandlade sig af Flachsenius i och för sin kvarn, men år 1689 sålde åt biskop Gezelius) [1]), kyrkoherden Henrik Lucander (gården såld 1688 åt biskop Gezelius), rådman Johan Holm (köpt 1697 från bokbindaren Baltzar Gebhard), kapellanen Joh. Gunnelius (1691).

Gamla Kyrkogatan. Biskop Isak Rothovius (gården såld åt Johan Terserus 1661, åt professor Elias Tillandz 1685, åt handelsmannen Mårten Arp 1693 [2])), öfverste Berndt von Gerdten (1654), assessor Jonas Rothovius (1657), syndicus Johan Pratanus (gården såld 1659 åt postmästaren Bertil Caloander), kyrkoherden Andreas Nycopensis (1663), ämbetsgillet (1662), kamrer Olof Strömsköld (1660), fru Sigrid Bjelke (1678), öfverstinnan Elisabet Wachtmeister (sålde gården 1681 åt assessor Samuel Petæus), fältskär Hans Roggenbock (sålde gården 1681 åt handl. Kristian Isebehn), handelsman Henrik Bachster (sålde gården 1694 åt handelsman Henrik Tolpo), borgmästar Laurentius Brochius (sålde gården 1694 åt assessorskan Moiken Brenner).

Nya kyrkogatan. Apotekaren Kristian Zimmerman (gården såld 1660 åt professor Erik Achrelius), rådman Kristian Carlsson (1689), stadsfiskal Zacharias Witte (1664).

Kyrkoågatan. Rådmännen Hans Plagman (1650) och Hans Hansson (1662), grefve Gustaf Karlsson Horn (1661), handelsmännen Jakob Wolle (gården såld 1650 åt kapten Johan Spåre), Jochim Wittfooth (köpt 1667 från inspektor Johan Grimsten), Johan Spicker (1690), vicefiskal Olaus Bremming (gården såld 1675 åt kyrkovärden Henrik Hasselgren), borgmästaren Johan Schäfer (gården såld 1681 åt assessor Samuel Wallenstierna).

---

[1]) Tengström uppgifver, att den nuv. ärkebiskopsgården i slutet af 1600 talet innehades först af Gezelius och sedan af Simon Paulinus. Då professsor Kempes gård i domboken för 1661 förlägges till biskopsåkern, så är det ju ganska sannolikt, att den motsvarade samma tomtstycke, som ärkebiskopen nu bebor.

[2]) Då det, såsom redan är nämdt, heter, att detta hus befann sig „vid kyrkan mellan gamla och nya Kyrkogatorna", så torde man kunna antaga, att det var samma gård, som under 1700-talet tillhörde först biskop Gezelius, sedan Thorwöst, Brovallius, Lecke och som år 1750 inlöstes till biskopsboställe (Tengström, Presterl. tjenstg. II: 66). Rådstuguprotokollen för 1700 upplysa, att biskop Gezelius d. y. detta år tillhandlade sig af generalskan Margreta Galle ett stenhus vid Kyrkogatan. Om generalskan tillöst sig gården af Mårten Arp och när det skett, därom kan jag icke yttra något med bestämdhet.

Napaturugatan. Rådmännen Sigfrid Salko (1653) och Jacobus Jacobi (1684), advokaten Laurentius Wilstadius (1672), kyrkovärden Gudmund Rothovius (1673).

Skolgatan. Kapten Nils Gissle (1651), rektor Gabriel Tammelinus (1675), kyrkoherdarne Georgius Prytz (1689) och Matthias Langius (1690).

Tavastgatan. Professorerne Olaus Wexionius (1662, biskopen Eskil Petræi förra gård), Enevald Svenonius (1662), Samuel Hartmannus (såld 1697 åt superintendenten Abr. Thauvonius) och Martin Miltopæus (1669), kemnären Bertil Letzle (1684), konrektor Elias Woiwalenius (1689,) rådman Bertil Jöransson (1694).

Fägatan. Assessor Petter Thesleff (1661), öfverstlöjtnant Johan Bäck (1661), stadslöjtnant Erik Bock (1677), rådman Johan Miltopæus (1681), handelsman Henrik Tolpo (1685), skomakareålderman Hans Brunou (1686), kyrkoherden Clas Alanus (1686), tullskrifvaren Kr. Collenius (1690), landtmätaren Magnus Bergman (1687).

Rådstugugatan. Handelsmännen Jochim Wargentin (2 gårdar 1655) och Nils Kock (1680 köpt från kyrkoh. Ericus Justander).

Kungsgatan. Assessor Magnus Rålambstierna (1663), bibliotekarien Andr. Petræus (2 gårdar, den ena såld 1667 åt skinnaren Matts Rauch, den andra 1674 åt handl. Johan Boye), kyrkoherden Samuel Frisius (gården såld 1671 åt borgmästaren Johan Schäfer), handelsmännen Josef Pipping (1671), Jochim Wittfooth (1674), Johan Tolpo (gården såld 1689 åt kemnären Hans Hörling), Henrik Franck (1691) och Torsten Merthen (1697), mästarena Zach. Lietzen (1677) och Henrik Lang (1697), rådman Mikael Corelius (1697), professor Magnus Steen (2 gårdar 1697), ryttmästaren Henning Grass (gården såld 1697 åt assessor Johan Rosskamp).

Klostermellangatan. Rådmännen Robert Rancken (1656) och Gottfrid Rosskamp (1667), fältskär Hans Roggenboch (1657), mäster Hans Arckenholtz (1657), borgmästar Petter Jesenhaus (gården såld 1671 åt handelsman Joch. Wittfooth), handelsmännen Herman Thorwöst (1681), Nils Kock (1683) och Gabr. Miltopæus (1690), grefvinnan Anna Sofia af Wasaborg (1680).

Klosterågatan. Handelsmännen Jost Schult (1651, mågens Bartold Fästings år 1667), Anders Merthen (gården såld 1653 åt landshöfdingen Reinh. Metstake), Petter Thorwöst (1655), Josef Pipping (gården såld 1680 åt hustru Margareta Wittfooth), Torsten

Merthen (1684), fiskalen Johan Vassenius, kyrkoherdarne Jöran Alanus (1658), Clas Holstius (gården såld 1677 åt prof. Ericus Falander), Matthias Mandræus (gården såld 1690 åt prof. Andr. Hasselqvist) och Henrik Hasselqvist (1675), häradsdomaren Johan Miltopæus (1675), öfverstinnan Anna Helena v. Gerdten (1681).

Wächterii talo?

VII.

Aningaiskvarteret.

är man efter att ha lämnat bron bakom sig beträdde Aningaiskvarteret vid den öppna platsen framför hörnet af nuv. Lilla Brahe- och Slottsgatorna [1]), hade man strax till höger invid ån det äldre hofrättshuset. I något öfver trenne decennier eller under åren 1637—1671 hade, såsom redan nämdt är, hofrätten här sina sessioner. Först hade huset upplåtits mot en årlig hyra af 100 daler k. m., men redan strax efter inflyttningen begynte hofrätten på regeringens befallning att underhandla med ägaren, Carl Billsteen, om husets inköpande för värkets räkning. Köpets afslutande lär icke ha försiggått utan svårigheter, då Billsteen fordrade en dryg summa, 3000 riksdaler, och regeringen som vanligt befann sig i penningeförlägenhet. Trögt gick det ock med betalningen. De för detta ändamål anslagna högmålssakörena visade sig till en början otillräckliga, så att på en tid framåt ingen afbetalning på köpesumman kunde ske. År 1641 kom man dock så långt, att icke allenast hyran för 4 år utan jämväl inemot tredjedelen af lösesumman blifvit levererade till Billsteen, och återstoden af skulden kvittades så småningom under de följande åren. Men när Billsteens fordringar blifvit nöjakteligen uppfylda, följde ny penningeförlägenhet med anledning af husets underhåll. I huru ringa mån tillgångarna förslogo till att fylla behofven, därom vitnar det memorial, som hofrätten meddelade sin advokatfiskal Johan Wassenius, då denne år 1660 sändes till Stockholm för att lyckönska den nye konungen. Det heter häri, att hofrättshuset var så förfallet, „att ledamöterne, när det regnar och töar, ej kunna bärga sig för vatten och att de alla voro villrådiga, hvad de skulle göra af med hofrättens akter och

---

[1]) Trekantiga torget; enligt Lindman kalladt Hauenkuono.

handlingar, för hvilka de då icke hade något säkert rum för vat ten, långt mindre i händelse af eldsvåda".

Huruvida refvorna befunnos så stora, att man icke ansåg mö dan värdt att söka bota desamma eller om äfven andra skäl till husets utrymmande förelågo, må lämnas oafgjordt. Altnog: år 1672 hade rätten lämnat detta hus och inlogerat sig i hornska palatset vid Stortorget. Den gamla bostaden med samtliga dess „logementer" uppskattades då af särskildt utsedde värderings män till 1,500 daler s. m., motsvarande $^1/_3$:del af den 30 år tidi gare erlagda köpesumman. Huset användes icke vidare af kronan, utan afstods som afbetalning på resterande skulder åt hofrättsas sessoren Olof Samuelsson Wallenius (Wallenstierna.) Från denna hade gården redan år 1678 öfvergått till dåv. professoren Ericus Falander (slutligen vicelandshöfding och adlad med namnet Ti gerstedt.) [1]

Vid det gamla hofrättshuset sammanträffade fem gator: Di rikkalagatan, Aningaisgatan, Slottsgatan — också kallad Drott ninggatan —, Slottsågatan — eller Drottningågatan — samt Brahe gatan. De fyra förstnämda jämte Helgeands- eller Pyhähenkiga tan (som att döma af namnet måtte befunnit sig på lilla sidan) samt Slottstvär- och Mellangatan voro, såvidt man kan finna, de enda gatorna i Aningaiskvarteret före Brahes tid. Under seklets sista årtionden anträffas dessutom Ojalagatan, Väfvare- eller Lin väfvaregatan, Torggatan, Hampspinnaregatan, Aningaismellanga tan, Aningaislånggatan, Aningaisöfvergatan samt par nya Slotts eller Drottningtvärgator.

Förbi det gamla hofrättshuset gick Dirikkalagatan. Dess be lägenhet var densamma, som nuv. Slottsgatans mellan Lilla och Stora Brahegatorna. Samma böjning, som Slottsgatan i våra da gar gör vid gården n:o 3, skönjes äfven på de älsta kartorna. Di rikkalagatan strök ett stycke förbi nuv. öfra bron och skars af en tvärgata, Ojalagatan, belägen litet norr om nuv. Stora Brahegatan. Bakom Ojalagatan visar 1652 års plankarta en till ån löpande gata, dragen ett stycke norr om nuv. Multavierugatan. Denna ga tas namn har jag ingenstädes funnit omnämdt och synbarligt är, att endast några enstaka hus funnos uppförda i denna trakt, som redan under tiden för vår skildring gemenligen kallades Multa-

---

[1] Vörlund, Beskrifning öfver hofrätten och S. E. Justander, Oratio bre vis de quibusdam antiqvitatibus abogicis, urbisque situatione; Åbo stads acta; Rådst. prot.

vieru, ett namn, som enligt Juslenii förmodan uppkommit däraf, att stranden här ofta rasade ned i ån. Däremot stodo här talrika fällbodar och magasiner. Där staketet löpte ned till ån uppbyg- des omkr. år 1690 en vaktstuga eller s. k. „frakthus" [1]) och öfver ån slogs en bom för att hindra landtmän från det inre af landet från att på sina skutor insmuggla oförtulladt gods. Bärget of- vanom denna vaktstuga kallas af Juslenius och Justander Mies- mäki. Detta namn förekommer icke annorstädes, hvarför man väl kan antaga, att den äfven använda benämningen Multavierubac- ken var den allmännare.

Återvända vi till vår utgångspunkt framför det gamla hof- rättshuset, så gifva vi oss först in på de tvänne långa gator, som förde från stadsbron till Aningais tullport. Före Brahes ankomst till Åbo fans här, som nämdt, endast den ena gatan, Aningaisga- tan, senare ofta kallad Gamla Aningaisgatan. När vid seklets midt Brahegatan eller Nya Aningaisgatan tillkom och drogs rakt från bron till tullporten, blef denna den allmänna stråtvägen för de landsboar, som från detta håll kommo in till staden. Aningaisga- tan kom att stå något vid sidan af den allmänna trafiken och upp- hörde ett godt stycke söderom tullen. Bägge gatorna begynte på samma ställe, i hörnet af Slotts- och Lilla Brahegatorna på tom- ten n:o 7 vid Slottsgatan eller 1 vid L. Brahegatan. Brahegatans riktning antydes ännu tydligen af husraden vid inkörsporten till nämda gård samt af ett fristående stenhus inne på gården n:o 5 vid Lilla Brahegatan. Aningaisgatan gick först inpå tomten n:o 4 vid L. Brahegatan, där den gjorde en böjning och fortsattes pa- rallelt med Brahegatan intill tomten n:o 11 vid L. Brahegatan. Några andra sevärdheter torde dessa gator icke erbjudit än Hel- geandshuset med dess kyrka, hvilka vi snart komma att närmare behandla. Tullhuset vid Aningaisporten var i likhet med öfriga tullstugor oansenligt. Det synes inrymt förstuga, stuga och kam- mare. På den invid tullporten belägna Aningaisbacken, ungefär där f. n. narinkbodarna ha sin plats, bodde under seklets förra hälft stadens fattigare befolkning i en oordnad massa af kyffen. Dessa blefvo, såsom redan är nämdt, utdömda af grefve Brahe och innevånarene ålades att söka sig boplatser invid ån på Mättälä och Huhkala hemmanens mark. Det framgår nogsamt, att befall- ningens utförande mötte långvarigt och segt motstånd, men såvidt

---

[1]) Detta „frakthus" låg möjligen på samma plats, där åtminstone ännu sommaren 1888 det ålderdomliga trärucklet framför yllefabrikens tomt stod.

man kan se af Bergmans karta af år 1710 var Aningaisbacken åtminstone vid denna tid och synbarligen redan några årtionden tidigare till stor del utrymd. På backen reste sig talrika väderkvarnar, „liknande harneskklädda vaktposter, hvilka då de drefvos för vinden, kunde injaga fruktan och bäfvan hos den främling, som aldrig sett sådana företeelser" [1]).

Dirikkalagatan var en fortsättning på Slotts- eller Drottninggatan. Denna med dess fortsättning Slottsvägen motsvaras fullkomligt af nuv. Slottsgatan. En vid denna gata befintlig tomt, motsvarande större delen af nuv. kvarteret mellan Slotts-, Köpmans- och Västra Strandgatorna (där folkskolehuset och svenska lyceets gymnastiklokal stå) inköptes år 1695 af regeringen till hofrättspresidentsgård. Tomten innehades då af majoren Kristian Ludvig von Lubras. Tidigare hade den tillhört bankokontoret i Åbo och därförinnan presidenten Ernst Johan Creutz. Köpesumman utgjorde 2000 daler s. m. och arealen beräknades till 15,919 kvadratalnar[2]).

Vid presidentshuset skars Slottsgatan af Linväfvare- eller Väfvaregatan, omnämd första gången år 1655 och tydligen uppkallad efter de vid densamma boende talrika linväfvarene. Den begynte vid Slottsgatan och gick fram ungefär midt emellan nuv. L. Brahe- och Köpmansgatorna. Ett stycke längre bort mötte Torggatan (omnämd första gången år 1654), som begynte vid ån mellan nuv. Köpmans- och Västra Auragatorna och upphörde ett stycke bakom ryska kyrkan. Längre bort funnos tvänne Drottningetvärgator, af hvilka den nordligare belägna i det närmaste motsvaras af nuv. Västra Auragatan. Ännu några andra längre åt lilla bommen till belägna tvärgator till Slottsgatan upptagas på kartorna, men några särskilda namn för dem ha icke påträffats.

Närmast ån löpte Slotts- eller Drottningågatan. Väster om Slottsgatan upptaga kartorna tre långsträkta gator. Den närmast Slottsgatan belägna sträkte sig åt norr till Multavieru och åt söder intill staketet nedanom nuv. Kakolabärget, som Justander kallar Stallbärg eller Stallbäcka. Denna gata bar tidigast namnet Aningaislånggatan. Mot seklets slut, under 1680-talet, tillkom benämningen Hampspinnaregatan. Huruvida bägge benämningarna användes omväxlande eller om redan då Hampspinnaregatan betecknade sträckan mellan Multavieru och Nytorget och Aningais-

[1]) Justander, De quibusdam antiqvitatibus abogicis.
[2]) Fastebrefvet i original i kongl. biblioteket i Stockholm.

långgatan den återstående delen, såsom förhållandet är på 1710 års karta, är svårt att afgöra. Denna Aningaislång-Hampspinnaregata löpte litet öster om nuv. S:t Eriksgatan. Ännu kvarstå flera gamla byggnader, hvilka visa, hvar gatan, under detta sekel kallad Hampspinnaregatan, gått fram.

Väster om Aningaislånggatan befunno sig Aningaismellangatan och Aningaisöfvergatan eller Aningais öfra tvärgata. . Den förra gick midt emellan nuv. S:t Eriks- och Ryska Kyrkogatorna; den senare obetydligt väster om Ryska Kyrkogatan.

Aningaislång-, Aningaismellan-, Torg- och Drottningtvärgatorna omslöto lilla sidans torg, Nytorget kalladt och omnämdt första gången år 1654. Det upptog sydöstra delen af det nuv. Ny-eller Alexanderstorget, hvars areal är nästan fyra gånger större än det gamlas var. Till Nytorget hänvisades, såsom redan tidigare är framhållet, alla de, hvilka genom Aningaistullen införde skogsprodukter till staden.

Det är redan i framställningen om de stadsregleringar, hvilka begynte med Brahes generalguvernörstid, [1]) nämdt, att kolonisationen

---

[1]) Sid. 16 omnämdes en af Wasström meddelad uppgift, att Per Brahe i bref af den 28 juni 1651 ålade magistraten att öfvervaka stadens regulerande i enlighet med ingeniören Hans Hanssons karta. Sedan de första arken af detta arbete blifvit färdigtrykta, påträffade jag i universitetsbibliotekets manuskriptsamling en afskrift af nämda bref, som är af den vikt, att det bör anses förtjänt af att blifva publiceradt. Dess rätta plats hade tydligen varit på sid. 16, men då det äfven berör Aningaiskvarterets ordnande, så vågar jag hoppas på läsarens tillgift för att jag först nu blifvit i tillfälle att aftrycka detta bref. Brefvet lyder in extenso:

Per Brahe etc. Giöre witterligit, att effter såsom Hennes Kongl. Maij:t allernådigste drottninghz nådige willia och befallningh är, det gatorna så wähl uthj Åbo som andre wälbestälte städer skole reguleras och rättas och staden bringas uthur denne confusion, som han är, till en bättre ordhningh, regularitet, heeder, anseende och prydnat och dess inbyggiare till deste bättre accommoditet, vthrymme och säkerheet för eldzwåda alldeles effter den dessein och planta, som ingenieuren Hans Hansson dher å allareda giordt, förfärdigat hafwer och här uppå slåttet sampt Åbo rådhhuus inlefwererat är; altså och emedan medh rijfningen förmedelst wår förrige gifne befallningh å nårre sijdan åån är begynnelsen giordh och dhen platzen widh åån emellan staden och slåttz tullporten iblandh borgerskapet och andra, som uppå Aningais backan här till bodt hafwa, allareda uthdeelt och nödwändigst fordras, att på södre sijdan om åån det samma skeer medh lijka dessein som å den nårre; fördenskuldh befalles å högstbemelte Kongl. Maij:tz wägnar borgmästare och rådh här sammastädes, att dhe och fortfahra medh executionen å södre sijdan åån, nembl:n först under kyrckian; 2:o på Fägatan och 3:o uthj Kloster ändan widh åån; 4:o och dhe som boendes på backan, som Lybeck kallas, skola flyttia sine huus dher ifrån och uthföre widh åån på södre sijdan in uppå Sotalais

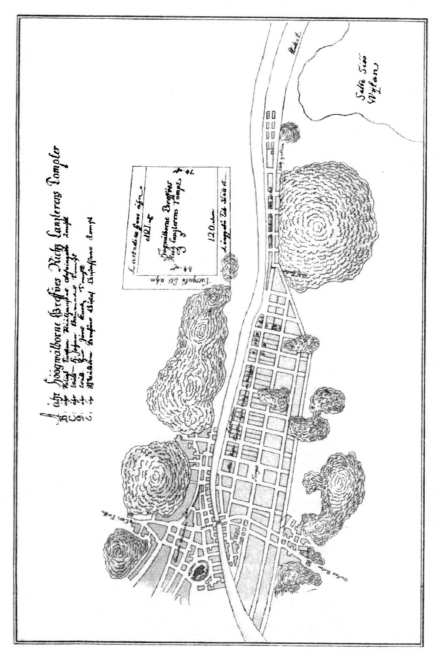

Plan af Åbo stad omkr. år 1650. Efter original i svenska riksarkivet.

på den förut glest bebodda Aningaissidan gick med ganska rask fart framåt, efter det tomtplatser blifvit utstakade på de förra boyeska hemmanens område. Redan år 1660 hade befolkningens antal ökats i den mån, att stadens myndigheter funno sig föranlåtna att bilda tvänne kvarter af Aningaiskvarteret. Gränsen mellan de bägge kvarteren, Norra kvarteret och Södra kvarteret såsom de kallades, blef den gamla Aningaisgatan. Såvidt man på grund af den tidigare citerade bergmanska kartan och uppgifter i rådstuguprotokollen och begrafningslängderna kan sluta, upptogo vid sjuttonde seklets slut de bebygda tomterna tämligen fullständigt det område, som begränsades af ån, Aningais öfra tvärgata, den nordligare Konungstvärgatan och Aningaislånggatan från Nytorget intill den plats, dit lilla bommen första gången flyttades. Med användande af nu brukliga gatunamn, skulle sålunda gränsen ha gått ungefär längs Ryska Kyrkogatan från Multavieru till Västra Auragatan, Västra Auragatan till Eriksgatan, Eriksgatan från torget intill Lasarettsgatan. Äfven på området utanför denna gräns funnos otvifvelaktigt boningshus, specielt vid Aningaistullporten, men hufvudsakligast upptager den nämda kartan därstädes åkrar och humlegårdar.

Den sydligaste delen af lilla sidan kallades Nystaden. Huru vidsträkt område som betecknades med detta namn, är svårt att noggrant afgöra. Enligt en af D. Gadolin på 1750-talet uppgjord och af F. Ekmansson år 1779 renoverad karta vidtog Nystaden där den älsta lilla bommen fordomtima stod, således ungefär vid

---

ägor och Häikilä ängen neder åth slåttet. Hwilcken Häikilä ängh wij wele uppå Hennes Kongl. Maij:tz nådige behagh, effter den så belägen är, staden Åbo till vthrymme och booställe här medh donerat och inrymbd, så wijda som till stadzens byggningh kan behöfwas och dhen dessein, som ingenieuren dher uppå giordt hafwer sampt plantan uthwijsar. Och skall wijdh rijfningen detta noga observeras, särdeles uthe wijdh allmänne gaturne, och dhe som bäst och sijrligast förmå byggia, skole niuta dhen plattz, som kan blifwa behållen för gatan, och dem androm af borgmästare och rådh beqwemblige tompter annorstädes igen tilldelas, att ingen skall understå sigh der emoot opponera eller mootsträfwigh wara; hwilcken gedwilligt sigh här till icke will beqwäma, skola borgmästare och rådh hafwa macht, dheras huus att låtha nederrifwa och omkullkasta. Och på det dhe, som sine gårdar således skulle rijfwa, så på nårre som södre sijdan, måge det så mycket bättre kunna förrätta och uthj wärket ställa, dy wele wij uppå högstbem:te Hennes Kongl. Maij:ttz nådige behagh hafwa dem gifwit trij åhrs frijheet för mantahls och bakugns pänningarne jempte det borgmästare och rådh hafwa tillsagt och lofwat dem sex åhrs frijheet för tomtörerne och trij åhrs frijheet för dagzwärcken. Dher alle, som wederbör, weta sigh fullkombligen att effterrätta. Datum Åbo slått d. 28 junij 1651.

9

nuv. Birgersgatan [1]). Det får väl antagas, att Nystaden äfven på 1600-talet ägde samma territoriela utsträckning, som under det följande seklet.

I Nystaden befann sig under de trenne sista decennierna af seklet en kyrka, S:t Mikaelskyrkan, och vid denna stadens hospital eller fattighus. Vi komma i det följande att göra närmare bekantskap med denna inrättning. Nu må det blott nämnas, att kyrkan och hospitalet stodo på förra kurhusets tomt vid Slottsgatan.

Den smala — äfvenledes till Nystaden hörande — sträckan mellan ån och Stall- (nuv. Kakola-) bärget, från S:t Mikaelskyrkan till lilla bommen, synes icke blifvit rätt bebygd. Den upptogs mestadels af stadsboarnes träd- och kryddgårdar.

Juslenius berättar, att från bron ända till slottet ledde utmed ån en spatsergång, „som under våren och sommaren är rätt angenäm, dels därför att den går emellan ån å ena sidan och bärgen å den andra, dels och i synnerhet för de här belägna sköna trädgårdarna och för skuggan af de träd, hvilka äro planterade vid vägen till slottet och äro en anläggning af hans excellens grefve Per Brahe". Vid en del af denna „spatsergång" befann sig norra sidans lastadie eller lastageplats, som enligt en omkr. år 1650 uppgjord karta sträkte sig utmed större delen af Drottningågatan. Vid lastadiens anläggande ålades alla, som bodde närmast invid åbrädden, att nedtaga sina hus, „för den trånga grändens skull så väl som på det staden till in och utskeppande må ha en bekväm lastageplats". Ännu vid seklets slut finner man påminnelser härom gifna åt borgerskapet [2]). Då den nyss utnämde landshöfdingen öfver Åbo och Björneborgs län, friherre Ernst Johan Creutz år 1666 erfor, att magistraten försålt en tomt på det för „lastageplatsen vid skeppsbron" förbehållna området, utfärdade han från Sjundby den 25 april s. å. en skarp skrifvelse till borgmästare och råd, däri dessa erinrades om, att „den försålda platsen icke till någons enskilda gårdstomt, utan till en lastageplats och fiskare torg förordnad är, till att förtiga, att ock en fri prospekt och öppen plats bör vara lämnad fram för Konungsgården [hofrättshuset], såsom högnödig vid munstring och utredningar". Jämte det borgmästare och råd påmindes, att om de icke genast bröte köpet, „därpå intet annat lärer följa, än att icke allenast I

---

[1]) Kartan förvarad i Univ. biblioteket i Helsingfors.
[2]) Se t. ex. rådst. prot. d. 25 sept. 1697.

därför skolen behörigen svara, utan ock hvad som bygdt varder igen nedkastadt blifva skall", ålades de „att låta längs med bem:te lastageplats med pålar sålunda förebygga, att icke hamnen må blifva af orenlighet uppfyld och onyttig gjord, så att framdeles ingen farkost till bron skulle kunna anlända". [1]

* * *

Såsom man har skäl att vänta sig, utmärkte sig husen i de nybygda Aningaiskvarteren genom en större regelbundenhet och prydlighet, än man var van att finna flerstädes i „gamla staden". I trakten af bron och Nytorget reste sig talrika stenhus. Längre bort åt lilla bommen anträffades visserligen endast trähus, men de tillhörde, enligt Juslenii utsaga, stadens notabiliteter och företedde ett propert och behagligt yttre. I närheten af lilla bommen, där denna först stod, hade några af rikets främste män låtit tilldela sig tomtplatser. En år 1640 uppgjord „Grenders, Tompters och Gators utstakningz Afrijtningh ifrån Tullporten till Åbo stadh emillan slotzwägen och åhn" upptager tomter tillhöriga grefve Per Brahe, presidenten Jöns Kurck, sedermera grefve Gustaf Gustafsson af Wasaborg, fältmarskalken Åke Tott, vicepresidenten Johan Berendes m. fl. På följande sida bifogade aftryck af ritningen belyser närmare tomternas läge [2]). För bättre orientering må blott nämnas, att Brahes tomt är den sydligaste och motsvaras i våra dagar af nordligaste ändan af västra Esplanaden. På en omkr. år 1650 uppgjord och i svenska riksarkivet förvarad karta tillhör gården Torsten Stålhandskes arfvingar. Söder om denna tomt upptages rikskanslern Axel Oxenstiernas, belägen på bägge sidorna om Slottsvägen och upplåten af staden åt kanslern år 1650 [3]).

---

[1] Åbo stads acta i sv. R. A.
[2] Originalet i svenska riksarkivet. De vänster om ån stälda namnen hänföra sig till tomterna mellan ån och slottsvägen; de till höger hand beteckna tomtplatser på motsatta sidan af vägen.
[3] Rådst. prot. 4 maj 1650.

Grenders, Tompters och Gators utstakningz Afrijtningh ifrån Tullporten till Åbo Stadh emillan Slotzwägen och åhn. Giordh 1640.

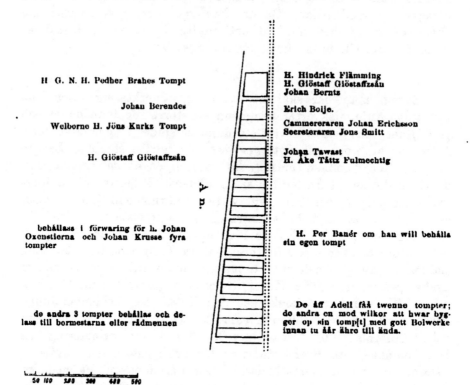

H. G. N. H. Pedher Brahes Tompt

Johan Berendes

Welborne H. Jöns Kurkz Tompt

H. Glöstaff Glöstaffzsån

behållass i förwaring för h. Johan Oxenstierna och Johan Krusse fyra tompter

de andra 3 tompter behållas och delas till bormestarna eller rådmennen

H. Hindrick Flämming
H. Glöstaff Glöstaffzsån
Johan Bernts

Erich Bolje.

Cammereraren Johan Erichsson
Secreteraren Jons Smitt

Johan Tawast
H. Åke Tåttz Fulmechtig

H. Per Banér om han will behålla sin egen tompt

De åff Adell fåå twenne tompter; de andra en mod wilkor att hwar bygger op sin tomp[t] med gott Bolwerke innan tu åår åhre till ända.

50 100 200 300 400 500

Bland öfriga gårdsägare vid *Slotts-* eller *Drottninggatan* må nämnas: Tullnären Baltzar Wernle (Innamaagården vid bron), borgmästarene Nils Arvidsson (2 gårdar 1651), Henrik Schäfer (gården såld 1663 åt handl. Joch. Wittfooth) och Olaus Wikman (1685), hauptman Henrik Tavast (1657), kamrer Abraham Engelflycht (1656), fiskalerna Joh. Wassenius (1657) och Ambrosius Nidelberg (1677), assessorerne Nicolaus Lietzen (1670) och Johan Apelgren (1684), biskop Johannes Gezelius (1670), professorerne Axel Kempe (1680), och Petter Hahn (1683), advokaterne Jakob Palman (1685) och Carl Broman (1694), landtmätaren Magnus Bergman (1694), rådman Adolf Wittfooth (1697).

Vid *Dirikkalagatan* anföras följande gårdsägare: Hauptman Henrik Tavast (Eskola öfra och nedra gårdarna, den förra såld 1655 åt assessor Mårten Skilling, den senare s. å. åt assessor Andr. Krook), tullnären Jakob Gyllenstake (1656), borgarene Lars Pa-

likka (1659) och Simon Blom (Kettaregården, 1658), bruksförvalta-
ren Petter Thorwöst (1685), rådman Hans Plagman (Lilla Dirik-
kalagården, 1686), kyrkoherdarne Jakob Raumannus (gården såld
1681 åt handelsman Abraham Reghman) och Per Ringius (gården
såld 1697 åt handelsman Simon Agrelin).

Vid *Ojalagatan:* Professor Magnus Steen (1691).

Vid *Brahegatan:* Inspektorerne Filip Ohrapää (1669) och Mår-
ten Dysing (gården såld 1685 åt handelsman Torsten Merthen)
kyrkoherden David Schiurenius (gården såld 1680 åt guldsmeden
Hans Meyer), handskmakaren Kristofer Eloff (1693).

Vid *Aningaisgatan:* Sekreteraren Sveno Rydenius (Pärlstic-
karegården 1668), assessor Nicolaus Lietzen (gården såld 1668 åt
handelsman Simon Jobbi), guldsmederna Hugo Mörman (1670),
Kaspar Kölnär (1680) och Mikael Björkman (1689), borgaren Matts
Hållo (1680), handelsmännen Johan Lytken (1684) och Mårten
Arp (1689).

Vid *Linväfvaregatan:* kapellanen Henrik Krugerus (1655), han-
delsmännen Jost Schult (1674) och Torsten Merthen (1690), kyrko-
herden Ericus Justander (gården såld 1672 åt befallningsman Henr.
Mether och 1674 åt handl. Jonas Rosslin), körsnären Mårten Rauch
(1683) samt åtskilliga linväfvare.

Vid *Drottningågatan:* kyrkoherden Clas Alanus (1662), asses-
sor Per Ekenberg (1670), organisten Kr. Kellner (1694), rådman
Andr. Malmelin (1691).

Vid *Aningaislånggatan:* handelsmännen Jochim Wargentin
(1680) och Simon Lydman (1697), fruarna Anna Helena Örnflycht
(1690) och Anna Helena v. Gerdten (1697).

Vid *Aningaismellangatan:* Borgaren Henrik Cretalenius (1694).

Vid *Aningaisöfvergatan:* Kardevansmakaren Daniel Moobach
(1675), hattmakaren Jacob Röökman, borgaren Henrik Cretalenius
(1697).

Bland gårdsnamn, hvilka under seklets senare hälft dock icke
så ofta omnämnas, må slutligen antecknas: Vid *Dirikkalagatan*
Kulmala, Eskola, Einala, Peltola, Dirikkala, Kamparigårdarna; vid
Helgeandsgatan Sirkkalagården; vid *Aningaisgatan* Stikkula, Hols-
tila, Simola, Nikula, Koskila, Warsannahkagårdarna; vid *Slottsga-*
tan Sillilä, Justila, Innamaa, Gröpilä, Lempelägårdarna.

VIII.

Hospital.

id början af sjuttonde seklet funnos i Åbo tvänne barm-
hertighetsinrättningar, hvilka ledde sin uppkomst från
medeltiden och i handlingarna ofta omtalas under det
gemensamma namnet *Åbo hospital*. Frukter af förgångna
tiders fromma sträfvanden, arbetade de bägge hospitalen för samma
filantropiska mål, det mänskliga eländets mildrande. För de med
armodet kämpande voro de en tillflyktsort; åt de af plågor och
sjukdomar hemsökte skänkte de den lisa, som tidens läkarekonst
kunde bjuda. Äfven i andra hänseenden ägde de många likheter
och beröringspunkter. Tidtals, isynnerhet under de sista tiderna
af sin tillvaro, stodo de under gemensam styrelse och förvaltning.
Hvad som brast i det enas tillgångar ersattes med medel, som
rätteligen tillkom endast det andra. Äfven den andliga vård, som
egnades de bägge hospitalens innevånare, handhades på vissa ti-
der af samma person. Men oaktadt denna gemensamhet i ända-
mål, förvaltning och ekonomi böra dessa hospital betraktas som
skilda anstalter, hvar med sin speciela art af filantropisk värk-
samhet.

Den ena af dessa barmhertighetsinrättningar var S:t Jörans
hospital, det älsta sjukhus i sitt slag i vårt land, med anor åtmin-
stone från 1300-talets midt. Dess uppgift var att i sitt sköte upp-
taga „de fattiga folk, som Gud täckes plåga med spitulatsot [spe-
tälska] och som ej kunna ibland allmogen umgås för denna farliga
sots skull", såsom orden lyda i ett bref af år 1440. Under en tid,
då de spetälske betraktades som samhällets parias, då umgänget
med andra människor var dem förbjudet och de endast med iakt-
tagande af vissa försiktighetsmått tillätos att röra sig ute, var S:t
Jörans hospital länge den enda offentliga anstalt i vårt land, där
offren för den gräsliga sjukdomen funno en fristad. På slutet af

1400-talet tillkom ett leprosorium i Wiborg och under följande se-kel ett i Helsingfors.

Det andra hospitalet var Helgeandshuset eller Helgeands ho-spital, som omnämnes i till våra dagar bevarade handlingar första gången år 1396. Dess mission var något olik S:t Jörans hospitals. Det skulle tjäna som tillflyktsort för „fattiga, ålderstigna, vanföra och bräckliga". Det var sålunda en förening af fattighus och sjuk-stuga. I äldre tider hade det dessutom varit ett härbärge för re-sande. Det var uppfördt efter mönster af de härbärgen, hvilka inrättats i södra Europa af den under korstågens tidehvarf grun-dade och äfven till norden utgrenade Helgeandsorden.

Om belägenheten af Helgeandshuset upplysa oss såväl de äl-sta kartor, hvilka bevarats till vår tid, som andra äldre källor. Tillfälliga gräfningar i jorden ha bestyrkt dessas utsagor. Den plats hospitalstomten intog motsvaras i våra dagar af kvarteret mellan Slotts-, Stora och Lilla Brahe- samt S:t Eriksgatorna. I sammanhang med fattighuset stod inrättningens kyrka, Helgeands-kyrkan, belägen på förra industridepotens, nuv. Jäderholmska to-baksfabrikens, plats. Omkring dessa byggnader låg de fattigas kyrkogård, som synes sträkt sig åt väster till gårdarna n:o 4 och 6 vid Lilla Brahegatan, att döma af de människoskelett, hvilka vid särskilda tillfällen blifvit anträffade på detta område. Kommerse-rådet Julin uppgifver i sina anteckningar, att nedra våningen af den nyssnämda fabrikslokalen ännu delvis utgöres af murar, hvilka ingått i kyrkan. År 1872 företog han sig en slags arkeologisk undersökning af dessa fornlämningars storlek och kom då till föl-jande resultat: „1:o Yttre sidan: längd 35 alnar 18 tum, bredd 12 alnar 3 kvarter. 2:o Inre sidan: a) Rummet åt öster: längd 10¹/₂ aln, bredd 11 aln 1 kvarter, höjd 5 aln 1 kvarter. b) Mellersta rummet: längd 9 aln 3 tum, bredd 11 aln 1 kvarter, höjd 4¹/₂ aln. c) Rummet åt väster: längd 12 aln, bredd 11 aln 3 kvarter, höjd 5 aln 1 kvarter. Yttre murens tjocklek å norra sidan 1 aln. Un-der en vinkelbyggnad å samma tomt finnes följande källare: 1:o 6 alnar lång, 5 aln 22 tum bred, 3 aln 5 tum hög; 2:o 9 alnar 3 kvarter lång, 7¹/₂ aln bred, 2¹/₂ aln hög. Den förstnämda är hvälfd med tegel och den andra med gråsten. Ingången till den senare är 6 kvarter tjock". — Huru stor del dessa lämningar ut-gjorde af samtliga Helgeandshusets byggnader kan icke bestäm-mas. Det må dock anmärkas, att enligt den i Bidrag II publice-rade kartan kyrkan var bygd i riktningen nordväst-sydost samt omfattade i längd c. 60 och i bredd c. 30 alnar.

Svårare ställer sig frågan om läget af S:t Jörans hospital. I denna punkt har så godt som hvarje forskare, som tagit hospitalet till tals, framhållit sin från andras afvikande mening. Äfven i fråga om hospitalets ställning till Helgeandshuset ha olika uppfattningar blifvit uttalade.

Wasström omtalar i sin ekonomiska beskrifning öfver Åbo stad ett hospital, som legat på stora sidan och som „sedan *skall* vara flyttadt till Sjählö i Nagu socken, där dårar och besmittade underhållas". Det lider intet tvifvel, att det är leprosoriet, som åsyftas. J. Tengström har, besynnerligt nog, ingen kännedom om S:t Jörans hospital. Han vet endast, att ett leprosorium fans i Åbo stift, men har icke kunnat utreda, på hvilken ort det varit beläget. Utom Helgeandshuset nämner han en fattigvårdsanstalt, som „likaledes redan från fordomtima var å en annan trakt af staden grundlagd och underhållen samt sedermera ner åt den så kallade Nystaden flyttades" [1]).

Lindman har förlagt ett hospital, som var på en gång fattighus och spetälskehus, till den plats inom Klöstret, där enligt vår mening dominikanerklostret stått. Klostret åter placerar han i den mur, som omgaf kyrkan [2]). H. A. Reinholm [3]) påstår, att S:t Jörans hospital låg utanför Aningaistull på S:t Jörans hemman och var endast ett appendix till Helgeandshuset, en filial, dit Helgeandshuset sände sina spetälske. Leinberg har kommit till tvänne sjukstugor för spetälske, den ena en själfständig anstalt kallad S:t Jörans hospital och belägen „utom staden", den andra en afdelning af Helgeandshuset och belägen på S:t Jörans hemman [4]). Fagerlund slutligen, som i sitt arbete „Finlands leprosorier" egnat S:t Jörans hospital en uttömmande historik, framhåller, hurusom leprosoriet icke allenast under sina tidigare år, utan ock senare, då det stod i närmaste samband med Helgeandshuset, var en skild inrättning, att det sålunda icke kan betraktas som ett slags filial af Helgeandshuset. Beträffande läget af leprosoriet,

---

[1]) Afhandling om presterliga tjenstgöringen och aflöningen, II, s. 83 o. 175—178. Wasströms ord (s. 17), att „ett annat hospital låg tillförene på andra sidan om Ån", har Tengström tillämpat på Helgeandshuset. Såvidt jag kan fatta, menar Wasström med „andra sidan" domkyrkosidan, då han i raden ofvanom dessa ord skildrar den på norra sidan befintliga S:t Mikaelskyrkan med dess hospital.

[2]) Puffens Kalender 1870.

[3]) Finska fornminnesföreningens tidskrift VI: 27.

[4]) Finlands territoriala församlingars ålder, utbredning och utgrening s. 11—12.

uppvisar han, hurusom flera bref öfverensstämma i att förlägga
detsamma utom staden, samt uttalar den förmodan, att platsen bör
sökas på norra sidan af staden i närheten af den sedermera upp-
förda S:t Mikaelskyrkan. Denna sin åsikt stöder han på ett af ståt-
hållaren på Åbo slott Per Erlandsson år 1624 utfärdadt bref, hvari
borgmästare och råd i Åbo åläggas att utan uppskof låta nedtaga
och sända till Själö „de fattiges [= spetälskes] kyrka, som ännu
på deras gamla våningsplats mellan staden och slottet kvarblif-
ven är“.

Det faller sig svårt att obetingadt ansluta sig till den ena eller
den andra af dessa olika uppfattningar. Så mycket kan man dock
hålla före, att åtminstone under sjuttonde seklet endast ett spetäl-
skehus fans och att detta låg vid eller utanför stadens periferi.
För Fagerlunds antagande talar visserligen det åberopade brefvet
af Per Erlandsson. Men då nämde författare tillika anser, att
leprosoriet enligt all sannolikhet varit uppfördt på S:t Jörans
hemmans mark, så uppstår en svårighet däraf, att detta hemmans
område icke kan ha sträkt sig till den s. k. Nystaden. Det
har redan nämts, hurusom denna stadsdel uppväxte på de förra
boyeska hemmanens Mättälä och Huhkala grund, och bortom dessa
hemman tillstötte Stor-Heikkilä gårds och slottets ägor. Om hospi-
talet låg på S:t Jörans hemmans mark, hvilket antagande synes mig
äga största sannolikhet för sig, så kan det icke ha varit beläget i
närheten af ån, men väl i trakten af nuv. järnvägsstationen eller
t. o. m. något mera åt slottet och Kakolabärget till. De sväf-
vande uttrycken i Per Erlandssons bref, „mellan staden och slot-
tet“, medgifva nog en sådan tolkning.

I sammanhang med leprosoriet stod de spetälskes kyrka och
vid denna låg kyrkogården. Det förekommer nämligen i rådstugu-
protokollen för år 1626 några uttryck, hvilka ådagalägga, att de
spetälske hade sin särskilda begrafningsplats och icke en gemen-
sam med fattighuset, såsom man kunde vara böjd för att antaga.
Vid ett tillfälle (den 10 juni) ålade magistraten borgerskapet, „att
utföra af hvart kvarter fyra stockar till spetals kyrkogården och
dem där tillhugga, att kyrkogården ändteligen blifver stängd, att
icke hundar och svin uppgräfva de dödas kroppar.“ En vecka
senare påmindes borgerskapet ånyo om „planket kring om de fat-
tigas kyrkogård ut vid spetals tomten.“

Den gemensamhet, som länge ägt rum mellan S:t Jörans ho-
spital och Helgeandshuset, fortbestod ända till det sista. Samma
slag, som slutligen gjorde ända på det ena, drabbade ock det andra.

10

I patent af den 15 juli 1619 påbjöd Gustaf II Adolf inrättandet af ett spetälskehus på någon aflägsen ö, som några komiterade par dagar därefter fingo i uppdrag att utse någonstädes i Åbo skärgård. Till denna ö skulle samtliga spetälske i Finland öfverföras och specielt ålades vederbörande att vaka öfver, att „alla de, som med spetälskan äro kränkte i Åbo hospital", blefvo flyttade ditöfver. Till plats för det nya leprosoriet utsågs sedermera Själö i Nagu socken och den första inflyttningen af de sjuke skedde år 1623 eller 1624. I bref af den 18 december 1622 tillsade konungen ståthållaren Carl Oxenstierna att låta sticka i brand den gamla leprosoriebyggnaden i Åbo, „att icke någon antingen af de fattige eller eljest utaf staden skall af samma sjukdom inficierat och besmittadt varda". År 1624 utgick, såsom ofvan är anmärkt, ordres om hospitalskyrkans transporterande till Själö.

Såsom af det ofvansagda framgår, afsågo dessa påbud egentligen de med spetälskan besmittades införpassande till Själö och upphörandet af S:t Jörans hospital i Åbo. Men med hjonen i leprosoriet följde ock innevånarene i Helgeandshuset. Jag har ingenstädes sett uppgift om, på hvad sätt och på grund af hvilken officiel befallning de senare kommo att dela de förras öde. Att så skedde, och det redan strax efter det byggnaderna på Själö blifvit uppförda, framgår emellertid med säkerhet. Den älsta räkenskapen för Själö hospital, den af år 1624, upptager innevånaretalet den 2 september 1624 till 50 spetälske och 20 helgeandspersoner.

Ännu en tid framåt fortforo dock Helgeandshusets byggnader att äga bestånd, ehuru de möjligen lämnades helt och hållet att förfalla. Enligt uppgift af Wasström blef kyrkan nedrifven på befallning af grefve Per Brahe och dess tegel användes till uppförandet af stadens packhus. Demolitionsarbetet bedrefs dock icke till grunden, ty ännu år 1657, berättar Johannes Rautelius i ett latinskt loftal öfver Åbo, kvarstod så mycket af ruinerna, att man väl kunde bilda sig en föreställning om templets forna omfång och skönhet [1]). Och ännu i våra dagar är man, såsom nyss är nämdt, i tillfälle att beskåda en del af kyrkans grundmurar. Helgeandshustomten öfvergick till privategendom och bland innehafvare af den plats, där kyrkan stod, märkas under senare tider medlemmar af de gamla Åbosläkterna Wittfooth och Julin.

När S:t Jörans och Helgeandshospitalen försvinna, uppdyker

---

[1]) I domk. räk. för 1655 nämnes Helige andes kyrka vid Aningaislånggatan.

ett nytt hospital. År 1630 utfärdade regeringen åt en krigspräst, herr Thomas Mathiæ, fullmakt att vara „de fattiges föreståndare i Åbo hospital", med skyldighet att öfvervaka hospitalsinkomsternas ordentliga indrifvande och med rätt att uppbära samma lön och underhåll, som hans antecessor åtnjutit [1]). I palmsköldska samlingarna i Upsala bibliotek förekommer en uppgift, att Åbo hospital med dess kyrka blef år 1632 mestadels uppbygdt af stadens borgerskap, hvarvid en rådman och tvänne borgare blefvo utsedda till hospitalsföreståndare [2]). Vid rådstugusammanträde den 6 okt. 1632 förordnade rätten tvänne borgare „till att besöka godt kristet folk med de fattiges hus upprättelses bok om dess byggnings och uppehälles hjälp och bistånd" [3]).

Det är ovisst, huruvida man här har att göra med en tredje från äldre tider, kanhända ända från medeltiden sig förskrifvande barmhertighetsanstalt eller med ett fattighus, som efter leprosoriets och Helgeandshusets försvinnande upprättats med enskilda och kommunala medel för att understöda stadens egna fattiga. Vore det förra antagandet riktigt, förefaller det egendomligt, att man från tidigare år icke har någon underrättelse, som bestämdt skulle tyda på tillvaron af en sådan inrättning. Fagerlund, som väl kan anses ha uttömt alla källor rörande de äldre hospitalen i Åbo, har sig därom intet bekant. — En något afvikande förklaring möter man hos Tengström och Lindman. Enligt den förre var det senare, på 1670-talet, till Nystaden förlagda hospitalet en barmhertighetsanstalt, som härstammade från fordomtima. De bref han åberopar rörande denna anstalt hänföra sig emellertid ovädersägligen till Helgeandshuset eller S:t Jörans hospital, om hvilket sistnämda, såsom redan är framhållet, Tengström icke har någon kännedom. Lindman uppgifver, att det hospital, som vi kallat S:t Jörans hospital, var på en gång ett fattig- och ett spetälskehus samt att efter de spetälskes förflyttning till Sjählö hospitalet alt fortfarande ägde bestånd som fattighus samt befann sig på stora sidan ända till omkr. år 1675, då det flyttades till lilla sidan. Det hospital, som vi möta åren 1630 och 1632, vore sålunda intet annat än en fortsättning af leprosoriet, men utan spetälske samt detsamma, som vi mot seklets slut möta i Nystaden.

Det torde af det föregående framgå, att man svårligen kan

---

[1]) Riksregistraturet 1630 f. 671—672.
[2]) N:o XIV. Topografica. Tom. LIX.
[3]) Utdrag ur Åbo stads dombok 1626—1632 s. 159.

erkänna Lindmans tolkning för riktig. Vi komma snart att se, hurusom det hospital, som mot slutet af seklet förflyttades till Nystaden, före flyttningen värkligen befann sig på stora sidan, men att det alls icke är säkert, att det befann sig där före 1640-talet. Antagligare vore då, att detta hospital varit en fortsättning af Helgeandshuset, hvars byggnader fingo kvarstå en tid, under det att man bestämdt vet om leprosoriihuset, att det blef uppbrändt och dess kyrka transporterad till Själhö.

Huru det nu än må förhålla sig, vare sig att det ifrågavarande hospitalet förskrifvit sig från en äldre period eller icke, säkert är, att det ganska snart befans i alt för ringa grad motsvara sitt ändamål. En allmän klagan begynte förspörjas öfver de fattigas nödstälda belägenhet och olägenheterna af tiggeriets tilltagande. Man anförde tidt och ofta, huruledes tiggare, så gamla som unga, hemsökte borgarene i deras hem och „vräkte sig" på gatorna de vägfarande till stort men och förargelse. Obehagen af ett sådant förhållande dref naturligtvis stadens myndigheter till uttänkande af medel för det ondas afvärjande. Borgarene uppmanades att enhvar efter råd och lägenhet bidraga med en summa, hvarmed de fattige kunde bespisas i deras „härbärge" [1]. Då uppmaningar i detta syfte icke kröntes med framgång, föreslog rätten, att de fattige blefve roterade som sytningshjon ibland borgerskapet. Detta förslag möttes emellertid af det bestämdaste motstånd och synes icke häller blifvit senare återupptaget. Man bestämde sig då för bibehållandet af den gamla proceduren, men ock för uppförandet af en ny och rymligare boning för de fattige. Liksom alltid, när det gälde något märkligare företag, vände man sig till den allhjälpande regeringen med anhållan om nådigt understöd vid det lofliga förehafvandet.

Redan år 1636 finner man regeringen afgifva den resolution på stadens inlämnade besvär, „att H. K. M:t låtit sig nådigst behaga det huset, som där uti staden för dem fattige att uppbyggas anordnadt är, till hvilkets fortsättande H. K. M:t sin kongliga benägenhet ock ville lysa låta". Som K. M:t emellertid icke visste, „hvad slag fattige som staden ärnar därmed att accommodera och eljest så hospitalet som andra ordningar till bispernes nästa sammankomst uppskjutna äro", ty ville regeringen framdeles vara betänkt på, „genom hvad skälige medel denna stadens intention må kunna fortsatt varda". Lika dålig framgång rönte borgerskapets

---

[1] Rådst. prot. d. ²⁰/₆ 1640.

anhållan år 1638 om medel till uppförandet af kyrka, hospital, rådhus m. m. Regeringen förklarade, att då den redan tidigare anslagit en summa penningar för kyrkan, så kunde den numera icke bevilja vidare anslag, hvarjämte borgarene tillråddes, „att icke taga flera byggningar i sender före, än att de tillbörligen där med fortkomma kunne och medlen vele förslå".

Regeringens vägran att lämna den äskade hjälpen och den motvillighet borgerskapet visade vid erläggandet af frivilliga bidrag vållade ständiga uppskof med det påtänkta värkets fullbordande. År 1638 förfrågade sig byggnadskollegiet hos landshöfdingen, om icke ett omyndige barns- och fattighus af trä skulle uppföras vid lilla bommen framför staden med de medel enskilda borgare erbjudit sig att lämna och med de besparingar, hvilka möjligen kunde finnas hos de fattiges förmyndare. År 1643 tillsades borgerskapet att bistå med stockar och dagsvärken vid „reparationen och uppsättandet af de fattiges hus". Samma år förmanades enhvar att efter förmåga medvärka till de fattiges uppehälle i hospitalet, „som man af gudeligit betänkande tänkte att uppsätta".

Under de följande åren debatterades vid särskilda rådstugumöten frågan om ett fattighus och år 1645 kom man så långt, att tvänne betydande män, rådmannen Kasper Ekman och handlanden Jochim Wargentin åtogo sig arbetets utförande. Två år senare, år 1647, kunde magistraten anmäla, att det efterlängtade fattighuset ändtligen stod färdigt och att det numera endast återstod att anskaffa medel till de fattiges inflyttning och vidare underhåll. Inflyttningen bestämdes att försiggå efter Henriksmarknaden på sommaren samma år och torde väl ock ägt rum vid den tiden.

Om fattighusbyggnadens belägenhet berättar Wexionius (år 1650), att den befann sig på stora sidan vid ån. Magistratsprotokollen bestämma platsen till Peter Sågers tomt, och då denne Såger år 1646 upptages som skattskrifven i Klöstret, så kan man väl antaga, att hospitalet låg i detta kvarter. Då, efter mig meddelad uppgift, människoben blifvit anträffade vid gräfningar på kommerserådet Rettigs gård vid Nunnegatan, kan jag icke underlåta att påpeka möjligheten af, att fattighuset varit beläget på denna plats. Detta antagande, som väl öfverensstämmer med hvad man eljest känner om inrättningens läge, bestyrkes däraf, att fattighuset hade egen kyrka och kyrkogård. När kyrkan kommit till stånd och om den var mer än en anspråkslös träbyggnad, därom kan intet bestämdt uppgifvas. Anmärkas bör, att Rautelius (år 1659) nämner därom intet, utan omtalar endast tvänne kyrkor, domkyrkan och den raserade Helgeandskyrkan, och att Wexionius på tal om fattighuset icke har några ord för kyrkan.

Vid de tider, då fattighusfrågan diskuterades, och äfven senare var det också tal om ett slags barnhus. I det ofvannämda betänkandet af byggnadskollegiet (1638) talas om inrättandet af ett „omyndiga barns- och fattighus". I kungliga resolutionen af den 8 nov. 1650 heter det, att borgmästare och råd i Åbo anmält sin afsikt att uppföra ett „barn- och tukthus" och att regeringen velat för detta ändamål efterlåta åt staden för fyra år framåt alt det danaarf och de högmålssakören, hvilka vid „stadsrätten" kunde tillfalla konungen. Fyra år senare anhöll staden om samma rättigheter för evärdliga tider, „på det de så mycket bättre kunde bygga och upprätta ett barn- oeh tuktehus". Regeringen åtnöjde sig med att utsträcka förmånen för tio år framåt. Sedan dess var det icke mera fråga om företaget, som synbarligen blef uppgifvet. Däremot finner man, att barn blifvit intagna i fattighuset.

Inemot trenne decennier stod fattighuset på den förra sågerska tomten. Då begynte, af orsaker, som icke finnas angifna, — man vet blott, att vådeld öfvergått byggnaderna år 1663 [1]) — öfverläggningar om hospitalets flyttning till en annan plats. I januari 1671 – förmäla rådstuguprotokollen — presenterade borgmästaren Johan Schäfer en afritning på en ny hospitalskyrka, som borgerskapet var sinnadt att låta uppföra, samt anhöll om en för ändamålet lämplig plats. Några månader senare förnyades framställnigen, hvarutaf framgick, att Schäfer och några andra åtagit sig kostnaderna för „hospitalskyrkans transporterande på lilla sidan ån och bägge sidorna om vägen åt slottet". Det begärda området beviljades äfven af rätten. Det motsvaras, såsom tidigare är nämdt, af förra kurhustomten vid Västra Esplanaden (numera forstmästar v. Haartman tillhörig). Två år senare finner man magistraten göra påminnelser om borgerskapets skyldighet att enhvar efter råd och lägenhet kontribuera icke allenast till kyrkoarbetet, utan ock till en ny hospitalsbyggnad vid kyrkan. Själfva fattighuset jämte predikantens å samma tomt belägna bostad stodo färdiga redan år 1675, då de fattige lämnade sin förra lokal. Kyrkan invegs till sin bestämmelse den 9 oktober 1677 [2]). Den

---

[1]) Rådst. prot. d. 16 april 1663.
[2]) Puffens Kalender II s. 30—31.

tilldelades af menige man namnet Nykyrkan. Dess andra namn S:t Mikaelskyrkan hade väl burits redan af den äldre hospitals- kyrkan på stora sidan, ehuru jag icke funnit någon underrättelse därom.

Enligt gammal plägsed förlades inrättningens kyrkogård om- kring kyrkan. På andra sidan om slottsvägen, i södra ändan af nuv. västra esplanaden, upptogs en åkertäppa för hospitalspredikanten och invid åkern uppstäldes se- nare klockstapeln. Stapeln torde väl tillkommit först under följande sekel, då den icke omnämnes af Juslenius (år 1700). Dock var man redan under 1690-talet betänkt på dess uppförande. År 1693 omnämnes första gången, att en insamling pågick för anskaffandet af en klocka till kyrkan. Insam- lingen fortfor ännu är 1699.

S:t Mikaelskyrkan 1710. Ur M. Berg- mans karta.

På den nya tomten kvarstod fattighuset i öfver ett sekel eller till år 1782, då fattigvården stäldes på en annan fot än förut. Nämda år försåldes på offentlig auktion samtliga till inrättningen hörande byggnader och lösegendomen afyttrades något senare. Klockstapeln fick dock kvarstå på sin plats ända in på 1840-talet, då den nedtogs och klockan, som användts för brandsignaler, flyt- tades till domkyrkan.

Ett icke ringa intresse erbjuder frågan, huru fattigvården var anordnad vid denna tid, huru uppsikten öfver densamma handha- des och huru medel insamlades för de fattiges underhåll. Här är dock icke platsen att afhandla dessa frågor, utan böra de uppta- gas i sammanhang med framställningen om stadens styrelse och förvaltning. Vi lämna därför nu hospitalen för att återkomma till dem i en annan afdelning.

IX.

Domkyrkan med omgifvande byggnader.

O m jag, då jag nu går att lämna en beskrifning om domkyrkan, skulle vara utrustad med den förmåga att skryta, hvarmed utländingar ända till skyarne upphöja sina städer, kyrkor, byar och annat, skulle jag lätt kunna öfvertyga hvem som helst därom, att på hela jorden icke finnes något mera utmärkt. Men då det icke ingår i min plan att påtruga några ovissa uppgifter i stället för hvad som är sant, vill jag endast omnämna, att jag af säker hand blifvit underrättad därom, att i hela Sveriges rike, utom i Upsala, och förmodligen icke annorstädes häller, finnes någon kyrka större till sina dimensioner, så väl till längd och höjd som bredd".

Det är den vid Åbo stad och dess forna minnen så varmt fästade borealen Daniel Juslenius, som i sitt i det föregående ofta citerade arbete öfver Åbo fält detta entusiastiska omdöme. Utsagan kan gärna betviflas och tål nog att modifieras, men den äger sitt intresse, emedan den karaktäriserar icke allenast Juslenii skrifsätt, utan jämväl den allmänna beundran och vördnad man under hans tid egnade den åldriga katedralen. Samma höga tanke om kyrkan, som utmärker Juslenius, finner man uttrykt hos trenne författare från 1600-talet, hvilkas bekantskap läsaren redan gjort, Mikael Wexionius-Gyldenstolpe, Johannes Rautelius och Samuel Justander. Det är att beklaga, att dessa akademiska loftalare icke närmare motiverat sina uttalanden, utan lämnat åt eftervärlden entusiastiska deklamationer, där en skildring efter naturen varit för dem så lätt och för senare tiders forskare så ytterst välkommen. Rättvisan förbjuder oss dock att härför förebrå dem, ty Rautelius och Justander vände sig i sina orationer knapt till andra än sina samtida academici, Wexionii arbete är ytterst sammanträngdt och Juslenius har i alla fall meddelat åtskilliga uppgifter, hvilka med tacksamhet böra mottagas och bevaras.

Bland följande tiders forskare har den produktive historiarum och philosophiae practicae professorn Johan Bilmark i par akademiska dissertationer belyst såväl domkyrkans historia som dess topografi [1]). I senaste tider har en utförlig beskrifning af „Åbo domkyrka och dess fornminnen" utgifvits af den flitige samlaren Adolf Lindman. Af den trykta literaturen är det i främsta rummet dessa arbeten, som tjänat till ledning vid utarbetandet af den framställning om domkyrkan under sjuttonde seklet, som här meddelas läsaren. Viktiga bidrag till ämnets belysande ha därjämte hämtats ur särskilda otrykta källsamlingar, främst domkyrkans räkenskaper [2]) och graflängder samt kyrkorådets protokoll. En konstarkeologisk undersökning af kyrkan har icke kunnat företagas och har icke häller varit af nöden för ifrågavarande sekel.

* * *

I älsta tider skall kyrkans basis ägt formen af en rektangel. Den östra gafveln stod då ungefär vid nuv. korsgången. Den nedrefs i slutet af 1300-talet och kyrkans murar fortsattes intill det nuv. högkoret. Under följande sekel tillkommo Helgalekamens kor, sakristiorna och höghvalfvet. De sist utförda tillbyggnaderna äro högkoret, kankasska grafkoret och spruthuset. Det förstnämda uppbygdes på bekostnad af den rike köpmannen Jakob Wolle under konung Gustaf II Adolfs regeringstid och förseddes med ett litet torn [3]). Kankasska grafkoret uppfördes af presidenten Jöns Kurck och fältmarskalken Gustaf Evertsson Horn till Kankas på 1650-talet. Spruthuset fans ännu icke på 1600-talet; det tillkom först år 1773.

---

[1]) De templo cathedrali aboënsi (respondenter G. Stolpe och E. J. Lagus); De sacellis sepulcralibus in templo cathedrali aboënsi obviis (respondens A. Lauræus).

[2]) Utdrag ur dessa t. o. m. år 1634 meddelade af R. Hausen i Bidrag I.

[3]) Det är svårt att noggrant bestämma tiden för det nuv. högkorets uppbyggande, då domk. räkenskaperna för denna tid tala om tvänne „nya kor", det af Wolle uppförda och ett äldre kor, som sedan gammalt nämdes Nykoret. I Bidrag I s. 81—82 ingår en glasmästareräkning af år 1615, däri bl. a. upptagas 6 fönster i „Nyy choren", som här tydligen är detsamma som nuv. högkoret. Högaltaret flyttades hit först år 1649. Därförinnan användes det som grafkor I domk. räk. 1627 talas om „nychor turnet" och i rådst. prot. 1635 om spetsen på det nya koret.

Den älsta planteckning af kyrkan man har är den, som förekommer på kartan i „Bidrag" I och II. Den företer i det närmaste samma utseende som den äfvenledes i Bidrag I ingående och ur D. Gadolins karta af 1754—56 tagna „Plan af Åbo domkyrkas ringmur 1754" och skiljer sig endast obetydligt från kyrkans nuvarande plan. Dimensionerna på kyrkan ha beräknats lika af Juslenius (år 1700) och Lindman (år 1869): längden 300 fot, bredden 127 och höjden 150 fot. Äfven tornets höjd uppgifves af dem tämligen lika; af den förre till 300 fot, af den senare till 308¹/₂ fot.

Voro sålunda de yttre konturerna af domkyrkan för 200 år sedan i det väsentligaste desamma som i våra dagar, så förefunnos dock många detaljolikheter, skiljaktigheter i de särskilda partierna af byggnaden. Den enda plansch,

som belyser detta förhållande, är den som här meddelas. Den är tagen ur Magnus Bergmans tidigare citerade karta af år 1710. Väl är det möjligt, att denna afbildning lider af en och annan oegentlighet, då ju stadsplanen varit hufvudsaken och kyrkan afritats som illustration till kartan, men den äger sitt stora intresse, då den, såvidt jag har mig bekant, öfverträffar i ålder alla öfriga till våra dagar bevarade teckningar af samma slag. Efter hvad samtida handlingar utvisa, var kyrkans tak belagdt med spån. Tornet var betäkt med koppar; dess yttersta spets förgyld. Ett mindre torn reste sig ofvan högkoret[1].

Åbo domkyrka år 1710.

Det utseende planschen företer hade domkyrkan icke länge ägt. Senast år 1681 den 29 maj hade elden härjat såväl själfva kyrkan som tornet, då, enligt berättelse i kyrkorådets protokoll, „kyrkan med klockor, orgor och alt det trävärk var innan och utan brann till aska, undantagandes sakristian med kyrkones skrud, silfver och kläder. Och det som är att observera, att midt i eldslågan in i kyrkan blef sal. Stålhandskes graf behållen, som ock finska biblierne, där likväl elden fastnade i fanändan och af sig själf slocknade, som ock där biblerne voro brann själfva dör-

---

[1] I domk. räkn. 1696—97 talas om tornspetsflaggans och knappens förgyllande äfvensom om de små torntaken vid den stora kupolen upp i tornet.

ren och ett stycke af brädren, som de lågo uppå, jämte en hop gamla biskopskåpor, messhakar och mantlar, hvilka hängde rätt ut vid hyllan".

Eldens hemska värk, som sträkte sig öfver största delen af staden, manade kyrkans föreståndare att, som så ofta förut, vädja till den enskilda offervilligheten och att genom ett allmänt upprop om snar hjälp söka återupprätta den grusade helgedomen. Med regeringens bifall sattes en allmän insamling i gång; emissarier, försedda med s. k. „stamböcker" för frivilliga bidrags antecknande, sändes åt olika håll för att i kyrkor och hem mottaga hvad foster- och broderlanden hade att offra på domkyrkans altare. Konungens öppna tillståndsbref för insamlingens anställande, dateradt den 16 juni 1681, hade följande lydelse [1]):

Wij Carl etc. Giörom witterligit, at emedan Åbo stadh ähr på sidstledne helge trefaldigheetz söndagh igenom en olyckeligh och beklageligh händelse uthaf een häfftig wådh eeldh till största deelen i aska lagdh och der iblandh det kåstelige Herrans huus och tempel domkyrckian dersammastädes medh dess torn, tack och all inwertes zirat och prydnat aldeles förderfwadh, hwilken skada och förlust icke medh een ringa hielp och medel lährer stå till at reparera och ersättia, och oss uthj wårt konungzlige embete ingen tingh högre åligger ähn på alt giörligit sätt at främia och befordra alt det, som kan lända till Gudz nampns ähra och wåre undersåtares sällheett och sahligheet; ty williom wij låta oss först och främst angelägit wara at sättia Gudz huus och kyrckian uthj sin bygnadh igen. Och hafwom alt derföre uppå wåre trogne undersåtares biskoppens och consistorij underdånige ansöckiande jempte annor hielp och undsättningh, som närwarande swåre och knappe tijder tåhla och tillåta kunne, förundt och bewilliat, at samma afbrände domkyrckias föreståndare måge igenom deras uthskickade eller fullmächtige icke allenast på seedwanligit sätt widh slijcka olyckelige tillfällen få besöckia alle kyrckior och församblingar i heela wårt konunga rijcke om een collect, uthan och der uthom och särskilt alle andre ståndzpersoner så i dhe förnämste städer som på landet tillijta om hielp och undsätningh till kyrkans reparation och upbyggelsse igen; efftersom wij och her medh och i krafft af detta wårt öpne bref gifwe der till wårt nådige låf och tillståndh; dragandes till alle i gemehn så och hwar och een i synnerheet, som uthj wårt rijke boo och wistas, uthaf hwadh condition och wärde dhe hälst wara kunne, den gode och nådige tillförsicht, at dhe af ett christeligit medlijdande till een sådan stoor olyckas och skadas ehrsättielsse upläte sine milda händer och hvar effter sitt rådh och förmögenheet der till rundeligen contribuera, förwäntandes derföre wisserligen löhn och wåhlsignelse af Gudh den aldra högste sampt uthaf oss een nådigh ihugkommelsse och ährkändzlo.

Den allmänna maningen om hjälp klingade icke ohörd. Från

---

[1]) Svenska riksregistraturet 1681, pars III f. 672.

när och fjärran strömmade gåfvor i form af penningar, spannmål, byggnadsmaterial, nödvändighetsartiklar och prydnader i kyrkan. Icke minst deltogo Åbo stads egna borgare, trots den skada de själfva lidit, i offergärderna. Specielt omnämnas bland dem köpmännen Jochim Wittfooth, Nils Kock och Petter Thorwöst.

Medan insamlingen pågick drefs byggnadsarbetet framåt. Timmermän, murare, smeder, målare och beläthuggare befunno sig i den flitigaste värksamhet. Ur kyrkorådets protokoll och domkyrkans räkenskaper, hvilka vitna om det trägna arbetet, må följande notiser anföras.

I oktober 1681 beslöts att täcka kyrkan delvis med koppar delvis med järnplåt. I början på följande året fann man sig i följd af bristande tillgångar föranlåten att „i Herrans namn låta betäcka kyrkan med takspån af de bästa slag och på Sveriges maner runda i ändan". Ett undantag gjordes dock för tornet.

I mars 1682 föredrogs inför kyrkorådet ett af mäster Jurgen Didrik Wägner uppgjordt förslag till tornets reparation. Ritningen vann allmänt erkännande och tornet förklarades vara mycket sirligt och ändamålsenligt uttänkt, då det saknade „murgaflar", hvilka funnos förut och inneburo vid stormväder en ständig fara för tornets bestånd. Som „tornet uppbyggdes till den ändan af våra förfäder, att klockorna skulle hållas där", beslöts att nu uppföra det så starkt, att det värkligen kunde användas för detta ändamål. Olika meningar yppade sig därom, huruvida högkoret skulle få ett torn eller ställas „under ett tak med öfriga kyrkans tak". Efter hvad planschen sid. 83 utvisar, segrade den förra åsikten. — År 1683 hände en stor olycka vid tornbyggnadsarbetet, då arkitekten Wägner jämte en timmerman ljöto döden och några arbetare illa sargades.

År 1685 skall tornet varit färdigt och sex år senare heter det om hela kyrkan, att den var „till väggar, fönster, tak, torn, klockor, predikstol och funt mycket härligare än tillförene."

1681 års stora brand var icke den första olycka under detta sekel, som drabbade kyrkan. År 1601 hade den stått i lågor. — Vid biskop Isak Rothovii ankomst till sin stiftskyrka befans denna vara så förfallen, „att ej blott all inre prydnad, såsom orgel och musikinstrumenter, altare-, kor- och väggornamenter saknades, utan äfven taket icke ens skyddade för regn". Några år senare kunde Rothovius dock inrapportera, att reparationsarbetena fortskridit så långt, „att kyrkan denna sommar [1630] kan förses med tak af tegel från Holland; pelarena och väggarna, som förut voro öfverdragna med mögel, hafva vi låtit putsa och hvitlimma; dessutom hafva nya bänkar blifvit gjorda". Domkyrkoräkenskaperna vitna om stora rekvisitioner från hemlandet och utlandet. År 1627 —29 levererades af Johan Knutsson och Anders Merthen öfver 50,000 pannor holländsk taktegel. År 1629 ackorderades med en mäster Hans Timberman, „att han skall förfärdiga tornet med alt trävärk, göra där en spets på tio famnar hög och den med bräden bedraga, så ock det öfversta taket, hvad trävärket vidkommer, förfärdiga". Följande år införskrefs till tornets betäckande 63 rullor „plåt bly". Åt från Sverige och utlandet inkallade mästare uppdrogs murare- och dekorationsarbeten. Äfven nu vädjade biskopen till den enskilda frikostigheten. I en af kapitlet utsänd stambok antecknades 1,776 daler — andra frivilliga bidrag och den officielt påbjudna kyrkobyggnadshjälpen att förtiga.

År 1656 den 13 maj härjade elden åter i kyrkan. Taket, som nu var belagdt med kopparplåt, och kyrkans östra torn blefvo härvid förstörda. Fleråriga reparationsarbeten pågingo åter, innan spåren af eldens framfart voro utplånade. Efter hvad kyrkans utgifskonto utvisar, täktes såväl „öfriga långtaket" som „nedre taket" med spån. På sina ställen synes dock kopparplåt blifvit åter insatt [1]).

* * *

Hurudan den syn var, som mötte kyrkogångaren, då han genom någon af kyrkans fyra eller fem ingångar [2]) trädde in un-

---

[1]) Så nämnes i kyrkorådsprot. 1680 om „koppartornet" och „koppartaket" öfver kapitlet".

[2]) Stora ingången befann sig såsom i våra dagar på kyrkans västra sida. Så var åtminstone fallet under 1600-talets senare årtionden, då en med luckor och fönster försedd farstuga till stora dörren omnämnes. Att så varit förhållandet äfven under äldre tider, därför talar det vid kyrkobyggnader konsekvent följda bruket att ha högaltaret i kyrkans östra ända och hufvuddörren midt emot. På södra sidan funnos tvänne dörrar, den ena där som nuv. södra ingången, den andra — som numera är tillmurad — väster om wallenstiernska grafkoret. De finnas bägge utsatta på kartan i Bidrag II. Den förra kallades gemenligen stora södra dörren, den senare kyrkodörren till akademien eller nya dörren. På norra sidan fans likaledes tvänne ingångar: prästdörren mellan högkoret och kankaeska grafkoret, afsedd för prästerna, samt norra dörren på samma ställe som nuv. norra ingången. För dessa dörrar — stora dörren, södra dörren, nya dörren, prästdörren och norra dörren — upptaga räkenskaperna under seklets sista årtionden särskilda väktare, en för hvarje dörr. — Till sakristian fans säkerligen ingen yttre ingång. — Invid norra dörren var uppgången till tornet. Om denna heter det i kyrkorådsprotokollen för år 1688, „att en dörr till tor-

der helgedomens höga hvalf, låter sig lättare tänka än beskrifva. Ett antal af kyrkans fornminnen finnas väl i behåll ännu och några „gamble monumenter" äro aftecknade af Elias Brenner åren 1671 och 1672, men af något särskildt parti af kyrkan — att icke tala om hela kyrkans inre — äger man hvarken någon teckning eller beskrifning. Af den stät, som under medeltiden blifvit utvecklad, hade väl en stor del försvunnit, sedan Gustaf Wasas reduktion upphäft de materiela förutsättningarna för den glans och prakt, hvarmed det katolska prästerskapet älskat omgifva Guds ord förkunnande och förhöja gudstjänstens intryck på det religiösa sinnet. Men ännu fans mycket kvar, som fängslade främlingens uppmärksamhet och tilltalade Åboborgarenes lokalpatriotism [1]). — Vi skola söka att ur våra källor — torra räkenskaper och protokoll — plocka ut, hvad som för nu lefvande Åboboar kan belysa deras tempels inre utseende under det sekel, då Isak Rothovius, Johannes Terserus och Johannes Gezelius ur predikstolen tolkade lifsens ord och manade till sinnets och lefvernets förbättring. Må läsaren sedan själf i sin fantasi binda samman till en bild de spridda drag, som här kunnat lämnas.

I nuvarande högkoret, bygdt såsom nämdes under seklets första årtionden, stod altaret sedan år 1649. Därförinnan hade det haft sin plats mera mot midten af kyrkan mellan de runda pelarena. Flyttningen beskrifves af dåvarande studeranden, sedermera kyrkoherden i Bolstad i Wärmland Petrus Magni Gyllenius på följande sätt [2]):

„Uti majo på detta året [1649] såsom ock junio bygde de mycket uti Åbo domkyrka och förbättrade henne, ty de nederrefvo det gamla koret och altaret och flytte sedan altaret fram uti det nybygda koret, som Jacob Woel [Wolle] lät förbättra år 1627, och

---

net skall upphuggas och muras utom kyrkan i hörnet på norr sidan vid Munckens graf [i nuv. kiikska grafkoret] och den dörren, som är innom kyrkan muras igen, på det man icke måtte befara sig för tjufvar och omilda menniskor, som lätteligen kunde insmyga sig i kyrkan, då klockställaren eller ringaren igenom kyrkan hade sin gång upp i tornet, som ock tillförene här i kyrkan skedt är". — Vidare talas icke så sällan om bruddörren, brudars lilldörr, gamla bruddörren, brudtornsdörren. Hvilken dörr som härmed åsyftades måste lämnas oafgjordt. Engång (1678) nämnes ledstänger för bruddörren; en annan gång (1667) talas om reparation af kyrkomuren på södra sidan öster om bruddörren och alt intill västra gafveln.

[1]) Quod interius, jam ite exornatum splendet, ut simile paucis in locis reperies! utropar professorn Mikael Wexionius.

[2]) R. Hausen, Diarium Gyllenianum I: 143—144.

där sattes altaret främst in till väggen, men det gamla af munkarne uppbygda och mycket påkostade snickarevärket med de åtskilliga beläten sattes fram i det nya koret kring om väggarna. — — — — — Fram vid korets begynnelse upphängdes högt uppå väggen under taket det stora och ganska väl arbetade Kristi krucifix och mycket annat ställdes i ett godt lag".

På högkorets smyckande hade man nedlagt mycken möda. På väggarna hängde vapensköldar efter i koret begrafne framstående män. Vid altaret hängde före 1681 års brand en tafla, „som ibland annat representerade S. Erik, huru han af skatteler (!) ifrån Danmark vardt i Upsala dräpen, såsom ock S. Henrik, trådandes under fötterne sin mördare Lalli" [1]. Sedan denna altartafla blifvit förstörd, beslöt kyrkorådet att „låta utstoffera S. Henriks beläte och den på altaret imedlertid uppsätta", emedan „det annars ser något platt ut" [2]. Belätet ersattes år 1699 med en dyrbar altartafla, en skänk af Jochim Wittfooths arfvingar. Enligt Lindmans beskrifning föreställde den nattvarden, Kristi korsfästelse och uppståndelse. „Taflan omslöts af en dekoration, som bestod af tvenne pelare, ofvantill förenade med en halfcirkelformig list, hvarpå låg ett förgyldt lam med segerfana. Vid pelarenes baser stodo bilderna af Petrus och Mattheus samt något högre Wittfooths och hans fru Christina Bugenhagens porträtter. Målningarne blefvo år 1819 dels renoverade dels med fernissa öföfverdragne och förgyllningen å ornamenterne och pelarene rengjord".

Vid högtidliga tillfällen var altarbordet belastadt med silfverkäril, på hvilka kyrkan synes haft godt förråd. Målade ljus i silfverstakar och kandelabrar brunno på stora helgdagar. I taket hängde en ljuskrona. Ett järngaller skilde högkoret från den öfriga kyrkan.

Där altaret förut stått, „vid den pelaren, som förr var gamla korets begynnelse i tvärgången till sakerstiet", placerades på sommaren år 1649 den nya predikstolen eller „kanzeln". Gyllenius, som berättar detta, har vidare antecknat i sin dagbok för den 11 november 1650: „Begynte de till att uppsätta uti Åbo kyrka den nya predikstolen vid *nästa pelaren fram för den, som*

---

[1]) Palmsköldska saml. i Upsala bibl., topographica tom LIX.

[2]) E. Nervander omtalar i sitt arbete om „Den kyrkliga konsten i Finland under medeltiden" (2:dra hft s. 13) ett St. Henriks belätes „utsnidande" i Åbo af mäster Johan Snickare år 1682.

den gamla stod vid [1]). Samma predikestol hafver högborne herre, herr Henrik Fleming låtit göra uti Stockholm och skänkt till domkyrkan. Denna stol är mycket konstrikt gjorder. En stor karl (Kristoforus) står ock håller honom på sitt hufvud och öfverst på hufven [d. v. s. på himmeln öfver predikstolen] sitter en stor pelikan med sina ungar, som uppslukar hans blod, hvilket han af sitt bröst uthackar. Äro ock på samma stol många andra beläten konstrikt utskurne med englar, evangelister och apostlar, med fint guld utstofferade och med åtskilliga färgor målade" [2]).

Det är uppenbart, att dessa Gyllenii dagboksanteckningar, ehuru förskrifvande sig från olika år, afse samma predikstol. Denna predikstol uppgifves ännu finnas i behåll, om ock i en helt annan yttre skepnad än fordomtima och på en annan ort — Sjundeå kyrka [3]). Af hvad orsak predikstolen afyttrades, är icke bekant; måhända var den för trång och liten. När flyttningen skedde finnes icke heller angifvet.

Vid 1681 års vådeld brann kyrkan „med klockor, orgor och alt det trävirke var innan och utan till aska". Bland det, som räddades, uppräknas icke predikstolen. Var det då den af Fleming skänkta kanzeln eller någon annan, som blef lågornas rof? — Tvänne månader efter branden talades i kyrkorådet om, att „den predikstolen, som nu förlorat (!) var uppsatt i kyrkan, sades vara

---

[1]) I domk. räkensk. för 1622 omtalas en ny predikstols uppsättande. Bidrag I s. 97.

[2]) Den helige Kristoforus är en i medeltida legender ofta nämd person. Han upptogs både bland den romersk-katolska och den grekiska kyrkans helgon. Enligt den forngermanska mytologien gick han, ledd af begäret att tjäna den starkaste, först i tjänst hos en mäktig furste, sedan hos djäfvulen. Slutligen egnade han sitt lif åt Kristus. Hans namn (= Kristusbäraren) har uppkommit däraf, att han blef satt att föra pilgrimer öfver en ström, som saknade brygga, och därvid en gång bar Kristusbarnet. Den kyrkliga konsten framstälde honom vanligen bärande Kristus på sina skuldror och hållande en grönskande staf i handen. Bilder af honom placerades synnerligen i kyrkornas förstugor. — Enligt uppgift, som meddelats mig af docenten Eliel Aspelin, är det icke alldeles sällsynt att i äldre finska kyrkor påträffa predikstolar, som uppbäras af Kristoforus. Vanligen äro bilderna af helgonet mycket groft utsnidade. Folket, som icke känner till Kristoforus, anser mångenstädes bilden föreställa Simson. — Pelikanen användes ofta på den öfver predikstolen hängande himmeln och betraktades inom den kyrkliga konsten såsom en symbol af Kristus och kyrkan. Liksom Kristus utgjutit sitt blod för världen, så troddes pelikanen ock nära sina ungar med sitt eget hjärteblod. Den karmosinröda fläcken på pelikanens bröst ledde naturforskarene till detta antagande.

[3]) Hausen, Antiqvarisk forskningsresa i Vestra Nyland s. 9—10. Lindman, Åbo domkyrka s. 14.

för trång [1]", hvarför biskopen föreslog, att den predikstol, som fans i St. Mariae kyrkofarstuga skulle tagas till låns. På hösten samma år fick man veta, att bruksförvaltaren Petter Thorvöst ärnade förära till kyrkan en ny präktig stol. Kyrkorådet uppgjorde då på Thorwösts vägnar det ackord med beläthuggaren eller statuarien monsieur Johan Ulrik Beurle, att denne skulle till följande höst förfärdiga en predikstol af ek, päronträ och lind med målning och förgyllning på bästa sättet för en summa af 5,500 daler k. m. Som arbetet till en början skulle utföras i Stockholm, beslöt kyrkorådet vända sig till riksskattmästaren Sten Bjelke, som tyckes haft namn om sig att vara en kännare af den kyrkliga konsten, med begäran, att han måtte jämte några experter från Stockholm uttala sin mening om den modell till predikstol, som Beurle skulle förfärdiga. „Och hvad hans omdöme då var, vele de gärna vara tillfreds".

Kanzeln väntades således blifva färdig till hösten 1682. Det drog emellertid ut till år 1688, innan arbetet var slutfördt. I april detta år påmindes näml. beläthuggaren om att ännu förgylla stolen, för att den kunde anses vara färdig och Thorwöst känna sig belåten med sin gåfva. Denna predikstol fans kvar ännu vid 1827 års brand. Den skall ha hvilat på en pelare, vid hvilken stodo tvänne människofigurer, och varit prydd med de tolf apostlarnes bilder. „Öfverst på kupolen tronade Frälsaren, omgifven af englar, med en orm vid sina fötter. Vid listen var fästad en tafla, på hvilken fans årtalet 1688 [2] och donatorns, brukspatronen Thorwöstes namn. Den var i sin svarta drägt med de hvita bilderna och dekorationerna både vördnadsbjudande och smakfull". Så berättar Lindman efter gamle mäns minne.

I sammanhang med högaltaret och predikstolen må nämnas kyrkans orgelvärk. Sådant torde funnits redan under medeltiden och år 1576 förmäles det, att stadens borgare anhöllo hos konungen om hjälp till ett nytt orgelvärks uppbyggande. År 1629 omnämna

---

[1] Var denna måhända tagen från sakristian eller från den s. k. „lilla kyrkan"? Se Bidrag I s. 86 o. följ.

[2] Lindman har 1668, men detta är tydligen ett tryckfel i st. f. 1688, såsom af det ofvanstående framgår. Köpesumman uppgifver Juslenius till 1,000 daler (antagl. silfvermynt, sålunda = 3,000 d. k. m:t). Angående predikstolens placering må nämnas, att vid rådstugusammanträde den 20 okt. 1684 konfererade landshöfdingen med borgerskapet om predikstolens plats och enade sig alla närvarande om att den skulle flyttas till dess förra rum, emedan den finska församlingen var så talrik, att isynnerhet på högtidsdagar hela kyrkan var alldeles full.

domkyrkoräkenskaperna ett positiv eller mindre orgelvärk. Råd-stufvurättens protokoll för år 1644 gifva vid handen, att man något tidigare öfverenskommit med orgelbyggaren Anders Bruse om en ny orgels inköpande, men att arbetet bedrefs mycket lång-samt. År 1651 fattade magistraten och borgerskapet, med anled-ning af en mellan orgelbyggaren Anders Bruse och organisten Michel Nachtigall förelupen tvist, det beslut, att orgelvärket, i en-lighet med ingånget kontrakt, skulle af Bruse levereras till kyr-kan i fullfärdigt skick under sommaren följande år, hvarefter Bruse vore skyldig att på egen bekostnad „hålla värket vid makt" och med eget material utföra nödiga reparationer. Härför lofva-des honom en årlig lön af 200 daler k. m., rätt att oantastad ut-öfva snickareyrke i staden samt att hålla skänkeri både med finskt och svenskt öl äfvensom med alt slags brännvin. Ville han, så tilläts honom dessutom att inrätta ett „gårkiökerij" i staden. — Åt organisten Nachtigall lofvades en årlig lön på 500 daler k. m. samt fri våning.

År 1666 omtalas tvänne orgelvärk, det stora och det lilla, samt ett ofärdigt instrument, som kallas „dulcian". Af orgorna befann sig åtminstone det större i kyrkans västra ända, någonstädes i när-heten af nuv. orgelläktaren [1]). Ur det kontrakt, som år 1680 upp-gjordes med organisten, ärlige och konstfarne monsieur Kristian Kellner från Leipzig, framgår, att det större orgelvärket använ-des hvar sön- och högtidsdag, det mindre hvar aposteldag och tredje dagen i hvar högtid [2]). Bägge dessa instrument förstördes vid branden den 29 maj 1681. Länge behöfde församlingen dock icke umbära musikens medvärkan vid gudstjänsten. Redan i oktober

---

[1]) Domkyrkoräk. för 1655 och 1665 omnämna köpmännen Jost Schultz' och Jochim Wargentins murade grafvar som belägna „under orgorna". Graflängd-en för 1688 upptager bägge grafvarna „under tornhvalfvet". Enl. domk. räk. 1697—98 låg wargentinska grafven vid dörren till domkapitlets sessionsrum, som åter befann sig i tornets södra sidovåning. I kyrkorådsprotokollen för år 1680 heter det, att man var betänkt på att uppsätta en af kyrkans större kloc-kor i tornet, men afstod från denna föresats af fruktan för att därigenom skada orgelvärket. — En notis i kyrkorådsprot. d. 28 okt. 1681 låter oss sluta till, att det mindre orgelvärket möjligen en tid varit ofvanom gezelianska graf-koret. Det heter däri, att kyrkorådet beslöt uppsätta de efter branden erhållna orgorna där det mindre orgelvärket förr varit, sålunda på nyss nämda plats.

[2]) Kontraktet trykt i Tengströms Handlingar t. uppl. af Finl. kyrkoh. och Puffens kalender för 1869. På bägge ställena uppgifves oriktigtvis, att kontraktet gälde de af friherre Arvid Horn och köpmannen Kock år 1681 förärade orgorna.

samma år anmäldes i kyrkorådet, att öfversten friherre Arvid Horn och Åbo-köpmannen Nils Kock förärat till kyrkan tvänne orgor eller positiv. Dessa positiv, som voro af olika storlek och skola ägt tillsammans tolf stämmor, placerades i närheten af altaret och predikstolen, ofvanom dåvarande wittenbergska, sedermera gezeliusska grafkoret öster om sakristian. De användes till år 1727, då domkyrkan genom kommissarien Hans Wittfooths frikostighet förseddes med ett nytt och tidsenligt orgelvärk, som uppstäldes på skild läktare i kyrkans västra ända. Obegagnade och illa vårdade kvarstodo de sedan som vanprydande fornminnen på sin gamla plats intill slutet af 1700-talet, då de ännu återstående bräckliga kvarlefvorna af desamma försåldes på offentlig auktion.

Vid orgorna, har Gyllenius antecknat, uppsattes år 1650 en ny dopfunt, som köpmännen Jost Schultz och Jochim Wargentin låtit förfärdiga i Tyskland och skänkt till kyrkan [1]). Den skall ha varit mycket stor och prydd med „utskurna beläten, kosteligen målade". Öfver funten hängde „hufvan" fästad vid en kedja i taket. Liksom så många andra af kyrkans dyrbarheter förstördes denna dopfunt vid branden 1681. Den ersattes något år senare af en ännu dyrbarare funt, en gåfva af den rike köpmannen Bertil Festing. Juslenius försäkrar efter konstkännares vitnesbörd, att i hela Europa icke fans mera än en dopfunt, som kunnat täfla med denna: den som samtidigt inköptes af påfven Innocentius XII. Enligt en af Lindman gifven beskrifning ägde den bägarform, bestod af svart polerad marmor och var sirad med bibliska emblem af alabaster. Den var placerad under nuv. orgelläktaren, icke långt från kiikska grafkoret, under en himmel och omgafs af ett skrank. Under stora ofreden fördes denna värdefulla kyrkoprydnad till Sverige, där den sedan dess kommit på okända vägar. Rummet, där funten stod, kallas stundom funtkoret.

Bänkarna voro såsom i våra dagar delade genom stora gången i tvänne sidor, kvinnfolkssidan mot norr och mannfolkssidan mot söder. De voro försedda med lästa dörrar och numrerade. Den strängaste rangordning iakttogs vid bänkarnas utdelande, så den plats en person innehade i kyrkan blef ett yttre bevis på det anseende samhället tillerkände honom. Bekant är, hurusom denna

---

[1]) Tidigare omnämnes (i domk. räkensk.) en dopfunt, som år 1611—1612 „blef fördt in mooth Sägher choren" (Bidr. t. Åbo hist. I: 74). Detta kor, där kyrkans urvärk var placeradt, befann sig någonstädes i kyrkans västra ända, måhända i tornbyggnadens norra sidovåning.

rangordning inne i Guds hus, där, om någonstädes, skilnaden mellan öfver- och underklass bort suspenderas, framkallade störande uppträden midt under gudstjänsten, huru ordväxlingar och stundom handgemäng tillkännagåfvo till den församlade menighetens förargelse eller munterhet, att ett brott mot rangrullan var begånget.

Högst uppe i kyrkan närmast högkoret befunno sig de kungliga bänkarna, konungens och drottningens stolar. År 1689 nämnes ett ackord med beläthuggaren Rosensteen om dessa stolars utsirande. — Bakom de kungliga sittplatserna följde embetsvärkens och adelsmännens bänkar; lägre ned borgerskapets och gemene mans. Det talas om riksdrotsens bänk, om hofrättsassessorernes bänkar, professorernes bänkar, borgmästarebänken, rådmansbänken, yngsta rådmansbänken o. s. v. I kyrkorådsprotokollen för 1678 heter det, att 15:de bänken stod vid predikstolen. Samma protokoll för 1688 nämna, att „gint emot predikstolen" sutto adelsmän. Rådstuguprotokollen för 1691 upplysa, att af gammalt varit sed, att adelsmäns och de förnämste assessorers och professorers fruar sutto fram om predikstolen. Vi komma i en följande afdelning att vidare orda om den i sin tid så vigtiga frågan om bänkfördelningen.

Bänkar finnas vidare omnämda i högkoret och det s. k. borgmästarekoret (beläget på södra sidan, synbarligen invid stora södra ingången); vid sakristians dörr funnos tvänne prästbänkar. Vid södra kyrkomuren var anbragt en läktare, där platser voro fördelade åt de i staden legaliserade handtvärksämbetena, snickare-, skräddare-, smeds- och skomakareskråna. Tvänne uppgångar skola ledt hit upp och tidtals omnämnas här tvänne vakter för ordningens upprätthållande. Dörren till den ena uppgången kallades troligen djäknedörren.

* * *

Under hvalfven på kyrkans södra och norra sidor, genom pelarene och sidogångarne afskilda från kyrkans öfriga område, lågo grafkoren och i en särskild utbyggnad på norra sidan befann sig sakristian.

I grafkoren hade en väsentlig del af den kyrkliga prakt utvecklats, som, enligt hvad tideböckerna förtälja, utmärkte gudstjänsten i S:t Henriks och S:ta Marias tempel, innan reformationen slet den finska kyrkan lös från den romersk-katolska världens gemenskap och Westerås recess lade för konungens fötter hvad kyrkans män under sekel samlat. I dessa kor hade den enskilda frikostigheten och den fromma offervilligheten upprättat altaren, vid hvilka under dagens alla stunder vaxljusen brunno och böner uppsändes till den gudaborne och hans moder om hjälp för de själar, som lämnat jordelifvet och begynt den svåra vandringen genom skärselden till de saligas boningar. Inalles aderton sådana altaren eller kapell omtalas från medeltiden. De flesta hade tillkommit under de mäktige kyrkofurstarne Hemmings och Magnus Tavasts tider. Endast ett förskref sig från katolicismens sista årtionden.

Genom reformationen förlorade kapellen till största delen sin förra karaktär. Det mesta af deras prydnader togs bort, mässorna upphörde, sången förstummades och koren med deras källare förblefvo allenast förvaringsrum för de döda. I sekler framåt bibehöll sig nämligen den från medeltiden ärfda seden att begrafva de döda in i kyrkan. Det var föreställningen om att de hädangångne hade det liksom tryggare och bättre under kyrkans helgade hvalf, som motiverade detta mot våra dagars uppfattning stridande bruk. Äfven fäfängan och rangsjukan drefvo dock här ofta sitt spel. Hvarje man af stånd eller af någorlunda stor förmögenhet betraktade det som en hederssak att engång få hvila under kyrkans vigda golf[1]). Icke allenast åt rikets ädlingar och kyrkans prelater bereddes en hvilostad i kyrkan; äfven personer af lägre börd och rang, borgare och handtvärkare, som samlat en förmögenhet stor nog att erlägga de nödiga begrafningskostnaderna, nedsänktes i kyrkans grifter. Särskilda förmögnare och mera ansedda familjer hade låtit inreda åt sig egna murade grafvar, i hvilka släktens medlemmar eller ock andra, om tillstånd därtill medgafs, nedlades till den eviga hvilan. De förnämsta familjegrafvarna voro de, hvilka inreddes på de förra kapellens plats. De flesta af dem framstå ännu i vår tid som dyrbara minnen från flydda dagar och leda vår tanke icke allenast på kyrkans äldre öden, utan ock på flere män, som ristat ett oförgätligt namn i Finlands odlingshäfder. Vi skola särskildt för sig betrakta de grafkor, om hvilka kyrkans handlingar under sjuttonde seklet veta att tälja.

Stiga vi ned från högkoret och följa kyrkans norra sida, så möta vi först släkterna Horns och Kurcks gemensamma släktgraf,

---

[1]) Då en borgare anhöll af kyrkorådet om ett lån för att kunna begrafva sin svärmoder i kyrkan, fick han till svar, att han skulle begrafva svärmodern efter råd och lägenhet „och intet så stort slå oppå". (Kyrkorådsprot. 1677).

det s. k. Kankaskoret, som för närvarande är det praktfullaste af alla kyrkans sidokor. Det uppfördes, såsom tidigare är nämdt, på 1650:talet af fältmarskalken, friherre Gustaf Horn till Kankas och presidenten i Åbo hofrätt, friherre Jöns Kurck. Platsen inköptes 1652 för 200 silfverdaler, arbetet påbörjades 1655 och afslutades två år senare. Efter 1681 års brand renoverades koret med kyrkans medel. På väggarna hängde här kurckska och hornska vapensköldar. I detta kor blefvo dess första egare, Gustaf Horn och Jöns Kurck, begrafna[1].

Efter Kankas-koret följde det wittenbergska. Det försåldes af kyrkan för 480 daler k. m. till öfversten grefve Arvid Wittenberg, som begrofs där år 1653. I trettioårs tid stod grafven därpå obegagnad, hvarför den enligt gällande ordning åter hemföll till kyrkan, som sålde den år 1683 för 100 daler s. m. åt biskopen Johan Gezelius d. ä. (begrafven här år 1690). Framför koret skall biskopen låtit uppföra ett svart och hvitmåladt skrank. Enligt en till domkapitlet omkr. år 1750 ingifven förteckning öfver domkyrkans minnesmärken fans i koret ett porträtt af biskop Gezelius, hållande i handen en bok, hvarpå lästes

Bild af Katarina Månsdotter i halffigur af sten. Flyttad på 1860:talet från tottska grafkoret till Kankaskoret. Finnes på väggen i detta kor till vänster om ingången.

orden: „verbum domini manet in aeternum". Inre gafveln pryddes af en stor tafla, som förestälde Kristi lidande i Getsemane örtagård[2]. Huruvida dessa målningar funnos redan under sjut-

[1]) Bilmark-Lauræns, De sacellis sepulcralibus. År 1778 fans i koret ännu tre vapensköldar: öfverstarne Evert Horns († 1687) och Gabriel Horns († 1705) samt en utan inskription. Jöns Kurcks kista finnes ännu i behåll; Gustaf Horns saknas. De i grafhvalfven ännu förefintliga kistorna utförligt beskrifna hos Lindman.

[2]) Presterskapets redogörelser om forntida minnesmärken i Finlands kyrkor, saml. af A. A. von Stiernman, utg. af R. Hausen; De sacellis sepulcralibus af Bilmark och Lauræus. Enligt det senare arbetet funnos i den vackert utskurna ramen till den sistnämda taflan fyra smärre taflor med följande deviser: 1:o Solus, hoc calcando, rubesco; 2:o Ne mergantur, immergor; 3:o Ar-

tonde seklet kan icke bestämmas. Ofvanom koret placerades, så-
som tidigare nämdes, år 1681 de af Arvid Horn och Nils Kock
skänkta „positiven".

Väster om gezeliusska grafkoret ledde dörren till sakristian.
Sakristiebyggnaden var vid denna tid indelad i tvänne rum. Af
dem begagnades numera endast det främre som sakristia. Tidtals
åtminstone synes här hållits religiösa sammankomster, bibel- eller
predikostunder, ty bland kyrkans utgiftsposter åren 1616—18 om-
nämnes uppförandet af en predikstol i sakristian. Bänkar med
pallar och biskopsstolen förekomma därstädes ofta omtalade. —
Det inre rummet, gamla sakristian som det kallades, tjänade nu-
mera som förvaringsrum för kyrkans dyrbarheter, kalkar, mäss-
skrudar m. m. I något af rummen förvarades Finlands skydds-
helgons, St. Henriks ben i en kista, som Messenius uppgifver ha
varit af silfver. Förmodligen stod här ock biskop Hemmings
ända till våra dagar bevarade reconditorium.

Väster om sakristian följer det största af kyrkans grafkor,
det tavastska eller gamla Kankaskoret. Det motsvarar det förra
Helga lekamens kor eller kapell, som inrättats af biskop Magnus
Tavast och invigts till sin höga bestämmelse år 1425. Under
1600:talet skall koret undergått en väsentlig förändring dels i följd
af de svåra eldsvådorna dels genom de renoveringsarbeten, som
dessa medförde. Många gamla minnesmärken skola då gått för-
lorade eller blifvit undansatta. Så uppgifves, att vid 1681 års
brand förstördes det epitafium, som biskop Magnus Nilsson Stiern-
kors († 1500) låtit förfärdiga i Flandern och uppsatt på väggen
till minne öfver två sina föregångare på biskopsstolen, som jämte
honom hvila i detta grafkor: Magnus Tavast och Olaus Magni.
Epitafiet utgjordes af en koppartafla, infattad i en stenram. De
latinska inskriptionerna på detsamma omnämde de tvänne bi-
skoparnes dödsdag och slutade med orden: Bedjen för dem och
andra kristtrogne, att de må njuta frid i de sällas boningar [1]).
Bland grafprydnader, som vid samma tider skola förstörts, näm-

---

deo, sed non consumor; 4:o Viviticum do viva liquorem. På taflans öfversta
kant lästes orden „Per passionem tuam, agoniam et sudorem tuum sangvineum,
libera nos Domine" och på den nedersta Hebr. V: 7—9.

[1]) Den fullständiga ordalydelsen var: „Anno Domini MCCCCLII die IX
mensis Martii obiit Reverendus in Christo Pater et dominus, D:nus Magnus D.
G. Episcopus Aboënsis, hujus capellae Fundator, qui sedit annos quadraginta.
— Anno Domini MCDLX die XXIV mensis Febr. obiit Reverendus in Christo
Pater ac Dominus Olavus, D. G. Episcopus Aboënsis. Orate pro istis et cete-

nas vidare en marmorskifva öfver biskop Magnus Tavasts graf samt måhända en kopparplåt öfver biskopen Martin Skyttes graf.

Några dyrbara minnesmärken, som föreskrifva sig från medeltiden och erinra om den gamla tavastska släkten, ha emellertid bevarats till våra dagar, ehuru äfven de bära spår af tidens medfart. Vid ingången till högkoret finnes inmurad en till Magnus Tavasts grafvård hörande, med tavastska vapnet prydd sten, som ännu år 1671 fans öfver biskopens graf. I tavastska koret bevaras ännu höfvidsmannens på Tavastehus slott Olavus Tavasts

Evert Horns och hans frus Margareta Finckes grafvård i tavastska grafkoret.

grafsten. Bägge dessa grafstenar jämte det för koret ännu befintliga, af Magnus Tavast uppresta järngallret ha aftecknats af Elias Brenner och finnas afbildade i Gottlunds Otava.

Namnet „gamla Kankas-koret" bar koret efter den graf, hvari den fräjdade Evert Horn till Kankas och hans husfru Margareta Fincke blefvo nedlagda. Efter 1681 års brand flyttades de i grafven befintliga kistorna till det nya Kankaskoret. Ännu kvarstå i koret marmorvården öfver makarna Horn samt en till deras minne på väggen fästad marmortafla.

---

ris Christi fidelibus, ut requiem habeant cum beatis. Bilmark-Lauræus, De sacellis sepulcralibus s. 20—21. Om de olika beskrifningarna på epitafiet, se Otava I. 504—505.

I Helga lekamens kor hvilar ännu en annan af Gustaf II Adolfs fältherrar i kriget mot ryssarne, skotten Samuel Cockburn († 1621). En svart marmortafla på väggen påminner om de bragder han utfört fjärran från sitt hemlands bärg. Ofvan grafven finnes en vård af marmor, framställande den aflidne i full krigsrustning. Efter Cockburns död tillföll grafven hans landsman Patrik Ogilwie, från hvilken den öfvergick till rådman Tolpo, och från denne till professor Johannes Thorwöst.

Invid norra ingången i kyrkans nordvästra hörn hade man ett grafkor, som numera gemenligen kallas det kiikska. Hvem som anlagt koret och huru det tidigast kallats, har sedan länge varit okändt [1]). I äldre grafförteckningar nämnes det endast „koret bak funten". Ur domkyrkans räkenskaper framgår emellertid med visshet, att koret under 1600:talet gemenligen kallades Brinkalakoret [2]). I en af de grifter, som finnas här, hvila ståthållaren Hans Eriksson till Brinkala († 1608) samt assessorerne Anders Gyllenkrook († 1683) och Elias Starenskiöld († 1692); i en annan graf slottshauptmannen Hans Munck (begrafven $^{19}/_2$ 1637) och hans son vicepresidenten Johan Munck († 1663). Åtskilliga vapensköldar smyckade enligt öflig sed korets väggar.

I det nuv. tottska grafkoret, närmast intill högkoret på kyrkans södra sida, stod i forna tider ett åt S:t Laurentius helgadt altare. Benämningen S:t Lars kor finnes använd ännu år 1613, då Erik den fjortondes gemål Katarina Månsdotter blef här begrafven. Tre decennier senare nedlades här kung Eriks dotter Sigrid Wasa och år 1640 hennes son, Gustaf II Adolfs vidtberömda „snöplog", fältmarskalken Åke Tott. År 1641 inlöstes koret af Totts arfvingar för 500 tunnor spannmål och afstängdes med ett

---

[1]) „Dolemus omnino fundatoris nomen, ferreis innexum clathris, vetustate adeo esse exesum, ut aliquot tantummodo litterae supersint, ex quibus vero nullus plane erui potest sensus" säger Bilmark.

[2]) Domk. räk. 1623—27 upptaga bland kyrkans inkomster välbördig Hans Muncks afgift för en murad graf i Brinkala koret. Enl. räk. för 1636—37 (förvarade i kongl. biblioteket i Stockholm) begrofs samme Hans Munck jämte sin moder d. 19 febr. 1637 „in i kyrckian i sin egen graff [i] khoren baak om dören noor". Af okänd anledning tillföll grafven domkyrkan, men återgick till Hans Muncks son Johan „jure postliminii", efter hvad Bilmark vet berätta. („Jus postliminii" betecknade i den romerska rätten rättigheten för en romersk medborgare att under vissa förutsättningar efter återkomsten från fångenskap hos en fiende återfå de rättigheter han förlorat i och med detsamma som han råkade i fångenskap. Huru detta stadgande kunnat tillämpas på Munck, åtager jag mig icke att förklara.)

järngaller. Bland dem, som senare funnit sin hvilostad i detta grafkor, må nämnas friherre Lorentz Creutz, död såsom landshöfding öfver Åbo och Björneborgs län år 1698. — Då koret, som är det bäst bibehållna af alla kyrkans grafkor, finnes omständligt beskrifvet bl. a. hos Lindman, är det öfverflödigt att ingå på en skildring af detsamma. Nämnas må blott, att den praktfulla marmormausolé, som utgör korets största prydnad, blifvit uppstäld där år 1678. Något senare heter det, att de genom 1681 års brand uppkomna skadorna botats af

Åke Totts och hans första frus Sigrid Bjelkes mausolé.

en beläthuggare Johan Ulrik Beurle [1]). Tvänne oljemålade porträtt af Åke Tott och hans grefvinna Kristina Brahe ha gått förlorade under innevarande sekel [2]).

Närmast intill tottska grafkoret låg korskoret, där man väl får antaga, att i forna tider det heliga korsets altare, till åldern det yngsta, men ett bland de bäst doterade af kyrkans kapell, stått. Eget nog möter man hvarken hos Bilmark eller i prästerskapets redogörelser af år 1749 någon uppgift om korskoret. Koret innehades icke, såsom t. ex. tottska koret, af en enda släkt, utan hade flera Åbofamiljer här inköpt familjegrifter. Om dessa mera i det följande [3]).

---

[1]) Kyrkorådets protokoll för 1681.
[2]) De omnämnas i domk. räk. 1689—90.
[3]) Att korskoret låg mellan tottska och wallenstjernska grafkoren framgår af den ordning, hvari det i graflängderna upptages. Om Josef Pippings graf i korskoret heter det i 1735 års graflängd, att det låg „nära grefve Totts graf". — Vid ett kyrkorådssammanträde 1688 beslöt man att förfärdiga en dörr

Vid korskoret låg nykoret [1]). Assessor Olof Samuelsson Wallenstiernas här befintliga graf, efter hvilken koret i senare tider uppkallats, inköptes från kyrkan år 1687 och var försedt med järngaller.

Mellan södra kyrkomurens tvänne ingångar följde trappkoret och borgmästarekoret. I det senare hade under katolska tiden St. Petri och Pauli altare stått. Numera synes det varit specielt af- sedt till grafkor för stadens ma- gistratsperso- ner. Utom bi- skopen Konrad Bitz' af Elias Brenner under åren 1671 och 1672 afritade, men numera för- störda grafsten (afbildad i Ota- va I) omnäm-

Järnstaketet framför tottska grafkoret.

nes hvarken i detta kor eller i trappkoret något remarkabelt fö- remål [2]).

Åt akademien och uppmura en trappa till läktaren samt utvidga hvalfvet fram- för Wallenstiernas graf. Den enda, som antogs kunna invända häremot, var herr Fästingen, „som har sitt grafställe i samma kor, som dörren upphug- ges". Men äfven han skulle väl samtycka till arrangementet, emedan dörren icke sattes på hans graf, utan i hörnet eller vrån. Enligt graflängderna hade denne Fästing sitt grafställe i korskoret.

[1]) Lindmans förmodan att nykoret motsvarade det nuv. kiikska graf- koret strider uppenbart emot graflängderna. Då Lindman bestämdt uppgif- ver, att heliga korsets altare stod i nykoret, så får det måhända antagas, att nykoret i äldre tider innefattade såväl korskoret som wallenstiernska graf- koret.

[2]) Synbarligen åsyftar Bilmark trapp- och borgmästarekoren, då han efter att ha skildrat det wallenstiernska koret och innan han öfvergår till stålhand- skeska yttrar: Sequuntur quidem duo alii chori amplioris formae; verum quum nulla intra suum ambitum contineant monimenta, idcirco & illos sicco praete- rimus pede. (De sacellis sepulcralibus). Att döma af den ordning, hvari dessa kor uppräkans i graflängderna, var trappkoret det östligare.

Slutligen ha vi att märka i kyrkans sydvästra ända det i sin tid så praktfulla stålhandskeska grafkoret. Koret inköptes af generalen Torsten Stålhandskes enka Kristina Horn år 1654 för 900 riksdaler och pryddes af henne med den marmormausolé, som ännu i våra dagar påminner om den namnkunnige hakka-pelit-höfdingens bragder. Det är redan omnämdt, hurusom detta kor på ett underbart sätt undgick den förstörelse, som den 29 maj 1681 äfvergick kyrkan. Sedan dess ha dock en mängd dyrbarheter — fanor, taflor och vapensköldar — gått förlorade.

Torsten Stålhandskes sarkofag.

Utom dessa nu uppräknade grafkor omnämna handlingarna namn på andra kor, under hvilka hvilostäder bereddes åt de hädangångne. Så nämnes säjarkoret eller säjarkammaren, där ett upprepade gånger omnämdt säjarvärk förvarades. Detta kor befann sig i kyrkans västra ända, måhända i tornbyggnadens norra sidovåning, där under detta sekel den finska grenadierskarp-skyttebataljonen hade sin kyrka [1]). Den södra sidovåningen inrymde nämligen domkapitlets samlingslokal samt stod genom en dörr, den s. k. konsistoriidörren (måhända också biskopsdör-ren) i förbindelse med kyrkan. Vidare omtalas funtkoret, äfven det i kyrkans västra del, framför Brinkala koret och invid säjarekammaren [2]). St. Katarinæ kor (där väl fordomtima St. Katarinæ altare stod) [3]), St. Jörans kor (där väl St. Georgs altare

---

[1]) Glasfönster omtalas ofta i säjarkammaren. År 1611 nämnes där en läktare.

[2]) År 1611 flyttades dopfunten in mot sägerkoren. Bidrag I s. 74.

[3]) Bidr. I s. 78 o. 189.

Torsten Stålhandskes och Kristina Horns mausolé.

stått), [1]) St. Mårtens kor [2]), St. Olofs kor [3]), järnkoret [4]) och krucifixkoret [5]) måste anses som antikverade eller sällan använda benämningar på några af de redan skildrade grafkoren.

*   *   *

Det var icke allenast de utmed kyrkans sidor löpande forna kapellen, som man förvandlat till grafkammare. Det utrymme,

som dessa erbjödo, var långt ifrån tillräckligt att fylla behofven, att upptaga alla de många, som efter den timliga döden ville afbida uppståndelsens dag inom kyrkans helgade murar. Hela kyrkan var en enda stor grafkammare. Man begrof under högkoret, på gångarna, under bänkarna, under farstugornas golf och trappor [6]). Öfveralt, där kyrkogångaren i våra dagar stiger

Staketet framför Stålhandskes grafkor.

fram, vandrar han öfver de förmultnade kroppshyddorna af män och kvinnor, som under förgångna sekel lefvat och värkat i Åbo.

---

[1]) Bidr. I s. 155.
[2]) Bidr. I s. 172.
[3]) Bidr. I s. 81. Hvarken ett å St. Mårten eller St. Olof helgadt altare finnes upptaget i den förteckning öfver de medeltida altarena i domkyrkan, som Lindman uppgjordt. I räkensk. för 1587—88 nämnes St. Kristofers kor, som icke häller ingår i Lindmans förteckning.
[4]) Bidr. I s. 95 o. 195.
[5]) Domk. räk. 1655. Samma kor synbarligen som i räkensk. för 1637 kallas „koret, som träkorset är [i]" och i räk. 1636 „målade korsets" kor.
[6]) År 1676 fann sig kyrkorådet föranlåtet att förbjuda den osed, som „somliga ledamöter af den finska församlingen tagit sig att lägga sina döda under kyrkotrapporna, så att stenarna aldrig ha kunnat komma i sina förra ställen igen till ligga, ej häller så stadiga som de förr varit, hvaraf ofta förorsakat, att de, som gått i Guds hus, stött sig".

Det blefve för långt att här genomgå listan på alla dem, för hvilka kyrkans murade grifter och mullgrafvar öppnats. Det blefve en förteckning på de stadens borgare, som genom samhällsställning eller ekonomisk välmåga höjde sig öfver den stora mängden. Så ha vi antecknat, att t. ex. under de fyra åren 1666—69 145 personer blifvit begrafna in i kyrkan. Kanhända saknar det dock icke sitt intresse för läsaren att se här intagen in extenso 1688 års grafförteckning, hvarur redan några notiser blifvit hämtade. Förteckningen, som synes undgått föregående forskares uppmärksamhet, då jag ingenstädes funnit den citerad, upptager de familjegrafvar, hvilkas tillvaro man efter 1681 års stora förstörelse kunde ihågkomma och konstatera. Fullständig är listan icke; tvärtom kunde man vid noggrant genomgående af begrafningslängderna ända från seklets början göra flera tillägg. Vi hålla oss dock till aktstycket sådant det föreligger oss [1]).

Förteckning på de grafvar, som til 1689 vthi Åbo domkyrckio äre befindtelige och opmurade, nembl.

Vthi högchoret ända fram.

1. Erich Anderssons Knapz graff under altaret, hwilcken hafwer bodt fordom på Heickilä och warit som en vicelandzhöfding. När altaret flyttes til öster gafwelen a:o 1649, togz hans steen dädan och ligger straxt nedan altaret på söder sijdan.
2. Handelsmans Jochim Withfothz graff ock under altaret, den han ärfft efter sin swärfader Gewerdt Bugenhagen.
3. H:r landzhöfdingens ifrå Österbotn wälb:e Gustaff Grasses graf mit på golfwet.
4. Petter Plagmans graff, hwilcken nu brukas af sahl. Thomas Lejonbärgz slächt och erfwinger.
5. Assessorens sahl. Michael Gullenstålpes och högwördige h:r biskopens i Lund doct:ris sahl. Enewaldi Svenonij och deras arfwingars graff, kiöpt 1671 d. 30 novemb. för 150 d:r k. m:te.

---

[1]) Förteckningen, undertecknad af kyrkoekonomen Olaus Hartman den 20 okt. 1688, förvaras i domk. arkiv i Åbo och har jämte åtskilliga andra i arkivet förvarade handlingar med domkyrkoföreståndarenes benägna tillstånd utlånats till mitt begagnande i Helsingfors. Framför grafvarna n:ris 1, 7, 8, 13, 17, 18, 26, 37, 44, 45, 47, 48, 49, 52, 55, 56, 57, 62, 63, 66, 67, 79 och 85 finnes ett, framför grafvarna n:ris 53 och 86 två kors. Enligt ekonomens förklaring betyder det ena korstecknet, „att samma graff hörer kyrkian til igenom gambla praxin"; tvänne kors antyda „samma graff af äganderna wara kiöpt til domkyrckian för reda medel".

Söder om i be:te cohr.

6. Rådmans sahl. Albrecht Rosskampz och dess erfwingars graff, den han ärfft effter scholmästeren här i Åbo sahl. mag. Marcus.
7. Der bredwid är en lijten graf vthan steen; lijken brunno op i sidste brand 1681.
8. En murat graff, med tegel betäckt, emellan Albrekt Roskampz och Sander Watssons graff.
9. Assessorens h:r Nicolai Lietzens, den han äger tilhoopa med borgmästaren sahl. Johan Schäffer; hwilken de a:o 1668 kiöpte af kyrckian och låto opmura.
10. Rådmans sahl. Alexander Watssons och hans erfvingars graff [hwilken är förährt åth landz cammerer Anders Bunge aff arf:e. ¹)].
11. Handelsmans sahl. Jost Schultz, den hans erfwingar hafwa til hopa med sahl. Erich Sundels erfwingar.
12. Handelsmans sahl. Anders Merdhens och dess arfwingars graff.

Norr om i mehrbe:te chor.

13. Fordom borgmästarens sahl. Hans Giötringz graff, hwar vthi 1675 d. 5 decemb. begrofz biskopens i Wiborg doct. Bångz sahl. hustro och hans son a:o 1685 d. 6 decemb. såsom i kyrckians egen graff.
[13. Pastoris doct. Jacobs graf, den kiöpt är af kyrkian 1691 d. — för 120 d:r].
14. Fordom borgmästarens sahl. Johan Knuthssons och hans broders Anders Knuthssons graff sampt deras erfwingars. [Der vthi är sist begrafwen sahl. rådman Johan Olsson 1672 d. 8 septemb.]
15. Der bredwid in emoth h. Grassens graff sahl. h:r Erichz Ketharenij graff; vthan steen.
16. Regementz skrifwarens sahl. Anders Larssons graff med steen, den han kiöpt af kyrckian 1673 d. 31 jan. för 100 d:r sölf:r m:t.
17. Der vth med 1 graff, kyrckian tilhörig, der fordom rector scholae sahl. mag. Matthias Rothovius är begrafwen vthi.
[18. Cammarer Kempes och Biorckegrens graf, der uti sahl. cam. blef begraf. 1701].

På stoora gången ifrå högchoret.

18. En lijten graf wid främste pelaren norr om sahl. h:r Niels Bjelkes, hwilcken ehrkiännes til kyrckian, emedan han in om 30 åhr är i ci öpnat worden.
19. H:r inspectorens Dietrich Lejonbergz graff näst wid kyrckiokellaren. [D. 6 sept. 1709 begrofz mag. Kepleri barn. —]
20. Fordom burgmästarens sahl. Laurentij Brochj graff, kiöpt af domkyrckian 1672 d. 27 april för 40 d:r sölf:r m:t.
21. Fordom pastoris sahl. doct. Georgij Alani och dess erfwingars.
22. Sahl. biskopens doct. Aeschilli Petraei graff; ingången der til är under manfolckz bänckiarna.

---

¹) Hvad som upptages inom klammer är senare tillagdt.

23. Sahl. biskopens mag. Erici Erici graff mitt på st. gången, hwar vthi begrofz sahl. h. Joseph Lethalensis Choralis och hans sahl. hustro.

24. Biskopens sahl. mag. Isaaci Rothovij graff der näst.

25. Der jempte är funnen en graff effter branden 1681, hwar vthi woro 2 lijkkistor med jempna lok; här vthi begrofz professor juris sahl. mag. Axel Kempe 1682 d. 5 feb. tillijka med advocatens Prytzens barn effter kyrckie rådetz bewilning såsom i kyrckians egen graff.

26. En murat graff härjempte med stoor steen oppå; är ock kyrckian tilfallen.

27. En dito kyrckian tilhörig, effter ingen weet, hvem den samma äger, eij heller är öpnat i 30 åhr.

Vnder tornhwalfwet.

28. Rådmans sahl. Robert Ranckens, handelsmännernas Jochim Schultz och Jochim Wergentins graff tilhoopa.

29. Sahl. handelsmans Petter Torfwestz graff vthan för consist. dören.

30. Handelsmans sahl. Johan Tolpos och hans erfwingers graff i wester norr hörnet [den han sig tilhandlat a. 1667 af kyrckan för 100 d:r.]

31. Pastoris ifrå Föglö h:r Gudmundi Rothovij graff bredwijd Tolpos.

Jfrå högchoret på norra gången.

32. Borgmästarens Berndt Regerdtssons graff fram för den nyja Kanckas grafwen, den han ärfft af sin sahl. moorbroder mag. Thoma Florino, lectore i Åbo gymnasio.

33. Rådmans sahl. Hans Hanssons graff, nu handelsman Flege tilhörig. [Mich. Hollos graf, köpt af kyrckian 1696 för 60 d:r.]

34. Sahl. handelsmans Henrich Tafwastz och dess erfwingars graff; ingången under predijkstohls dören.

35. Handelsmans Nils Steenssons Kåckz graff wester vth om sacerstijg dören, den han med sin egen bekåstnad låtit opmura 1671 och för rumet betalt till kyrckian [180 d:r k. m. 1674].

[36. Rådman Joh. Miltopæi, köpt af kyr. 1690, 100 d. k.]

36. Posola Clemetz och Henrich Rudhz graff vth wid funten norr om. [Henrich Ruuth blef begrafven 1677 d. 1 decemb.].

37. Der bredwid 1 graff under jerngalret, kyrckian tilhörig, hwar vthi äro begrafne chorales sahl. h:r Johan Carckuensis, sahl. h:r Johan Sarenius och sahl. h:r Pehr Hortelius med deras afledne barn.

J chorarne på norr sijdan:

J första choret ifrå prästdören.

38. Fordom feldtmarskalckens högwälb. Gustaf Horns til Kanckas grafställe och dess erfwingars.

39. Fordom præsidentens sahl. Jöns Kurckz och dess erfwingars graff; hvilcka förnähme herrar sielfwe låtit samma chor opmura och bebyggia, men sedan branden är af doomkyrckians medel der på kåstat.

14

J andra choret der näst.

40. Detta grafställe haf:r fordom öfversten sahl. greff. Wirtenberg kiöpt af doomkyrckian för 480 d:r k. m:t, der vthi han ock begrofz 1653; och effter den grafwen icke vthi 30 åhrs tijd öpnat worden, dy såldes han effter begiäran åth högwördige h:r biskopen doct. Joh. Gezelio 1683 d. 23 april för 100 d:r sölf:r m:te, då och sahl. frw biskopinnan, wälb. frw Gertrud Gutheim här uthi begrafwen blef.

J gambla Kanckas eller h. leekamens cohr.

41. Sahl. h:r Efwerdt Horns graff til Canckas, gammal och förfallen; lijken brunno op i seeneste branden 1681, men de lijkkistor, som woro af Canckas familia, blefwo satte i den nyja Canckas grafwen, då den blef fäŗdig. A:o 168.. begroffz i denne grafwen effter kyrckiorådetz behag sahl. öfwerst Mellins sahl. frw.

42. H:r Patrick Ogilwies graf med vthhugna steenar åfwan på grafwen, den han ärfft effter sahl. öfwerst Cobran.

43. Der bredwid 2 murade grafvar, hwadan lijken mäst opbrunno, kyrckians egne, hwilcka grafställen förährtes bruukzförwalten seig:r Petter Thorwest til et ringa recompans emoth anseenlige gåfvan til kyrckian, nembl. cantzelen, dem Thorfwesten sielf lät mura och hwälfwa til een graff 168.. Och blef här vthi uthan betalning effter gamble praxin första lijket nedsatt, secret:n i den kongl. hofrätten wälb. Petter Rosendahl 1686 d. 30 maij med Thorfwestens skrifftelige tillstädielse.

44. Mitt i choret något lijtet ophögd fordom biskopens sahl. Magni Tafwastz, hwilcken är barnfödd i Wirmo sochn, warit biskop i 38 åhr, död 1452, då han war 95 åhr gammal. Hans nampn finnes ock på jerngalret med desse [ord:] hälp Maria. J samma graf lät h:r landzhöfdingen wälb. Harald Oxe begrafwa sin swåger wälb. Natt och Dag, då hans tienare och folck sönderslogo den kåsteliga steenen, som der på leegat.

45. En graff der bred wid åth kyrckian med bräder täckt; weet ingen hwars den warit.

46. En muld graf bred wid sahl. h:r Efwerdt Horns, gijnt emoth Tafwastens graff, hwilket ställe haar waarit mag. Martini Stodij swärfaders graff, det profess. mag. Petræus praetenderar och hans sahl. swärfålk blefwo här begrafne.

47. J öster norr hörnet är en graf kyrckian tilhörig; i denne graf begrofz såsom i kyrckians egen graff sahl. Peḥr Larsson Ööman och hans barn; jtem assess. Walstenij barn och Rogenbåckz hustro.

48. En murat graf wid norr wäggen med munck stijl på steen; ingen weet hwem den haf:r tilhördt.

49. Noch 1 gammal graf öpen, men nu med bräder täckt, men ingen weet hwars den warit.

50. En mulgraf, sahl. rådmans Mårthen Sigfredsons Salckos, med steen och boomärcke der på.

J choret baak funten.

51. Fordom vice praesidentens sahl. Munckens vthi wester norr hörnet.

52. Der bred wid 1 graf kyrckian tilhörig; hwar vthi är nedsatt såsom i kyrckians egen graf häredzhöfdingen Lillieholm med sin sahl. frw och secret. Boetius.

53. Sahl. probstens i Cangasa[la] mag. Joh. Frisij graf, den hans erfwinger försåldt til kyrckian 1678 för 130 d:r.

54. J öster nore hörnet en murat graf med steen oppå; ingen weetat hvars den warit; är inthet öpnat i 40 åhrs [tijdh], hwarföre ock samma graf försäldes assessorens sahl. Andreas Gullenkrookz erfwingar för 250 d:r [1684 d. 27 sept.]

55. Här näst en graf, hvilcken fordom en hafwer ägdt, som bodt på Brinckala [hvilken intet är öpnat innom 30 åhrs tijd, hwarföre den som kyrk. egen är såldt till ass. Starenskiöld 1690].

56. En lijten murat graff; ingen weet hwars den warit.

57. En murat graf näst in til gallerwärcket, kyrckian tilhörig; hwar vthi är begrafwen med kyrckierådetz consens oeconomus sahl. h:r Gab. Lauræus med en sin dotter som ock oeconomi h:r Olai Hartmans 2:ne barn.

På söder sijdan ifrå högchoret.

58. Fordom högwälborne h:r greff Tottz families graff, hwar på högwälb. grefwinnan frw Christina Brahe, sahl. Claas [ɔ: Åke] Tottz änckiefrw, lät åhr 1688 [ɔ: 1678] opsättia ett kosteliget och anseenligit epitaphium af marmorsteen.

Vthi kors choret.

59. Sahl. cammarerens wälb. Engelbrecht Eeneskiöldz graf; på steenen är en frw vthhuggen. Sidst blef här i begrafwen 1678 d 10 martij wälb. Johan Eenskiöld såsom i sin egen arfgraff.

60. Handelsmans Bertold Festingz graf med 2 steenar oppå; låtit sielf opmura och gif:t för stället 250 d:r k. m:t [1687 d. 30 junij].

61. Der bred wid innan åth kyrckian assessorens sahl. Anders Anderssons graff [köpt af kyrckian för 120 d:r k. m. 1677 d. 20 april].

62. J hörnet under nyja dören en graf, den kyrckian kiöpt af sahl. Petter Hollenders änckia för 50 d:r sölf:r m:t. I denne grafwen är begrafwen oeconomus sahl. h:r Henrich Hasselgreen såsom i kyrckians egen graff 1676 d. 18 maj.

63. Sahl. Henrich Teetz graff här bred wid, kyrckian tilhörig. Här uthi är begrafwen notarien i den kongl. hofrätten sahl. Henrich Carlsson Greek 1675.

66. Fordom assessorens sahl. Pehr Eekenbergz och dess erfwingars som ock sahl. Gullenstokens graff; en dör på sielfwa muren, hwarest ingången är.

Vthi nyja choret.

65. Fordom assess:s sahl. Oloff Samuelssons Wallenstiernas graff med jern galler före; kiöpt sielfwa stället af kyrckian för 700 d:r k. m:t 1687 d. 19 martij och sielf med sin egen bekåstnad låtit opmura.

Vthi trapp choret.

66. Fordom pastoris här i staden mag. Joachimi Stutæi graff under bänckiarna wester vth.

Vthi borgmästar cohret.

67. En murad graf i öster hörnet; är kyrkian tilfallen.
68. Borgmästarens sahl. Petter Jesenhauses graf med 2 stenar på.
69. Handelsmans sahl. Jochim Wolterstorpz erfwingars graf.
70. Profess. sahl. mag. Simonis Kexleri och dess erfwingars graff.
71. Borgmäst:s sahl. Henrich Schefers graf under fönstret.
72. Sahl. Philip Åhrapääs och dess erfwingars graff; i samma graf är fordom en biskop Conradus Bitz be:d begrafwen, hwilckens wapn, en bäck och biskopz hatt, finnes på steenen.
73. Carl Bilsteens graff [betalt 1672 d. 30 octob. 180 d:r k. m:t].
74. Rådmans Hans Plagmans graff.
75. Borgmäst. sahl. Johan Skäfers och hans sahl. broders rådmans Henrich Schefers graff, kiöpt tilhopa af kyrckian för 25 d:r sölf:r m:t 1671.
76. Sahl. feldtmarskalckz Torsten Ståhlhanskz graf och heela chor wid lijkhuset med ett skiönt vthhuggit af marmor epitaphium.

Vnder bänckiarna på manfolckz sijdan.

77. Sigfrid Salckos och Erich Johanssons graff; halfwa stenen är under bänckiarna och den andra halfwa på lilla gongen wid den 3:die pelaren. [I denne graf är sidst begrafwen Wächteri Greels 1683 d. 8 junij; jtem Lars Kuppar].
78. Fordom häredzhöfdingens sahl. Lillieholms graff under profess:s bänckiarna moth lilla gongen.
79. Borgmästarens sahl. Hans Olofzsons graf. Steenen är mäst under manfolckz bänckiarna modh stora gongen [ne]dan om den 4:de pelaren, hwar vthi är begrafwen krigz [au]diteurens Jacobi Munselij 2 sahl. hustror. Lofwat för denne grafwen godwilligt ehrläggia 100 d:r k. m:t.
80. Assessorens sahl. Petter Tesslefz graf under bänckiarna moth stora gången in till biskopens Ericus Erici graf.

Vnder bänckiarna på qwinfolckz sijdan.

81. Hans Mattssons Kåkenhauses graff emellan den andra och tridie pehlaren, hwilcken för tijden äger rådman Jacobus Jacobi och handelsman Matthias Teet.
82. Emellan den 3 och 4 pehlaren norr om biskopens m:r Erichz graff är en murat graff, hwilcken fordom haar tilhördt rådmannens sahl. Hans Plagmans hustros fader h:r Henrich Finno; och emedan nyligen af slächten skal der wara begrafwen, dy brukas han än af samma slächt som Hans Plagmans swåger, feldtskären sahl. Albrekt Sichtz änckia, hwilcken är rådmans hustros syster dotter.

83. Under samma bänckiar är sahl. Petter Sågers graff, til hwilcken rådmans sahl. Roskampz erfwingar är berättigat til.

84. Emellan Petter Sågers graf och sahl. Tafwastens graff moth norra sijdan åth lilla gången finnes en steen huggen på en mull graf och på steenen dessa ord: Gunbara Pauli Duorum Rectorum Scholæ Aboëns. legitima et electissima conjux. Obijt VII Aprilis A:o 1623.

85. Näst framman för Petter Sågers graff är en murad graf. Har i för tijden hördt en til, som haar heet Bengt Gråå, hwilcken warit kiembnär här i staden. En tijd var samma graff brukat af professoren mag:r Johannes Flachsenio, men sedan hans sahl. swärfaders Wallenstiernas graff blef färdig, optogos lijken här uthur och nedsattes i professorens arfgraf; men denne grafven är för tijden aldeles toom [J denna graf begrofz boktrykiarens Johan Winters hust. 1691 d. 2 aug. och kiöpt af kyrk. för 120 d:r k.].

86. Mitt gijnt emoth jern galren för gambla Kanckas choret, stenen synes lijtet vndan bänckiarna, är sahl. mag:ri Claudij Holstij föräldrars graff wid lilla gongen norr om, hwilcken af erfwingarna försåldes 1687 d. 14 junij til kyrckian för 60 d:r k. m:t. [Den yttermera rådman h:r Johan Miltopæus låtit uthwijdga och kiöpt af kyrkian för 100 d:r k. m:t d. 14 jan. 1689].

*   *   *

Angående kyrkans inventarier möter man rikliga notiser i de af kyrkans ekonomer förda hushållskontona och inventarielängderna. Om altaret, predikstolen, orgorna och dopfunten har det redan varit tal. På altaret och predikstolen glänste silfverstakar; timglaset på predikstolen påminde prästen om, när församlingen kunde anses ha fått sin tillbörliga ration af själaspis. Ljuskronor nedhängde från högkorets och skeppets hvalf. Pelarena, hvitmålade liksom kyrkans väggar, pryddes af vapensköldar, porträtt af kyrkans stormän och religiösa taflor. Bland taflorna nämnes en som förestälde yttersta domen och som förärats till kyrkan af skräddare- och skomakareämbetena år 1688. Öfver dörren till sakristian hängde väl redan nu „en gammal munkebild, som representerar St. Henrik, trampande på Lalli" och som omnämnes på denna plats i prästerskapets redogörelse till domkapitlet år 1749 [1]). För att komplettera kännedomen om kyrkans dyrbarheter meddelas här den senaste inventarielängd öfver kyrkan, som mig veterligen bevarats från sjuttonde seklet [2]). Den lyder in extenso som följer:

___

[1]) Enligt Lindman ett skåp med utskurna bilder. Månne samma bild, som efter 1681 års brand placerades öfver altaret?

[2]) Ingår i en i domk. arkivet i Åbo förvarad volym med titel: „Oeconomi Hr Gudmundh Rothovij Åbo Doomkyrcko Rächningar ifrå Anno 1654 till 1670".

1655 åhrs inventarium wedh Åbo doomkyrckia

Twå förgylta kalckar med patener sampt twå ärmekläder och ett fyrkantught duuke, som dageligen brukas på altaret.

Dito 1 monstrantz, såsom och dageligen brukas, förgylt.

Dito 2 monstrantzier i kistan, förgylta.

Dito 2 monstrantzier medh teinna (!) trääbullar, nogot aff longa, infattade i kopar förgylta.

Dito 2 aff kopar, förgylta.

Dito 2 kalckar medh patener och ärmkläden, som klockarna dageligen bruka til de siukas besökningar.

Dito kalckar medh patener 4 st:r, af huilcken 1 är lånt til Kustöö cappel.

Een stoor silfkanna, som dageligen brukas på altaret.

Dito 1 silfkanna om 102 lodh aff Erich Knaape förährt, hvilken sölfkanna byggemestaren mest:r Jörgen, som förfärdigade kyrcketaket 1656, bekom på sin löön [1]).

Dito 1 om 60 lodh, förährt af Bertilä Simons enckia.

Dito 1 om 53 lodh, förährt aff Zach. Sim. enckios arfuingar.

Twå cantige silfz flaskor och canterna förgylta; förährta effter h:r general Stålhansken aff hans frw w. Christina Horn.

4 st:r förgylte silfuer knapper, som brukas vndertijden på altaret.

Dito 4 st. hwita, som och brukas på altaret; aff Tottens greffuinna sal. förährte.

1 liten rödh sammetz låda med 8 silfbookstäfuer, förgylta och 8 silfz wapen vthi.

2 silfuer liusestakar, der och huar förgylte; förährte af wälb:ne sal. h:r Jöns Kurckz kärelskande lijfzarfuingar; huar wäger 124 lodh.

1 silfuer liussarm på predickestolen med 2 pipor, donerat aff h:r generalen wälb:ne Gustaff Horn på Kanckas, wäger 124 lodh.

1 teen kanna, som brukas i kyrckio kellaren.

2 små teenflaskor, som klockarna bruka i sochnabudh.

Messe klädher:

Nogre gamble och aldeles obrukelige.

1 messe hake aff rödt sammet med h:r Arfw. Forbus wapn.

Dito 1 rödh från Kanckas med h:r Effuert Horns wapn.

Dito 1 rödh af sammet medh Trommelens wapn på.

Messe hake aff hwijt gyllenduuk, aff frw Brita Delagardie förährt.

Dito een aff blomerat bruntygh, aff Caspar Eekman förährt.

Dito 1 af blåt sammet, gammal, länt till Kustöö.

Dito 1 af brundt sammet, wälb. Stålhanskes och hans frws vapn och nampn.

Dito 2 st. kårkåpar, brukota.

Dito 3 st. messesercker, nya; een af s. biscop m. Isaaco Roth[ovio], andra af her Claas i Corpo, tridie af Casper Hörningh gifuin.

Dito messesercker 6 st. gambla.

Dito stooldukar 3 st.

---

[1]) Detta senare tillagdt.

Dito 1 gammal rödt sammetz hyande, brukeligit på altaret

Dito 1 gammal gråt sammetz hyande i consist. eccles.

Dito 1 lithen suart sammetz himmel med frantzar omkring och wapn uppå och åhrtalet 1619. Wapn och åhrtalet förgylt.

Een altar duuk af grof deel, som dageligen ligger på altaret.

Dito 1 altar kläde effter sal. Effuert Horn på Kauckas, af rödt blommerat sammet, som dageligen brukas på altaret.

Dito 1 brunt altarkläde af sammet med Stålhanskens och hans k. frws wapn och nampn.

Dito 1 vthgammalt suart sammetz kläde; är brukeligit vndertijden på altaret.

Dito 1 altarkläde af swart kläde, huilcket köptes, när enckedrotningen dödh bleff.

Dito 1 st. swart kläde af samma slagh på predikestolen.

Ett swart bårkläde efter sal. Wittenberg med frantzar omkring och tafft vnderfodrat.

Dito 1 med sammetz kors på med frantzar omkringh, vnderfodrat med rask och medh kyrck. pngr kiöpt

Dito 1 nytt, grofft.

Dito 4 st. grufua, aldeles vthslitna.

2 st:r punger medh klockor i swänska försambl.

Dito 2 st. sembre nogot i finske försambl.

Een stor kista med 3 hasper före.

Dito een lång gammal kista.

Dito 2 små skrijn, af huilka et brukas i consist. ecclesiastico.

Liuse cronor 1 i högh choren med 16 pijpor, doch 1 pijpa borto.

Dito 1 lius crona med 16 pijpor för främste bencken i kyrkian.

Dito 1 med 16 pijpor, förährt af regementsk. Suingen.

Dito 1 med 16 pijpor, förärt aff rådhmannen Råbert Rancken.

Dito 1 med 10 pijpor, förährt af Aufuas Hansses enckia.

Dito 1 med 10 pijpor på lilgongen, af Lars Palicka förärt.

Dito 1 med 4 pijpor, gammal.

Dito 5 små messingzarmar i sakarstigan utan pijpor.

Messingz arm medh 3 pijpor på predickestolen.

Dito 1 liusestake på altaret med 3 pijpor; begge af w:t Fhilip Belkow förärte.

Dito 2 messingz ärmar på pelarna; af m. Phalantijn Sadelmakare förärta.

Dito 1 geent moot predikestolen; af Christian Keding gifuin.

Dito 2 gambla ärmar, småå, bortto i kyrckian på pelarna.

Gammal blyy een hoop i sakerstijgen, som af lilla toornet är nidfallitt.

Een kopar ketill.

Dito 1 kåpar blåk medh een järn dobb igenom.

Dito 1 lågh koper liusestaake medh 2 pijpor; dageligen om wintern på sakerstijgz boordet.

Klåckemalm een deel i iurige sakerstijgen.

Gambla järn liustaakar med omgååande pijpor. Obruukelige.

Dito een gammal vtsleten järn plååt med 2 pijpor.

Dito een lång ståck med några järnpijpor påslagna.

Dito 1 gammalt sägerwärcke med 1 lijten klåcka.

Dito jäärn stänger — 7 stycker.

Dito 7 st:r anckar, tagna af den gambla muuren på nårre sijdan i det gambla steenhuuset, huilcka togos effter branden till kyrckoheerde gården 1656.

Dito gamble oblate jäärn — 3 st:r.

Ett lijtet skep med sijna fulla segell, baak widh orgorna.

Till fönster glaas — 4$^1/_2$ skåf.

Een biskoppz hatt medh een lijten spijra.

Een lyckta, som klåckarna bruuka at lyysa prästerna medh, nåär dee besökia dee siuka höst, wintter och wåår.

1 dulcian medh lååda omkringh och jäärn beslagh.

Libri templi cathedr. aboensis a:o 1651 6 maij.

In folio:

Biblia haebræa Eliae Huttheri sine cubo.

Biblia Vatabli, tomi duo, cum annotationibus.

Biblia svecica, duo exemplaria.

Biblia finnonica.

Biblia Lucae Osiandri 2 tom.

Biblia danica.

Divi Augustini Aurelij tom. in 5 voluminibus.

Basilij Magni opera omnia vti eett bandh.

Historia ecclesiastica Magdeburgensium, 13 centuriae in 5 voluminib.

Lutheri Tom. Wittebergenses in 7 voluminibus.

Tomus J. Brentij 2, 4, 5, 6, 7, 8, in sex voluminibus; 3 v. tomus non reperitur in bibliotheca eccles. aboensi.

Brentius, In Lucam.

Clavis scripturae Flacij Illyrici 2 tomi in uno volumine.

Marloratus, In Novum testamentum.

Flacius Illyricus, In Novum testamentum.

Thesaurus Vogelij tom 1, 2, 3, 4, 5, 6, 7 in 4 voluminibus.

Rodolphus Gvaltherus, In evangelia dominicalia et festorum per totum annum in duo volumina.

Moses Flaccherus, In evangel. et epistolas per totum annum.

Dedekenni conciliorum volumina duo.

Vestmerus, In psalmos.

Hospinianus, de origine festorum.

Colerij calendarium perpetuum.

Historia mundi Plinij Secundi, uno volumine.

Calepinus Ambrosij octo lingvarum.

Historia virorum illustrium Pantaleonis.

Rationale divinorum officiorum.

Polyanthea Dominici Nani.

Theatrum orbis terrarum Orthelij.

In quarto.

Liber concordiae.
Novum testamentum finnonicum.
Decretum Upsaliense.
Een förähringz book, förgyltt på brädden och blaadhen.
Manuale svecicum et finnonicum, uutgamble.
Liber precationum Johannis Bothvidi.
Manuale nyytt, på swänska, förgyllt.
Manuale nyytt, på finska, förgyllt.
Een book till orgewärckz byggningh.
Chronica Gislonis cum ordinantia ecclesiastica.

In octavo:

Biblia latina
Cathalogus Schlusselburgij hereticorum in voluminibus lib. 1, 2, 3, 4, 5,
    6, 7, 8, 9, 10, 11, 12.
Manuale finnonicum D. Jonæ Raumanni.
Liber psalmorum finnonicorum Hemmingij.
Suensk psalmbook Rubecchij.
Catechismus cum precationali finnonicae lingvae.

Gambla muncke bööker in folio.

Decretalium Gratiani in 4:r voluminibus.
Calendarium cum miscellaneis, på pergament.
Libri cantus duo, på pergament.
Fragmenta bibliorum sacrorum.
Sexti libri decretalium Clementis de tortis.

Finske biblier oinbuundna . . . . 316.

*   *   *

I denna förteckning uppräknas icke kyrkans ur och klockor. I ett särskildt rum i tornets norra sidovåning — säjarkammaren, sägar- eller klockkoret kalladt — förvarades, såsom läsaren redan känner, ett urvärk. Därjämte omtalas, ehuru icke alla på samma tid, par andra urvärk: uppe i tornet, i innersta sakristian och i en klockstapel vid kyrkogårdsmuren. Ett ur slog t. o. m. hvar kvart timme. En särskild klockställare hade uppsikt öfver urens gilla gång[1]).

---

[1]) År 1657 talas om ett urvärk, som nedtagits från höga tornet och satts i nedersta tornhvalfvet vid västra dörren. Åren 1670 o. 1671 förfärdigades ett nytt större urvärk och visaren på kyrkomuren. År 1674 nämnes gamla urvärket och stora urvärket; det säges äfven, att den nya hammaren i koppartornet begynte slå hvar kvart timme. I kyrkorådsprotokollen för 1675 talas om ett

15

Bland kyrkklockorna omnämnas under seklets lopp söndags-klockorna, böndagsklockan, stora rysseklockan, nya rysseklockan, småklockorna, stora St. Henriksklockan, Marieklockan, (antagl. den samma som Vårfruklockan), Munckens klocka, Jöns Kurcks klocka och Anders Merthens klocka. De sex sistnämda användes år 1633 för gjutningen af nya klockor [1]. En sådan omgjutning, som skedde i kyrkans egen värkstad, omnämnes dessutom efter 1656 och 1681 års eldsvådor.

Ehuru det vid särskilda öfverläggningar på rådhuset och i kyrkorådet medgafs, att högtornet blifvit af förfädren bygdt för den ändan, att klockorna blefve där upphängda, så dröjde det intill seklets sista år, innan den af tidigare människoåldrar gifna vinken blef följd. Några mindre klockor kunna väl ha förvarats i tornet — vid vissa tillfällen användes „tornklockan" — men de större funnos i särskild klockstapel på kyrkogården. En sådan stapel var bygd på eller vid det i kyrkomuren uppförda skolhuset, väster om kyrkan [2]. Orsaken till denna placering var tornets svaghet och fruktan att skada orgelvärket. Vid kyrkans grundliga restaurering efter branden 1681 fann man tiden ändtligen vara inne att göra tornet så starkt, att klockornas dallring icke kunde vara farlig för dess säkerhet. År 1691 uppgifva domkyrkoräkenskaperna, att klockorna flyttats från klockstapeln upp i tornet. År 1700 voro här 5 klockor upphängda.

* * *

Vid letandet efter klockornas förvaringsställe ha vi omsider kommit ut ur kyrkan och befinna oss på kyrkogården.

Liksom kyrkan i sitt sköte gömmer talrika lägerstäder för de döde, så ock den kulle, på hvilken kyrkan höjer sig. Kullens

---

af urmakaren Michel Albert 1671 förfärdigadt urs reparation med „skifvans och visarens utsättande in i kyrkan med dess bilder och tillhör" samt om „det ena gamla urets reparation". (Domkyrkoarkivet i Åbo). År 1681 beslöt man sig för att beställa ett urvärk om 3 à 4 skeppund från Stockholm och att för dess räkning göra en klockstapel på muren bak skolan. Något senare s. å. ackorderades med klockgjutaren Michel Bader om 2 timklockor, den ena om 4 den andra om ¼ skeppunds vikt. 1682 gjordes visare till urvärket i klockstapeln.

[1] Dessa klockor vägde: Mariæ klocka 7 skepp. 3 LՑ 17 ℔, Munckens klocka 2 sk. 8 LՑ 14 ℔, stora klockan 8 sk. 4 LՑ 1 ℔, Kurcks klocka 13 LՑ, Merthens klocka 1 LՑ 5 ℔.

[2] Dessutom talas om lilla klockstapeln och gamla klockstapeln. Räkensk. 1674—75 nämna klockstapeln på södra sidan. Huruvida samtidigt tvänne klockstaplar användes, kan icke afgöras.

sedan länge nästan förgätna namn Unikankari — sömnens kulle — anses visa tillbaka på en mycket tidig tidsålder, då platsen redan användes såsom de dödes hvilostad. På själfva kyrkogården finna vi intet, som skulle ådraga sig vår uppmärksamhet. Här begrofs gement och medellöst folk, som icke hade råd att tillösa sig rum i kyrkan. Träkors såg man väl i mängd; grafstenar däremot mindre, synnerligen sedan kyrkorådet år 1676 dekreterat, att de grafstenar, som redan funnos, väl fingo kvarstå orubbade, men att dädanefter inga stenar mera finge resas på grafvarna. I en särskild del af kyrkogården jordades fattigt folk gratis; den kallades „fattiges mull". I en annan trakt låg „skolans mull" och „akademimullen", där djäknar och studenter jordfästes.

Tillät ens ekonomiska ställning det, så undvek man gärna att begrafva sina döda på kyrkogårdens norra sida. Jorden härstädes ansågs väl icke som ohelig, men betraktades dock med en viss känsla af motvilja och vidskepelse. Under det att man för ett grafställe söder om kyrkan betalade 1 à ¹/₂ daler — beroende på, om det var en fullvuxen person eller ett barn, som skulle jordas, — kostade en likadan graf på norra sidan endast hälften. — År 1657 heter det, att de af pesten besmittade eller „befängda" jordades i denna del af kyrkogården.

* * *

Kring kyrkan hade redan under medeltiden, osäkert under hvilket århundrade, anlagts en med skottgluggar försedd mur, dels af gråsten dels af tegel. Afsikten med muren var att bereda kyrkan större trygghet under dessa oroliga tider, då danska och tyska kapareflottor altjämt lurade i de finska farvattnen och novgorodernas ströftåg när som hälst kunde utsträckas till den finska kulturens hjärtpunkt. Under tidernas lopp uppfördes i omhägnaden boningshus, där rum anslogos dels åt kyrkans präster och betjänte dels åt institutioner, hvilka stodo i närmaste samband med kyrkan. Sedan mer än ett halft sekel äro de yttre spåren af denna byggnadskomplex utplånade. Endast historien har bevarat minnet af den betydelse dessa murar en gång ägt.

Vid ingången af närvarande sekel uppgifver professor Bilmark murens omkrets till 1340 fot, dess höjd till 12 och tjockleken till 4 fot. Formen var elliptisk och längsta diametern 346, den kortaste 320 fot. Genom sex ingångar trädde man in på kyrkogården; hufvudingången var åt söder, de öfriga portarna åt sydost, öster, norr, nordost och väster.

Ringmurens utseende och de i densamma uppförda husens plats finnas angifna redan i kartor från 1600:talet. Tydligare framträda dessa förhållanden i den plan, som här meddelas och som är tagen ur D. Gadolins åren 1754—56 uppgjorda stora karta öfver Åbo. Som läsaren vid en jämförelse kan finna, företer den inga väsentliga olikheter med de äldre kartorna. Vi skola söka att med ledning af denna plan göra det klart för oss, till hvilket ändamål ett hvart af de kring kyrkan stående många husen användes.

I det hus, som är utmärkt med bokstafven C, befann sig under 1600:talets början katedralskolan. Utanför detsamma låg en liten trädgård och där bredvid ett litet torg, skoletorget, senare hästtorget. När gymnasium inrättades år 1630, begagnades troligen huset fortfarande som skollokal. Det synes vid denna tid befunnit sig i ett mycket förfallet skick. I ett på magistratens begäran den 26 nov. 1638 utfärdadt utlåtande öfver byggnadens beskaffenhet framhåller gymnasiets rektor Geor-

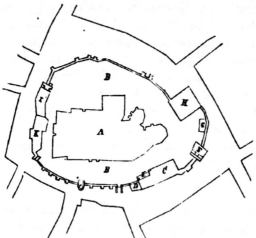

Domkyrkans ringmur 1754. A kyrkan. B kyrkogården.

gius Alanus följande skröpligheter: För det första var taket, hvarpå dock stora utgifter blifvit nedlagda, så illa täkt, att det genast måste renoveras, om det skulle något durera och varaktigt blifva. Fönster saknades delvis, andra voro för små eller söndriga, så att ungdomen led mycket af köld och yrväder. Magistraten hade visserligen lofvat bestå glas till fönstren, men då skolans fiscus saknade medel till bågars och karmars förfärdigande, hade man icke haft någon nytta af magistratens gåfva. Vidare saknades bänkar och stolar, „som uti andra välbestälda gymnasiis äro vackert och ordentligen bygda“. Som ett önskningsmål framhöll rektor slutligen, att rummen i byggnadens öfversta våning skulle hvitlimmas.

I detta hus förlades år 1640 akademien. Det utrymme, Finlands högsta läroanstalt vid denna tid disponerade öfver, var icke synnerligen stort. I nedra våningen fans tvänne auditorier, det lilla och det matematiska, samt ett instrumentkabinett. Den öfra våningen upptog en hörsal, auditorium maximum, och consistorii academici sessionsrum. Den karta, som åtföljer Franzéns år 1808 utkomna „Vita Isaaci Rothovii", utvisar dessutom i öfra våningen ett förmak och i den nedra ett spruthus. Vid sidan af akademien låg under seklets senare hälft karsern, måhända i det hus, som betecknats med D. Tidigare synes en akademipedell haft sin bostad här. Prubban eller karsern befann sig då i „en liten hvälfd kalkbod norr om kyrkan[1]). Bokstafven E utmärker akademiens förstuga.

Mot öster stod ett gammalt hus (F), där under äldre tider katedralskolan varit inlogerad. Hvartill det användes under 1600: talet finnes icke angifvet. Under sjuttonde seklets senare hälft blef det ombygdt och inrymde då akademiens arkiv, anatomisal och laboratorium chemicum. Huset G upptages icke på 1600:talets kartor; det uppbygdes, enligt Bilmark, först under följande sekel och användes då till benhus.

I den stora byggnaden mot nordost (H) höll domkapitlet under katolska tiden sina sessioner. Det skall då varit uppfördt i tvänne våningar. Efter reformationen, då kapitlet fick sin lokal inne i kyrkobyggnaden — på ställe som redan angifvits —, nedrefs öfra våningen och den nedra användes för olika behof, under Juslenii tid som kyrkans smedja.

I det ena af de på kyrkans västra sida befintliga husen (I) förlades efter akademiens inrättande „den högt prisade katedralskolan, som årligen afsänder till akademien ett antal utmärkta ynglingar". Jordvåningen upptog förvaringsrum för kyrkans förnödenheter samt karser för kyrkobetjäningen och akademiens drängar. I domkyrkoräkenskaperna uppgifves, att en klockstapel år 1679 bygdes på skolan. Enligt Juslenius förvarades klockorna före hans tid i en bredvid skolan belägen byggnad, som efter klockornas uppflyttande i tornet förvandlades till likrum för lägre personer.

Det andra huset mot väster (K) inrymde i trenne salar aka-

---

[1]) I oktober 1641 beslöt consistorium academicum, „att en af pedellerna blifver boende uti den lilla våningen, som är hardt vid akademien och uti en mur". Vid ett sammanträde i maj 1642 meddelades, att „det lilla huset, som är hardt fast här i consistorii vägg och Abrahamus cursor nu uti bor", en tid stått nästan öde, saknade bord, bänkar och lås samt hade mestadels förruttnadt golf. A. G. Fontell, Consistorii academici protokoller I s. 37 o. 53.

demiens bibliotek, bland hvars skatter Juslenius specielt fram-
håller alkoranen på turkiska och ett af Hugo Grotius själf begag-
nadt exemplar af „De jure belli et pacis". En fjärde sal i bygg-
naden var i tiden upplåten till kyrka åt de i staden bosatte tal-
rike köpmännen af tysk härkomst. Kyrkan kallades St. Gertruds
kyrkan och hade, som vi redan känna, en särskild begrafnings-
plats på Gertrudsbacken. I handlingar från sjuttonde seklet har
jag icke funnit benämningen St. Gertruds kyrkan använd. Där-
emot omnämna domkyrkans räkenskaper från seklets första de-
cennier ofta den s. k. lilla kyrkan, hvarmed man just har att för-
stå den tyska kyrkan[1]). Senare användes rummet som akade-
miens gymnastiksal.

För att afsluta skildringen af de kring kyrkan placerade
byggnaderna, må det ännu nämnas, att öfver kyrkomurens södra
och östra portar funnos inrättade små rum, i hvilka klockarene
hade fått sig bostäder tilldelade. Dessutom omtalas i domkyrko-
räkenskaperna särskilda stugor och rum, hvilkas läge icke kan
uppgifvas, men af hvilka flere väl ingingo i de byggnader, som
redan beskrifvits. Så talas om stugor, där korpräster, ekonomen
och särskilda kyrkans handtvärkare bodde; vidare om bispens
gamla kanslihus, prosthuset, pörtet, badstugan m. m.

* * *

I domkyrkan firade stadens såväl svenska som finska för-
samling sin gudstjänst hela seklet igenom. Det var dock en tid
fråga om uppförandet af en särskild kyrka för den finska talande
menigheten. I sina år 1569 utfärdade privilegier för Åbo stad
hade redan konung Johan den tredje resolverat, att „efter uti
Åbo stad brukas tvännehanda tungomål, svenska och finska, så
hafve vi för godt ansett, att där skola vara två kyrkor i staden,
en för de svenska och den andra för det finska folk, och tidegär-
derna brukas för det svenska folk uti domkyrkan på svenska,
men till det finska folk vele vi hafva en annan kyrka uppbygd,
där som bästa lägenheten är uti staden, så stor som Vårfrukyrkan
är, liggandes utan för Åbo". Frågan om en finsk kyrka dyker sedan
upp under 1630:talet. I resolution af den 9 juli 1636 på Åbo stads
besvär anslog regeringen som hjälp vid kyrkobyggnaden 500 da-
ler silfver att utgå under tre års tid af de i landet inflytande

---

[1]) Detta framgår ur consistorii academici protokoll I s. 59, 75, 259 m. m.

konungssakörena [1]). Den utlofvade summan motsvarade icke för-
väntningarna, hvarför borgerskapet vid följande riksdag år 1638
åter ingick med ny anhållan om statsbidrag. Regeringen förkla-
rade då, att den ekonomiska ställningen icke tillät densamma att
vidare utsträcka sin frikostighet, utan ägde borgarene själfva se
sig om efter behöfliga medel för företagets realiserande, hvarjämte
de vänligen tillråddes att afstå från byggnadsplaner, dem de sågo
sig urståndsatta att med egna krafter genomföra. Svaret innebar
sålunda en tydlig vink att icke vidare besvära regeringen med
ytterligare suppliker. Påminnelsen synes äfven haft åsyftad vär-
kan och frågan om en ny kyrka dog så småningom bort.

----

[1]) Resolutionen lyder: „Eftersom be:de H. K. M:ts undersåtar uti Åbo
stad skole vara sinnade att continuera med den kyrkobyggning, som för detta
dersammastädes begynd är, och därför underdånigst begäre någon hjälp där-
till att bekomma, så hafver H. K. M. af synnerlig gunst och nåde dem här-
med efterlåta velat, att de till samma kyrkobyggnings fortsättande uppå föl-
jande tre års tid årligen 500 daler svenskt silfvermynt utaf konungs sakören
där i landet bekomma skole; och varde de högsta flit användandes, därigenom
samma kyrkas byggning behörigen må absolverad och ändad blifva". Då an-
dra handlingar icke ha något att förtälja om en finsk kyrkobyggnad och man
vet, att domkyrkan under de föregående åren varit underkastad omfattande
reparationer, så kunde man med skäl anse, att denna resolution angår något
fortsatt domkyrkobyggnadsarbete. Att så icke var förhållandet, utan att hjäl-
pen afsåg en ny kyrka framgår emellertid af 1 § i kongl. resol. af den 20
mars 1638, däri det bl. a. heter. — — „förutan det hafver H. K. M. och så
mycket den finska kyrkones uppbyggande vidkommer i förleden tid femton-
hundra daler silfvermynt därtill gifvet".

X.

Vådeldar.

ekant är, hurusom i forna dagar vådeldar mycket mera än i vår tid hörde till lifvets vanliga företeelser i vårt land och hurusom de då i regeln kändes vida tyngre för de af olyckan träffade, än hvad som numera blifvit fallet, sedan talrika brandstodsbolag beredt den enskilde medborgaren tillfälle att säkerställa sig mot en genom elden vållad ekonomisk ruin. Äfven i ett annat hänseende skönjer man en skilnad mellan förr och nu. Hvad som fordomtima gjorde eldsvådorna så fruktansvärda, var den omständigheten, att de gemenligen antogo dimensioner, som man numera, tack vare ett högre utveckladt brandväsende, måste räkna till sällsyntheterna. Fick elden engång makt med ett hus i stad och gynnades den någorlunda af väder och vind, så hände det som oftast, att förödelsen icke tog en ända, innan hela stadsdelar lågo i grus. Äfven i landets främsta städer lämnade försiktighetsmåtten synnerligt mycket att önska, brandredskapen voro primitiva, husen sammangyttrade och betäkta med lätt antändligt material.

I öfver sextio år har Åbo stad varit skonad för en allmän vådeld och under det senast förflutna seklet var den jämförelsevis sällan utsatt för brandolyckor af svårare slag. Desto kraftigare påmindes de goda Åboborgarene under 1600-talet om fåfängligheten af de skördar, som samlas i de jordiska ladorna, desto oftare uppfriskades deras håkomst af eldens förtärande makt. Jag har redan i det föregående varit i tillfälle att par gånger omnämna den förödelse, som några af stadens monumentalaste byggnader, främst domkyrkan, voro underkastade. Återstår ännu att samla till ett helt alla de strödda bidrag, våra källor lämna till historien om vådeldar i Finlands hufvudstad under sjuttonde seklet. De utgöra ett viktigt, om ock hemskt blad i stadens annaler och utan att känna dem kan läsaren icke bilda sig en klar föreställning om de förändringar stadens topografi under ifrågavarande sekel måste ha genomgått. Vi skola krönikevis redogöra för hvad som i ämnet kunnat inhämtas [1]).

År 1601 härjades domkyrkan af eld.

Den 4 juni 1603 uppbrann större delen af Klosterkvarteret ända upp till Fätullen samt Mätäjärvi.

År 1618 timade en stor brand vid Kyrkogatan.

På sommaren 1624 gick större delen af Mätäjärvi åter upp i lågor. Nittio gårdar lades i aska; endast hälften af detta antal fans kvar, när branden upphörde [2]).

Den 30 juli 1655 rasade, enligt i Palmsköldska samlingarna förekommande uppgift [3]), som jag icke funnit annorstädes återgifven, en mycket häftig vådeld, hvarvid „en god del af staden uti aska lades".

Söndagen den 13 maj 1656 mellan kl. 5 och 6 på morgonen, medan den finska gudstjänsten pågick i domkyrkan, kom elden lös i finske borgaren Henrik Paturs hus vid Skolgatan. Innan brandmanskapet ännu blifvit allarmeradt, hade elden trängt ut genom taket, hvarpå den, gynnad af ett starkt stormväder, kastade sig med sådan häftighet öfver de angränsande husen, att inom kort alla försök att genom segel och nedrifvande af hotade byggnader dämma dess framfart visade sig vanmäktiga. Från husen vid Skolgatan spredos gnistorna först till öfriga trakter af Kyrkokvarteret och till Mätäjärvi samt vidare till Klöstret. Branden fortfor hela dagen ända till kl. 9 på aftonen, då den upphörde vid bodarna i Katinhäntä.

Förfärlig var den syn, som i den ljusa våraftonen tedde sig för de af ansträngningar och förtviflan utmattade stadsboarnes blickar. Så godt som hela stora sidan af staden, med undantag af ett fåtal hus bakom kyrkan, på Biskopsåkern, Ryssbacken och längst borta i Mätäjärvi, var en enda rykande ruin. Man räknade, att 450 gårdar blifvit lågornas rof, nämligen 142 i Kyrkokvarteret, 133 i Mätäjärvi och 175 i Klöstret. Dessutom ett stort antal fällbodar, rior och väderkvar-

---

[1]) Underrättelser om eldsvådorna möter man i G. Wallenii „Om vådeldars rätta ursprungs etc". A. O. Rhyzelii „Brontologia theologico-historica", gamla psalmböcker, kyrkorådets- och rådstugurättens protokoll, stadens besvär m. m.

[2]) Bakugnspenningelängder 1624—25; finska statsarkivet n:o 250—251.

[3]) Topographica, tom LIX.

16

nar på Vårdbärget, Lybecksbacken och vid Tavasttull. Af allmänna byggnader voro rådstugan, accis-, våg- och vakthusen, kyrkoherde- och kaplansgårdarna samt akademihuset förstörda, domkyrkans östra torn och öfra tak hade fattat eld, trävirket förstörts, kopparbetäckningen nedfallit och kyrkan i allmänhet blifvit så skadad, att man en tid framåt icke vågade hålla gudstjänst i densamma, utan nödgades anlita slottskyrkan. De af stormen kringförda gnistorna hade antändt ett antal utom staden befintliga fällbodar, fylda med proviant och spannmål, samt på sina ställen anstält skada på en fjärdedels mils väg från staden. Äfven några människolif skola i den allmänna förvirringen gått förlorade [1]).

Hvilket hemskt intryck branden gjort på. den allmänna sinnesstämningen och huru stor fruktan för att elden ånyo skulle låga upp ännu en god tid efter olyckan var, därom vitnar följande tilldragelse, som skildrats af ett åsyna vitne, studeranden Petrus Gyllenius.

„Den 24 [juni 1656], Johannis Baptistæ dag, predikade bispen i Åbo kyrka. Midt uti predikan kom elden lös på lilla sidan och brann upp ett hus, och då bud kom i kyrkan härom, begåfvo de sig ut i en stor hast, som voro ytterst i kyrkan, hvar utaf de andra fingo en stor förskräckelse. En part mente, att hvalfvet föll neder på det ställe; andra mente, ryssen skulle hafva belagt kyrkan (ty han hade då nyligen begynt kriga på Finland och intagit hela Narven). Och var en stor confusion, så att den ene hade så när trampat i hjäl den andre, förr än de kommo ut igenom åtskilliga dörrar, så att man sådant icke väl kan beskrifva. När vi kommo ut, fingo vi veta, huru det tillstod. Dock var en synnerlig lycka, att elden blef utsläkt af bönderne, som voro dit stämda att anamma gevär emot ryssen".

Stor var den allmänna bedröfvelsen och misströstan i staden. Men man hade icke lång tid att hängifva sig åt sin smärta. På ruinerna af de sköflade husen måste med det första nybyggnadsarbetet vidtaga, såframt de husvilla icke ville se sig prisgifna åt den kalla årstiden. På alla håll, såväl inom stadsmyndigheterna

---

[1]) Borgaren Henrik Patur, i hvars gård elden begynt, drogs sedan till ansvar för att han genom sin vårdslöshet varit vållande till olyckan. Fåfängt bedyrade han sin oskuld; den 6 febr. 1658 ålades han att med tolfmannaed bestyrka sin utsaga, men då han icke kunnat skaffa sig tillräckligt antal vitnen, blef han den 27 febr. s. å. dömd till döden. Domen hänskjöts till hofrätten, där den väl blef förmildrad, eftersom i rådstuguprotokollen ingen uppgift om Paturs afrättning föreligger.

som bland borgarene, utvecklades ock en rastlös värksamhet. Redan den 18 juni 1656 var landshöfdingen Erik von der Linde färdig med en förordning om de nedbrunna kvarterens återuppbyggande i öfverensstämmelse med den på Per Brahes initiativ några år tidigare utarbetade stadsplanen. „På det att all olycka och vidare brandnöd, hvilken sig igenom de för detta när, trångt och oordentligen bygda gårdar, gator och gränder esomoftast yppat hafva, må så mycket möjligt förekommas", förordnades, att Tavasttull och Katinhäntä skulle förbindas genom en gata, den redan nämda Konungs-Tavastgatan. Från domkyrkans södra port skulle en ny gata, Nya Kyrkogatan, dragas till torget. I de förnämsta kvarteren skulle tomterna utvidgas och förses med nödigt utrymme för ekonomibyggnader och trädgårdar, så staden kunde „däraf hafva sirat". De skulle sedan tilldelas de mera förmögna borgarene, och de fattigare fingo sig anvisade platser i aflägsnare delar. Förbudet mot rökpörten skärptes ytterligare.

Då borgerskapets tillgångar visade sig otillräckliga för arbetets utförande, vände man sig till den vanliga hjälparen i nödens stund, regeringen. Redan samma månad, som olyckan skedde, hade borgmästaren Nicolaus Lietzen och handlanden Henrik Schäfer d. y. blifvit utsedde att hos styrelsen anmäla om stadens nödstälda belägenhet och anhålla om nådigt bistånd till dess uppbyggande. Bristen på medel till resekostnadernas betäckande gjorde emellertid, att resan ännu i mars 1658, då de utsändes arvode fixerades, icke blifvit företagen, och osäkert är, huruvida Lietzen och Schäfer någonsin utförde sin mission. Först vid riksdagen i Göteborg år 1659 har jag funnit, att en anhållan om brandhjälp blifvit inlämnad till regeringen. Genom sina deputerade borgmästaren Laurentius Brochius och rådmannen Petter Jesenhaus anförde då borgerskapet, hurusom deras stad i följd af den timade olyckan råkat i en så ömklig belägenhet, att fara vore, „att en så urgammal hufvud- och stapelstad i storfurstendömet lätteligen uti en fläck och landsstad förväxlas kunde", såframt den icke komme i åtnjutande af konungens synnerliga hägn och beskydd. Bland de fördelar, som de deputerade fingo i uppdrag att anhålla om, må nämnas tull- och licentfrihet på någon tid för alt till staden importeradt salt, rättigbet att för alla ut- och ingående varor få erlägga tullen i kopparmynt, förlängning på den vid senast hållna landskapsmöte i Åbo borgerskapet beviljade friheten för kontributionen och krigshjälpen, frihet på någon tid för mantals- och bakugnspengarna, $^1/_3$ del af accisen m. m. I särskildt underdånigt besvär, som framlämnades genom fullmäktigen Jöran Sonni (den 27 dec. 1659), anhöll .det' finska borgerskapet i staden om flerehanda eftergifter och lindringar i kronoutskyldernas utgörande. I resolution af den 9 mars 1660 beviljade förmyndareregeringen ett års tullfrihet för alt det salt, som på stadens eget skepp infördes, med vilkor likväl, att de inflytande medlen användes till stadens återuppbyggande och magistraten aflade redovisning för dem; vidare ett års frihet för bakugnspengarna,. en viss lindring i det dubbla båtsmanshållet samt rättighet för dem, hvilka ledo förlust genom gaturifningarna, att åtnjuta något understöd ur de staden tillfallande salttullsmedlen.

Knapt hade staden begynt hämta sig efter branden 1656, innan en ny stor olycka inträffade den 13 maj 1664. Öfver 300 korn- och saltbodar, hvilka stodo något afsides, åtminstone en del vid Katinhäntä, de öfriga antagligen något högre upp på Klösterbärget och utmed ån, uppgingo denna dag i lågor med alt sitt innehåll. Äfven denna gång kom regeringen de nödstälda borgarene till hjälp. Tullfrihet meddelades för alt det byggnadsmaterial, som infördes för bodarnas reparerande och återuppbyggande. Åt staden afstods för två års tid konungens andel i de vid rådstugurätten fallande sakörena och bland de af olyckan hårdast träffade lofvade regeringen fördela hvad accisen för ett år kunde inbringa. Rådstuguprotokollen upplysa, att denna hjälp blef distribuerad år 1667.

I januari 1670 omtalas en mindre eldsvåda, då den ryktbare professoren Enevald Svenonii hus nedbrann och professoren endast med största nöd undgick att blifva lågornas rof.

Den 23 september 1678 hemsöktes domkyrkosidan åter .af en förhärjande vådeld. Elden bröt först ut hos krigsfiskalen Alexander Andersson i Filip Belckous arfvingars gård vid Kyrkoågatan och spred sig med sådan hastighet, att inom 4 timmar hela området mellan kyrkan och torget samt mellan rådstugan och Fätullen stod i ljusan låga. Liksom den 13 maj 1656 blåste äfven nu en stark storm, så elden „flög som en fågel" och „lopp så väl mot som med vädret", såsom åsyna vitnen intygade. Det hände sig, att gnistorna först antände flera bodar och boningshus vid Kuppis och Fätullen, hvarpå „elden mot alla människors förmodan kom mot vädret" och antände de närmare torget belägna gårdarna vid Fägatan. Äfven till Aningaisbacken flögo gnistor utan att dock anställa någon synnerlig skada. Lyckligtvis skonades kyrkan och akademien med dess bibliotek, hvilka, enligt hvad Wallenius förmäler i sin afhandling om vådeldar, „uti eldslågan lika som en semicirkel eller half måna inväfda voro". Vidare räddades hofrättshuset, rådstugan och alla köpmansbodar vid torget. Inalles 243 gårdar, 68 i Kyrkokvarteret och 175 i Mätäjärvi, blefvo lågornas rof.

Någon tid efter branden hölls en sträng undersökning rörande brand- och rotmästarenas samt enskilda borgares förhållande vid olyckan. Det framgick då, att släckningsarbetet icke bedrifvits med tillbörlig kraft, att flere personer visat en klandervärd tröghet och bristande hjälpsamhet samt att icke ens alla brandredskap blifvit använda. Stränga förmaningar gåfvos därför om större ömsesidig hjälpsamhet för framtiden, om nödiga brandredskaps anskaffande och eldfarliga bostäders nedtagande. Magistratens medlemmar fattade den ordning, att framdeles själfva personligen ransaka om påbudens strikta efterlefvande o. s. v.

En mindre eldsvåda, som förstörde några gårdar vid Slottsgatan, omnämnes år 1679. Men ännu var den af eldsvådor så ofta hemsökta stadens olycksmått icke rågadt. Ännu förestod en brand, den fruktansvärdaste, som hemsökte staden under 1600-talet.

Medan den svenska aftonsången pågick i kyrkan den 29 maj 1681 kom underrättelse, att elden brutit lös i assessor Lietzens hus vid Slottsgatan. Några gossar hade roat sig med att skjuta med s. k. nyckelbössor eller buffertar och dervid genom någon oförsiktighet kommit att antända huset. Det måtte åter varit stormväder, ty många timmar hade icke förflutit, innan hela norra sidan af staden från Lietzens hus intill Multavieru och Aningaistull var ett lågande eldhaf. Från norra sidan flögo gnistorna öfver ån, antände först handlanden Fästings gård i Klöstret och spredo sedan förödelse ända till Ryssbacken och Biskopsåkern. När eldens hemska arbete var slut, räknade man 7 à 800 privathus, som blifvit lågornas rof. Af allmänna byggnader hade stadsbron, hofrättshuset med större delen af dess arkiv, rådstugan med en del af dess akter och tvänne timklockor hemfallit under den allmänna förstörelsen. Hvilka förluster domkyrkan led, känna vi redan. Af de densamma omgifvande byggnader räddades „underligen emot människors förundran och utan människohjälp" akademie- och bibliotekshusen, det senare dock med förlusten af sitt tak. Man beräknade, att endast ¹/₆ del af staden skonats från förödelsen.

Vi hafva oss redan bekant, huruledes med regeringens begifvande en allmän insamling pågick i riket för domkyrkans återupprättande och hurusom gåfvor strömmade från när och fjärran. Däremot synes det understöd, som kom själfva staden och dess nödstälda borgare till del, icke varit synnerligen stort. Regeringen intog en tämligen passiv hållning och afslog det mesta af den hjälp och de skattelindringar, om hvilka staden vid 1682 års riksdag anhöll. „Här utinnan skulle Kongl. Majestät i nåder dem ej ogärna soulagera, men tidernas tillstånd efterlåta nu intet vidare" var hufvudsumman af den resolution stadens deputerade bekommo på sina suppliker. Antagas får väl, att den enskilda hjälpsamheten i landet var större än den styrelsen ansåg sig kunna bevisa.

Efter branden år 1681 var Åbo för återstoden af seklet befriadt från större brandolyckor. Endast en vådeld, som år 1684 förstörde några hus vid Tavastgatan, finnes omnämd. Huru ofta eldsvådor, som inskränkte sig till ett eller par hus, förekommit under denna och den föregående tiden, därom har man icke någon kännedom. Det fans icke någon tidningspräss, som i sina spalter intagit redogörelser för sådana händelser och bevarat deras minne till eftervärlden. Att sådana smärre vådeldar emellertid icke hörde till sällsyntheterna, därpå tyda de täta påminnelser om förfallna murars och byggnaders iståndsättande, af hvilka rådstuguprotokollen vimla.

Det väcker med skäl vår förvåning, huru så många och så förödande eldsvådor inom loppet af ett århundrade kunnat tima i en stad, som bort vara ett mönster för andra orter i fråga om ett ordnadt brandväsende. Man ledes lätt till tanken på, att de timade olyckorna till stor del berodde på bristande omsorg och förtänksamhet hos stadens styrelse, till hvars åligganden det ju hörde att vaka öfver eld och brand. Utan tvifvel ligger det en viss grund för denna förebråelse, men säkert är, att borgerskapet själft bar den största skulden. Magistraten befann sig i en ständig fäjd med borgare, som icke hörsammade dess föreskrifter, och det passerade intet år utan att påminnelser gåfvos om vissa säkerhetsmåtts iakttagande. Påbud gåfvos sålunda nog; en annan sak är, huruvida magistraten var kraftig nog att förskaffa sina befallningar tillbörlig åtlydnad. Hvad som gjordes till brandolyckors förekommande hör emellertid icke till planen för denna afdelning, utan afstå vi från redogörelsen för brandvärkets ordnande till ett annat tillfälle.

XI.

En utflykt utom stadens staket.

ag har nu samlat till ett helt de strödda upplysningar man ur tillgängliga källor, trykta som otrykta, kan hämta om Åbo stads yttre under det sjuttonde seklet. Den bild jag sålunda lyckats uppdraga gör icke anspråk på att vara helgjuten och fullfärdig. Vissa partier däraf ha endast i stora drag kunnat tecknas, i andra åter äro detaljerna af denna anledning måhända för mycket framträdande. Bristen på fasta minnesmärken från den tid, som förelegat oss, jämte luckorna i det historiska materialet ha främst vållat ojämnheterna, och ringa utsikt förefinnes för, att man i en framtid skall ur arkivens och bibliotekens gömmor framdraga fynd, som i väsentligare mån skola fylla luckorna i vår kännedom om stadens topografi. Men hvad som än brister i den topografiska framställning, som nu afslutats, så har den dock satt läsaren i tillfälle att göra sig förtrogen med de väsentligaste dragen af stadens yttre fysionomi, att följa med de stora förändringar staden genom utvidgning af dess område, genom härjande vådeldar och öfverhetligt påbjudna regleringar var underkastad. Vi ha ströfvat omkring i stadens centralaste och aflägsnaste partier, iakttagit kvarterens och gatornas läge samt, i belysningen af det ljus våra källor kasta, beskådat de offentliga byggnader vi under vår färd kommit att passera. Vi ha gjort ett besök i domkyrkan, det förnämsta af stadens monumentala byggnadsvärk, betraktat dess prydnader och grafkor, läst skriften på grafstenarna och gjort en rund genom skolans och akademiens lärosalar. Sist ha vi sett scener ur de stora vådeldarna passera förbi vår blick. Vi kunna nu öfvergå till en betraktelse af samhällsförhållandena, af det brokiga, idoga lif, som rörde sig inom de hus och murar vi redan beskådat. Men innan vi göra detta, skola vi för en stund lämna stadens buller för att göra små utflykter till de närmaste omnäjderna. Äfven här finna vi ett och annat, som det kan intressera oss att taga i ögnasikte.

Först styra vi kosan till slottet.

Innan vi kommit till lilla bommen, där den slutligen placerades, passera vi slottskyrkogården, där ett år 1633 uppfördt kapell reser sig[1]). Sedan vi lämnat tullporten, ha vi strax till höger slottsfältet, där militären håller sina öfningar. Till vänster ha vi slottsträdgården samt kronomagasiner och en tullstuga, där tullen för sjöledes inkommande och utgående varor uppbäres. En öfver ån slagen bom hindrar farkosterna att undandraga sig den föreskrifna skatten.

Om slottet förtäljer Juslenius, att det fordom varit befäst med en tredubbel vall och en hög mur mot söder samt en dubbel löpgraf, hvarjämte det varit väl försedt med kanoner och öfriga krigsförnödenheter; att det en tid befunnit sig på förfall, men nyligen blifvit med stor kostnad uppbygdt, så att det åter framstod i sin förra glans. En planteckning af slottet igenfinnes på den karta, som åtföljer Bidrag IV, samt på den i slutet af detta häfte bifogade stadsplanen. Bägge ritningarna öfverensstämma i det närmaste med hvarandra. En dubbel löpgraf, hvaraf tydliga spår ännu kunna skönjas, förstärkte försvaret mot landsidan. På en af ingeniören Hans Hansson upprättad och den 4 oktober 1656 daterad fästningskarta[2]) ser man en kring hela fästet gående vall, som, enligt uppgift på teckningen, blifvit afstucken på hösten 1656. Om det vid motsatta stranden af ån belägna Korpolaisbärget nämnes det, att dess befästande vore till stor fördel för slottet, hvarför man i händelse af krigsfara borde med det första omgifva detsamma med några rader spanska ryttare, inom hvilka hären kunde slå läger. Planen till slottets ytterligare befästande framgick ur de osäkra krigiska tiderna, då riket som bäst befann sig i strid med Ryssland och Polen, men, såvidt man kan finna, blef projektet icke utfördt, åtminstone icke i större utsträckning.

Själfva slottet företer den dag som är i det väsentligaste samma utseende som under 1600-talet. Då dess öden icke höra till området för vårt ämne, har jag icke velat inlåta mig på en

---

[1]) Åbo slottsräkenskap för 1635. E. Julin placerar en kyrkogård, som enligt hans förmenande begagnades för hospitalets hjon och slottets arrestanter, i närheten af nuv. bomullsfabriken.

[2]) I krigsarkivet i Stockholm.

Åbo slott i äldre tider. Synbarligen på 1700-talet.

noggrannare undersökning af dess byggnadshistoria, dess yttre och inre skick. Jag har dock trott mig göra läsaren en tjänst genom att här upptaga en tidigare icke känd förteckning öfver de till slottet hörande och med detsamma förenade rummen och byggnaderna. Förteckningen är uppgjord efter en i Åbo slotts räkenskap för 1635 ingående inventarieförteckning [1]). Räkenskapsboken upptager visserligen tvänne inventarielängder, hvilka förete några smärre differenser, men vi följa endast den ena, uteslutande därvid uppgifterna om de i hvarje rum och stuga befintliga dörrarna, fönstren och bohagen.

Inventarium efter 1634 års räkning.

Uti slottets våningar.

Drottningens klädkammare.
Öfversta hvalfkammaren.
Sölfkammaren.
Privet.
Tapetkammaren.
Panelsalen.
Förstugugången.
Stora konungssalen.
Konungens förmak.
Konungens sängkammare.
Kammare ofvan på sängkammaren.
Drabantsalen.
Lång kyrkosalen öfverst på södra byggningen.
Räntekammaren under västra stora tornet.
Nya räkningekammaren.
Privet.
Mörkbodan eller „macklööss" under räntekammaren.
Två små kamrar innan för hvarandra.
Gammalt skafferi och spannemålssalen.
Gamla räntekammaren öfverst på trapporna på södra sidan.
Gamla prästkammaren på kryddgården.
Gamla kyrkan.
Sakristian ibidem.
Karnapskammaren.
Förstugan.
Kyrkan ofvan på fångtornet.
Förstuga.
Fångtornet.
Boda neder i trapporna.
Källare ytterst på södra sidan sunnan under väster tornet.

---

[1]) Förvarad i finska statsarkivet.

Kalkbodan utanföre.
Trappa på södra sidan i gamla slottet.
Proviantsbodarna på södra sidan.
Källare under norra byggningen.
Stora vakthuset i västra källarehalsen.
Mjölbod i stora hvalfvet.
Tre bodar [under] konungssalen.
Gamla rustkammaren.
Vid stora portgången på gamla slottet vaktmästarens skafferi.
På gamla bagarstugan tre våningar, uppförda 1633—34.

Nedra slottsens borggård:

Gubernatorens våningar.

Vinden ofvan på hofrättssalen.
Privet.
Förmaket fram för matsalen.
Emot norra tornet ett annat.
Två kamrar under själfva tornet.
Gubernatorens matsal.
Gubernatorens egen kammare [1]).
Lilla hvalfvet.
Herrens klädkammare.
Frustugan.
Fruns egen kammare.
Brädkammare gentemot.
Jungfrurnas kammare.
Brädkammare.
Spolegången.
Små junkrarnas kammare.
Innersta kammaren.
Salen framför.
Stora rundeln.
Privet.
Öfversta kammaren på tornet.
Gamla underfogdekammaren.
Gamla kanslikammaren.
Gamla räkningekammaren.
Brädkammare.
Försal.
Slottsskrifvarekammaren.
Brygghuset med en liten kammare.
Arklikammare.

---

[1]) Detta rum jämte de följande t. o. m. „Salen framför" nämnas icke med samma namn i den andra förteckningen. Denna upptager i stället: kammare på stora slottsporten, andra kammaren sunnanföre, salen sunnanför, 3 kamrar innanför landshöfdingens matsal, kammare öfverst på stora slottsporten, kammare på sidan österut, södersalen ut på samma redd, kammare på sidan västerut o. s. v.

Knektekammare.
Gamla slottets kryddgård, där nu landsfogdarna innehållas.
Nedra kryddgården.
Fogdarnes kammare.
Vaktmästarekammare.
Ståthållarens kök.
Gammal bagarstuga.
Ståthållarens sällskapskammare.
Gubernatorens spannmålssal under gamla hofrättssalen.
Gammalt skafferi bredvid tornet norr i uppgången.
Tre källare.
En kammare ibidem.
Gubernatorens karlstuga.
Gamla bagarstuguförstuga.
Bagarstugan därnäst.
Gubernatorens kök.

Ståthållarens våningar.

Kammare på norra köket.
Vinden. ·
Nästa kammaren östan för.
Brädkammare.
Tredje kammaren östan för.
Försal.
Brädkammare.

Slottslofvens tillvist.

Förstuga.
Privet med förstuga.
2 brädkammare.
Slottslofvens tillvist.
Brädkammare innanför.
Lilla matkammaren.

Slottets träbyggningar.

2 vallportar. Vedgård. Stora konungsstallet. Nytt stall gentemot, bygdt 1633. Litet stall på sidan. Nytt fähus innanför. Ståthållarens stall. Gamla oxestallet. Gamla slaktareköket. Litet fähus. Gamla fiskarestugan. Gamla badstugustugan. Gamla badstugan. Slottslofvens och kamrerarens stall. Stallstugan. Brädkammare. Förstuga. Prästestugan. En stuga gentemot prästestugan. Brädkammare. Kammare på sidan. Nattstuga. Liten kammare. Kammare neder i förstugan. Bomvaktarekammare. Litet fähus. Herrens badstugustuga Herrens badstuga. Snickarestuga. Brädkammare. Förstuga. Vaktmästarekammare. Litet fähus. Nederfallen stuga framför. Nederfallen bagarstuga framför. Underfogdens stuga. Förstuga. Kalkbod. Slottets smedja. Smedskammare. Kolhus. Stora tullstugan. 4 förstugukamrar. Förstuga. Ny sjöbod, gjord 1632. En svala bredvid. 2 proviantsnattstugor. Bomvaktarekammare. 7 sjöbo-

dar med stora vedboden. 4 landbodar. Ny sjöbod, bygd 1633. Stora bommen. Gammal vedskuta. Kryddgården mellan slottet och staden. Slottets kyrkogård. Nytt kapell.

• • •

Utanför slottet utbreder sig stadens hamn, slottsfjärden. Juslenius, hvars Åbo-patriotism läsaren redan väl känner, ställer denna hamn bland de yppersta i världen. „Den kan inrymma den största flotta och är omgifven af bärg, så att äfven den starkaste storm af dem hindras att intränga i det inre af hamnen och där göra någon skada på de därstädes för ankar liggande skeppen. Ej heller går där någonsin en våg af farlig storlek, emedan hafvet här icke är öppet, undantagandes emot söder, hvarest det vidgar sig något, dock icke öfver 1800 fot, ehuru äfven denna vidd icke bildar något öppet haf, och hindras här vågsvallet dessutom äfven af klippor".

Slottsfjärdens vågor bryta sig mot det mångbesjungna Runsalas stränder. Naturens skönhet på denna ö, jordens fruktbarhet, ekarnas lummiga kronor, de omgifvande fjärdarnas blåa skimmer ha städse väkt åskådarens beundran och hänryckning. För Wexionius och Juslenius med deras samtida stod Runsala höjdt öfver alt beröm. Med dess fägring kunde icke ens grekernes beprisade Tempedal uthärda en täflan. Detta jordiska paradis var under sjuttonde seklets slut anslaget till boställe åt landshöfdingen i Åbo och Björneborgs län.

Väster om stadsgrafven se vi Stor-Heikkilä ladugård samt Puolala, Pitkämäki, Kähärlä, Kastu, Ruohonpää, S:t Jörans och Raunistula byar och hemman. Pitkämäki och Kähärlä äro anslagna hospitalet i Själö till underhåll, de öfriga byarna lyda under Åbo, Puolala sedan år 1630, Kastu, Ruohonpää, S:t Jörans och Raunistula sedan år 1650 [1]).

Ett stycke bortom Heikkilä kunna vi skönja Pahaniemi by. En källa på byns område, Muhkori källan kallad, var ännu i början på innevarande sekel föremål för gemene mans vidskepliga vördnad. Midsommaraftonen plägade man vallfärda till källan för att offra däri pengar eller annat af värde för kommande lycka. Gummor kommo med kaffepannor och brännvinsflaskor och slogo sig i ring kring källan. Karlar, ungdom och barn trängdes med dem kring den undergörande platsen. Slutligen tog polisen saken om hand och förbjöd på 1810:talet alla folksamlingar vid käl-

_____

[1]) Åbo stads acta.

lan [1]). Dessa vidskepliga vallfärder har jag väl icke funnit omnämda i 1600:talets akter, men då plägseden icke kunnat taga sin början under senare tid, är det alt skäl att antaga, att Muhkori källan lockade till sig midsommaraftonen skaror af det sjuttonde seklets Åboborgare, hvilkas hjärnor vist icke voro tillslutna för skrock och vidskepelse.

* * *

När man från Stortorget styrde kosan längs Fägatan och passerade Fätullen, kom man efter en kort promenad till Kuppis ryktbara källa, där i långt aflägsna tider helge biskop Henrik påstods ha vattenöst skaror af hedniska finnar. Förr hade ett kapell, helgadt åt S:t Henrik, stått vid denna källa, men numera återstod däraf endast nedersta stenraden. Hvad grund sägnen om dopet än må haft, ännu omgaf en nimbus af religiös öfvertro källans namn. Sedan gammalt var det bland gamla och unga sed att midsommaraftonen vandra ut till Kuppis, anställa där lekar och upptända eldar samt offra i källan, som gemenligen äfven nämdes S:t Johannis källan. Ännu vid seklets midt hade vallfärderna icke helt och hållet upphört, ehuru de blifvit af myndigheterna strängt förbjudna på grund af den stora folkskockning, som tidtals ägt rum [2]). Måhända gick de godtrognes väg hädanefter oftare till Pahaniemi källan. Dock upphörde färderna till Kuppis ingalunda med ceremonierna midsommaraftonen. En promenad till Kuppis rekommenderas af Juslenius som ett synnerligen angenämt nöje. Här i naturens grönska kunde stadsboarne hvila sig ut efter dagens ansträngningar och i ett litet värdshus stärka sina trötta lifsandar.

Mot seklets slut kommo äfven de klentrogne underfund med, att Kuppis källan värkligen ägde en undergörande kraft, ehuru denna kraft icke behöfde frammanas genom signerier. En af högskolans främsta medicinska auktoriteter vid denna tid, professoren Elias Tillandz, fann vid undersökning af vattnets kemiska beskaffenhet, att det värkade hälbrägdagörande för vissa sjukdomar. Denna upptäkt, hvaraf professoren väl med fördel begagnade sig i sin enskilda praktik, ledde till tanken att vid källan inrätta en brunnsanstalt för sjuklingar. År 1688 ingick landshöfdingen Lorentz Creutz till konglig majestät med hemställan om, att vid

---

[1]) E. Julins anteckningar.
[2]) Diarium Gyllenianum I: 138.

Kuppis en byggnad blefve uppförd, där spetälske, hos hvilka sjukdomen ännu icke antagit en svårare karaktär, kunde härbärgeras för att under ledning af doctores medicinae genomgå en tids brunnskur, innan de förvisades till Själö. Framställningen vann nådigt bifall och inom de närmast följande åren blef inrättningen färdig samt begagnades ända till stora ofreden [1]).

Omkring Kuppis utbredde sig åkrar och ängar, bland dem flera tillhöriga enskilda stadsboar. På fälten såg man sommartid skaror af borgarenas kreatur, kor, getter och svin, vanka omkring. Isynnerhet var get- ock svinskötseln gouterad. I otaliga påbud finner man magistraten påminna borgarene om att afhålla sina fyrbenta gunstlingar från promenader på stadens gator och att för den varmare årstiden afhysa dem från staden.

Närmast till stadens mark i söder gränsade Lill-Heikkilä ladugårds och Sotalais bys ägor. Hurusom en del af detta område lades under staden vid seklets midt, är läsaren bekant.

Sist må nämnas Hallis kvarnar, belägna på inemot en mils afstånd från staden och väl kända för hvarje Åbobo. År 1635 beviljar regeringen åt borgmästare och råd Hallis kvarnställe, som de må uppbygga och upprätta sig till godo. År 1643 efterskänker regeringen åt staden en vid Hallis by belägen skvaltekvarn, som magistraten anmält sig sinnad att låta inrätta till sämskmakeri. År 1691 nämnes sämskmakaren Paul Voigts stampkvarn i Hallis. År 1695 tillsätter magistraten en mjölnare för de „bägge kvarnarna" i Hallis.

---

[1]) Fagerlund, Finlands leprosorier I: 48—50.

Tillägg.

Sida 11 uppgifves, att det bref icke anträffats, hvarigenom Åbo stad år 1640 tilldelades besittningsrätt till Mättälä och Huhkala hemman. Detta beror på en lapsus calami. Brefvet, som utfärdats af Per Brahe den 28 april 1640 (således samma dag som det s. 11 omnämda), finnes i afskrift bland Åbo stads acta i svenska riksarkivet och har följande lydelse:

Wij Pedher Brahe, greffwe till Wijsingzborg, frijherre till Rydboholm och Lindholm, Sweriges rijkes rådh, general gouverneur vthöfwer stoorfurstendömet Finland medh Åland och bägge Carelerne sampt lagman öfwer Wässmanneland, Bergzlagen och Dalarne etc. Giöre witterligit, att effter såsom Hennes K. M:t aller wår nådigste vthkorade drotningh giärna seer och åstundar städernes vpkompst och förkofring och icke vnderlåter något, som till dess befordringh och fortsättiande synes wara aff nöden, och fördenschull staden Åboo till godo och vthrymme låtit giöra eet byte öfwer dee twenne bönder eller bonde gårder medh wälbördige Erich Boije till Jssnäs och Jöran Claesson Boije till Gännes, nemligen Mättälä, eett hemman, räntar vthi een stadga åhrligen medh alle partzellar vthi wist och owist: rogh 6 t:r 15 cappar, korn sex tunnor 15 cappar, malt een tunna, haffra een tunna, smör tw Lℬ, slachtnöth halfft annat st., fåår half annat st., wallmar nijo allnar, fläsk een sijda, dagzwärkz penningar 6 ℳ, weede ponningar nijo ℳ, förssle penningar 3 d., löper alles vthi penningar räcknadt femptijio twå dal. tiugutwå öre sölfwermynt, och Huchola, eett hemman, räntar åhrligen medh alla partzelar vthi wist och owist: rogh sex tunnor 15 capp:r, korn sex tunnor 15 capp., malt een tunna, haffra een tunna, smör tio Lℬ, fläsk een sijda, slacht nöth eett st., fåår halfft annat st., wallmar nijo allnar, dagzwärckzpenningar 6 ℳ, weedh penningar nijo ℳ, försslepenningar tree d., löper alles vthi penningar rächnadt femptijio dal. tiugutwå öre sölfwermynt, eemott lijka jembngådt wederlagh, som wälbe:te Boijer der eemot igen allredo bekommit hafwer; och emädan H. K. M:t genom dess hijt ankompne breff hafwer allernådigest befallat samma twenne gårdar staden att inrymmas, dy wele wij härmedh och vthi dette breffz krafft welat staden och dess magistrat sättia vthi wärckelig posses-

sion öfwer be:te twenne godz och dess ägor, som innan om den nyia vpka-
stade grafwen belägne äre, både vthi åker, engh, mulebete, quarnställe,
fiskie och fischiewatn, intet vntantagandes aff thet, som till samme gårdar
lyda och nu innom graffwen, som förbe:t, beläget ähr, jemväll dee trettijio
twå daler och twå öre silfwermynt vthi tomptörer, cronan aff Boijerne vp-
dragne, effter som bytes lengden det specificerer, ewärderligen och oklan-
drat att innehafwa och behålla.   Och emädan samme gårdz byte till cro-
nan aff wälbe:te Boijerne ähr enkannerligen där hän anseedt, att staden
schulle kunna der igenom vthwijdgas, bebyggias och tilltagas medh hwss
och gårdars aff nyio fundation; derföre ähr och opå H. K. M:tz wegne
och nådige behagh för god funnet och såwijda effterlåtitt, att bådhe dhe
aff ridderschapedt och adellen sampt andre cronones förnemme tienare, som
någor tompteställen der sammestädes vthsee, emottaga och bebyggia wele,
schole niuta dem alldeles frij bådhe för tomptörerne och annat sådant, men
dhe aff borgerskapet, som vnder stadzens jurisdiction lyda och någor tomp-
ter där vthtaga, schole wara sådana tomptörer vnderkastade, så wijda som
borgmestare och rådh finna godt huariom och eenom thet att opå läggia.
Biude och befalle fördenschulld opå Högstbe:te H. K. M:tz wegne dem, som
wederböhr, sigh här effter vthi alle motto att rätta, icke tillfogandes för-
be:te stadh eller dess magistrat huarcken nu eller i framtijden här emot
något hinder, quall eller intrångh i någor motto.   Till wisso hafwe wij
dette medh wår egen vnderschrifft och secret bekräfftadt.   Gifwitt på Åboo
slott, åhr effter Christi bördh eett tusendh sex hundrade och på thet fyre-
tijionde den 28 dagh aprilis.

Kvarnbärget, som s. 31 antages ha betecknat Ryssbacken, torde med
större skäl få identifieras med St. Gertrudsbacken. I fjärde häftet af K G.
Leinbergs Bidrag till kännedomen af vårt land, som utkom efter det tryck-
ningen af detta arbete framskridit till öfver hälften, förekommer näml. (s. 13)
ett bref af år 1580, däri fråga är om en åkertäppa, „liggendes östhan för
Quarnnbäcken [ɔ: Quarnbacken] vidh Sanct Gertrudtz kirckegård".

Trykta källor:

Bilmark, J. De sacellis sepulcralibus in templo catedrali aboënsi. Aboæ 1748.

— — De templo cathedrali aboënsi. I—II. Aboæ 1800—1801.

Bonsdorff, Carl v., Utdrag ur Åbo stads dombok 1624—1625. H:fors 1885. (Bidrag till Åbo stads historia II.)

— — Åbo stads dombok 1623—1624. H:fors 1886. (Bidrag t. Åbo stads historia III.)

— — Utdrag ur Åbo stads dombok 1626—1632. H:fors 1887. (Bidrag t. Åbo stads historia IV.)

Böner med anledning af eldsvådorna åren 1656, 1678 och 1681 (i domkyrkoarkivet i Åbo).

Eurén, G. E., Ajantieto Turun kaupungista. Åbo 1857. Andra upplagan, delvis omarbetad, utgifven af Th. W. Erich år 1877 med titeln „Turun kaupungin historia".

Fagerlund, L. W., Finlands leprosorier I. H:fors 1886.

Fontell, A. G., Consistorii academici aboënsis äldre protokoller. I—II. H:fors 1883—1887.

Gottlund, C. A., Otava I. Stockholm 1829.

Hausen, R., Diarium Gyllenianum eller Petrus Magni Gyllenii dagbok 1622 —1667. Helsingfors 1880—1882.

— — Utdrag ur Åbo domkyrkas räkenskaper 1553—1634. H:fors 1884. (Bidrag till Åbo stads historia I.)

— — Anteckningar under en resa genom Finland år 1735 af C. R. Berch. I Svenska literatursällskapets skrifter IX. H:fors 1888.

Juslenius, Daniel, Aboa vetus et nova. Åbo 1700. (Öfversatt af F. J. Rabbe i tidskriften Suomi 1841.)

Justander, S. E., Oratio de qvibusdam antiqvitatibus Abogicis urbisqve situatione. Åbo 1679.

Leinberg, K. G., Finlands territoriala församlingars ålder, utbildning och utgrening. H:fors 1886. (Svenska literatursällskapets skrifter III.)

Lindman, A., Anteckningar om Åbo domkyrka och dess fornminnen. 2:dra uppl. Åbo 1878.

[Li]ndm[an, A.], Några äldre kyrkor och med dem förenade välgörenhetsanstalter i Åbo. I Puffens kalender för 1870. Åbo 1869.

[Li]ndm[an, A.], Åbo domkyrkas fordna orgelverk. Puffens kalender för 1869. Åbo 1868.

Nervander, E., Den kyrkliga konsten i Finland under medeltiden. H:fors 1888.

Rautelius, J., Oratio de encomio Aboæ. Åbo 1657.

Reinholm, H. A., Kristinuskon saatosta Suomeen. (Finska fornminnesföreningens tidskrift VI.) H:fors 1883.

Rhyzelius, Andr. Olav., Brontologia teologico-historica. Stockholm 1721.

Salvius, Laur., Sviogothia munita. Stockholm 1744.

Stiernman, A. A. v., Presterskapets redogörelser om forntida minnesmärken i Finlands kyrkor. Utg. af R. Hausen i Bidrag till kännedomen af Finlands natur och folk, 38 hft. H:fors 1882.

Suomalaisten sielun tavara. Åbo 1700.

Tengström, J., Afhandling om presterliga tjenstgörningen och aflöningen i Åbo erkestift. Åbo 1820—1822.

— — Handlingar till upplysande af Finlands kyrkohistoria. Åbo 1821 —1832.

— — Vita et merita M. Isaaci B. Rothovii. Åbo 1796—1801.

Tigerstedt, K. K., Handlingar rörande Finlands historia kring medlet af 17:de århundradet. H:fors 1849—50.

Waaranen, J. E., Samling af urkunder rörande Finlands historia. H:fors 1863—78.

Wallenius, Gabr., En kort underrättelse om wådeldars rätta ursprung etc. Åbo 1681.

Wasström, N., Œconomisk beskrifning öfwer Åbo stad. Åbo 1749.

Wexionius, M. O., Epitome descriptionis Sueciæ, Gothiæ, Fenningiæ et subjectarum provinciarum. Åbo 1650.

Vörlund, H., Försök till en historisk beskrifning öfver den kongl. hofrätten i Åbo. Åbo 1796—1799.

Zeillerus, M., Nova descriptio regnorum Sueciæ. Amstelodami 1656.

Åbo Tidningar från 1700:talet.

●

———

Kartor:

Tvänne stadsplaner från 1620 à 1630: talen. Trykta i „Bidrag" II o. IV.

Grenders, Tompters och Gators utstakningz Afrijtningh etc. 1640. Förvaras i svenska riksarkivet. Trykt s. 68. Förminskad till ¹/₃.

Projekt till ny stadsplan från 1640: talet. Förvaras i svenska riks-arkivet. Trykt i slutet af denna afd. Förminskad till $^1/_3$.

Stadsplan från tiden omkr. 1650. Förvaras i svenska riksarkivet. Trykt efter s. 64. Förminskad till $^1/_3$.

Åbo Stadhz Affritningh 1652. Förvaras hos landtmäteriöfverstyrelsen i Helsingfors. Trykt efter s. 16. Förminskad till $^1/_2$.

Plan af Åbo slott 1656. Förvaras i krigsarkivet i Stockholm.

Plan af Åbo slott från 1600 talet. Odat. Förvaras i krigsarkivet i Stockholm.

Delineation vtöfwer Åbo Stapel Stad, affattad åren 1709 o. 1710 af Magnus Bergman. I krigsarkivet i Stockholm.

Charta öfver Stapelstaden Åbo. Författad åren 1754—1756 af D. Gadolin, renoverad 1779 af Frid. Ekmansson. I universitetsbiblioteket i Helsingfors.

Samma karta renoverad 1789 af I. M. Gotskalk. I krigsarkivet i Stockholm.

Charta öfver Åbo stad. Författad 1808 af Joh. Tillberg. Afkopie-rad med hänsyn till branden 1827 af J. G. Wallenius. På landtmäteri-öfverstyrelsen i Helsingfors.

Karta öfver Åbo stad enligt gamla Plan och nya Regleringen. Upp-gjord 1828. Trykt.

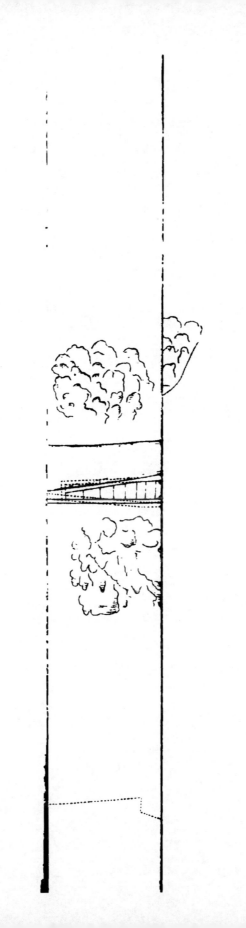

Redovisning

öfver

Sällskapets för utgifvande af bidrag till Åbo stads historia räkenskaper
för år 1887.

INKOMSTER

Behållning från 1886		2,952: 98
175 ledamotsafgifter för 1887 à 5 mk	875	
4 » » 1886 à 5 »	20	
1 » » 1884	5	
1 » » 1885	5	905: —
för bestridande af halfva kostnaden för IV häftet af Sällskapets publikationer af herr Fredric Rettig		820: 13
Ränta från Föreningsbanken		57: 79
Genom Frenckell'ska boklådan försålda exemplar		66: —
	Fmf.	4,801: 90

UTGIFTER

Kostnaden för 4:de häftet:

Tryckningsarbetet	860: 75
Kartor	177: 50
Bokbindarräkning	63: 50
Redaktionsarvode	538: 50
Diverse	16: —
Behållning till 1888	3,145: 65
Fmf.	4,801: 90

Förestående redovisning är af undertecknade granskad och riktig
befunnen.

Ferd. Juselius.   Julius Österblad.

Bidrag till Åbo stads historia, utgifna på föranstaltande af Bestyrelsen för Åbo stads historiska museum, komma framdeles att utgå i tvenne serier. I den första, som fortsättes efter förut följd plan, meddelas in extenso eller i förkortning intressantare urkundsamlingar och aktstycken, som tjena till belysande af stadens framfarna öden. Den andra serien kommer att omfatta allenast originalafhandlingar och bearbetningar af källorna.

De hittills utkomna häftena af ›Bidragen› äro följande:

I. Utdrag ur Åbo domkyrkas räkenskaper 1553—1634. Utgifna af R. HAUSEN. Helsingfors 1884.

II. Utdrag ur Åbo stads dombok 1624—1625. Utgifna af CARL V. BONSDORFF. Helsingfors 1885.

III. Åbo stads dombok 1623—1624. Utgifven af CARL V. BONSDORFF. Helsingfors 1886.

IV. Utdrag ur Åbo stads dombok 1626—1632. Utgifna af CARL V. BONSDORFF. Helsingfors 1887.

Pris för köpare 8 mark.

BIDRAG TILL ÅBO STADS HISTORIA.

UTGIFNA PÅ FÖRANSTALTANDE AF

BESTYRELSEN FÖR ÅBO STADS HISTORISKA MUSEUM.

ANDRA SERIEN.

II.

ÅBO STADS HISTORIA

UNDER SJUTTONDE SEKLET

AF

CARL v. BONSDORFF.

ANDRA HÄFTET.

HELSINGFORS,

J. SIMELII ARFVINGARS BOKTRYCKERI AKTIEBOLAG,

1892.

BIDRAG TILL ÅBO STADS HISTORIA.

UTGIFNA PÅ FÖRANSTALTANDE AF

BESTYRELSEN FÖR ÅBO STADS HISTORISKA MUSEUM.

ANDRA SERIEN.

II.

ÅBO STADS HISTORIA

UNDER SJUTTONDE SEKLET

AF

CARL v. BONSDORFF.

ANDRA HÄFTET.

HELSINGFORS,
J. SIMELII ARFVINGARS BOKTRYCKERI AKTIEBOLAG,
1892.

ANDRA AFDELNINGEN.

FÖRVALTNING.

I.

Konungsmän.

Stadsförvaltningen kan betecknas såsom resultatet af tvänne samvärkande faktorers, kommunens och statens, ingripande. Dess tyngdpunkt var förlagd till rådstugan, som var såväl härden för lagskipnings- och förvaltningsarbetet som medelpunkten för det kommunala lifvet, sådant detta kunnat utbilda sig under skråväsendets, monopolens och prohibitivsystemets gyllene dagar. På rådstugan debatterades de mångskiftande ärenden, som afsågo stadens fromma och välfärd; där faststäldes och inskärptes i menighetens sinnen de allmänna grundsatser, som hvarje rättskaffens medborgare borde följa i sin timliga vandel; där gafs förhållningsregler för nästan alla fall, som kunde hända en borgare under hans vandring från vaggan till grafven; där gafs råd och rättesnören att iakttaga vid köpenskap och handtvärk; där vakade rättvisan, straffande de onda och skänkande de dygdige upprättelse; därifrån utgingo slutligen många af de impulser, som gåfvo ny näring och kraft åt det kommunala lifvet och hindrade detta från att stelna i former, som gjutits i kung Orres tider.

På rådstugan delades, såsom sagdt, väldet af representanterne för den kommunala själfstyrelsen och ombuden för den hela samhällslifvet kontrollerande statsmakten. Kommunen företräddes här af borgmästare och råd, samfält kallade magistraten. Statens fullmäktige innehade mycket olika rang och värdighet, men vi kunna, med accepterande af ett under denna tid ofta användt epitet, kort om godt kalla dem konungsmän. Det var genom konungsmannen, som regeringens andel i det kommunala utvecklingsarbetet förmedlades. Han framstod inför menige man såsom konungens vikarie, såsom den lokala manifestationen af statsmakten.

Regeringens deltagande i stadsförvaltningen var af olika slag. Främst var regeringen en kontrollerande högre instans, som vakade öfver att ingen stad fick utvecklas i andra riktningar och efter andra lagar än de som skulle vara bestämmande för hela samhällskroppen. Regeringen var en moralisk och rättslig instans, som ständigt sväfvade öfver rådsfädren, , som påminde dem om deras ansvarighet redan inför jordiska domare och som mottog klagomål öfver förseelser i deras tjänsteutöfning. Men regeringen var icke endast en sådan aflägsen öfvervakande, kontrollerande myndighet, som stiftade lagar för det statliga lifvet och som angaf de allmänna dragen af den kommunala utvecklingens gång, utan den ingrep ständigt, altjämt uti stadsstyrelsens och det kommunala letvernets hvardagligheter. Såsom en rättande, ordnande och manande makt kastade den sig in i det borgerliga lifvets enskildheter. Den gaf sig tillkänna icke allenast, när borgmästares och råds handlingssätt gaf anledning till missnöje, när borgerskapet försummade sina plikter, synnerligen plikter af finansiel art. I de minsta detaljer rörande hushållningen, byggnadsordningen, renhållningen m. m. fingo borgerskap och magistrat röna prof på regeringens vaksamhet och aktiva, än tillbakahållande, än framåtdrifvande, värksamhet.

Regeringens medvärkan i stadsförvaltningen kunde under sådana förhållanden i allmänhet icke vara direkt. Endast i undantagsfall har monarken själf ingripit i stadens angelägenheter. Den kontinuerliga uppsikten öfver staden och det aktiva deltagandet i dess styrelse var af konungen anförtrodd åt i Åbo stationerade högre och lägre, militära och civila ämbetsmän, hvilka vid sidan af sina öfriga åligganden skulle fungera såsom statsmaktens representanter på rådstugan. Myndigast bland dem var gubernatoren eller generalguvernören, centralregeringens högtbetrodde, men tillfällige ombudsman i Finland. Näst honom följde i rang och värdighet ståthållaren och landshöfdingen, de beständige cheferne för de lokala styrelserna. Under desse lydde ett antal underordnade tjänstemän, som under seklets förra hälft vanligen företrädde sina öfvermän inför borgmästare och råd och därför framstodo såsom de egentliga, synliga länkarna mellan stadsmenigheten och högsta makten.

I stadslagen fans ett stadgande om en konungens fogate, som på konungens vägnar skulle närvara på rådstugan vid val af borgmästare och råd äfvensom vid domars fällande. „Ingen dom måge borgmästare och rådmän döma utan fogaten eller hans bud är där när, och fogaten skall skipa en för sig, som rätten skall sitta och alla rådstugadagar timelika till rådstufvu komma", heter det i rådstugubalkens andra kapitel. Fogaten skulle vidare jämte rådet utfärda stämning till rådstugan; hade någon förbrutit sig mot konungen eller hans råd eller försmått konungens ämbetsmans bud, kunde fogaten „med rådmanna råde" bestämma, huruvida den skyldige skulle insättas i torn, d. v. s. på konungens slott, eller i stadens gömma. Han skulle dessutom deltaga med borgmästare och råd i kommunala förordningars utfärdande i en mängd stadens ekonomi och politi angående förrättningar, i uppsikten öfver stadens handels-, handtvärks- och byggnadsförhållanden, stadsinkomsternas förvaltande m. m. Fogaten var sålunda i allmänhet befogad och förpliktad till deltagande i rådets flesta administrativa och judiciela funktioner. Han var en medlem af stadens öfverhet, men i egenskap af konungens man på samma gång höjd öfver denna, utöfvande en kontrollerande myndighet öfver borgmästare och råd [1]).

Den kungliga fogatens ämbetsåligganden, hvilka under medeltiden i allmänhet handhades af slottshöfvidsmannen, tillkommo under 1600-talet ståthållarene och landshöfdingarne. De motsvarade stadslagens fogate. Då såväl stadsstyrelsen som landtregeringen i allmänhet genomgick en brytningstid under Gustaf II Adolfs och Kristinas regeringar och ståthållarne därigenom kommo att intaga en i vissa hänseenden förändrad ställning mot förr, böra vi för tydlighetens skull i kronologisk ordning följa med de växlingar konungsmannens förhållande till borgmästare och råd undergick under seklets lopp.

I spetsen för landtregeringen, regeringen i landsorterna, stod intill år 1634 ståthållaren, som i sin hand förenade den civila och militära myndigheten. Med borgmästare och råd deltog han obestridt i utöfningen af den kommunala förvaltningen och lagstiftningen. Däremot rönte hans ingripande i lagskipningen mångenstädes stark ovilja hos städernas borgerskap, och regeringen fann sig däraf föranlåten att något begränsa denna del af ståthållarens värksamhet. I rättegångsordinantien af 1614, som införde hofrättsinstitutionen, förekomma särskilda föreskrifter rörande ståthållarens domarekall. Ståthållarene såväl som landshöfdingarne och

---

[1]) Stadslagen. Jemfr. Odhner, Bidrag t. svenska stadsförfattningens historia i Årsskrift utg. af kungl. vetenskapssocieteten i Uppsala, andra årg. s. 130 följ.

fogdarne voro enligt ordinantien skyldiga att hålla uppsikt öfver att borgmästare och råd icke försummade sina rådstugudagar samt att af magistraten fälda domar blefvo efterkomna och exekverade, „dock hvarjom och enom lagligt vad uti de ärenden, som efter lagen vädjas må, förbehållet". I vissa fall skulle exekutionen följa omedelbart efter rådstugudomen, nämligen om någon begått kätteri i den upp- och nedstigande linea och uti den första och andra graden lineae ineqvalis, tidelag, våldtäkt, barnamord, uppenbart mord, öfverfall på allmän väg, dråp med hemgång eller på kyrko- och tingsväg. Ville konungsmannen deltaga i domars fällande på rådstugan, var det honom icke förmenadt, men då var han skyldig att aflägga domareed [1]).

Med rättegångsordinantiens grundsatser öfverensstämde den instruktion, som den 15 maj 1616 gafs åt ståthållaren öfver Åbo samt Tavastehus slott och län Johan De la Gardie. När viktiga saker förehades på rådstugan i Åbo, skulle han vara personligen tillstädes, och när domar fallit i ofvannämda grofva mål äfvensom i ringa saker, skulle han hålla hand öfver deras tillämpande. Missgärningar af mindre grof natur än de i ordinantien upptagna skulle han hänskjuta till konglig majestät [2]).

Den maktbefogenhet i kommunala ärenden, som tillkom ståthållaren, innehades också af de tvänne finska gubernatorer, som förekommo under Gustaf II Adolfs regeringstid, Nils Bjelke och Gabriel Oxenstierna. Skilnaden var blott, att gubernatoren uppträdde med mycket större kraft och eftertryck samt att ståthållaren, på samma gång han uppfylde sitt ämbetes plikter, handlade som en gubernatoren underordnad och hans befallningar mottagande ämbetsman. På grund af sin höga samhällsställning och sina nära förbindelser med centralregeringen kunde gubernatoren handla med större myndighet och själfständighet samt med större tillförsikt hemställa hos regeringen om nödiga åtgärder till stadens förkofran. Hans befallningar mottogos ock af borgerskapet med större undergifvenhet och lydnad. Men i sitt deltagande i lagskipningen var han, på samma sätt som ståthållaren, bunden af rättegångsordinantien.

Under Gabriel Bengtsson Oxenstiernas tid tillkom en särskild konungsman för rättsskipningens öfvervakande. Rådstuguprotokol-

---

[1]) Schmedemann, Kongl. stadgar m. m. ang. justitie- och executions ährender s. 135—140.

[2]) Styffe, Samling af instruktioner för landtregeringarna s. 99—103.

let för den 3 oktober 1632 förmäler, att understÅthållaren Erik Andersson Knape företedde en af k. m:t erhållen fullmakt „till stÅthållarskap och burggrefskap öfver städerna i Åbo slottslän, att deras förmän skola honom lydno bevisa och att borgmästarne skola hvar dom, som afsagd blifver, honom se och underskrifva låta" [1]. Man finner ock från denna tid burggrefven eller någon annan konungsman i regeln närvarande vid rådstugumötena, och när han någon gång är frånvarande, står det stundom i protokollet antecknadt, att emedan konungsmannen icke kom tillstädes, kunde inga ärenden företagas. Vanligen tilläto sig dock borgmästare och råd att afhandla mindre betydande löpande ärenden rörande ekonomien och politien, anställa ransakning och förhör; någon gång ha de t. o. m. fält dom, men det kan tagas för gifvet, att domen i sådant fall understäldes konungsmannens bepröfvande.

1634 års regeringsform införde en märklig förändring i den lokala styrelsen. StÅthållareskapen afskaffades och ersattes med landshöfdingeinstitutionen. Landshöfdingarnes befogenheter blefvo öfverhufvud desamma som stÅthållarenes hade varit, men inskränktes därigenom, att landshöfdingarne fråntogos befälet öfver militien äfvensom rätten till deltagande i lagskipningen. Deras judiciella myndighet inskränkte sig till en kontroll öfver lagskipningens gilla handhafvande. Ur den år 1635 utfärdade allmänna landshöfdingeinstruktionen låna vi följande punkter, som närmare belysa landshöfdingarnes förhållande till stadsmenigheterna [2].

Näst den allmänna bestämmelsen, att landshöfdingen i egenskap af „landsens hufvud eller höfding" i konungens stad och ställe skulle i alt söka befrämja undersåtarnes bästa, stipulerar instruktionen, huru han skall förfara i alla de olika ärenden, som tillkomma hans ämbete. Utan att ingripa i det andliga ståndets jurisdiktion och administration skulle han ha noga uppsikt, att Guds ord blifver i alla församlingar endräkteligen, rent, oförfalskadt och flitigt lärdt och predikadt, sakramenten blifva värdeligen administrerade, en ifrig kyrkodisciplin iakttagen, kätterska och schismatiska lärdomar förkväfda, skolor och hospital underhållna. Med justitiesakers afgörande skulle landshöfdingen icke mera befatta sig, men tillhålla borgmästare och råd att en hvar i sin stad utan försummelse, våld och orätt göra sin plikt. Fann han något

---

[1] Bidrag t. Åbo stads historia, första ser. IV: 157.
[2] Styffe s. 191—217.

fel begånget, skulle han befordra den skyldige till laga ansvar. Han skulle vidare tillse, att domarna ordentligen upptecknades och domböckerna levererades till honom i tvänne exemplar, af hvilka det ena stannade i landskansliet och det andra levererades till hofrätten. De i rättegångsordinantien specificerade dödsdomarna skulle han omedelbart bringa till exekution, öfriga domar först efter mottagande af hofrättens eller konungens resolution.

Öfver krigsfolket till lands och vatten hade landshöfdingen intet att befalla, icke häller öfver slotten och slottsbesättningarna. Men han skulle tillse, att knekteutskrifningarna på landet och båtsmansutskrifningarna i städerna utfördes i laglig ordning och utan underslef. Äfven ägde han att tillse, det leveranserna till krigsfolkets behof inflöto på behörigt sätt, och när arbeten erfordrades på slotten, skulle han ha uppsikt öfver deras rätta utförande. Vidare tillkom det honom att beifra alla de brott krigsfolk och krigsbefäl kunde begå mot borgerskapets privilegier och rättigheter, dem han i allmänhet var skyldig att vidmakthålla, så att borgarene „sina rättigheter oturberade njuta och sin redeliga näring, hushåll, köpenskap, gemena lefverne fritt anställa, ohindradt bruka, njuta och öfva må".

Med iakttagande af innehållet i stadslagen, senare förordningar och städernas enskilda privilegier borde landshöfdingen vinnlägga sig om, „huruledes all god ordning och politi må föras på banen och sedan vidmakthållas" i städerna, hvilka borde vara riksens stöd och rikedom och källan till landsortens förkofring. Enkannerligen borde han beflita sig om, att goda och beskedliga män förordnades till borgmästare och stadsskrifvare, att stadens inkomster blefvo rätt uppburna samt använda till allmän nytta och icke till enskildes fördel. Alla handtvärkare ägde han att drifva från landet till städerna och bistå ämbetenas förmän i skråordningarnas upprätthållande. Han skulle tillse, att ingen borgare eller handtvärkare dref mera än ett slags näring, och i samråd med borgmästare och råd ägde han afgöra, huru många köpmän och handtvärkare städerna nödtorfteligen behöfde. Den olofliga näringen med „tappande och snappande" skulle han beifra och inskränka krögeriet till vissa krögare och tavernare. För olaga skjutsfärders undvikande skulle han vaka öfver gästgifveriordningens tillämpande så i stad som på landsbygd. Löst folk och lättingar skulle han afhysa från staden, förpassa de arbetsföra till tukthus, de sjuka och bräckliga till hospital.

Öfver kronans räntors och inkomsters, tullars och kontributioners indrifvande skulle landshöfdingen ha noga uppsikt, ty räntorna utgjorde „fundamentet och grundvalen, hvarpå alt det öfriga står„.

Tretton år efter denna förordning emanerade en instruktion för landshöfdingarne i Finland, utfärdad af generalguvernören Per Brahe och dagtecknad Åbo slott den 13 september 1648. Den tillkom med anledning af det ekonomiska betryck grefven funnit råda i landet och utvecklade i detalj den värksamhet landshöfdingarne hade att utöfva såsom det ekonomiska framåtskridandets väktare. Nära på hälften af instruktionen upptages af föreskrifter, som landshöfdingarne ägde att ställa sig till efterrättelse i sitt förhållande till stadsmannanäringarna. De utvidgade icke landshöfdingarnes värksamhet, utan inneburo blott ett inskärpande af äldre stadganden. Landshöfdingen skulle främst förmå alla städernas innebyggare att egna sig åt en viss näring och handtering samt aflägsna alla arbetslösa lättingar. Med rådets bistånd borde han arbeta för inrättandet af goda och dugliga brygghus, genom hvilka kronans inkomster förökades och den utländska importen af öl förminskades. Han borde vidare hämma det olofliga landsköpet och göra slut på det s. k. maimiseriet och de små onyttiga kyrkomässorna eller marknaderna på landet och i stället upprätthålla i städerna vissa torgdagar och en frimarknad m. m. [1]).

Ännu en allmän landshöfdingeinstruktion ha vi att framhålla, den som konung Carl XI utfärdade den 28 jan. 1687 och som gälde hela riket [2]). I denna instruktion upprepas i det väsentligaste, ehuru med särskilda förtydliganden och tillägg, samma befogenheter och skyldigheter, som ingått i 1635 års instruktion. Dock tillåtes det landshöfdingen numera att i undantagsfall, om han ansåg rättegångsordinantien det fordra, „sitta med i någon dom och såsom domhafvande säga sin mening", men då måste han först svära domareeden. Ingen straffdom, icke ens för gröfsta brott, fick han bringa till exekution, innan hofrättens utslag fallit; däremot kunde han uppskjuta exekutioner på någon tid, sedan han först meddelat konungen eller hofrätten orsakerna till uppskofvet.

Äfven efter år 1634 finna vi Finlands förvaltning par gånger anförtrodd åt en gubernator, först åt Per Brahe åren 1637—1640

---

[1]) Styffe s. 240—249.
[2]) „ s. 300—336.

och 1648—1654 och sedan åt Herman Fleming 1664—1669. Om dem gäller det samma som tidigare anmärkts om Nils Bjelke och Gabriel Oxenstierna. Såsom man af den åt Per Brahe år 1648 gifna instruktionen finner, skulle generalguvernören, frånsedt det direkta ingripande i stadsförvaltningen, som var honom medgifvet, i allmänhet utöfva kontroll öfver landshöfdingarna och, när dessa befunnos försumliga, påminna dem om, hvad deras plikt och ämbete kräfde [1]). På de rättigheter, som enligt lag tillkommo borgmästare och råd, utöfvade generalguvernörens tillsättande intet intrång. Icke häller tillkom det generalguvernören att taga del i lagskipningen.

Genom 1634 års regeringsform upphörde, såsom nämdes, länets höfding att vara medlem af rådstugurätten. Dock afsade sig regeringen icke därigenom deltagandet i städernas lagskipning. Regeringsformen bestämde, att en af konungen förordnad stadsfogde ständigt skulle presidera på rådstugan. Honom tillkom det att närmast vaka öfver att borgmästare och råd icke bröto mot lag och rätt, liksom han ock ägde att deltaga i domars fällande. Lagbudet iakttogs mycket noggrant på rådstugan i Åbo, där under en lång följd af år slottsfogden eller underlandshöfdingen i egenskap af stadsfogde närvar vid mötena. Var han borta, antecknades detta till protokollet, hvarpå rätten nog kunde vidtaga förberedande undersökningar och fullgöra åtskilliga administrativa göromål, men uppskjöt med domarna till konungsmannens ankomst. I flera vid denna tid utfärdade stadsprivilegier var stadgadt, att stadsfogden tillkom afgörande rösten, om borgmästare och rådmän icke kunde komma till enighet [2]).

Mot slutet af 1640-talet upphörde stadsfogdens judiciella värksamhet. Redan under föregående decennium hade regeringen i flera städer ersatt stadsfogden med en s. k. kunglig borgmästare. Denne tillsattes icke efter föregående val såsom stadslagen påbjöd, utan utnämdes direkte af regeringen. Utnämningens laglighet har försvarats sålunda, att den kunglige borgmästaren likstälts med stadslagens fogate och regeringsformens stadsfogde [3]). Den förste borgmästaren af detta slag erhöll Åbo år 1647 i Gudmund Krook, svensk till börden. Redan i början af 1648 märker man följderna af de nya utnämningarna. Borgmästare och råd afkunna domar

---

[1]) Styffe, s. 225—237.
[2]) Odhner, Sveriges inre hist. und. dr. Christinas förm. s. 183—184.
[3])   „   s. 184.

och afgöra till rätten inkommande mål och förvaltningsärenden fullkomligt omedvetna om den förre konungsmannens frånvaro. Väl infinner sig till en början landshöfdingen, underlandshöfdingen eller någon annan konungsman, liksom för att pröfva värkningarna af det nya systemet, tämligen ofta på rådstugan, men besöken blifva så småningom alt fåtaligare och magistraten handlägger sina mål utan att någon spörjer efter konungsmannen.

* * *

Sedan vi nu lärt känna de principer, enligt hvilka stadsstyrelsen var ordnad, och inhämtat, hvad lagen stadgade om konungsmannens plikter och befogenheter, återstår för oss att se, huru de personer, som på regeringens vägnar vakade öfver lag och rätt, fullgjorde sina åligganden. För att ära den, som äras bör, göra vi början med gubernatoren, före 1634 äfven kallad landshöfding, senare gemenligen nämd generalguvernör.

Finlands förste gubernator var riksrådet Nils Bjelke, som den 15 juni 1623 utnämdes till president i Åbo hofrätt samt tillika till gubernator eller landshöfding öfver Finland. Han tillhörde en af rikets yppersta ätter och räknades bland konungens

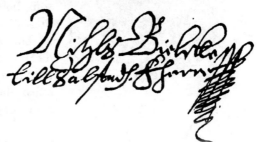

Nils Bjelkes namnteckning.

främste förtroendemän. År 1611 hade han varit medlem af förmyndareregeringen och åren 1621 och 1622 förestått riksstyrelsen under konungens vistelse i kriget. I Finland hade han tidigare utfört särskilda viktiga uppdrag i regeringens namn. På sin post som gubernator och president utvecklade han en upplyst och rådig värksamhet samt vinnlade sig synnerligen om sedlighetens och den allmänna ordningens befrämjande samt rättvisans oväldiga skipande.

I Åbo rådstufvurätts annaler möter man upprepade gånger Nils Bjelkes namn. Väl uppträder han mera sällan i egen hög person på rådstugan, men desto oftare påminner han om sin tillvaro genom bref till rätten och genom befallningar, som framföras af underordnade tjänstemän. Oafbrutet bekomma borgmästare och råd tillsägelse att tillhålla borgerskapet att gifva konungen hvad konungen tillhörde samt att ställa sig till hörsam efterrättelse de

kommersiela påbud och plakat, som vid denna tid emanerade i så
riklig måtto. Äfven meddelar han tidt och ofta föreskrifter rö-
rande stadens ekonomi och politi. Från honom härstammar, såvidt
jag har mig bekant, det första förbudet mot rökpörten, ett
förbud, som förnyades och skärptes seklet igenom. När borger-
skapets gensträfvighet icke upphör, infinner sig Bjelke någongång
själf på rådhuset med register öfver borgarnes synder och råder
till bot och bättring. Rådstuguprotokollet för den 30 juli 1625
upptager tolf särskilda punkter, rörande hvilka Bjelke, själf närva-

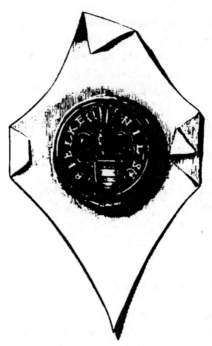

Nils Bjelkes sigill.

rande, „hårdeligen besvärade sig".
De flesta punkterna rörde felande
kronoutskylder; tvänne angingo
byggnadsarbeten. I slutet af år
1625 ledde han vid tvänne sam-
mankomster ransakningen med en
borgmästare, som åtalats för groft
tjänstefel, och vid en arfsprocess,
som behandlades vid rätten från
den 22 till den 29 november 1628,
är han antecknad som närvaran-
de [1]). Men, som sagdt, i regeln
använde han ståthållaren, under-
ståthållaren eller slottslofven så-
som språkrör.

    År 1631 entledigades efter
upprepade ansökningar Bjelke
från sina höga befattningar i Fin-
land. Han hade aldrig känt sig
husvarm i vårt land, som han ka-
raktäriserade som en „ond och
barbarisk landsort, hvars egen-

sinniga befolkning alt fortfarande vill hålla sig vid sina gamla
oseder". Däremot rönte hans reformarbete erkännande hos det
folk, som han dömde så strängt, men för hvars bildande och upp-
lysande han under många år egnade sig med allvarligt nit och
ansträngdt arbete. År 1737 betygar Åbo magistrat, att Bjelke
ännu då betraktades som den, „hvilken betagit här i landet alt
öfvervåld". [2])

---

[1]) Bidr. t. Åbo hist. första ser. II: 133, 137—141, III: 40—42.
[2]) Lagus, Åbo hofrätts historia.

Bjelke efterträddes som gubernator af Gabriel Bengtsson Oxenstierna, kusin till rikskanslern. Om hans ingripande i stadsstyrelsen ha rådstuguprotokollen intet märkligt att förmäla. Till rättens sammanträden synes han aldrig infunnit sig. Endast en gång finner man honom mottaga ett större förtroende från borgerskapets sida. Det var vid afresan till Sverige i början af år 1633, då han af magistraten ombads att värka för nådigt bifall till stadens och magistratens i en lång förteckning upptagna önskningsmål. Följande år 1634 indrogs gubernatorsämbetet, då Oxenstierna kallades att bekläda riksskattmästareämbetet och att intaga en plats bland den minderåriga drottningens förmyndare. Oxenstierna var känd som en stor hushållare och ännu efter sin öfverflyttning finner man honom hårdt ansätta några gäldenärer i Åbo [1]).

Tre år senare begynner „grefvens tid“ i Finlands historia. „Grefvens“, Per Brahes, bild är läsaren altför väl bekant för att den skulle tarfva en belysning på detta ställe. Likaså känner enhvar de nya, friska impulser han gaf vårt samhällsskick, de ansatser till

Per Brahes namnteckning.

ekonomiskt framåtsträfvande och intellektuel utveckling hans styrelse föranledde. Åbo stads innebyggare ha lyckan att invid den kristna bildningens märkligaste minnesmärke i vårt land, domkyrkan, ständigt för sina ögon se de i brons gjutna dragen af den ädle grefven, i hvilken vårt folk hyllar en bland de främste förkämparne för flydda tiders bildningsarbete. Men de behöfva icke bevara Brahes namn allenast såsom ett allmänt fosterländskt minne; äfven ur lokalpatriotisk synpunkt kunna de hedra detta minne såsom erinrande om ett betydelsefullt skede i deras egen stads utvecklingshistoria.

Ur det föregående har läsaren redan funnit, hurusom Per Brahes generalguvernörstid gifvit uppslag till stora förändringar i stadens topografi, hurusom vid denna tid en helt ny stad begynner växa upp på Aningaissidan och stora sidans utseende på flera

---

[1]) Bidr. VI: 70—72, 79, 142, 143, 210.

punkter undergår en förvandling. De motiv, som ledde restaureringsarbetet, voro sträfvandet att åstadkomma större ordning och symmetri i byggnadssättet, större säkerhet vid eldsfara samt större bekvämlighet, renlighet och sundhet. Vid rättens sammanträden har jag icke anträffat Brahe mera än en gång, men man finner hans budbärare tidt och ofta på rådhuset erinra om de öfverhetliga på-

Grefve Per Brahe.   Efter orig. i K. biblioteket i Stockholm.

buden, om den nya stadsplanens noggranna efterlefnad, om gatornas, enskilda och offentliga byggnaders förbättrande m. m. Stadsvakten söker han förbättra genom enskilda föreskrifter och slutligen genom en allmän vaktordning för staden. Torghandeln reglerar han genom allmänna stadgar, som befordras till tryck, och tvingar köpmännen till handelsordinantiernas ofelbara efterföljd. I handtvärkerierna ingriper han och utfärdar år 1640 stadfästelsebref för ett alla handtvärksämbetens gille. Öfver magistratens ämbetsförvaltning och ärendenas fördelning efter moderna principer vakar han och utöfvar någon gång påtryckning på valen af rådspersoner. På det kronones höghet och rätt blefve desto bättre företrädd i staden och bättre ordning och disciplin införd i näringarna, ingick Brahe år 1639 till regeringen med hemställan om tillsättandet af en burggrefve öfver staden. Detta förslag blef emellertid afslaget af förmyndarene, hvilka ansågo det ifrågasatta ämbetet onödigt, då de med detsamma följande åliggandena enligt deras mening väl kunde handhafvas af landshöfdingen och magistraten, synnerligen om borgmästare och råd på ett förståndigt sätt delade ärendenas mängd sig emellan [1]).

Vi komma framdeles att nu och då omnämna de åtgöranden och reformer, som grundat sig på Brahes initiativ. Nu må blott tilläggas, att hans generalguvernörstid äger sin betydelse icke allenast genom de förbättrade förhållanden, som därunder sågo dagen, utan ock genom den nya anda den ingjöt i förvaltningen under följande tider.

Finlands sista generalguvernör under ifrågavarande sekel, Herman Fleming, friherre till Libelitz (1664—1669), finnes i rådstugurättens protokoll endast par gånger omnämd. I Åbo stads historia har hans värksamhet icke efterlämnat något spår. Tidigare känd såsom en energisk förfäktare af reduktionsprincipen och för dessa intentioners skull stött från den plats inom Carl XI:s förmyndareregering, som Carl X Gustaf bestämt åt honom, kom Fleming med af motgångar brutet sinne till Finland, där sjuklighet och missnöje med det rådande systemet förlamade hans handlingskraft.

*   *   *

Vida oftare än generalguvernörerne ingrepo ståthållarene och landshöfdingarne i stadens angelägenheter. Området för deras förvaltning var trängre, de löpande ärendenas mängd mindre och tillfällena till öfvervägande af styrelsens detaljer därför flera. Under vissa år bivistade de i medeltal en gång i månaden och äfven oftare magistratens sammankomster, men i regeln inskränkte sig besöken till några gånger om året och emellanåt har hela året fått förgå till ända utan att stadsskrifvaren kunnat i protokollet anteckna länets höfdings närvaro. Han infann sig vanligen när viktigare frågor rörande stadens förvaltning förehades, såsom å

---

[1]) K. K. Tigerstedt, Handlingar rör. Finlands historia kring medlet af 17:de århundradet s. 341—343.

allmänna rådstugudagar och vid val af borgmästare och råd, när han ansåg det nödigt att genom sin personliga närvaro gifva större eftertryck åt flera gånger upprepade, men icke hörsammade befallningar, när han ville taga initiativ till något för staden nyttigt företag eller när stadens samtycke skulle inhämtas till en af regeringen äskad bevillning o. s. v. Stundom voro besöken af rent formel art. Så t. ex. när ståthållaren eller landshöfdingen första gången presenterade sig på rådstugan och lät för den samlade menigheten uppläsa sin fullmakt eller när han aflade sitt afskedsbesök och underrättade de tillstädeskomna om sin förflyttning till annan ort. Vid sådana tillfällen utbyttes artigheter mellan bägge parterna. Å ömse sidor betygade man sin tillgifvenhet och sina goda afsikter samt önskade hvarandra en lyckosam ämbetsförvaltning. Så förmäler protokollet för den 29 juli 1624, att ståthållaren Per Erlandsson Bååt anmälde sin afgång från ämbetet, hvarför han „på det högsta borgmästare och råd samt med menige borgerskapet betackade för den hörsamhet och lydno de honom uppå H. K. M:ts vägnar bevist hafva, eljest och för alt annat, hvilket han hos H. K. M:t vill ihågkomma och berömma, såsom ock denna stads innevånare, där så behöfves, till det bästa hjälpa och förfordra. Valedicerade ock på det vänligaste". På denna „valediction" svarade en af borgmästarene, uttryckande i en „härlig sermon" stadens tacksamhet för alt det goda ståthållaren gjort samt tillönskande honom „af Gudi en behållen resa och all välmågo". Därefter framträdde den nya ståthållaren och föredrog sin fullmakt å ämbetet. Den 3 december 1634 höll ståthållaren Henrik Olofsson sin afskedsoration på rådhuset, hvarvid han lofvade „tacka och berömma både när och fjärran" magistratens trohet och lydnad. De tilltalade intygade, att ståthållaren „en rättvis saks fortgång uti ingen måtto förhindra velat, utan hvad rättvist i alla saker befans, det alltid gärna med dem samtykt och bejakat. — Summa summarum, de önskade gärna, att hans välborenhet ännu hade velat med sin goda råd och dåd här blifva och denna rätten vidare bisitta. Därmed faarwwäll!"[1])

Det har tidigare anförts, att ståthållarne och landshöfdingarne intogo en något underordnad ställning under de tider, då en generalguvernör vistades i landet, att de mottogo befallningar af honom och framburo hans budskap till rätten. Den slutsats får dock icke dragas häraf, som skulle de i denna ställning alldeles

---

[1]) Bidr. t. Åbo hist. II: 46, VI: 222.

förlorat sin själfständighet. De stodo under kontroll och påtryckning, men den rätt till initiativ, som instruktionerna medgåfvo dem, gick därför icke förlorad. Ögonskenligt är dock, att deras handlingsfrihet var större, då de inom landets gränser icke hade någon öfverman. Hurusom deras värksamhet slutligen inskränkte sig hufvudsakligast till den förvaltande är läsaren redan bekant. Men på detta gebit hade de ett vidsträkt och för en nitisk höfding tacknämligt arbetsfält. Det är icke möjligt att i detalj skildra de kommunala ärenden, som påkallade deras inblandning. De deltogo i utfärdandet af kommunala förordningar och utfärdade äfven själfva allmänna föreskrifter; de ingrepo mer eller mindre diktatoriskt vid tillsättandet af kommunala tjänste- och förtroendemän; öfver stadens uppbördsvärk, fattigvård och sundhetsvård hade de trägen uppsikt; i byggnadsordningens och gatuunderhållets minsta detaljer inblandade de sig; de förde ett ständigt krig mot lösdrifvare, bönhasar och andra, som bröto mot näringsordningarna m. m. Enhvar af dem kunde besanna Nils Bjelkes utsaga, att folket var egensinnigt. Det fordrades ingen ringa uthållighet att regelbundet flera gånger om året låta inskärpa i borgerskapets förhärdade sinnen påbud och varningar, som i åratal och decennier förut blifvit förkunnade och lika ofta öfverträdda.

Det blefve ett ständigt upprepande af samma sak, om jag inläte mig på en redogörelse för hvarje ståthållares och landshöfdings ämbetsförvaltning. Må det vara nog med en förteckning öfver de män, hvilka i egenskap af höfdingar öfver Åbo län tillika utgjort Åbo stads högsta lokala styresmän. För det första årtiondet har jag hållit mig till A. A. v. Stiernmans „Svea och Göta höfdingaminne", hvars uppgifter rörande återstoden af seklet åter blifvit i många punkter korrigerade.

Ståthållare och landshöfdingar i Åbo på 1600-talet.

Jochim Scheel, i november 1599 utnämd till ståthållare på Åbo slott (Stiernman).

Thomas Beurreus, blef i aug. 1600 fogde och sedermera ståthållare på Åbo slott (Stiernman).

Johan Derfelt, kallas i december 1600 ståth. på Åbo slott (Stiernman).

Tönne Jöransson till Högsjögård, ståthållare på Åbo slott 1601—1606 (Stiernman).

21

Otto Helmer v. Mörner, ståthållare öfver Åbo och Tavastehus 1606
—1609. Dog 1612 (Stiernman).

Peder Nilsson, ståthållare och slottslofven jämte Mörner år 1606
(Stiernman).

Anders Nilsson, var år 1608 ståthållare jämte Mörner (Stiernman).

Thomas Hansson, var år 1608 ståthållare jämte Mörner (Stiernman).

Nils Kijl, första gången ståthållare på Åbo slott 1604 i Tönne
Jöranssons frånvaro, andra gången 1609—1611; kvarstod som
understhållare under Johan De la Gardie intill 1612 eller
1613; död 1636.

Johan De la Gardie, ståthållare öfver Åbo slott och län 1611, öf-
ver Åbo och Tavastehus län 1616—1619; senare guvernör
på Reval 1626 och riksråd 1633; död 1642.

Carl Oxenstierna, ståthållare öfver Åbo, Raseborgs och Borgå län
1619, öfver Egentliga Finland och Satakunta 1620—1623;
riksråd 1625; död 1629.

Peder Erlandsson Bååt, ståthållare öfver Åbo, Tavastehus, Rase-
borgs och Borgå län 1623—1624.

Kasper Rottermund, arrenderade år 1624 Åbo län och blef på
samma gång ståthållare, i hvilken egenskap han kvarstod
nominelt intill 1626.

Jöns Kurck, ståthållare öfver Åbo län 1626—1629; flyttade 1629
till Viborg; senare president i Åbo hofrätt; död 1652 och be-
grafven i Åbo domkyrka [1]).

Henrik Olofsson Stubbe till Väkijärvi och Sarvisalo, ståthållare
öfver Åbo län 1630—1634 [2]). Dog 1635.

Bror Andersson Rålamb landshöfding öfver södra och norra Fin-
land 1634—1637. Dog 1647.

Melcher von Falckenberg, landshöfding öfver Åbo län med Åland
1637—1642, understhållare i Stockholm 1646, krigsråd 1648.
Dog 1651.

Knut Lilliehöök, landshöfding öfver Åbo län med Åland 1642—
1648. Död på 1660-talet.

Lorentz Creutz d. ä., landshöfding 1648—1655. Sistnämda år ut-
nämd till landshöfding i Dalarne; sedan riksråd 1660, hof-
rättsråd i Åbo hofrätt 1662, amiral 1675, lagman i Norrfinne
lagsaga 1676 m. m. Omkom 1676 i sjöslaget vid Öland.

---

[1]) Förflyttades enligt Melander (Kuvaus Suomen oloista 1617—1634, I:
48) år 1627 till Viborg. Rådst. protokollen upptaga emellertid honom närva-
rande på ämbetets vägnar i januari och november 1628 samt juli 1629.

[2]) Melander uppgifver hans utnämningsår till 1631. Rådst. prot. för 19
juli 1630 nämner honom närvarande i egenskap af ståthållare (Bidr. IV: 78).

Erik von der Linde, landshöfding 1655—1664. Död 1666.

Ernst Johan Creutz, landshöfding 1666—1667, sedan landshöfding i Vestmanland 1667, president i Åbo hofrätt 1674. Afled i Åbo 1684.

Harald Oxe, landshöfding 1667—1682. Tvangs att afgå i följd af beskyllning för särskilda tjänstefel. Dog år 1690.

Lorentz Creutz d. y., landshöfding 1683—1698. Död 1698 och begrafven i Åbo domkyrka.

Jakob Bure, landshöfding 1698; transporterad till Stora Kopparbärgs län 1706. Död 1709.

Vill man tilldela särskild „mention honorable" åt någon eller några af ofvannämda höfdingar, så bör det först i fråga om ståt-

Johan De la Gardies namnteckning.

hållarne anmärkas, att rådstuguprotokollen bevarats allenast för det sista decenniet af ståthållareinstitutionens tillvaro, hvarför en jämförelse beträffande dem faller sig vansklig. Bland landshöfdingarne framträda såsom nitiska kommunalmän i Åbo Lorentz

Harald Oxes namnteckning.

Creutz d. ä., Erik v. d. Linde, Harald Oxe och Lorentz Creutz d. y. Den förstnämde, hvars tjänstetid i det närmaste sammanföll med Brahes andra gubernatorskap, hade trogen uppsikt öfver värkställandet af grefvens påbud rörande stadens ombyggande m. m. Under v. d. Lindes tid inträffade 1656 års stora brand, som gaf landshöfdingen rikligt tillfälle att till borgerskapets bästa utveckla sin omtanke och organisationsförmåga. Den allmänna förordning angående nybyggnadsarbetet, som af honom utfärdades, har redan blifvit omnämd. I ännu högre grad fick Harald Oxe bispringa borgerskapet, ty under hans tid härjades staden tvänne gånger af brand, 1678 och 1681. Mest värksam bland alla landshöfdingar under seklet visade sig väl dock Lorentz Creutz d. y., under hvars landshöfdingeskap förhållandena såtillvida voro gynnsammare än un-

Erik v. d. Lindes namnteckning.

der Oxes och Lindes, att staden var förskonad från eldens härjningar och landet åtnjöt ett länge saknadt fredslugn, gynnsamma förhållanden, som dock försvagades genom missväxtåren på 1690-talet. Creutz var en ifrig vän af bärgsbruk och industri och är grundläggare till tvänne af vårt lands järnbruk, Tykö och Kauttua. Om hans afsikt att anlägga en vattenkvarn vid ån har det förut

Lorentz Creutz d. y:s namnteckning.

varit tal. När denna plan strandat, intresserade han sig för en hästkvarn på Aningaissidan, men icke häller denna afsikt realiserades. Öfriga frågor, som synnerligen ådrogo sig Creutz' uppmärksamhet och hvilkas lösning därför af honom påskyndades, voro brandväsendets förbättrande genom ett fast vakthåll, uppförandet af ett publikt kvarnhus och handkvarnarnas afskaffande, inrättandet af ett auktionskollegium, upprätthållandet af en praktisk arbetsfördelning inom magistraten m. m.

* * *

I regeln företräddes länets höfdingar och framfördes deras bud af någon slotts- eller kanslitjänsteman. Under åren 1623—1628 omtala protokollen synnerligen ofta såsom närvarande vid rättens sammankomster slottslofven Hans Ragvaldsson Ram, hvilken år 1614 nämnes understäthållare på Åbo slott och år 1616 utnämdes till slottslofven. Åren 1629—1633 intages hans post af understäthållaren och burggrefven Erik Andersson Knape, därförinnan borgmästare i staden. Upprepade gånger under året 1633 vikarierar för honom referendarien mäster Nils Liurenius, som förekommer året 1634 såsom „tillförordnad att sitta i konungsmannens ställe på rådstugan med ordhafvande borgmästaren och de sex tillförordnade af rådmännen". Året 1635 sitter vanligen som konungsman slottslofven Anders Nilsson [1]); 1636 och förra hälften af 1637 vanligen slottsfogden eller slottslofven Gabriel Berendtsson till Mäenpää, som omnämnes redan vid medlet af 1620-talet; under senare hälften af 1637 i regeln underlandshöfdingen Arvid Grabbe; 1638—43 förekommer träget slottslofven Jakob Sigfridsson, 1643—48 slottslofven Elias Andersson [2]), 1645—48 underlandshöfdingen Arvid Grabbe [3]). Omkr. år 1648 upphörde, såsom redan nämts, konungsmannens regelbundna närvaro. Under den följande tiden nämnes någon gång landsbokhållaren eller någon annan kronans man i landshöfdingens ställe. Före denna tid påträffas förutom de redan nämda särskilda andra tillfälliga kronoombud, såsom den bekante kamreraren Johan Ottesson, ränt- och proviantmästaren på slottet m. fl.

---

[1]) Fullm. den 12 nov. 1634 ålägger honom att jämte sitt ämbete på slottet „administrera justitien på rådstugan i Åbo och låta sig anläget vara, att all god politie där i staden må tillväxa och sig förkofra". Presenterade den 28 jan. 1635 sin fullmakt på rådhuset, men aflade först d. 16 dec. s. å. efter hofrättens uppmaning sin domareed, därvid lofvande skipa rätt „efter yttersta förstånd och samvete sino". På samma gång aflade Gabriel Berendtsson ed att i Anders Nilssons frånvaro „all rätt styrka och handhafva".

[2]) Blef enligt Stiernman slottslofven först år 1644 och omnämnes i denna egenskap ännu 1675. Kallas emellertid i domböckerna slottslofven redan i juni 1643.

[3]) Enl. Stiernman var Grabbe, senare adlad Grabbensköld, landshöfding i Åbo län åren 1645—48, men denna uppgift strider mot värkliga förhållandet.

II.

Magistratens funktioner.

orgmästare och råd bildade, såsom redan blifvit sagdt, den myndighet, som jämte regeringens representant dirigerade den kommunala utvecklingen och vakade öfver borgarenes väl och ve. Magistratens ämbetsåligganden sammanfattas i en år 1619 författad, ehuru icke promulgerad „stadga om städernes administration och uppkomst i riket" i följande uttryck, hvilka i hufvudsak återfinnas i särskilda under den följande tiden anlagda städers privilegiebref:

„Borgmästare och råds ämbete skall enkannerligen häruti bestå, att de sig med högsta makt beflita och vinnlägga sig om stadens gagn, välfärd och nytta samt tillväxt, att ordning och politi må blifva vidmakthållen, och där någon oreda kan understundom sig inrita genom hvarjehanda tillfälle, det ock är emot laga ordinantien, deras välfängna privilegier eller goda seder, att de sådana förekomma tidigt och reda bättre upp, hvarför och på det de sådant desto bättre göra kunna, så gifva vi dem rätt och tillstånd att ordinera och skicka uti städerna efter som nyttigt och godt vara kan, dock icke emot lagen, våra stadgar eller deras egna privilegier, utan så ofta någon förordning i så måtto kan behöfvas, att det då alt författas och oss till konfirmation presenteras. Sedan skola ock borgmästare och råd skifta lag och rätt i staden, varandes med all åhuga däröfver att tvistiga saker antingen i vänlighet eller med laga dom utan process, som långsam är, åtskiljes, på det trätan tidigt må ändas och parterne icke komma på fåfäng omkostnad" [1]).

---

[1]) Stiernman, Samling utaf kongl. bref m. m. ang. Sveriges rikes commerce, politie o. oeconomie I: 733. I de år 1642 utfärdade privilegierna för sta-

Man gjorde sålunda icke, såsom i våra dagar, en åtskilnad mellan magistrat och rådstufvurätt. Magistraten var på en gång en förvaltande och en lagskipande och, kan man tillägga, en exekutiv myndighet. Dessa olika funktioner stodo väl, såsom redan är framhållet, under kontroll af konungsmännen, men denna öfveruppsikt lämnade dock ett vidsträkt fält för magistratens egen självvärksamhet, och denna värksamhet blef desto friare och självständigare ju mera konungsmannens besök på rådstugan inskränktes. Borgmästare och råd voro, trots all den betydelse konungens befallningshafvande ägde, stadens egentliga fäder, de mest anlitade och värksammaste organen för stadsförvaltningen.

Skärskåda vi närmare de olika sidorna af magistratens värksamhet, så kunna vi börja med den förvaltande myndigheten.

Magistraten ägde för det första att vaka öfver iakttagandet af de normer, som stadslagen, handelsordinantierna och andra kungliga påbud föreskrefvo för stadsmannanäringarnas utöfvande och utveckling. Den ägde att pröfva, hvilka som ägde rätt att bedrifva borgerlig näring och att åt dessa utfärda burskapsbref. Alla, som orättmäteligen och utau att äga erforderlig kompetens och lagenligt tillstånd befattade sig med någon näringsgren och sålunda inkräktade på andras hälgade gebit, hade den att straffa och afhysa såsom bönhasar. Magistaten skulle se till, att köphandeln rörde sig i de banor och inom de råmärken, som ordinantierna faststälde, att underslef icke skedde vid handeln med utländsk man och att enhvar köpman inskränkte sig till den specialitet, han låtit anteckna sig för.

Öfver handtvärkerierna eller „ämbeterna", såsom de kallades, hade magistraten uppsikt. Den har meddelat resolutioner för de olika ämbetena och ådömt dessa böter för underhaltigt arbete och andra förseelser, utfärdat skrån och tillsatt åldermän och bisittare, bestämt priset på handtvärkarnes tillvärkningar m. m. [1]). Magi-

---

den Nyen heter det efter orden „reda bättre upp" (i Nyens privil. står „råda böter uppå") i st. f. Återstoden af meningen: „att de bjude och förordna om stadsens byggningar, broar, bommar, gator, gränder, hamnar och annat slikt, som staden och dess inbyggare anrörer". (Se Carl v. Bonsdorff, Nyen och Nyenskans s. 98). — Till god vägledning vid redogörelsen för magistratens funktioner har tjänat Odhners förträffliga uppsats „Bidrag till svenska stadsförfattningens historia" i Vetenskapssocietetens i Upsala årsskrift, andra årg. s. 117—198.

[1]) Bidr. t. Åbo hist. II: 59—61, 112, 146, VI: 17, 48, 88, rådst. prot. 9 dec. 1650 m. fl. st.

straten hade vidare att tillse, att ingen skadlig öfverproduktion
förekom i ett yrke, men att å andra sidan, såvidt möjligt var, alla
nyttiga yrken voro på ett tillfredsställande sätt företrädda. I kort-
het sagdt, den skulle så ordna förhållandet mellan producenter och
konsumenter, så harmoniskt fördela de förefintliga arbetskrafterna,
att hela den kommunala arbetsmekanismen befann sig i en jämn,
lugn och säker rörelse.

En kinkig gren af förvaltningen var den finansiella. Borg-
mästare och råd bildade stadens drätselkammare. Dem tillkom att
vaka öfver stadens jordar och annan egendom och att söka göra
dem möjligast räntebärande. Af dem uppgjordes budgeten och
förvaltades alla inflytande stadsmedel. För att inkomster och
utgifter skulle motväga hvarandra, gälde det att noga se till, att
enhvar borgare erlade sina afgifter till kommunen och att något
underslef icke förekom i de anslagsposter, som regeringen beviljat
staden för särskilda löpande utgifters betäckande. För skatters
beviljande till stadskassan erfordrades i allmänhet det skattdra-
gande borgerskapets bifall, men äfven tillkom magistraten en
inskränkt beskattningsrätt.

Till magistratens finansiella åligganden hörde vidare att vaka
öfver att konungen erhöll hvad honom tillkom, vare sig i form af
personliga besvär eller kontributioner eller acciser m. m., samt att
jämt fördela på borgerskapet de skattebördor staten pålade. Det
var en ställning mellan tvänne eldar, ty å ena sidan var regerin-
gen ständigt otålig att utfå sina fordringar och, såsom vi redan
känna, fann sig konungens representant på orten tidt och ofta för-
anlåten att så skrift- som muntligen påskynda skatternas utkräf-
vande. Det utdelades då ofta hårda ord, icke allenast mot de
skattdragande, utan äfven mot magistraten, hvilken skulle bära
ansvaret för de förras försummelser. Å andra sidan klagade bor-
gerskapet, vid de påminnelser magistraten så ofta tilldelade dem,
öfver skatternas mängd, tidernas dyrhet och stadens fattigdom.

I egenskap af öfverstyrelse för byggnaderna och kommuni-
kationerna har magistraten i riklig måtto utfärdat föreskrifter
rörande enskilda och publika byggningar, rörande gatorna, broarna,
ån och gropen; den har förordnat om förfallna och eldfarliga bo-
ningars raserande, ordnat brandvaktshållet och eldsläckningsarbe-
tet, därvid bekämpande den af gammal vana, liknöjdhet och okun-
nighet härflytande motviljan mot tidsenligare, för sundheten och
den allmänna säkerheten gynnsammare byggnadsmetoder. För
uppehållandet af samfärdseln med andra orter tillkom det magi-

straten att öfvervaka skjutsförordningen och att i enlighet med denna tillsätta gästgifvare eller tavernare.

Såsom ordningens, sedlighetens och den allmänna säkerhetens upprätthållare har det ålegat borgmästare och råd att ordna polisinstitutionen och att i det enskilda medborgerliga lifvet tillämpa den anda af reglementerande, som utmärker tiden. Icke endast litvet på gator och torg var underkastadt deras kontroll. Ända till privatlifvet, till familjelifvet har deras omsorg sträkt sig. Lättingar, fridstörare och lättfärdiga konor ha de förpassat från staden. Stundom ha de låtit anställa razzia efter synderskor och underkastat misstänkta kvinnor kroppslig visitation. Det har tillkommit borgmästare och råd att upprätthålla förordningarna mot lyx i klädedräkt och gästabud, mot frosseri och slösaktighet, liksom de å andra sidan ha haft att förhjälpa stadens fattige till deras dagliga bröd.

I kyrkans ekonomiska förvaltning har magistraten äfven ingripit, ehuru dess värksamhet på detta område var af jämförelsevis underordnad art. Vi göra rättast i att uppskjuta den egentliga utredningen rörande denna fråga till framställningen om den kyrkliga styrelsen, och åtnöja oss därför nu med några antydningar. Ur de i första häftet af Bidragens första serie aftrykta utdragen ur domkyrkoräkenskaperna t. o. m. 1634 finner man, att medlemmar af rätten tillsammans med biskopen, kyrkoherden och skolrektorn granskat och vidimerat domkyrkoekonomens räkenskaper och utfärdat anordningar ur kyrkans medel. För erhållande af fri lägerstad i kyrkan och på kyrkogården samt fria klockor åberopas än kapitlets och borgmästarenes, än allenast borgmästarenes samtycke[1]). Någon större andel i kyrkans penningeförvaltning hade magistraten i dess helhet dock icke. Väl samtykte regeringen år 1642 till magistratens anhållan att få utse några beskedliga män, hvilka jämte domkyrkoekonomen hade inspektion öfver kyrkans inkomster och utgifter samt nödiga förbättringar, dock så att biskopens myndighet därigenom icke led något afbräck[2]). Men då borgmästare och råd år 1654 supplicerade, att de „måtte tillika och jämte biskopen och consistoriales blifva admitterade till domkyrkans administration och att icke biskopen och consistoriales måtte emellan sig om be:te domkyrkas inkomster och utgifter disponera och förordna“, förklarade regeringen, att den ville be-

---

[1]) Bidr. I s. 57, 67, 69, 70, 76, 91, 95, 168, 174, 182 m. fl. st.
[2]) Kongl. resol. på stadens besvär 25 febr. 1642 § 12.

22

tänka sig rörande saken[1]). Huru länge regeringen betänkte sig vet jag icke, men icke var resultatet sådant magistraten önskade det. När sedan 1686 års kyrkoordning utkom, nämdes där intet om magistratens deltagande i räkenskapernas förande.

Om ock sålunda penningeförvaltningen var undandragen magistraten i dess helhet, så ha enskilda dess medlemmar kunnat utöfva inflytande därpå såsom ledamöter i kyrkorådet, hvarest magistraten representerades af en borgmästare och en rådman[2]). För öfrigt har magistraten flera gånger beredts tillfälle att afgifva sitt betänkande öfver kyrkliga angelägenheter, liksom dess hjälp upprepade gånger blifvit tagen i anspråk för upprätthållandet af kyrkans reglementen och föreskrifter[3]). Vid större arbetens utförande i kyrkan, synnerligen efter de stora vådeldarna, har magistraten fått bistå de kyrkliga myndigheterna i deras bekymmer. Den har då uppgjort kontrakt om leveranser och med handtvärksmästare af olika slag öfverenskommit om utförande af bestämda arbeten samt tillsatt kontrollanter öfver arbetenas gilla utförande[4]).

Äfven ärenden rörande skolan ha behandlats inför magistraten. Så förordnade rätten år 1624 fyra personer att närvara i skolan medan djäknarna annoterades; år 1639 några borgare att jämte några djäknar påminna borgerskapet om lämnandet af arbetsfolk till skolstugubyggnaden[5]). År 1638 engagerade magistraten en tysk skolmästare för stadsboarnes räkning o. s. v.[6]).

Till magistratens förvaltningsåligganden hörde vidare meddelandet af uppbud å gårdar och konfirmation å köp, utfärdandet af resepass och fräjdebevis, beviljandet af burskap, tillsättandet af värderingsmän i bon o. s. v.

Med förvaltningen sammanhängde vidare rättigheten att utfärda stadganden i saker, som rörde ekonomien och administrationen. I de flesta frågor lämnade nog de kungliga författningarna upplysning och deras innebörd var icke borgerskapet obekant. När en ny lag eller författning emanerade, blef den på rådstugan uppläst och öfversatt för menigheten, som då erhållit särskild kal-

---

[1]) Kongl. resol. 7 aug. 1654 § 7.

[2]) Jmfr. Bidr. t. Åbo hist. första ser. V. Saml. Åbo stads besvär, intyg af Johannes Gezelius den 3 aug. 1678.

[3]) Rådst. prot. 9/6 1634, 8/2 1645, 20/10 1684, 1/6 1690, 31/10 1691, 13/12 1695 m. m.

[4]) „ „ 25/8 1635, 17/6 1635, 31/6 1644, 13/6 1663, 2/7 1671 m. m.

[5]) „ „ 30/10 1624 o. 30/10 1639.

[6]) „ „ 2/6 1638.

lelse att inställa sig. Rådhuset spelade sålunda samma roll vid författningssamlingens bekantgörande som kyrkan i våra dagar. Men ehuru de allmänna öfverhetliga stadgandena lämnade magistraten anvisning, huru den ägde att förfara, behöfde de emellanåt närmare förtydligas för menige man och vid tillämpningen justeras efter förhandenvarande lokala förhållanden. I andra fall åter saknades allmänna bestämningar och för att ingen lucka i den lokala förvaltningen skulle uppstå, var magistraten nödsakad att afgifva närmare föreskrifter. Till de märkligaste författningar, som utgått i magistratens namn och hvilka endast delvis numera äro kända, må räknas brandordningar, skråordningar, instruktioner för stadens betjänte, förordningar rörande torghandeln m. m. Under tider af brist på nödvändighetsartiklar, såsom spannmål och salt, har magistraten utfärdat förbud mot stegring af prisen på dessa varor öfver en viss summa [1]).

I sammanhang med den förvaltande myndigheten kunna vi beröra den representativa.

Såsom representant för den kommunala själfstyrelsen var magistraten pliktig att tillse, det stadens privilegier och rättigheter icke i någon mån blefvo kränkta vare sig af regeringens ombud i staden, af frälsepersoner, af andra kommuner och deras medlemmar eller genom att för staden oförmånliga kongliga resolutioner tilldelades rivaliserande stads- eller landskommuner. Från Gustaf II Adolfs tid voro visserligen ståthållarene vanligen tillsagda att vårda sig om stadens rättigheter, och bland de skyldigheter, som uppräknas i de allmänna landshöfdingeinstruktionerna af 1635 och 1687, ingick ock den att vidmakthålla städernas enskilda privilegier, men af borgerskapet betraktades dock borgmästare och råd såsom privilegiernas egentliga väktare. På deras hållningslöshet eller bristande uppmärksamhet sköt man gärna skulden, om något ofördelaktigt vederfarits staden i gemen eller ett gynnsamt tillfälle till privilegiernas utvidgande gått förloradt. Likaså ankom det på magistraten att för regeringen eller dess ombudsman på orten framhålla stadens behof och önskningsmål samt såvidt möjligt lindra den börda staten pålade sina undersåtar. Där borgerskapets bifall icke ansågs behöfligt, afhandlade konungens befallningshafvande med borgmästare och råd om förvaltningsåtgärder, som behöfde vidtagas i kommunen. Till riksdagen afgick alltid någon medlem af magistraten och innan borgerskapets medvetande om

---

[1]) Bidr. t. Åbo hist. VI: 87, rådst. prot. 5 maj, 15 juni, 3 nov. 1638, 4 mars 1640, 12 okt. 1644 m. fl. st.

vikten att blifva genom sina egna medlemmar företrädt ännu vaknat, såg man gärna, att stadens representation på riksdagen helt och hållet omhänderhades af borgmästare och rådmän.

I magistraten ombesörjdes de kansligöromål, som på stadens vägnar voro att utföra i korrespondensen med styrelsen och andra kommuner. Där uppsattes ock fullmakterna för stadens riksdagsmän och utarbetades de skriftliga besvär, som desse hade att på kommunens vägnar framlämna till regeringen. Innan besvären behörigen undertecknades, plägade magistraten delgifva deras innehåll åt borgerskapet, som vanligen utan vidare godkände magistratens redaktion.

Till magistratens kansligöromål hörde vidare bl. a. författandet af stadens tänkebok eller protokoll samt inlevererandet af

Åbo stads sigill.

afskrifter af densamma till hofrätten och landskansliet, göromål, som ombesörjdes af stadsskrifvaren eller syndicus och hvilka därför skola närmare relateras vid redogörelsen för dennes ämbete. Slutligen hade magistraten att i stadens kista förvara privilegierna och andra viktiga urkunder samt att bevara och vid behof använda stadens klämma eller sigill.

Medförde borgmästares och råds administrativa funktioner många omsorger och bekymmer, så aflopp icke häller deras judiciella kall utan vedermödor. Såvidt en utan för modernt tingslif stående kan döma, var man under forna tider mycket snarare att vädja till rättens skiljedom än i våra dagar. Talrika voro de mål, i hvilka en domare i våra dagar skulle fält kärandeparten för rättegångsmissbruk och för besvärande af rätten med bagateller. Men 1600-talets domare fingo icke vara så nogräknade om sin tid och sin värdighet. Rådhuset var ju centrum i det kommunala lifvet, där alt, som rörde staden, ställdes under debatt, och en stund utanför rättens skrank, vare sig som kärande eller svarande, innebar intet ovanligt eller frånstötande. Enklare procedurer och mindre kostnader underlättade för de rättsökande tillträdet till domstolen. I vår tid kan en stor del af mänskligheten prisa sig lycklig att aldrig ha behöft stå inför ett domstolsskrank. Genomgår man 1600-talets rättegångsförhandlingar, kunde man med ledning af dem, om andra handlingar skulle saknas, upprätta högst rikhaltiga, om också icke alldeles fullständiga förteckningar öfver borgerskapets medlemmar.

Som en art af magistratens funktioner må ännu nämnas den exekutiva. Vi få i nästa afdelning tillfälle att vidlyftigare redogöra för denna myndighet, liksom ock för borgmästares och råds lagskiparekall.

* * *

Antalet af de personer, på hvilka de ofvan anförda ämbetsgömålen hvilade, var olika under olika tider. Stadslagen föreskref i sin älsta redaktion, att hvar stad skulle ha 6 borgmästare och 30 rådmän med rätt för mindre städer att ha färre antal, „epter thy han förmår". En senare redaktion nämner 4 borgmästare och 24 rådmän. Att döma af förhållandet i andra rikets städer har denna bestämmelse aldrig blifvit till fullo eller konsekvent iakttagen. Synbarligen har borgmästarnes antal i Åbo i regeln varit 4, men rådmännen ha väl aldrig under nyare tid kommit upp till 24, om detta ens skett under medeltiden. För åren 1600—1622 saknas rådstuguprotokoll, ur hvilka rådets antal bäst skulle framlysa, men man torde icke taga miste, om man för denna tid antager i regeln fyra borgmästare. Så var antalet åtminstone åren 1600, 1608 samt 1616—1619. Äfven efter 1622 och t. o. m. 1655 har staden i regeln haft fyra borgmästare. Visserligen äro domböckernas uppgifter något varierande, så man anträffar i dem år 1623 tre, åren 1624—1631 två, 1632—1633 fyra, 1634 tre, 1635—1639 fyra, 1640 —1641 tre, 1642—1644 fyra, 1645—1646 tre och 1647—1655 fyra borgmästare. Men dessa fluktuationer bero tydligen därpå, att en borgmästareplats en tid stått obesatt eller att någon borgmästare af ett eller annat skäl uteblef från rätten. Denna senare anmärkning gäller isynnerhet tiden före 1638, då, såsom vi strax skola omnämna, endast halfva rådet var skyldigt att tjänstgöra. För särskilda år på 1620-talet kan dessutom såsom orsak till den låga siffran anföras domböckernas knapphändiga innehåll.

I resolution af år 1654 samtykte regeringen till borgerskapets anhållan, att staden icke måtte betungas med flere än tre borgmästare [1]). När resolutionen gafs, var staden ännu försedd med fyra borgmästare, men följande år dog en bland dem och från den tiden ända till år 1683 var antalet tre. Sistnämda år, 1683, blefvo tvänne borgmästareplatser lediga, då Laurentius Brochius blef pensionerad och Johan Schaefer afled, hvarefter den ena platsen besattes med Olaus Beckius, den andra med Sylvester Biugg. Den förre inträdde i värklig utöfning af ämbetet, men Biugg omnämnes i protokollen endast vid det tillfälle, då han aflade sin ed, och ytterligare en gång par dagar senare, men därpå försvinner han i obekanta öden. Någon efterträdare fick han icke och år 1685 resolverade konungen, att framdeles endast tvänne borgmästare skulle tillsättas [2]). Vid detta antal blef det sedan alt framgent.

Äfven rörande rådmännens antal saknas fullständiga uppgifter. Väl talas år 1599 om „de 12 i rådet", som deltogo i domen öfver Arvid Stålarm, Axel Kurck m. fl. [3]), men under de följande två decennierna har jag icke kunnat konstatera tillvaron af mera än 7 à 8 rådmän samtidigt. Domböckerna från 1623 framåt omtala 7—12, ja t. o. m. en gång 14 rådmän under året. Det synes mig emellertid, att man med tämlig säkerhet kan antaga rådmännens normala och lagliga antal inpå 1640 eller 1641 till 12. Detta tal öfverenstämmer äfven med 1638 års stat, som händelsevis blifvit bevarad. Från år 1642—49 omtalas i protokollen regelbundet tio rådmän, åren 1650—59 nio. Från år 1660 och intill periodens slut är åtta det regelrätta antalet, som äfven förekommer i stadens vanliga utgifts- och inkomstskonto.

* * *

Det vore oriktigt att antaga, att samtliga borgmästare och rådmän i regeln närvarit vid mötena på rådstugan. En sådan

---

[1]) Resol. på Åbo stads besvär d. 7 aug. 1654 § 17.
[2]) Rådst. prot. 11 mars 1685.
[3]) Riksdagsacta för 1600 i sv. R. A. (Jmfr. Yrjö Koskinen, Nuijasota, toinen painos s. 550).

ordning vidtager först vid seklets midt. Tidigare förekom det högst sällan — vid högtidligare tillfällen, då under presidium af länets höfding märkligare ärenden afhandlades — att man fann rådet någorlunda fulltaligt vid sammanträdena. Isynnerhet under seklets första årtionden betraktades ledamotskapet i rätten af mången som en kommunal börda, som man gärna såg aflyftad från sina axlar, och konungsmannen var icke sällan tvungen att påminna om talrikare besök. Mången gång hände det, att endast en borgmästare ock en eller annan rådman hade besvärat sig upp. Hålla vi oss till dessa årtionden, så finna vi i allmänhet som maximum halfva rådet tillstädes, och talrikare behöfde domstolen icke häller vara. Inpå slutet af 1630-talet var det öflig sed att rådets medlemmar alternerande residerade på rådstugan. Vanligt var, att ena hälften af rådet satt ena året, andra hälften det andra, ehuru äfven undantag förekommo. Åren 1623—38 omtala dom-böckerna en sådan fördelning af arbetet. Såsom vi i följande kapitel få tillfälle att närmare uppvisa, får denna fördelning dock icke tagas så, som skulle ständigt endast ena hälften af magistra-ten burit dagens tunga och hetta medan den andra hälften njöt fullständig befrielse från sitt offentliga kall, utan måste man väl antaga, att också de permitterade ålogo en viss begränsad tjänst-göringsskyldighet.

I slutet af 1630-talet begynner arbetets fördelning efter en ny grundsats, som uttalades i Stockholm år 1627, men erhöll prak-tisk tillämpning först från år 1636. Enligt denna grundsats skulle rådet fördela sig på fyra kollegier, mellan hvilka de till rådstugu-rätten hörande målen skiftades efter deras beskaffenhet. I hvarje kollegium skulle sitta en borgmästare och tre rådmän. Den första borgmästaren med sina kolleger skulle förestå justitien och rätte-gångsväsendet, ha uppsikt öfver domars exekution, kyrkor, skolor, hospital och omyndiga barn; det andra kollegiet hade att beställa med handelsväsendet, det tredje med handtvärksämbetena, hvilka skulle af kollegiet mottaga skrån och taxor och inför borgmästa-ren årligen aflägga räkenskap för hvad som inom ämbetet passe-rat. Det fjerde kollegiet hade att vaka öfver stadens drätsel, bygg-nadsväsendet och brandordningarna [1].

Denna princip för arbetets fördelning öfverfördes småningom från hufvudstaden till provinserna, där den dock underkastades

---

[1] Lagerström, Stockholms stads ordinantier I: 26—32; Odhner, Dr. Chri-stinas förm. s. 186—187.

särskilda, på lokala förhållanden beroende modifikationer. I Åbo omnämnes den första ämbetsfördelningen år 1638 [1]). I närvaro af konungsmannen fördelade sig rådet på fyra afdelningar. Borgmästaren Henrik Schaefer med två rådmän öfvertog justitiens, borgmästaren Hans Guttrie med tre rådmän handelsordinantiernas öfvervakande, borgmästaren Johan Knutson med tre rådmän handtvärkerierna samt borgm. Mårten Sigfridsson med två rådmän och stadsfogden stadens drätsel och byggnadsväsendet. Fördelningen godkändes kort därpå af landshöfdingen. Nio år senare omnämnes en ny ämbetsfördelning efter samma grunder. Justitie- och byggnadskollegien bestodo af en borgmästare och tre rådmän, handelskollegiet af en borgmästare, två rådmän och kämnären samt handtvärkskollegiet af en borgmästare, två rådmän och stadsfogden [2]). År 1655, då endast tre borgmästare funnos, genomfördes en sådan fördelning, att borgmästaren Nicolaus Lietzen med tre rådmän tog på sin lott inspektionen öfver ämbetenas gille, smeder, snickare, slaktare, dragare, fiskare och linväfvare, borgmästaren Laurentius Brochius med tre rådmän inspektionen öfver skräddare, skomakare, bryggare, bakare, formän, krögare och murmästare; åt den af ålder och sjukdom medtagne Henrik Schæfer och två rådmän tilldelades allenast handeln [3]). Huru med öfriga ärenden skulle förfaras, omnämnes icke. År 1660 nämnes ett kollegium för justitieväsendet, ett annat för handeln och stadens intrader samt ett tredje för byggningar och handtvärkerier [4]). År 1664 äro justitiesakerna som förut fördelade på ett kollegium, ämbetena och handeln på det andra samt intraderna, bakeriet, bryggeriet och krögeriet på det tredje [5]). Åren 1672 och 1678 nämnas justitiekollegiet, kollegiet för handel och ämbeten samt kollegiet för intrader och byggningar [6]). I det förstnämda sutto alla åren (1660—78) utom borgmästaren tre rådmän, i de öfriga jämte borgmästaren år 1660 tre och de öfriga åren två rådmän. År 1685, då borgmästarenes antal redan förminskats till två, förordnade landshöfdingen, att den ene justitieborgmästaren, skulle ha uppsikt öfver justitien och byggningarna, den andra, handels- eller ämbetsborgmästaren, öfver handeln och ämbetena [7]). Vid ett möte den 10 febr. 1680 uttalade

[1]) Rådst. prot. 28 april.
[2]) „ „ 17 nov. 1647.
[3]) „ „ 4 sept. 1655.
[4]) „ „ 16 juni 1660.
[5]) „ „ 4 jan. 1664.
[6]) „ „ 12 juni 1672, 3 juli 1678.
[7]) „ „ 11 mars 1685.

sig rätten för att justitieborgmästaren skulle förrätta de ärenden, som rörde justitien, arkitekturen och politien, samt handelsborgmästaren öfvertaga handeln och hvad därmed sammanhängde, men några veckor senare vidtages den anordning, att tvänne rådmän öfvertaga byggningsväsendet, justitiarien erhåller till biträde tre rådmän och handelsborgmästaren en. År 1692 resolverade landshöfdingen Creutz med anledning af den oordning, som en tid förefunnits i ärendenas behandling, att handelsborgmästaren med de fyra yngre rådmännen skulle ha uppsikt öfver handeln och ämbetena samt justitieborgmästaren med de tre älste af rådmännen ombesörja justitien, exekutionsväsendet, arrester och arfskiften „såsom det här af ålder varit och annorstädes allmänt praktiseras [1]".

Af de nu nämda borgmästareämbetena ansågs justitieborgmästarekallet för det förnämligaste, liksom det ock kräfde af sin innehafvare större literär underbyggnad. Där regeringens fullmakt icke skickade en främmande till platsen, intogs denna vid inträffande ledighet af den närmaste borgmästaren. Rätteligen tillkom justitieborgmästaren främsta sätet på rådstugan och i samkväm, men från denna regel gjordes undantag t. ex. då den åldrige handelsborgmästaren Berendt Riggertsson på grund af landshöfdingens resolution intog platsen framför justitieborgmästaren Beckius [2].

[1] Rådst. prot. 6 apr. 1692.
[2]   „   „ 11 mars 1685.

III.

Huru borgmästare och rådmän valdes.

I första kapitlet af stadslagens konungabalk lästes:

„Nu skall man borgmästare och rådmän välja. Då skola alla borgmästare och rådmän alla år åtta dagar före sankt Valburgi dag till rådstuga komma, ingen af dem undantagen eller bortavarande, vid vite af tre mark, fogden och de borgmästare, som det året äro, till tveskifte, konungen och staden två mark till tveskifte. På sankt Valburgi dag skall man dem lysa, som valda äro, i rådstugan, efter gammal stadga. Den som borgmästare eller rådman skall vara, han äger denna ed svärja: Så beder jag Gud och de helgon, som jag åkallar, hjälpa mig, att jag skall min konung trogen vara och emot fattiga och rika i alla domar öfva rätt och aldrig emot mitt samvete handla, aldrig förvränga lagen eller styrka till orätt, ej af rädsla, ej af afund eller illvilja, ej af frändsämja eller vänskap. Så se mig Gud hulder att jag sant säger. Och då rådmän skola väljas, skall fogden närvara“.

Med andra ord: åtta dagar före Valburgidag skulle årets borgmästare och råd sammanträda och utse borgmästare och råd för ett år framåt och på Valburgidagen skulle de nyvalda installeras i sitt ämbete.

Hade stadslagen, som stadfästes af konung Gustaf II Adolf år 1618 och samma år utgick från trycket, blifvit noggrant tillämpad, skulle frågan om borgmästare- och rådmansval icke erfordra en särskild undersökning, men rådstuguprotokollens uppgifter strida flera gånger emot lagens stadgande och visa förty, att i detta fall, liksom i så många andra, allmän praxis icke öfverensstämde med lagens bud. För att utröna, i hvad mån stadslagen följdes och hvilka afvikelser som skedde från densamma, böra vi underkasta frågan en närmare utredning. Vi böra då, äfven med fara att tröttna vid detaljerna, uppsöka ur rådstuguprotokollen de anteckningar, som kunna sprida ljus öfver vårt ämne. Vi äro tvungna därtill, emedan ämnet delvis är obearbetadt, delvis behandladt på ett sätt, som tål närmare granskning.

Hvad nu först angår den i stadslagen föreskrifna valproceduren Valborgsmässotiden, så har Odhner framhållit i „Bidrag till sv. stadsförfattningens historia", att de icke få tänkas som val i egentlig bemärkelse, utan som ett särskiljande af det för året tjänstgörande rådet från det som befriades från tjänstgöringsskyldighet. Valen afsågo egentligen icke ett intagande af nya medlemmar i rådet, ehuru sådant ju äfven måste förekomma, icke häller rådets fullständiga ersättande med ett nytt råd, utan allenast ett ombyte af rådets i aktiv tjänst stående medlemmar. Sedan stadslagens utkomst hade den plägsed utbildat sig, att ena året tjänstgjorde eller satt en del af rådet och det andra året den andra delen. Var rådet tillräckligt talrikt, upptog omsättningen tre år, så att hvar medlem tjänstgjorde hvart tredje år, i annat fall omväxlade ledamöterna hvart annat år. I detta senare fall var alltid ena hälften i tjänst, den andra hälften åtnjöt permission. Talrika undantag förekommo, så att mången medlem kvarstod i tjänst flera år å rad; än alternerade rådmännen under det att borgmästarne voro permanenta, än åter alternerade borgmästarne och rådmännen voro permanenta; än gick borgmästareämbetet i tur mellan rådmännen o. s. v.

Under de första decennierna af 1600-talet ägde, såsom redan är anfördt, Åbo stad i regeln fyra borgmästare och tolf rådmän. Att dessa alternerade med hvarandra och att fördelningen skedde på våren framgår tydligen ur några uppgifter i rådstugurättens protokoll från 1630-talet. På rådstugudag den 6 juni 1632 kallades Hans Schæfer och Hans Guttrie till borgmästare, Johan Davendzberg, Gewert Bugenhagen, Kasper Ekman, Herman Stamer, Sigfrid Johansson och Olof Börilsson till rådmän för ett år framåt. De bägge borgmästarene och de fyra sistnämda af rådmännen omtalas första gången i denna egenskap och få kanske därför anses för nyvalda. Den 3 juni 1633 afgingo „gamle borgmästare och råd, som nu i förliden år hafva kall och ämbeten ärligen förestått", och förordnades följande personer „detta instigna år ämbetet att bekläda:" Hans Olofsson och Johan Knutson som borgmästare, Bugenhagen, Ekman och Stamer (desse tre andra året i en fortsättning) samt Sten Christersson, Hans Hörling och Robert Rancken såsom rådmän. Bland dem hade Johan Knutsson samt Hörling och Rancken kort därförinnan inträdt bland rådets ledamöter. I juni 1634 förordnades Schaefer och Guttrie åter till borgmästare och mottog Guttrie såsom ordhafvande borgmästare nyckeln till stadens kista. Något senare sattes till tjänstgörande rådmän: Stamer (tredje året i en fortsättning), Johan Davendzberg, Mårten Sigfridsson, Petter Jesenhausen, Olof Börilsson och Hans Plagman. Den 22 juni 1635 förmäler protokollet: „Då uppsade borgm. Henrik Skeper och Hans Gutre sitt ordhafvande borgmästare ämbete, såsom ock de 6 af rådet, och antvardades stadsens kistenyckel Johan Knutsson, som nu i detta året skall vara ordhafvande borgmästare. Desse sex af rådet skole sitta i detta året: Gevert Bugenhagen, Sten Christersson, Kasper Ekman, Hans Hörling, Robert Rancken, Lars Borgare". Kort därpå, den 4 juli, „sättes och utväljes" rådmannen Mårten Sigfridsson till borgmästare jämte Johan Knutson „på ett år, där honom ej behagar längre att kvarstå, och rådmännen förpliktade sig, hvart sitt år gradatim borgmästareämbetet att bekläda". Förmodligen blefvo Schæfer och Guttrie följande år utsedda till tjänstgörande borgmästare, ehuru anteckning därom saknas, ty den 8 maj 1637 blefvo samma befattningar för ett år framåt jämte nycklarna till stadskistan anförtrodda åt Mårten Sigfridsson och Johan Knutsson. Rådmän blefvo Sten Christersson, Kasper Ekman, Robert Rancken, Lars Borgare och Hans Hansson (således endast fem). Den 2 maj 1638 blefvo Schæfer och Guttrie åter tjänstgörande och till rådmän förordnades 6 rådmän, som varit lediga under det förgångna året [1]).

Vi kunna tills vidare stanna vid året 1638, hvars dombok är den sista, som omnämner valet på våren, och göra några anmärkningar med anledning af de ofvan anförda fallen.

Ehuru uppgifter förefinnas endast för ett fåtal år, så kunna vi dock med stöd af stadslagens ord och praxis i andra städer sluta till, att intill slutet af 1630-talet värkställdes i regeln hvarje år på våren en sådan delning af rådet, att turvis tvänne borgmästare och sex rådmän trädde i full tjänstgöring under det att de öfriga försattes i disponibilitet. Såsom läsaren vid noggrant genomgående af de ofvanstående exemplen finner, fasthölls dock omväxlingen icke så noga, att icke samma person kunnat sitta

[1]) Bidrag t. Åbo stads hist. första serien IV: 119, VI: 56 o. 195 samt otrykta protokollen 1635—1638.

flera år å rad. Emellertid får denna delning icke tänkas så som om endast halfva rådet årligen handhaft stadens förvaltning och lagskipning under det att den andra hälften afhöll sig från all befattning därmed. Följer man med rådstuguprotokollens uppgifter öfver vid sammanträdena närvarande ledamöter, finner man för det första, att de för det löpande året utsedde borgmästarne och rådmännen ingalunda regelbundet besöka mötena, och för det andra, att „det gamla rådet", d. v. s. de permitterade rådspersonerna, tidt och ofta bivista sammanträdena utan att protokollen göra någon skilnad mellan de två kategorierna [1]). Väl kan man finna, att de sistnämdes besök i allmänhet äro ännu oregelbundnare än de ordinarie ledamöternas, men somliga af de permitterade uppträda på rådstugan fullt ut lika ofta som en och annan af de för året tillsatte. Dessa mot en konsekvent genomförd alternering talande fall kunna omöjligen förklaras såsom frivilliga besök, beroende på intresse för justitien och förvaltningen, utan synas mig böra tillskrifvas något slags extra tjänstgöringsskyldighet för det gamla rådet. Skyldigheten att inställa sig på rådhuset har nu främst ifrågakommit vid s. k. allmänna rådstugudagar eller rådhusstämmor, då rätten plägade uppträda nära på mangrant inför borgerskapet, men togs väl äfven i anspråk, när någon eller några af de för året förordnade voro temporärt förhindrade från uppdragets utförande. Äfven kunde sådana vikarieringar för längre eller kortare tid äga rum utan att egentligen laga förfall inträffade, efter öfverenskommelse mellan de tvänne kontrahenterne och med rättens goda minne. Måhända får det antagas, att det gamla rådet dessutom haft vissa kommunala omsorger utan att det närmare kan angifvas, hvari dessa skulle bestått [2]). Följden af att alterneringsprincipen icke så strängt tillämpades var, att det gamla rådet icke hölls främmande för ärendenas allmänna gång, om det ock var befriadt från massan af de löpande ärendena, främst lagskipningsärendena.

[1]) I inledningen till 1634 års dombok heter det, att till protokollet upptagits såsom närvarande „ordhafvande borgmästaren och do sex tillförordnade att sitta det året af rådmännen med de andra borgmästarne och deras deputerade rådmän och besittare, hvilka ock tillika med de andra ordhafvande tillstädes varit hafva". Bidr. VI: 132.

[2]) Odhner förmodar (Bidrag t. svenska städernas och borgareståndets historia före 1633 s. 29), att „den i egentlig mening administrativa myndigheten" varit öfverlämnad åt dem, som icke sutto i rätten.

Fördelningen på en tjänstgörande och en hvilande afdelning berodde icke allenast på en öfverenskommelse, gjord inom magistraten, utan omnämnes äfven ett ingripande af länets höfding. Så skedde fördelningen år 1632 „efter hans nådes gubernatorens vilja och befallning", såsom domboken upplyser[1]). Detta ingripande får måhända förklaras sålunda, att på en tid en noggrann fördelning icke ägt rum och att därigenom oordningar och försumligheter yppat sig inom magistraten, hvilket äfven någon gång framhölls af konungsmannen, så att generalguvernören såg sig såsom stadens högste styresman nödsakad att återinföra en regelbundnare arbetsordning.

Från de ofvan skildrade tjänsteombytena ha vi att särskilja de egentliga borgmästare- och rådmansvalen, hvilka företogos när en ledighet timade inom rådet, vare sig det tjänstgörande eller det permitterade. Sådana val voro icke bundna vid en viss årstid, utan företogos alt efter som omständigheterna fordrade det. Då vi gå att redogöra för dem, böra vi för bättre öfversikt skull skilja åt valen af borgmästare och af rådmän.

Först några ord om valbarheten.

Enligt stadslagens konungabalk kunde endast den väljas till borgmästare eller rådman, som ägde „liggande grund" i staden. Af samma släkt kunde på sin höjd fyra samtidigt inneha säte i rådet och af bröder blott två „utan att ej är annat val till[2])". Såvidt jag känner, har endast det senare nämda maximum blifvit uppnådt, men väl ha flere af rättens personer varit genom giftermål befryndade med hvarandra. Så anfördes af ämbetsåldermännen år 1687 klagomål öfver „att något långsamt med justitiens förvaltning tillgår, icke för de högtärade herrar nu i rätten äro, som hvarjom och enom sin rätt efter görligheten rättvisligen skipa och utdela, utan för — — — — att några af den högtärade rättens medel med hvar andra uti nära släkt och besvågrade äro och sig måste absentera, så att en och annan gång i deras ställe andra sökas måste[3])". I vissa fall åter höll man strängt på afklippandet af släktstråtar i magistraten. När år 1690 rådmannen Johan Miltopæus gjorde sig förhoppning om en borgmästarebefattning, gaf

---

[1]) Uttrycket förekommer i hofrättsexemplaret. Rådhusexemplaret nämner, att ståthållaren och kamreraren „gillade och valde" på konungens vägnar. Bidrag IV: 119.

[2]) Jmfr. Odhner, Sv. stadsförfattn. historia.

[3]) Åbo stads acta i sv. riksarkivet.

landshöfdingen Lorentz Creutz honom visserligen det vitsord, att han var „medelst sina studier och långlig praxin en förfaren domare, den ock om stadsens politi och handel kunnig är", men kunde dock icke gifva honom sitt förord, emedan han var måg till den andre borgmästaren. Detta fel, som icke kunde förgå före svärfadrens afgång eller död, hade redan år 1685 hindrat Milto-pæi avancement [1]).

Den älsta utsaga om borgmästareval är från år 1621 [2]). Den 19 maj detta år handlades på rådstugan frågan om tillsättande af en ledig borgmästarebefattning och „insattes i valet" tvänne personer inom och fyra utom rådet. En vecka därpå tillsades „alla de till stadens ämbete utvalda äro" att infinna sig på nästa råd-stugudag vid vite af 40 mark. Denna dag, den 4 juni, blef „efter allas ja och samtycke ärlig och välaktad man Erik Andersson Knape (en af de personer utom rådet, som varit satta på förslag) satt till borgmästare kall och ämbete och å lag gjorde sin lif-liga ed".

Följande borgmästareval, som omnämnes, är från år 1624 och refereras i protokollen på följande sätt [3]).

Den 2 april tillkännagaf ståthållaren Per Erlandsson såsom svar på borgerskapets „supplication om borgmästarevalet", att gubernatoren Nils Bjelke, „icke föraktandes någon af dem borger-skapet själft nämde och därtill hafva ville, vill — — uppå H. K. M:ts nådiga behag och stadsens gagn och bästa skull där till satte och förårdet [=forordnet] hafve, nämligen uti borgmästare kall och ämbete: Joen Joensson, Peter Plagman och Johan Knuts-son". Vid sammanträde följande dag, bivistadt af ståthållaren, slottslofven, 8 rådmän, kämnären och stadsfogden samt gemene borgerskapet, „blef efter gubernatorens och ståthållarens [tillsä-gelse] på K. M:ts vägnar och nådiga behag Peter Plagman uti borgmästare kall och ämbetet förordnad och tillsatt att förestå här i staden både fattige och rike efter den eden, som han i dag där uppå sin själ och salighet personligen gjort och svurit hafver, som lag förmår, näml. Peter Plagman, borgmästaren, själf på år och dag lofvade troligen och rättrådeligen efter sin yttersta förmåga efterkomma och förestå så mycket honom människligt och möjligt vara kan; om han sedan längre tjänligare vara kan, vill han sig betänkande här efter".

---

[1]) Landshöfd. i Åbo län ämbetsberättelser till K. M:t i sv. riksarkivet.
[2]) Åbo Tidningar 1774 n:o 10.
[3]) Bidr. t. Åbo hist. första serien III: 25—26.

Protokollen uttrycka sig icke bestämdare, hvarför deras ord kunna tydas på olika sätt. Nu har Melander i sin akademiska afhandling „Kuvaus Suomen oloista vuosina 1617—1634" [1]) ur dessa fall uppstält den allmänna regel, att när borgmästare skulle väljas, sattes på förslag två personer inom och fyra utom rådet; af dessa sex föreslagne utsåg gubernatoren (före 1623 ståthållaren) tre, hvilka han framstälde såsom sina kandidater inför rådstugumötet, som valde en af de tre, och denne, sålunda efter tredubbelt val utkorade, aflade sedan sin ed. Om de vid valet 1621 uppstälde sex kandidaterne säger han, att intet tvifvel föreligger för antagandet, att de två inom rådet föreslogos af magistraten och de fyra utom rådet af borgerskapet. „De till stadens ämbete utvalde" eller den församling, som slutligen utkorade borgmästaren, förmodar han att utgjordes af magistraten, de i 1619 års stadga omnämnda stadens älste och alla med kommunala uppdrag förtrodde personer, såsom kämnär, stadsfogde, skrifvare, brand- och sotherrar m. m.

Jag reserverar mig mot den tron, att jag skulle anse min tolkning af dessa fall för ofelbar. Men jag måste afgjordt förkasta Melanders uppfattning, både hans bestämda påstående och hans förmodan, såsom grundande sig på för få prejudikat och på en för mycket teoretiserande tolkning af vissa ord i protokollen. För det första berättiga protokollen för den 19 och 26 maj 1621 med intet ord oss att utan någon tveksamhet antaga, att magistraten uppstälde på förslag inför ståthållaren två af sina medlemmar och borgerskapet fyra af sina, och allraminst får man af detta enda fall draga några slutsatser för öfriga val. Hvad sedan beträffar dem, „som till stadens ämbete utvalde äro" och hvilka vid vite af 40 mark kallades att närvara vid det tillfälle, då Erik Andersson valdes, så behöfver man icke under dem inbegripa andra än rådets medlemmar, ty att dessa tredskades att infinna sig till mötena och därför hotades med böter för utevaro, det är en omständighet, som förutsattes redan i stadslagen och bestyrkes af upprepade exempel från den tid vi nu behandla.

Hvad nu först angår valet 1621, så är min tro, att borgerskapet närvar vid mötet, ehuru detta icke finnes bestämdt uppgifvet, att det vidare förordade några af sina medlemmar samt att magistraten därpå uppgjorde en förteckning öfver dem, mellan hvilka en omröstning skulle företagas vid följande möte, då magi-

---

[1]) s. 72—74.

straten var fulltalig. Att borgerskapet eller de älstes korporation — om en sådan fans, hvilket är högst problematiskt — äfven då bivistade sammanträdet och fick uttala sig, medgifver jag vara högst antagligt, men den egentliga omröstningen anser jag ha inskränkt sig till magistratens ledamöter, hvilka fästade vid borgerskapets uttalanden den vikt de behagade. Att äfven konungsmannen var tillstädes kan man sluta till af den omständighet, att Erik Andersson genast aflade sin borgmästareed.

Protokollens utsaga om valet 1624 har alldeles blandats bort genom antagandet af det dubbla förslaget. Den enkla tillgången synes mig ha varit den, att tre borgmästareplatser stodo lediga [1] och att, sedan magistrat och borgerskap framstält sina kandidater, utnämde Nils Bjelke till platserna Petter Plagman, Joen Joensson och Johan Knutsson. Nu behöfde endast en träda i tjänstgöring, emedan borgm. Erik Andersson var det förut, och denne ene, Petter Plagman, aflade sin ed, lofvande att kvarstå ett år. De två andra fingo bida på sin tur, som skulle komma nästa Valborgsmässotid. Väl räkte det betydligt längre innan denna tur värkligen kom, och detta förhållande synes tala mot min tolkning. Joen Joensson förordnades visserligen i maj påföljande år till tjänstgörande borgmästare, men protokollen omtala honom närvarande först år 1628 [2]. Johan Knutsson aflade sin borgmästareed först år 1633. Detta sakförhållande förklaras sålunda, att hvarken Joen Joensson eller Johan Knutsson voro böjda för att mottaga det dem visade förtroendet och gåfvo med sig först efter förnyade uppmaningar [3]. Såsom vi framdeles skola se, var det vid denna tid ingalunda något ovanligt, att burgna män vägrade att

---

[1] Efter Jöran Lindu, Bertil Mårtensson och Sigfrid Simonsson.

[2] Han kan dock väl ha fungerat såsom borgmästare redan 1627, emedan domboken för året underlåter att namngifva rättens ledamöter.

[3] Ett liknande fall inträffade år 1625. Protokollet för den 11 maj 1625 förmäler, att „efter nu några felas uti stadsämbeterna, ty blefvo desse efter:ne satte och utvalde: till borgmästare Erik Olofsson och Joen Joensson, till rådmän Mårten Sigfridsson, Hans Hörling och Lars Borgare". Samma dag uppsade Petter Plagman sitt borgmästarekall, men satt jämte Erik Andersson fortsättningsvis hela året och inpå 1626, då han dog. Uppgiften åsyftar tydligen nyval och visar förty, att Joen Joensson andra gången kallades i rådet. Såsom redan är framhållet, inträdde han icke häller nu i utöfningen af borgmästarefunktionerna, och samma synes förhållandet varit med de öfriga valde. Erik Olofsson, rådman sedan 1621, förekommer i samma egenskap ännu 1628 ock såsom borgmästare först 1629; Mårten Sigfridsson upptages som rådman först 1628, Hans Hörling 1633, Lasse Borgare upptages som rådman 1623 och 1635—1654.

24

till skada för sina affärer åtaga sig bördan af den kommunala styrelsen.

Från valen 1621 och 1624, vid hvilka jag dröjt något länge, emedan de äro de enda, som hittills blifvit föremål för utläggning och det för en mindre tillfredsställande sådan, öfvergå vi till de fall, som domböckerna för den följande tiden omnämna.

Den 20 juni 1632 blef Henrik Tavast nämd och utvald till borgmästare af gubernatoren, ståthållaren samt borgmästare och råd. Men emedan en Hartvik Guldsmed på gemena borgerskapets vägnar protesterade mot utnämningen, anhöll Tavast, att ståthållaren samt borgmästare och råd måtte befria honom från kallets mottagande. Vid ett senare möte tillsade ståthållaren enligt gubernatorens befallning honom att aflägga sin ed, men ehuru borgerskapet förklarade sig villigt att antaga honom, protesterade han dock häremot och synes äfven fått sin anhållan beviljad.

Den 9 maj 1635 förestäldes för borgerskapet „fyra gode män i valet till borgmästare ämbete" och anhölls, „att de en af desse fyra utvälja skole". Protokollen upplysa icke, hvem borgerskapet utvalde, men den 4 juli s. å. blef „efter gubernatorens befallning så väl som hela rättens och med gemena borgerskapets enhälliga samtycke" Mårten Sigfridsson, en af de fyra föreslagne, satt och utvald till borgmästare.

Efter borgmästaren Guttries död 1645 „stämde" magistraten enhälligt att hos regeringen utvärka fullmakt å ämbetet åt assessoren Georgius Sylvius [2]). Af orsaker, som äro mig obekanta, erhöll Sylvius icke befattningen, utan utnämde regeringen därtill först Gudmund Krook och sedan Nicolaus Lietzen.

Vid allmän rådstugudag den 23 januari 1650 föredrog Per Brahe muntligen för borgerskapet, att han dimitterat från borgmästareämbetet den ålderstigne Mårten Sigfridsson och beviljat honom under hans återstående lifstid särskilda materiela förmåner. Då sålunda en plats i rätten var tom, stälde borgmästare och råd „efter lag och stadens välfångna privilegier" fyra af sina medmemmar i valet och „eligerade" därpå Laurentius Brochius, som blef af Brahe och landshöfdingen „konfirmerad" i ämbetet och genast aflade sin ed.

---

[1]) Prot. 19 maj 1645. Bland Åbo stads acta i Sv. R. A. förekommer en skrifvelse från magistraten till landshöfd. Lilliehöök, däri magistraten anhåller om landshöfdingens understöd samt uppgifver sig ha skrifvit angående samma ämne till Kongl. Majestät och till öfverståthållaren i Stockholm Knut Posse.

Vid allmän rådstugudag den 9 maj 1660 underrättade magistraten borgerskapet om borgmästaren Henrik Schæfers död och att „man därför stält rådmännen Peter Jesenhausen, Robert Rancken och Hans Plagman i valet". Som de två sistnämda undanbådo sig förtroendet, „altså var beslutet, att han [Jesenhausen] skulle blifva borgmästare, det borgmästaren wäl:t Nicolaus Lietzen sade välborne landshöfdingen på K. M:ts vägnar konfirmerat hafva". Jesenhausen aflade strax därpå sin ed.

Efter Lietzens befordran till assessor i Åbo hofrätt uppkallades advokatfiskalen i samma värk Johan Schæfer en dag i november 1663 i rätten och meddelade honom borgmästare och råd, att de för hans faders långliga och trogna tjänst samt hans egen skicklighet enhälligt gifvit sina vota åt honom. Efter en tid mottog Schæfer kallelsen och „antogs" i närvaro af landshöfdingen och magistraten till borgmästare [1]). Litet senare ankom en skrifvelse från Per Brahe, däri den ädle grefven, som fortfarande med intresse följde händelserna i sitt förra höfdingedöme, sökte intervenera till förmån för kanslisten Kasper Ekman, hvilken var Åbobo och förfaren i finska språket. Brefvet kunde icke mera leda till någon åtgärd [2]).

Om det val, som anställdes år 1671 efter Petter Jesenhausens dödliga frånfälle, förmäler protokollet för mötet den 10 maj, då både landshöfdingen och gemena borgerskapet inställde sig, att „välborne herr landshöfdingen tillika med magistraten efter lag, stadens välfångna privilegier och gammal sedvana varit betänkta på någon i stället igen, och hafva trenne varit satta uti consideration och valet, näml. rådman Hans Plagman, akademie sekreteraren dominus Ericus Falander och Sveno Rydenius. Hvad Plagman vidkommer, så hade han fuller för sin långliga tjänst och åldren skull kunnat vara närmast till successionen, men emedan han var gammal och sjuklig och icke som vederbör kunde gagna det gemena bästa, ty gick man honom förbi. Sekreteraren Falander, som hafver förmått sig den högl. kongl. hofrättens rekommendation härutinnan för någon annan att befordras, vore väl en skicklig man och kapabel till denna tjänsten, att man mot hans person intet hafver att säga, man ock den kongl. hofrättens rekommendation håller uti högsta ära och respekt. Likväl emedan Rydenius hafver tjänt här i rätten och in mot 20 års tid uppvaktat både

---

[1]) Prot. för 18 nov. och 19 dec. 1663.
[2]) Biblioteket på Skokloster, n:o 12, bref från städer till Per Brahe fol. 540.

för sekreterare och några år en rådmans ställe beklädt och nu tröttnade därvid, han ock vid förra borgmästarevalet varit i consideration och då tillsägelse om promotion bekommit, hvarför hafver man nu icke kunnat gå honom förbi, utan flesta vota voro fallne på honom, hvilken därför nu blef antagen och aflade sin borgmästareed, till hvilket kall honom önskades lycka och välsignelse".

Vid rådstugudag den 10 aug 1675 diskurrerade landshöfdingens vikarie och rätten om besättandet af en ledig borgmästarebefattning, som tidigare af rätten offererats åt Albert Rosskamp, men som denne nekade att mottaga. Och „föllo rättens vota", heter det, på Berendt Riggertsson. Par dagar senare hölls allmän rådstugudag och då blef „näst anstäld oration" till borgerskapet, d. v. s. sedan borgerskapet fått liknande meddelande som 1660 och 1671, Rigertsson „antagen" till borgmästare och gick sin ed.

Ett märkligt och belysande inlägg i frågan om borgmästarevalen förekommer från år 1687. Konungen hade inemot fem år tidigare pensionerat Laur. Brochius och, såvidt jag vet utan stadens hörande, utfärdat fullmakt åt Olaus Beckius, som först innehade handelsborgmästareämbetet, men år 1685 förordnades af landshöfdingen till justitiarius. Genom försumlighet gjorde Beckius sig snart förhatlig och måste på grund af beskyllning för sedlighetsbrott en tid afhålla sig från sammanträdena. Af konungen ålades han att inom en viss termin fria sig genom värjemålsed; skedde detta icke, medgafs borgerskapet „ett fritt val en annan borgmästare i dess ställe utnämna". Beckius försummade sina fatalier, hvarför magistraten och vicelandshöfdingen Wallenstierna sammankallade borgerskapet för att rådgöra om hvad som nu borde företagas. Dessa förhandlingar skildras sålunda i protokollen:

På rådstugudag den 7 december 1687 redogjorde magistraten för de 24 älste och en del af såväl svenska som finska borgerskapet för sakens beskaffenhet och begärde att få veta församlingens tanke. På borgerskapets vägnar svarade handelsmannen Johan Rancken, „sägandes det ligga makt uppå att utnämna en sådan man, som omsorg om stadens bästa draga kunde, efter som handeln här i Åbo nu alldeles nederlåge under bänken, så att, där den nu icke blefve med allvar upphulpen, så lärer Åbo (hvarest K. M:ts tull mycket förminskas af den ringa handeln) blifva en bondby". På det saken måtte med tillbörlig grundlighet öfvervägas, anhöll han, att borgerskapet måtte efterlåtas att sammanträda i hvart kvarter i någons bland de 24 älste hus och där öfverlägga, hvem de till den vacerande borgmästaretjänsten utvälja ville, och sedan skriftligen meddela beslutet. Grels Pässi anmälde på de finska borgarenes vägnar, att de ville rösta på Laurentius Wilstadius, „där ingen af rådet skulle till samma borgmästaretjänst komma". Härpå skildes menigheten, sedan rätten bifallit till Ranckens anhållan.

Tre dagar senare var borgerskapet ånyo uppkalladt. Ehuru kallelsen ytterligare markerats genom trumslag, hade endast ett fåtal instält sig på rådstugan, men vicelandshöfdingen ville dock ha frågan afgjord. Först kom det till en häftig ordväxling mellan Johan Rancken och magistraten, hvilken träta slutade därmed, att vicelandshöfdingen Wallenstierna jämte de närvarande af borgerskapet och de älste förklarade Rancken inkompetent att deltaga i valet, emedan han låg i process med magistratens ledamöter, hvilka äfven borde „blifva tagna i consideration" vid valet. Sedan tillkännagaf Wallenstierna, att Rancken hos honom föreslagit såsom lämpliga personer advokaten Andreas Prytz, borgmästaren i Helsingfors Laurentz och borgmästaren i Björneborg Keckonius. Om vicehäradshöfd. Laurentius Wilstadius, som äfven blifvit ifrågasatt, hade Rancken yttrat, „att han vore broder med alla skomakare och skräddare i staden och att han öfver gatan, där han bor, till Jacobum Jacobi lupit med nattmössan och tobakspipan i munnen; hvartill skomakaremästaren Lorentz Timme invände: „att där så skulle vara, att Wilstadius vore med en skomakare bror, så vore han då icke med skälmar".

För att bringa ordning i diskussionen uppfordrade Wallenstierna borgarene att yttra sig hvart kvarter för sig. Först framsteg då borgaren Clas Söfringh, anhållande att vicelandshöfdingen ville förhjälpa landsens egna barn till borgmästareplatser, „efter som de tvänne borgmästare här varit valda från Sverge hafva folket bedragit, det Beckius med honom gjort". Därpå voterade handelsman Mårten Arp, borgarene Michel Simola och Matts Oravainen, alla från Aningais södra kvarter och medlemmar af de 24 älstes församling, på rådmannen Johan Miltopæus. Johan Leutken, äfven han en af de älste, var af samma mening, såframt det icke vore mot lag, att svärfar och måg skulle sitta som borgmästare [1]). Nils Kock, en af de älste från norra kvarteret, förmälde, att par borgare öfverlagt hos honom om saken, men för sitt ringa antals skull icke velat besluta något, utan endast „projecterat" L.

---

[1]) Miltopæus var måg till handelsborgmästaren Berendt Riggertsson.

Wilstadius och Anders Prytz, då Miltopæus icke kunde ifråga-komma. Af samma åsikt voro Henrik Flege, Erland Ståhlfoot och Jöran Hurula, älste från Kyrkokvarteret. Hans Skyttepäls, Tho-mas Blanck, Jöran Leipälä, Samuel Kivisilta, Jöran Kuppa och Johan Ambrosii från Mätäjärvi- och Klosterkvarteren, de två först-nämde bestämdt omnämda såsom hörande till stadens älste, röstade på Miltopæus, men Johan Rancken, som icke brydde sig om jäfs-förklaringen, ville vocera Wilstadius. Slutligen inkallades samt-liga ämbeten, hvilkas tillstädesvarande åldermän återhämtade inne-hållet i en af dem tidigare inlämnad supplik, däri sades, att „samtliga ämbetena här i Åbo fallit på den enhälliga, dock all-deles oförgripliga mening", att Wilstadius borde förordnas i st. f. den frånvarande Beckius.

Sedan borgerskapet afträdt, resolverade rätten, „att såsom detta var ett svårt värk att angripa och sedan göra hvad Gudi täkt, för Hans Majestät försvarligt och det gemena bästa nyttigt vara kunde och härvid ett moget betänkande fordras, så blifver detta ärendet så länge uppskjutet, som rätten sig omhugsa kunde och sedan enhälleligen sluta, hvad detta ärendet ske kan".

Medan rätten „omhugsade sig" öfverraskade Beckius sina kolleger med att infinna sig ibland dem och aflägga den äskade eden. Han. tilläts därför behålla sin tjänst, men förlorade den åter år 1691 genom ett regeringsbeslut. På samma gång regerin-gen skred till denna åtgärd utnämde den enligt landshöfdingens rekommendation till innehafvare af justitieborgmästareämbetet vicehäradshöfdingen Laurentius Wilstadius. Om dennes tillsät-tande ha protokollen intet annat att förmäla, än att han på en all-män rådstugudag infann sig och aflade sin ed, sedan hans full-makt blifvit uppläst och borgerskapet förklarat, att de emot honom „ej hade det ringaste att säga, utan undfingo en sådan K. M:ts nådiga disposition med underdånigaste vördnad och lydno" [1]).

Det sista borgmästarevalet under seklet stod år 1696 i anled-ning af Berendt Riggertssons död. Borgmästare och råd samman-trädde med de 24 älste och förenade sig om rådmannen och stads-sekreteraren Anders Prytz. Härpå uppsattes en skrifvelse till konungen, däri magistraten med hänvisning till ett kungl. reskript af den 5 december 1696 anhöll om fullmakt för den valde. Denna

---

[1]) Rådst, prot. 11 febr. 1691.

anhållan förordades af landshöfdingen, bl. a. „alldenstund och därigenom för en del andre uti rätten, som förtjänt att varda med befordring ansedde, lägenhet därtill gifvas kunde" [1]).

* * *

Vilja vi nu med ledning af ofvanstående ur domböckerna hämtade precedensfall bilda oss en allmän slutsats angående normen för borgmästareval, så finna vi, hurusom åtminstone från 1630-talet och intill seklets slut magistraten utgör den egentliga valkorporationen, som först uppställer på förslag eller „tager i consideration" en eller flera personer och därpå antingen enhälligt eller efter omröstning förenar sig om den värdigaste. Men ehuru magistraten är den väljande, dikterar den icke ensam valets utgång. Landshöfdingens instruktion bjuder honom att tillse, att „i hvar stad förordnas goda och beskedliga män till borgmästare, så goda som de bäst kunna bekommas, som med förnuftighet regera staden och beflita sig om dess välstånd och förkofring". Vanligen är han närvarande vid ärendets behandling på rådstugan, och är han ense med magistraten eller dess flertal, är magistratens val sanktioneradt. Är han åter frånvarande, hemställes valet till hans bepröfvande. Borgarene deltaga icke i själfva valet. De kallas visserligen — under seklets sista årtionden representerade genom sina älste — att åhöra magistratens öfverläggningar eller ock blott för att mottaga meddelande om valresultatet; i deras närvaro aflägger den nya borgmästaren sin tjänsteed och det är dem nog tillstadt att uttala sina önskningsmål och föreslå sina kandidater, men själfva valrätten tillkommer icke dem. Emellanåt hände det, att en ledig befattning tillsattes utan val och utan magistratens hörande. Det var vid utnämnandet af de s. k. kungliga borgmästarene, hvilka, såsom läsaren redan har sig bekant, skulle i vissa hänseenden ersätta stadslagens fogate.

Dessa iakttagelser gälla tiden efter Gustaf II Adolfs död. För seklets tre första decennier är vår kännedom för inskränkt, för att vi skulle våga ett kategoriskt påstående. Men med den följande tidens borgmästareval för ögonen och med hänsyn till de vädjanden till stadens privilegier och gammal sedvana, som då någon gång gjordes, kunna vi med fog antaga, att tillgången då i allmänhet var en liknande. Detta antagande utesluter icke möjlig-

---

[1]) Lor. Creutz t. kgen d. 15 okt. 1696, landsh. berättelser i sv. R. A.

heten af vissa olikheter, att å ena sidan borgerskapets stämma kunde göra sig oftare och starkare hörd eller att länets höfvidsman icke allenast granskade magistratens förslag, utan äfven föreskref, hvem som skulle beklädas med den lediga sysslan.

Det kan synas, som om den tillgång vid borgmästarevalen, vi sålunda funnit vara rådande i Åbo, icke helt och hållet öfverensstämde med städernas privilegier. Specielt kan det anmärkas, att magistraten och landshöfdingen mycket inkräktat på borgerskapets deltagande i valen, enär särskilda kungliga resolutioner från seklets senare hälft tyda på, att regeringens tolkning af lagen medgifvit borgerskapet ett större inflytande. Det heter i resolutionen af den 8 mars 1660 på städernas vid riksdagen i Göteborg framstälda besvär, „att städerna måge hafva sina fria val, borgmästare och råd, kyrkoherdar samt andra andeliga och världsliga betjänte efter privilegier och sedvana att kesa och utvälja[1])". Likaså lofvade regeringen genom kungl. resolutioner af d. 2 mars 1678 och 3 dec. 1680 „att handhafva städerna vid ett fritt val uti borgmästare och rådmäns tillsättande, såvida dem efter lag och privilegier tillkommer, konungens mans rätt ock så efter lag förbehållen[2])". Och i resolution af den 1 sept. 1664 gafs följande noggrannare föreskrifter, huru valen skulle förrättas: „Såsom riksens borgerskap underdånigst anhåller om dess frie val borgmästare och råd, kyrkoherdar, skolemästare samt alla andliga och världsliga betjänte efter privilegier och sedvana att kesa och utvälja, altså vill Hans Kong:l M:t härmed nådigst hafva resolverat, att hvad borgmästare och rådsvalet anlangar, det skall i gemen förblifva efter lag, och att borgmästare och råd med stadsens borgerskap, föregående landshöfdingens inråd, må hafva frihet till utvälja af dess medel den som till den vacerande tjänsten bäst kan vara fallen och dugelig. Och skall i detta fallet ingen hafva makt, anten genom förbön eller annat medel, bringa någon utom stadsens borgerskap till förbem:te tjänst och plats. Dock såsom hända kan, att någon af Hans K. M:ts betjänte i dess kollegier hade gjort sig väl meriterad och H. K. M:t funne kapabel, en sådan tjänst förvalta, så vill då K. M:t förbehålla sig att densamma därtill förordna; hvilket H. K. M. dock försäkrar borgerskapet, att sällan och icke utan af viktiga skäl ske skola, städerna själfva till nytta och fördel[3])". Slutligen kunde anföras ett kungligt re-

---

[1]) Stiernman, Riksdagsbeslut II: 1332.
[2]) „ a. a. II: 1787 och 1862.
[3]) „ a. a. II: 1529.

skript af d. 5 dec. 1693 till rikets landshöfdingar, hvilket egentligen gälde mindre städer med allenast en borgmästare, men åberopades och tillämpades i Åbo vid Anders Prytz' val 1696. Regeringen förklarar däri, att ehuru den hittills utfärdat fullmakt allenast åt justitieborgmästaren i städerna, „förunnandes magistraterna att förena sig om de öfriga borgmästares och rådmäns val och tillsättande", så vill den, att härefter i de städer, hvilka skola åtnöja sig med en borgmästare, „såvida vi en eller annan, som oss för dess kapacitet och skicklighet skull är bekant, intet skulle godt finna immediate till borgmästareämbetet att befordra, det skall med berörde ämbetets tillsättande det procedere observeras, att då någon borgmästare genom döden afgår, träder magistraten med borgerskapet tillhopa och i stället väljer en annan — — — — hvilken de sedan hafva att presentera och uppgifva för landshöfdingen i orten, som bemälte person ock föreslår att blifva med fullmakt försedd, såvida han emot dess person intet har något särdeles att påminna". Samma metod skulle iakttagas vid rådmännens väljande, med den skilnad blott, att dessa icke behöfde kunglig fullmakt, utan blefvo efter valet installerade i sitt ämbete af landshöfdingen, „enär han emot personerna intet hafver något särdeles jäf" [1]).

Man kunde, såsom sagdt, med hänsyn till dessa förordningar draga den slutsats, att borgerskapet i Åbo icke tillstaddes ett fullt utöfvande af den myndighet, som lagligen tillkom detsamma, och mycket sannolikt är, att borgerskapet äfven själft kände detta. Men å andra sidan förekomma i par af de nu citerade resolutionerna uttryck, som tala för att regeringen egentligen åsyftade magistraterna, ehuru den talade om „städerna" och „borgerskapet". Och då lag och gammal sedvana åberopades, kunde magistraten med skäl anse sig ha fullgjort lagens bud, då den kallade borgerskapet till borgmästarevalen och lät det åhöra sina öfverläggningar och äfven uttala sig angående de föreslagna kandidaterna, men förbehöll valrätten åt sig själf. Regeringens försäkringar, att städerna finge orubbadt behålla sin fria valrätt, få väl anses beroende på städernas klagomål öfver en och annan landshöfdings godtyckliga ingripande i valet och på ett här och där yppadt missnöje med anledning af regeringens vana att sända till städerna borgmästare, om hvilka magistrat och borgerskap icke varit i tillfälle att uttala sig. Såsom det tydligen framgår, visade sig

---

[1]) Schedeman, Stadgar ang. justitiæ och executions ährender s. 1353—1354.

regeringen böjd för att förekomma landshöfdingens öfverskridande af sina funktioner, men sin engång tagna utnämningsrätt ville hon icke h. o. h. afstå.

* * *

Rörande rådmäns tillsättande meddela domböckerna intill 1670-talet ytterst torftiga notiser. År 1624 heter det, att tvänne personer blefvo „efter borgmästares och råds bejakan" förordnade till rådmän, och om handtvärksuppsyningsmannen i staden Hans Bogge meddelas det, att han år 1630 „blef efter hans nådes gubernatorens skriftliga befallning satt och förordnad" till rådman [1]). År 1654 förordnade rätten en vikarie för en rådman, som af sin handel förhindrades från ämbetets regelbundna utöfning. Angående sättet för afgång från ämbetet förmäler domboken för 1633, att en rådman uppsade sitt ämbete inför rätten, som uppskjöt frågan till gubernatorens hemkomst [2]), och om en annan rådman, som likaledes ville bli ämbetet kvitt år 1640, upplyses det, att han vände sig med sin anhållan till grefve Brahe, som hänskjöt afgörandet till rådet.

Från seklets tre sista decennier ha vi däremot åtskilliga referat om rådmansval. Det är onödigt att ingå på ett uppräknande af de fall, som omnämnas, emedan de alla hänvisa till samma procedur. Det hade nu blifvit regel, att när en rådmansplats blef ledig, anmälde sig flere personer såsom sökande till densamma, några därvid bifogande rekommendationsbref af hofrätten eller andra myndigheter, i hvilkas tjänst de förut stått. Bland desse gjorde magistraten sitt val eller ock förbigick den samtliga sökande och förenade sig om att erbjuda platsen åt någon välkänd borgare. Stundom deltog landshöfdingen i valet; var han frånvarande, skulle, liksom vid borgmästareval, hans samtycke inhämtas. Emellanåt tog han själf initiativet och hemstälde hos magistraten om fullmakts utfärdande för någon person, som anhållit om hans bemedling. Så föreslog landshöfding Oxe år 1679, att den ena af två nyss ledig blifna rådmanstjänter skulle gifvas åt kämnären Bertil Letzle, som en lång tid tjänat eller, såsom termen lydde, „uppvaktat" staden. Magistraten gjorde emellertid skarpa invändningar emot den föreslagnes lämplighet, hvarpå

---

[1]) Bidr. II: 53, IV: 80.
[2]) „   VI: 96.

landshöfdingen frångick sitt förslag och förenade sig om tvänne andra, som blefvo „eligerade och af hela senaten antagne". En annan gång (1682) gjorde Oxe ett liknande föreslag, om hvars resultat protokollet förmäler: „hvarför och såsom borgmästare och råd därtill consenterade, blef han ock nu därvid konfirmerad".

Att borgerskapet skulle deltagit i valen eller att det, liksom vid borgmästarevalen, skulle tillkallats för att åhöra rättens öfverläggningar och uttala sina önskningsmål, därom förmäles i domböckerna intet förr än under seklets sista år, och äfven då representerades borgerskapet egentligen af de 24 älstes församling. Om det första valet af denna art, 1696, heter det, att „såväl herr landshöfdingen som rätten och borgerskapet enhälligt" förenade sig om advokaten Johan Saëhls. Att borgerskapets stämma emellertid icke var den bestämmande, utan att afgörandet fortfarande låg hos magistraten och landshöfdingen, därom vitna de sista rådmansvalen under seklet, hvilka förtjäna att i korthet relateras, emedan de belysa särskilda med valet förknippade förhållanden.

Efter rådmannen Johan Holms död öfverlade rätten i oktober 1697 med de 24 älste, af hvilka endast 6 hörsammat stämningen, om en efterträdare. Tjänsten hade ansökts af handlanden Kristofer Franck, advokaten Johan Lillander och f. d. befallningsmannen Johan Sundström. Man enade sig om att hos landshöfdingen Creutz förorda den förstnämde till tjänstens erhållande, „såframt icke herredagsmannen Henrik Tolpo, hvilken samma charge för detta tillbuden är, vill den mottaga". Creutz samtykte till förslaget och Tolpo förklarade sig villig att mottaga förtroendet, men installationen uppsköts af mellankomna skäl till september följande år. Under tiden hade Creutz dött och efterträdts af landshöfdingen Bure, hvarjämte en annan rådmansplats blifvit ledig efter Daniel Wernberg. Innan rätten och borgerskapet ännu skridit till nytt val, kom en skrifvelse från Bure, däri denne förklarade, att han godkänt Tolpo samt utsett till Wernbergs efterträdare en Jakob Walstenius, en f. d. gardessoldat, hvarför magistraten ålades att installera bägge. Skrifvelsen föredrogs på rådstugudag den 15 sept. 1698 för de älste, af hvilka tolf infunnit sig. Borgarene förklarade sig beredda att godkänna Tolpo såsom en väl studerad och i handeln inkommen person, men yttrade om Walstenius, att de alls icke kände till hans meriter, utan ansågo, att „sådana män skulle antagas, som rätten hade respekt utaf, och förmente, att magistraten föga respekt hade, om de sådana omeriterade personer skulle i sitt collegio antaga." De föreslogo därför,

att magistraten skulle „angifva" hos landshöfdingen antingen hof-
rättsadvokaten Gabriel Tammelin eller advokaten Petrus Lange.
Påminde dessutom om deras af konungen bekräftade rätt till fritt
rådmansval.

Frågan blef sedan hvilande till medlet af följande år. På
rådstugudag den 20 juni, då 15 af de älste och dessutom gemene
man voro närvarande, upptogs den ånyo. Borgerskapet anhöll
då, „att rätten ville taga dem för någon annan i consideration,
som hafva varit rättens betjänte och deras barn", hvarför de före-
slogo till Wernbergs efterträdare Gabriel Valentin, om hvars skick-
lighet och kapacitet man hört endast godt och hvars morfader
varit medlem af rätten. I alla händelser ville borgerskapet blifva
obesväradt för Walstenii intrång. Saken „togs ad notam" till
sammanträdet den 28 juni, då landshöfdingen kom upp i rätten.
När borgerskapets mening föredrogs för honom, förklarade han, att
han ingalunda ärnade frångå den fullmakt han gifvit Walstenius,
innan man anfört mot denne saker, som tangerade hans ära och
redlighet. Ansåg borgerskapet sig kränkt i sina rättigheter, kunde
det anföra besvär hos regeringen.

Bure fick emellertid icke på en tid sin skyddsling installerad
i ämbetet. Tvärt om förenade sig magistraten den 6 sept. s. å. om
att ingå till landshöfdingen med förslag att handlanden Franck,
som redan år 1697 blifvit vald till rådman, ehuru han fått vika
för Tolpo, blefve utnämd. Huruvida detta steg ogillades af bor-
gerskapet är icke kändt, men på rådstugudag den 13 sept., då 14
af de älste „med samtliga gemena borgerskapet" voro tillstädes,
underkastades frågan en vidlyftig behandling och man skred till
nytt val bland åtskilliga personer, som ansökt tjänsten. Först
anstäldes omröstning bland de älste, hvilka icke kunde förena sig
om en gemensam kandidat. Några röster tillföllo Gabriel Valen-
tin, till hvars förmån bl. a. anfördes, att han var stadens barn,
andra förenade sig om stadssekreteraren i Gefle Arvid Fontell och
de flesta röstade på Franck. Då äfven rätten nyligen förordat
den sistnämde, så borde han sålunda få anses såsom borgerskapets
och magistratens kandidat. Men egendomligt nog hade magistra-
ten frångått sin förra mening. Med anledning af omröstningen
inom de älste resolverade den, att emedan arbetet på rådstugan
betydligt tilltagit, så kunde man icke antaga Valentin, som var
en ung person och som dessutom icke själf ansökt tjänsten, utan
fadren på hans vägnar. Icke häller Franck var lämplig, „emedan
han sig om sitt ansökande ej alldeles yttrat och rätten eljest

dessutom är med sådana personer besatt, som nogsamt äro om handelsväsendet kunnige, [och] det lediga stället bör med en uti processen väl förfaren och kunnig person besättas". På dessa grunder beslöt rätten att hos landshöfdingen ödmjukligen anhålla om, att den vacerande tjänsten blefve gifven åt Fontell, „såsom en skicklig person och uti lag och processen förfaren och försökter, hvilken ock med vackra afskedspass öfver sekreteraretjänstens förvaltande försedd är". Endast borgmästaren Wilstadius reserverade sig emot denna uppfattning och ansåg, att Franck borde erhålla rättens förord, emedan rätten redan tidigare understödt hans kandidatur och en kongl. resol. af 1675 medgaf företräde åt dem af stadens borgerskap, hvilka gjort sig i rättegångssaker kunnige, en kvalifikation som Franck nogsamt förvärfvat sig under den tid han tjänstgjort såsom extraordinarie rådman och bisittare i kämnärrätten.

Den så många gånger omtvistade valfrågan afgjordes slutligen år 1700 och i enlighet med landshöfdingens vilja. En dag i maj månad, då landshöfdingen kom upp på rådstugan, anmälde magistraten, att den efter öfverläggning med de älste om hans nådes senaste skrifvelse angående Walstenii utnämning befunnit de mot Walstenius gjorda äreröriga beskyllningarna ogrundade, hvarför numera intet hinder mötte hans installation. Men ville borgerskapet förbehålla sig, att detta fall icke måtte såsom prejudikat lända deras valrätt för framtiden till någon skada. Efter denna förklaring gick Walstenius sin rådmansed.

IV.

Magistratens ledamöter.

Ur det föregående framgår, hurusom en aristokratisk princip låg till grund för borgmästare- och rådmansvalen. Magistraten ägde rätt att under landshöfdingens eller ståthållarens kontroll komplettera sig själf och endast ett ringa inflytande var medgifvet åt det gemena borgerskapet. Ett sådant valsätt borde af lätt insedda skäl lockat det förmögnare borgerskapet att med sina medlemmar besätta platserna inom rätten, ty ehuru hela förvaltningen stod under uppsikt af länets höfding, återstod dock en ganska vidsträkt maktsfär för magistraten. Därtill kom det anseende, som en ledamot af rådet måste äga framför sina medborgare, och, hvad som ingalunda skattades ringa i denna tid, det förnämare ställe han intog vid samkväm och offentliga tillfällen. Äfven var det af vikt för rådets anseende i gemen, att dess enskilda medlemmar, om de också icke ägde en större juridisk bildning, dock genom sin sociala ställning innehade ett bestämdt företräde framför gemene man.

Denna slutsats är emellertid endast delvis riktig. Väl finner man under hela seklet personer ur de förmögnare borgarsläkterna inneha plats i rådet, vare sig som borgmästare eller rådmän. Men deras antal befinner sig i ett ständigt nedåtgående och vid seklets slut erbjuder rådets sammansättning en ögonskenligen annan prägel än under dess början. Redan rådets stora antal — under de första decennierna 4 borgmästare och 12 rådmän — gjorde det svårt att exklusivt hålla sig till vissa i socialt hänseende bättre lottade släkter. Därtill kom, att om platsen i rådet medförde en viss prestige, så hade den äfven sina olägenheter. De talrika mötena med deras mångfaldiga ärenden upptogo en dyrbar tid, som med bättre ekonomiskt resultat kunnat användas till köpenskap och affärsspekulationer, ty den ersättning, som gafs för det på rådstugan utförda arbetet, var åtminstone till en början ganska klen. Och så kom ännu en omständighet, som bidrog att fördunkla rådsnamnets glans. För all den möda och all den tidsspillan, man egnade åt kommunens bästa och sina medborgares välfärd, rönte man som oftast grof otack och utsatte sig för personliga förnärmelser. Väl var det i lag vid strängt vite förbjudet att förolämpa rättens ledamöter [1]), men man hör alt efter litet magistraten klaga öfver den vanvördnad, den „despect", som af motvilliga och illasinnade personer visades densamma. Så läser man i protokollen hurusom en borgmästare i sittande rätt fick höra insinuationen: „är det en borgmästare, som sitter på kåken och dricker?" och hela rätten engång vid ett kämnärsval en person utlåta sig: „jag vill gifva en tunna smör, tagen mig till kämnär". År 1624 kärde borgmästaren Plagman till en Wellam Holländer för att denne gjort hemgång i hans hus och öfverfallit honom på öppen gata. Samme Plagman beskylde kort därpå, då han åter processade med Holländer, inför sittande rätt alla sina domare för att vara skälmar, hvilka mera höllo med hans vederpart än med honom. Om borgmästaren, sedermera burggrefven Erik Andersson Knape utspridde några personer, bland dem medlemmar af rätten, äreröriga beskyllningar, som sedermera befunnos vara fullkomligt osanna. När Knape avancerat till underståthållare och en dag företrädde Konglig Majestät i rätten, kom Hartwik Wölich och „öfverföll med snorkande och pockande hela rätten", beskyllande i synnerhet Knape för partiskhet [2]). En prästman Henrik Ekman beskylde en gång från predikstolen rättens ledamöter för att „komma så fulla och druckne som suggor samt stjäla lönen från öfverheten [3])". Sådana förnärmelser, både mot hela rätten och mot enskilda dess medlemmar, hörde icke till ovanligheterna under denna tid, och man finner ofta landshöfdingen taga borgerskapet i upptuktelse

---

[1]) 40 mark böter. Straffet kunde äfven utdelas på annat sätt. Så blef år 1638 en Matts Olsson Svensk, som både munt- och skriftligen „defamerat" rätten, utkörd från staden med underrättelse, att om han återvände, skulle han mista tungan. (Just. kollegiets relat. i domb. 1638, stadens exemplar.)

[2]) Bidrag t. Åbo stads hist. första serien II: 25—30, 71, III: 1, IV: 42, 124 o. 156.

[3]) Tor Carpelan, Åbo i geneologiskt hänseende på 1600- och början af 1700-talen s. 170.

för dess vanvördiga och uppstudsiga uppförande, liksom äfven regeringen, dels i resolutioner på samtliga städers besvär, dels i anledning af Åbo magistrats speciella klagomål, ser sig nödsakad att hos vederbörande inskärpa lagens bud om magistratens respekterande.

Ämbetets vedermödor gjorde att ledamotskapet i rätten af mången betraktades som ett kommunalt onus, som man sökte att vid första lägenhet afbörda sig, om man engång icke kunnat undgå att mottaga detsamma. Anföranden i domböckerna bära tydligt vitne därom. Hans Hörling och Hans Plagman, hvilka år 1633 tillhöllos att aflägga, den förre sin rådmans- och den senare sin kämnärsed, erbjödo sig, ehuru fåfängt, att betala 100 daler blott de sluppo utmärkelsen. År 1634 uppsade Olof Börilsson sitt rådmanskall, förebärande det intrång det gjorde på hans yrke, hvilket exempel efterföljdes af „alle slätt tillhopa, både borgmästare och råd". Betecknande för uppfattningen om rådmanskallet är protokollet för den 2 maj 1635, hvari läses: „Desse nu residerande borgmästare och råd, som nu allaredo i 3 år på Åbo rådhus rätten beklädt hafva för ringa eller alls ingen lön, sig själfva i deras handel och vandel till all som största skada och afsaknad, där ofvan oppå hvars mans ovilja och ovänskap till tacka, och eftersom de tillförene tvänne gånger lagligen uppsagt hafve, altså göra de det samma nu tredje gången, efter H. H:ts gubernatorens (!) herr Bror Anderssons tillstånd, begärande att borgerskapet vele nu se sig före och andra borgmästare och råd i deras stad nämna, betackandes dem för tillbörlig lydno och hörsamhet de dem i deras regements tid bevist hafva och lofva sig gärna det samma göra vilja de andre gode män, som nu i deras ställe igen förordnade blifva. Och därmed stodo upp och gingo sin väg [1]".

Syntes sålunda ledamotskap i rätten mången borgare mindre inbjudande, så var å andra sidan icke häller regeringen rätt belåten med magistratens sammansättning. Man förnimner då och då klagomål öfver att rättens ledamöter icke innehade de kvalifikationer, som tillkommo en domare. Och där man är i tillfälle att lära känna rådspersonernas antecedentia, finner man i många fall, att regeringen hade skäl till missbelåtenhet. Jag frånser sinnets råhet och lefvernets förvildning, ty det är nu ett beklagligt faktum, att dessa egenskaper påträffats och påträffas såväl hos de bildade klasserna som hos gemene man.

---

[1] Bidr. t. Abo hist. första ser. VI: 51, 172, VII: 37.

Clas Thomasson.　　Bertil Mårtensson.　　Sigfrid Simonsson.　　Nils Eriksson.

Erik Andersson.　　Erik Olofsson.　　Nic. Lietzen.　　Simon Eskilsson.

Erik Mårtensson.　　Sigfrid Michelsson.　　Matts Hendersson.　　Lars Palikka.

Henrik Fråger.　　Johan Miltopæus.

Borgmästares och rådmäns i Åbo sigill.

Jag afser blott den literära bildningsnivån. Betraktar man rådspersonalen i Åbo under de fem första decennierna af sjuttonde seklet, så finner man nog på borgmästareplatserna en och annan, som synbarligen tillegnat sig en viss förfarenhet i administrativa och judiciela värf. Så ansågs borgmästaren Erik Andersson Knape kompetent att intaga rangen af burggrefve öfver städerna i Åbo län. Borgmästaren Kristian Filipsson var assessor i Åbo hofrätt; Peter Plagman hade användts i politiska värf af föregående regenter o. s. v.[1]). Men flertalet af borgmästarne och så godt som alla rådmännen hade tillhört — och fortforo att göra det under sin ämbetsförvaltning[2]) — stadens näringsidkareklass, de allra flesta köpmannakåren, ty att handtvärkare skulle invalts i rådet, därpå kan bevisligen endast ett exempel anföras. Det är intet skäl att betvifla, att ju icke i regeln de bästa förmågorna uttogos, och om ett stort antal mål kan det sägas, att deras afdömande kräfde allenast ett sundt förstånd och en praktisk förfarenhet. Men ständigt måste ju äfven fall förekomma, vid hvilka anspråk på god literär underbyggnad måste ställas på domarene. Intet under sålunda, om regeringen förbehöll sig att genom sina tjänstemän på orten kontrollera rådets ämbetsförvaltning.

Vid seklets midt inträdde en förändring till det bättre. De årliga tjänsteombytena upphörde och rättens medlemmar blefvo förpliktade till ämbetets kontinuerliga utöfning. Medan man tidigare finner nya medlemmar årligen inträda i rätten, förflöt det t. ex. efter Sigfrid Salkos val 1644 tretton år innan den följande rådmannen valdes, efter Sveno Rydenii val 1660 sju år, efter Johan Miltopæus och Jakob Bachsters val 1676 och 1679 tre år o. s. v. Genom att löneförhållandena undergingo en förbättring, timade vidare den förändring, att, under det ledamotskap i

---

[1]) Äfven må det märkas, att borgmästarne ofta genomgått en förberedande skola såsom rådmän.

[2]) I en förteckning af år 1638 öfver stadens näringsidkare upptagas bland grosshandlarene borgm. Guttrie och rådm. Jesenhausen, bland klädeshandlare borgm. Schæfer samt rådmännen Ekman, Rancken och Plagman, bland försäljare af Nürnbergs kram borgm. Mårten Sigfridsson samt rådmännen Sten Kristersson och Hans Hansson, bland bryggarene rådm. Nils Olofsson, bland krögare rådm. Lars Borgare, bland värdshusidkare borgm. Johan Knutsson, bland kryddkrämare rådm. Johan Hansson. År 1640 resolverade Brahe, att ingen må för sitt rådmansämbetes skull lida förfång i sin näring. När borgmästaren Lietzen år 1663 utnämdes till assessor i hofrätten, tilläts han att fortfarande idka borgerlig näring emot en billig genant. Rådst. prot. 13 maj 1640 och 15 juni 1663.

rätten tidigare mången gång betraktades som ett förargligt medborgerligt onus, anmälde sig vanligen under seklets senare hälft flere sökande till en vakant befattning. För det juridiska elementets ökande sökte regeringen sörja genom utnämningen af de kungliga borgmästarene, hvilka öfvertogo ledningen af justitieärendena. De voro alltid personer, som dokumenterat sig inneha juridisk bildning. Genom denna intogo de till en början en dominerande ställning i rätten, men småningom påträffas äfven bland de öfriga medlemmarna alt flere, hvilka idkat studier vid akademien, aflagt juridiska examina, tjänstgjort vid hofrätten eller underrätterna på landet o. s. v. Af de borgmästare, som tillsattes under seklets senare hälft, hade på två undantag när alla bedrifvit akademiska studier. Att äfven bland rådmännen de literate

Namnteckningar af borgmästarene Erik Andersson Cnape, Henrik Schæfer, Sveno Rydenius och Berendt Riggertsson.

befunno sig i stigande antal och att akademiska meriter vägde tungt vid ämbetstillsättningar, framgår tydligt ur protokollen. Så heter det om vicerådmannen Malmelin, att han flere gånger erhöll löfte om en ordinarie plats i rätten, men att han vid hvarje vakans blef förbigången af „studerade personer". År 1697 besattes en ledig rådmansplats med en efter tidens begrepp höglärd man, Adolf Wittfooth, som efter att ha försvarat tvänne akademiska dissertationer, den ena behandlande valda spörjsmål från filologins och filosofins område, den andra belysande de onda andarnas makt och välde, promoverats till filosofie magister. I allmänhet, kan man säga, anmälde sig såsom sökande till lediga platser inom rådet personer, tillhörande denna klass af literate, som efter genomgången skolkurs och någon tids akademiska studier sökte sin bärgning på lägre administrativa och judiciela befattningar, såsom lagläsare, skrifvare och advokater.

Ehuru sålunda platserna i rådet tenderade att blifva ett medel till lefvebröd för dem, som gjort den administrativa och juridiska banan till sitt genus vitae, förekom det dock alt fortfarande, att medlemmar af köpmannakåren inkallades. Det var nödvändigt såväl för att stärka rådets kommersiela kompetens som för att tilldela en utmärkelse åt framstående borgare. Så lät landshöfdingen Oxe vid ett tillfälle år 1679 uppkalla köpmännen Jochim Wargentin och Bertil Fästing på rådstugan och erbjöd dem en ledig rådmansbefattning, framhållande därvid, att „så som de nu för tiden de förnämsta borgare här i staden och de samma äro, som K. M. och kronan icke allenast dessa besvärliga krigstider förmedelst ansenliga kontributioner, utan ock eljest [genom]

Namnteckningar af borgmästarene Laurentius Brochius och Peter Jesenhausen.

åtskilliga försträckningar sin underdåniga plikt och trohet uti själfva värket hafva förmärka låtit, altså skulle han till en vederkänsla af alt sådant gärna fram för någon annan dem behedrade se och förnimma". Och då såväl Wargentin som Fästing undanbådo sig erkänslan, beslöto landshöfdingen och rätten att tilldela dem vid offentliga tillfällen platsen framför framdeles utnämda rådmän [1]).

En följd af att platserna i rådet blifvit så eftersökta, att de merendels utgjorde föremål för flere personers täflan, var den, att de icke alltid besattes med infödda Åboboar, utan tilldelades äfven åt utom stadens råmärken födde personer. Detta var icke i borgerskapets smak, och icke var ett sådant förfaringssätt häller omtykt i andra stadskommuner. I resolution af den 3 okt. 1675 på städernas allmänna besvär hade regeringen bekräftat städernas

---

[1]) Rådst. prot. 6 okt. och 4 nov. 1679.

rättighet att vid borgmästares och råds och andra stadsbetjäntes tillsättande besätta de lediga platserna med „sådana personer, som äro af borgareståndet och sig uti justitiesaker endels öfvat samt eljest vid andra stadsens tjänster gjort meriterade", hvarför landshöfdingarne ingalunda finge tillvälla sig „någon myndighet förmedelst egen disposition att träda där ifrån, utan de vara förpliktade att efterlefva hvad lagen dem föreskrifver" [1]). Denna förordning åberopades emellanåt i Åbo såsom åsyftande förmånsrätt vid valen för stadens egna borgare, och när borgerskapet tilläts att yttra sin mening angående sökandene till en ledig plats i rådet, grundade de vanligen sitt förord därpå, att deras kandidat var „stadens barn" och hade förfäder, som innehaft förtroendeposter i staden.

Efter dessa allmänna anmärkningar om rådsledamöternas juridiska och allmänbildning vill jag i nedanstående förteckningar sammanfatta det väsentligaste rörande de enskilda medlemmarnas personalia. En rådslängd har tidigare meddelats af Tor Carpelan i „Åbo i genealogiskt hänseende på 1600- och början af 1700-talen". Denna är ju ganska lång och särskildt erbjuda de genealogiska tilläggen stort intresse, hvarför jag vill hänvisa dem, som eftersträfva en närmare kännedom om borgmästares och rådmäns familjeförhållanden, till sagda arbete. Vid en jämförelse mellan Carpelans och mina längder skall läsaren emellertid finna, att det lyckats mig att öka borgmästarene med ett tiotal och rådmännen med ett tjugotal hittills okända personer, liksom jag ock på en mängd ställen funnit anledning att komplettera och beriktiga af Carpelan meddelade uppgifter. Fullständighet i uppgifterna har dock icke uppnåtts och måste man väl afstå från hoppet därom. Intill år 1623 äro förteckningarna bristfälliga, emedan domböcker saknas för denna tid och likaså andra handlingar, ur hvilka notiser i ämnet kunnat inhämtas. Äfven för några år i slutet af 1620-talet äro domböckernas upplysningar ytterst knapphändiga, så att uppgifterna öfver borgmästare och råd för denna tid möjligen tåla någon modifikation.

---

[1]) Stiernman, Riksd. och mötens beslut II: 1748—1749.

Borgmästare i Åbo 1600—1700.

Michel Krank. Nämnes borgmästare 1587—1600. Riksdagsman 1590 och 1595. Satt i nov. 1699 i domstolen, som dömde Arvid Stålarm, Johan Fleming m. fl. Var död 1609.

Nils Torkilsson. Nämnes borgmästare redan 1590 och har i samma egenskap suttit i ofvannämda domstol i nov. 1599. Nämnes rådman 1582. Lefde måhända ännu 1610. Riksdagsman 1590 och 1594.

Klas Thomasson. Nämnes borgmästare 1597—1615 och „gamle borgmästaren" 1616. Dog 1618. Satt i ofvannämda domstol. Inlämnade, enligt Vaaranens förmodan år 1607, till konung Carl IX en besvärsskrift, däri han säger sig ha tjänat staden öfver 12 år som stadsfogde och borgmästare.

Hans Henriksson Rantala. Nämnes borgm. 1597—1600. Satt i ofvannämda domstol och var stadens fullmäktig vid riksdagen 1600.

Matts Hako. Nämnes borgm. 1601.

Knut Pedersson. Borgm. och stadens representant vid riksdagen 1605. Var måhända död 1609.

Henrik Bertilsson. I domboken för 1627 nämnes han fordom borgmästare och att han 1606 utlånade en penningesumma.

Bertil Mårtensson. Nämnes borgm. 1608—nov. 1623 och var det antagl. in på våren 1624. Lefde ännu 1633.

Sigfrid Simonsson. Nämnes borgm. 1608—nov. 1623 och afgick väl i början af följ. år. Död 1633.

Nils Eriksson. Nämnes borgm. 1608—1616. Dog 1616.

Hans Platz. Nämnes borgm. 1616—1620. Dog 1620. Stadens repres. vid riksdagen 1617.

Jöran Nilsson Lindu. Nämnes borgm. 1616—1619. Dog 1622.

Erik Andersson Knape. Borgm. 1621—1628. Underståthållare 1629, dessutom burggrefve öfver städerna i Åbo län 1630. Presiderade i rätten sista gången i nov. 1633. † 1634. Var stadens repres. vid 1627 års förra riksdag (samt enl. Carpelan vid riksd. 1624).

Petter Plagman. Borgm. 1624—1626. † 1626.

Kristian Filipsson Fabricius. Nämnes borgm. 1627—1628. Därjämte assessor i Åbo hofrätt. Riksdagsman 1627 (senare riksdagen).

Joen Joensson. Af Nils Bjelke utn. till borgm. 1624; förordnad till tjänstg. borgm. 1625, men tillträdde sin befattning först 1627 och innehade ämbetet ännu följ. år. Lefde ännu 1634.

Erik Olofsson (Spåre). Förordn. till borgm. 1625, men tillträdde befattningen först 1629 och anträffas vid densamma t. o. m. 1632. Därförinnan rådman. Stadens repres. vid 1627 års senare riksdag och utskottsmötet 1631. † 1655 (enl. Carpelan).

Hans Olofsson. Borgm. 1629—1634. † 1634. Riksdagsman 1629.

Olof Bertilsson. Nämnes 1633 f. d. borgmästare. (Månne i senare hälften af 1620-talet?).

Hans Guttrie (Göttrich, Göttring). Borgm. 1632—1644 eller 1645. Nämnes salig i mars 1645. Därförinnan rådman. Öfvertog 1638 handelskollegiet. Riksdagsman 1633, 1640 och 1642.

Henrik Schœfer (Scheper). Borgm. 1632—1660. † 1660. Tidigare köpman. Öfvertog 1638 justitiekollegiet, afträdde det 1647, då han erhöll på sin lott handelsärendena. Riksdagsman 1634, 1638 och 1643.

Johan Knutsson. Utnämd af Bjelke 1624, men aflade eden först 1633 och afgick med döden synb. år 1641. Tidigare köpman. Öfvertog 1638 handelskollegiet. Valdes till utskottsmötet 1635, men synes icke rest; närvar vid utskottsmötet 1636.

Mårten Sigfridsson (Salko). Borgm. 1635—1650. † c. 1656. Därförinnan rådman. Öfvertog 1638 kollegiet för intrader och byggningar. Riksdagsman 1635.

Johan Hansson (Purmerus eller Burgman). Borgm. 1642—1655. † 1655. Därförinnan rådman. Öfvertog 1647 handtvärks-ärendena. Riksdagsman 1635, 1638, 1644 o. 1649.

Gulmund Krook. Svensk. Kunglig borgmästare 1647 och närvarande vid några möten i juni månad. Förflyttades till borgm. i Kalmar.

Nicolaus Arvidsson Lietzen. Kongl. borgm. 1647—1663. Hade uppsikt öfver justitien och från 1655 dessutom öfver en del af handtvärkerierna. Assessor i hofrätten och häradshöfding i Wemo och nedra Satakunta härad 1663. Vicelandshöfding 1678 och 1686. † 1691. Riksdagsman 1650, 1655 och 1660 (senare riksd).

Laurentius Brochius (l. Brooke). Svensk. Borgm. 1650—1683. Pensionerades 1683 med bibehållande af $^1/_2$ lönen. † 1684 vid hög ålder. Tidigare syndicus. Förestod 1655 intraderna, byggnaderna och en del af ämbetena. Öfvertog 1660 efter

Schæfers död handelskollegiet och 1664 efter Lietzens afgång justitiekollegiet, som han förestod till 1683. Riksdagsman 1654 och 1659—1660. Stadens represent. och borgarståndets talman vid provincialmötet i Åbo 1657.

Petter Jesenhausen. Borgm. 1660 - 1671. † 1671. Därf. köpman. och rådman. Öfvertog 1660 byggningarna och handtvärkerierna, 1664 handtvärkerierna och handeln. Riksdagsman 1643, 1654 och 1659—60.

Johan Schæfer. Borgm. 1663—1683. † 1683. Tidigare advokat-fiskal i hofrätten. Öfvertog 1664 intraderna och en del af näringarna, 1672 handels- och ämbetsärendena; blef 1679 vice justitiarius i anledning af Brochii sjukdom och efter Brochii pensionerande i febr. 1683 ord. justitiarius. Riksdagsman 1664, 1668, 1675, 1680 och delegerad vid provincialmötet i Åbo 1671. Utgifvit tvänne skrifter: „Finnoniae elogia oratione comprehensa" och „Aureae sententiae ex bibliis variisqve auctoribus".

Sveno Rydenius. Borgm. 1671—1675. † 1675. Svensk. Tidigare stadssekreterare och rådman. Öfvertog 1672 uppsikten öfver intraderna och byggningarna. Riksdagsman 1672 och delegerad vid prov. mötet 1671.

Berendt Riggertsson (Munster). Borgm. 1675—1696. † 1696. Tidigare rådman. Öfvertog 1678 intraderna och byggnaderna; 1679 förordnad att sköta ämbetena; förestod efter Schæfers afgång 1683 justitieborgm. befattningen, men måste efter landshöfdingens resolution 1685 afstå därifrån och fick på sin andel ämbetena och handeln, dock med bibehållande af förnämsta sätet i rådet; rekommenderades 1687 af vicelands-höfdingen Wallenstierna till erhållande af justitiarii namn. Riksdagsman 1676 och 1682. Stadens repres. vid landtdagen i Åbo 1676.

[*Nicolaus Ringius.* Ett bland Åbo stads acta ingående reskript från 1683 eller något år därförinnan förordnar e. o. professoren Ringius att under Brochii sjukdom vara vicejustitiarius och efter B:s död ordin. just. borgm. Nämnes alls icke i domböckerna. Denne Ringius blef år 1678 e. o. juris professor vid akademien och 1681 häradshöfding i Hattula och Rase-borgs härad.]

Olaus Beckius. Borgm. 1683—1691. Var först handels- och byggningsborgmästare, sedan från 1685 justitiarius. Ytterst för-

sumlig i sin tjänst. Anklagades 1685 för dubbelt hor, befriade
sig genom värjemålsed. Reste år 1690 Sverge, medtagande
ena nyckeln till stadens „kista", och afskedades 1691 efter
ett års förfallolöst uteblifvande.

Sylvester Biugg. Justitieborgm. 1683. Hans fullmakt upplästes vid
rådst. möte d. 9 juli, då han ock gick eden, hvarefter han
d. 13 i samma månad är närvarande, men omnämnes icke
sedermera.

Laurentius Wilstadius. Borgm. 1691—1703. † 1703. Tidigare tjän-
steman i hofrätten och vicehäradshöfd. i Öfra Satakunta.
Förordnades 1692 öfver justitien.

Andreas Prytz. Borgm. 1696—1710. † 1710. Tidigare stadssekre-
terare och rådman. Handelsborgm. till 1703, sedan justitie-
borgm. Riksdagsman 1697.

Rådmän i Åbo 1600—1700 [1]).

Eskil Puto. Satt i nov. 1599 i domstolen, som dömde Arvid Stå-
larm, Axel Kurck m. fl.

Matts Kauhanen. Som ofvan.

Thomas Åländinge. Som ofvan. † 1600.

Jakob Ersson. Som ofvan.

Knut Persson. Som ofvan.

Sigfrid Larsson. Som ofvan.

Simon Jönsson. Som ofvan.

[*Daniel Röllek* (?). Har jämte borgm. Matts Hako år 1601 utan-
ordnat domkyrkomedel.]

Bertil Eriksson. Synbarl. rådman 1613, då han vidimerat domkyrko-
räkenskaperna.

Nils Sigfridsson. Nämnes rådman 1615; synbarl. redan 1613, då
han vidimerat domk. räk.

Simon Eskilsson Härkä. Nämnes rådm. 1614 samt 1623—1629;
synbarl. redan 1613, då han vidimerat domk. räk. Begrafven
1630.

Erik Olofsson (Spåre). Nämnes rådm. 1621—1628; synbarl. redan
1613, då han vidimerat domk. räk. Senare borgmästare.

---

[1]) I denna längd upptages icke en Josef Jakobsson, som Carpelan låter
vara rådman 1638. Jag har icke påträffat honom detta år annat än i egenskap
af kämnärsskrifvare.

27

Sigfrid Michelsson Kauhanen. Nämnes rådm. 1614—1619.

Erik Mårtensson. Nämnes rådm. 1623—1624; synbarl. 1615 och 1619, då han vidimerat domk. räk. (Månne samma person som Erik Hakkula? Se nedan.)

Jöran Palikka. Nämnes rådman i en räkenskap öfver Elfsborgslösen för åren 1614—1619. Har 1619 vidimerat domk. räk. † 1620.

Erik Hakkula. Nämnes rådm. i Elfsborgslösens räk. 1614—1619. (Månne densamma som Erik Mårtensson?)

Per Larsson. Förekommer i ofvannämda räk.

[*Bertil Jödhe (?).* Upptages som rådman i ofvannämda räk. Förekommer emellertid under titeln stadsfogde i mantalslängderna 1616—1619].

Jöran Ohrapää. Förekommer i ofvannämda räk.

Erik Suiki. Förekommer i ofvannämda räk. Nämnes rådm. ännu 1624.

Erik Viisas. Förekommer i ofvannämda räk. Nämnes vidare rådm. 1623—1624. Lefde ännu på 1640-talet.

Suni Olofsson. Nämnes rådm. 1621—1626 och 1634 samt var det måhända ännu 1635, då han förordnades att sitta i kämnärsrätten. Stadsfogde 1631 och 1632. Köpman. Lefde (enl. Carpelan) ännu 1644.

Lars Eriksson Palikka. Nämnes rådm. 1623—1632. Kämnär 1622. Lefde ännu 1651.

Matts Hindersson. Nämnes rådm. 1622—1633.

Anders Mattsson. Nämnes rådm. 1623—1624.

Erik Salko. Nämnes rådm. 1623—1624.

Henrik Fråger. Nämnes rådm. 1623—1629. Riksdagsman 1629. Dog (enl. Carpelan) 1642.

Henrik Jöransson. Nämnes 1623. Tidigare kämnär.

Lars Borgare. Nämnes rådm. 1623. Afgick och förekommer som tillförordnad bisittare 2 ggr. 1626. Förekommer åter som rådman 1635—1655. Stadens repres. vid utskottsmötet 1636.

Johan Davendzberg (Davidsberg, Dauensberg). Rådm. 1624—1635. Utnämdes enl. Carpelan 1634 till befallningsman i Sääksmäki härad. Riksdagsman 1634.

Gevert Bugenhagen. Blef rådman 1624. Nämnes som tillförordnad bisittare 1631 och som rådman 1632—1636. † 1636.

Henrik Tawast. Rådm. 1624—1632. Utsågs till borgmästare 1632, men mottog icke kallet. Var kämnär 1623. Köpman och Jakob De la Gardies hauptman. † 1667. Riksdagsman 1633.

Hans Hörling (1. Hörnigk). Valdes till rådman 1625, men aflade eden först 1633. Kvarstod till 1635, då han dog. Köpman.

Mårten Sigfridsson Salko. Nämnes rådm. 1628—1635. Sistnämda år borgmästare. Tillförordn. bisittare 2 ggr år 1626. Var kämnär 1630.

Mårten Frijs. Nämnes rådm. 1628—1632. Tillförordn. bisittare en gång 1626.

Axel Rauta. Nämnes rådm. 1628.

Olof Thomasson Salko. Nämnes rådm. 1628—1632.

Filip Ohrapää. Nämnes rådm. 1628—1632. Dog enl. Carpelan 1653.

Hans Guttrie (Guttrich, Guttring). Nämnes rådm. 1629 och 1630 samt tillförordn. bisittare en gång 1631. Borgmästare 1632.

Sten Kristersson Eskola (Eskola Sten). Nämnes rådm. 1629—1643.

Johan Hansson (Purmerus 1. Burgman). Nämnes rådm. 1630 och 1632—1642 samt tillförordnad bisittare en gång 1631. Borgmäst. 1642. † 1655. Kämnär 1629.

Hans Bogge. Rådm. 1630—1631. Tidigare uppsyningsman öfver ämbetena och accisen. Begärde år 1633 hos magistraten att återfå sitt rådmanskall, men detta afslogs. Blef åter uppsyningsman öfver handeln och ämbetena. Stadens representant vid utskottsmötet 1631.

[*Jakob Wolle* (?). Måhända rådman 1630, då han vidimerat domk. räk. Köpman].

[*Henrik Schaefer* (?). Måhända rådman 1630, då han vidimerat domk. räk.].

Kasper Ekman. Rådm. 1632—1649. Sedan borgmästare i Nystad och hauptman i grefskapet Wasaborg. Förbehöll sig vid sin flyttning, att hans plats i rådet måtte hållas honom öppen på år och dag. Riksdagsman 1635 och 1644.

Herman Stamer. Rådm. 1632—1636. (Carpelan säger, att han blef accis- och vågskrifvare i staden 1663, men detta låter mindre troligt). Nämnes köpman 1639.

Olof Börilsson. Rådm. 1632—1638. Skräddare. Var skräddareålderman åtm. 1625—1629.

Sigfrid Johansson. Nämnes rådm. 1632—1633. Stadsfogde 1633— åtm. 1653.

Robert Rancken. Rådm. 1633—1666. † 1666. Riksdagsman 1650.

Petter Jesenhausen. Rådm. 1633—1660. Därjämte köpman. Borgm. 1660. † 1671.

Hans Plagman. Rådm. 1634—1679. Tidigare kämnär. † 1679. Riksdagsman 1655 och 1660 (senare riksd.).

Nils Olofsson. Rådm. 1636—1640. Erhöll 1640 af magistraten consilium abeundi. Tidigare kämnär.

Hans Hansson. Rådm. 1637—1675. † 1675. Tidigare kämnär.

Gottfrid Rosskamp. Rådm. 1638—1641. Tidigare kämnär. Köpman. Dog enl. Carpelan 1659.

Simon Thomasson. Rådm. 1641 och möjligen 1642 (enl. Carpelan, som tillika säger, att han var riksdagsman 1642).

Johan Knutsson. Rådm. 1641—1685. † 1685. Efter att en lång tid ha uteblifvit från sammanträdena i följd af sjuklighet, erhöll han år 1679 till biträde och vikarie Mikael Chorelius.

Anders Michelsson Lindu (l. Lindula). Rådm. 1642—1658. Blef af magistraten afsatt. † 1667. Tidigare kämnär.

Erik Johansson (Sylvast). Rådm. 1643—1657; tjänsten sköttes från 1654 genom vikarie. † 1657. Tidigare kämnär.

Sigfrid Larsson Salko. Rådm. 1644—1654. † 1654. Tidigare kämnär.

Johan Olofsson. Vikarierande rådm. 1654—1657. Ordinarie 1657 —1672. † 1672. Tidigare stadssekreterare och stadskassör. Riksdagsman 1668.

Håkan Andersson (Prytz). Rådm. 1658—1667. † 1667. Tidigare kämnärrättsnotarie. Svensk.

Henrik Schæfer d. y. Rådm. 1658—1668. † 1668. Köpman. Förordnades år 1658 jämte Nic. Lietzen att hos konungen ansöka om vissa friheter för staden i anledning af branden 1656.

Sveno Rydenius. Rådm. 1660—1671. Innehade tidigare stadssekreterare ämbetet och skötte bägge tjänsterna till 1671, då han blef borgmästare.

Bertil Jöransson (Rauvola). Rådm. 1667—1691. † 1691.

Albrekt Rosskamp. Rådm. 1667—1685. † 1685. Afslog 1675 anbudet att blifva borgmästare. Köpman. Riksdagsman 1664.

Johan Säger. Rådm. 1669—1684. † 1684. Köpman.

Alexander Wattson. Rådm. 1671—1676. † 1676.

Kristiern Carlsson Greek. Rådm. 1673—1695. † 1695. Tidigare lagläsare i Piikkis. Behöll till en början äfven lagläsareämbetet, emedan hans företrädares enka åtnjöt rådmanslönen för det löpande året. Vicerådmannen Malmelin förordnades år 1692 att företräda hans tjänst.

Jacobus Jacobi. Rådm. 1675—1694. † 1694. Tidigare kämnärsrättsnotarie under 16 år.

[*Johan Falck.* Antogs 1675 till kämnärsrättens notarie och fick, emedan han erhållit hofrättens rekommendation vid rådmansvalet s. å., titel af rådman].

Johan Miltopæus d. ä. Rådm. 1676—1691 l. 1692. Begrofs i febr. 1692. Tidigare lagläsare. Sökte par gånger borgmästaretjänst, men antogs icke på grund af svärsonskap till den andra borgmästaren Berendt Riggertsson. Riksdagsman 1678 och 1686, förstnämda år jämväl för Nådendal och Brahestad.

Jakob Bachster. Rådm. 1679—1681. † 1681. Köpman.

Mikael Chorelius. Bitr. rådm. 1679—1682. Ordinarie 1682—1702. † 1702. Riksdagsman 1693.

Wilhelm Wargentin. Rådm. 1682—1692. † 1692. Köpman. Riksd. man 1689.

Ericus Salander. Rådm. 1684—1685. † 1685. Tidigare syndicus.

Bertil Lessle. Rådm. 1685—inpå stora ofreden. Hade därförinnan i långa tider tjänat staden som kämnär m. m.

Daniel Wernberg. Rådm. 1685—1698. † 1698. Tidig. advokat.

Jonas Ekerooth. Rådm. 1687 $^{26}/_3$. Begrofs i april s. å. Tidigare syndicus.

Olaus Rhezelius. Rådm. 1691—1693. † 1693. Tidig. stadssekreterare och notarie. Behöll sekretariatet intill sin död.

Anders Malmelin. Vice l. extra ordinarie rådm. 1691—1693. † 1693. Tidigare kämnär. Köpman. Blef vid rådmansval flera gånger förbigången af „studerade personer".

Baltzar Schultz. Rådm. 1692—1710. Borgm. 1710. Tidigare vicefiskal i hofrätten.

Andreas Prytz. Rådm. och stadssekret. 1693—1696. Borgm. 1696. Tidigare advokat och auditör.

Henrik Johansson. Rådm. 1693. Deltog några gånger i sammanträdena, men avancerade s. å. till häradshöfd. i Virmo och Masku härad. Tidigare advokat.

Jakob Stadius. Rådm. 1693—1697. Blef afsatt. Tidigare regementsskrifvare.

Hans Wiens. Rådm. 1694—1697. † 1697. Tidigare slottsskrifvare och räntmästare. Behöll slottsskrifvaretjänsten.

Johan Holm. Extraordinarie rådm. 1694—1697. † 1697.

Johan Saëhls. Rådm. 1696—1703. Borgm. 1703. † 1707. Tidig. hofrättsadvokat.

Adolf Wittfooth. Rådm. 1697—1708. † 1708. Promoverad magister vid Åbo akademi. Utgifvit „Dissert. exhibens qvaestiones qvasdam selectiores tam philologicas qvam philosophicas" och „Potentia spirituum malorum".

Anders Lindh. Rådm. 1697 1710. Justitieborgm. 1711. † 1730. Tidigare advokat i hofrätten. Försvarade 1688 under Dan. Achrelii praesidium en afhandl. „De officio & jure legatorum ex occasione verborum Taciti Hist.“ Författade vid jubelfesten 1690 en madrigal till konungens ära.

Henrik Tolpo. Rådm. 1698—1727. † 1734. Tidigare en af stadens älste. Köpman.

Jakob Walstenius. Rådm. 1700—1705. Häradshöfd. i Virmo och Masku härad 1705. † 1710.

V.

Stadsbetjänte.

Näst borgmästare och råd följde bland stadens tjänstemän i heder och anseende stadssekreteraren eller syndicus, inpå 1630-talet nämd vid den anspråkslösare titeln stadsskrifvare. 1619 års stadga om städernas administration föreslog bibehållandet af stadsskrifvarens ämbete samt inrättandet af en syndicitjänst i de städer, som mäktade med denna förhöjning i staten [1]. I Åbo upprätthölls denna anordning åren 1633—1635, då Josef Jakobsson nämnes som stadsskrifvare och Nicolaus Bengtsson ömsom som syndicus och skrifvare. Efter 1635 sköttes sekreterare göromålen allenast af en person.

Ofvannämda stadga af 1619 synes tänkt sig syndicus såsom ett slags konsultativ, officiel ledamot af rätten. Det heter nämligen däri, att syndici ämbetet enkannerligen skall bestå i „att han vid rådslag adsisterar vid rättegångssaker borgmästare och råd, och där någon förordning ske skall, att han sig däruti bruka låter och alltid söker vårt, våre efterkommande konungars, fäderneslandsens och stadsens bästa". En sådan befogenhet har syndicus emellertid icke haft i Åbo [2]. Hans kall och ämbete, som nog stälde på innehafvaren större anspråk på såväl allmän som juridisk bildning än dem flertalet af rättens ledamöter fylde, bestod i protokollsföring vid rättens sammanträden och ombesörjandet af alla kansligöromål äfvensom uppsikten öfver stadens arkiv. I en af magistraten år 1690 affattad instruktion sammanfattas

---

[1] Stiernman, Commerce o. politie förordn. I: 734.

[2] I de privilegier, som år 1612 gåfvos staden Nyen och hvilka i flera delar upptaga bestämningar ur 1619 års stadga, nämnes häller intet om syndici adjungerande. C. v. Bonsdorff, Nyen och Nyenskans. s. 98.

hans åligganden på följande sätt: „Stadssekreteraren åligger att hålla här vid rätten dagligt protokoll, låta däraf 2:ne exemplar renskrifva (hvaraf det ena gick till hofrätten, det andra stannade i rådhusarkivet), jämväl ock göra redo för K. M:ts charta sigillata, som han under sin disposition och inseende med dess försäljande hafver; tideligen förfärdiga alla mantalslängder och kontributionslängder, så att K. M:ts tjänst därvid ej må försummas, samt fatta alla förklaringar och ransakningar till hofrätten, landskansliet och andra i staden varande collegier, som dagligen påfordras, och därhos hålla correspondensen med dem, som magistraten i en eller annan måtto kunna tillskrifva; äfven åligger honom alla sollicitanter, som i en myckenhet här vid rätten dagligen infinner, affärda [1]“. År 1686 hade borgmästare och råd resolverat, att alla

Mårten Plato.   Anders Sigfridsson.   Josef Jakobsson.

Stadsskrifvarene Mårten Platos, Anders Sigfridssons och Josef Jakobsson Ilkkas sigill.

köpebref, arfsföreningar och andra liknande transaktioner skulle, för att anses lagliga, vara uppsatta af stadssekreteraren [2]).

Om sättet för stadsskrifvareämbetets besättande lämna handlingarna från seklets förra hälft endast sparsamma antydningar. Man kan emellertid sluta till att stadsskrifvaren ända in på 1630-talet tillsattes af magistraten på samma gång som det årliga tjänstebytet ägde rum [3]). När detta upphört, finner man valet af syndicus försiggå på samma sätt som rådmansvalet. Än öfverlade landshöfdingen med magistraten om saken; än åter gjorde magistraten ensam sitt val, men hemstälde sitt beslut till landshöfdingen, hvars instruktion uttryckligen bjöd honom att öfvervaka platsens besättande med dugliga personer. Äfven medgafs — så-

---

[1]) Rådst. prot. 10 mars 1690.

[2])   „   8 maj 1686.

[3]) Jmfr. Bidr. t. Åbo hist. första ser. IV: 7, 119, VI: 56, 102, VII: 61.

vidt protokollen från seklets sista årtionde upplysa — borgerskapets älste rätt att uttala sig. När sekretariatet var ledigt år 1696, ansöktes detsamma af notarien Miltopæus, magister Adolf Wittfooth och auskultanten Gabriel Tammelin. Uppmanade att yttra sig, förklarade de 24 älste, att de ansågo det för en graduerad person „anständigare" att söka tjänst vid akademien. Tammelin ansågo de vara oerfaren och gåfvo därför sina vota åt Miltopæus, som i 8 år tjänstgjort vid rätten. „Hvilket — heter det sist — rätten likmätigt sin ed biföll, därvid ock högvälb. herr landshöfding lät bero [1]".

Som kompetensvilkor fordrades åtminstone tidigare kännedom i finskan. Så nämnes som orsak till en t. f. stadsskrifvares afsättning år 1626, „att han icke kan landsens språk och tungomål, hvilket är ett stort fel i samma ämbete [2]". I hvad mån detta så naturliga vilkor upprätthölls t. ex. när de svenskfödde Laurentius Brochius och Sveno Rydenius kallades att bekläda ämbetet, må lämnas afgjordt.

Som biträde åt sekreteraren omnämnes från år 1662 en notarie, hvilken antogs af magistraten efter inhämtandet af landshöfdingens bifall. Någon gång ha äfven de älste beredts tillfälle att uttala sig angående de sökande. Dessutom biträdde vid skrifningarna en handlingsskrifvare och kopist eller renskrifvare.

Såsom innehafvare af sekreterare- och notariebefattningarna ha följande personer anträffats:

Sekreterare eller syndici i Åbo 1600—1700.

Joannes Grindenn (!). Syndicus i Åbo. Satt i nov. 1599 i domstolen öfver Arvid Stålarm, Axel Kurck m. fl.

Mårten Plato. Nämnes stadsskrifvare 1609, 1611, 1613—1615, 1619, mars—maj 1624 (då han antagl. tjänstgjorde för Anders Sigfridsson) samt juli—decemb. 1629. † 1630. Förekommer 1623 och 1624 såsom kronans uppbördsman öfver bakugns-, bryggeri- och slaktaccisen.

Lasse Mattsson. Nämnes stadsskrifvare 1616, 1620. † 1620.

Anders Sigfridsson. Nämnes stadsskrifvare maj 1623 — sommaren 1626. Bekom 1626 ett domareämbete på landet och gjorde

---

[1] Prot. 4 nov. 1696.
[2] Bidr. t. Åbo hist. första ser. IV: 7.

anspråk på att äfven få behålla stadsskrifvareämbetet, men hans fordran tillbakavisades. Andra reprisen stadsskrifvare jan. 1629—juni 1632.

Matts Zachariasson Kättärä. Har såsom stadsskrifvare skrifvit och vidimerat protokollen för maj 1626 — utgången af 1628. Har antagl. innehaft platsen intill det sedvanliga tjänstebytet på våren 1629. Nämnes i aug. 1629 „gamla stadsskrifvaren". Blef kämnärsrättens ordförande 1633.

Josef Jakobsson Ilkka. Stadsskrifvare i juni 1632. Uppsade tjänsten i juni 1633, emedan en nyutsedd syndicus, Nils Bengtsson, väntades till staden. Kvarstod dock samtidigt med den sistnämde. I sept. 1633 heter det, att „Josef Jakobsson hafver sin tjänst stadt till mars månad 1634 och Nils Bengtsson till juli månad 1634". I juni 1634 förnyades hans förordnande att vara stadsskrifvare och kvarstod han måhända i denna egenskap ett år framåt. Kämnärsrättsnotarie 1635—1644. Borgmästare i Raumo 1659—1665. Lefde ännu 1667 utgammal och fattig och var död 1668.

Nils Bengtsson. Syndicus 1633—1636; 1633—1635 samtidigt med Josef Jakobsson, sedan ensam. Dräptes 1636 af Carl Hansson Rahm.

Laurentius Brochius (l. Brooke). Sekreterare l. syndicus 1636—1650. Borgm. 1650.

Johan Pratanus. Antogs till sekreterare i jan. 1650 och fick i rangordningen plats efter borgmästarene. Afsade sig s. å. sin tjänst i anledning af sin utnämning till professor vid akademien.

Johan Olofsson. Sekreterare 1650—1652. Utsågs år 1653 att föra bok öfver stadens intrader. Rådman 1657.

Sveno Rydenius. Sekreterare 1652—1660. Sekreterare och rådman 1660—1671. Borgmästare 1671.

Carl Brochius. Sekreterare 1671—1678. † 1678. Tidigare notarie i rätten.

Ericus Salander. Sekreterare 1678—1684. Rådm. 1684.

Jonas Ekerooth. Sekreterare 1684. Uppsade sekretariatet för sin svaga syns skull 1691 och avancerade då till rådman, men dog kort därpå. Tidigare notarie.

Olaus Rhezelius. Sekreterare och notarie 1687—1691. Sekreterare och rådman 1691—1693. † 1693. Tidigare notarie.

Andreas Prytz. Sekreterare och rådman 1693—1696. Borgm. 1696.

Johan Miltopæus. Sekreterare 1696—1711. Därförinnan notarie. Rådman 1711.

Notarier.

Carl Brochius. Notarie 1662—1671. Sekreterare 1671.

Ericus Salander åtm. 1675—177. Sekreterare 1678.

Jonas Ekerooth ? —1684. Sekreterare 1684.

Jakob Pahlman 1684—1685.

Olaus Rhezelius 1685—1691. Rådman 1691.

Johan Miltopæus 1691—1696. Sekret. 1696.

Matthias Humalander 1696—1705.

Anders Ekman vikarierande 1697.

Utom sekreteraren och notarien närvoro vid rättens sammanträden i regeln kämnären och stadsfogden, dels såsom åklagare, dels för att lämna nödiga upplysningar eller för att mottaga ordres af borgmästare och råd. Detta bruk, som rådt så långt domböckerna gå tillbaka i tiden, föreföll den från Sverge komne borgmästaren Olaus Beckius opassande och afvikande från bruket i de städer, hvilkas förhållanden han kände till, hvarför han år 1684 föreslog, att nämda tjänstemän skulle aflägsna sig vid omröstningar inom rätten. Öfriga ledamöter af rätten förenade sig dock om den åsikt, „att alldenstund de en sådan ed vid tillträdet till tjänsten aflagt, att de det, som lönligt vara bör, förtiga skola och de icke äro beslagna att hafva förgripit sig däremot, och det har varit alltid praktikabelt, att de hafva varit continuerligen tillstädes; altså synes det ock vara samvetsvärk, om de nu på sina gamla dagar skola blifva uteslutne [1])“.

Vi komma i följande afdelning att göra närmare bekantskap med kämnärens ämbete. Nu må om hans åligganden af administrativ art blott nämnas, att han vanligen användes jämte stadsfogden till värkställande af utmätningar och att han hade på sin lott uppbörden af stadens andel i sakören jämte skyldighet att redovisa för sagda medels användning.

Stadsfogdens äldre och ännu under 1600-talets första decennier använda benämning var byfogde. Han finnes icke omnämd i stadslagen, men förekommer i några af rikets städer redan under medeltiden. Under nya tiden framträder han i allmänhet såsom en stadens uppbördsman och exekutor samt såsom bisittare i stadsrätterna [2]). Intill slutet af 1630-talet eller så länge de gamla wal-

---

[1]) Rådst. prot. 27 okt. 1684.

[2]) Odhner, Bidr. t. sv. stadsförf. hist. s. 135—136. Denna stads- eller byfogde bör åtskiljas från den stadsfogde, som enl. R. F. 1634 skulle representera regeringen på rådstugan.

borgsmässovalen ägde rum tillsattes stadsfogden i Åbo på ett år, sedermera antogs han ordinariter. Utnämningen värkstäldes af magistraten i samråd med landshöfdingen. Stadsfogden användes flitigt till utförande af exekutioner och till öfvervakande af politiförordningars värkställighet. Såväl på rådstugan som på kämnärskammaren fungerade han jämte kämnären såsom allmän åklagare. Då ingen stadsfogdeinstruktion finnes i behåll, är det icke möjligt att afgöra, hvilka saker som specielt hörde till hans gebit. Mål, som af honom anhängiggjorts, ha, såvidt domböckerna utvisa, mest rört försummelser i afseende å kommunala utskylder och skyldigheter, såsom byggnaders, vägars och stakets underhåll, förnärmelser mot magistraten och brott mot stadens privilegier, störing af friden och söndagshvilan i staden m. m. Ombesörjandet af uppbud för stadens räkning (af ödestomter och panter m. m.) torde väl ock hört till sysslor. År 1685 befriades sekreteraren och notarien från förfärdigande af stadens räkningar och hvälfdes detta arbete på stadsfogden, som ägde att under uppsikt af tvänne rådmän handhafva stadens uppbörd och årligen redovisa därför inför magistraten. I ersättning för sitt omak skulle han uppbära Puolala bondens ränta[1]). Såsom innehafvare af stadsfogdeämbetet omtalas: Bertil Eriksson Jöde 1616—26, Suni Olofsson 1631—32, Lasse Markusson 1635, Sigfrid Johansson 1626—30 och 1633—53, Jakob Eriksson 1656—1667, Tyris Eriksson 1667—1671, Thomas Herwie 1671—87, Anders Thomasson Kuhrman biträdande 1686—87, ordinarie 1687—1690, Erik Miltopæus 1690—97, Joh. Calleen 1697 —1708.

Uppsikten öfver handels- och tullordningars efterföljd utöfvades af regeringens och kompaniernas uppsyningsmän eller inspektorer, men dessutom bestod sig staden en egen „uppsyningsman öfver handeln". Från början af 1630-talet anträffas såsom uppsyningsman öfver handeln Hans Bogg, hvilken tydligen hade kungl. fullmakt, men år 1637 utsåg magistraten till hans efterträdare Jochim Timme, tillförsäkrande honom lön af stadsmedel. År 1649 antogs en Erik Michelsson till stadsfiskal „att förrätta de saker, som kämnären härtill gjort[2])". Följande år nämnes som stadsfiskal Johan Olofsson, hvilken år 1649 antagits till inspektor öfver handeln i Åbo stad. Senare omnämnas flera inspektorer och uppsyningsmän öfver handeln utan att det säkert framgår, hvilka af dem äro att

---

[1]) Rådst. prot. 9 dec. 1685, 8 jan. 1691.
[2]) „ 5 maj 1649.

betrakta såsom kommunala tjänstemän. Från år 1670 kommer stadsfiskalstiteln åter i bruk och användes sedermera regelbundet för att beteckna en stadstjänsteman, till hvars åligganden främst hörde att jämte sina underlydande betjänte vaka öfver handelsordinantiernas efterlefnad. Nämda år antog magistraten med landshöfdingens samtycke Zacharias Witte till stadsfiskal „att hafva inspektion öfver alla nya ordningar och stadgar, som ock öfver olaga handel och vandel [1])". År 1690 hemstälde magistraten hos borgerskapet om inrättandet af en andra stadsfiskalstjänst [2]) och under åren 1691—1696 var staden försedd med tvänne fiskaler. Såsom innehafvare af ämbetet efter Witte, som afgick 1675, nämnas Johan Henriksson 1675—6180 (?), Mårten Dysing 1680—1683, Anders Gustafsson 1683—1684, Didrik Tejelman 1684—1698, Robert Såger biträd. 1691—1694, Johan Spenser 1694—1696 Simon Lydeman 1698—inpå stora ofreden.

Utom uppsikten öfver handelsordinantierna uppräknas vid särskilda tillfällen äfven andra åligganden, som tillkommo stadsfiskalen. Så nämnes uppsikt öfver staketets och vägarnas underhåll [3]), borttagandet af bössor och pistoler från personer, som i oträngdt mål sköto i staden [4]), jakt efter löst parti, inlämnandet af förteckningar öfver konfiskationer [5]) m. m. På kämnärskammaren och rådstugurätten fungerade stadsfiskalen såsom allmän åklagare icke allenast vid brott mot handelsordningarna, utan äfven i mål rörande olydnad eller förakt mot magistraten, brott mot sedlighet och allmän ordning m. m. Till en början torde fiskalen, liksom kämnären och stadsfogden, öfvervarit rättens omröstningar, ty år 1687 dekreterade magistraten, att som han icke aflagt tystlåtenhetsed, icke häller ägde någon befattning med justitiesaker, så skulle han afhålla sig från rätten och endast bekymra sig om sina ämbetsplikter [6])

Förutom nu nämda tjänstemän förekom en mängd lägre betjänte för ombesörjandet af olika uppdrag inom förvaltningen. Sådana voro torgfogden, som hade uppsikt öfver „att bönderna ordentligt stå på torget [7])", uppsyningsmän öfver staketet, kvar-

---

[1]) Rådst. prot. 13 maj 1670.
[2])   „   17 nov. 1690, 24 apr. 1693.
[3])   „   5 nov. 1684, 28 nov. 1692.
[4])   „   10 sept. 1685.
[5])   „   10 febr. 1686.
[6])   „   26 febr. 1687.
[7])   „   13 okt. 1638.

termästare för uppbörden i hvart kvarter, accisskrifvare, brokikare, stadsvaktmästare, rådstuguvaktmästare och stadstjänare, profoss, risare, mästermän, trumslagare, tomtmätare, torn-, grop- och åväktare, packare, mätare, humlegårdsdrängar, fäbaggar m. m. För uppbörden af särskilda afgifter, såsom kyrkoherdens påskpengar, fattiges pengar m. m., för inventeringar och hvarjehanda andra uppdrag af administrativ och exekutiv art var det dessutom vanligt att magistraten utsåg ibland borgerskapet tillfälliga medhjälpare, hvilka ensamma eller åtföljda af någon rättens medlem eller stadsbetjänt utförde det resp. arbetet.

VI.

Drätsel.

Magistraten var sjuttonde seklets drätselkammare. Efter indelningen i kollegier år 1638 hade en af de fyra borgmästarne, sekunderad af tvänne rådmän, närmast på sin lott att bringa kredit och debet i bästa harmoni. När borgmästarnes antal minskades till två, räknades drätseln till handelsborgmästarens detalj. Vid hans sida påträffas en rådman med titeln kassör och kämnären såsom bokförare för de egentliga hushållstarfven. Men ehuru sålunda närmaste omsorgen om penningeförvaltningen tillkom några af rådet, var dock hela korporationen ansvarig för räkenskapernas samvetsgranna förande. Såväl i denna gren af ämbetets göromål som i andra stod magistraten under kontroll af konungens högste befallningshafvande på orten.

I de bägge landshöfdingeinstruktioner, som tidigare citerats, uppräknades bland landshöfdingens skyldigheter också den att tillhålla borgmästare och råd, „att de rätteligen förestå stadsens räntor och inkomster, det de måge rätt uppbäras och utdelas efter fattad ordning, årligen förmeras och förbättras, och icke det som till allmänne staden förvändt är vändas till privat personers nytta [1])". Kontrollen inskärptes äfven för magistraten i en resolution af 1682 [2]). Sju år senare pålade regeringen magistraten att aflägga räkenskap jämväl för stadens 24 älste, emedan borgerskapet beklagat sig öfver att det icke hade reda på, hvart de af konungen till stadens byggningar anslagna penningemedlen tagit vägen [3]).

---

[1]) Instr. 1635, Styffe, Landtreg. s. 202.
[2]) Resol. på borgerskapets besvär 20 dec. 1682 § 10.
[3]) Resol. f. borgersk. 18 mars 1689 § 11.

De siffror man hade att operera med voro' enligt vår tids
måttstock helt obetydliga. Under seklets sista årtionden slutade
budgeten merendels med en totalsumma mellan 3,000—5,000 daler,
som i myntvärde skulle motsvara ung. 12,000 à 20,000 finska mark [1]).
Behofven voro ojämförligt mindre och uppfattningen om kommu-
nens skyldigheter i afseende å dess medlemmars vård och trefnad,
stadens prydlighet m. m. en helt annan än i vår tid. Men så voro
ock medlen för behofvens fyllande tämligen anspråkslösa. Icke
blott under tider af ekonomiskt betryck i landet, äfven annars
ingaf drätseln magistraten svåra bekymmer. Ofta inbringade en
inkomstkälla vida mindre än beräknadt var, stundom utsinade den
helt och hållet, och då ingen kapitalfond fans, som kunnat neu-
tralisera följderna af inträffande fluktuationer, så var det magistra-
tens plikt att träda emellan och söka hjälp där hjälp kunde fås.
Den vanliga hjälparen, till hvilken man blickade upp i sin nöd,
var — har det redan förut blifvit sagdt — regeringen. Så godt
som vid hvarje riksdag förekom det, att regeringen på det bevek-
ligaste besvors att med sina större tillgångar täcka bristerna i bud-
geten. Vanligen åberopades något särskildt företag eller någon
särskild gren af förvaltningen, som hotade att afstanna, om rege-
ringen icke „fattade staden under armarna". För publika bygg-
naders uppförande och reparerande ansöktes ofta om bistånd.
Mest gälde dock önskningsmålen anskaffande af medel till magi-
stratens underhåll. Magistraten, som uppsatte riksdagsbesvären,

---

[1]) Då jag i det följande ofta kommer att anföra siffror, torde det vara
nödigt att i förbigående gifva läsaren en liten lektion i 1600-talets penninge-
väsen. Den allmännaste myntenheten var silfverdalern, som delades i 32 öre
och hvarje öre i 24 penningar l. denningar. En äldre myntenhet var marken (₥),
som ännu användes vid penningeberäkningen sålunda att 4 ₥ motsvarade 1 dal.
En högre och tillika mera stabil myntenhet var riksdalern, som var = 6 ₥ eller
1¹/₂ daler. Jämförd med vårt nu gällande mynt motsvarade riksdalern på 1600-
talets midt 5 m. 76 p., silfverdalern 3 m. 84 p., marken 96 p., öret 12 penni och
denningen ¹/₂ penni. År 1618 anses marken motsvarat 98 p., åren 1674—1710
71 penni och öfriga myntenheter därefter. Utom silfverdalern cirkulerade från
Gustaf II Adolfs tid koppardalern i form af stora fyrkantiga kopparplåtar. I
metallvärde skulle koppardalern egentligen hålla jämna steg med silfverdalern,
men sjönk oafbrutet så att silfverdal. år 1633 var = 2, år 1649 = 2³/₄ och från
år 1666 framåt = 3 koppardaler. Äfven silfverdalern sjönk i värde medan riks-
dalern höll sig så att åren 1674—1710 noterades en riksd. till 2 daler s. m. —
Slutligen må nämnas ett myntslag, som slogs fr. o. m. 1664, den s. k. karoli-
nen (= c. ¹/₂ silfverd.), men som jag aldrig påträffat användt i kronoräkenska-
perna. (Jmfr. Yrjö Koskinen, Suomen kansan hist., toinen painos s. 610—611
och Tigerstedt, Kexholms läns historia s. 6.)

fick då en osökt anledning att framställa sina egna behof på samma
gång den helt objektivt, ur allmänt borgerlig synpunkt, framhöll
farorna af det kommunala ämbetsmaskineriets afstannande. Skil-
dringarna om magistratens nödstälda belägenhet äro sålunda ut-
förda con amore. Undantager man den store hushållaren Carl XI,
som tämligen konsekvent vände döförat åt stadens jeremiader, så
ha ock monarkerna samt deras förmyndare ganska flitigt räkt sin
hand till hjälp. Sällan gafs hjälpen då i form af en fixerad summa
i penningar eller penningevärde — såsom år 1636, då till kyrko-
byggnadens afslutande anslogs 500 daler s. m. årligen i tre års tid
af kronans sakören i landet, och år 1641, då af kronans kyrko-
tionde 40 tunnor anslogos till svenska kapellanens underhåll[1] —
utan var den vanliga formen för handräckningen den, att staden
berättigades att för betäckandet af vissa utgifter uppbära några
hemmansräntor eller åtnjuta en viss andel af andra, indirekta kro-
nointrader. Emellanåt ha regeringens gåfvor åtföljts af varningar
om sparsamhet och beräknande förtänksamhet, såsom år 1638, då
staden med anledning af förnyad anhållan om byggnadshjälp var-
nades för att gripa an med större byggnadsarbeten än tillgångarna
medgåfvo[2]. Vid utdelandet af anslag åt magistraten har regerin-
gen tidtals begagnat sig af tillfället att tilldela magistraten admo-
nitioner och att inskärpa, hurusom en förbättring i löneförmånerna
förpliktade till ökad ifver vid ämbetsgöromålens fullgörande[2].
Då regeringen år 1638 underrättade magistraten om beviljandet af
en ansökan om andel i särskilda kronointrader, förklarade den sitt
misshag öfver att största parten af magistraten icke vårdade sig
om sina ämbetssysslor, „förevändandes deras ringa underhållsmedel
och varandes mera om sin privat välfärd bekymrade än huru sta-
den i gemen till någon flor och uppväxt skulle kunna blifva be-
fordrad“[3]. År 1643 uttrykte styrelsen sin stora ledsnad öfver „att
en sådan gammal stapel- och handelsstad skall sålunda vara uti
politiväsendet administrerad och förestådd och stadens rättigheter
så litet iakttagne och excolerade, att inkomsterna därigenom af-
taga skole i den staden, [där] de hade märkeligen kunnat växa och
sig föröka till stadsens allmänna bästa, uppkomst och förkofring,
om alt hade blifvit med förstånd, ifver och allvar drifvit“[4].

---

[1] Kongl. res. 9 juli 1636 § 2, 25 febr. 1642 § 8.
[2] Resol. 20 mars 1638.
[3] Reskr. t. magistr. 20 mars 1638.
[4] Resol. 2 dec. 1643 § 6.

En bland de älsta och säkraste, om också icke alltid mest inbringande inkomsttitlar utgjordes af de räntor staden uppbar från sin jord i form af arrenden från åkrar och annan odlad jord, mulbetespenningar från betesmarken och tomtörespenningar från stadens tomtplatser. Åkerskatten bestämdes år 1635 till en daler k. m. för tunnlandet, men höjdes år 1649 till en tunna spannmål ($= 2^1/_4$ daler s. m.) för hvart tunnland åkerjord, medan den jord, som upptogs till humlegårdar, h. o. h. frikallades från skatten. Denna åtgärd öfverklagades af det finska borgerskapet bl. a. vid 1659 års riksdag, men godkändes af Per Brahe den 19 sept. 1649 och af regeringen den 5 dec. 1660[1]. Man satte vid denna tid stor vikt vid humleodlingen och vid riksdagarna 1642, 1643 och 1647 hade isynnerhet städernas borgerskap blifvit uppmanadt att vinn-lägga sig om denna kultur[2]. Vid 1672 års riksdag anförde bor-gerskapet, „det åtskilliga ståndspersoner, så af adel som professo-rer och prästeståndet, skole söka under hvarjehanda pretext at prejudicera dem, abalienerandes deras egendom och under sina friheter försvarandes". Denna anmälan gaf regeringen anledning att förklara, att den skattskyldiga jorden var af samma natur obe-roende däraf, hvem som innehade den[3]. På 1670- och 1680-talen var åkerskatten anslagen fattighuset till hjälp. I 1696 års stat upptogs den till 36 tunnor, motsv. 81 dal. s. m.; år 1666 hade in-komsten stigit allenast till $27^1/_2$ daler. Från år 1666 omtalas en stadens humlegård, som förvaltades af magistraten och åren 1666 och 1670 afkastade 30 dal. s. m.[4]. År 1691 omnämnes antagandet af en trädgårdsmästare vid stadens humlegård, hvarvid honom till-försäkrades frihet för borgerlig tunga och en ödestomt i nystaden[5]. — Mulbetespengarna bestämdes år 1647 till 4 öre s. m. för de borgares kor, som lågo „under skatt och skuld", samt till 6 öre för andras[6].

Utsikt till en småningom skeende tillökning af stadens tom-ter gafs genom hertig Carls resolution af den 14 april 1600, som konfirmerades af drottning Kristina den 24 febr. 1642 och bestämde, att alla de öde tomter, som inom år och dag icke bebygdes och

---

[1] Rådst. prot. 26 juni 1635, 21 febr. 1649; handskr. saml. i univ. bibl. A I 8 o. B III 4.

[2] Stiernman, Riksd. besl. II: 1008, 1030, 1091.

[3] Kongl. res. 12 dec. 1672 § 14.

[4] Åbo o. B:borgs läns verif. böcker.

[5] Rådst. prot. 7 febr. 1691.

[6]   „   „ 13 sept. 1649.

besattes med folk, skulle hemkallas under staden. I kongl. resolution på städernas besvär år 1649 bestämdes fatalietiden för tomternas bebyggande till tre år och denna bestämning bekräftades bl. a. i resol. för Åbo den 3 okt. 1675 [1]). Så strängt förfors dock i praktiken icke, utan förekommer det flera exempel på gårdar, som i flera år lågo i lägervall utan att af staden annekteras. Hurusom stadsjorden erhöll en betydande utvidgning på 1640- och 1650-talen, då Mättälä och Huhkala hemman, Slottslunden, en del af Biskopsåkern och delar af Lill-Heikkilä gårds och Sotalais bys ägor upplätos till nybyggnader, är läsaren redan bekant. På dessa områden hade staden rätt att utparcellera större och mindre tomter samt afstå dem mot skälig köpeskilling eller mot årlig tomtöresafgift åt enskilde. Försumligheter i tomtörens — såväl som i åkerskattens — erläggande omtalas ofta trots regeringens påminnelser såväl till borgerskapet som till landshöfdingen om skyldighetens samvetsgranna fullgörande [2]). En ytterligare förminskning led staden i sina intrader genom att en och annan tomt af magistraten donerades åt enskilda personer, och rörande andra tomter gjordes den upptäkt, att de genom oaktsamhet från magistratens och bedräglighet från gårdsinnehafvarenas sida utan köp öfvergått till privategendom. Sådana fall torde icke varit så få, ty genom kongl. resol. af den 16 juni 1690 och reduktionskommissionens bref af den 20 mars 1693 till landshöfding Creutz anbefaldes en undersökning rörande de gårdar och åkrar, hvilka genom donation eller på annat olagligt sätt kommit i privates händer och hvilka nu åter skulle läggas under skatt och tomtöre. I bref af den 14 aug. 1695 till landshöfding Creutz uttalade konungen sitt stora misshag öfver att sådan jord, som af regeringen blifvit gifven åt städerna till deras bättre uppkomst, „äro blefne där ifrån söndrade och till privat egennyttighet förrykte, hafvandes magistratspersonerna, hvilkom varit ombetrodde sådana beneficier till städernas och borgerskapets uppkomst att administrera, understått sig att desamma anten genom köp eller hvarjehanda andra afhandlingar därifrån att abalienera och under sig slagga, så att privati för tiden under åtskilliga titlar sitta i possession af det som till stadens publika tarfver har varit förlänt och därtill oförrykt har bort vara bibehållet, tagandes därigenom städerna en

---

[1]) Jmfr s. 19—20; handskr. saml. i univ. bibl. B III 4: Stiernman, Riksd. besl. II: 1152, 1158.

[2]) Kongl. resol. 2 dec. 1643 § 5, 29 mars 1647 § 5, 16 juni 1690 § 4.

märklig aísaknad i deras inkomst till magistratens aflöning och de publika byggningars samt politiens underhållande." Creutz ålades därför att låta affatta och till konungen insända exakta kartor öfver städerna i sitt län och deras mark, därvid låtande noggrant anteckna all den jord, som blifvit af regeringen åt staden upplåten. Om de åtgärder, till hvilka denna befallning ledde, har jag mig intet bekant. Den första kända karta, som lämnar en noggrannare kännedom om stadens topografi, är Magnus Bergmans „delineation vtöfwer Åbo stapel stad" af år 1710 [1]). — Om tomtörens belopp upplysa stadsräkenskaperna, att de år 1666 stego till 201, år 1675 till 247, år 1696 till 177 dal. s. m.

En särskild art af stadsjord utgjordes af de s. k. „underlagda hemmanen", d. v. s. i närmaste grannskapet af staden belägna hemman, hvilka af regeringen donerades åt staden, hufvudsakligast för inkomsternas skull, men äfven för beredande af utrymme till nybyggnader och till mulbete. Sådana hemman, hvilka vanligen voro af krono-, men äfven af skattenatur — i hvilket senare fall

---

[1]) Riksreg.; handskr. saml. i univ. bibliot. B III 4. År 1689 var landtmätaren Melchior De Manche sysselsatt med att utarbeta en planta öfver stadens åkrar, men arbetet afbröts genom hans död. (Rådst. prot. 1689 s. 226.) År 1695 påbjöds en undersökning rörande kronan tillhöriga tomtplatser, som på orättmätigt sätt kommit under enskilde. Ett bref af den 12 okt. 1695 från reduktionskommissionen till landsh. Creutz förmäler, att på grund af 1655 års riksdagsbeslut ¹/₄ parts afgift blifvit erlagd för dessa tomter samt att de återstående ³/₄ parterna nu på grund af 1680 och 1683 års riksdagsbeslut hemfallit under K. M:ts disposition såsom andra donationer. Med hänsyn därtill att en del af de donerade husen blifvit förvandlade till kostbara byggningar och tomterna bebygda med vackra hus har K. M:t emellertid på kommissionens framställning resolverat, „att ehuru han enligt 1680 och 1683 års riksdagsbeslut hade skäl, under dess krona att låta indraga de öfriga ³/₄ af slika donerade tomter och hus, sedan den ¹/₄ parten är afdragen, som i följd af 1655 års riksdagsbeslut med penningar är blefven betald, alldenstund ingenstädes uti bem:te riksdagsbeslut och stadgar desse donerade hus och tomter i städerna finnas vara ifrån de andra donationerna undandragne, så har dock K. M:t öfver desse ³/₄ parter förordnat, att slike donerade tomter efter stadsens taxa af donatarierne anten på en gång med reda penningar måge göras fri eller ock af vederbörande behållas mot årlig tomtöres erläggande efter bem:te taxa, lämnandes dem valet, hvilketdera de hälst vilja utse. Sedan vill K. M. eftergifva så tomtörerna som intresset därpå eljest skulle belöpa ifrån ofvannämda riksdags datis intill nuvarande tid." Hus, som befunno sig på tomterna då de donerades, skulle inlösas efter deras dåvarande värde; hade de nedrifvits, fordrades ingen särskild ersättning. Hade husen och tomterna öfvergått i andra händer, skulle den ursprungliga donatarien betala ersättningen, men voro han och hans arfvingar insolventa, ville konungen „binda skadan vid sitt ben". Handskr. saml. i univ. bibl. B III 4.

bördsrätten innehades af bonden, men de s. k. vissa och ovissa hemmansräntorna gingo till staden — stodo högt i kurs och voro städernas vinst af tidens donationssystem. De gåfvos, såsom termen lydde, åt staden eller borgmästare och råd „att njuta och behålla kvitte och frie för alle visse och ovisse däraf gående utlagor till evärdlig egendom". Från 1500:talet ägde staden donationsbref å Sotalais och Pisu hemman i S:t Karins socken[1]). Under sjuttonde seklet tillkom ett tiotal hemman. Den första tillökningen gafs år 1600, då staden erhöll till evärdlig egendom mot en årlig afgift af 100 daler 4 prebendehemman i Puolala by[2]). År 1605 öfverlät ståthållaren efter regeringens bemyndigande åt staden såsom pant för en fordran på 1766 daler och mot erläggande af en årlig afgift på 93 daler Laustis hemman till mulbete och till betäckande af utgifterna för magistratens underhåll. År 1667 efterskänkte generalguvernören Fleming de extra-ordinarie utlagorna för godset och regeringen godkände i resolution af år 1672 denna eftergift[3]). Tjugu år senare indrogs, på grund af 1686 års riksdagsbeslut om pantegodsen, Laustis hemman under kronan och lades under rusthållet, hvarjämte magistraten skyldigkändes att med 785 daler ersätta räntorna från hemmanet under åren 1681—1686. På därom gjord underdånig ansökning efterskänkte dock konungen denna rest mot vilkor, att om staden hade någon fordran hos kronan, skulle ofvannämda summa därifrån afdragas. Däremot misslyckades försöken att åt staden återvinna det förlorade hemmanet. Konungen förklarade, att detsamma icke mera kunde utbrytas ur rusthållet, hvarför staden borde genom åkerbrukets höjande på de andra hemmanen och genom handelns förbättrande motvärka förlusten af Laustis. För att tillgodose stadens behof af mulbete åtogo sig då borgmästare och råd att på stadens vägnar rusta för hemmanet[4]).

---

[1]) I resolution af år 1569 tilldelade konung Johan III konfirmation å de två hemman i Sotalais staden tidigare innehaft samt donerade ytterligare det ännu återstående tredje hemmanet i samma by. När Pisu kommit till staden, är mig obekant; åtminstone skedde det icke genom ofvannämda resol., såsom Lagus förmodar (i Finska adelns gods och ätter s. 294). I landsboken för 1662 upptages Pisu till ett mant. och Sotalais till 2 mant.

[2]) Waaranen, Samling af urkunder I: 41.

[3]) Kongl. resol. 28 maj 1605 § 3, 12 dec. 1672 § 9, 18 mars 1689 § 8; reduktionsjordeboken för Åbo o. B:borgs län.

[4]) Kongl. res. 18 mars 1689 § 8, 16 maj 1690 § 1, 18 nov. 1693 § 9, 23 dec. 1697 § 1 (de två sistn. gifna borgm. o. råd).

År 1630 erhöll staden, mot erläggande af 50 dalers ränta, tvänne hemman i Kanis och Puolala byar i Vårfrukyrka socken [1]). År 1635 efterskänkte regeringen räntan samt anslog denna till underhåll för magistraten, som på samma gång bekom rätt att uppbygga och mot erläggande af kvarntull drifva en kvarn vid Hallis [2]). I resolution af år 1643, som ytterligare bekräftades år 1645, donerade regeringen, mot erhållande af vanlig skatt, en vid Hallis belägen skvaltekvarn, som magistraten förklarat sig vilja förändra till stampkvarn i och för uppsättandet af ett sämiskmakeri [3]). År 1650 erhöll staden en betydande tillökning i sina inkomster. För det första efterskänkte regeringen kvarnskatten från Hallis, tre tunnor mjöl, anslående densamma till magistratens aflöning. Därjämte donerades åt staden till evärdlig egendom följande i Vårfrukyrka socken belägna krono- och prebendehemman: Raunistula 2 mantal, Kastu 1 mant., Hallis 2 mant., Ruohonpää 1 mant., Pyhähenki 1 mant., S:t Jöran 1 mant. Samtliga dessa hemman skulle uppföras på magistratens stat, så att borgmästare och råd finge — mot skyldighet att med fördubblad ifver vårda sig om bryggeriers inrättande och stäfjandet af det s. k. maimiseriet — „in communi och utan fördelning" åtnjuta de från hemmanen inflytande räntorna med undantag af kyrkotionden och extra ordinarie kontributioner. Slutligen gafs staden expektansrätt till Lillkorpis eller Kairis kronohemman, hvilket efter dåvarande innehafvarens, biskop Rothovii frånfälle skulle af staden tillgodonjutas på samma vilkor som de ofvannämda godsen [4]). Samma år, 1650, öfverlät Per Brahe stadshospitalet till underhåll Pyhältö hemman i S:t Mårtens socken och regeringen konfirmerade i resolution år 1675 denna donation [5]). År 1651 bestämdes, att innevånarene å de donerade godsen (Pyhältö undantaget) skulle införas i stadens mantalslängd och; att de extraordinarie räntorna skulle uppbäras genom magistratens försorg och sedan levereras till räntekammaren [6]).

En betydande del af stadsintraderna utgjordes af de afgifter, som — enligt plägsed i andra städer och med regeringens begif-

---

[1]) Kongl. res. 12 jan. 1630.
[2]) „ „ 21 nov. 1635.
[3]) „ „ 2 dec. 1643 § 4, 20 jan. 1645 § 3.
[4]) Kongl. res. 8 nov. 1650 § 13. De afskrifter af resolutionen jag sett ha oriktigt Kaistis i st. f. Kairis. Rothovius dog 1652 och fr. o. m. 1653 upptager jordeboken Kairis såsom hörande under borgm. o. råd.
[5]) Kongl. res. 27 sept. 1675 § 11.
[6]) „ „ 16 mars 1651.

vande — staden uppbar af inkommande och utgående varor och skutor under namn af tolagspenningar, hamn- och bropenningar m. m. Tolagen tillkom genom kongl. resol. af 1638, som stadgade, att af alla inkommande såväl utländska som inhemska varor skulle betalas till staden en daler och af alla utgående varor $1/_2$ daler för hundradet, ridderskapets och adelns privilegier dock oförkränkta. För upprätthållandet af kontrollen ålades tullnären att icke gifva någon skeppare pass innan tolagen blifvit klarerad. År 1668 förklarades medgifvandet sålunda, att för alla varor, som voro underkastade stora sjötullen, tillika skulle erläggas tolagspengar, men de varor, som gingo fria för den förra afgiften skulle äfven frikallas för den senare. I juni månad 1680 utgick till kammarkollegium ett reskript, däri resolverades, att i alla städer såväl tolagen som de i det följande omnämnda hamn-, bro- och stämpelpenningarna äfvensom andra städernas intrader skulle af städernas enskilda betjänte förvaras i ett för dem upplåtet rum i tullhuset. För tolagsuppbörden var stadgandet af ringa praktisk betydelse, ty redan vid riksdagen samma år afstodo stapelstäderna i riket sina tolagsafgifter till kronan. En af Åbo magistrats fullmäktige år 1690 gjord ansökan att i ersättning bekomma såväl för inkommande som utgående varor en „genant pro cento" lämnades utan afseende [1]).

Vågpenningar för varor, som uppvägdes på stadens våghus, äfvensom marknadsståndpenningar omnämnas första gången i en kongl. resolution af år 1642 såsom redan tidigare uppburna afgifter [2]). Mätarepenningar uppgifver Flintberg i sitt arbete om „städernas inkomster" ha uppburits af staden från år 1652 samt stämpelpenningar för stadens märke från år 1634, då staden ålades att uppföra ett packhus [3]). Packare- och vräkarepenningar omtalas åtminstone redan vid seklets midt.

[1]) Kongl. resol. 20 mars 1638 § 2, 25 febr. 1642 § 5, 12 okt. 1668 § 13, 16 juni 1690 § 5; Stiernman, Commerce o. politie förordn. IV: 240 och Riksd. besl. II: 1824. För tolagsuppbörden antogs år 1638 en särskild skrifvare och rådmännen förordnades att två och två hvar sin månad hafva uppsikt däröfver. Rådst. prot. 28 apr. 1638.

[2]) Resol. 25 febr. 1642 § 2. Enligt St. L. K. B. XVIII uppbar staden halfva inkomsten från vågen, konungen andra hälften. Ståndpenningarna bestämdes år 1685 till 3 ⚜ k. m. för ståndet, år 1691 till 6 ⚜ k. m. för kramvaruståd samt 3 ⚜ k. m. för skinnares, hattmakares samt „andra slika" stånd. Rådst. prot. 5 sept. 1685, 17 jan. 1691.

[3]) S. 475—476. År 1675 tillsade magistraten mätarene att vara tillstädes, när någon farkost kom till staden lastad med spannmål, som försåldes ombord; men när en borgare förde spannmålen till sin boda och försålde den där, be-

Om bro- och hamnpenningar8 utgörande af inkommande sku-
tor supplicerade kollegiet för intrader och byggnader redan år
1638, men denna rättighet tillerkändes staden först år 1668, dock
med vilkor, att därvid iakttogs skälig moderation. I resol. af d.
17 nov. 1690 stadgade landshöfding Creutz, att afgiften skulle er-
läggas af 4- till 7-bördings båtar [1]). År 1697 bestämde magistra-
ten, för anskaffande af medel till reparationen af Utö båk, att alla
farkoster, som från utlandet eller från de baltiska provinserna an-
lände till staden, skulle betala i båkpenningar — äfven om de
icke styrde på båken — för| hvarje fots djup 16 öre s. m. och i
hamnpenningar 8 öre [2]).

En eftersökt rättighet var andel i kronosakören. År 1607
anslog Carl IX hälften af kronans sakören i staden till upprätt-
hållandet af domkyrkan, skolstugan, rådhuset och andra stadens
byggnader. Konfirmationer å detta bref gåfvos 1636 och 1645.
År 1650 fick staden rätt att för uppförandet af ett barn- och tukt-
hus i fyra års tid uppbära alla de högmålssakören, som' föllo vid
stadsrätterna. Denna rättighet förlängdes år 1654 på tio år och
år 1664 på behaglig tid, hvarvid i hofrätten ådömda sakören ut-
tryckligen undantogs. År 1668 förklarade regeringen, att när
borgmästare och råd insände sina domar öfver edsöresbrott och
andra kriminalsaker till hofrätten för att revideras, utan att något
vad ägt rum, skulle de på kronans andel fallande böter icke
undantagas från den staden gifna benådningen. För erhållande
af sakören, som ådömdes adelns tjänare i staden, fordrades enl.
resolution af 1672 hofrättens för hvarje särskildt fall gifna utslag.
Ännu år 1685 upptager räkenskapen öfver stadens intrader $^2/_3$:delar
af de på rådhuset och kämnärskammaren fallna böterna bland sta-
dens inkomster, men vid riksdagen 1686 klaga stadens represen-
tanter, ehuru utan påföljd, öfver att kronans $^1/_3$:del blifvit åter-
kallad. Den förlorade inkomstposten anslogs åt hofrätten och
stadens vid 1693 års riksdag gjorda ansökan om dess återfående
i och för betäckande af utgifterna för fångarnas uppehälle, inköp
af papper och bläck samt publika byggnaders vidmakthållande
ledde icke till åsyftadt resultat [3]).

---

höfde mätarene ej vara tillstädes. År 1696 resolverade magistraten, att mäta-
rene skulle taga af stadens innevånare 1 öre och af främmande 2 öre k. m. för
hvar tunna de uppmätte. (Protok.)

[1]) Saml. Åbo stads besvär; kongl. res. 12 okt. 1668 § 8; Flintberg s. 475.

[2]) Rådst. prot. 1697 s. 782.

[3]) Kongl. resolutioner för Åbo stad 10 juli 1607 § 2, 9 juli 1636 § 10, 20
jan.1 645 § 2, 8 nov. 1650 § 8, 7 aug. 1654 § 11, 31 aug. 1664 § 16, 12 okt. 1668

En indräktig rättighet var vidare delaktigheten i kronans accisuppbörd. År 1607, då en accis påbjöds för alt öl, som brygdes, anslogs till allmänna byggnaders vidmakthållande halfva in-. komsten; år 1638 afstods en tredje del af accisen för slakt samt för inom stadens jurisdiktion brygdt öl och brännvin. Denna rättighet konfirmerades år 1642 med tillägg af ¹/₃:delen af bakugnspengarna och bakarenes veckopenningar. Med anledning af vid riksdagen 1644 gjord ansökan om utbekommande af nämda rättighet vecko- eller månadsvis tillsades inspektoren öfver accisen att hvar gång han uppbar kronans ²/₃:delar leverera återstoden till staden. Däremot afböjdes de ansökningar, som gjordes vid 1643, 1647 och 1650 års riksdagar om tertialens höjande till halfparten. I stället befinnes stadens andel i accisen ha blifvit nedsatt till ¹/₆:del. Väl gjordes vid riksdagarna 1659—60 och 1672 försök att återfå det ursprungliga beloppet och år 1680 vågade magistraten t. o. m. återupptaga sitt förslag från 1643 års riksdag, men af Carl XI hade man ännu mindre än af hans föregångare att vänta sig någon medgörlighet. I de stadsräkenskaper, som bevarats, d. v. s. från och med 1666, upptages städse på inkomstcontot ¹/₆ af accisen och ¹/₃ af bakugnspenningarna ¹).

Mindre pekuniär betydelse ägde rättigheten till danaarf, som år 1650 tilldelades staden på 4 år och prolongerades år 1654 på 10 år ²), samt rätten till hälften af tomtören från kronans tomter, gifven åt magistraten år 1607 ³).

Någongång beviljades lättnader i tullen för inkommande gods såsom ett indirekt bidrag till staten. Magistraten åtnjöt af gammalt en god inkomst från den under dess disposition stående stadskällaren och denna inkomst ökades ytterligare genom ett år 1624 beviljadt privilegium att för nämda källares räkning införskrifva ett visst qvantum af särskilda vinsorter. Senare supplicerades upprepade gånger om ytterligare lindringar för källarimporten, men regeringens svar inneburo endast ett hänvisande till det ur-

---

§ 14, 12 dec. 1672 § 11, 9 nov. 1686 § 5 och för magistraten 18 nov. 1693 § 4. I skrifvelse till regeringne den 30 maj 1684 nämner landshöfding Creutz, att konungen i resolution af den 28 mars s. å. förunnat kronoandelen af sakörena åt hofrätten. (Landsh. berätt. fr. Åbo o. B:borgs län.)

¹) Kongl. resol. 10 juli 1607 § 4, 20 mars 1638 § 3, 25 febr. 1642 § 2, 2 dec. 1643 § 6, 20 jan. 1645 § 5, 29 mars 1647 § 3, 8 nov. 1850 § 7, 9 mars 1660 § 10, 12 dec. 1672 § 13, 11 nov. 1680 § 13.

²) Kongl. resol. 8 nov. 1650 § 8, 7 aug. 1654 § 11.

³) Resol. 10 juli 1607 § 5.

sprungliga privilegiet. Carl XI fixerade lättnaden i tullen till 651 daler s. m. [1]). — I anledning af 1656 års brand beviljades år 1660 åt staden ett års tull för det salt, som importerades på borgerskapets eget skepp, mot att afkastningen användes till de publika byggnadernas reparation [2]).

Bland öfriga inkomsttitlar må slutligen nämnas intraderna från stadens brygghus och tegelbruk, kommunala bevillningar för aflönande af stadens betjänte, stadens lagliga andel i sakören, plikter för ohörsamhet eller försumlighet vid fullgörandet af kommunala skyldigheter och reglementen, fjerdeparten i konfiskerade skutor [3]) samt tiondepenningen af det arfgods, som fördes bort från staden [4]).

Af vikt för kännedomen om drätselns tillstånd äro de räkenskaper öfver stadens intrader, som bevarats för året 1638 och från 1666 framåt i tiden. Följande med ledning af dem uppgjorda tablå må tjäna till belysning af inkomsternas storlek under olika år, hvarvid påpekas bör, att flera inkomstposter icke omnämnas alla år.

---

[1]) Resol. 27 apr. 1624, 20 jan. 1645 § 5, 29 mars 1647 § 3, 8 nov. 1650 § 7, 7 aug. 1654 § 12, 27 apr. 1675 § 15; magistratens besvär vid riksdagen 1693.

[2]) Resol. 9 mars 1660 § 2.

[3]) Denna rättighet uttryktes i tullordinantierna och bekräftades i kongl. resol. 25 febr. 1642.

[4]) Kongl. resol. 10 juli 1607 § 2.

Åbo stads intrader.

	År 1666			År 1670			År 1675			År 1685			År 1696		
	Silfverm.			Silfverm.			Silfverm.			Silfverm.			Silfverm.		
	dal.	ö.	p.	dal.	ö.	p.	dal.	ö.	p.	dal.	ö.	p.	dal.	ö.	p.
Tolag	936	28	4	541	16	12	219	22	6	—			—		
¹/₄:delen af accisen . . .	315	18	—	402	28	8	415	9	5	451	21	—	243	16	12
¹/₄ af bakugnspgr . . .	298	24	—	264	10	16	241	18	4	162	16	—	139	29	12
stämpelpgr	106	1	4	62	1	—									
Hallis kvarnarrende . .	136	21	8	133	10	16	88	2	8	39	10	4	106	21	8
stadskällaren	642	1	18	1,000	—	—	1,000	—	—	500	—	—	400	—	—
brygghuset													79	10	16
landbönders ränta . .	453	28	10	453	28	16	453	28	16	453	28	16	404	24	4
stadsvågen	60	27	—	69	5	16	79	6	12	17	—	—	60	8	4
åkerskatt	27	16	—	59	—	—	¹)			¹)			81	—	—
tomtören	201	8	—	201	8	—	247	14	—	176	23	8	176	24	8
mätarepgr	17	10	—	48	24	16							121	23	—
båk- o. hamnpgr . . .	—			—			—			13	—	—	—		
ståndpgr													7	21	8
humlegårdar	30	—	—	30	—	—									
mulbetspgr	19	16	—	21	16	—	16	16	—	—			33	10	16
bevillning för stadsbetj.	849	18	—	928	29	8	861	25	—	—			—		
sakören	263	10	1	245	28	16	242	—	16	225	31	8			
tiondepenning	17	—	—	296	30	12	—			—					
konfiskationer	—			104	—	—	—			—					
tegelbruket	—			—									226	20	8
hvarjehanda	—			166	21	8	—			—			4	24	—
Summa	4,376	3	21	5,030	4	—	3,865	14	19	2,039	2	12	2,086	20	—

Första och tillika den drygaste hufvudtiteln på utgiftscontot upptogs af aflöningen för borgmästare och råd. Någon på förhand fixerad stat synes icke blifvit upprättad för någon annan än den år 1647 tillsatte kunglige justitieborgmästaren Gudmund Krook och hans efterträdare Nicolaus Lietzen, hvilka skulle erhålla årligen 600 daler s. m., hälften från kronan, hälften från staden, men kronans bidrag blef indraget år 1651 ²). Några inkomsttitlar voro anslagna för magistraten, andra för magistraten och byggnaderna, så att beloppet af borgmästares och rådmäns anpart måste bero på de resp. skatternas mer eller mindre regelbundna inbetalande samt på behofven på annat håll. Vissa tider var aflöningen skäligen tillräcklig, men ofta klagade magistraten öfver att den utbekom allenast en oansenlig summa och någon gång blef lönen fullständigt indragen ³). De älsta uppgifter om lönernas storlek,

¹) Anslagen till fattighuset.
²) Kongl. resol. 29 mars 1647 § 8; Åbo stads besvär. Som ersättning för den förlorade kronolönen meddelade magistraten år 1653 rätt att hålla källare. (Rådst. prot. 3 dec. 1653.)
³) Magistratens klagomål öfver underhållets ringhet — dem man dock måste mottaga med en viss reservation, emedan den klagande stämman är den

jag anträffat, äro från år 1638, då budgeten upptager fyra borg-mästare à 400 daler k. m. och 12 rådmän à 200 daler. År 1666 upptagas 3 borgm. à 328 daler s. m. samt 8 rådmän à 164 dal. s. m., 1670 tre borgm. à 430 d. s. m. och 8 rådm. à 215 d. s. m.; 1680 tre borgm. à 306 d. s. m. och 8 rådm. à 153 d. s. m.; 1685 två borgm. à 290 d. s. m. och 8 rådm. à 145 d. s. m.; 1694 två borgm. à 248 d. s. m. och 8 rådm. à 124 d. s. m. o. s. v.

Till magistratspersonernas ekonomiska förmåner hörde vidare rättigheten till pension såväl för deras egna personer som för enkor och barn. När borgmästaren Mårten Sigfridsson på egen begäran och för sin höga ålders skull entledigades från sin befattning år 1650, tillförsäkrades honom — förutom en bondgård, hvarom Per Brahe gaf löfte — en årlig pension af 100 daler k. m. ur stadens fonder äfvensom rättighet att drifva borgerlig näring utan all borgerlig tunga. Då regeringen år 1683 beviljade borgm. Laur. Brochius afsked, bestämde den på samma gång åt honom halfva lönen i pension, den andra hälften skulle uppbäras af hans efter-trädare Beckius. Att rådmän skulle, då de afträdde från ämbetet, bekommit pension har jag icke funnit exempel uppå. Däremot voro deras enkor och barn likstälda med borgmästarnes. År 1660 fattades näml. den öfverenskommelse, att när någon borgmästare eller rådman afgick med döden efterlerlämnande enka eller omyn-diga barn, skulle dessa åtnjuta ett nådår. Senare heter det att

---

förherrskande i riksdagsbesvären från denna tid — ljuda isynnerhet bittert under Carl XI:s tid, då tolagen och kronosakörena samt Laustis hemman redu-cerades. År 1677, då magistratspersonernas löner innehöllos för krigsrustnin-garnas räkning, misströsta borgmästare och råd om att kunna lifnära sig och sina familjer, enär de icke idka någon annan näring, äro djupt skuldsatta för stadens skull och åtnjuta icke mera någon kredit. År 1690, sedan de redan i flera år erlagt tiondepenningen af sin lön till kronan, berätta de, att de blifvit fullständigt utarmade och måste anlita varkundsamma människor om hjälp och bistånd i sitt lifs uppehälle. En lika dyster målning framställes i besvären vid seklets sista riksdag 1697, då till råga på alt magistraten och stadens betjänte kräfdes på centonalen af sina löner ända från år 1661. Att klagomålen icke voro altför öfverdrifna framgår ur landshöfdingarnas rapporter till konungen. Så intygade Harald Oxe den 30 sept. 1681, att borgmästares och rådmäns belä-genhet efter branden „är så stor och beklaglig, att en del ännu intet så mycket ha de kunna låta sina hufvud under öfver vintern, och de som ett litet tak och koja uppsatt hafva, äro ändå så utfattiga vordne, att de till sitt och sin familjs uppehälle platt ingen föda vänta att tillgå?" Blifva de icke af konun-gen bisprungna, så se de sig nödsakade, att „rådstugan och justitiens admini-strerande alldeles uppsäga och kvittera, hvarigenom justitien blefve alldeles nederlagd och rätterne af dugliga och kvalificerade män destituerade."

detta nådår föregicks af tjänsteåret och att den aflidne magistrats-
ledamotens successor tjänade i ett år, någon gång t. o. m. i 2—3
år utan lön. I följd af häröfver anförda klagomål statuerade Carl
XI år 1693, att enkornas nådårslön skulle utgå ur stadens bespa-
ringar och deras mäns successorer skulle genast inträda i oafkortadt
åtnjutande af den resp. lönen. Funnos besparingar icke för tillfället,
måste enkorna gifva sig till tåls tills de kunde utfå hjälpen [1].

Till hvilka belopp öfriga poster i aflöningsstaten för stadens
tjänstemän och betjänte stego, framgår ur följande tablå för åren
1638 och 1666.

Stat för magistraten och stadens betjänte.

År 1638.	Kopparm. daler.	År 1670.	Silfverm. daler.
4 borgmästare · · · ·	1,600	3 borgmästare · · · ·	1,292
12 rådmän · · · · · ·	2,400	8 rådmän · · · · · · ·	1,723
stadsfogden · · · · ·	180	stadssekreteraren · · ·	100
stadsskrifvaren · · · ·	400	stadsnotarien · · · · ·	133
kämnären · · · · · · ·	100	kämnärsrättsnotarien ·	100
underkämnären · · · ·	80	stadsfogden · · · · · ·	40
kämnärrättsnotarien · ·	300	kämnären · · · · ·	50
3 skrifvare · · · · ·	300	kämnärsrättsbisittare ·	10
tolagsbokhållaren · · ·	300	tolagsskrifvaren · · · ·	67
accisskrifvaren · · · ·	120	vågskrifvaren · · · · ·	17
stadsvaktmästaren · ·	40	tomtörens uppbördsman	20
stadsbyggmästaren · ·	400	organisten · · · · ·	133 [2]
vägaren · · · · · · ·	60	tornväktaren · · · · ·	33
torgfogde · · · · · ·	40	stadens vaktmästare o.	
3 accistjänare · · · · ·	90	stadstjänare · · · ·	50
4 saltmätare · · · · ·	140	5 kvartermäst. o. 4 an-	
4 rågmätare · · · ·	140	dra betjänte · · · ·	179
3 vräkare · · · · · ·	90	stadsfiskalen · · · · ·	52
4 stadstjänare · · · ·	96	stadsmätaren · · · · ·	24
profossen · · · · · · ·	24	accisskrifv. med betjänte	80
1 kvartersskrifvare · ·	28	2 trumslagare · · · · · ·	13
3 trumslagare · · · · ·	36	betjänt. löns uppbördsm.	20

[1] Rådst. prot. 23 jan. 1650, 27 juni 1660; riksreg. 14 febr. 1683; Lor.
Creutz t. reg. d. 12 okt. 1684 i landsh. berätt.; kongl. resol. för borgm. o. råd i
Åbo 18 nov. 1693 § 3.

[2] Resterande hushyra inbegripen.

Förutom de utgifter, som åtgingo till ofvan upptagna funktionärer och betjänte, förekom en mängd andra till de mest olika kommunala hushållsbehof: till stadens byggnader och vägar, hushyror för särskilda personer, gratifikationer, arbetslöner m. m. m. m. Det kan emellertid icke komma i fråga att besvära läsaren med flera uppgifter och siffror ur Åbo stads hushållskladd än som redan skett.

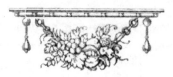

VII.

Stadsvakt.

Enligt stadslagens konungabalk var hvarje stadens inne-vånare, som vunnit burskap, skyldig att deltaga „i wård och waku", d. v. s. i stadens bevakande och försvar, „hwat han är helder husbonde eller swen ock hwat the äro flere eller färre ens mans swena". Vaktens uppgift var att i egenskap af polismakt upprätthålla ordning och frid på stadens öppna platser, att stäfja det ofog och själfsvåld, som isynnerhet älskade nattens dunkel, och att lämna sin handräckning, när denna kräfdes för att skydda en medborgare, som i sitt hem eller utom detsamma ut-sattes för öfvervåld, eller för att återställa lugnet i en källare, där vinet eller mumman stigit kunderna för mycket åt hufvudet. En maktpåliggande, ehuru mindre ofta ifrågakommande art af „wård och waku" var skyldigheten att skydda staden för fientligt anfall och att i fredstid göra sig duglig därtill. Slutligen hade vakten att fungera som brandvakt, att varna de af elden hotade och att kalla andra till bistånd.

Vakten var sålunda ett slags kommunal värneplikt. Vi skola först betrakta densamma i dess egenskap af ordningsmakt.

Bland de förordningar, som reglerade vaktens organisation, var den vaktordning otvifvelaktigt den märkligaste, som utfärda-des af magistraten år 1650 på tillsägelse af Per Brahe [1]). Den åberopas ofta i mål rörande vaktskyldigheten och man vet, att landshöfding Creutz år 1686 tillsade magistraten att låta trycka en ny upplaga däraf [2]). Men utom dessa bibliografiska data äger man ingen direkt kunskap om ordningens innehåll.

---

[1]) Rådst. prot. 18 mars 1650.
[2])   „   13 okt. 1686.

Så mycket får man emellertid veta ur stadsrätternas proto-koll, att borgerskapet var i och för vakthållet indeladt i rotar och att roten stod under ledning af en rotmästare. I tur och ordning skulle rotarna ombesörja vakthållet på corps de gardet eller „kort-gardet". Antalet borgare, som omfattade en rote, har måhända i regeln utgjort 20[1]). När den resp. rotens tur kom, synes hvarje till roten hörande borgare varit pliktig att antingen själf inställa sig till tjänstgöring eller ock ställa en karl för sig[2]). I Borgå åter, där borgerskapet var deladt i 6 rotar, skulle i tur och ordning endast tvänne vaktkarlar inställa sig, hvarför således äfven inom roten en alternering förekom. I spetsen för rotarna stodo därstä-des af magistraten på Valborgsmässorådstugudagen i början af maj utsedde rotmästare, till hvilkas åligganden hörde, utom uppsikten öfver roten, jämväl kontrollen öfver bygguadsordningens föreskrif-ter rörande tak och skorstenar — åligganden som i Åbo handha-des af särskilda s. k. brand- och sotherrar — äfvensom ransakning efter löst parti samt angifvande af dem, som bröto mot bönedags-plakaten[3]). Huru rotmästarene utnämndes i Åbo finnes icke an-gifvet, men synbarligt är, att deras tillsättande eller åtminstone kontrollen öfver deras lämplighet berodde på borgmästare och råd.

Såsom redan blifvit sagdt, skulle vakten ha sitt tillhåll på corps de gardet vid torget[4]). Enligt tillsägelse af magistraten år 1692 skulle rotens män, anförda af rotmästaren, uppmarschera till nattjänstgöring om hösten och vintern kl. 5 e. m., om våren och sommaren kl. 7 e. m., och skulle vakthållet upphöra först mot mor-

---

[1]) Den 14 juni 1623 förmäler rådst. prot., „att alla stadens invånare skulle roteras 20 man i rotan".

[2]) Ur ett mål, som behandlades inför kämnärsrätten år 1662 i anledning af vaktens försumlighet, uppräknas 16 personer, hvilka jämte rotmästaren hörde till andra roten af Mätäjärvi kvarteret och en natt stått på vakt. En gång år 1665 anklagade kämnären vakten för att rotmästaren med 13 man i sin rote af-troppat för tidigt och „en part" alldeles uteblifvit från corps de gardet.

[3]) Borgå rådst.rätts protok. 9 maj 1664, 7 maj 1666, 15 sept. 1667, 4 maj 1668, 7 apr. 1684 m. fl. st.

[4]) Det „vårdhus", som omnämnes redan 1634, har tydligen legat vid torget. Att ett vakthus funnits här långt tidigare för ordningens upprätthållande måste på tämligen goda grunder antagas. Ett annat vårdhus eller „wåältorn" uppta-ges ännu på den i Bidragens första serie andra häftet ingående kartan, som jag trott mig kunna förlägga till 1620- å 1630-talet. Huruvida detta torn användts för annat ändamål än såsom brandtorn och utkikstorn vid befaradt fientligt anfall och huruvida det fortfarande underhölls — då det icke framträder på senare kartor — äro frågor, som tills vidare måste stå öppna.

gonen kl. 4 tiden [1]). Upp- och aftåget skulle ske stillsamt och anständigt. Att marschen emellertid gaf anledning till ovationer och demonstrationer af olika slag framgår ur de tidt och ofta upprepade förbuden att under marschen aflossa skott. Beväpningen utgjordes af värja, bardisan och musköt [2]).

Komna till corps de gardet, skulle vaktkarlarna förhålla sig skickligt och värdigt. De fingo icke till sitt tidsfördrif slå trumhvirflar, icke häller på annat sätt störa stadens sömn, icke provocera förbigående, icke inlåta sig i handgemäng med hvarandra, icke lämna sin post och löpa hem eller till en källare innan morgonen grydde. Hörde de buller och skrik eller mottogo de begäran om hjälp, skulle de skynda till och arrestera fridstörarene. Att antasta vakten med ord eller gärning var strängt förbjudet. Det oaktadt utagerades mycket ofta blodiga scener utanför corps de gardet. Än var det druckna och trätlystne officerare, studenter och borgare, som antastade vakten och gjorde hemgång i kortgardet; än åter var det någon bland vakten, som af kitslighet eller för att skaffa sig och sina kamrater en liten omväxling i nattens enformighet på ett retsamt och hårdhändt sätt inledde ordväxling eller handgemäng med någon förbigående. Det drogs då ofta blankt, värjor och bardisaner korsades, barberarene erhöllo praktik och stadens saköreskassa en välkommen förstärkning. Sådana fall voro betecknande nog för tidens anda, men vi kunna icke nu dröja vid dem, utan uppskjuta dem till afdelningen om sedernas historia. Måhända hörde det till nattvaktens skyldigheter att någongång göra en rond ute i staden, ehuru jag icke erinrar mig något bestämdt bevis därför.

Om den vakt, som på dagen innehade corps de gardet, förmäles så godt som intet. År 1650 föreskref Brahe, att dagligen 6 karlar skulle stå på vakt på torget [3]). Deras åliggande bestod väl främst i upprätthållandet af ordning bland den på torget köpslagande menigheten. Huruvida denna vakt var en stående och af staden aflönad eller uppsattes turvis af rotarna, har icke kunnat utredas.

Sedan gammalt ålåg det vårdskrifvaren att upprätta roteringslängder öfver det vaktskyldiga borgerskapet. Jag har icke anträffat honom senare än år 1649, men ämbetet kan nog ha funnits till under den följande tiden. I förefintliga aflöningsstater finnes vård-

---

[1]) Rådst. prot. 12 nov. 1692.
[2])   „   1683 s. 607.
[3])   „   23 jan. 1650.

31

skrifvaren icke upptagen. Ledningen öfver den rote, som marscherade upp till vakt, innehades af rotmästaren. På corps de gardet öfvertogs befälet af stadsvaktmästaren, äfven kallad stadslöjtnanten, som sålunda var stadens polismästare [1]). År 1690 resolverade magistraten, att kaptenen för det kvarter, som den för tillfället tjänstgörande roten tillhörde, skulle hvarje afton visitera corps de gardet. Äfven tidigare hade denna inspektion förekommit, ehuru den icke företagits lika regelbundet [2]).

Liksom alla andra åligganden, så fullgjordes äfven vaktskyldigheten vårdslöst och försumligt [3]). Än instälde sig till vakt endast en del af de uppbådade, än lämnades corps de gardet tomt långt före den bestämda aflösningstimman. Det vankades nog böter, men ändå förnyades ständigt klagomålen öfver borgerskapets gensträfvighet. För att göra slut på det bråk, som uppsikten öfver skyldighetens fullgörande medförde för myndigheterna, liksom äfven för att lindra den tunga vakthållet innebar för den enskilde, föreslogo myndigheterna upprepade gånger inrättandet af en fast, af staden aflönad vakttrupp. Redan år 1639 inlämnade Brahe ett betänkande angående lämpligheten att underhålla 40 soldater såsom stadsvakt. Borgerskapet svarade, att det föredrog att själft ombesörja vakten [4]). Ytterligare påminnelse, mera dock som ett hot, gjordes år 1647 [5]). — Sedan omnämnas försök att införa ett ständigt vakthåll under 1680-talet. År 1685 föreslog magistraten först för de älste och sedan för hela borgerskapet att staden skulle aflöna 24 karlar, hvilka ägde att öfvervaka ordningens upprätthållande dag och natt samt tillika tjänstgöra som brandvakt. Förslaget blef med bifall emottaget och en uttaxering af $1\frac{1}{2}$ daler k. m. för hvarje borgare blef på samma gång beslutad. Äfven landshöfdingen gaf sitt samtycke därtill, „efter här i staden är universitet, jämväl ock eldsvådor ofta tima“. Men när man

---

[1]) Som stadslöjtnanter l. stadsvaktmästare anträffas: Johan Kelkka 1632—33, David Setzske 1634, Henrik Fråger 1639—40, Anders Ingevaldsson 1654, Matts Jöransson Peldo 1660, Anders Eliasson 1662—64, Henrik Mårtensson 1665, Erik Henriksson Bock 1666—83, Jöran Pettro 168., Anders Mårtensson Winter 1683—85, Hans Kråkfelt 1685—86, Erik Jöransson Kalkila 1686, Henrik Olofsson 1687, Michel Kuhl 1688—90, Henrik Kleen 1691—92, Herman Sahlfeldt 1692—96, Johan Mattsson 1697—1725.

[2]) Rådst. prot. 23 dec. 1690.

[3]) År 1639 stadgade magistraten, att försumligheter i vaktgöringen skulle åtalas inför kämnärsrätten. Protok. 11 nov.

[4]) Rådst. prot. 12 okt. 1639.

[5])   „   30 okt. 1647.

skred till beslutets värkställande, stötte man på flera hinder. Såväl magistraten som landshöfdingen erinrade sedermera flera gånger om sakens vikt, men borgerskapet gjorde svårigheter. De finska borgarene visade stor beredvillighet blott staden taxerades efter mantalet; somliga föreslogo att tolf gårdar skulle förena sig till en rote och uppehålla en vaktkarl; andra ansågo företaget omöjligt att realisera under närvarande tidsomständigheter. Landshöfdingen föreslog slutligen att vakthållet skulle öfverlåtas åt ett antal nyborgare mot rätt till liten handel och frihet för borgerlig tunga. Meningarna delade sig mellan dessa förslag och resultatet blef, att intet fast vakthåll kom till stånd förr än år 1729 [1]).

* * *

Skyldigheten till „vård och vaku" innebar jämväl en militärisk värneplikt, förpliktelse att skydda hus och härd, när de hotades af fientlig makt. Hvar borgare borde kunna sköta värja och musköt för att vid en fiendes anryckande understöda de reguliera trupperna. Väl kom det icke under detta sekel till värklig strid pro aris et focis, men tiden var dock full af faror och stridsfärdigheten måste ständigt underhållas och uppöfvas. Rätteligen borde detta ämne falla inom ramen för följande afdelning, men då borgargardet endast var en utvidgning af vakten på corps de gardet, så kunna vi icke skilja de två frågorna åt.

Som borgargarde var borgerskapet deladt på kompanier, ett för hvarje kvarter. Enligt en magistratens resolution af år 1659 skulle vid kompaniernas uppmarscherande den ordning iakttagas, att först tågade Klosterkvarterets, sedan Kyrkokvarterets, så Aningaiskvarterets och sist Mätäjärvikvarterets kompani [2]). Hvart kompani hade sin fana [3]) och sitt öfver- och underbefäl, vanligen kapten, löjtnant, fänrik, sergeant och 2 korporaler. Äfven förekomma titlarna major, kaptenlöjtnant och förare. Officerarne utnämndes af magistraten bland de förnämligare borgareslägterna. Så upptager t. ex. 1685 års officerarerulla följande personer. Kyrkokvarterets kompani: kapten Henrik Fleege, löjtnant Hans Wittfooth, fänrik Johan Spiker; Mätäjärvikompaniet: kapten Johan

---

[1]) Rådst. prot. 5 sept., 12 okt., 14 nov. 1685, 31 maj 1686, 11 maj 1687, 6 febr., 3 mars, 10 o. 12 sept. 1688, 2 dec. 1689, 11 febr. 1691.

[2]) Rådst. prot. 7 maj 1659.

[3]) Då Anningaiskompaniet delades, bestämdes, att i fanan skulle förekomma 3 förgylda kronor och Carolus Rex Sveciæ (i monogram).

Leutken, löjtnant Lorentz Timme, fänrik Henrik Tolpo; Kloster kompaniet: kapten Johan Rancken, löjtnant Markus Kaske, fänrik Robert Wargentin; Aningais södra kompani: kapten Henrik Witt-footh, löjtnant Kristian Iseben eller Johan Merthen, fänrik Gabriel Miltopæus; Aningais norra kompani: kapten Nils Stensson Kock, löjtnant Jonas Rosslijn, fänrik Mårten Arp. Några af dessa officerare hörde till stadens myndigaste borgare och alla voro de af, hvad man skulle säga, god familj.

För borgerskapets färdighet i vapnens bruk sökte man sörja genom militäriska öfningar, som väl icke höllos synnerligen regelbundet och som tydligen inskränkte sig till exercisens elementer, då officerarne ju själfva icke ägde någon militärisk utbildning. Någon gång anstäldes en expert i exerciskonsten, såsom år 1675, då en fänrik Gottman antogs att leda öfningarna under några veckor [1]. För att kontrollera, hurudant resultat öfningarna lämnat och huruvida det värnepliktiga manskapet ägde den utrustning, som var föreskrifven, brukade landshöfdingen anställa mönstring. Borgerskapet skulle då infinna sig i full beväpning: „musqvet, värja, bandleer och gehäng" [2]. Mönstringarna voro väl afsedda att vara årliga, men om så äfven var fallet i värkligheten, må lämnas oafgjordt.

Såsom jag redan nämde, kom det aldrig under detta sekel till strid utanför staden, men väl spårade man särskilda gånger hotande faror. Redan när ryktet visste att förtälja om fientliga härars marsch mot landets gräns blef den vanliga vakten förstärkt. Under äldre tider hade vårdhuset uppe på Vårdbärget tjänat som utkiksplats och tydligen voro väl äfven under denna tid vakter där posterade. I november 1658, medan ryska kriget ännu pågick, befalde högsta militärbefälhafvaren Gustaf Horn att hvarje afton 40 man skulle uppmarschera i full beväpning. Ville borgerskapet icke foga sig härefter, skulle 2 kompanier soldater inkvarteras i staden [3]. Under krigsåren på 1670-talet, då fientliga kryssare svärmade på sjön och t. o. m. hemsökte Åbo skärgård och då man dessutom väntade ett fredsbrott från ryska sidan, så att sjöfarten för en tid måste inställas, påbjöds en allmän borgarebeväpning. År 1675 tillsade grefve Axel Julius De la Gardie, kommenderande för trupperna i Finland, att hvarje natt från 7 om aftonen till 4

[1] Rådst. prot. 25 aug. 1675.
[2] „ 20 sept. 1675.
[3] „ 22 nov. 1658.

på morg. skulle tvänne korporalskap stå på vakt och att hvar borgare skulle förse sig med lod, lunta och krut till åtminstone 40 skott. Ett samtidigt framstäldt förslag, att staden skulle bekosta tvänne postbåtar, som skulle ställas på utkik vid Korpoström och Jungfruskär, afslogs af borgerskapet såsom medförande för stora utgifter[1]). År 1677 resolverades, att 100 man skulle hålla vakt hela dygnet om och hvar man vara försedd med ¹/₂ ℔ krut. För att ytterligare öka säkerheten, beslöt magistraten att ingå till landshöfdingen med anhållan om att vårdkasar blefve vidmakthållna vid segellederna och rekognosceringsbåtar utsända till skärgården. Äfven hofrättens och consistorii academici ledamöter, hvilka eljest voro frikallade från deltagande i vakten, uppmanades att afstå från sitt privilegium under denna tid af största fara[2]).

Liksom alla tiders militär, har äfven borgargardet begagnats för dekorativa ändamål. Vid hvarjehanda „upptåg", såsom nya institutioners invigning, högstälda personers mottagande m. m., skulle borgargardet vara uppstäldt för att gifva åt stunden den stämningsfullhet, som endast kan vinnas genom klingande sporrar, skramlande sablar och för dagen glimrande gevär. Så nämnes år 1675, hurusom kompanierna ålades att i full rustning uppvakta grefve Axel Julius De la Gardie vid hans ankomst till staden[3]). Vid högtidligheten den 15 juli 1640, då akademien invegs, hade man posterat mellan bron och akademien „de gemene stadsens invånare i deras gevär på ömse sidor å gatan med brinnande luntor, och voro de in alles 4 kompanier"[4]).

Till de fall, som vakten hade att hålla öga på under sin tjänstgöring på corps de gardet, hörde också eldsvådor. Observerade de själfva eldens löskomst eller blefvo de därom underrättade, skulle de göra allarm och vid brandstället upprätthålla tillbörlig ordning. Denna sida af vaktens uppgift leder emellertid oss öfver till frågan om stadens brandkårsväsende, som tarfvar ett särskildt kapitel.

---

[1]) Rådst. prot. 12 o. 28 aug. 1675.
[2]) „ 15 o. 27 aug. 1677.
[3]) „ 1675 s. 282.
[4]) Fontell, Consistorii academici protokoller I: 7.

VIII.

Brandvärk.

I den föregående framställningen om de brandolyckor, som så ofta och tungt hemsökte Åbo, har det redan anmärkts, huru det ligger nära för handen att misstro tillräckligheten af de försiktighetsmått, som vidtogos af borgmästare och råd såsom väktare öfver eld och brand. Man är så ofta frästad att på de styrande skjuta skulden för missförhållanden, hvilkas orsaker icke sällan äro att söka på andra håll. Det kan ju icke nekas, att stadens myndigheter i viss mån buro skulden för det onda som hände. Vid genomgåendet af rådstuguprotokollen kan man icke värja sig för tanken, att hvad som gjordes icke gjordes med tillbörlig kraft och konsekvens, att flera, och de viktigaste mått och steg bära halfhetens prägel. Men det är orätt att på magistraten ensam hvälfva skulden. Tvärt om måste man göra magistraten den rättvisan att erkänna, att den med oförtröttlig ifver och med berömvärdt allvar vinnlade sig om denna gren af sin ämbetsförvaltning, om det ock å andra sidan medgifves, och fakta tala därför, att ännu större förtänksamhet och framför alt en strängare tillämpning af påbjudna bestämmelser varit af nöden. Man finner nämligen magistraten föra ett oafbrutet krig mot de bundsförvandter, som elden, sedan den engång utbrutit, hade vid sin framfart. Rådsprotokollen vimla af beslut, förmaningar, tillsägelser, hotelser och straff, alla afseende ett planmässigare genomförande af preventiva åtgärder. Att de icke hjälpte, därtill låg orsaken främst hos tidsförhållandena och hos borgerskapet själft.

Det har flera gånger framhållits, att boningshusen i vissa stadsdelar voro hopträngda på en trång yta, att hos mången eldstäderna saknade murade ledningar för röken och taken voro betäkta med lätt antändligt material. Därtill kom den fara, som följde med sättet för belysningen. Efter mörkrets inbrott funnos inga lyktor, som belyste vandrarens väg, utan den som trefvade sig fram på gatorna, förbi de med luckor tillstängda fönstren, hjälpte sig fram med facklor eller pärtbloss. Och inom hus saknade mången medel att bestå sig lyxen af ljus, hvarför de dagliga sysslorna, då såsom långt senare, utfördes vid pärtans sken. En gnista, som genom ovarsamhet föll på husets bohag eller af stormvinden fördes på takets näfver, var ofta nog att anställa stor förödelse, om faran icke genast upptäktes, och från det antända huset var det icke långt till grannens gård. Och när borgerskapet uppmärksamgjordes på byggnadssättets vådor, när det förmanades och ålades att bygga sina hus efter bättre metoder, när det vid hot af straff tillsades att undanrödja eldfarliga kyffen och att förse sina pörten och badstugor med eldfasta ugnar, då höll det med den seghet och envishet, som utmärker vårt folk, fast vid sina gamla sedvänjor, nekade att underkasta sig en tillfällig ekonomisk uppoffring, som kunnat bereda skydd mot framtida förluster. Och när olyckan kom, då mottogs den med fatalistisk resignation som ett straff från ofvan, icke som en lärdom för framtiden och ett bevis för riktigheten af de regler myndigheterna inskärpt och åter inskärpt[1]).

---

[1]) Det finnes en liten, numera ganska sällsynt bok, ett af 1600-talets literära alster, som är synnerligen egnad att sprida ljus såväl öfver de missförhållanden, hvilka utgjorde en ständig källa till olyckor af förenämdt slag, som ock öfver den resignation och ödmjukhet, hvarmed man mottog — eller hvarmed åtminstone folkets lärare ville att man skulle mottaga — eldens hemsökelser såsom ett Guds straff för världens synder och en påminnelse om lefvernets förbättring och hjärtats hälgelse. Denna bok har till författare en i Åbo studerande västmanländing Gabriel Wallenius och bär titeln: „En kort vnderrättelse om Wåd-Eldars rätta vrsprung — — — — vthaff Guds Heliga ord, Höglärde mäns Skrifter — — vthdragen". Den skrefs straxt efter branden 1681 de brandskadade till tröst och är från början till slut hållen i en än straffande än förmanande predikoton. Ehuru nu eldsvådorna främst bero på Guds vilja, så är äfven folkets oaktsamma umgående orsaken därtill. Wallenius berättar, hurusom borgarene bruka „fara gata upp och utföre, det ena huset in, det andra ut med sina ljusbrinnande bloss och pärtor; att ock en part om höst och vinter allenast af en elak vana icke kunna sig utom stufvudörren vägleda, förr än de få en knippa pärtor i näfven och, det skräckeligare är, skall pigan gå och stilla boskapen, skall hon gå efter en famn ved, hon kan intet röra sig af rummet, förr än hon får elden till kamrat; så går hon i hö- och vedbodan, tager lö och ved i famnen, men pärtan, efter hon intet då kan hafva den i handen, sätter hon i mun etc." Högst klandervärdt är vidare borgerskapets uppförande under branden, hvilket förf. var i tillfälle att med egna ögon bevitna

En ofta, isynnerhet under den varma årstiden återkommande varning, hvarigenom magistraten sökte förebygga vådeldars uppkomst, gälde ett varsamt umgående med elden inom och utom hus. Än var varningen hållen i helt allmänna ordalag, än gälde den någon speciel osed, såsom bärande af pärtbloss utom hus [1]), utbredande af halm på golfvet vid juletid [2]), sjudande af beck och tjära mellan husen [3]), båtars tjärande på vissa platser [4]), brännande af plantland inne i staden [5]), rågtorkning i badstugorna [6]), köttrökning i hus utan säkra eldstäder [7]) m. m. Någon gång gingo föreskrifterna så långt, att det vid 40 marks vite förbjöds att om aftnarna bränna ljus i gatbodarna [8]). Efter 1678 års brand emanerade ett förbud att elda under stormväder [9]).

Mot rökpörten, rior och badstugor utan ordentliga eldstäder förde myndigheterna ett ständigt krig. Likaså mot förfallna och felaktiga skorstenar och ugnar. Taken skulle betäckas med torf eller bräden, där ägaren icke mäktade köpa tegel. Endast takved (s. k. malkotak) och halm voro förbjudna [10]).

Som första hjälp vid vådeld påbjöds vattentunnors uppställande på gårdarna och på taken. Vidare skulle gårdarna enligt stadslagens föreskrift vara försedda med följande brandredskap: en 7 alnar lång stege, 12 alnar lång käxe, en eldyxa och ett äm-

---

vid den senaste olyckan. „När det då vid eldens uppkomst begynte till att klämta och ringa med klockorna, kom då en man af hvar gård till hjälp att värja eller släcka elden? Skulle derefter ransakas, skulle visserligen många tolf marker komma konungenom och stadenom till tveskiftes. Och sedan, lät vara de kommo, som gatorna stodo fulla af dem, som undrade på elden eller eljest infunno sig, intet att hjälpa sina jämnkristna, utan hvar tillfälle dem gifvas skulle till att bortföra, snappa och, rent ut sagdt, stjäla något, som det beklagligen vid alla brauder förspörjes. Mången hinner bärga sitt goda undan elden, men förmår intet vakta det för tjufvarne. Kommo, frågar jag, desse med yxa, ämbare, stega och käxe? o. s. v.“

[1]) Rådst. prot. 22 sept. 1645, 9 nov. 1646.
[2]) „ 13 dec. 1686.
[3]) „ 27 april 1670, 10 aug. 1638.
[4]) „ 3 o. 7 maj 1679.
[5]) „ 12 april 1624.
[6]) „ 1 aug. 1693.
[7]) „ 7 aug. 1667.
[8]) „ 20 jan. 1660.
[9]) „ 2 okt. 1678.
[10]) Jag begagnar mig härmed af tillfället att rätta ett i det föregående s. 22 influtet misstag, hvari åtskilnad göres mellan takved och det finska ordet malko.

bare. Vid de vattenfylda tunnorna fästades·sådan vikt, att lagen hotade med 12 ₥ böter den som af okynne slog ut vattnet[1]).

Öfvervakandet af påbuden om skorstenar, ugnar och pörten uppdrog rätten vanligen åt särskilda ur borgerskapets egen krets utsedde personer. Desse ägde att om våren och äfven på andra årstider, såsom på sensommaren, då köttrökningstiden inföll, gå gård ut och gård in „att noga efterse odugliga skorstenar och tak, och där de stakotte skorstenar befunno, som efter förrige åtvarning ej äro reparerade, skola straxt kullslås och grannarna tillsägas, det de noga inseende hafva skole, om i slika skorstenar eld brukas, och det de sedan öfverstebrandmästaren kungöra, som sådant angifva eller skorsten såväl in- som utom kullslå skall"[2]). I allmänhet skedde förordnandet om våren och borde väl „enligt lag och god sed" ha företagits årligen, ehuru alla domböcker icke tala därom. Antalet var något varierande, i regeln 5 à 8, tidtals 10 à 12 för kvarteret. Under de senare decennierna af seklet ingick alltid en murmästare för hvart kvarter bland de tillförordnade. Granskningsmännen nämnas i domböckerna gemenligen brandherrar, stundom skorstensherrar, från slutet af 1670-talet brandmästare. Namnet sotherrar anträffas någongång (och utmärker väl då dem som specielt hade skorstensgranskningen om hand). År 1625 tillförordnades för hvarje kvarter 2 brandherrar och 3 sotherrar (utom för Mätäjärvi 2). Likaså omtalas år 1633 under den allmänna benämningen brandmän såväl brandherrar som sotherrar. År 1634 tillsattes för Aningais 8 brandmästare, bland dem 2 höfvidsmän, för Kyrkokvarteret och Mätäjärvi gemensamt 8 brandmästare, bland dem 3 höfvidsmän, samt för Klöstret 9 brandmästare, bland dem 2 höfvidsmän. År 1642 förordnades i sammanhang med utnämningen af brand- eller skorstensherrarne en bland de förnämste i hvart kvarter att i egenskap af uppsyningsman se till, att vid brandsynen „ingen någon oförrätt ske må"[3]). Utom desse omtalas vid särskilda tillfällen, synnerligen efter de stora vådeldarna, andra personer, som detacherades att granska och nedrifva öfverklagade murar.

Skyldigheten att bistå sin nästa när hans hus stod i låga var uttryckligt uttalad i stadslagen. Däri föreskrefs, att hvar stad skulle vara delad i fyra kvarter och i hvarje kvarter finnas tvänne

---

[1]) B. B. Kap. XXII.
[2]) Rådst. prot. 9 april 1686.
[3]) Bidr. t. Åbo hist. första ser. II: 112, VI: 166; rådst. prot. 17 april 1633, 4 april 1642, kämnärsrättsprot. 1642.

höfvidsmän, hvilka vid timande eldsvåda voro förpliktade att jämte en man från hvarje gård infinna sig för att värkställa somliga släckningen andra bärgningen. Samma bestämning upprepas i 1619 års stadga om städernas administration. I brandordningen för Stockholm af år 1675 föreskrefs, att staden jämte malmarna skulle vara indelad i brandmästarskap med brandmästare i spetsen. Brandmästaren tillkom att tvänne gånger om året ransaka om eldstädernas, takens och brandredskapens behöriga skick samt att se till att hvar man i hans distrikt fullgjorde sina skyldigheter; dessutom skulle han leda räddningsarbetet vid eldsvådor. Han utsågs af magistratens politiekollegium och fick icke uppsäga sitt ämbete före loppet af tre år. Brandmästarskapen voro indelade i rotmästarskap, hvilka företräddes af rotmästare såsom brandmästaren underordnade biträden.

Huru brandkårsväsendet var ordnadt i Åbo, däröfver lämna handlingarna jämförelsevis knappa och dunkla uppgifter. Det torde nu med säkerhet kunna antagas, att man med de år 1634 tillsatta höfvidsmännen för brandherrarne har att förstå just de i stadslagen påbjudna likabenämda funktionärerna. Måhända tager man icke häller miste, om man i de åren 1625 och 1633 nämda brandherrarne har att söka stadslagens höfvidsmän och i sotherrarne deras biträden vid granskningen. Om en skild brandordning för Åbo talas första gången i en af magistratens byggnadskollegium synbarl. år 1638 l. 1639 afgifven berättelse [1] Det meddelas däri, att „brandordningen är så vidt i värket stäld, att staden är delt efter brandordningen i åtta kvarter och öfver 20 borgare en brandmästare stäld, och de hafva alla deras redskap uti god beredning efter ordningen". En senare brandordning förekommer nämd år 1664, då magistraten anmälde, att den delat stadens innevånare, så adliga som oadlige, i vissa rotar af 24 gårdar med den moderation, att de som hade smärre gårdar och voro af ringare förmögenhet svarade mot $\frac{1}{2}$ eller $\frac{1}{3}$ gård, hvarefter rotmästarene erhöllo rotsedlarna i händer [2]. År 1692 får man veta, att landshöfding Creutz beordrade tvänne rådmän att uppgöra och till hans godkännande framlägga förslag till en ny brandordning [3]. Detta är ungefär alt som berättas om brandkårens organisation. Huruvida den omnämda rotindelningen sammanföll med rotindelningen för stadsvaktens upprätthållande och de omnämda förmän-

---

[1] Saml. Åbo stads besvär.
[2] Rådst. prot. 4 juni 1664.
[3]   „   6 juli 1692.

nen voro desamma, som under stadslöjtnanten kommenderade på corps de gardet, kan i brist på tillräckliga upplysningar icke bestämdt afgöras, men synes mig antagandet af en sådan organisation äga stor sannolikhet för sig. Namnet på dessa förmän uppgafs år 1638 vara brandmästare, år 1664 rotmästare. Den sistnämda benämningen är den vanliga för att beteckna anföraren för roten. När efter 1678 års brand magistraten anstälde undersökning rörande eldens uppkomst och enhvars förhållande under olyckan, kallades samtliga „brand- och rotmästare" att svara för sina handlingar. I undersökningen omnämnas 4 rotmästare för Kyrkokvarteret, 5 för Mätäjärvi, 3 för Klöstret, 3 för Aningais södra och 3 för dess norra kvarter. Därur framgår, att rotmästarene hade rotans brandredskap förvarade hos sig och att de anförde brandmanskapet. Om brandmästarenes deltagande i eldsläckningen nämner ransakningsprotokollet intet [1]).

Vi ha sålunda att skilja åt mellan brandherrarne, senare på seklet gemenligen kallade brandmästare, hvilkas åliggande var att anställa brandsyner, och rotmästarene — äfven de någon gång kallade brandmästare — hvilka skulle vårda brandredskapen och i spetsen för sin rota gå mot elden. Den i Stockholm genomförda indelningen i brand- och rotmästarskap synes sålunda icke ansetts nödig i Åbo. Däremot omnämnes „öfverste brandmästaren", med hvilken man måhända har att förstå icke allenast chefen för synemännen, utan jämväl ledaren vid eldsläckningsarbetet [2]).

Till hvarje rote hörde ett föreskrifvet antal brandredskap. Den år 1664 nämda brandordningen upptager: 1 kar, 1 segel, 4 famnar i fyrkant, 1 läderämbare och 1 „käxa" med brandhake. Dessutom skulle hvarje gård vara försedd med en stege om 7 aln, 1 ämbare med 7 famnar långt tåg, 1 så med stång, 1 yxa och 1 tunna vatten. Enligt stadslagen skulle fogaten, magistraten och de 8 höfvidsmännen fyra gånger om året granska redskapen [3]). I domböckerna omtalas ofta särskilda deputerade, som hade detta om hand. Efter branden år 1678 beslöt rätten att, delad på tvänne afdelningar, en för stora och en för lilla sidan, framdeles efter

---

[1]) Rådst. prot. 14 nov. 1678.

[2]) Denne öfverste brandmästare omnämnes — såsom redan är anfördt — år 1686. Synbarligen åsyftar protokollet för den 2 maj 1677 samma befattning, då det bland de samma dag utnämde „brandherrarne" upptager *brandmästaren* Henrik Fleege. Namnet brandmästare användes sålunda — ehuru på något olika tider — för att beteckna synemännen, rotmästarene och brandchefen.

[3]) B. B. XXII.

af brandherrarne företagen husundersökning visitera brandredska-
pen. År 1684 utsågs en rådman för hvart kvarter att utföra detta
uppdrag [1]). Äfven arbetade magistraten, delvis på initiativ af
landshöfdingen, på redskapsdepoternas förstärkning. År 1680 före-
höll den hvarje rote dess skyldighet att hålla en spruta, men år
1684 ville magistraten redan åtnöja sig med en spruta för kvarte-
ret [2]). År 1683 föreslog landsh. Lor. Creutz, att borgerskapet i
likhet med „alla städer i välbestälda republiker" skulle uppköpa
en kopparspruta. År 1685 uppgjordes ock med en klockgjutare
Mårten de Mick ackord om leveransen af en malmspruta, som
skulle draga 4 t:r vatten och kosta 650 dal. k. m. Sprutan blef
färdig två år senare, då det bestämdes att stadens friborgare eller
riskarlar skulle arbeta vid densamma och klockgjutaren själf „ha
direktorium öfver att sprutan kan sin värkan hafva och däraf icke
fördärfvas". År 1692 hemstälde Creutz om anskaffandet af ytter-
ligare en spruta, men detta förslag synes icke ledt till något re-
sultat [3]).

Till ett ordnadt brandväsen hör icke allenast en brandkår,
hvars åliggande är att skynda till hjälp, när klockornas ringning
förkunna, att elden är lös. Därtill hör ock en brandvakt, som vid
första tecken till oråd skall signalera farans utbrott. En sådan
brandvakt var den på corps de gardet posterande stadsvakten, om
hvars funktioner redan tillräckligt ordats. Däremot saknades länge
desse nattlige väktare, hvilka patrullerade längs gatorna försedda
med den af fridstörare fruktade saxen och efter hvarje klockslag
upprepande refrängen: „Guds milda och mäktiga hand bevare vår
stad för eld och brand". Försök att få en sådan brandvakt till
stånd gjordes af den nitiske landshöfdingen Lorentz Creutz d. y.
Omkr. år 1691 öfverenskom han med magistraten om en ny brand-
ordning samt om brandvakters underhållande om nätterna. Creutz
mening var, att de af prästerskapet, som ägde gårdar skulle skyl-
digkännas att deltaga i brandredskaps uppköp, de åter, som bebodde
andras hus, prestera brandvakt. Prästerskapet protesterade häremot,
åberopande privilegierna, men konungen godkände i resol. den 3
sept. 1691 Creutz' uppfattning. År 1692 gjorde landshöfdingen
åter påminnelse om saken, resolverande, „att alla såväl adel som
oadel jämte prästerskapet, borgare och andra, som äga gård och

---

[1]) Rådst. prot. 14 nov. 1678, 26 maj 1684.
[2])   „   26 juni 1680, 20 febr. 1684.
[3])   „   27 mars 1683, 11 apr. 1685, 19 febr. 1687, 6 juli 1692.

grund i staden, böra hålla brandvakt och således behörigen därtill roteras". „Som alt således annoterades" — heter det i rådstuguprotokollet. Ännu under sitt sista lefnadsår påminde Creutz gårdsägarne om att hädanefter underhålla en brandvakt efter bruket på andra välbestälda orter[1]). Organiserad blef brandvakten emellertid först under följande sekel.

---

[1]) Handskr. saml. i univ. bibl. B III 4; rådst. prot. 28 nov. 1692, 7 juli 1698. I Borgå omnämnes en sådan nattvakt tidigast år 1683. På allmän rådstugudag i maj 1684 tillsades nämligen borgerskapet „nu i afton att begynna gå eldvakt, och skola de gå i gård ifrån gård och gatu ifrån gatu, och hvar afton skola hos rådman Sieben sig angifva, begynnandes nu där som i höstas lyktades; och skola alla de gå i vakt, som inom stadens staket bo och sin egen disk hålla, ehuru många uti en gård bo kunna". Prot. 7 maj 1684.

Fattigvård.

Ur den första afdelningen känner läsaren redan de barm-
hertighetsinrättningar staden ägde för upptagandet af
dem bland sina borgare, som af bruten hälsa, ålderdom
eller andra omständigheter gjorts oförmögna att sörja för
sin timliga existens. In på 1620:talet bjöd Helgeandshuset en fri-
stad för „fattige, ålderstigna, vanföre och bräcklige" icke blott
från staden, utan ock från landsorten. Företrädesrätt till intagande
hade „kronans i krig mot riksens fiender sargade och förlamade
gamla tjänare". Helgeandshuset var ett gubb- och gummhem, på
en gång en fattiggård och ett invalidhotell. Det var en kronans
inrättning och torde därför i högst ringa mån varit föremål för
stadsmyndigheternas kontroll och inskridande. Dess styrelse hade
redan under 1500:talet helt och hållet sammansmält med spetälske-
husets, S:t Jörans hospitals. I spetsen för anstalten stod en före-
ståndare, hvilken tillika under vissa tider var de fattiges predi-
kant [1]. Ekonomien var baserad på räntorna från några gods i
grannsocknarna såsom grundfond och förstärktes ytterligare med
tomtören från de tomter i Åbo stad, „som höra de fattiga till" [2].

---

[1] Fagerlund omnämner (Finlands leprosorier I) följande föreståndare för
S:t Jörans hospital och Helgeandshuset: Thomas Jakobsson 1600, Erik Tho-
masson 1601—1602, Michel Johansson 1603—1606, Erik Sigfridsson 1606—1609,
Jakob Eskilsson 1609—1610, Lasse Thomasson 1611—1612, Ericus Bartholli pre-
dikant från år 1605, föreståndare och predikant 1613—1617, Benedictus Matthiae
predikant och föreståndare 1618—1622. En predikant Nils nämnes år 1600.

[2] Enl. Fagerlund: Aningos och Pitkämäki i Vårfrukyrka, Danila i Masku,
Papumäki i Rusko, Pahaniemi, Voisari och Pantsio samt en äng i Reso äfven-
som en äng i Piikkis. — De fattiges tomter utgjorde år 1601 66 och afkastade
i tomtören 7 dal. 19 öre.

Antalet fattighjon är för intet år kändt. Man vet blott, att året efter inrättningens upphörande påträffas i Själö 23 Helgeands-personer[1]).

I början på 1620:talet upphörde Helgeandshuset, såsom läsaren redan känner. Hjonen flyttades bort och byggnadens murar prisgåfvos åt förstörelsen. Efter många ansträngningar och utan att regeringens bistånd kunde erhållas uppförde borgerskapet i Åbo ett eget hospital, som en tid stod i Klöstret och flyttades därifrån på 1670:talet till Nystaden, där det sedan i öfver ett sekel befann sig omgifvet af sin kyrka, kyrkogård och pastorsbostad. Huru arbetet fördes till det utstakade målet behöfver icke här ånyo skildras. Det återstår blott att lära känna det kommunala fattighusets styrelse och hjälpmedel samt de allmänna grunderna för fattigvårdens ordnande i staden.

Ansvaret för fattigvårdens handhafvande var fördeladt på prästerskapet, konungens befallningshafvande och stadsmagistraten. I den år 1571 författade kyrkoordningen stadgades i kapitlet om hospital och sjukstugor, att borgmästare och råd i städerna skulle med biskopens och kyrkoprästernas råd tillsätta för hospitalen en syssloman eller skaffare, som var för sin förvaltning ansvarig inför magistraten. Därjämte skulle årligen eller hvart annat år utses förmyndare, hvilka ägde att tillse, att hjonen hade sin nödtorft i mat, dryck och kläder samt att sysslomannen fullgjorde sina skyldigheter. Fattiga och skröpliga personer skulle intagas af sysslomannen efter förmyndarenes hörande, „rätta allmosehjon och fattige", främst infödde med „godt rykte och omgängelse" från deras välmaktsdagar, men ingen som genom egen kraft eller genom släktingars hjälp kunde förvärfva sig sitt dagliga bröd. Sjuka, hvilka kunde räddas genom dräglig omkostnad, skulle genom sysslomannen försörjas med läkarehjälp. De som voro behäftade med smittosam krankhet måste hållas skilda från de andra, de blinde, halte, skjutne och slagne. För hjonens själavård anbefaldes tillsättandet af en predikant. En gång i veckan var kyrkoherden i staden förpliktad att göra sin rond i hospitalet[2]).

I den allmänna landshöfdingeinstruktionen af år 1635[3]) ålades landshöfdingarna att se till, att intet tiggeri tillstaddes hvarken på landsorterna eller i städerna. Lättingar skulle de insätta på

---

[1]) a. a. s. 62.
[2]) Then swenska kyrkeordningen. Trykt 1571.
[3]) Styffe, Landtregeringen s. 204—205.

tukthus, orkeslösa på hospital och värnlösa barn på barnhus. Landshöfdingarne kunde emellertid icke råda bot för det onda, hvarför regeringen, efter att ha hemstält ärendet till ständerna, fann sig föranlåten att år 1642 genom en allmän „ordning och stadga om tiggare" tydligen utstaka utvägar för afhjälpandet af tiggeriet, som hotade att „innan kort uppfylla landet med onyttigt och skadligt folk, föda af sig lättja, orkeslöshet och allehanda odygder och lända mången menniska till undergång, olycka och straff". Ordningen inskärpte strängt straff för vaganter, landstrykare och tattare. Bevisligen fattiga och kraftlösa, ursinniga och besatte samt med smittosamma sjukdomar behäftade skulle intagas i kronans hospital eller i de hospital och sjukstugor städerna och kommunerna voro skyldiga att uppehålla. En viss afgift erfordrades för inträde i hospitalet och kunde sådan icke presteras af fattighjonet, skulle den erläggas af kommunen. Fattighjonets arfsrättigheter tillföllo hospitalet. Tillstånd till inträde gafs i domkyrkornas hospital af biskopen, i andra stadshospital af kyrkoherden och hospitalsföreståndaren. Barn skulle hållas i barnhus eller där sådana saknades underhållas med stadsmedel tills de fylt sitt åttonde år, då de skulle insättas i något slags tjänst eller handtvärk [1]).

I kyrkolagen af år 1686 föreskrefs, att uppsikten öfver domkyrko- och stadshospitalen skulle handhafvas af landshöfdingen, biskopen, kyrkoherden och en borgmästare, sålunda att landshöfdingen och biskopen ägde att „styra värket", kyrkoherden och borgmästaren att biträda som rådgifvare och hjälpare. Tillstånd till inträde gafs af landshöfdingen och biskopen, sedan aspiranten erlagt en inträdesafgift af 20 daler s. m. Saknade någon tillgångar att betala denna summa, kunde medlen anskaffas genom insamling hos godt folk. Hvart tredje år skulle hospitalsstyrelsen utse 2 personer till att vaka öfver hospitalets visthus och själfva skulle styrelsens ledamöter på vissa tider höra sig för om inrättningens tillstånd. Kyrkoherden var pliktig att tvänne gånger i månaden personligen besöka anstalten. Där tillgångarna icke tillstadde annorlunda, skulle hospitalspredikanten tillika vara syssloman. Gudstjänst skulle hållas hvar sön- och hälgdag, katekesförklaring hvarje torsdag.

Hospitalets styrelse och vården om dess fortbestånd skulle sålunda enligt lag i första hand ankomma på landshöfdingen och bisko-

---

[1]) Stiernman, Commerce etc. förordningar II: 329—334.
[2]) Kyrkiolag och ordning af 1686, kap. XXVIII.

pen. Utan att vilja förringa de förtjänster desse inlagt om hospitalet, men om hvilka jag erfarit tämligen litet, bör det framhållas, att största tungan i värkligheten icke fallit på dem. Väl omnämnes då och då deras ingripande, hufvudsakligast efter kyrkoordningens utgifvande, och landshöfdingens isynnerhet till fromma för den ekonomiska sidan, men mesta bekymret för fattigvården hade dock magistraten på sin anpart. Vi känna redan de ansträngningar magistraten gjort för att få ett hospital till stånd efter helgeandshusets upphörande och för att sedan få det flyttadt till den plats vid Drottninggatan det intog från 1670:talet. Äfven när det gälde fyllandet af hospitalets dagliga behof utvecklade magistraten samma nit. Dels vädjade den till borgarenes ömmare känslor, dels använde den stränga ord. Då och då gåfvo rättens medlemmar själfva goda föredömen i offervillighet, såsom efter 1681 års brand, då de i besvär till regeringen förmälde, att de tagit brödet ur munnen på sig och de sina för att bispringa de fattige och skänkt hospitalet 36 tunnor spannmål [1]).

Under magistraten subordinerade de i 1571 års kyrkoordning omnämde fattiges förmyndare eller föreståndare, hvilka utsågos på rådstugumöte för en tid af ett år och till ett antal af 2 eller 3, någongång t. o. m. 4. I regeln skulle åtminstone en af föreståndarne vara medlem af magistraten; de öfriga togos bland borgerskapet. Denna regel råkade dock tidtals i glömska, så att fattighjonen en gång inkommo med påminnelse därom. Det var icke alltid lätt att förmå de borgare, på hvilka magistratens val fallit, att inträda i sina skyldigheter. När magistraten en gång erfor, att en Jöran Hurula, som nyss utkorats till föreståndare, ärnade sig till Stockholm, förbjöd den en skeppare att taga honom på sin skuta och gaf Hurula resetillstånd först med det vilkor att han satte en vikarie för sig. Emellanåt utfästes höga böter för den som tredskades. En och annan befriades från bördan mot erläggande af en efter hans förmögenhet lämpad afgift. Utom att uppdraget inkräktade på det löpande arbetet för existensen, medförde den nämligen direkta penningeförluster, emedan föreståndarne ofta blefvo tvungna att af egna tillgångar meddela förskott, som icke alltid återfingos. Därför meddelade magistraten ock befrielse från uppdraget, när det upplystes om, att någon af de utkorade befann sig i en mindre god ekonomisk ställning. År 1691 anmälde magistraten för biskopen, att den numera, i enlighet med kyrkoordningens stadgande, ville fritaga sig från direktionen

---

[1]) Kongl. resol. 9 nov. 1686 § 4.

33

öfver hospitalet, men sedan landshöfdingen förklarat, att kyrko-ordningen borde tolkas så, att föreståndarne skulle utses med magistratens vilja, så lofvade den att „till de fattiges nytta kon-tribuera det adsistence, som dem är anständigt". De fattiges före-ståndare utsågos därför fortfarande på sätt som förut. De erhöllo nu en ringa ersättning för sitt omak genom att landshöfdingen Creutz resolverade, att det anslag af 150 daler k. m. han gifvit hospitalet, skulle fördelas dem emellan [1]). — Utom föreståndarene innehade åtm. från år 1686 en bland rådstugurättens medlemmar för ett år i sender inspektionen öfver hospitalet [2]).

Den dagliga uppsikten öfver de fattige såväl som den and-liga vården handhades af ekonomen-predikanten, vid hvars till-sättande, liksom vid andra prästaval i församlingen, borgerskapet hade rätt att afgifva sin röst. Den ordinarie lönen — accidentierna af lik- och begrafningspengar undantagna — utgjorde år 1689 233 daler k. m. och 20 tunnor spannmål, en inkomst som predikan-terna flera gånger, ehuru förgäfves, sökte få förökad med andel i de till inrättningen inflytande frivilliga gåfvorna.

Om innehafvarne af befattningen saknas fullständiga notiser. År 1656 omnämnes, att hospitalsprästen Andreas Fabricius dött och att till hans efterträdare utsetts Lars Thomæ, som anträffas på samma post ännu år 1674 [3]). År 1678 förekommer en Lauren-tius Suicherus, som dog 1680. År 1682 afled predikanten Andreas Suicherus. Följande år konfirmerade regeringen på af magistraten och borgerskapet gjord hemställan en Daniel Birkman i predikant-befattningen. Den kungl. bekräftelsen återtogs emellertid genom reskript af den 2 jan. 1684, sedan domkapitlet anmält, att det förordnat till tjänsten en Matthias Wezander samt tillika upplyst, att Birkman utan tillstånd förlupit en lägenhet på landet, att ma-gistraten vid hans tillsättande förbigått domkapitlet samt att Birkman, kapitlet till ytterligare hån, blifvit introducerad i äm-betet af borgaren Johan Rancken [4]). Wezander afled år 1685,

---

[1]) Rådst. prot. 22 maj 1667, 30 jan., 15, 17 o. 20 mars 1686, 6 febr., 3 mars 1688, 2 o. 7 mars 1689, 21 jan., 11 febr. o. 7 dec. 1691, 10 dec. 1692, 12 o. 19 dec. 1694 m. fl. ställen.

[2]) Rådst. prot. 26 april 1690, 29 apr. 1691.

[3]) Strandberg, Åbo stift herdaminne I: 65, säger, att Lars Thomæ, med tillnamnet Canis, blef afsatt 1657, men återkommer 1659. — Huruvida den år 1674 nämde „hospitalspredikanten herr Lars" är identisk med den år 1656 nämde eller med hans efterföljare Laurentius Suicherus, vågar jag icke be-stämdt afgöra.

[4]) Strandberg, I: 66.

hvarpå magistraten resolverade, att Birkman skulle återfå tjänsten. Birkman dog dock samma år och platsen tillträddes af Samuel Justander, som erhållit landshöfdingens och biskopens rekommendation och utan svårighet erkändes af borgerskapet bl. a. emedan hans fader varit professor och hans farfar borgmästare i Åbo [1]). Justander, hvilken i det föregående blifvit nämd såsom författare till orationen „De qvibusdam antiqvitatibus abogicis, urbisqve situatione", afled år 1700.

Hospitalets ekonomi stod merendels på skrala fötter. Det anfördes ofta klagomål öfver den brist, som rådde i S:t Jörans hospital och i Helgeandshuset, öfver svårigheten att med de åt inrättningarna doterade medlen bestrida de utgifter hjonens stigande antal kräfde. Huru mycket ogynnsammare måste då icke den ekonomiska sidan ställa sig för den följande inrättningen, som först skulle uppföras och sedan länge underhållas allenast med borgerskapets medel. Den nya inrättningen hade icke att förfoga öfver de hemmansräntor, som varit dess föregångare anslagna; det var nästan h. o. h. hänvisadt till de smulor, som föllo från borgarenes merendels tämligen magert försedda bord. Att någon ordinarie uttaxering för hospitalet skulle ägt rum, är icke troligt, ehuru magistraten någon gång hotade därmed. Det ordinarie bidrag, som staden lämnade, utgjordes knapt af annat än af den skatt staden uppbär från sina åkrar och hvilken åkerskatt åtm. från 1670:talet var anslagen åt de fattige. Till de ordinarie inkomsterna hörde dessutom den inträdesafgift, som hvarje fattighjon var skyldig att erlägga. Ganska ofta åstadkoms denna genom kyrkokollekt eller genom på annat sätt upptagna gåfvor. År 1691 föreslog landshöfdingen, att hvarje kvarter skulle inlösa sina fattiga, men detta förkastades af borgerskapet såsom ledande till lättja och fylleri. Till kanske största delen utgjordes bidragen af frivilliga kontributioner och gåfvor. Jämt och ständigt erinrade, förmanade och förehöll magistraten borgerskapet om dess plikt att på detta sätt sörja för sina fattigas underhåll. Årligen och par gånger om året utsågos deputerade att gå omkring i husen för att uppbära de fattiges pengar, d. v. s. hvad „kristmildt folk"

---

[1]) Rådst. prot. april—maj 1685. Hvem denne farfar var vet jag icke. Tengström, Chronologiska anteckningar s. 114, säger att Justanders fader professor Ericus Justander var af oäkta börd. — Då landshöfdingen föredrog Justanders ansökan, förordade han densamma, men ansåg, att om någon ogift sökande fans, som ville gifta sig med företrädarens enka, så vore denne ännu lämpligare (för nådårets skull). Birkmans enka hade tidigare varit gift med Andreas Suicherus.

efter råd och ämne kunde afstå[1]). Utom på detta sätt insamlades bidrag i fattigbössorna, som borde stå i kyrkan och i ämbetsvärken. Om de förra stadgades i 1571 års kyrkoordning, att hvar hälgdag, då mycket folk var samladt i kyrkan, skulle en person „gå omkring med hatten" på de fattigas vägnar och hvad som erhölls skulle insättas i en särskild kista eller stock, till hvilken några fromma män hade nyckeln[2]). En plägsed, som var mycket gammal, men hvarom ständigt nya påminnelser gjordes, var den att på fartygen hålla armbössor, där skepparen och sjömännen efter lyckligen öfverståndon resa nedlade sin skärf. Tillfälliga bidrag till hospitalsfonden utgjorde ännu konfiskationer[3]), böter för vissa förseelser och de lösepenningar en och annan borgare erlade för att slippa besväret att vara de fattiges föreståndare.

Första gången regeringen finnes ha bidragit till hospitalets underhåll var år 1650, då den afstod åt staden på fyra års tid alt i staden fallande danaarf och konungens andel i vid stadsrätterna ådömda sakören i och för upprättandet af ett barn- och tukthus. År 1654 utsträktes denna rättighet på ytterligare tio år. Något särskildt barnhus kom icke till stånd, men måhända kommo de nämda inkomsterna hospitalet till godo, då barn befinnas ha blifvit där upptagna och äfven annars åtnjutit understöd af hospitalsmedlen. År 1651 upplät Per Brahe åt hospitalet räntorna från Pyhältö ½ mantal i S:t Mårtens socken och regeringen konfirmerade år 1675 denna donation. I resolution af år 1672 utdelade regeringen c. 600 daler k. m. till fattighusets reparation och dess kyrkas uppbyggande. Vid 1686 års riksdag erhöll staden förtröstning om en spannmålshjälp, och denna utföll värkligen år 1691, då 50 tunnor af kronotionden anslogos till hospitalet[4]).

En ordinarie stat för hospitalet uppgjordes först år 1696.

---

[1]) År 1689 beviljade landshöfdingen och magistraten, att en s. k. „stambok" kringbars i staden i och för antecknandet af en klockas anskaffande till hospitalskyrkan, men några af borgerskapet sökte förhindra detta, hvarför saken hänsköts till regeringen, som gaf sin nådiga sanktion till insamlingen. Kongl. resol. 18 mars 1689 § 19.

[2]) Åren 1687—1698 hade rådman Letzle uppsikten öfver dessa pengars förvaltning.

[3]) Vanlig var hotelsen, att de svin och getter, hvilka icke inom bestämd tid fördes från staden ut på sommarbete, skulle anses förbrutna under hospitalet.

[4]) Kongl. resol. för staden 8 nov. 1650 § 8, 7 aug. 1654 § 11, 12 dec. 1672 § 7, 27 sept. 1675 § 11, 9 nov. 1686 § 4; rådst. prot. 14 nov., 7 dec. 1691; jordeb. för Åbo o. B:borgs län 1671 nämner att Pyhältö donerades den 24 maj och 13 nov. 1651; måhända betecknar den första dagteckningen Brahes donation, den senare reg:s konfirmation.

Den 26 juni 1696 utfärdade Carl XI en af kammarkollegium utarbetad „stat och spisordning" för hospitalet i Åbo[1]). Enligt staten skulle inrättningen upptaga 40 personer, hvilkas kosthåll beräknades till 18 daler s. m. i månaden, hvartill kom en extra högtidskost för de 13 förnämsta hälgdagarna i året, beräknad till 64 daler s. m. Till fotbeklädnader anslogs 20 daler (1 par skor för hvart hjon om året).

För ekonomen-predikanten och hans hustru (eller en deja som kokerska) fastställdes lönen i penningar och spannmål till 163 daler s. m. Dessutom upptog staten $84^{1}/_{2}$ daler för 2 hospitalsdrängar, klockaren vid hospitalskyrkan, kyrkoväktaren, vin och oblater, ved och reparationer. För bestridandet af dessa utgifter anslog regeringen 50 tunnor af Sjählö hospitals spannmål, räntan från Pyhältö hemman i S:t Mårtens socken samt som extraordinarie bidrag pungpenningar från domkyrkan, armbössepenningar från accis- och tullhusen, skutepenningar, bötespenningar „med mera af ämbeterna och stadskällarne kan kolligeras". En stor del af staten var sålunda fortvarande grundad på mer eller mindre osäkra inkomstposter. När spisningen utmättes och vägdes skulle landshöfdingen, biskopen, kyrkoherden, borgmästarne och 3 rådmän samt föreståndarne vara närvarande[2]).

*　*　*

Från det inre lifvet i hospitalet ha handlingarna icke bevarat några interiörer. Om regimen där lämna endast kyrkoordnin-

---

[1]) Fyra veckors kosthåll för 40 personer utgjorde:

24 L℥ bröd · · · · · · ·	6:	4: —
16 L℥ strömming · · · ·	4:	— —
$1^{1}/_{4}$ t:a mjöl · · · · · · ·	3:	24: —
1 L℥ pölsa · · · · · · ·	1:	20: —
$1^{1}/_{2}$ L℥ salt · · · · · · ·	—	24: —
8 kappar ärter · · · · · ·	—	19: 5.
$^{1}/_{4}$ t:a mjöl till dricka · ·	—	24: —

Summa 17: 19: 5.

De 13 högtidsdagarnas kost beräknades till

$6^{1}/_{2}$ fat öl · · · · · · · ·	26:	— —
35 L℥ tort kött · · · · ·	26:	8: —
8 kappar gryn · · · · · ·	1:	21: 8.
1 t:a 24 kappar ärter · · ·	4:	1: 14.
4 L℥ smör · · · · · · ·	6:	16: —

Summa 64: 14: 22.

[2]) Univ. bibl. i Helsingfors, handskr. saml. B III 4. s. 48—53, Riksreg. 1696 26 juni och saml. kammarkollegii utlåt. till regeringen.

garna några upplysningar. Oregerlighet, förolämpningar mot förmännen och utspridande af förtal i staden straffades med indragning af dagrationen eller uteslutning ur anstalten. Vid måltiderna skulle en bön läsas, då man gick till bords och steg upp därifrån, och skulle man då tacka både Gud och de vänliga medmänniskor, som anskaffat maten. Hvar dag skulle bönestund hållas, hvarvid hjonen borde uppstämma förböner för Guds församling, för öfverheten och hospitalets gynnare och vänner, för riksens välfärd och en allmän landsfred. Hjonen skulle trösta sina kamrater under deras sjukdom och bedröfvelse samt efter deras hädanfärd reda dem en graf. Bröllop fick icke tillställas i hospitalet, utan var „där någon inne så stark, att han betröster gifva sig i äktenskap, det må han väl göra, sedan han hafver gifvit sig utaf hospitalen, och föde sig och hustrun själf".

* * *

Utom de fattige, som underhöllos i hospitalet, funnos ock sådana, som mottogo understöd af hospitalsmedlen, men bodde hemma eller hos andra. Detta bruk förbjöds genom 1686 års kyrkoordning, men fortfor ändock[1]). Dessutom funnos fattige, hvilka voro roterade ute i staden, d. v. s. bortauktionerade som sytningshjon[2]). Men äfven till andra orters fattige utsträktes barmhärtighetsvärken. År 1675, då en ovanlig stor tillströmning af fattige, isynnerhet af barn, från landsbygden ägde rum, hospitalet var öfverfullt och tiggare drogo omkring i husen och på gatorna, utsändes några karlar att vandra omkring med en korg på ryggen och en med klocka försedd fattigbössa i handen för att insamla allmosor åt tiggarene[3]). År 1691 klagade borgerskapet öfver, att hospitalet uppfyldes af främmande fattige, hvilket tillgick sålunda, att somliga finska borgare först inhyste dem hos sig och sedan sände dem till hospitalet[4]). Fränsedt sådana undantag, var processen med nödlidande från andra orter i allmänhet ganska kort. De stöttes omildt tillbaka och hemföllo under lagens bud om „va-

---

[1]) Rådst. prot. 31 maj 1685, 15 mars 1686, 1697 s. 1022. Då och då förekom äfven att åt någon rådsledamots eller borgares enka meddelades ett litet bidrag till begrafningskostnaderna, att någon sjukling erhöll respenningar för att annorstädes söka bot o. s. v. (Rådst. prot. 4 aug. o. 4 sept. 1655, 16 maj 1668, 20 febr. 1686 m. fl. st.)

[2]) De fattiges ordning i rådst. protokoll 8 nov. 1675.

[3]) L. c.

[4]) Prot 7 dec. 1691.

ganter och landsstrykare". Men det fans äfven ett legitimeradt tiggeri, som bedrefs med tillstånd och rekommendation af höga öfverheten. I tiggareordningen af 1642 medgafs domkapitlen och kontraktsprostarne rättighet att utfärda åt enskilda behöfvande tillståndsbref till tiggeri. Kommo landsflyktige eller exulanter från främmande land, „enkannerligen af den tyska nationen", skulle de hänvisas till landshöfdingen, som kunde gifva dem rätt att uppsamla allmosor i länet. Sådana exulanter anträffas äfven i Åbo [1]). År 1648 påbjöds en allmän insamling för friköpandet af tvänne köpmän från Norrköping, hvilka fängslats af turkiska kapare och förts till Berberiet. Två deputerade för hvart kvarter utsågos att uppbära Åbo stads bidrag [2]). Icke sällan infunno sig vederbörligen dokumenterade personer, som anhöllo om brandhjälp för återuppförandet af nedbrända kyrkor och städer [3]). Det kunde väl mången gång kännas tungt att bistå andra näjders fattige, när icke ens de egna voro tillbörligen hulpna, men betänkligheterna måste förskingras, då man erinrade sig, att det gifvits tillfällen — som kanske snart kunde återkomma — då Åbo stad vädjat till en liknande öfvervillighet hos andra landsändar. Den hjälp som gafs i dylika fall inflöt dels genom kyrkokollekter, dels genom besök i husen.

---

[1]) Rådst. prot. 16 okt., 9 nov. 1644.
[2]) „ 30 okt. 1648.
[3]) „ 14 mars 1663, 26 okt. 1664, 22 dec. 1692.

X.

Hälso- och sjukvård.

Om en hygien i modern bemärkelse kan det under 1600-talet icke vara tal. Undantager man de ständigt återkommande påbuden att för den heta årstiden aflägsna svinen och getterna från staden samt påbuden om hemlighusens placerande på mindre bemärkta ställen — påbud, som väl dikterades lika mycket af estetiska som af sanitära skäl — så torde knapt några allmänt och oafbrutet gällande sundhetsregler blifvit iakttagna. Icke häller sökte myndigheterna att genom åläggandet af vissa försiktighetsmått inskränka offren för de vanliga infektionssjukdomarna. Endast när de stora farsoterna drogo fram öfver land och rike, när dödsprocenten fördubblades, gjordes ifriga ansträngningar att genom tillämpande af isoleringsprincipen och genom andra enkla säkerhetsmått motvärka sjukdomssmittans utbredning. I uppteckningar från denna tid gå epidemierna ständigt under namn af pestilentia, men de företedde ingalunda alltid samma karaktär. Dels och oftast berodde de på missväxtår och däraf följande brist på tjänliga och närande födoämnen, dels på ogynnsamma klimatologiska förhållanden och störingar i naturen, dels på de täta krigen. Seklets början inleddes i hela norden med en gräslig hungersnöd med ty åtföljande farsoter, nervöst-putrida och pestartade febrar, såsom Ilmoni förmodar i „Bidrag till Nordens sjukdomshistoria“. Huru stor dödens skörd var i Åbo under det stora froståret 1601 och de därpå följande åren kan i följd af bristen på begrafningslängder icke uppgifvas. År 1610 omnämnes icke någon större allmän farsot, men synes en ovanlig sjuklighet rådt i Åbo, ty begrafningslängden för året upptager 242 döde, medan under de tvänne decennierna 1610—1629 dödligheten i medeltal utgjorde 140. 1620-talet var i allmänhet utmärkt af pestartade åkommor i riket, men icke förr än år 1630 företer dödssiffran i Åbo större divergens. År 1629, då den s. k. engelska svetten härjade i landet, hade siffran visat 156, men följande år gick den upp till 391. Pesten härjade, berättas det, med sådan våldsamhet, att hofrätten för en tid måste flytta sitt residens till Nystad [1]). Bland den följande tidens farsoter må specielt nämnas den stora pest, som härjade under krigsåret 1657 och svårligen hemsökte Åbo. Äfven omtalas pesten i Åbo år 1639 och allmän sjuklighet under det krigiska 1670-talet. År 1641 omnämnes det första fall af venerisk sjukdom [2]). Störst var mortaliteten under de sista åren af Carl XI:s regering, då hungersnöd och febrar rasade i Åbo med sådan våldsamhet, att enligt domkyrkoräkenskaperna under april—juli månader 1697 sammanlagdt 509 personer blefvo begrafna. Ännu år 1698 omnämnes „pesten" i Åbo, men torde den varit en tyfusfeber [3]).

Till botemedel emot pestilentien satte man icke stor lit, ehuru sådana äfven användes [4]). När ryktet förmälde om sjukdomens förekomst på någon ort inom eller utom riket, var det första som gjordes att förbjuda alla förbindelser med den besmittade orten. Och när detta oaktadt smittan fått tillfälle att innästla sig i staden, gälde det att, såvidt möjligt var, hålla de sjuke och deras anhörige isolerade från gemenskapen med andra. Då pesten i början på året 1639 förljöds grassera i Stralsund, beslöt magistraten att utsända 8 dragoner till skären för att bevaka inloppet och förhindra från nämda ort ankommande skutor att landa vid staden. Senare på hösten, då pesten redan gjort sitt intåg, förbjöds, vid hotelse af halshuggning för män samt kåkstrykning och förvisning för kvinnor, alt onödigt umgänge med de sjuke [5]). I Stockholm, där sjukdomen vunnit insteg redan föregående år, skulle alla de hus, där pestsjuke funnos, skildt utmärkas genom ett kors på porten eller uthängdt lakan [6]). Med anledning af pestens härjningar i Danzig

---

[1]) Samma år omnämna domkyrkoräkenskaperna en Matthias Jonæ, „de befängdes predikant".

[2]) Såframt detta icke skedde år 1639, då en med „en elak sjukdom" behäftad kvinna dömdes att „skådas" på kämnärskammaren och sedan drifvas från staden, om hon befans besmittad. Rådst. prot. 20 mars 1639.

[3]) Vi hänvisa för närmare studium af sjukdomarna till Ilmonis redan citerade arbete.

[4]) Jmfr t. ex. P. Gothus' Loimoscopia, refererad i Ilmonis sjukdomshistoria II: 214—216.

[5]) Rådst. prot. 6 apr., 2 sept., 12 okt. 1639.

[6]) Stiernman, Oecon. o. pol. förordn. II: 182—183.

1653 förbjöds all handel med denna stad[1]). Under det stora pest-
året 1657 tillsades de, som kommo från Stockholm, Riga och Re-
val, att 3 veckor hålla sig i karantän, innan de inträdde i staden.
Lindring medgafs endast de skeppare, som kommo med saltlast.
Alla fall af pesten skulle vid hot af lifsstraff noggrant inrappor-
teras och folket i besmittade hus hålla sig inne. Slakt fick an-
ställas endast på vissa platser utom staden. Kl. 6 om morgonen
och 6 på aftonen skulle borgarene bränna tjära och enris framför
portarna. Skild gudstjänst anordnades för de sjuke och för de
döde inrättades skild kyrkogård. När dragarene, som förordnats
till likbärare, icke mera hunno utföra alla rekvisitioner, tillätos de
friska i de besmittade husen att på en bestämd tid bistå hvaran-
dra med likens bortförande, men skulle de efter förrättadt värf
genast återvända till sina hem. Ännu i början af år 1658, då
sjukdomen redan upphört, tillsades ett antal borgare att en tid
hålla sig inne och med enrisbrännande desinficiera sitt hus och
sitt bohag [2]).

En smittosam sjukdom, som väl icke skördade på långt när
lika många offer som pesten, men som därför icke var mindre
fruktad, var spetälskan. Den som hemföll åt denna sjukdom blef
på samma gång en från samhället afhuggen lem, en parias, hvars
närhet innebar en fysisk fara för medmänniskorna. På bot var
icke att tänka. Lik en straffånge blef den spetälske isolerad från
samhället och instängd med andra lika olycklige i särskildt hus,
leprosorium, för att där afbida förlossningen från sina kval. Läsa-
ren känner redan, hurusom Åbo stad ägde in på 1620:talet i sitt
omedelbara grannskap en anstalt för de spetälske i S:t Jörans
hospital. Hospitalet var emellertid icke en inrättning allenast för
Åbo stad, utan utgjorde på en gång en asyl och en förvisningsort
för de spetälske i hela västra Finland. Då hospitalet icke hörde
under stadsmyndigheternas förvaltning, så kunna vi yttra oss helt
kort om dess organisation, och det med så mycket större skäl,

---

[1]) Rådst. prot. 26 sept. 1653.

[2]) Domböckerna för 1657 o. 1658 i statsarkivet. Enligt benäget meddela-
lande af docenten L. W. Fagerlund, som hämtat notisen ur Åbo rådstufvurätts
exemplar af domboken för 1657, anmäldes för magistraten, att landtmännen
vägrade att köra in till staden genom Tavastporten, emedan de i pesten om-
komne begrofvos utanför nämda port. Magistraten upplyste då, att endast en
del af de döde begrofvos vid Tavasttull, de flesta inne i staden i behörigt djupa
grafvar. Orsaken till landtmännens räddhåga för att passera Tavastporten fann
magistraten vara den, att nästan alla hus vid Tavastgatan voro pestbesmittade.

som uppgifterna om hospitalets värksamhet redan blifvit sammanfattade af Fagerlund i „Finlands leprosorier". Inrättningen stod under uppsikt af en föreståndare, som under hospitalets sista tider var prästman och sålunda läkare för både kroppen och själen, med hufvudvikt på det senare kallet, ty, såsom sades, spetälskan var obotlig. Leprosoriets ekonomiska bestånd var baserad dels på de s. k. spetelspenningarna och särskilda andra skattepersedlar, hvilka inflöto från olika delar af landet, dels på räntorna från ett antal donations- och testamentsgods, dels slutligen på frivilliga gåfvor. Antalet patienter är kändt för år 1568, då det utgjorde 39, samt åren 1598—1604, då det växlade mellan 41 och 57. Från år 1624 sändes de spetälske till leprosoriet i Sjählö. Fagerlund har bland dem, som under åren 1624—1700 intogos därstädes, meddelat namnen på 34 spetälske, om hvilka det uppgifvits, att de haft Åbo till hemort.

Först genom professor Elias Tillandz' initiativ begynte man egna de spetälske en behandling, som åsyftade sjukdomens botande. Såsom redan är bekant, samtykte regeringen i reskript af år 1688 till Tillandz' genom landshöfdingen Creutz framförda förslag om inrättandet af ett sjukhus i Kuppis, där spetälske en tid undergingo en brunnskur och stodo under observation för att gifva läkaren tillfälle att i tid rädda dem, som räddas kunde, från dem, hvilkas dom lydde på lifstidsinternering i Sjählö hospital[1]).

Hård som de spetälskes lott var ock dårarnes. Man läser vid särskilda tillfällen i rådstuguprotokollen om „hufvudsvage" och „rasande" människor, som först inspärrades på en tid i stadens fängelse och sedan insattes i stadens hospital eller sändes till Sjählö[2]).

*   *   *

Lämna vi farsoterna och de sjukdomar, som behandlades i hospitalen, och öfvergå till den egentliga sjukvården, så kan det i allmänhet därom sägas, att det var tämligen klent bestäldt med tidens läkekonst. Själfva den medicinska vetenskapen vid nordens

---

[1]) Redan 1685 uppdrogs på magistratens förslag åt 5 borgare att öfvervaka ommurandet af Kuppis källa, för att staden skulle ha vatten vid eldsvådor och sjukdomar. År 1691 förbjöds en person att stänga vattnets allopp från surbrunnen. 1698 nämnes vakten vid Kuppis källa. Rådst. prot.

[2]) Rådst. prot. 19 apr. 1669, 1692 f. 429 o. 687, 31 jan. 1694, 14 sept. 1695, 17 aug. 1696, 19 juli 1699 m. fl. st.

högskolor befann sig ännu på en låg grad af utveckling. Tiden var icke den empiriska forskningens. Teologien var ännu vetenskapernas vetenskap och endast den spekulativa forskning, som utgick ur henne och återvände till henne, var aktad och tolererad. De studier, som gingo ut på en undersökning af naturen, dess lagar och företeelser, voro ringa ansedda och ständigt utsatta för att afbrytas af teologiens maktspråk: hit, men icke längre! Så kom det sig, att kännedomen om den mänskliga organismen var inskränkt till ett ringa mått och insikten om sättet för botandet af störingar inom denna lämpad därefter. Vid Uppsala universitet höllos de första qvasi-medicinska föreläsningarna af professorn i österländska språk Johannes Rudbeck och professoren i fysik Petrus Rudbeck. Den år 1595 inrättade lärostolen i medicin besattes först år 1613 med en doktor Chesnecopherus, som mest fördjupade sig i frågor från logikens och psykologiens område. I Åbo besattes medicineprofessionen år 1641 med en från Uppsala kommen medicinestuderande Erik Achrelius, som innehade samma befattning ända till år 1670, men hvars vetenskapliga värksamhet utmärkes af en sådan hemlighetsfullhet, att Tigerstedt och Fagerlund icke lyckats utreda något annat om hans medicinska ståndpunkt än att han ansåg „succus fimi equi (saften af hästdynga) vara ganska hälsosam mot stygn“. År 1645 intygade Achrelius själf, att „medicine studiosi äro mäkta få vordne“, och större blef deras antal väl icke senare under Achrelii tid.

Bättre tider för medicinen uppgingo först under Achrelii efterträdare Elias Tillandz, som år 1686 anstälde den första dissektionen på människolik i vårt land, inrättade i sitt hus en „anatomisk teater“, tillredde i eget laboratorium medikamenter och allra först fäste uppmärksamheten vid Kuppis källa såsom hälsobrunn.

Under sådana förhållanden, då den medicinska undervisningen delvis saknades, delvis var ytterst elementär, var det icke att undra öfver om läkekonstens idkare voro få och fåkunnige. Endast på några orter i landet funnos läkare och deras yrke inskränkte sig egentligen till kirurgien. Såsom Finlands förste vetenskapligt bildade läkare betraktas Olof Bure, som vunnit medicinedoktors grad vid universitetet i Basel, varit lifmedicus först hos hertig Johan af Östergötland, sedan hos konung Gustaf II Adolf, blef sedermera borgmästare i Stockholm och vicepresident i Åbo hofrätt (1633—1640) och dog i Åbo 1655 [1]. Att han vid sidan af sitt do-

---

[1] W. G. Lagus, Åbo hofrätts historia s. 86—89.

marekall äfven vid tillfälle bistod de kranke, får väl anses för sannolikt. Åren 1630—1634 uppehöll sig i Åbo en läkare, doktor Georgius Tebigh, biträdd af en gesäll [1]). Men utom dessa anträffas som läkekonstens idkare allenast personer med anspråkslösare kunskapsmått, flertalet af utländsk extraktion. Den titel, som gemenligen gafs dem, var „balberer", barberare eller bardskärare. Deras egentliga konst var den kirurgiska; vid sidan däraf egnade de sig äfven åt terapien äfvensom åt barberareyrket i modern mening. En lägre klass af läkare bildade de s. k. badarena. Enligt en kungl. resolution, som år 1675 gafs åt barberare och badare i Stockholm, hade badarene rätt att „hålla badstugor, slå åder, klippa hår, raka skägg uti deras hus samt koppa och läka sådana sår, som härröra och sitt ursprung hafva af en osund kroppsdisposition och superficiem däraf angripas, men icke de skador, som af huggande, stickande, bränn- eller bräckande förorsakas, hvilkas kur och läkande barberareämbetet egentligen tillkommer". För att skiljas åt från barberarne skulle badarene „uthänga bredvid den vanliga badaretaflan ett bäcken med en uppsatt badekvast ofvan uppå" [2]). Barberarne eller bardskärarne eller, såsom de äfven med en något förnämare benämning kallades, fältskärerne voro sålunda de egentliga kirurgerne, badarene åter en lägre klass af perukmakare-koppare. Att råmärkena dem emellan icke alltid kunde iakttagas, därom vittnar mången mot badare riktad beskyllning för bönhaseri. Utom barberarne påträffas dessutom kirurger med titel oculister, medicineoperatörer och „brochseydare" eller brocksnidare.

Magistraten, som skulle beställa om allt, ansågs ock förpliktad att anskaffa till staden nödigt antal läkare, liksom dess samtycke äfven fordrades för enhvar, som ville utöfva yrket. Mången vandrande barberare slog sig ned endast för en kort tid, lik en resande köpman, som dröjer på en ort endast så länge kommersen är lönande; andra, som kommo af egen drift, funno praktiken nog tillfredsställande, stannade kvar och vunno medborgarrätt. Därjämte betjänade vid krigsfolket anstälde fältskärer borgerskapet

---

[1]) Bidr. t. Åbo hist. första ser. VI: 111, 116, 119, 121, 158; Historiallinen arkisto VIII: 320.

[2]) Stiernman, Oeconom. o. pol. förordn. IV: 88. Att barberarne använde något slags skylt äfven i Åbo framgår ur ett mål år 1700 i anledning af att rådman Letzle låtit — såsom han föregaf för obetald hushyras skull — nedtaga och föra på rådhuset regementsfältskären Petter Wasz' „professions skiölt". Domb. 1700 f. 4, 10.

med läkarevård och äfven en och annan medicinestuderande synes haft praktik. Men den hjälp, som sålunda erhölls, ansågs antingen för otillräcklig och otillfredsställande eller altför temporär, ty emellanåt befinnes magistraten underhandla om anställandet af en ordinarie stadsbarberare. Så antog magistraten år 1637 till barberare mäster Jochim Wetzer, som därvid tillförsäkrades samma friheter, d. v. s. befrielse från kommunala bördor, som hans företrädare [1]). År 1641 uppmanades borgerskapet att anslå något salarium åt en med presidenten ankommen medicus, som erbjöd sig att blifva stadsmedicus [2]). År 1656 var det fråga om att inkalla till stadsbarberare Erik Snack från Stockholm [3]). Under Elias Tillandz' tid påträffas som stadsmedicus f. d. språkläraren Michael Stochado och efter honom såsom stadsbarberare Hans Roggenbuch [4]). År 1691 engagerade magistraten efter rekommendation af collegium medicum i Stockholm en Fredrik Pulssdorff, som dock icke torde kommit till staden [5]).

Då hittills endast strödda notiser i ämnet förefinnas [6]), torde det icke sakna sitt intresse för läsaren att' här nedan erhålla en förteckning på de utöfvare af läkareyrket, som jag under mina forskningar funnit bosatta i Åbo på längre eller kortare tid.

Läkare i Åbo 1600—1700.

Petter Barberare, nämd 1587—1614; † 1614.

Bertil Bardskärare, nämd 1588—1619.

Jonas Barberare l. *Bardskärare,* nämnes redan 1594; † 1614.

Willam Barberare, nämd 1614—1615.

Hans Barberare, † 1616. Ovisst om det är denne eller den följande, som omnämnes 1614—1615 samt redan 1589.

Hans Barberare, † 1619.

Mårten Barberare, nämd redan 1617; † 1631. Synbarligen identisk med bardskäraren Mårten Nyeman, som nämnes 1618.

Antonius Barberare, nämd 1618.

Jöran Barberare, nämd 1618—1634.

---

[1]) Rådst. prot. 12 juni 1637.
[2]) „ 23 okt. 1641.
[3]) „ 13 aug. 1656.
[4]) „ och Fagerlund och Tigerstedt, Medicinens studium s. 31.
[5]) „ 16 sept. 1691.
[6]) I Historiallinen arkisto VIII: 320 (J. R. Aspelins meddelande) samt Fagerlund o. Tigerstedt, Medicinens studium s. 31.

Gerdt Barberare, nämd 1618—19; † 1619.

Thomas Badare, nämd 1625—1630; † 1630.

Georg Barberare, nämd 1630. (Månne = Jöran Barberare?).

Georgius Tebigh, doktor, nämnes 1630—1634; hade en gesäll Johannes.

Nils Barberare. Inkallades 1633 från Tyskland och gifte sig med Mårten Barberares enka. Nämnes ännu 1634.

Hans Rafwensbergh, barberare, nämd 1633—1636; † 1636; enkan Karin Persdotter nämd 1644.

Tyskbadaren nämd 1636.

Thomas Badare, nämd 1638.

Jörgen Badare, nämd 1639.

Jochim Wetzell l. *Wetzelius*. Antogs till stadsbarberare 1637; nämnes ännu 1643.

Mårten Sumboldts, barberares, enka Karin Persdotter nämd 1641.

Melchior Badare, nämd 1643.

Jöran Tönnicken, barberare, nämd 1642. Måhända identisk med den Jöran Barberare, som nämnes 1651.

Mårten Henriksson, barberare, nämnes 1642—72; hustrun 1675—1676; enkan 1677.

Melchior Badare, nämd 1643.

Jakob Dunder, badare, nämd 1645—46.

Nils Larsson, fältskär. Företedde 1647 drottningens tillstånd att slå sig ned i Åbo. Nämnes ännu 1651.

Påwel Deinert, badare. Erhöll år 1649 rättens tillstånd att jämte en samtidigt till staden ankommen barberare förbinda patienter och dessutom sysselsätta sig med „hårskärande och balberande". Nämnes ännu 1683; enkan 1687.

Påwel Bredenbergh, barberare, nämd 1651.

Erik Snack. Kallades 1656 till stadsbarberare från Stockholm, men ovisst är, om han kom.

Petter Andersson Stache l. *Stake*, barberare. Nämnes 1657—1688. Antogs till gästgifvare 1682; † 1688.

Georgius Albertus Gernhardus. Erhöll 1657 magistratens tillstånd att nedsätta sig i staden.

Hans Roggenbuch (Råggenbåck). Nämnes hofmästare 1659 (okändt hos hvem) och barberare 1661—1691.

Petter Fåg, fältskär, nämd 1663.

Isaac Delamothe, språkmästare. Utöfvade medicinsk praktik 1666; vistades ännu 1669 i staden.

Albert Sichst l. *Sixt*, fältskär. Upptages i mantalslängderna 1667—70; hustrun 1676—77, dottern 1681; nämnes 1682 salig.

Tobias Kumpst l. *Kåmpse*, medicus. Erhöll år 1667 rätt att bosätta sig i Åbo samt idka praktik och försälja medikamenter. Upptages som läkare i staden ännu 1673. År 1681 nämnes en källarsven Tobias Kåmpse, som möjligen är samma person.

Georg Simon Köller, oculist. Erhöll år 1668 magistratens tillstånd att visa sig på torget och där försälja sina medikamenter.

Ambernus Boderus. Utöfvade år 1669 som medicinestuderande praktik. Kallas medicus 1673 o. 1674. Förekommer ännu 1675.

Christianus Weidisch, oculist och bruksnidare, nämd 1671.

Michael Stochado, f. d. språklärare. Var enl. Fagerlund och Tigerstedt stadsmedicus i Åbo under professor Elias Tillandz' tid (1670—1693).

Hans Jurgen Ståhl, fältskär. Praktiserade i Åbo 1673—1684. Erhöll sistnämda år, då han ärnade sig öfver till Stockholm, af magistraten ett mycket fördelaktigt intyg öfver sin värksamhet. Var död 1686. Efter mannens död synes enkan Kristina Buhrman fortsatt rörelsen, ty år 1689 heter det, att hennes gesäll David Outgers blef förbjuden att hålla barberarestufva. Outgers anträffas 1692 i tjänst hos fältskären Tanto.

Johan Eriksson Ampfert, medicus, bruksnidare. Nämnes 1673 samt (enl. Fagerlund o. Tigerstedt) 1693.

Fältskären Roberts enka nämd 1684.

Johan Delffendahl. Transporterades år 1688 såsom regementsfältskär från Steffkens regemente till Åbo läns kavalleri. Förekommer i början på 1700:talet såsom stadsfältskär eller kirurg i Åbo. Nämnes ännu år 1712.

Johan Tanto. Erhöll 1688 kunglig fullmakt att vara regementsfältskär vid Steffkens regemente. Nämnes 1689—1692.

Peter Stache l. *Stake*. Nämnes än fältskär, än fältskärsgesäll 1689—1697. Son till Peter Andersson Stake. Erhöll på den sistnämdes anhållan år 1685 af magistraten ett testimonium, enär han ärnade lära sig „chirurgiæ scientz och förfarenhet" Förbjöds år 1689 att hålla barberarestufva, men tyckes icke låtit detta förbud sig bekomma.

Fredrik Pulssdorff. Kallades 1691 till stadsbarberare efter Roggenbuch och uppmanades att resa till Stockholm för att undergå förhör inför colleg. medicum. Nämnes icke vidare.

Petter Wasz, regementsfältskär, nämd 1693—1700.
Anders Sundh, fältskärsgesäll, nämd 1669—1670.
Johan Winter, „ „ 1688.
David Outgers, „ „ 1688—1692.
Nicolaus Plöön, „ „ 1691—1693.
Johan Deinert, badaregesäll, „ 1692—1697.
Niclas Tormöllen (Tormöln), fältskärsgesäll, nämd 1693.
Marcus Wasz, fältskärsgesäll, nämd 1694.
Lars Thorwöst, „ „ 1697.
Paul Möller, „ „ 1697—1698.
Alexander Cruse, „ „ 1700.

* * *

Det nämdes om Elias Tillandz, att han själf tillredde medikament för sin praktik, och icke endast han, utan väl de flesta om icke alla idkare af hans yrke voro på en gång läkare och apotekare. Detta stämde visserligen icke rätt öfverens med tidens stränga grundsatser om arbetsfördelning, men var en nödvändig följd af det farmaceutiska yrkets försummande. År 1599 nämnes en apotekare i Åbo [1]), men sedan talas om en sådan först år 1637. Under denna långa tid hade barberarne ingen annan utväg än att af förråder, som togos från kryddkrämarone, tillreda de „drycker" och „blandningar", som behöfdes. År 1637 blef tillståndet bättre, då en Christianus Timmerman l. Zimmerman antogs af magistraten till stadsapotekare mot åtnjutande af fri hushyra och frihet från borgerliga utlagor [2]). Efter Zimmermans död (1666) anhöll hans måg mäster Johan Kernischin (l. Karnesk, Kernisk), f. d. husapotekare hos generalguvernören Herman Fleming, att få öfvertaga sin svärfaders rörelse, hvilket äfven beviljades af rätten med samma förmåner, som företrädaren åtnjutit [3]). Apoteket var säkerligen icke väl försedt, ty år 1671 rådgjorde universitetets rektor, biskopen och hofrättspresidenten om inrättandet af ett apotek för

---

[1]) Bidr. t. Åbo hist. första ser. I: 155.

[2]) Rådst. prot. 14 aug. 1637. År 1659 donerade magistraten åt Zimmerman för hans fattigdoms skull 100 dal. k. m. och 5 t:r spannmål. Några år efter sin bosättning i staden, år 1640, hade Zimmerman missödet att blifva beskyld af Hans Wolles enka Elisabet Jakobsdotter för att ha genom „förgiftiga recepter och medikamenter" vållat Wolles död. Z. uppgaf de ingredienser han begagnat och saken ledde icke till vidare åtgärd. (Rådst. prot. okt. 1640.)

[3]) Rådst. prot. 13 juli 1667. I räkenskaperna upptages stadens hyreshjälp åt K. till 13—15 dal. s. m.

35

stadsläkarens behof. Kernischin upptages ännu i mantalslängden år 1679, men återkommer i dem först år 1687, då han lefde utfattig med hustru och dotter [1]).

Den 29 maj 1689 ingick landshöfding Creutz till konungen med anmälan om att ingen apotekare fans i staden, hvarför han rekommenderade Johan Albrekt Relau, hvilken var försedd med rekommendation af Urban Hjärne, till erhållande af nådigt tillstånd att idka apoteksrörelse i staden [2]). Det kungliga privilegiet gafs den 2 juni s. å., hvarvid åt Relau — och efter honom hans barn — tilldelades monopol å apoteksrörelsen i staden, så att det icke var någon tillåtet att draga landet omkring med medikamenter och sålunda göra intrång på hans näring. Utom egentliga medicinalier skulle Relau hålla till salu i apoteket „aromata, krydderi och confecturer, ehvad namn de kunna hafva, jämväl allehanda insyltade saker, stötta krydder, componerade drycker, aqvam vitae och mera sådant, som egentligen till ett apotek hörer och ingen af borgerskapet där i staden hafva makt jämte honom sådant att föra och försälja mer än allenast peppar, ingefär, saffran, neglickor, kanel, muskottblomma, ris, sveskon, mandel, russin, korinter, socker och anis, med hvilket speceri de andra kryddkrämarne jämte honom må vara tillåtligt att handla, men intet med teriac, oleis destillatis, mercurium eller arcenico eller annat sådant." Rhenskt vin skulle han importera en åm och franskt vin 10 oxhufvuden för att användas till medikamenter samt till klaret och lutterdrank; hvad som icke gick åt härtill hade han rätt att utskänka. För att underlätta apotekets uppsättande och underhåll medgafs Relau tullfrihet för de materialier han införskref för sina medikamenter äfvensom 100 dal. s. m. nedsättning i tullen för specerier och annat, som behöfdes för rörelsen; dessutom skulle han vara fri för all borgerlig skatt och tunga, inkvartering och kontribution, mantalspengarna dock undantagna [3]). Två år senare upplät magistraten åt Relau på fyra års tid och mot en årlig hyra af 100 dal. k. m. det vid bron belägna stadshuset [4]). Tydligen leddes

---

[1]) Mantalslängderna i verifikationsböckerna; J. R. Aspelins meddelande i Histor. Arkisto VIII: 318.

[2]) Saml. landsh. berätt. från Åbo o. B:borgs län.

[3]) Riksregistr; Finska läkaresällsk. handl. XXIII: 328—332. År 1696 förbjödos tvänne revalske köpmän att Relau till prejudice sälja särskilda slags glas och „olieteter".

[4]) Rådst. prot. 22 sept. 1691. Därförinnan uppgifves han varit bosatt vid Nya kyrkog. och år 1699 vid Gamla kyrkog.

apoteksrörelsen numera med större drift än under Kernischins tid, men anledningar till missnöje saknades icke häller. År 1694 klagade medicineprofessor Braun i konsistorium öfver Relaus försumlighet att förse sig med goda och tillräckliga medikamenter och vid en af samme professor i borgmästares och råds närvaro företagen apoteksvisitation konstaterades betänkliga bristfälligheter i officinen. Med anledning af dessa anmärkningar uppgjordes år 1696 efter kommunikation med landshöfdingen och Braun en lista öfver de punkter, hvilka borde ingå i den kautionsskrift, som Relau var skyldig att afgifva, om han ville åtnjuta privilegiet, men som han hittills försummat att inlämna [1]). Admonitionerna synas haft god värkan, ty efter denna tid har jag mig icke bekant något klander mot apoteksrörelsen, som Relau förestod intill år 1718, då han flyktade från landet.

Fältskärernes, barberarnes och apotekarnes antagande berodde på magistraten. Att de sökandes kompetens således icke underkastades synnerlig kontroll, behöfver icke påpekas. Under den läkarebrist, som rådde, var man glad att få någon, som kunde prestera ett rekommendationsbref från en högtstäld person eller bevis öfver tjänstgöring hos någon inhemsk eller utländsk fackman. Väl funnos allmänna förordningar, som stipulerade vissa vilkor för nämda yrkens utöfvande och belade med straff kvack-

---

[1]) Sacklén, Sveriges apotekarehist. s. 274; Fagerlund o. Tigerstedt, Medicinens studium s. 32; rådst. prot. 9 juli 1696. Enligt kautionsskriften skulle Relau vara förpliktad „sitt apotek med alla sina medicinaliska materier, så compositis som simplicibus, i god beredskap, dugeligt esse och conservation hålla, så att hvar och en utan uppehåll, hvad tid det ock vore antingen dag eller natt, för billigt och skäligt pris alltid må där bekomma och hafva sig tillhanda de medicinaler, som nödtorften fordrar, och ingalunda några elaka, förlegade och förfalskade saker, efter som han ej heller af vårdslöshet det ena för det andra utur sitt apotek skall sig understå att försälja och föryttra vid den plikt, som apotekareordningen, antingen den, som redan författad är eller hädanefter kan författad blifva, omständligare innehåller, där af han ser något medelst tiden någon skada taga, då bör han det, som bättre är, utan uppehåll ifrån de orter och de materialister, som han också vet bästa medikamenterna hafva, i stället förskaffa. Skulle ock honom något felas af det, som af medico kan uppsatt och föreskrifvit blifva, måste han med medico konferera och sig förfråga, hvad i stället tagas skall, åliggande jämväl honom antingen själf vara vid handen eller hålla en god och kapabel gesäll, som vid hvarjehanda tillfällen uppvaktar i apoteket, på det icke någon patient i mangel af det, som kan betarfvas, må blifva uppehållen, efter som ock han såsom en nödig person icke må resa utur staden utan att där om tillsäga medicinæ doctori, hvilken i slika mål af de nödlidande mest plägar tilltalas."

salveri och bönhaseri, men tvifvelaktigt är, huruvida de alltid så noga kunde iakttagas. Så inskärpte regeringen år 1669 stadgandet i äldre påbud, att ingen barberare fick slå sig neder i städerna eller vid regementena, „som icke genom ett trovärdigt mästerbref kan bevisa sig hafva tillförene undergått vederbörlig examen och uti sin konst gjort mästerstycke". I förnyadt privilegium af år 1683 för apotekaresocieteten i Stockholm tillsades guvernörer och landshöfdingar att vaka öfver, „att alla kvacksalvare och landsstrykare skole härifrån staden och riket afhållas och ingen under hvarjehanda prætext tillåtas att smörja på gemene man sine förfalskade och bedrägelige compositioner, mången till stor skada och hälsans förlust". En strängare uppsikt öfver sjukvården och farmacien infördes tidigast i rikets hufvudstad genom det år 1663 privilegierade collegium medicorum i Stockholm. Systemet utsträktes tvänne decennier senare öfver hela riket, då genom kongl. brefvet af den 17 sept. 1684 och privilegierna af den 30 okt. 1688 kollegiet blef ett collegium medicum, en medicinalstyrelse öfver hela riket. Privilegierna af år 1688, hvilka utgöra en fundamentalbasis för medicinalväsendets organisation i Sverige och Finland, befullmäktigade collegium medicum att draga försorg om att städerna i riket blefvo „med capable infödde svenske promotis medicis försedde". När magistraten i de större städerna ville antaga en medicus, skulle den vända sig till collegium och icke till främmande orter. Ingen kunde blifva medicus, som icke bestått examen publicum practicum inför collegiet. Barberare eller kirurger fingo icke i de städer, där en medicus eller examinerad läkare fans, befatta sig med invärtes krankheter, utan endast med manual operationer, dock så att i svårare fall medicus skulle vara tillstädes; icke heller fingo de gifva in andra medikamenter än „wunddrycker i medici frånvaro, tillbereda gurgelvatten och halssaft och hvad eljest utvärtes kan appliceras, som cataplasmata, fotus, vesicatoria etc." Apotekarene voro, liksom medici, skyldige att undergå förhör i sin konst inför collegium medicum och aflägga ed efter föreskrifvet formulär. De skulle taga sig till biträde dugliga gesäller och lärgossar, som hade någon förfarenhet i latin. Deras officin skulle vara försedd med färska och kraftiga varor, som närmare specificerades i en bifogad apotekaretaxa. Gifter fingo säljas endast på skriftlig rekvisition af trovärdig person och vissa medikament, „såsom abortiva, emmenagoga och opiata", endast efter recept af medicus. Årligen skulle apoteket visiteras af stadens medicus ordinarius. Jordegummorna skulle examineras af läkaren, inan de tillätos bedrifva sitt yrke [1]).

Liksom man förföljde bönhasar på handtvärkeriernas område, så sökte man göra slut på det intrång, som kvacksalvare eller, såsom de med växlande namn kallades, empirici, agyrtæ, circumforanei, ariolatores gjorde på läkarens yrke samt kryddkrämare och materialister på apotekarenes handel. De talrika påbuden visa emellertid, att befallningarna voro svåra att genomföra. Den stora massan trodde fortfarande på den undergörande kraften hos kvacksalvarens medikament och de signerier, hvilka ofta åtföljde deras beredande och intagande. I sitt arbete om nordens sjukdomar anmärker Ilmoni, hurusom folkmedicinen under 1600:talet väl begynt utveckla sig till „den stilla form af den populära läkarekonsten, hvilken är känd under namn af husmedicin, bör noga skiljas från det kringstrykande kvacksalveriet och hvilken då merendels synes varit genomgripen af en djup religiös stämning", men att ändock mycken kvacksalveteråhet och vidskepelse häftade vid den [2]). Till historien om de vidskepliga bruk och signerier, som användes vid sjukes botande, lämna urkunderna rörande Åbo stad så godt som intet bidrag. De konster, som förekommo i landets hufvudstad, voro naturligtvis desamma, som brukades på landsbygden och hvilka delvis blifvit upptecknade af Rafael Hertzberg i Bidrag till Finlands kulturhistoria på 1600:talet.

---

[1]) Stiernman, Oeconomie o. polit. förordningar III: 793, IV: 572—575, 1045—1065, O. E. A. Hjelt, Svenska och finska medicinalverkets historia 1663—1812, s. 9 följ. I rapport af den 24 aug. 1689 förmäler landsh. Lorentz Creutz för konungen, att han uppkallat till kansliet på slottet barberarne i Åbo och meddelat dem, att de, som icke pröfvats af barberareämbetet i Stockholm, skulle begifva sig till Stockholm för att examineras af collegium medicum.

[2]) I. Ilmoni, Bidrag till Nordens sjukdomshistoria, II: 213—214.

Trykta källor:

Arnell, I., Swerikes stads-lagh. Sthlm 1730.

Bidrag till Åbo stads historia, utg. på föranstaltande af bestyrelsen för Åbo stads historiska museum. Första serien I—VII. H:fors 1884—1891.

Carpelan, T., Åbo i genealogiskt hänseende på 1600- och början af 1700. talen. (Länsi-Suomi III.) H:fors 1890.

Fagerlund, L. W., Finlands leprosorier I. H:fors 1886.

— — och **Tigerstedt, R.,** Medicinens studium vid Åbo universitet. (Skrifter utg. af Svenska literatursällskapet i Finland XVI.) H:fors 1890.

Finska läkaresällskapets handlingar, band XXIII (utlåtande af J. I. Björkstén). H:fors 1881.

Flintberg, J. A., Städernas med handel, sjöfart och bruksrörelse gemenskap ägande inkomster. Sthlm 1795.

Fontell, A. G., Consistorii academici aboensis äldre protokoller. H:fors 1883—1887.

Hertzberg, R., Bidrag till Finlands kulturhistoria på 1600:talet. H:fors 1889.

Historiallinen arkisto. Toim. Suomen Historiallinen seura VIII. H:fors 1884.

Hjelt, O. E. A., Svenska och finska medicinalverkets historia 1663—1812. H:fors 1891—1892.

Ilmoni, I, Bidrag till nordens sjukdomshistoria. H:fors 1846—1853.

Juslenius, D., Aboa vetus et nova. Åbo 1700.

Lagerström, M., Stockholms stads ordinantier, påbud och publicationer. Sthlm 1731—1734.

Lagus, W. G., Åbo hofrätts historia. H:fors 1834.

Lagus, W., Åbo akademis studentmatrikel. (Skrifter utg. af Svenska literatursällskapet i Finland XI.) H:fors 1889—1891.

Melander, K. R., Kuvaus Suomen oloista vuosina 1617—1634. I. H:fors 1887.

Odhner, C. T., Bidrag till svenska städernas och borgareståndets historia 1633. Upsala 1860.

— — Bidrag till svenska stadsförfattningens historia (i Årsskrift utg. af Kongl. Vetenskapssocieteten i Upsala. Andra årgången). Upsala 1861.

Odhner, C. T., Sveriges inre historia under drottning Christinas förmyndare. Sthlm 1865.

Sacklén, J. F., Sveriges apotekarehistoria. Nyköping 1833.

Schmedeman, J., Kongl. stadgar, förordningar, bref och resolutioner ifrån åhr 1528 intill 1701 angående justitiæ- och executionsährender. Sthlm 1706.

Stiernman, A. A. v., Alla riksdagars och mötens besluth I—III. Sthlm 1728—1733. Bihang. Sthlm 1743.

— — Samling utaf kongl. bref, stadgar, förordningar etc. angående Sweriges rikes commerce, politie och oeconomie uti gemen. I—V. Sthlm 1747—1766.

Strandberg, C. H., Åbo stifts herdaminne. H:fors 1832—1834.

Styffe, C. G., Samling af instructioner för högre och lägre tjenstemän vid landtregeringen i Sverige och Finnland. Sthlm 1852.

Tengström, J. J., Chronologiska förteckningar och anteckningar om finska universitetets forna procancellerer o. s. v. H:fors 1836.

Tigerstedt, K. K., Handlingar rörande Finlands historia kring medlet af 17:de århundradet. H:fors 1849—1850.

— — Adumbratio status urbium fennicarum annis 1638—1640. H:fors 1847.

Waaranen, J. E., Samling af urkunder rörande Finlands historia. H:fors 1863—1878.

Wallenius, G., En kort vnderrättelse om wådeldars rätta vrsprung. Åbo 1681.

Wasström, N., Oeconomisk beskrifning öfwer Åbo stad. Åbo 1747.

Åbo Tidningar 1774.

TREDJE AFDELNINGEN.

RÄTTSKIPNING.

TREDJE AFDELNINGEN.

RÄTTSKIPNING.

I.

Kämnärsrätten.

re dagar i veckan skulle tre „fogater", en konungsman å konungens vägnar och två rådmän å stadens, fälla dom „å torgheno ute". Ville den med domen missnöjde vädja till rådstugan, skulle han erlägga 2 öre till jämn fördelning mellan fogaterna. Vann han i den högre rätten, skulle han återfå sina vadpenningar, hvarjämte fogaterna hade förvärkat till målsäganden $^1/_2$ mark [1]).

Detta är alt hvad stadslagen förmäler om stadens underrätt, senare nämd kämnärsrätten. Odhner har framhållit, att denna domstol, rörande hvars älsta historia endast gissningar kunna framställas, sannolikt befunnits öfverflödig och att den påträffas allenast i Stockholm och några andra städer och det först under en så sen tid som på slutet af 1400:talet. När den först omnämnes i Stockholm, är det mera i egenskap af en förlikningsnämd och först i stadens privilegier af år 1529 framträder den som en egentlig domstol. Medlemmarna i denna domstol kallas dåmera icke „fogater", utan kämnärer. Denna benämning åter hade tidigare en annan betydelse. Enligt konungabalken, kap. XVIII, skulle stadens kämnär jämte stadsskrifvaren uppbära och årligen åtta dagar före Sanct Walburgi dag inför fogaten och borgmästarene aflägga redovisning för alla stadens ingälder. Senare tillkom kämnären att åtala alla de förbrytelser, för hvilka böter tillkommo staden. År 1624 heter det i Stockholms tänkebok, att „kämnärernes ämbete har varit att låta citera stridiga parter till rätta, såsom ock för rätten anklaga dem, som med några förgripelser

---

[1]) R. B. kap. 5. Schlüter anser, att ordet fogater rätteligen bör vara domare. (Magnus Erikssons stadslag s. 253.)

och våldsgärningar beträdas". Kämnärerne voro således åtminstone i Stockholm kronokassörer, allmänna åklagare och domare. Vid slutet af Gustaf II Adolfs regering — förmenar Odhner vidare — bestod kämnärsrätten vanligen af två ledamöter, antingen två af rådet eller en af rådet och en af menigheten. År 1622 faststäldes·i Stockholm, att rådmännen skulle hvar sin månad sitta på kämnärsstugan, kämnärerne till hjälp [1]).

I 1619 års stadga om städernas administration talas om tvänne kämnärer och förklaras deras åligganden bestå i „att upptaga alla ringa och smärre saker till förhör och dem antingen i vänlighet bilägga eller uti ljusa och klara saker framlägga lagen, ordinantierne och privilegierne och därefter döma". Sakören skulle de utkräfva och afleverera till stadens kassa och ståthållaren. På ett särskildt rum i rådstugan skulle de sammankomma åtminstone tre dagar i veckan för att slita förekommande ärenden. Protokollet skulle föras af stadens vårdskrifvare [2]).

Några år efter denna stadgas författande eller 1623 börja de Åbo stads domböcker, som ännu finnas i behåll, och i dem talas från första början om en kämnär, som jämte stadsfogden regelbundet närvar vid magistratens sammanträden. Hvilken roll han här spelade, finnes under de första tiderna endast antydningsvis uppgifvet, men då man känner till hans värksamhet under följande decennier, kan man sluta till, att han från seklets början — och kanhända redan tidigare — hade att bistå rätten med exekutioner i civila mål, med stämningars framförande till parter, med allmänna åtal och införskaffande af för rättvisans skipande nödiga upplysningar. Dessutom tog han befattning med en del af skatteuppbörden. Hvilken uppgift som förelåg honom på kämnärskammaren, kan icke bestämdt uppvisas, men möjligt är att han här afgjorde eller förlikte smärre tvistigheter, kanhända ock fungerade som ett slags notarius publicus. Åtminstone från början af 1620-talet och ända in på 1640-talet synes bruket varit att rådmännen alternerade att fungera som kämnär ett år i sänder. Äfven synes det hört till ordningen, att kämnärsvalet eller utnämningen företogs om våren, på valborgsmässomötet, i sammanhang med utnämnandet af rättens tjänstgörande afdelning. Visserligen förordnades Johan Davendzberg i november månad 1624 att „emottaga kämnärskallet på tillkommande år efter för:ne datum" och förordnandet förnyades i oktober 1625, hvarförutom andra liknande

---

[1]) Odhner, Bidrag t. svenska stadsförfattningens historia s. 179—181.
[2]) Stiernman, Commerce förordn. I: 735.

fall måhända förekommit. Men i de uppgifter rörande de årliga valborgsmässovalen af borgmästare och råd, som förekomma för åren 1632—1638, upptages äfven val af kämnär. Så blef Peter Jesenhausen kämnär i maj 1632 och i maj 1633 uppsade han sitt kämnärskall, „emedan han där utinnan sitt år ärligen och redeligen utstått hafver", och Hans Plagman öfvertog befattningen; i maj 1634 „blef kastat lott, hvilken' som nu kämnär blifva skulle"; lotten föll på rådman Herman Stamer, som stälde för sig Johan Hansson; tio år senare blef genom votering bland tre rådmän, som ännu icke haft befattningen, rådmannen Sigfrid Eriksson utsedd till kämnär; följande år, då dennes tid utgick, fingo rådmännen Robert Rancken och Lars Borgare, hvilka ännu icke varit kämnärer, draga lott, och föll lotten på Rancken, som med rättens samtycke legde Johan Olofsson i sitt ställe; 1646 förordnades Lars Borgare utan vidare [1]). Det var emellertid ingalunda nödvändigt, att en rådman skulle inneha kämnärsbefattningen. Tvärt om förekom det nog ofta att den gafs åt en person utom rådet. I allmänhet avancerade kämnären efter tjänsteårets utgång eller kort därpå till rådman. Måhända får man äfven anse den omständigheten, att kämnären omnämnes såsom rådman först sedan han tjänat ut sitt år, tyda på den procedur under de årliga valborgsmässovalens tid, d. v. s. inpå slutet af 1630:talet, att bland de i rådet nyupptagne medlemmarne någon stundom förordnades att genomgå en förberedande skola såsom kämnär. Ännu ett årtionde efter det alterneringsprincipen i rådet upphört finner man val af kämnär förrättas årligen på rådstugan och kanske har en årlig bekräftelse af fullmakten förekommit ännu litet senare, men från år 1650 går ämbetet icke mera lika ofta från hand till hand, utan inneha kämnärerne sedermera sina platser flera år. Under seklets senare hälft kan man anse kämnären antagen af magistraten med landshöfdingens samtycke ordinariter eller ad interim likasom stadsfogden och stadsfiskalen. Till belysande af de växlingar, som i detta hänseende ägde rum, må följande förteckning öfver kämnärerne meddelas.

Kämnärer 1600—1700.

Bertil Mårtensson 1599—1600.
Lars Palikka 1621—1622.
Henrik Jöransson 1623.
Henrik Tawast 1623—1624.

---

[1]) Bidr. t. Åbo hist. första ser. II: 69, 146, IV: 119, VI: 51, 56, 181, 195, otrykta protok. 13 maj 1639, 10 maj 1644, 14 juni 1645, 25 maj 1646.

Johan Davendzberg 1624—1626.

Hans Guttrie 1627—1628.

Johan Hansson 1629.

Sten Kristersson 1630.

Mårten Sigfridsson 1631.

Petter Jesenhaus 1632—1633.

Hans Plagman 1633—1634.

Johan Hansson 1634—1635.

Nils Olofsson 1635—1636.

Hans Hansson 1636—1637.

Gottfrid Rosskamp 1637—1638.

Mårten Filipsson Ohrapää 1638—1639.

Simon Thomasson 1639 - 1640.

Anders Michelsson 1640.

Johannes Knutsson Hisko 1640—1641.

Anders Michelsson Lindu 1641—1642.

Erik Johansson 1642—1643.

Sigfrid Salko 1643—1644.

Sigfrid Eriksson 1644—1645.

Johan Olofsson 1645—1646 och 1647—1649 [1]).

Lars Borgare 1646—1647.

Erik Arvidsson Lietzen 1650—1653.

Jakob Eriksson 1653—1656.

Anders Andersson 1656—1657.

Bertil Jöransson 1657—1659.

Johan Jesenhausen 1659—1662.

Matts Grelsson 1662—1663.

Tyris Eriksson 1663—1666.

Bertil Jakobsson Letzle 1666—1683.

Michel Larsson Gebhardt 1681—1685 (bitr. 1681—1683).

Andreas Malmelin 1685—1687.

Hans Hörling 1687—1694.

Johan Graan 1694—1708.

* * *

Kämnärsrättens protokoll, försåvidt de ännu finnas bevarade, börja år 1639. I afseende å rättens sammansättning äro deras utsagor för många år otillfredsställande, så man stannar i tveksamhet rörande antalet af rättens ledamöter under en stor del af sek-

---

[1]) Under senare delen af 1649 och 1650 förekom ingen kämnär, utan göromålen handhades af stadsfiskalen. Jmfr s. 216.

let. Det är en viss osäkerhet, som vidlåder rättens organisation;
de författningar rådstugurätten utfärdar bära mera en provisorisk
prägel än karaktären af ett för framtiden gällande lagbud. Käm-
närsrätten är en utgrening af rådstugurätten, där endast notarien
är ordinarie, men ledamöterna ständigt växla. Först vid seklets
slut vinner värket en större fasthet genom att äfven presidiet öf-
verlåtes för en längre tid åt samma person.

Från hvilken tid kämnärsrätten såsom en kollegial domstol
daterar sig och huru den i början var sammansatt och organise-
rad äro frågor, på hvilka källorna icke gifva oss svar. Rådstugu-
protokollen för åren 1624 och 1626 omnämna några sammanträden
hållna på kämnärskammaren af en borgmästare, stadsfogden, käm-
nären och stadsskrifvaren, några sammanträden besökta dessutom
af en rådman samt ett besökt, utom af de redan nämde, af slotts-
lofven. En del af de i protokollen upptagna ärendena äro visser-
ligen af den art, att de kunnat afgöras af underrätten, med andra
har detta omöjligen kunnat vara fallet. Då därtill kommer, att
dessa sammanträden ingå i rådstuguprotokollen och några af dem
t. o. m. i det till hofrätten i och för revision inlämnade exempla-
ret, så kunna de svårligen betraktas såsom kämnärsrättssamman-
träden, ehuru de af förekommen anledning hållits på kämnärs-
kammaren [1]). Att något slags kämnärsdomstol, „kämnärskamma-
ren", emellertid fans under de nämda åren framgår emellertid af
tvänne uppgifter i 1626 års rådstuguprotokoll [2]). De tvänne fall,
som omtalas, beröra det ena ett fordringsmål och det andra ett
mellan tvänne köpman ingånget kontrakt, som den ena parten
annullerar sedan detsamma åsamkat honom en penningeförlust.
Hvem som upptagit parternas käro- och svaromål, om det varit
kämnären eller en tillförordnad medlem af magistraten, förtiges
helt och hållet.

Den första uppgift man äger om kämnärsrättens organisation
är från år 1633. Den 25 maj d. å. blef förre stadsskrifvaren Matts
Zachariasson „förordnad till att förestå och bekläda kämmenär rätt
samt med Hans Bärnsson, hvilka nu till bem:te kall och ämbete
å lagboken gjorde deras liflig ed". På samma gång faststäl-
des hans ordinarie lön till 160 daler. I september 1634 förnyades
ackordet [3]). I juni s. å. öfverenskom rådstugurätten att af de tjänst-

---

[1]) Häraf följer, att ett misstag blifvit begånget, då jag i Bidragens andra
häfte, första serien, satt som rubrik för 1624 års protokoll „Utdrag ur Åbo
rådstufvu- och kämnärsrättsprotokoll etc."

[2]) Den 1 och 8 juli. Orig. prot. i statsarkivet.

[3]) Bidr. t. Åbo hist. VI: 51, 205.

görande rådmännen skulle en hvar sitta sin tid på kämnärskammaren [1]). I maj 1635 förordnades rådman Suni Olofsson och borgaren Murin Tomas att „sitta i kämnärskammaren i detta året". Litet senare antogs Josef Jakobsson Ilkka till kämnärsrättens notarie [2]). I maj 1638 beslöts att hvarje månad tvänne rådmän skulle förordnas att jämte kämnären, stadsfogden och kämnärsskrifvaren bivista underrättens sammanträden. Ett år senare ändrades anordningen sålunda, att förordnandet utsträktes till tre månader [3]). Från och med år 1640 och intill år 1660 [4]) upptaga emellertid kämnärsrättsprotokollen endast en rådman närvarande vid sessionerna och i rådstugurättens protokoll talas icke häller mera än om en rådman vid hvarje förordnande. Åren 1640—1642 sitter denne rådman tre månader å rad, 1643—1650 sex veckor och från år 1651 åter tre månader. Allenast en gång under år 1650 omnämnes såsom bisittare jämte rådmannen en borgare och år 1651 anmärker notarien en gång, vid införandet af en dom, att endast en rådman satt med honom öfver densamma [5]). Måhända tyder detta därpå, att äfven en medlem af borgerskapet hörde till rätten, men i så fall väcker det förvåning, att hans tillvaro så grundligt ignoreras. Från år 1660 och inpå 1671 utgöres domstolen af tvänne ledamöter, en borgare, som sitter beständigt hela året igenom (Bertil Jöransson Rauwola 1660—1667 och Simon Bergh 1668—1671), och en rådman, hvars tjänstgöringstid utgör två månader. I några undantagsfall är domstolen förstärkt med ytterligare en rådman [6]). Efter Simon Berghs död år 1671 försvinner åter den borgerliga representanten och — frånsedt några fall, då tvänne rådmän närvara — upptages endast en rådman, som i regeln borde sitta två månader i en följd. Ett sådant alterneringssystem, som vidhölls för att såväl bördan som inkomsterna af arbetet på kämnärskammaren blefve jämt fördelade, måste ha sina många olägenheter, synnerligen som den presiderande rådmannen icke ens orkade sitta de två månaderna i ända, utan mycket ofta lät sig företrädas af någon kollega i rådstugurätten. Den nitiske landshöfdingen Lorentz Creutz d. y., hvars åtgöranden på förvaltningens område blifvit i det föregå-

---

[1]) Bidr. t. Åbo hist. VI: 195 jämförd med originalet.
[2]) „ „ VII: 50, 61.
[3]) Rådst. prot.
[4]) Härvid bör dock anmärkas, att kämnärsrättsprotokollen saknas för 1656—1659.
[5]) Kämn. prot. 9 febr. 1650, 3 nov. 1651.
[6]) „ 14 mars 1663.

ende så ofta berörda, sökte att äfven i detta hänseende genomföra en förbättring. I mars 1685 föreslog han för magistraten, att en rådman framdeles skulle sitta ett halft år med åtnjutande af appellationspenningarna och hälften i domlösen. Följande år utsågs, synbarligen på Creutz' initiativ, kämnären Andreas Malmeliu att från mars 1687, då hans kämnärstid skulle gå ut, i egenskap af bisittare bistå den på kämnärskammaren presiderande rådmannen. I januari 1687 hemstälde Creutz vidare om att en ordinarie preses skulle utses för kämnärsrätten och att denne skulle utom sin rådmanslön åtnjuta 50 d. s. af den nu indragna tredje borgmästarelönen. Till platsens erhållande föreslog Creutz rådmannen Wernberg, som icke hade något emot uppdraget, men magistraten motsatte sig förslaget och Creutz lät det falla. Följande år 1688 kom frågan åter upp i anledning af att Creutz gifvit Wernberg löfte om platsen såsom „perpetuus praeses", men äfven nu segrade magistratens föreställningar och Creutz förklarade sig nöjd med att hans år 1685 framstälda förslag om halfårstjänstgöringen blef genomfördt. Något senare befinnes en rådman värkligen blifvit förordnad att sitta ett halft år på kämnärskammaren och denna praxis, som börjat redan år 1687 — år 1686 synes förordnandet varat ett kvartal — fortgick sedan några år framåt med smärre afvikelser. I sin värksamhet understöddes ordförande rådmannen af den redan nämnde bisittaren Malmelin synbarligen till dennes utnämning till vicerådman 1691 eller till hans död 1693. Huruvida ett nytt biträde antogs efter Malmelin, är mig obekant[1]).

In på år 1694 har presidiet på kämnärskammaren varit ambulatoriskt. I juni s. å. förordnades rådmannen Wernberg att föra presidiet „tills berörda rätt med någon annan, som continuerligen samma beställning sig åtager, kan besättas"[2]). Kämnärsrättsprotokollen för 1694 och 1695 underlåta att omnämna rättens ordförande, men från år 1696, då uppgifterna återkomma, har Wernberg suttit regelbundet intill sin död år 1698. Då rådstugurättsprotokollen icke omnämna någon utnämning år 1695, så har presidiet i kämnärsrätten sålunda blifvit permanent år 1694. Efter Wernbergs död intogs hans plats i kämnärskammaren af rådmannen Saëhls. År 1701 ålades denne af magistraten att afträda från presidiet, som framdeles åter skulle „vara ambulatorie", men Saëhls anförde besvär och landshöfding Bure upphäfde magistratens ut-

[1]) Rådst. prot. 11 mars 1685, 13 sept. 1686, 24 jan. 1687, 20 aug., 3 sept. 1688; kämn. prot.

[2]) Rådst. prot. 11 juni 1694.

slag, „eftersom medels de ombyten, hvilka tillförene 2:ne gånger
om året därmed gjorde äro, många irringar sig kunna tilldraga
och de rättsökande komma att lida"[1] På grund af stadgande
i rättegångsprocessen af år 1695, som föreskref att domare i under-
rätterna skulle begagna sig af „goda tillordnade män" för gransk-
ning af „räkningar särdeles i saker, som af skuld, arfskap, inbör-
des handel eller hvarjehanda annat tillfälle härröra", och i enlig-
het med landshöfdingens skriftliga befallning utsågo borgmästare
och råd från år 1696 tvänne borgare till bisittare i kämnärsrätten.
Mandatet varade tre månader och de tillförordnade voro skyldiga
att aflägga domareed. Vid utnämningen bespordes vanligen de 24
älstes korporation[2]).

Under den tid rådmännen presiderade på kämnärskammaren
ha de i allmänhet varit befriade från deltagande i rådstugurättens
sammanträden. Mycket ofta har den presiderande rådmannen af
orsaker, som sällan finnas angifna, uteblifvit från kämnärskamma-
ren, hvarvid hans plats efter privat öfverenskommelse eller på
grund af rådstugurättens förordnande intagits af en annan rådman.
Stundom har rådstugurätten förordnat en annan rådman än käm-
närspreses att afdöma ett eller flera närmare afgifna mål[3]).

Enligt stadslagen och likaså enligt 1619 års stadga skulle
kämnärsrätten sammanträda tre gånger i veckan. Denna bestäm-
ning har emellertid icke kunnat iakttagas, utan har mötenas fre-
kvens fått rätta sig efter förefallande behof. De älsta protokollen
upptaga ännu icke tre möten i veckan, men så småningom ökas
målens antal och arbetet med deras granskning och dom kräfver
alt talrikare sammankomster, så att rätten under seklets senare
decennier varit tvungen att sammanträda så godt som dagligen,
sön- och hälgdagar undantagna.

De skriftliga göromålen, bl. a. utarbetandet af protokollen —
af hvilka ett exemplar levererades till hofrätten, ett annat till råd-
stugurätten[4]) — tillkommo kämnärsrättsnotarien. Till en början
ålåg det honom äfven att skriftligen citera parter till rättens sam-
mankomster. Då många fattige klagade öfver de härmed förenade
utgifterna, stadgade magistraten år 1650, att notarien icke vidare
skulle befatta sig med citationer, utan att klagandeparten skulle

---

[1]) Jakob Bures bref den 28 mars 1703 till riksrådet bland Åbo stads acta.
I detta bref säger Bure, att Wernberg från år 1686 innehaft presidiet i käm-
närsrätten.

[2]) Rådst. prot. 5 sept., 2 o. 4 nov. 1696; kämn. prot. Jmfr Juslenius § 11.

[3]) Rådst. prot. 14 april 1690, 14 maj 1694 m. fl. st.

[4]) Rådst. prot. 27 juni 1638, 9 apr. 1692.

vända sig till den på kämnärskammaren presiderande rådmannen, som genom stadstjänare citerade svarandeparten [1]). Länge fortgick detta bruk emellertid icke, ty då en ny notarie antogs år 1659, tillförsäkrades honom som sportel 2 öre s. m. af hvar citation; dock skulle han vara skonsam mot de fattige och citera parterna endast tre gånger och fjerde gången „till doms" [2]). År 1685 förbjöds notarien att utfärda citationssedlar utan föregående kommunikation med rådmannen-bisittaren. Utom den på stat upptagna lönen skulle han uppbära citationspengarna och hälften af domlösen [3]). År 1670 uppgifves notarien ha såsom notarius publicus konfirmerat ett kontrakt om byggnadsarbete [4]). Huru länge notarien utöfvat jämväl nämda befattning kan icke sägas, men· år 1686 resolverade rådstugurätten, att notarii publici göromålen skulle handhafvas af stadssekreteraren. Fyra år senare erhöll notarien sitt arbete förökadt genom att han förordnades att föra protokoll äfven på accisrätten. Kommo mötena i kollision, skulle kämnärsrättens sammanträde uppskjutas [5]). I likhet med särskilda andra kommunala förtroendeposter besattes notariebefattningen af magistraten efter inhämtandet af landshöfdingens bifall [6]). Såsom innehafvare af platsen omnämnas följande personer:

Kämnärsrättsnotarier under sjuttonde seklet.

Josef Jakobsson Ilkka 1635—1644. Senare borgmästare i Raumo. † 1667 l. 1668.

Håkan Andersson Ostrogothus (Prytz) 1644—1659. Rådman 1658. † 1667.

Jacobus Jacobi Halichoensis 1659—1675. Rådman 1675. † 1694.

Jacobus Munselius 1675—1687. Senare militieauditör.

Petrus Ulnerus, magister. Blef år 1686, då Munselius antogs avancera till en annan befattning, på landshöfdingens förord antagen till notarie och aflade eden. Munselius, hvars väntade utnämning väl uteblef, stötte emellertid Ulnerus från befattningen och landshöfdingen uppsade redan s. å. Ulnerus från tjänsten, bl. a. emedan han, tvärt emot landshöfdingens förmodan, visat sig okunnig i finskan. Död som kyrkoherde i Sverige 1713.

---

[1]) Rådst. prot. 19 dec. 1650, 29 jan. 1651.
[2]) „ 2 maj 1659.
[3]) „ 11 mars 1685.
[4]) Kämn. prot. 15 nov. 1670.
[5]) Rådst. prot. 11 mars, 7 juni 1690.
[6]) „ 2 maj 1659, 30 jan. 1686, 7 mars, 11 juni 1694 m. fl. st

Andreas Prytz, t. f. 1684. Borgmästare 1696. † 1710.
Jonas Ekerooth. Säges år 1684 ha fört protokollet i kämnärsrätten.
Boetius Forsman 1687—1692. Tidigare mantalsskrifvare. Var tillika
protokollist i accisrätten. † 1692.
Mikael Strömberg 1692—1694. † 1694.
Johan Lönnroth 1694—1708. Rådman 1708. † 1712.
Anders Ekman vikarierande 1697.

*   *   *

Kämnärsrättens uppgift skulle i allmänhet vara att underlätta
borgmästares och råds judiciella värksamhet genom att upptaga
till afgörande en del mål, som i och för sig kräfde hvarken större
skarpsinnighet eller vidlyftigare omgångar, men hvilka genom sitt
ständiga återkommande togo i anspråk en stor del af borgmästares
och råds åt så många olikartade omsorger egnade tid. „Kämnä-
rernas ämbete skall vara — heter det i privilegiebrefvet för en
under detta sekel grundlagd stad[1]) — att upptaga alla ringa och
små saker till förhör och dem anten i vänlighet bilägga eller, där
de klara nog äro, så dömma där uti efter lagen och laga stadgar.
Så skole ock allenast dessa ärenden upptagas, såsom om några
blifva trätande om gäld och annat slikt och anten själfva eller
godvilligt söka kämnärsstugan eller förvisas dit af rådet och
anamma rätt; sedan att de hafva uppseende med alt det som brytes
emot rådets förordning och stadgar, ståndandes de brottsliga till
rätta, och efter utletad sanning och ordningens rätta förstånd
döma däruti".

Den ojämförligt största parten af de „ringa och små saker",
hvilka enligt protokollen förekommo inför kämnärsrätten i Åbo
och hvilka antingen bilades genom förlikning eller sletos genom
dom, har haft en ekonomisk karaktär. Tvister angående gäld, er-
sättningsanspråk, klagomål öfver oinfriade förbindelser och oupp-
fylda köpeafhandlingar, tvister mellan husbönder och tjänstefolk
om städselpengar, lön och tjänstetid, mellan arbetsgifvare och ar-
betstagare om arbetslönen, mellan hyresvärdar och hyresgäster om
hyran o. a. d. mål ha, kan man säga, mest upptagit domstolen.
I andra rummet kommo kanske öfverträdelser af magistratens bud
och förbud, hvilka än hade en allmänt kommunal karaktär, än
åter voro utfärdade för ett specielt fall och en enskild person, så-

---

[1]) C. v. Bonsdorff, Nyen och Nyenskans.

som förbud att lämna orten, kvarstad å egendom, tillsägelse att mottaga ett kommunalt uppdrag, att ordentligt bygga sin gata och sin andel i staketet m. m. Fel mot handelsordningarna ha beifrats och synnerligen ofta ha öfverträdelser af förordningarna om krögeri och bryggeri blifvit belagda med böter. Försumligheter i vaktskyldighetens fullgörande ha specielt hört till kämnärsrättens forum. Vidare har rätten ådömt böter för löst folks hysande och för oloflig bosättning i staden, för elds vangömmo, för slagsmål med ty åtföljande sår, hårdrag och pustar, för tjänstefolks tubbande m. m. Förlikningar, kontrakt och allehanda bevis ha parterna till säkerhet införts i protokollet. Enligt några författares förmenande har kämnärsrätten varit första instans äfven i kriminella mål [1]). I Åbo har, såvidt protokollen utvisa, rätten emellertid i allmänhet endast fungerat såsom en ransakande myndighet· Lägersmål ha nog bötfälts, men där sedlighetsbrottet varit af något gröfre art, har det efter slutförd ransakning, hänskjutits till rådstugurättens dom; samma har förfarandet varit i mål rörande stöld, rån, hemgång, svårare excesser, motstånd mot exekutioner och injurier. När samma mål upptagit såväl slagsmål som injurier, har den förra förseelsen af rätten straffats med böter, den senare åter har hänvisats till borgmästare och råd, „som denne rätten icke kompeterar i denne sak såsom criminaliter angifven". Man kan sålunda i allmänhet säga, att kämnärsrätten vid seklets slut utvecklat sig till en första instans i civila mål och till ett slags polisrätt för kriminella ärenden.

Af stor vikt, icke allenast för kännedomen om kämnärsrättens värksamhet, men isynnerhet för ett studium af tidens allmänna kulturnivå vore en statistisk undersökning öfver antalet af de mål, som under olika tider afhandlades inför rätten, deras art och växlande inbördes proportion. För en brottmåls- och moralstatistik erbjuda kämnärsrättens såväl som rådstugurättens protokoll en rik och pålitlig källa. Tyvärr är det arbete, som här föreligger forskaren, af den omfattande art, att dess utförande skulle omöjliggöra en belysning af öfriga sidor af det kommunala lifvet. För att äga någon betydelse, måste en sådan utredning omfatta en följd af år under olika tider af seklet och redan en undersökning för ett enda år fr. o. m. seklets midt kräfver ett drygt arbete. Må det därför vara en specialforskare på rätte-

---

[1]) Jmfr D. Nehrman, Inledning til then svenska processum civilem, s. 117—120; W. Uppström, Öfversigt af den svenska processens historia s. 94.

gångsväsendets gebit förbehållet att lösa denna mödosamma, men onekligen högst tacknämliga uppgift. Här må endast, med ledning af de få i behåll varande saköreslängderna, uppgifter öfver med böter straffade förseelser meddelas för ett antal år, ehuru de naturligtvis icke kunna gifva en föreställning om mängden af de mål, som under årets lopp förekommo till behandling och afgörande inför kämnärsdomstolen.

Inför kämnärsrätten i Åbo med böter bestraffade förseelser.

	1671	1693	1695	1696	1697	1698	1699	1700
Slagsmål och öfvervåld (pustar, sår, hårdrag, blånader m. m.)	27	8	20	7	11	12	9	4
Lägersmål	1		2	10	7	4	7	2
Trolofning med 2 fästmör								1
Olydnad mot magistr. o. öfverträdelse af dess bud (ang. handel m. m.)		2	3		1	1	3	1
Försumlighet i gators o. stakets underhåll		7	3					
Försumlighet i vakthåll	1		2		22	8		
Elds vangömmo		1		1	1	1		
Orätt mått	2							
Brott mot accis- och tullordning	10							
Olaga handel (hufvudsakl. ölförsäljning)	2	1	1			5		9
Olagl. inpraktiserande af tobak	20							
Hysande af löst folk		1				2		3
Olaga bosättning i staden								6
Bortförande af löst folk		2						
Legohjons tubbande			1					
Olydnad mot kämnärsrätt		1	1		1		1	3
Svordom för rätta		1					1	1
Ohöflig inlaga	1							
Ofullföljdt käromål							1	1
Utevaro	4		2					
Underslef vid mantalsskrifning	1		2					
Motstånd vid visitation						1		
Vådabot							1	
Pistolskotts aflossande							1	
Söndagsbrott (utan förening med slagsmål)	2		1					
Utmätning utan laga tillstånd					1			
Olaga pantlåning och afyttring af annans egendom	2	—	1	—	1			
Hvarjehanda			1	1			1	

I verifikationsböckerna för Åbo och Björneborgs län ingå ytterligare saköreslängder för åren 1678 och 1685, men då kämnärsrätts protokoll saknas för nämda år, ha dessa längder icke kunnat underkastas en behöflig kontroll och ha de därför ur tabellen uteslutits. Ur tabellen framgår, att förseelser emot accis- och tull-ordningarna, insmugglande af tobak och användande af orätt mått icke dömts af rätten efter 1671. Sådana och andra brott mot handelsordinantierna hänskjötos till den år 1671 inrättade accisrätten och endast olaga ölförsäljning och särskilda smärre öfverträdelser af stadgar, som borgmästare och råd utfärdat till handelns reglerande i staden, hörde numera till kämnärsrättens forum.

Såsom allmänna åklagare uppträdde inför rätten stadsfogden, stadsfiskalen och kämnären. Då ingen i detta afseende utfärdad instruktion finnes bevarad, är det icke möjligt att närmare specificera, hvilka mål som rätteligen hörde till enhvar åklagares gebit. Strängt afgränsadt var detta gebit icke, ty mycket ofta ha liknande mål föredragits än af den ene än af den andre. Stadsfogden har mera sällan representerat åklagaremakten och under seklets senare årtionden har detta skett endast i enstaka undantagsfall. Oftast ha hans åtal gält brott mot väga- och byggnadsordning, öfverfall och ofog på offentliga platser, vidare söndagsarbete, försumligheter i kronoleveranser, ja t. o. m. olaga handel. Stadsfiskalens specialitet har varit åtalandet af fel mot handelsordinantierna och med dem sammanhängande stadganden, såsom landsköp, handel utan burskap, majmiseri (d. v. s. olaga härbärgerande af bönder och köpslagande med dem i husen [1])), lönnkrögeri m. m. Men därjämte har han användts till att beifra en mängd andra mål, hvilka tarfvade rättvisans ingripande: förolämpning mot magistraten och öfverträdelse af dess bud, försumligheter i fullgörandet af kommunala skyldigheter, vårdslöshet med elden, störande af gatufriden, sedlighetsbrott o. s. v. Angifvelser för liknande mål ha gjorts af kämnären. Specielt har det tillkommit honom att såsom en censor morum angifva fel mot förordningarna om ett fridsamt, sedligt och Gudi täckeligt lefverne. Brott mot sjette budet och de med dem så ofta följande barnamorden har han haft att uppspåra; förargelseväckande uppträden på krogar och gator ha mycket ofta af honom dragits inför rätta; icke sällan har han åtalat personer för åsidosättande och föraktande af magistratens bud;

---

[1]) Se min uppsats „Hvad förstods med majmiseriet?" i Historiallinen arkisto, utg. af Finska hist. samf. XII.

liksom han anmält motstånd mot ordningsmakten, så har han äfven befordrat försumlige stadsbetjänte till „trähästen" och andra straff. För att återgälda stadsfiskalen dennes deltagande i sedlighetsmålen har han bistått fiskalen i räfsten efter olagligheter på näringarnas område.

I en del mål, som behandlats på kämnärskammaren, har, såsom nämdes, rätten åtnöjt sig med att allenast värkställa förhör och samla nödigt undersökningsmaterial för att sedan öfverlämna handlingarna till rådstugurätten. I öfriga mål stod det den med rättens dom missnöjde fritt att inom 8 dagar vädja till borgmästare och råd. I vadpenningar erlades till en början 2 öre, men då borgmästare och råd anförde klagomål öfver att de „med otaliga många små och af ringa värde klagomål så blifva öfverhopade, att de besvärligen kunna afhjälpa de andra saker, som äro af någon consideration", höjde regeringen år 1638 vadpenningarna till 3 ♔ [1]). Denna förhöjning medförde emellertid icke stor förändring. Vid 1693 års riksdag klagade magistraten öfver att „en stor del af denne stadsens innevånare äro så arge och trätodryge, att sedan de en sak i den nedriga stads- eller kämnärsrätten hafva förlorat, ehuru rätt där i dömdt vore och ehuru ringa saken vore, så att den icke bestod af det qvanto, som själfva appellationen, så inkasta de likväl uti slika ringa ärenden sina vadpenningar 3 ♔ s. m. och rådstugurätten därmed besvära och sin fattiga vederpart uttrötta". Sedan ärendet behandlats i rådstugurätten, gå parterna vidare äfven i ringa saker till hofrätten och, ehuru bägge rätterna sig „hafva förklarat och vår oskuld bevist, så att hvarken vid processen eller merita causae något fel funnet är", anföra de ohemula klagomål öfver ärendets behandling. För att göra slut på denna arghet och trätodryghet föreslogo borgmästare och råd att vid kämnärsrätten skulle — i likhet med hvad förhållandet var vid rådstugurätten — „ett visst qvantum föresättas, hvar emot enom vad till rådstugurätten borde tillåtas", hvarjämte hofrätten skulle straffa dem, som klagade ohemult, och döma dem att ersätta rätterna deras myckna arbete med akternas genomgående och förklaringarnas uppsättande. På samma gång anhöllo borgmästare och råd, att för de så vanliga domkvalen i kämnärsrätten, hvilka nu straffades med 3 ♔ böter, skulle stipuleras ett strängare straff. Med anledning af den förra ansökningen infordrade regeringen

---

[1]) Resol. för Abo stad 20 mars 1638 § 10 och stadens besvär vid samma års riksdag.

Åbo hofrätts betänkande. Huru detta utfallit och hvilket svar regeringen lämnat, är mig obekant. I den år 1695 utgifna rätte gångsprocessen nämnes intet om värdet af de saker, i hvilka vad till rådstugurätten tillstaddes, och icke framgår det ur kämnärsrättens protokoll häller, att en inskränkning i rättigheten till appell blifvit gjord. Beträffande ansökningen om högre straff för domkval resolverade regeringen, att då en ny allmän lag förbereddes, hvari den af borgmästare och råd framhållna bristen väl skulle beaktas, så skulle ärendet tills vidare få förfalla [1]).

---

[1]) Resol. för borgm. o. råd i Åbo 18 nov. 1693 §§ 1—3 och saml. Åbo stads besvär.

II.

Inför rådstugurätten.

I den föregående afdelningen har läsaren gjort bekantskap med de mångahanda omsorger, som hvilade på borgmästare och råd i deras egenskap af stadens styresmän. Lika arbetsdrygt och ansvarsfullt var det judiciella kallet. Till en börjar var rådstugurätten den första instans, som slet borgarenes tvistemål och afkunnade dom i brottmål. Den fick då handlägga en mängd bagateller, yttringar af småsinne och grälsjuka, ärekränkningsmål, som anhängiggjorts t. ex. af den anledning att en borgare beskylt en annan för att „bära kappan på bägge axlarna" eller emedan svaranden sökt en gås i kärandens gård och dymedelst insinuerat, att käranden varit saker till gåsens försvinnande[1]. Efter kämnärsrättens inrättande och sedan dess värksamhet vunnit en större omfattning utgallrades en mängd mindre mål och så småningom började rådstugurätten att antaga karaktären af en appellinstans för i den lägre rätten afdömda civila mål[2]. När ärendena inkommo från kämnärskammaren vare sig såsom vädjade eller såsom hemstälda mål, hade de undergått en förberedande behandling, som betydligt underlättade borgmästares och rådmäns arbete. Men brist på sysselsättning blef det icke. De hemstälda och vädjade målens antal var ganska stort, principen att kämnärsrätten var första instans genomfördes först under seklets senare decennier och icke häller då alldeles undantagslöst; ständigt förekommo hvad man närmast skulle kalla supplikärenden, hvilka väl icke föranledde egentliga rättegångar, men stodo invid gränsen af civila mål och kräfde en omsorgsfull utredning innan utslag gafs.

---

[1] Bidr. t. Åbo hist. första ser. VI: 96, III: 3.
[2] Jmfr Uppström, s. 95.

Borgmästares och rådmäns jurisdiktion sträkte sig i allmänhet allenast till stadsportarna. Denna regel, som fastslogs bl. a. i kongl. resol. af år 1688 och kongl. bref 1682, följdes ursprungligen äfven i Åbo [1]). Men under hela seklet var stadens magistrat betänkt på att utvidga området för sin domsrätt. På därom gjord ansökan hänsköt regeringen år 1650, för rättegångstidens förkortande, alla på slottsfjärden uppkomna tvister till rådstugurättens behandling [2]). Vid 1654 års riksdag sökte borgmästare och råd att få sin domsrätt utsträkt jämväl till stadens landbönder eller befolkningen på de hemman, som under tidernas lopp blifvit lagda under staden. Denna begäran afslogs emellertid af regeringen, som ansåg det lända rättskipningen till stor konfusion, om stadsrätt blefve tillämpad på landsbygden. Endast de hvilka hade sin boning inom staketet skulle lyda under rådstugurättens jurisdiktion [3]). En ringa förändring härutinnan gjordes i resolutionen på städernas allmänna besvär vid 1689 års riksdag, i hvilken resolution fastställdes, „att de jordägor, mark, äng och åkrar, som egentligen höra till staden och äro afhyste, så att inga bönder dem åbo, skola sortera under stadsens jurisdiktion, men ej någre af staden afskilde eller ej afhyste byar och ägor" [4]). År 1668 resolverade regeringen på stadens anhållan, att slottet „skall hafva sitt forum uti staden så länge K. M:t själf icke hafver därsammastädes sin jurisdiktion, så att de casus, som där förefalla, måge uti stadsrätterna decideras och afdömas" [5]). En ännu större utvidgning af gebitet för sin rättskipning hoppades borgmästare och råd att vinna år 1693, då de vid riksdagen supplicerade om att i Nådendal, en stad „af ringa manskap och värde", hvarest ingen kämnärsrätt då fans, en sådan skulle inrättas och att från denna instans vad skulle ske till rådstugan i Åbo. Petitionen understöddes af borgerskapets samtidigt inlämnade ansökan om upphäfvandet af Nådendals stadsprivilegier, men blef jämte denna remitterad till kammar- och kommerskollegiet, hvars utlåtande icke är mig bekant [6]). I alla händelser sluppo nådendalsboarne att söka rättvisa hos borgmästare och råd i Åbo.

---

[1]) Schmedeman s. 1205—1206, D. Nehrman, Inledning til then svenska processum civilem s. 113.

[2]) Kongl. resol. för Åbo 8 nov. 1650 § 2.

[3]) „ „ „ 7 aug. 1654 § 1—2.

[4]) Stiernman, Riksdagars beslut III: 2065, Nehrman, s. 113.

[5]) Kongl. resol. för Åbo stad 12 okt. 1668 § 9.

[6]) „ „ „ 18 nov. 1693 § 2 och för magistraten samma dag § 13.

In på 1600:talets midt stodo borgmästare och råd, såsom tidigare angifvits, vid utöfningen af sitt domarekall under ständig kontroll af den vid sessionerna vanligen närvarande konungsmannen. Väl tillerkände 1614 års rättegångsordinantie i sin första punkt borgmästare och råd „all makt och myndighet i rättegångar och domar, så ock annan rätt och rättighet", men denna makt inskränktes genom tillägget: „som dem efter Sveriges stadslag med rätta hör och tillkommer", äfvensom genom ordalagen i en senare punkt, som medgaf ståthållaren att utöfva domareämbete på rådstugan efter domareedens afläggande. Regeringsformen af 1634 beröfvade nog länets höfding den dömande makten, men stälde en „stadsfogde" såsom regeringens representant på rådstugan. Genom utnämningen af den kungliga borgmästaren befriades rådet från dennes förmynderskap. Närmaste vården om rättstvisterna handhades sedan slutet af 1630:talet af rådets justitiekollegium, men i domarnas fällande deltogo äfven öfriga ledamöter [1]). Vid vissa tillfällen, då en del af rätten för jäf eller annan orsak var förhindrad att utöfva domsrätt, utnämdes af landshöfdingen adjungerade bisittare [2]).

Tre dagar i veckan, måndag, onsdag och fredag, skulle enligt stadslagen „fogathen och rådhmän til rådhstufwu koma, döma ock käromål höra epter thy tilhörir". Dessutom kunde vid behof extraordinarie rådstugudagar hållas. Försummelser utan laga förfall straffades med höga böter. Så noggrant har lagens bud icke alltid

---

[1]) År 1679 hemstälde t. f. justitieborgmästaren Johan Schæfer till rättens bepröfvande följande förslag till fördelning af arbetet med rättegångshandlingarnas genomgående (Rådst. prot. 17 maj 1679):

1. „Såsom det vill falla för svårt, om icke omöjligt för en person, vare sig justitiarius eller någon annan, alla akter igenomläsa, referera och censurera, hvilket ock långsamt skulle tillgå, hvarför och på det sakerna så mycket snarare måge befordras till ändskap, synes rådligt att såväl suppliker som akter under alle i rätten utdelas att noga öfverses och refereras med hvars och ens vidhängande mening, och kan till en referentdag, förutan andra tider, tisdagen i synnerhet utses och nämnas.

2. När sakerna skola refereras, att då intet annat tal referenten till hinders företages.

3. Att med rätten öfverlägges de punkter, hvaröfver parterna skola examineras.

4. Att justitiarien sedan utan interpellation må så föra ordet att referenten icke märkes.

5. Att parterna hållas där till att lefva efter ordinantien vid bot tillgörande, på det alt uti rättan tid må göras och förrättas."

[2]) Bidr. t. Åbo hist. första ser. II: 24, 27, 28, rådst. prot. 26 nov. 1685 m. fl. st.

blifvit iakttaget, utan fingo sammanträdena ofta bero på ärendenas mängd. Isynnerhet under 1620:talet upptaga domböckerna långt ifrån tre sessioner i veckan. En vecka kunde förgå och om sommaren flera veckor medan rättens ledamöter hvilade sig. År 1624 förekomma 56 sammanträden, 1625 51, 1631 46. Men från 1630:talet upptagas — delvis emedan de ännu bevarade protokollen blifva fullständigare — rådstugumöten till ett ständigt stigande antal. Redan år 1634 nämnas öfver hundra sammanträden, 1680 inemot halftannat hundrade o. s. v. Det stora flertalet af mötena afsåg rättskipningen; på andra åter, isynnerhet på de s. k. allmänna rådstugudagarna, vid hvilka borgerskapet i gemen var berättigadt och förpliktadt att deltaga, behandlades såväl förvaltnings- som rättskipningsärenden. Än afgjordes först de förstnämda ärendena, hvarpå parterna kallades inför domarebordet; än tillgick det tvärt om. År 1679 föreslog borgmästaren Johan Schæfer, att en dag i veckan, torsdagen, skulle användas till öfverläggningar angående „stadens bästa och publika handlingar", men detta förslag har icke genomförts.

Sessionstimman var nog tidig enligt vår tids uppfattning, men icke så för sjuttonde seklets åboboar, hvilka voro vana att höra kyrkklockorna bebåda dagens inbrott kl. 4 på morgonen. Kl. 8 gafs med rådstuguklockan signal till sessionens början och den domare, som icke före tredje ringningen instält sig på sin post, var, om laga förfall icke förelåg, hemfallen till böter. Tillfällen till böters ådömande gafs nog ofta, isynnerhet under de årliga tjänsteombytenas tid, men de begagnades högst sällan. Ofta läser man om klagomål öfver försumlighet, anförda af konungsmannen, och borgmästare och råd lofva bot och bättring, men återfalla alt efter litet i synd. År 1635 t. ex. gjordes den öfverenskommelse, att konungsmannen och borgmästarene skulle böta 1 riksd. och rådmännen ½, om de uteblefvo öfver slaget. År 1638 bestämdes böterna för borgmästare och sekreterare, som försummade tredje ringningen, till 1 daler s. m. och för rådmän till 2 ₥; uteblef någon alldeles, fördubblades böterna [1]).

Om en statistisk utredning af de inför rådstugurätten afhandlade ärendena gäller hvad som tidigare blifvit yttradt om de inför kämnärsrätten utagerade målen. Arbetet på det statistiska materialets hopsamlande och inordnande under olika rubriker är här i allmänhet större, då till de rent judiciella målen ansluter sig

---

[1]) Rådst. prot. 22 juni 1635, 28 febr., 4 juni 1638, 26 jan. 1639.

en massa förvaltnings- och supplikärenden. Äfven här är jag nöd-sakad att afstå från en mera omfattande detaljerad utredning och åtnöjer mig med att ur förefintliga saköreslängder meddela sum-mariska uppgifter öfver af borgmästare och råd med böter belagda förseelser.

Förseelser som straffats med böter af borgmästare och råd.

	1671	1678	1685	1686	1687	1688	1689	1690	1691	1692	1693	1694	1695	1696
Tjufnad	9	13	3	9	17	16	12	7	7	7	2	2	4	12
Slagsmål, excesser o. oljud	13	14	6	4	10	10	4	3	10	8	3	5	7	1
Hemgång o. öfverfall	—	4	1	—	1	—	—	1	4	—	—	—	—	—
Edsöre	—	1	1	—	1	1	1	1	1	—	—	1	—	—
Dråp	—	—	—	—	1	—	1	—	—	—	—	—	—	—
Vådabot	—	—	1	—	1	—	—	—	—	—	1	—	—	1
Injurier	6	2	1	1	—	2	1	2	5	4	1	2	—	—
Lägersmål	—	1	—	—	1	—	—	2	2	—	1	1	5	1
Enfaldt hor	—	—	1	2	—	—	1	—	—	—	1	—	—	—
Olydnad mot magistr:s bud	—	1	1	2	3	6	—	1	—	3	2	1	—	—
Injurier mot borgm. o. råd	2	—	1	—	—	1	—	—	1	—	1	—	—	—
Domkval	1	1	1	—	4	2	1	—	—	—	—	—	—	—
Vitesmål	—	1	—	—	—	—	—	1	—	—	—	—	—	6
Stämnings försittande	—	2	—	—	2	2	—	3	—	1	—	—	—	—
Olaga fängslande	—	—	—	—	—	—	1	—	—	1	—	—	—	1
Fel mot handtvärksskrå	—	—	1	—	—	—	1	—	—	—	—	—	—	1
Fel mot bryggareordn.	2													
Olaga handel	2	4	—	2										
Förfalskning af mått	—	—	—	1										
Hysande af löst folk	—	—	—	—	1	1								
Bönhaseri						1								
Sabbatsbrott	1	—	1	—	1	—	—	1	—	—	2	2		
Vidskepelse	1													
Underlåtenhet att vittna	—	—	—	—	2									
Motstånd mot exekution	—	—	—	1	—	1								
Tjufgods hysande							1						1	
Olagligt bruk af panter											1	1		1
Outlöst dom											2			
Underlåtet uppbud											1			
Namnförfalskning											1			
Olaga byggnad							1	1						
Bänketräta		—	1											
Kyrkoförargelse									1					
Opassande inlaga					1									
Penningefordran		2												
Hvarjehanda	—		4					1				1		

* * *

Det ligger utom planen för detta arbete att ingå på en när-mare redogörelse för tidens processlagstiftning, för de författnin-gar, som reglerade det civila och kriminella rättegångsförfarandet, stämningen, häktningen, anklagelsen, bevisningen och domen. En sådan framställning skulle kräfva rättshistoriska utredningar, hvilka väl kunde erbjuda ett och annat af intresse för den i lagfarenheten inkomne läsaren, men hvilka skulle leda oss in på excursioner utom det egentliga området för vår undersökning. Till belysande af den procedur, som följdes vid stämningar och svaromål, må endast följande af borgmästare och råd i Åbo utfärdade stadga in extenso och utan kommentarier meddelas, då fullständiga förordningar af magistraten bevarats till ett ytterst ringa antal och då af de stadgar, som bevarats, denna är den enda fullständiga, som hänför sig till det processuela förfarandet. Stadgan angår äfven kämnärsrätten och har följande lydelse: [1]

Ordning och stadga, huruledes hwar och en, som här på rådstugan någon saak hafwer att framföra, sig förhålla och der med procedera skall.

1:o. Skall ingen sig för rätten inställa, der något skrifft- eller munteligen andraga för än han sig hoos den borgmestaren, som med rättegångsakerne hafwer att beställa, angifwit hafwer, och skall bem:te borgmestare klagandens saak förhöra och som den kan wara beskaffat then enfaldige underwijsa och honom till det forum, dit hon egenteligen hörer, henstyra. Och emedan stembning bör gå för actionen, ty bör den, som ähr actor eller kärande, låta een gång citera sin wederpart och gifwa dhen geböhr, som i Kongl. Maij:tz nådigst utgångne taxa förmäles, nembl. tolff öre silf:r mynt

---

[1] Att denna stadga vunnit erkännande äfven på andra orter framgår däraf, att den afskrift jag anträffat förekommer i staden Nyens privilegiebok (i finska statsark.). I hufvudsak likartade föreskrifter omnämnas redan år 1648. I rådst. prot. för den 4 sept. d. å. refereras de sålunda:

„Informerades the, som några saker hafwa till att vthföra för rätten, huru dhe procedera schola, nemligen

1. Skall sollicitanten gå till ordhafwande borghmestaren sin saak dher andraga och sedan förbijda den tijden, som han honom förelägger att fåå citation.

2. Skall then, som sin wederpart will låta citera, inställa sigh effter middagen emillan klockan ett och trij före rådstugudagen och taga vth stempningz sedelen.

3. Om hans wederpart då icke ähr tillstädes å rådstugudagen, då hans namn vpropas, behöfwer icke actor att företräda medh sin kiäromåhl förr än wederparten fierde gången bliffwer citerat. Comparerar han då icke, så må han sin beswär och klagan schriffteligen inläggia och honom schall sedan wederfahras hwad lagh förmår.

4. Schola parterne vthan wijdlöfftigheet ställa dheras inlagor och libeller, exprimerandes clare et distincte sielffwa saaksens beschaffenheett, hafwandes fördragh medh smäde- och oqwädesord, spegloser och annat slijckt wedh dhett straff, som dher opå fölia kan.“

och stadzens swen, som stembningen fram förer 2 öre silf:r mynt; sedan warder deras nampn på rådstugu dören anslagit, tå begge parterne effter upropandet måge jemte hwar andra för rätten framträda. Och på det den ädle tijden icke må förloras, ty ware käranden förplichtadt, uthi sin klagelibell införa alla sine skiähl till sitt kiäromåhl med dess documenters inläggiande, hwar upå swaranden äger å näste rådstugudag der effter eller och den dag honom förelägges sig med sin exception och dess documenter fulkomligen förklara uthan någon stembning effter anslaget på rådstugudören.

2:o. Ther på tillåtes käranden, så frampt han det af rätten begierar, inläggia een replicam, deruthinnan sig förklarandes på sin wederparts swar och geensagu, huru wijda det anrörer hans klagan och öfwergifne skiähl, then swaranden ochså vthan stembning med een kort conclusion möter. Wari altså ingom tillåtit utij een saak flere skriffter att wexla med mindre rätten det för serdeles och wichtige orsaker tillåter och befaller, och enär saken företages till discurs, måge parterne komma till munteligit conference med hwar annan.

3:o. Aff kämmare rätten skall icke heller gifwas mehra än een stembning i hwar saak emot geböhr af 8 öre silf:r mynt; sedan skall parterne skickas bud med stadzens swen, den och för sitt omaak bör 1 öre silf:r mt för hwar gång. 1 §. Utij cronones och stadzens eenskijlte saker så wäl [som] åth dem fattigom måtte gifwas citationer gratis så af secreteraren till rådstugu som notarien till kemmer rätten. 2 §. Stadzens tienar måge eij mehra taga för sin uthi ett ährendes förrättande än 2 öre silf:r mt widh laga straff tilgiörande.

4:o. Så som för detta stadgat åhr, att alle dhe, som wedia ifrån vnder- och kemmers- till öfwer- och rådstugurätten, skola jnsinuera deras appellerade domar utij sittande rådet på laga rådstugudagen eller och hoos ordhafwande borgmestaren och sådant tre rådstugu eller 8 dagar, som dem af kemmer rätten skall blifwa förelagdt, altså warder samme stadga umigen uprepat; försitter appellanten sina fatalia och icke i rätten tijd angifwer saken och sitt wadh innan sex wekors tijd fullföllier, tå stånde det, som kemmerrätten i saken erkiendt hafwer.

5:o. Skall och den, som för rätta något hafwer att andraga, all sin begieran och klagemåhl skriffteligen inläggia och uthan någon widlyfftig omgång sielfwa saksens grund korteligen tilkenna gifwa och der bredt widh sina skiähl och bewijs klarligan och utij god ordning framdraga. Jemwäl och een afskrifft af sin jnlaga strax reedo hafwa, then han sin wederpart för än han någon action begynner skall öfwerlefwerera, utij hvilket alt käranden så wäl som swaranden sig med största höfligheet moot rätten bewijsa skole, hafwandes aldeles fördrag med oliudh, roop och munbruk, såsom och medh wrånga och obeqwäma ord, speeglosor och förwijtelser, widh laga straff tilgiörandes.

6:o. Skulle och någontehra af parterne uthan laga förfall eller rättens loff och minne försumma någon rådhstugudagh sin wederpart till skada och der igenom förorsakan till flere stembningar effter lagh och således bringan på store expenser, tå ware han icke allenast fallen till laga böter för stembnings försittiande, uthan och förplichtadt sin wederpart hans expenser att refundera.

7:o. Ther och henda kunde, att wederparten icke tilstädes wore, skall ingen fördrista sig att framträda och någån action begynna tijden der med fåfängeligen att förnöta, vthan så åhr, att han sine 4 stembningar af motwilligheet försutit hafwer, och fördenskull frånwarande effter lagh till hufvudsaken fellas måtten.

8:o. Skola och parterne wara påminte wid actionens och sakernes vtslagh att betänckia dhe fattige med en penning i armbyssan, hwar effter sin lägenheet och goda willie.

Thetta wederböranderne warda sig ställande till effterrättelse, hwilket till mehra wisso verificeras medh stadzens wanlige secret. Dat. Åbo rådhuus d. 26 februarij a:o 1677.

Borgmestare och rådh i Åbo.

Till tidens uppfattning om rättskipningen hörde att enhvar skulle själf svara för sin sak och endast i nödfall använda fullmäktig. Sakförare, som gjort fullmäktigskap till sitt näringsfång, förutsattes alls icke i lagen; de ansågos vara rättskipningen mera till skada än till gagn. De förebråddes nämligen för att för egen vinnings skull fördröja målens afgörande och sålunda fördyra rättegångskostnaderna för parterna [1]). När rättegångsprocessen af år 1615 tillstadde användandet af „advokater och prokuratorer" i hofrätten, erkändes detta vara en afvikelse från öfligt bruk och advokaterna ålades att edeligen förplikta sig att icke onödigtvis och till motpartens skada uttänja rättegången. Att advokaternes rykte under senare tider icke hade synnerligen förbättrats framgår ur 1695 års rättegångsprocess, hvari säges, att „många trätor och tvistigheter däraf yppas och uppväxa, att prokuratorer och full-mäktige antingen af arg- och hämdgirighet eller ock af lust eller för vinst och egen nytta skull reta parterna till oenighet och missämja". Förordningen statuerar, att „när någon prokurator eller fullmäktig finnes så obetänkt, att han antingen upphissar ock förleder någon till oskäliga tvister och rättegångar eller ock finnes hindra förlikningar parterna emellan — — — eller ock brukar vitterlig falskhet, osanning och orätt eller sådana saker sig antager att försvara, som oskäliga äro samt emot godt och kristligt samvete, jämväl emot goda seder strida, den samma skall exemplariter och efter som hans arghet och brott kan finnas stor till, straxt så väl som själfva principalen eller ock, där saken och omständigheterna så finnes, svårare afstraffas" [2]). Inför rådstugurätten i Åbo fördes nog parters talan allmänt af tillfällige fullmäktige, men om en prokurator talas, försåvidt jag kunnat finna, första

---

[1]) W. Uppström, Öfversigt af den svenska processens historia, s. 112.
[2]) Schmedeman, s. 152—153, 1419.

gången år 1675[1]). År 1692 innehade fem edsvurna prokuratorer rättighet att advocera på rådstugan samt kämnärskammaren och då en sjette anhöll om samma rättighet, afslogs hans ansökan, hvarjämte studenter och skrifvare förbjödos att fuska i deras yrke. Endast de personer, hvilka magistraten tilldelat veniam advocandi, äfvensom hofrättens advokater var det tillåtet „för någon att skrifva, eftersom enhvar concipist bör sitt namn under skrifterna sätta, såframt de skola emottagne blifva, dock så att den, som själf agerar och skrifva kan, blifver icke betagit sig däraf att betjäna" [2]). Någon synnerlig kunskap i juridikens hemligheter erfordrades alls icke för att blifva prokurator vid rådstugurätten; endast förmåga att „agera" för hufvudmannen och redigt sätta hans tankar till pappers; de som gifvit sig till yrket ha vanligen varit skrifvare och biträden åt någon domare. Sjuttonde seklets advokater äro att jämföra med en senare tids tingsskrifvare och bondadvokater [3]).

Såsom allmän åklagare torde i äldre tider den rättens leda- mot fungerat, hos hvilken målsäganden anmälde brottet, då han ej själf ville föra sin talan; måhända har efter by- eller stadsfog- dens tillkomst åklagandet specielt tillkommit honom [4]). Under sjuttonde seklet framträda såsom allmänna åklagare i Åbo inför borgmästare och råd, liksom inför kämnärsrätten, stadsfogden och kämnären äfvensom i mål rörande kommercierna handelsuppsy- ningsmännen. Hvad som i föregående kapitel yttrats om arbetets fördelning dem emellan, äger i hufvudsak sin tillämpning äfven på detta ställe.

Den codex, som följdes, var stadslagen med de förändringar och tillägg, som innehöllos i senare författningar och påbud. I tjuf- och sedlighetsmål kom 1653 års straffordning synnerligen ofta till användning. Någon gång åberopades förordningar, som rätte- ligen gälde allenast Stockholm [5]). År 1650 anhöllo borgmästare och råd att få döma „efter samvete och bästa konst deras" i saker, å hvilka ingen tydlig och klar lag fans. Drottningen samtykte ock härtill såvidt det angick obetydliga saker, såsom snatteri, hvilka

[1]) Rådst. prot. 1 dec. 1675.
[2]) Rådst. prot. 7 nov., 17 dec. 1692.
[3]) Då Anders Ekman 1690 ansökte om veniam procurandi, anförde han som merit, att han förvärfvat sig någon kunskap i rättegångar under den tid han tjänat hos rådman Wernberg. Rådst. prot. 8 okt. 1690.
[4]) J. Kreüger, Den svenska kriminalprocessens utveckling s. 49.
[5]) Så åberopas Stockholms statuter åren 1687 och 1688 vid tilldelandet af straff för hysande af löst folk.

utan förfrågan hos hofrätten kunde afdömas och bringas till exekution, men lät ansökningen i öfrigt förfalla [1]). Ett kungligt påbud af år 1682 föreskref, att alla rättens domar och bref skulle undertecknas af de ledamöter, som samtykt till beslutet. I anledning af borgmästares och råds i Åbo klagomål öfver de med denna procedur följande olägenheterna resolverade Carl XI år 1693, att det exemplar af utslaget, som gafs åt parterna, skulle vara undertecknadt af samtliga magistratspersoner, det exemplar, som stannade i rådstuguarkivet, endast af dem, som bidragit till utslaget [2]). Då hofrättsledamöternas finska språkkunskap icke sällan var tämligen tarflig och domarna dessutom kunde gå ända till riksrådets justitieafdelning, förehöllos borgmästare och råd äfvensom kämnärsrättens medlemmar par gånger „att de icke skulle införa uti sina ransakningar öfver kriminal mål några finska meningar, utan gifva dem på svenska rätteligen tillkänna" [3]).

Från rådstugurätten ägde vad rum till hofrätten och före dennas inrättande till räfstetinget. Såväl enligt stadslagen som senare lagar skulle appellationen ske inom åtta dagar och den appellerande vara skyldig att erlägga i vadpenningar 20 ₥ och ställa borgen för sig. Däremot är det osäkert, huru länge rådstugubalkens bud, att rådstugurätten skulle sätta 40 ₥ emot, följdes. I rättegångsprocessen af 1615 förbjödos parter i civila mål att vädja till hofrätten med mindre saken gälde 50 daler s. m. Denna summa förändrades senare för flera städer. För Åbo bestämdes den år 1642, i enlighet med magistratens framställning, till 200 daler [4]). År 1647 gjorde magistraten det egendomliga förslag, „att där någon vädjar ifrån rådstugan till hofrätten och saken förlorar, han då måtte erlägga till staden så mycket han kunde hafva till att fordra, där han eljest saken vunne". Förslaget förkastades såsom „något nytt och här till dags aldrig tillåtet någon stad" [5]).

[1]) Kongl. resol. 8 nov. 1650 § 1.
[2]) Kongl. resol. för magistr. 18 nov. 1693 § 5.
[3]) Hofrättspresidenten Gabr. Falkenberg till borgm. o. råd i Åbo 26 febr. 1697. Univ. bibl. manuskriptsaml. B III 4 s. 496—497.
[4]) Kongl. resol. för Åbo 25 febr. 1642 § 9.
[5])   „   „   29 mars 1647 § 1.

III.

Kongliga Åbo hofrätt.

Från borgmästare och råd vädjades till konungens dom. Denna fäldes på räfsteting, som enligt stadslagen (Köpm. b. 20 kap.) skulle hållas i städerna tvänne gånger om året, pingst och S:t Jakobs dag, af ett riksråd biträdt af biskopen. Egentligen har detta ting väl afsedt biläggandet af tvister mellan borgare och gäster, men under en tid, då domstolarnas kompetens icke var så noggrant faststäld, upptogs vid detsamma äfven tvister borgare emellan. Dessutom ha mål hänskjutits till de räfsteting, som höllos för landsbygden och som enligt den senare landslagen, konung Kristofers lag, skulle hållas för Finland en gång om året i Åbo[1]). Denna konungsdomstol hade sina stora företräden genom att den liksom sökte upp de missnöjde parterna, hvilka icke behöfde företaga långväga resor för att få sin sak skärskådad och sliten. Den led emellertid af brist på följdriktighet, arbetade endast sporadiskt och långt ifrån så regelbundet, som lagens bud skulle gifva vid handen. Skuggsidorna af den rådande proceduren hade länge varit insedda och redan under Erik XIV hade den första fasta öfverdomstol för riket upprättats. Denna föll efter icke ett decenniums värksamhet för sina egna fel, och det räkte ett halft sekel innan försöket upplifvades, denna gång med bestående framgång.

I rättegångsordinantien, som antogs på riksdagen i Örebro år 1614, stadgades, att räfst- och rättaretingen skulle upphöra och konungens dom framdeles fällas af en hofrätt, som skulle ha sitt

---

[1]) Jmfr. Fr. Ödberg, Om den svenske konungens domsrätt före Svea hofrätts inrättande år 1614, II: 33—35, J. J. Nordström, Bidrag till den svenska samhällsförfattningens historia, II: 529—530, Uppström s. 19.

säte i Stockholm och vara en fast öfverdomstol för riket. Till denna nya domstols åliggande hörde att granska samtliga underrätters domböcker och meddela näpst där vrång dom blifvit fäld; att slita lagvadda mål från lagmanstingen och rådstufvurätterna; att döma adelsmän i saker, som gingo å lif och ära; att slita tvister om arfskiften efter adelsmän; att öfverse högmåls- och lifssaker

Åbo hofrätts sigill.

och afgöra dem, om konungen var fjärran frånvarande, men hemställa dem till konungen, om han var när; undantag skulle ske för sådana grofva brott, som väkte Guds synnerliga förtörnelse och de enfaldigas förargelse och för hvilka straffet icke kunde eftergifvas: blodskam, våldtäkt, barnamord, rån å allmän väg, dråp med hemgång o. s. v.; i sådana mål skulle, såsom tidigare är förmäldt, straffet värkställas genom ståthållarens försorg, sedan underrättens dom fallit. Enligt rättegångsprocessen af 1615 kunde anhållan om revision af hofrättens dom ske hos konungen, alla domares domare [1]).

I nio år var Svea hofrätt den högre instans, hvartill domar, fälda vid lagmans- och rådstugurätterna i Finland borde hänskjutas. Af särskilda orsaker blef dock denna hofrätts inflytande på Finland af underordnad betydelse och konungens dom fäldes dels af konungen själf, dels af hans ståthållare, dels af kommissioner [2]). Oregelbundenheten i den härvid följda proceduren framkallade ett starkt behof efter en i Finland placerad fast konungsdomstol, och detta behof tillfredsstäldes, då den 15 juni 1623 fullmakt utfärdades för Åbo hofrätt. Under dennas domvärjo lydde ända till år 1684 samtliga underrätter i Finland med Kexholms län samt i Ingermanland; från sistnämda år Finland utan Kexholms län. Hofrätten befullmäktigades att „uti alla domar, högmåls och andra förefallande saker efter Sveriges lag och rättegångsordinantien citera, upptaga, döma, resolvera, concludera, revidera, arrestera, confiskera och hvad namn mer sådant hafva kan" med samma makt och myndighet, som varit Svea hofrätt efterlåten. Sin första session höll den nya hofrätten den 31 oktober 1623 i närvaro af presidenten friherre Nils Bjelke till Salestad, vicepresidenten Jöns Nilsson Jakobskiöld och tio assessorer. Detta första möte hölls på slottet, som fick tjänstgöra som hofrättslokal intill hofrättens inflyttning i det billsteenska huset vid bron. År 1671 utbyttes detta mot det grefligt hornska palatset vid torget, där sessionerna höllos intill år 1827 med längre och kortare afbrott. Det första afbrottet skedde efter branden år 1681, då slottet åter erbjöd tak för den husvilla domstolen. Tio år senare skedde återkomsten till den egna härden. Hofrättens vistelse på slottet var mindre behaglig för landshöfdingen, som jämte kansliet borde innehaft bostad därstädes, men som nu, för att använda Harald Oxes ord till konungen, blef tvungen „ifrån 4 à 5 ställen i staden undan dropp och regn med kansliet bortflytta [3])".

Vid det första sammanträdet räknade hofrätten, såsom redan sades, president och elfva ledamöter. Senare stater upptaga vanligen utom presidenterna 5 adliga och 6 ofrälse assessorer, sekreterare, notarie, fiskal, vicefiskal, 3—4 handlingsskrifvare och lika många hofrättsposter. Då hofrättens sammansättning skulle vara

---

[1]) Schmedeman s. 133—163.
[2]) Melander, Kuvaus Suomen oloista I: 92—111.
[3]) Berättelse 20 apr. 1682.

likadan som Svea hofrätts, hade äfven fyra riksråd bort ingå däri och i särskilda års stater upptages lön för 1 à 4 riksråd, hvarjämte fullmakt för ett och annat riksråd att sitta i Åbo blifvit utfärdad, men i själfva värket torde endast i något undantagsfall värklig tjänstgöring förekommit. Aflöningen utgick ur en mängd kronointrader. I 1665 års stat för hofrätten ingå häradshöfdingeräntor samt lilla tulls- och accisumgälder från hela landet, fjärdepartsräntor från Sverige och Åbo län, sjötullspengar från Sverige, mantals-, boskaps- och skjutsfärdspengar från Åbo län, utgörande inalles 24,000 daler s. m.¹). I början af 1680-talet anslog, såsom tidigare är nämdt, regeringen åt hofrätten de konungssakören, som Åbo stad därförinnan i en längre tid åtnjutit. Den första ordinarie staten uppgjordes enligt Vörlund år 1696. Den upptog utom presidenten en vicepresident à 1200, 4 hofrättsråd à 800, 7 assessorer à 800, 1 sekreterare à 600, 1 advokatfiskal à 450, 1 vicefiskal à 300, 2 hofrättsposter à 78 dal. s. m.²).

Vi kunna naturligtvis icke länge dröja vid en framställning om hofrättens värksamhet. Hofrätten var en institution för hela Finland och dess plats är sålunda i Finlands historia, ehuru den icke kan med tystnad förbigås i en historik öfver den stad, hvarifrån dess inflytande utgick. Att detta inflytande varit af hälsosam och fruktbringande art, att rättsvården i landet undergick en förändring till det bättre, sedan hofrätten instiftades, är nu en sak, som kan antagas a priori och som i fullt måtto bestyrkes af de faktiska förhållandena. Likaså ögonskenligt är, att värkan af hofrättens inrättande märkbart måste framträda i Åbo, där en närmare beröring mellan hofrättens och underrätternas ledamöter lättast kunde komma till stånd. Rådsfädren arbetade under hofrättens omedelbara uppsikt; de kunde lätt, utan anlitande af den officiella vägen, erhålla upplysningar, tolkningar och råd af de i juridikens irrgångar bättre bevandrade hofrättsassessorerna, liksom desse å sin sida hade tillfälle att privatim meddela rättelser och framhålla bristerna i rättsvården i staden. Direkta ingripanden i underrätternas funktioner ha icke sällan skett i form af uppmaningar till upptagande och nogare ransakande af i resp. skrifvelsor närmare uppgifna rättsfall. En viss tendens att utöfva påtryckning på

---

¹) Vörlund, Historisk beskrifning öfver den kongl. hofrätten i Åbo s. 25 53—59.

²) Kongl. statskontorets yttrande af 23 sept. 1771 i anledning af Åbo hofrätts år 1771 gjorda ansökan om löneförhöjning; riksens ständers secreta utskotts stats deputations expeditioner fol. 407 sv. riksark.

rådhusrätten yppar sig väl ock i de talrika rekommendationer, som hofrätten utfärdat för personer, hvilka anmält sig till lediga befattningar på rådstugan. Ofta ha sådana förord haft åsyftad värkan och utan afseende ha de väl aldrig lämnats. Som ett ytterligare exempel på relationer mellan hofrätten och rådhusrätten i staden kan anföras de fall, då personer öfvergått från det ena värket till det andra. Oftast har det varit hofrätten, som varit den gifvande parten, men äfven från rådstugan ha några öfverflyttningar till hofrättshuset ägt rum.

Måttet af hofrättens nit och inflytande berodde i dessa tider mera än i våra dagar på viljan och kraften hos den person, hvilken såsom president stod i spetsen för institutionen. Om den förste presidenten Nils Bjelke (1623—1630) har det redan förut varit tal. Det var han, som gaf hofrätten dess första organisation och styrde dess första steg på lagskipningens bana. Hyllande satsen „l'état c'est moi", har han någon gång ensam utöfvat funktioner, som tillkommit hela hofrätten [1]).

Bjelkes efterträdare var Bror Andersson Rålamb (1630—1632). Nitisk i sin tjänst, men stolt och själfrådig, föll han i Gustaf II Adolfs onåd för det oskickliga beteende sonen visade konungen och flyttades 1634 till landshöfdingeplatsen i Åbo. Hans efterträdare Jöns Kurck, friherre till Lempäälä (1632—1652) hör till hofrättens namnkunnigaste presidenter och till Finlands mest lysande ädlingar. Hans rättrådighet var allmänt erkänd; ett rikt bibliotek vittnade om intresse för studier, hofrättens handlingar om förfarenhet i rättsvetenskaperna; om lyxen och gästvänligheten vid hans hof i Åbo talade hvar man. Erik Gyllenstierna (1654—1657) hade kämpat vid Breitenfeld, underhandlat med ryssen i Moskva och förvaltat östra Finland och Ingermanland, innan han blef rättvisans högste vårdare i landet. Om Erik Sparre (1658—1673) säges, att han var „en lärd, ädel, vänlig och gladlynt herre [2])". Ernst Johan Creutz (1674—1684) hade såsom landshöfding i Nylands och Tavastehus län begått i Helsingfors ett öfvervåld, som ådrog honom en lång process, men visade sig som president så mån om rättvisan, att en samtida poet Daniel Achrelius kunde i hans griftkväde säga, att så länge Creutz „beskydda' detta land med lag, med rätt, med tro, då stod här härligt till; men nu, ack nu,

---

[1]) Melander, Kuvaus Suomen oloista s. 127.
[2]) Lagus, Åbo hofrätts historia s. 21.

ty värre, sen som han gick sin väg, hvem kan så säker bo?,[1])".
Anders Torstensson (1685), son till segraren vid Leipzig och Jan-
kowitz, hindrades af döden från att inträda i tjänsteutöfning.
Robert Lichton (1687—1692) hade utkämpat heta bataljer på slag-
fälten och på riddarhuset, men lefde i god sämja med sina kolle-
ger i Åbo. Gabriel Falkenberg (1693—1714) var „en i alla måtto
vördnadsvärd herre, till sitt yttre välskapad och ansenlig, till
sinnet lugn och ädel, i sin ämbetsförvaltning rättvis och nitisk,
men foglig [2])".

Bland hofrättens ledamöter har mången fått sitt namn inri-
stadt i den finska häfdens bautasten. Jag erinrar blott om vice-
presidenten Olof Bure, tidigare omnämd såsom Finlands förste
vetenskapligt utbildade läkare; vicepresidenten Gustaf Grass, landt-
marskalk vid 1676 års provincialmöte; assessoren Mikael Wexionius-
Gyllenstolpe, den historiska vetenskapens första representant vid
Åbo högskola och genom ett antal arbeten af historiskt, juridiskt,
etiskt, teologiskt o. s. v. innehåll känd såväl inom som utom riket
såsom en „ogement lärd" polyhistor; sonen Daniel Gyllenstolpe,
en prydnad för hofrätten; Erik Falander-Tigerstedt, lika hemma-
stadd i grekiska och hebräiska språken som i lagfarenheten, högt
skattad såsom akademisk lärare och praktisk jurist; Olof och Sa-
muel Wallenstierna, far och son; Johan Gartzius m. fl. m. fl.

---

[1]) Kvädet, som ådrog författaren rättsligt åtal, finnes bland Åbo hofrätts
skrifvelser till K. M. i sv. riksarkiv.
[2]) Lagus, s. 27.

IV.

Tullrätter.

ill de mest invecklade förordningar, som 1600-talets lagstiftare skapat, höra de som reglerade tullarna och acciserna. De undergingo ständiga förändringar, kräfde ständigt nya tillägg, modifikationer och skärpningar. Och liksom de gåfvo lagstiftaren duktigt hufvudbry, voro de äfven i praktiken ytterst svåra att noggrant upprätthålla. En svärm af besökare, tullskrifvare, accisskrifvare m. m. hade under tull- och accisinspektorernas ledning att mottaga och uppteckna de inflytande medlen, att hålla ett uppmärksamt öga på det för underslef ständigt benägna borgerskapet samt att på behörig ort befordra de brottslige till laga ansvar. Mesta intresset af afgifternas erläggande och af underslefvens hämmande hade naturligtvis kronan, men saken hade äfven sin vikt för magistraten, som räknade en icke ringa del af sina löneförmåner i stadens andel i accis- och bakugnspenningarna och som genom af staden aflönad accis- eller gegenskrifvare på accishuset kontrollerade stadens uppbörd. Domböckerna, såväl rådstugurättens som kämnärsrättens, ha att uppvisa talrika åtal mot köpmän och borgare, som sökte undgå tull- och acciskarlarnas argusögon. Huru nu domarna fäldes och underslefven beifrades, så tillfredsstälde de ordinarie domstolarna icke regeringen. Man grep därför till utvägen att åt skilda accis- och tullrätter öfverlåta beifrandet af förseelser mot handelsordinantierna.

I slutet af år 1671 anmälde inspektoren Per Öman, att kammarkollegium förordnat om inrättande af en accisrätt, och magistraten utsåg, jämlikt tillsägelsen, en borgmästare och två rådmän att på dess vägnar sitta i den nya rätten. Allmän förordning i ämnet emanerade dock först följande år. I förordning och stadga af den 2 maj 1672 påbjöd regeringen, att i alla städer i riket skulle inrättas en accisrätt, hvarest alla tvistigheter, som vid tullarna eller acciserna kunde förelöpa, skulle upptagas och afdömas. Rätten skulle utgöras af kronans generalinspektor som ordförande samt en borgmästare och en rådman eller två rådmän såsom bisittare. Var generalinspektoren frånvarande, skulle rätten kompletteras med ytterligare en rådman. Desse skulle nu slita tvister, som härrörde af tull- och accisväsendet, hvarför generalguvernörer, landshöfdingar samt borgmästare och råd icke mera fingo taga befattning med sådana saker. Men väl voro de pliktige att räcka tull- och accisbetjänterne en hjälpsam hand, och specielt skulle borgmästare och råd vaka öfver att desse samvetsgrant spanade efter orätta mått och vikter. Beträddes välmående borgare med „inmängiande" i bryggares, krögares och bränvinsbrännares handtering, skulle borgmästare och råd straffa dem enligt ordinantierna. Från accisrätten kunde vad ske till kammarkollegium. Appellerades icke, skulle exekution genast följa på domen. Protokollet skulle föras af en notarie och rättens sammanträden hållas en gång i veckan [2]).

Föreskriften att alla städer skulle ha en accisrätt upprepades i en kongl. förordn. den 29 november 1689, men dessutom påbjöds häri, att stapelstäderna skulle äga en sjötullsrätt för afdömandet af mål, som sammanhängde med stora sjötullen. Denna rätt skulle utgöras af inspektoren eller tullnären, några af konungens i staden befintliga betjänte jämte några af magistraten. I accisrätten skulle magistraten företrädas af tvänne rådmän. Vid domars fällande skulle sjötullsrätten rätta sig efter seglationsordningen och taxan samt andra kongl. förordningar, accis- eller lilla tullsrätten efter tull- och accisordinantierna. Vad till kammar- och kommerskollegium tilläts endast, om saken rörde minst 50 daler s. m. Protokollet i bägge rätterna skulle föras af stadens notarier, hvilka lika litet som de alternerande rådmännen hade att för sitt besvär påräkna någon skild ersättning [3]).

Sådan var enligt författningarna tullrätternas allmänna organisation. Accisrätten i Åbo kom visserligen till stånd redan samma år som kammarkollegii befallning framfördes till magistraten, men redan år 1673 klagades öfver att de ledamöter i rätten magi-

---

[1]) Rådst. prot. 25 nov. 1671, 17 jan. 1672.
[2]) Schmedeman, s. 628—633.
[3]) „ s. 1260—1263.

straten utnämde högst försumligt fullgjorde sitt kall. Enligt flera gånger upprepade öfverenskommelser skulle session hållas hvarje torsdag. År 1690 bestämde magistraten, att kämnärsrättsnotarien jämväl skulle föra protokollet i accisrätten. Inträffade kollision mellan de bägge rätternas sessioner, skulle kämnärsrätten gifva efter [1]). Då inga protokoll för ifrågavarande sekel anträffats, är accisrättens värksamhet svept i djupaste mörker. Samma gäller stora sjötullsrätten, som omnämnes i rådstuguprotokollen några gånger vid tillsättandet af bisittare. Så förordnades år 1696 tvänne rådmän och kämnärsrättsnotarien att sitta i domstolen [2]).

---

[1]) Rådst. prot. 25 nov. 1671, 17 jan. 1672, 10 sept. 1673, 12 nov. 1684, 10 mars, 4 juni, 17 nov. 1690.

[2]) Rådst. prot. 8 juli 1696.

V

Domars exekution.

en exekutiva myndigheten var i lagen på ett tämligen sväfvande sätt fördelad på konungsmannen och magistraten. Såväl i rättegångsprocessen som andra författningar lägger konungen sina ståthållare och landshöfdingar samt städernas borgmästare och råd på hjärtat att i enlighet med lagboken befordra behörigen fälda domar till värkställighet. Rättegångsprocessen af 1615 hotade dem, som af personliga hänsyn eller andra orsaker försummade att värkställa hofrättens domar, med konungens stora onåd, afsättning från ämbetet samt därtill ännu det straff, som hofrätten fann godt att pålägga. Tredskade den förlorande parten att godtgöra den andra i mål, som skjutits till hofrätten, skulle hofrätten anmäla saken hos ståthållaren eller magistraten till vidare befordran. Ville landshöfdingen uppskjuta en exekution, ägde han göra föreställningar hos konungen eller hofrätten; i lifssaker fick ingen exekution ske innan hofrättens utslag fallit [1]).

Om konungsmannens ingripande vid exekutioner i civila mål talas i handlingarna högst sällan. Däremot omnämnas i domböckerna oafbrutet åtgöranden från magistratens sida. Mest förekommo utmätningar och arrestering af gods. De värkstäldes vanligen af stadsfogden och kämnären, ofta biträdda af några borgare. År 1683 framhöll landshöfdingen Lorentz Creutz d. y. för borgmästare och råd behofvet af ett „auktionskollegium", hvarest i främsta rummet kronans panter och omyndiga barns egodelar skulle bortauktioneras, men där äfven enskilda fordringsägare voro i tillfälle att afyttra det utmätta godset och erhållna

---

[1]) Schmedeman, s. 162, 1100—1101.

panter. En gång i månaden skulle förrättning ske och borde
några af magistratens ledamöter vara tillstädes för kontrollens
skull. Följande år gjorde Creutz förnyad påminnelse om saken
och föreslog tillika, att bankohuset vid torget (se i det föreg. s. 50)
skulle tagas till auktionskammare, men först år 1685 finner man att
den föreslagna inrättningen kom till stånd. När gårdar såldes, skulle
enligt magistratsbeslut af 1690 stadens trumslagare annonsera om
auktionen på gator och gränder [1]).

Vid exekutioner i brottmål användes utom kronobetjäningen
gemenligen stadstjänarne, profossen och mästermannen; vid vissa
arter af straff äfven unge män ur borgerskapets led.

Den vanligast förekommande straffart var förmögenhetsstraf-
fet. De talrika förseelserna mot god ordning och allmän sedlighet
gåfvo rikliga anledningar till dess användande. Vid bristande
tillgång hos den felande utbyttes det mot andra straffarter.

Frihetsstraff kommo jämförelsevis sällan i fråga. I rådhuset
funnos tvänne afdelningar, den ena afsedd för bysättning, det s. k.
borgarefängelset, den andra för brottslingar, den s. k. tjufvekälla-
ren. Uppsynen öfver de fångne handhades af rådstuguvaktmästa-
ren, som därvid stundom tillät sina myndlingar friheter, hvilka
betydligt mildrade fångenskapens hårda lott. Så stod en rådstugu-
vaktmästare år 1685 tilltalad för att ha företagit promenader ute
i staden med fångarna, gifvit dem tillfälle att öfverfalla sina veder-
parter, stält några fångar på fri fot och i stället inmanat andra
personer utan rättens vetskap samt slutligen hållit öl- och brän-
vinsförsäljning på rådstugan [2]). Med fängelsestraffet följde ock
arbete i järn, hvilket med från medeltiden härstämmande ut-
tryck någon gång betecknas med orden „gå till erfwode" eller
„arfwode", „gå för kärran till erfwode", „gå till arfwode med
bulten [3])".

Såsom skamstraff för uppstudsiga och försumliga stadstjänare,
okynniga pojkar och andra, som begått mindre förseelser, användes
ofta „hästen". Så nämnes om en trumslagare, att han för stursk-

---

[1]) Rådst. prot. 3 dec. 1683, 6 okt. 1684, 14 nov. 1685, 17 nov. 1690.
[2]) Rådst. prot. 11 mars 1685.
[3]) Extract af hofrättens resolutioner i rådst. prot. för 1650 och 1651 i Åbo
rådstuguarkiv; rådst. prot. 5 juli 1648. „Erfwode" är en yngre form af det
gammalsvenska ordet arvoþe, ärvodhe = arbete. (K. F. Södervall, Ordbok
öfver svenska medeltidsspråket.)

het mot sina förmän dömdes att tre dagar å rad 8—12 f. m. „rida hästen". Hästen var ett pinoredskap, som stod eller, hvad som är antagligare, utstäldes vid förefallande behof på torget utanför rådstugan. Dess utseende framgår af själfva benämningen.

Ett nesligare skamstraff var att stå några timmar om dagen i halsjärn vid stocken utanför rådstugan. Det användes för tjufvar och horkonor.

Det mildaste kroppsstraffet var slag med „tjärutampen", som serverades innanför rådstuguporten. Hårdare var gatuloppet, som föranstaltades på torget, måhända äfven på andra platser.

Gatuloppet användes ofta för tjufvar och sedlighetsförbrytare och tillämpades blott på män. Det bestod däri, att delinkventen fick löpa fram och tillbaka mellan tvänne leder af karlar, hvilka enhvar tilldelade honom på ryggen ett slag med spö eller ris. Antalet hvarf, som skulle genomlöpas, berodde på delinkventens skuld och på exekutorernes antal. Om en brottsling heter det, att han lopp 6 gånger fram och tillbaka mellan 25 par, om en annan att han lopp 9 gånger mellan 33 man. För somliga nämnes 2 hvarf, för andra ända till 12 [1]). Enligt en resolution, som Åbo hofrätt gaf den 29 mars 1670 på en af hauptmannen i Korsholms grefskap gjord förfrågan, skulle ett gatlopp bestå i en promenad genom 50 par; funnos icke så många exekutorer, skulle hvarfven ökas i proportion; den bland exekutorerna, som icke slog ordentligt, skulle bötfällas till 6 ɱ, den som alldeles undandrog sig sin plikt, till 40 ɱ [2]). Denna beräkning skärptes genom reskript till samma hofrätt af den 10 mars 1696 sålunda, att när gatloppet skedde genom 50 par, skulle det ske fram och tillbaka för att räknas för ett gatlopp; skedde det genom 300 man, skulle hvarje genomlöpande räknas för ett [3]). Enligt straffordningen af år 1653 skulle vid böters förvandling till gatulopp den beräkningsgrund iakttagas, att när gift man bötfäldes för enkelt hor till 80 daler, skulle han vid bristande tillgång löpa 6 gånger; var han ogift, skulle han böta 40 daler eller löpa 4 gånger. Lönskaläge med syskonbarn straffades med 80 daler eller 6 gatlopp. Tjufvar skulle, om det stulnas värde understeg 60 daler, för hvarje 8 dalers böter plikta med ett gatlopp fram och tillbaka [4]).

---

[1]) Rådst. prot. 30 juli 1679, 7 nov. 1683, 30 juni o. 3 aug. 1687 m. fl. st.
[2]) Palmsköldska saml. i Uppsala univ. bibl. collect. jur. polit. tom VI, Litt. G & H.
[3]) Schmedeman s. 1438—1439.
[4]) „ s. 294—295.

Till exekutionens värkställande användes i allmänhet stads-
vakten och antagligen har förhållandet varit likadant i Åbo under
äldre tider och inpå 1600-talet. Under 1600-talets senare hälft,
måhända redan tidigare, hade vakten befriats från detta för mindre
hederligt ansedda uppdrag och exekutionen utfördes af de s. k.
ris- eller friborgarene, d. v. s. fattiga stadsboar, som för detta och
andra mindre göromål befriades från deltagandet i skatten. Under
de sista åren af seklet råkade rätten i bryderi, emedan „risbor-
garnes stånd" nästan utdött under den stora hungersnöden. Efter
rådplägningar med landshöfdingen ålade magistraten borgerskapet
att genom sina drängar utföra exekutionen, så att ett kvarter all-
tid höll sig redo. Detta påbud väkte emellertid stark opposition
bland borgarene, som förklarade, att de i sådant fall skulle blifva
utan tjänare, och vid en slutlig öfverläggning mellan landshöf-
dingen, magistraten och de 24 älste stannade man vid den reso-
lution, att bland de oförmögnaste borgarene, hvilka icke kunde
erlägga taxan, skulle 50 man uttagas för att straffa en delinkvent,
som i öfver ett halft år suttit och väntat på frågans lösning [1]).

Sedlighetsförbryterskor och tjufkonor — endast sällan karlar —
straffades med „kåkstrykning" eller „hudstrykning", äfven kallad
„stupning vid kåken", „stupning med ris". Exekutionen förrättades
vid rådstugudörren eller vid kåken på torget. Mästermannens hjälp
ansågs skymflig och anlitades blott för tjufkonor och offentliga
löskonor. Ofta följde med straffet förvisning från staden, länet
eller hela storfurstendömet [2]). Af profossen eller mästermannen
leddes då den afstraffade ut till stadsporten med hotelse om skärpt
straff, om hon eller han åter dök upp vid stadsbetjäningens hori-
sont. För att underlätta ett framtida igenkännande och trycka
ett varaktigt Kainsmärke på brottslingen märktes tjufvar och tjuf-
konor någon gång med ena örats afskärande.

---

[1]) Rådst. prot. 29 okt. 1698, 20 juni 1699. Vid 1697 års riksdag hade bor-
gareståndet anhållit, att gatuloppet måtte afskaffas och en särskild person enga-
geras, som skulle ensam förrätta spöslitningen. Därvid anfördes bl. a., att i de
mindre städerna borgerskapet själft måste lägga hand vid exekutionen, hvilket
i synnerhet lände handtvärkare och deras gesäller till „förvitelse och före-
bråelse, då de komma utom lands till främmande ministrar". Konungen sam-
tykte i resolution följande år till ansökningen, såvidt det gälde mindre städer,
men ansåg att gatuloppet borde bibehållas i de folkrikare städerna, där det fans
tillräckligt vaktkarlar och andra sådana vissa personer, som kunde kommende-
ras till exekutionen. Stiernman, Riksdagars beslut, tillägget s. 478.

[2]) 1640 omtalas en person, som efter undergången kåkstrykning förvisades
till Ingermanland. Rådst. prot. 17 juni 1640.

En ingalunda sällan förekommande syn var en afrättning. I rådstuguprotokollen ha borgmästare och råd fört bok öfver detta slag af exekutioner, hvilka genom sin mängd skulle kasta ett egendomligt ljus öfver sedetillståndet i staden, om icke en del af brotten begåtts utom stadens råmärken. Största procenten af de lifdömde utgjordes af barnamörderskor.

Det ärofullaste slaget af lifsstraff var afrättning med svärd, som förekom högst sällan och hvari mästermannen, delinkventen till ytterligare dödsvånda, vanligen var oerfaren [1]). Simplare voro afrättning med yxa och hängning. För barnamörderskor, själfspillingar och utöfvare af tidelag tillkom efter exekutionen bålbränning [2]). Emellanåt har det händt att militärspersoner blifvit för svårare förseelser arkebuserade på torget.

Afrättningar med svärd och yxa förekommo stundom på torget, men den vanliga rättareplatsen var, såsom läsaren har sig bekant, belägen invid Karjaporten. I en närbelägen stuga bodde den fruktade, afskydde och föraktade skarprättaren eller mästermannen. En samhällets paria, ofta en afstraffad syndare, som genom öfvertagande af kallet räddat sig undan ytterligare efterräkningar med rättvisans skipare, erbjuder mästermannen en för forna råa tider rätt betecknande typ, typen af en våldsam, orolig sälle, som ständigt vill slita af sig de bojor en ordnande statsmakt lagt på sina medlemmar, men för hvars felsteg man blundar mot att han utför det simplaste arbetet i samhällets augiasstall. Han skulle förpassa den förtviflade barnamörderskan och den förhärdade brottslingen till en annan värld, leda mindre förbrytare utur stadens gebit, fasttaga svin och andra fyrfotade kreatur, som på oloflig tid visade sig på de tvåbentes fridlysta område, nederslå olämpligt placerade priveter, taga kläderna från dem som bykade vid förbjudna brunnar och annat mera. Likt andra handtvärkare skulle äfven han aflägga sitt mästerprof, innan han befans god till tjänsten. När en Henrik Bertilsson år 1644 mottog sitt kall, tillsades han att antingen bistå den från Tavastehus tillkallade skarprättaren vid tvänne samma dag stående exekutioner eller ock göra sitt mästerstycke på endera af tvänne missgärningsmän, en

---

[1]) Ett icke alldeles ovanligt tillägg till anteckningen om en värkstäld dödsdom är sådant uttryck som „mästermannen felade". Så hände detta år 1669 en Sigfridus Simonis, som på egen begäran och egen risk fått yxan utbytt mot svärdet; efter den misslyckade förrättningen ålade hofrätten stadens samtliga barberare att besöka den sårade och rätten anslog en liten summa till hjälp i hans elände. Rådst. prot. 3—13 nov. 1669.

[2]) Rådst. prot. 21 febr. 1672, 4 apr. 1689, 20 juni 1695 m. fl. st.

41

mandråpare, som skulle halshuggas, och en tjuf, som skulle hängas. „Därefter — berättar protokollet — så tog han kallet straxt så vida vid, att han höll dråparen uti håret, så länge han halshöggs, sedan tog han handen och naglade vid kåken. Sedan ock den Tavastehus mästermannen för sin svaghet och ålderdom ej kunde få tjufven så högt på galgen, som borde, gjorde han honom bistånd och knöt repet om galgen [2]“. Om löneförmånerna nämnes år 1690, att ingen bestämd lön var anslagen åt bödeln, utan att han uppbar — utom tillfällig hjälp — 1 daler för afrättning med yxa, kåkstrykning och hängning, 1 daler 10 $^2/_3$ öre för bålbränning och 1 dal. 21 $^1/_3$ öre för stegling [3]). En speciel förmån var tillstånd att bära pamp vid sidan. Vid mästermannens engagement talas någougång om hans „märkning“. År 1647 berättas om en gammal tjuf, som miste ena örat, själf uppspikade det på kåken och sedan blef antagen till skarprättare i Kexholm [1]). Huru viktig sysslan ansågs, framgår bl. a. däraf, att då en mästerman blifvit insatt i fängsligt förvar, anhöll magistraten af hofrätten att han måtte lössläppas för att värkställa en exekution. En annan gång, då mästermannen insjuknat, blef rätten mycket orolig, huru den skulle reda sig vid kommande exekutioner, och lät genom ett bud göra förfrågan om den sjukes tillstånd [2]). Åtskilliga mästermän drogo genom excesser och brott samma öde öfver sig själfva som de varit med om att bereda så många andra af samhällets olycksbarn [3]).

---

[1]) Rådst. prot. 22 apr. 1644, 26 mars 1670.

[2]) „ „ 21 febr. 1690.

[3]) „ „ 25 maj 1647.

[4]) „ „ 7 mars 1668, 24 nov. 1662.

[5]) Följande uppbyggliga personalia må tjäna till belysande af det laglösa lif stadens lägsta tjänare förde. År 1643 afrättades mästermannen Lars Eriksson för stöld. År 1663 blef en ung mästerman Jöran Henriksson för despekt mot magistraten dömd till döden, men af hofrätten benådad med kåkstrykning och landsförvisning. Han återkom, dömdes till döden, men benådades och utnämdes till skarprättare i Kajana. Tvänne följande mästermän Michel Henriksson och Matts Bertilsson blefvo kåkstrukna och förvista; Anders Sigfridsson insattes i tjufvekällaren för fylleri vid en afrättning och hans minderåriga pojkar jämte en föregående mästermans enka och pojke straffades för stöld; en led samma straff för vidskepelse (för att han före en afrättning bitit i svärdet och stuckit det i sanden); en blef utdrifven med hela sitt hus för stöld; en afrättad för edsöre, hemgång och rån o. s. v. Länge oroades staden af skarprättaren Michel Henriksson, som först fick böter och kyrkoplikt för hordomslast, senare kåkstrykning och förvisning till Ingermanland; återkom därifrån och vistades en tid i närheten af Åbo lifnärande sig med stråtröfveri och misstänkt för kyrkostölder; blef slutligen hängd. Rådst. prot.

Trykta källor:

Arnell, J., Swerikes Stadz-lagh. Sthlm 1730

Bidrag till Åbo stads historia, första serien I—VII. H:fors 1884—1891.

Bonsdorff, C. v., Nyen och Nyenskans. (Acta societ. scientiarum fennicae XVIII). H:fors 1891.

Juslenius, D., Aboa vetus et nova. Åbo 1700.

Kreüger, J., Försök att framställa den svenska kriminalprocessens utveckling från medlet af det femtonde seklet till slutet af det sjuttonde århundradet. Sthlm 1884.

Lagus, W. G., Åbo hofrätts historia. H:fors 1834.

Melander, K. R., Kuvaus Suomen oloista vuosina 1617—1634. I. H:fors 1887.

Nehrman, D., Inledning till then swenska processum civilem. Sthlm o. Upsala 1751.

Nordström, J. J., Bidrag till den svenska samhällsförfattningens historia. H:fors 1839—1840.

Odhner, C. T., Bidrag till svenska städernas och borgareståndets historia till 1633. Upsala 1860.

— — Bidrag till svenska stadsförfattningens historia. Upsala 1861.

— — Sveriges inre historia under drottning Christinas förmyndare. Sthlm 1865.

Schlüter, C. J., Magnus Erikssons stadslag. Lund 1865.

Schmedeman, J., Kongliga stadgar, förordningar etc. Sthlm 1706.

Stiernman, A. A. v., Alla riksdagars och mötens beslut. Sthlm 1728—1743.

— — Samling utaf kongl. bref, stadgar etc. Sthlm 1747—1766.

Styffe, C. G., Samling af instruktioner för landtreg. Sthlm 1852.

Uppström, W., Öfversigt af den svenska processens historia. Sthlm 1884.

Vörlund, H., Försök till en historisk beskrifning öfver den kongl. hofrätten i Åbo. Åbo 1796—1799.

Ödberg, F., Om den svenske konungens domsrätt före Svea hofrätts inrättande år 1614. I—II. Sthlm 1875.

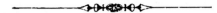

FJERDE AFDELNINGEN.

BORGERSKAPET.

I.

Om borgarerätten.

Innan vi gå att betrakta de brokiga element borgerskapet inneslöt, måste vi egna några ord åt frågan om borgarerätten. Vi komma i följande afdelning att göra närmare bekantskap med de detaljbestämmelser, som reglerade vilkoren och sättet för stadsmannanäringars bedrifvande. Intill dess är det nog att känna de allmänna dragen af de stipulationer lagen uppstälde för bosättning i staden och för rätt till idkande af borgerligt yrke.

Hvarje arbetsför person i staden skulle ha sitt genus vitae, skulle arbeta för sin utkomst vare sig såsom sin egen eller stadd i en annans tjänst. Samhället behöfde alla sina individer och ingen fick undandraga sig att bära sitt strå till tidens äring. Ledigt, sysslolöst folk var till ingen nytta och omhändertogs af samhället för att ställas på den plats, där behof af arbetskrafter förekom.

Kärnan af stadens befolkning utgjordes af borgarene, under äldre tider kallade byamännen. Borgare var den som af fogaten och magistraten vunnit burskap, d. v. s. rätt att drifva handel eller handtvärk. Ville en borgares sven eller en gäst, d. v. s. en utländsk näringsidkare, vinna burskap i staden, skulle han erlägga en penningeafgift, svära borgareeden [1]) och ställa borgen för att

---

[1]) Edens ordalydelse finnes angifven i stadslagen. I 1624 års band af Åbo rådstuguprotokoll anträffas följande af Petter Wellamsson Facht år 1624 afgifna förbindelse, som väl öfverensstämde med det vid denna tid använda formuläret:

„Jag Petter Wellamsson Facht beder mig så sant Gud hjälpa till lif och själ, att jag vill och skall min herre och konung, Hans Konglige M:ts befallningsmän, borgmästare och råd och rätte öfverhet hörig och lydig vara och allan stads rätt efter min förmåga uti sex år åtminstone uppehålla och utan någon

han åtminstone i sex år komme att bära borgerlig tunga, underkasta sig de pålagor och personliga prestanda, som staten och kommunen pålade honom. Stadslagen satte icke något hinder för borgarerätts vinnande i tvänne städer, men ur 1617 års köphandelsordinantie framgår, att sådant ansågs otillåtet. 1673 års handelsordinantie faststälde uttryckligt, att ingen fick äga burskap i tvänne inrikes städer, och i riksdagsbeslutet af år 1668 förbands den utländske man, som ville vinna borgarerättighet inom riket, „sitt bo fullkomligen härsammastädes att fästa och nedsätta, antingen han nu allaredo här är eller ock härefter inkomma kan". Ville någon flytta till en annan stad inrikes, skulle han efter K. O. 1617 uppsäga sitt borgerskap och betala till staden tio daler för hvarje öretal, för hvilket han skattade; flyttade han utrikes, skulle han betala 30 daler för hvart skattöre och tiondepenningen af sin förmögenhet (enl. H. O. 1673 ¹/₆:delen). Barnfödde i staden voro ursprungligen befriade från burskaps vinnande, men förlorade genom de förordningar rörande stadsmannanäringarna, som emanerade under 1600-talet, denna företrädesrätt. Den inländske eller utländske man, som genom arf, gifte eller köp kom sig till fastighet i stad, var pliktig att inom natt och år inflytta dit eller ock försälja gården. Redan stadslagen synes förutsatt, att den som sålunda blef gårdsägare och bosatte sig i staden, skulle egna sig åt något borgerligt yrke, och denna princip faststäldes uttryckligt genom 1600-talets förordningar ¹).

Ofta anfördes af myndigheterna i Åbo stad klagomål öfver att personer, som idkade borgerlig näring, undandrogo sig, för burskapsafgiftens skull och i hopp om att undgå borgerliga utla-

gensaga godvilligen utgöra den rättighet mig utaf mina förmän pålagd varder. Vill och icke häller min byaman för när vara eller och förköp göra, utan uti alla måtto hjälpa och förfordra. Utlofvar och härhos, såsom och på det högsta vill vara förpliktad, det jag ingen understucken handel med någon främmandes gods (anten min faders eller någon annans) borgerskapet för när och till skada drifva vill, utan uti alla måtto såsom en rättsinnig borgare min handel och vandel drifva. Detta jag frivilligen utlofvar, så sant mig Gud hjälpe till lif och själ, att jag denne ed sant säger."

I 1673 års handelsordinantie tillades till eden förbindelse att bruka allenast infödde svenskar (d. v. s. svenska undersåtar) såsom biträden i handel och handtvärk samt att i fall af flyttning till utrikes ort erlägga ¹/₆ penningen af sin förmögenhet.

¹) Arnell, Stadslagen, Konung. b. XV; Stiernman, Riksdagars beslut II: 1640, Commerceförordn. I: 702, IV: 8—9; Nordström, Svenska samhällsförfattn. hist. I: 319—325; Odhner, Städernas hist. före 1633 s. 26—28, Bidr. t. stadsförf. hist. s. 188 följ.

gor, att svära borgareeden. Enligt författningarna var det lands-
höfdingens och magistratens sak att se till, att underslef i detta
hänseende icke begingos, liksom de ock hade att kontrollera deras
kvalifikationer, som anmälde sig till burskaps uttagande. Härvid
iakttogs icke alltid att landshöfdingens samtycke inhämtades, utan
magistraten företog sig nu och då att ensam pröfva den sökande,
hvilket naturligtvis gaf landshöfdingen anledning att påminna ma-
gistraten om dess öfverskridande af sina befogenheter. För att
vinna noggrannare kännedom om de burskapssökandes vilkor och
antecedentia, infördes på landshöfding Lorentz Creutz' initiativ år
1693 den ordning, att vid borgares antagande några af stadens
älste skulle vara tillstädes[1]). Såsom vilkor för burskaps erhål-
lande fordrades utom borgen bevis öfver fläckfri vandel samt en
viss förmögenhet, enligt stadslagen 3 ⚒, enligt en resolution, som
åberopas i Åbo år 1699, 600 daler k. m.[2]). Den som icke hade denna
förmögenhet skulle gifva sig i tjänst.

De som vunnit borgarerätt utgjorde kärnan af stadsbefolk-
ningen och innehade fulla borgerliga rättigheter, af hvilka de
främsta voro rätt till utöfvande af handel och handtvärk samt del-
aktighet i allmänna rådstugumöten och representationsrätt vid riks-
dagen. De voro de sannskyldiga stadsborgarene. En viss rangskil-
nad förefans måhända mellan de besutne och de obesutne. Redan
stadslagen inskränkte kompetensen till rådsämbeten till de förra,
tillät dem att bära svärd o. s. v., och under senare tid tillkommo
lindringar i tullumgälderna, frihet från inspärrande i kronans häk-
telse m. m.[3]).

Utom dem som vunnit burskap, de egentliga borgarene, om-
nämner stadslagen sådana byamän, som handlade i bolag eller i
„viderläggning" och hvilka ofta voro utländingar. Ägde de 20
mark i bolag, voro de skyldiga att „gifva burskap". Ägde de min-
dre, voro de berättigade därtill. På två orter fick ingen ha vider-
läggning. Dessa s. k. viderläggningssvenner ansågos icke för full-
myndiga borgare, men sluppo i stället med en ringare andel i skat-
ten. De afskaffades genom handelsordinantierna af åren 1614 och
1617. Endast den införde stadsbo, som tjänat i sex år, men icke
mäktade blifva borgare, hade tillstånd att högst 4 år ha sin vider-
läggning i staden[4]).

---

[1]) Rådst. prot. 20 sept. 1693.
[2])   „   13 sept. 1699.
[3]) Odhner, Stadsförf. hist. 189.
[4]) St. L. Kon. B. XV; Nordström, I: 325—326; Odhner, Stadsförf. hist. 189.

Från äldre tider omtalas — enligt Odhner — de s. k. 5-öres borgarene, hvilkas ställning i städerna är så godt som outredd. De ägde rätteligen att betala till staden en burgäld och att deltaga i vissa allmänna pålagor, men slingrade sig vanligen undan utgifterna [1]). I handlingar rörande Åbo omtalas de alls icke, åtminstone icke under den anförda benämningen. Däremot förekommer i uppbördslängder från åren 1609 och 1614—1619 ett ganska stort antal personer, om hvilka det i allmänhet säges, att de „aldrig någon skatt med borgerskapet gjort hafva, ej häller hvarken till Åbo domkyrka eller slottet dagsvärken göra och ingen gästning hålla, ej häller i skjutsfärd draga, som är mesta dels emot stadens välfångna privilegier, desslikes ingen vakt eller vård hålle". De kallas gemenligen „friinnevånare", „frikarlar", „friinnevånare och inhysesmän" och leda sannolikt sitt ursprung från 5-öres borgarene. De stodo lägst på rangskalan, utgjordes af fattigt folk, hvilka ägde sina små kojor, lifnärde sig med simplare och mera tillfälligt arbete eller arbetade såsom försvarskarlar under kronans, kyrkans eller frälsemäns egid. Då många af frikarlarne utan laga skäl underläto att betala skatt till staten och kommunen, voro de illa sedda af det skattdragande borgerskapet, och de ofvannämda längderna tyda på, att en ransakning som bäst förbereddes eller utfördes i afsikt att lägga de skattskyldiga under skatten och tvinga de arbetslösa till arbete. Skarpare än förr uttalades i de vid denna tid emanerade författningarna grundsatsen om alla borgares deltagande i skatten och om det onyttiga folkets aflägsnande från staden. Såsom tidigare är framhållet, skulle länets höfding vaka öfver att „löst folk", „löst parti" icke tolererades i städerna och att de som icke hade någon näring och icke stodo i någons tjänst blefvo från staden afhyste. Lösa karlar skulle instickas i knektehopen eller bland båtsmansfolket; lösa kvinnor förpassades till sina hemorter eller insattes i kronans häkte. Vid högt vite var det borgerskapet förbjudet att hos sig hysa och härbärgera sådant skadligt sällskap. Rådstugurättens protokoll vimla af vederbörande myndigheters påminnelser om lagens bud och mycket ofta utdelades straff såväl åt lösdrifvarene som åt deras härbärgerare. Vid ett tillfälle år 1647 dömdes i Åbo c. 50 personer, vid ett annat c. 100 för att de hyst hos sig löst folk [2]). Påminnelsernas och straffens frekvens är det tydligaste beviset på att det ständigt fans folk,

---

[1]) Odhner, a. a. s. 189, 191.

[2]) Rådst. prot. 18 jan., 6 dec. 1647.

som utan att erlägga skatt och utan att fylla lagliga kompetens-
vilkor „bönhasade" på köpmäns och handtvärkares gebit eller till
skada för den allmänna sedligheten och rättssäkerheten förde ett
lättjefullt och lättfärdigt lefverne.

En privilegierad klass, öfver hvilken ständiga klagomål an-
fördes från borgerskapets sida, utgjordes af adelsmän, prästerskap
och kronobetjänte, hvilka endast i högst ringa mån deltogo i ut-
lagor och besvär och dessutom fritogo näringsidkare från skatten
genom att ställa dem i skyddet af sina privilegier. Carl IX sökte
visserligen att rensa städerna från sådana oborgerliga element; han
skärpte de vilkor, på hvilka nämda personer kunde nedsätta sig i
städerna, försvårade för dem åtkomsten af stadstomter och ålade
dem som ägde, men icke bebygde sådana, att afyttra dem till bor-
gare. Men i trots af all ihärdighet från konungens sida buro för-
söken intet varaktigt resultat[1]). I handelsordinantien af år 1673
resolverades, med hänvisande till redan existerande förhållanden,
att adeln, öfriga ståndspersoner och kronobetjänte (utom de som
hade kronans uppbörd om hand) ägde rätt att för sig själfva eller
i kompani med borgare handla i gross och med växlar, inrätta
manufakturanstalter och bruk samt deltaga i skeppsrederi utan att
de behöfde förvärfva burskap[2]). Vi skola i ett följande kapitel se,
i hvad mån denna privilegierade klass deltog i allmän borgerlig
tunga, och i afdelningen om näringarna skola vi återkomma till
dess privilegier i afseende å handel och handtvärkerier.

---

[1]) Odhner, a. a. s. 192—195.
[2]) Stiernman, Commerceförordn. IV: 11.

II.

Finska och svenska församlingen.

Hufvudmassan af stadsbefolkningen var icke allenast af finsk börd, utan äfven finska talande. Så var förhållandet under hela seklet, men isynnerhet under dess förra hälft kan man säga, att finskan var det dominerande språket. Det var då ej blott de lägre klassernas tungomål, kroppsarbetarnes, tjänstehjonens och gesällernas, utan jämväl det burgnare borgerskapets. I familjer, som hörde till de bästa i staden, var det samtalsspråket eller användes omväxlande med svenskan. Det intima sambandet med Sverige och svenskans användande såsom officielt språk hade ännu icke i synnerlig grad infört svenskan utom de familjer, där den var modersmål på grund af härkomst. Ännu vid ingången af följande sekel heter det i allmänhet om de finska städernas köpmän och borgare, att de till större delen begagnade sig af finskan i det dagliga umgänget[1]), och denna utsaga torde nog äga sin tillämpning äfven på Åbo. Men man finner tydligen, att en förändring timat i språkligt och nationelt hänseende under seklets midt och dess senare decennier. De stora segrarna i Ryssland, Polen och Tyskland hade icke allenast spridt öfver de svenska vapnen en ökad glans och förlänat åt det svenska namnet en därförinnan oanad ryktbarhet, de hade gifvit den svenska nationalkänslan en högre flykt, gifvit stoltheten och själftilliten ymnig näring. De inaugurerade en tid, om hvilken Snoilsky betecknande säger:

> Då än från Leipzigs och Warschaus dar
> den minste bar
> af gloria liksom ett skimmer på pannan.

---

[1]) Åbo Tidningar 1793 n:o 13.

Den svenske studenten i sliten drägt
bland fina främlingar trädde käckt
till tysk och holländsk kateder.
Ett enda ord gjorde grinarn stum —
romanus sum!
På främsta bänken slog svensken sig neder.

Ju mera rikets politiska betydelse steg, desto mera trädde det finska folket i skuggan vid sidan af det svenska, på hvilket så godt som hela glansen från ryktets gloria föll, desto tydligare framträdde det svenska språkets och den svenska nationalitetens styrka och öfvervikt; desto svårare blef det för provinciela element och egendomligheter att uthärda inflytelserna från rikets hufvudland. Mången släkt, som förut lefvat och värkat i det finska hemlandet, drogs genom hoppet om äreställen och socialt inflytande öfver till Sverige, och när den återkom, tedde sig hemlandets språk och bruk i en förändrad gestalt. Därtill kom den starka centralisationsanda, som utmärkte stormaktstidens styrelse, det tydliga sträfvandet att aflägsna provincialismer och stöpa rikets sociala förhållanden i samma former. Icke minst bidrogo de nya ämbetsvärk och bildningsanstalter, hvilka under denna period sågo dagen, till att utbreda svenskt språk och tänkesätt samt att förstärka befolkningen med svenska element.

Tidigast och tillika starkast måste värkningarna af det svenska språkets och den svenska nationalitetens lyftning kännas i Finlands hufvudstad, som i främsta rummet förmedlade förbindelserna med hufvudlandet och som mottog hofrätten och akademien med deras till större delen svenskbördiga tjänstemän och lärare. Dessa värkningar visade sig dels i en förändring af proportionen mellan den finska och den svenska församlingens numerär, dels i en förändring af den sociala ställning de finska talande borgarene intogo i staden. Att i siffror noga angifva förhållandet mellan de tvänne språkgrupperna och de växlingar detta förhållande undergick, är icke möjligt, då ingen vid denna tid tänkte på att anställa en folkräkning och allra minst en räkning på språklig basis. De enda handlingar, som skulle kunna läggas till grund för beräkningar af denna art, äro borgare- och mantalslängderna. Men äfven om man skrede till undersökningar med ledning af dem och därvid utginge från grundsatsen, att borgare med finskt tillnamn hörde till den finska, borgare med svenskt eller utländskt tillnamn till den svenska församlingen, så stöter man strax på den svårigheten, att ett antal personer nämnes allenast vid förnamn och yrkestitel, ett ännu större antal vid dop- och fadersnamn. Julius Krohn har med ledning af den tidigare omnämda uppbördslängden för Åbo af år 1609 uträknat, att bland 545 skattskyldiga borgare hade 274 finska namn, 170 saknade tillnamn, 77 hade svenska och 24 tyska namn [1]). I den bifogade förteckningen öfver friborgare, hvilken Krohn alls icke medtagit i beräkningen, förekommer endast ett och annat icke-finskt tillnamn; flertalet personer saknar h. o. h. släktnamn. I borgarelängden af år 1632 upptagas 482 borgare; bland dem ha c. 230 finska och c. 100 icke-finska namn; resten angifves vid yrkestitel eller blott dop- och fadersnamn [2]). I 1651 års mantalslängd har Krohn funnit bland 992 borgare 98 med svenskt, 35 med utländskt, 367 med finskt och 492 utan tillnamn; i 1697 års mantalslängd bland 991 borgare 401 med finskt, 230 med svenskt, 69 med tyskt, 30 med från finskan härledt latinskt och 261 utan släktnamn [3]). Dessa siffror utgöra icke någon exakt måttstock, men de konstatera riktigheten af den uppfattning, som läsningen af handlingar rörande staden lämnar efter sig, att de finska talande hela seklet igenom voro i pluraliteten, men att denna pluralitet vid seklets slut icke mera var så afgjord som vid dess början. Så kunde biskop Johan Gezelius d. y. i ett memorial af den 27 febr. 1694 till konungen yttra, att „finska stadsförsamlingen är så folkrik, att näppeligen uti E. K. M:ts vida rike flera själar uti en församling äro" [4]).

Förändringen visar sig vidare för den finska församlingen i ett nedåtgående i social betydelse och kommunalt inflytande. Köpmän af tysk eller annan utländsk extraktion torde nog hela seklet igenom ha varit herrar på handelsmarknaden, och om finske män än konkurrerade med dem, så ha de nu i allmänhet icke kommit till samma ekonomiska resultat. Men i öfrigt kan det sägas, att stadens öfverklass ännu under seklets början till stor del var finsk. Under de tre första decennierna af seklet — för hvilken tid vår kännedom om magistratens medlemmar för resten är ofullständig — påträffa vi inom rådet 3 borgmästare och 16 rådmän med

---

[1]) Krohn, Suomenkielinen runollisuus ruotsinvallan aikana ynnä kuvaelmia suomalaisuuden historiasta, s. 15. I vissa punkter synes mig beräkningen vara af omtvistelig art, men då det allmänna resultatet därigenom icke förändras, har jag icke velat meddela egna beräkningar, hvilka icke grunda sig på samma lingvistiska insikter som de ofvan meddelade.

[2]) Bidrag t. Åbo hist. IV.

[3]) Krohn, s. 64.

[4]) Landsh. i Åbo o. B:borgs län skrifvelser, vol. V.

finskt tillnamn; under seklets hela senare hälft har rådslängden att uppvisa endast 4 finska namn, för öfrigt svenska, tyska och qvasi-latinska. Rörande riksdagsrepresentanterna känner man alt för litet under de tidigare decennierna för att kunna göra en liknande jämförelse. Vid valen till riksdagen utsågs ännu år 1639 en ur det finska borgerskapets krets, men sedermera påträffas bland riksdagsmännen ingen, som kunde anses ha specielt företrädt nämda element — om icke möjligen handelsmannen Henrik Tolpo, hvilken erhöll enhällig kallelse år 1697. I allmänhet kan det sägas, att det finska borgerskapet vid seklets slut, då en värklig ecklesiastik indelning i tvänne församlingar först kom till stånd, mesta-dels omfattade stadens underklass och större delen af dess medel-klass. Man stöter på en och annan köpman och köpmannasläkt med finskt namn och bland de förmögnare handtvärksmästarene funnos många, som icke aflagt sitt finska tungomål, men öfver-hufvud höjde sig den finska församlingen icke öfver småborgare-nes nivå: där funnos handtvärkare, krögare, bryggare, mindre köp-män, formän, kroppsarbetare m. m. Den finska församlingen inne-hade i staden numerär öfvervikt, men den hade sedan seklets bör-jan förlorat den ekonomiska och intellektuela. Biskop Gezelius tillade ock till sin nyss citerade utsaga om denna församling, att den var „en af mest fattige bestående folkhop".

En svensk eller rättare svenskspråkig församling fans sedan århundraden tillbaka, men den var icke talrikare än att den ännu ett stycke in på 1600-talet kunde åtnöja sig med ett rum i den väster om kyrkan i ringmuren uppförda byggnaden, som efter aka-demiens grundläggning anslogs till bibliotekslokal. (Se teckning-en sida 116, bokstaf k.) Sedan ökades församlingen genom hof-rättens assessorer och akademiens professorer, af hvilka, såsom redan nämdes, en stor del var af svensk börd; vidare genom in-flyttning af köpmän och handtvärkare från Sverige och Finlands svenskspråkiga bygder äfvensom genom försvenskning af ursprung-ligen finska familjer. Till den svenska församlingen i vidsträktare mening få vi äfven räkna den stora skara af svenska studenter, som idkade studier vid akademien, naturligtvis utan att införas i stadens mantalslängder. Vid seklets slut intygade Gezelius, ehuru med tydlig öfverdrift, att den svenska församlingen, som bestod „af månge K. M:ts betjänte och vackre stadsens innevånare", vuxit så att den väl var dubbelt större än stadsförsamlingen i Uppsala[1]).

---

[1]) Landsh. i Åbo län skrifvelser till K. M., vol. V.

En icke ringa kontingent af den förstärkning svenska församlingen erhöll utgjordes af borgare af tysk extraktion. De tyska borgarene räknade gamla anor i staden. Hansans ända från den äldre medeltiden sig daterande merkantila öfvermakt i de nordiska farvattnen var visserligen bruten sedan Gustaf Wasas tid, men ännu hörde ättlingarna af lybska och andra plattyska gäster till stadens köpmannakorps och fortfarande pågick en inflyttning af tyskar dels från de nordtyska staterna, dels från Sveriges baltiska provinser. Det religiösa trycket och senare det på det stora religionskriget följande ekonomiska trångmålet i Tyskland drefvo främlingarna att söka sig en utkomst borta från hemlandet, inom gränserna af det svenska riket, där man räknade på en hög ekonomisk lyftning under den nya stormaktsaeran. Somliga slogo sig på handel och eröfrade sig en plats bland stadens penningemagnater — detta ord dock taget i en något anspråkslösare bemärkelse. Andra egnade sig åt handtvärk. Isynnerhet på handtvärkeriernas gebit var tilloppet stort. Man finner tyska mästare och gesäller främst inom yrken, hvilka tidigare varit i staden endast i ringa grad eller alls icke kultiverade, ämbeten sådana som körsnärernas, klensmedernas, pistolmakarnes, urmakarnes, handskmakarnes, knappmakarnes, perukmakarnes och barberarnes. Men äfven inom yrken med mindre anspråk på detaljerad fackkunskap påträffas de. Och icke nog med att tyska handtvärkare öfversvämmade handtvärkerierna, de intogo jämväl inom sina resp. ämbeten en dominerande ställning. En stor del, om icke flertalet af de åldermän jag funnit omnämda inom de förnämligare ämbetena, var af tysk börd, ehuru desse mästare väl kunna ha blifvit acklimatiserade i riket redan under en tidigare vistelse i andra städer.

Utom tyskarna anträffas en och annan ny släkt af britiskt och franskt ursprung, men de exempel, som härpå kunna anföras, äro helt få.

Ur dessa utländska familjer rekryterades nu en icke så ringa del af stadens svenska församling. En och annan tysk familj sökte visserligen att i det längsta bevara sina nationella egenheter. Tysk gudstjänst hölls i skildt rum i domkyrkomuren, den s. k. Gertrudskyrkan, och för barnens undervisning inkallades ännu under seklets tidigare decennier tyska skolmästare. Men motståndskraften räkte icke länge. Behöllo de första invandrarena ännu sitt hemlands språk, så började barnen att småningom lägga af det och läto sig denationaliseras. Kyrkolokalen uppläts åt akademien utan att annat hus erhölls i stället och skolmästarene sökte sin utkomst på annat håll. Betecknande för denna småningom skeende försvenskning och för samhörigheten mellan svenska och tyska element i staden är att rådstuguprotokollen ofta hänföra tyska- och svenskatalande till samma kategori. Då anteckning göres om den till rådhusstämma eller annars till öfverläggning med borgmästare och råd samlade menigheten, talas vanligen om „det svenska och det finska borgerskapet" eller ock om „borgerskapet" och „handelsmännen", men emellanåt användas såsom därmed synonyma beteckningar uttrycken „borgerskapet så af tyskarne som de finske", „borgerskapet både af finska och tyska nationen", „närvarande en del af de finska borgarene, men ingen af de tyska handelsmännen". Dock göres äfven åtskilnad mellan svenska och tyska element, såsom när det vid riksdagsmannavalet 1660 heter, att „de af svenska och tyska nationen" röstade på borgm. Lietzen och rådm. Plagman, men „de finske" anhöllo om betänketid[1]). Såsom exempel på de tyska köpmännens öfvervikt inom affärsvärlden må nämnas, att uttrycken „handelsmännen" och „de tyska handelsmännen" förekomma såsom tämligen liktydiga begrepp.

Hela borgerskapet inneslöts ända till 160)-talets slut i en kyrklig församling, om man frånräknar de tyskar, som under seklets början begingo sin gudstjänst i S:t Gertrudskyrkan. Väl förekomma mycket ofta uttryck, som skulle tyda på, att en delning värkligen förelåg. Under de första decennierna var olikheten icke så i ögonen fallande, emedan det finska elementet var så öfvervägande, men från 1630 å 1640-talen göres i allmänhet skilnad mellan finska och svenska församlingen. Vid rådstugumöten tillspörjas och företrädas de ofta särskildt. För själavården funnos finska chorales och svenska chorales eller kapellaner. Men ehuru sålunda alla förutsättningar för en på språklig grund hvilande tudelning af församlingen redan tidigare förefunnos, kom delningen icke till stånd förr än vid seklets utgång. Visserligen hade den svenskhetsifrande Isak Rothovius kort efter Gustaf II Adolfs död hemstält om tillsättandet af en finsk och en svensk pastor, men förändringen rönte motstånd hos borgerskapet och betecknades af regeringen såsom onödig. Sextio år senare, år 1694, ingick Johan Gezelius med ett förslag i samma syfte och regeringens resolution

---

[1]) Rådst. prot. 15 aug. 1660, 6 april 1671, 7 febr. 1674, 16 april, 2 aug. 1683.

utföll bifallande. På grund af förvecklingar, hvilkas framställning måste uppskjutas längre fram, blef delningen en värklighet först år 1699 [1]).

*　　*　　*

Det är af vikt att söka utreda förhållandet mellan de olika lagren i staden, synnerligen den finska språkklassens stämning gentemot de inflyttande främlingarna, som småningom vunno öfvervikt i det kommunala lifvet och flöto öfverst i konkurrensen på näringarnas gebit. Fann det finska borgerskapet sig med resignation häri eller förmärktes utbrott af missnöje med det främmande elementets tillväxt?

Om en nationel fråga liknande den, som vår tid haft att lösa, kan det nu icke vara tal. Icke häller må man söka efter något direkt angrepp mot öfverheten och det rådande centralisationssystemet. Ännu mindre efter någon opposition, som skulle antagit en politisk karaktär. I allmänhet förflöt lifvet lugnt och utan störande uppträden. Men af några fall, som handlingarna omtala, kan man sluta till, att under den lugna ytan gick på bottnen en, om ock svag ström af bitterhet och afvoghet i anledning af den kommunala ombildningsprocess, som trykte stadens därförinnan herskande borgerliga element nedåt, som visserligen riktade staden med många dugliga och insiktsfulla medborgare, men som vidgade klyftan mellan de skilda lagren i staden, då till olika vilkor i materielt hänseende äfven kom en språklig olikhet. Det är icke många bidrag förefintliga aktstycken lämna till belysande af denna fråga, men redan de, som föreligga, tyda på, att det fans brännbara ämnen, som icke allenast kunde antändas, utan äfven stundom uppflammade i öppen låga; att det från det finska borgerskapets sida stundom kom till opinionsyttringar, hvilka icke kunna förklaras allenast såsom en följd af tillfälliga komplikationer och ekonomiska orsaker.

Jag fäster icke någon vikt vid skymford sådana som „Ruotsiu kollo“ och „finska hundar“, hvilka förekomma i ransakningsprotokollen öfver nattliga „parlament“ på källaren och på öppen gata. Dessa och liknande tillmälen, som undfallit studenter och borgare, få gå på mummans räkning. Mera betyder det redan, när finska borgerskapet vid tillsättandet af kyrkoherde i staden,

---

[1]) J. Tengström, Presterliga tjenstgörningen o. aflöningen i Åbo erkestift. II: 84—89.

troget höll på kunskap i finska språket och motsatte sig antagandet af från hufvudlandet komne lärde, hvilkas finska språkkunskap ännu icke öfverskridit måttet af de hvardagligaste uttryck. Det är den billigaste fordran en menighet kan uppställa, att dess själaherde skall kunna frambära ordet på dess eget tungomål, och redan den omständigheten, att en sådan fordran behöfver uttalas, vittnar illa om den kyrkliga styrelsen. Jag tillmäter icke det finska borgerskapets hållning i denna fråga någon större bärvidd och vill därför anföra endast ett kyrkoherdeval, som mera än något annat val af samma slag belyser situationen.

Efter kyrkoherden Joachimus Stutæi död år 1633 sammanträdde den 11 dec. s. å. borgerskapet på rådstugan för att med borgmästare och råd öfverlägga om efterträdaren. Först förenade sig, berättar protokollet, „gemene man samtligen" om att begära skolmästaren i Wiborg Martinus Stodius, men då borgmästare och råd gjorde invändningar mot lämpligheten af dennes val, „föllo de enhälleligen på ärvördige och höglärde mannen doctor Eschillum Petræi, och detta så framt han kunde för dem på finska predika och sin första predikan om juleottan dem höra låta". Huru det nu var, vare sig att julottepredikan icke utföll lyckligt för doktor Eskil, som var född i Wärmland och år 1628 utnämdes till teologielektor vid skolan i Åbo, eller att han undandrog sig densamma, altnog den 2 januari 1634 undertecknades af 85 borgare ett öppet bref, däri medlemmar af det finska borgerskapet anhöllo hos regeringen om Stodii utnämning, emedan han var född och upptuktad i staden samt hade på stadens bekostnad studerat i Wittenberg „till den ändan att han vår skola och församling förestå kunde". De anhöllo på det bevekligaste att slippa hvarje villfrämmande, „hvars språk vi fattige finnar ej kunne förstå". Af de 85 undertecknarene buro så godt som alla finska, endast några få tyska eller svenska namn. Dessutom sades i skrifvelsen, att den uppsatts med „flera och icke här infattade Åbo stads finska borgares samtyckelse". Tre dagar senare, den 5 januari, affattades på uppdrag af „Åbo stads finske borgare alle samtligen" en petition till regeringen, däri nämda borgare berättade, att de vid trenne möten på slottet och rådstugan „samdräkteligen begärat, att oss fattige ringa undersåtar måtte efterlåtet blifva en kyrkoherde, hvars språk och tungomål vi och han vårt förstå kunde, oansedt att många höglärde män äro och finnas, dock kunne de icke vårt finska tungomål". Borgmästare och råd jämte en del af borgerskapet höllo emellertid på Eskil Petræus och begäran om hans utnämning ingick i stadens allmänna besvär vid 1634 års riksdag. Tvisten löstes till doktor Eskils förmån genom regeringens resolution på nämda besvär. Den 8 år senare utkomna finska bibelöfversättningen och Petræi finska grammatik, den första bok i sitt slag, vittna tillfyllest, att det finska borgerskapet icke länge hade skäl att beklaga sig öfver sin nye kyrkoherdes bristande språkkunskap [1]).

Innan frågan om kyrkoherdevalet ännu blifvit slutbehandlad kom det i dagen, att de finska borgarene, på samma gång de supplicerade om Stodii utnämning, hade hos regeringen anfört svåra beskyllningar mot ingen ringare man än stiftets myndige biskop Isak Rothovius. Anklagelseskriften, till hvilken vi framdeles få anledning att återkomma, förevitade bl. a. biskopen för att han i en predikan påstått, att alla finnar voro värre än oskäliga kreatur, de där endast af gammal sedvana gingo i kyrkan och ropade jumala! jumala! men hade mera håg för vällingsgrytan än för Guds ord. Skriften sändes från Stockholm till Rothovius, som genom en prästman Staffan Gallius anklagade undertecknarene inför borgmästare och råd. Desse skredo till målets behandling med desto större beredvillighet, som äfven de ihågkommits med klandrande omdömen i den förgripliga skriften. Det kom till en långvarig undersökning, hvarunder ett tjugutal „krakelske finske borgare" underkastades förhör. Flertalet bestred all kännedom om beskyllningarna mot Rothovius, men medgaf sin delaktighet i ansökningen om Stodii utnämning. Andra åter erkände sin underskrift och utvecklade närmare anledningen till sitt missnöje. En af de anklagade jäfvade t. o. m. den biskopliga fullmäktigen med orden: „du äst intet vår präst, ej häller kan du predika och lära oss på vårt mål, utan häller föraktar och i din predikan hafver kallat oss finnar hundar och svin." Ur de anklagades och ur vittnenas utsaga framgick, att öfver 60 finska borgare varit med om punkternas uppsättande och att ännu flere haft kännedom om saken. I sitt utslag af den 4 april 1635 fälde rätten elfva bland de anklagade till höga böter för att de uppsatt skriften utan att ha meddelat sig med sina förmän hofrätten och gubernatoren och för att de fört lasteligt tal om biskopen samt brustit i skyldig respekt mot honom. För sin sidovördnad mot nämda förmän och för anklagelserna mot borgmästare och råd m. fl. hade de att afbida hofrättens domslut [2]).

---

[1]) Åbo stads besvär och acta; Bidrag t. Åbo stads hist. VI: 131, 202, 217; J. Tengström, Presterl. tjenstgörn. II: 84. Jmfr Grotenfelt, Vähän suomalaisuudesta Turussa ennen aikaan i Hist. Arkisto IX.

[2]) Bidrag t. Åbo hist. första serien VI: 183, 189, 216—218, 220, VII: 10—11,

Efter den olyckliga utgången af angreppet på Rothovius omtalas icke på länge någon oppositionel rörelse inom det finska borgerskapet. Först ett kvart sekel senare, vid valen till riksdagen år 1659, nämna handlingarna åter om utbrottet af en konflikt, som antog en tämligen allvarsam karaktär och som äfven nu drog öfver de uppstudsige myndigheternas straff. Denna gång var det magistraten, mot hvilken oppositionen riktades, och det brännbara ämnet, som vållade oron, var af värdslig art. Händelsen utgör visserligen ett led i tidens riksdagshistoria, men då den främst präglas af den finska språkklassens missbelåtenhet med de styrande, så torde den väl kunna skildras redan på detta ställe. Tyvärr är det endast svarandepartens advokat inför eftervärlden, stadens sekreterare, som i domböckerna redogjort för tilldragelsen, hvarför demonstranternes motiv och inre bevekelsegrunder icke framträda i tillräcklig belysning.

Vid allmän rådstugudag den 5 september 1659 upplästes konungens påbud om en riksdag i Göteborg, hvarpå magistraten först utsåg till sin representant borgmästaren Brochius och sedan uppmanade borgarene att nämna den andra representanten. Det finska borgerskapet föreslog då en ur sitt led, Lars Kangar, men magistraten förklarade honom olämplig såsom icke läskunnig och oerfaren i svenska språket och stälde i valet fyra af de förnämligare köpmännen: Jochim Wargentin, Albrekt Rosskamp, Jost Schult och Jochim Wittfooth. Sedan desse ursäktat sig, förenade sig magistraten och de svenska borgarene först om rådmannen Jesenhausen, sedan om rådmannen Johan Olofsson. Bägge ogillades af de finske, som icke ville samtycka till en rådmans utväljande. Efter en längre ordväxling, hvarunder en finsk borgare yttrade, att herredagsmännen icke behöfde några respenningar, utan att de kunde lifnära sig i Sverige med tröskande, upplöstes mötet utan att valfrågan blifvit löst.

En vecka senare fortsattes ärendets behandling. På det finska borgerskapets vägnar nämde nu Matts Rakkola och Jöran Sonni borgaren Jöran Jakobsson Krydma. Handlanden Rosskamp invände, att om borgmästaren Brochius blefve sjuk under resan „och någon oreda sedan hända skulle och staden skymf ske af den finskes oförfarenhet uti sådana viktiga ärendens förrättande, ville han med sina gelikar emot de finske på det högsta hafva protesteret, eftersom mesta parten af dem gåfvo ej mera resepenningar än 10

14—15, 28—29, 44; Tengström, Vita et merita Isaaci Rothovii s. 223—233, hvarest rättegångsförhandlingarna delvis återgifvas fullständigare än i Bidragen.

№, där emot han 40 daler gifva måtte." På tillfrågan, hvarför det
finska borgerskapet bestämdt motsatte sig en rådman, svarades,
„att de alltid hafva gifvit många respenningar, men alls intet fått
därför". Detta tal fann magistraten tangera K. Majestäts höghet,
hvarför den lät arrestera tre af de finske, bland dem Sonni. Här-
öfver besvärade sig några finska borgare hos landshöfdingen, be-
klagande sig öfver att det var dem „förbjudet att resa till[den be-
ramade riksdagen och där för H. K. M. deras besvär och grava-
mina andraga, utan att de som på rådhuset sådant hade begärt
voro nu fängslade och i arrest tagne, oaktadt det var af alla be-
slutadt och ännu, H. K. M:ts utgångna plakat likmätigt, af samt-
liga de finska begärdes, hälst emedan de hade förnummit de be-
svär och postulater, som de för detta hafva låtit fatta och till
tvänne riksdagar öfverskickat, icke äro blefne framhafde, eftersom
de därpå ingen resolution fått hafva och likväl måst gifva stora
herredagspenningar". De anhöllo därför om de fängslades frigif-
vande och magistratens åläggande att sända en eller två af de
finske till herredagen. Sedan magistraten afgifvit sin förklaring,
upphäfdes arresten.

Magistratens beslutsamhet synes ha gjort sin värkan, ty vid föl-
jande rådstugudag, den 17 sept., inlämnade en af de fängslade, Grels
Wächtare, en ursäktande skrifvelse, däri han förklarade, att hvarken
han eller hans meningsfränder åsyftat någon gensträfvighet, „utan
därmed tillkännagåfvo den nöd och armod, som dem trykte, i det de,
sedan staden afbränd blef, ingen förskoning nutit hafva, utan så-
väl sedan som tillförene till alla dem pålagda utlagor måst svara,
hvarigenom mesta delen af dem helt af medel försvagade äro".
Om i inlagan till landshöfdingen något skarpt yttrande insmugit
sig, så var det skrifvarens fel, „eftersom de af finska nationen ut-
komne icke så stort kunde veta, hvad som af en och annan på
svenska med pennan författades". Denna ursäkt tillfredsstälde emel-
lertid icke magistraten, utan anklagade kämnären kort därpå på
ämbetets vägnar fem bland de uppstudsigaste för otillbörligt be-
teende och falska beskyllningar och borgmästare och råd beslöto
att hos hofrätten yrka på laga bestraffning, emedan de anklagade
„understått sig på en allmän rådstugudag uti menighetens närvaro
icke allenast att uppsätta sig mot H. K. M:ts plakat, utan ock
otillbörliga och upproriska ord fält, sägande sig intet bekomma så
goda svar och resolutioner, som de äro benöjde med, hvilket H. K.
M:ts höghet griper och rörer, såsom ock att de i sin skrift magi-
straten otillbörligen utan någon orsak hade angripit".

Slutet på själfva valfrågan blef den att magistraten förordnade rådmannen Petter Jesenhausen att följa med Brochius till herredagen. Väl hade den af borgerskapet föreslagne Jöran Jakobsson Krydma blifvit af rätten uppfordrad att göra sig resfärdig, men han synes icke tilltrott sig förmåga att fylla de förväntningar, som valmännen stälde på honom. En dag infann han sig i rätten med anmälan, att några af finska borgerskapet besökt honom för att förmå honom att lämna deras postulata till konungen och att en bland dem hotfullt yttrat, att om han icke kom med goda svar, skulle han kastas i ån. När sålunda försöket att få en af sina män in bland de ordinarie deputerade misslyckades, beslöto de finske att afsända ett särskildt ombud för att framföra besvären. Det kinkiga uppdraget lämnades åt den redan nämde Jöran Sonni, som äfven infann sig på riksdagen i Göteborg och den 27 november erhöll tillfälle att inlämna till konungen tvänne besvärsskrifter af „samtlige finske borgare och innevånare i Åbo". I den ena redogjordes i korthet för det öfvervåld de klagande lidit vid valtillfällena och uttalades den åsikt, att „såsom vi så väl som andra E. K. M:ts tropliktige undersåtar utaf E. K. M:ts högkongl. ynnest äro till sådana välberamade herredagar kallade, så mena vi oss intet hafva försett oss därutinnan, att vi berope oss på den municipalrätt, som vi tillika med andra nationers borgerskap med rätta hafva att pretendera". Den andra skrifvelsen gick i hufvudsak ut på särskilda förmedlingar i utlagorna till kronan. Med omnämnande af den eländighet, som senaste brand lämnat efter sig, framhöll det finska borgerskapet, hurusom det i sina näringar var inskränkt till bryggning och lärftväfnad. När någon farkost med salt löpte in i hamnen upphandlades hela lasten af de rika tyska köpmännen, som sedan försålde varan till dubbelt högre pris åt de fattiga borgarene o. s. v.

Med anledning af den första skriften utfärdade förmyndareregeringen efter Carl X Gustafs död ett reskript till magistraten i Åbo, däri regeringen väl lämnade frågan om det befogade i de gjorda anmärkningarna öppen, men ålade magistraten „att vid slika tillfällen taga dem, som af finske nation kunne ibland borgerskapet finnas tjänlige, uti consideration och låte dem icke utlåtas eller förbigås, på det den ena nation icke må kunna fatta öfver den andre något missnöje". På de i den andra besvärsskriften intagna ansökningarna afgaf regeringen ingen särskild resolution, utan besvarade dem dels i den allmänna resolutionen på städernas generalpostulata dels i den åt Åbo stads lagliga representanter afgifna resolutionen. Att svaret var tämligen otillfredsställande framgår ur rådstuguprotokollet för den 9 maj 1660, hvilket förtäljer, att då den förstnämda resolutionen upplästes för borgerskapet, hade Jöran Sonni vid hvar punkt något att invända „och därmed ett sorl och oljud bland gemena borgerskapet uppväkte".

Under den på hösten 1660 hållna riksdagen finner man Sonni åter i Stockholm. Om valet till denna riksdag nämnes intet annat än att de finske borgarene anhöllo vid första valmötet om betänketid, men att de senare försummade att inställa sig, hvarför valet bestämdes af magistraten i samråd med „de af svenska och tyska nationen". Den besvärsskrift, som af Sonni inlämnades, finnes icke mera i behåll, men af regeringens den 30 november 1660 gifna „nådiga resolution och förklaring på de besvärspunkter, som den finske borgaren ifrån Åbo på den finske nationens vägnar därsammastädes underdånigst hafver andraga låtit", framgår, att besvären gälde lindring i tullar och acciser samt i båtsmanshållet. Dessutom klagades öfver svårigheten för de fattige att uppköpa salt, öfver för högt arrende för stadsjorden och öfver bryggeriordningen. Regeringens resolution var föga uppmuntrande, hvarför den en längre tid undanhölls af Sonni och upplästes på magistratens föranstaltande först på rådstugudag den 4 febr. 1663.

Sammandrabbningen mellan magistraten och borgerskapet hade sålunda artat sig till en seger för den förra parten. Huru det gick med åtalet i hofrätten, är icke bekant. Måhända var det emellertid just händelserna år 1659—60 som åsyftades i en hofrättens resolution, hvilken den 26 oktober 1663 föredrogs på rådstugan och hvari Jöran Sonni dömdes att insättas för en månad på vatten och bröd i stenbodan för sitt förseende mot borgmästare och råd och emedan han icke orkade böta [1]).

Efter dessa händelser omtalas icke mera något af det finska borgerskapet framkalladt valtrassel. Vid följande möten omnämnas nog de finske såsom en särskild grupp bland valmännen. År 1686

---

[1]) Rådst. prot. 1659, 1660, 1663; Åbo stads acta; riksreg.; Grotenfelt, Vähän suomalaisuudesta Turussa ennen aikaan. — Vid riksdagen år 1726, då borgaren Karl Merthen sökte tränga sig till tredje representant för Åbo, anförde han i skrifvelse till K. M:t riksdagen år 1660 såsom bevis på att Åbo äfven förut representerats af tre ombud. I denna inlaga kallas fullmäktigen till Göran Grill. (Jmfr M. G. Schybergson, Riksdagsmannavalen i Åbo under frihetstiden i Skrifter utgifna af sv. lit. sällsk. i Finland XVIII: 33.) Att Sonni icke kan betraktas som riksdagsfullmäktig, utan endast såsom ombud för ett missnöjdt parti, framgår till fullo däraf, att han icke omnämnes i riksdagsacta.

inlämna de några riksdagspostulata för egen räkning [1]). Vid valet år 1693 yttra tvänne borgare, medlemmar af de älstes korporation. „att alt hvad borgerskapet söka genom postulater, det rätteligen icke framkommer, emedan ingen af det finska borgerskapet utväljes" [2]). Men det kommer icke till någon opposition, utan det finska borgerskapet förenar sig — om med resignation eller likgiltighet, må lämnas därhän — om de herredagsmän, som magistraten och de myndigare borgarene anse för de till kallet lämpligaste. Tilläggas må dock, att när de finske föreslå någon riksdagsrepresentant, icke ur eget led, utan bland köpmännen, så vinner förslaget emellanåt allmän anslutning.

Det nämdes tidigare, att under seklets lopp en stark omsätt-ning ägde rum inom handtvärksämbetena och att utländske mästare intogo i dem en framstående, delvis dominerande ställning. Huruvida detta gaf anledning till slitningar med de finske mästarene kan i brist på aktstycken icke afgöras, så troligt det än är att så skedde. Af ämbetenas protokoll finnas endast smeds- och skräd-dareämbetenas i behåll och äfven de först från seklets sista decen-nier, då de främmande mästarnes öfvervikt redan var tämligen stadgad. Någon misshällighet, som bestämdt skulle ådagalägga en språklig schism, omnämnes i dem icke. Det enda fall i den vägen jag funnit antecknadt omnämnes i rådstugurättens protokoll för år 1669. Missnöjda med valet af mäster Jochum Bandemann, inkommo några finska mästare af skräddareämbetet till rätten med anhållan om att Johan Nilsson blefve utnämd till ålderman, emedan han var älste bisittare och kunnig såväl i finskan som i landsens tillstånd. Rättens resolution utföll till förmån för Bandemann, emedan i äm-betet behöfdes en läs- och skrifkunnig ålderman, som eljest visste att beskedligen umgås med folk [3]).

Då man sammanställer dessa fakta, framgår det å ena sidan, hurusom det finska borgerskapet segt höll sig uppe som ett skildt element i staden, å andra sidan, huruledes det stundom uttalade sin missbelåtenhet öfver att dess intressen icke tillräckligt tillgo-dosågos. Det är nog sant, att den skiljaktighet, som förelåg, till

---

[1]) Rådst. prot. 23 aug. 1686.
[2])   „   11 sept. 1693.
[3]) Prot. 6, 8 o. 15 febr. I smedsämbetets protokoll omnämnes tvänne fall, då inhemske, som erhållit röster vid åldermansvalet, förklarades af ämbetsborg-mästaren och hans bisittare olämpliga, emedan de endast kunde finska och voro hvarken skrif- eller läskunniga. I det ena fallet utnämdes en tysk mästare, i det andra en person, hvars släktnamn icke bestämdt angifver nationaliteten.

stor del berodde på den svenska församlingens egenskap af öfver-
klass och den finska församlingens af underklass. Det förefans så-
lunda en ekonomisk anledning till missbelåtenhet. Men man begår
uppenbarligen ett misstag, om man i de kollisioner, som inträffade,
söker allenast en social orsak, en underklassens protest mot de i eko-
nomiskt hänseende lyckligare lottade eller en yrkesklass uppträdande
mot en annan. Just emedan klasskilnaden ökades däraf, att de högre
lagren i staden hade eller antogo ett annat språk, än de lägre,
just emedan den bildade klassens tillväxt och inflyttningen af hof-
rättens och akademiens medlemmar samt handels- och handtvärks-
världens koryféer på samma gång innebar en tilltagande försvensk-
ning, måste i det finska borgerskapets hållning sökas äfven språk-
liga motiv. Det förefans en på ekonomisk, men äfven på språklig
och nationel grund hvilande missbelåtenhet med den altmer för-
herskande tidsriktningen, en misstämning, som under lifvets van-
liga förhållanden icke bröt i öppen dag, men som yppade sig i kon-
flikter af mer eller mindre allvarsam art, när någon delikat fråga
kom till afgörande eller när en följd af små orsaker bragt måttet
att flyta öfver och en beslutsam man uttalade „det forlosende ord“.

III.

Borgaresläkter.

ag afstår från försöket att lämna en på vidlyftiga genealogiska undersökningar baserad framställning om släktförhållandena i staden. En sådan utredning rörande flertalet af de märkligare Åbosläkterna under 1600-talet föreligger redan uti Carpelans i det föregående några gånger omnämda arbete och jag hänvisar dem, som intressera sig för genealogiska och biografiska notiser, till detta förtjänstfulla arbete. Men om jag lämnar de genealogiska utredningarna med stamtaflor o. s. v. å sido, så kan jag icke underlåta att meddela en allmän resumé af de borgerliga släkter, som under seklet anträffas. Hänsynen till arbetets omfång förbjuder mig att härvid söka uppnå fullständighet. Då vi framdeles komma att göra bekantskap med en mängd af stadens köpmän och handtvärksmästare, synes det mig lämpligast att på detta ställe h. o. h. lämna de enskilda medlemmarna af resp. släkter å sido.

Till en början skola vi hålla oss allenast till seklets förra hälft och vända oss då först till släkter af inhemskt ursprung.

Bland borgarefamiljer med finskt tillnamn må från seklets fyra första årtionden framhållas följande, hvilka utgöra allenast en ringa del af de i handlingarna omnämda, men hvilka kunna anses tillräckligt representativa såväl i afseende å de resp. namninnehafvarenes sociala ställning, som i afseende å namnens lingvistiska egenheter:[1]

Alapää, Alli, Arkapoika, Auvais (Auvaisten, Effuosten), Bertula, Bläsi, Dirikkala, Eskola, Finnilä, Fläski l. Fläskilä,

---

[1] I och för ett mera ingående studium hänvisas läsaren till Bidr. t. Åbo hist., första serien I—VI.

Frantzila, Friisilä, Giltilä, Hakkinen, Hako, Halkonen, Hallis, Hampula, Hannula, Hisko (Huisko), Hollo, Hurula, Hyryinen, Härkä, Iliana, Isopää, Jama, Joppi, Jyli, Järys, Kalinkataja, Kalkila, Karha, Kastu, Katunpää, Kelkka, Kiiskinen, Kimppa, Kissala, Knapila (Knape, Cnape), Komoinen, Kortti, Koukar, Krydma, Krovila, Kurki, Kyrylen, Kättärä, Köppi, Laminbrusi, Leipälä, Lendäiä (Lentäjä?), Lihavainen, Lindula, Lähteenkorva, Mulli, Nagoila, Nakkoinen, Ohrapää, Pallikka, Palttu, Paturi, Peltola, Pimeinen, Pinkka, Posoila, Radikais, Raikoi, Rakkila, Rantala, Raumalainen, Rauta l. Rautala, Ropakko, Runsala, Ruskeapää (Miltopæus), Salko, Sauna, Sillilä, Simoila, Stallila, Suiki, Taari, Tiililä, Tilkanen, Tolpo, Turskar, Ujakka, Walkeapää, Walli, Warwas, Wiisas, Wirolainen, Äijälä, Äyräpää.

Bland de ofvan uppräknade namnen förekommer ett och annat, som ursprungligen gifvits åt en person för att angifva en hos honom mera framträdande kroppslig egenskap, men som sedermera bibehållits af hans efterkommande, så t. ex. Ruskeapää, Walkeapää, Isopää. Ett sådant sätt att gifva och taga namn hörde alls icke till ovanligheterna. Tvärt om finner man under seklets tidigare årtionden — liksom under det föregående seklet — borgarene utveckla en ovanlig färdighet i att gifva åt hvarandra de befängdaste och på helt tillfälliga orsaker grundade benämningar. Än var det kroppsliga lyten eller egenheter, än fel i toiletten, än åter endast för de invigde kända orsaker, som gåfvo stoff åt namnbildningen. I allmänhet kan det sägas, att det låg någon gemenhet därunder, hvarför många af namnen voro veritabla öknamn, några af för skabrös art för att ens kunna här anföras. För borgar- och mantalslängdernas upprättare framstodo de lika naturliga som gamla goda familjenamn. Bland sådana för tiden karaktäristiska tillnamn, af hvilka de flesta hade den goda egenskapen, att de icke fortärfdes, må följande här anföras: Mustasuu, Saxasuu, Harahuuli, Jauhoparta, Pitkäparta, Hassuparta, Ruskeaparta, Herranparta, Klanipää, Kokkapää, Pihkapää, Wääräjalka, Werijalka, Paksujalka, Punasaapas, Suvikenkä, Kissankenkä, Lampaankenkä, Tomuhousu, Tuohitasku, Tervakauha, Puuveitsi, Warsannahka, Reennaula, Paharauta, Händänstyre, Tuchapussari, Murenpeel, Hirvenkoira, Kylänlapsi, Miehenpoika, Ihmisparka. Tämligen vanliga voro under hela seklet djurnamn, af hvilka somliga väl ursprungligen inneburit en insinuation: Porsas, Rotta, Pässi, Ilves, Sorsa, Kotka, m. fl. dyl. Säregna binamn voro Komber, Komberjoulu, Huihoi, Erik huono hoimies.

Medan finska familjenamn redan läuge varit i bruk, voro de svenskspråkiga vid seklets ingång ännu tämligen fåtaliga. Det är, enligt hvad språktorskaren Esaias Tegnér uppvisat, först under tiden närmast före midten af 1600:talet som svenskarne i större skala började antaga familjenamn och namnbildningen har samtidigt fortplantat sig öfver till Finland [1]). Denna omständighet förklarar delvis den stegring i de svenska borgarenamnens antal i Åbo, hvilken, såsom vi i föregående kapitel sett, timade under 1600:talets senare hälft [2]).

| Mårten. Gråå. | Matts Linck. | Gabr. Johansson. | Abr. Andersson. |

| And. Cappelman. | Mårten Arp. | Petter Falck. | Torsten Merthen. |

Några borgares sigill från 1670:talet.

Bland svenskspråkiga borgarenamn, hvilkas innehafvare dels voro af inhemskt ursprung, dels härstammade från Sverige, må från 1600:talets tidigare årtionden följande anföras:

Bagge, Bergh, Blom, Bock, Borgare, Bång, Collander, Dufva, Dumbe, Fribyter, Frost, Fråger, Gissle (Gijsle), Konst, Korsnäs, Kubbe, Kudda, Kyckling, Lillia, Lutfellt (?), Mååss, Plocka, Pijck, Rooss, Silfwast, Skarp, Skytte, Steek (Steck, Stäck, Stäke), Stijgh, Stolpa, Stålbåge, Såger (?), Tavast, Tiur, Träll (Drälle, Drel), Welling (?), Wijnbladh, Wind, Winter.

[1]) E. Tegnér, Om svenska familjenamn i Nordisk tidskrift, utg. af Letterstedtska föreningen årg. 1882.

[2]) På sidan 330 har jag med en viss reservation anfört Krohns uppgift, att i 1609 års skattelängd förekomma 77 borgare med svenska tillnamn. Då denna uppgift på sätt och vis strider mot hvad ofvan auförts, nödgas jag här tillägga, att jag icke kunnat tinna flera än c. 40 borgare med svenska tillnamn (af hvilka flera namn buros af mera än en person). Krohn har tydligen vid sina beräkningar upptagit äfven en mängd yrkesnamn såsom familjenamn.

Äfven bland de svenska namnen förekomma några, hvilka utgöra motstycken till de nyss anförda kuriösare bland de finska och af hvilka somliga kunna vara rena öfversättningar. Så må t. ex. nämnas Hvithatt, Mjölskägg, Träben, Träfot, Brödsäck, Sämiskskrapa, Matts tusen daler, Martin huru då eller hurudogh.

Latiniserade namn förekomma bland kyrkans och skolans män. Bland olärde har jag träffat Berelius, Gangius, Judicari, Peccatorum. Ett stolt antikt namn bar Mårten Plato.

De utländska borgarenamnens ursprung är ofta ganska svårt att bestämma. Bland tyska och holländska har jag ur handlingar in på början af 1640:talet annoterat följande:

Armenholt, Baxter, Bellkow (Bielkou, Belckou), Bette, Billsteen, Blanck, Blockhus (Plockhus), Bockmöller, Bogge, Boye, Brinck, Bruun, Bugenhagen, Bursett, Buscha, Böök (?), Bööss, Castens, Dawendzberg, Drussin (?), Dwfwell, Eckman, Facht, Fage, a Fläck (Afleck), Franck, Frijs, Gemss, Gerder (Gerner, Gärdenär), Giäfwert (Giefwertz), Globitz (Glowitz), Gorius, Gottleben, Gribenow, Guttrie (Göttrich), v. Haghen, Haltz, Harder, Harff, then Harssen (then Herz), Harsten (Hersteen), Hebendruuss (Häbendrus), Holst, Hosenwinckell, Humnelthun, Hwitkop, Hååse, Hörningk (Hörling), Jersse (?), Jesenhausen, Karniffell, Karsten, Kleensorger (Kleinsårgh, Klensåår, Cleensäger), Klufwensich, Kock, Kokenhus, Kranckröör, Kruse, Kröger, Kunckell, Kyckerlinch (Kyckling), Lamber, Landerfäld, Larens, Linck, Litzskou (Liskou), Lose, Lutfeltt (?), Lydeman, Maltz, Manssfelder, Meijer, Mellser, Merthen, Michow, wan Munster (von Mönster), Nottrer, Paijkell, Petritz, Plagman, Plotz, Pryss, Rancken, Rebener (Rebenow, Rebeen), Rentzell (Renssell), Roost (?), Rosskamp, Röllek, Scheper (Schaefer), Setzche, Skubbert (? Schubbert), Sluter, Smaltz, Smitt, Spentz (Spens), Stamer, Sterckman, Strokerck (Stråkärk), Såger (?), Thorwöst, Trumbell (Trumell), Töpner, Wahle, Wargentin (Wergentin), Waratuiss, Wedrich, Wellmerdinch (Willmerdinch), Westphalen, Wintzens (Wintzentius), Wolle (Wulff), Wölich, Zacke, Zimmerman.

Romaniska borgarenamn förekomma alls inga under seklets förra hälft. Engelska och skotska äro Brooke (Brochius), Cumming, Gordoun, Ogelwie, Watson, Wittfooth. På slaviskt ursprung tyda Polack och Moskoski. Af osäker härkomst äro Ablunas och Candaya.

Att i detalj studera den omsättningsprocess, som pågick under seklets midt och dess senare hälft, att decennium för decennium eller år för år följa med de nya släkter, som uppträda i staden, skulle leda oss in på vidlyftigheter. Äfven skulle det bereda till stor del oöfvervinnerliga svårigheter att söka utreda nykomlingarnes nationalitet och hemort. Af intresse torde det dock vara att erhålla en allmän öfverblick af de släkter, hvilka vid seklets utgång hade nedslagit sina bopålar i Åbo. En sådan öfverblick erhålla vi bäst ur mantalslängderna och vi välja t. ex. mantalslängden för år 1696. Det vida öfvervägande flertalet af häri förekommande namn innehafves af magistratspersoner, handlande, handtvärkare och näringsidkare, som gå under den gemensamma benämningen „borgare". Några tiotal tillnamn falla på kronans och stadens lägre betjänte, på enkor och inhysingar, hvilkas näringsfång icke angifves. Par tiotal namn komma dessutom på kyrkans, skolans och ämbetsvärkens tjänstemän. För att undvika ett urval, som kunde utfalla mindre lyckligt, göra vi måhända rättast i att utan kommentarier upptaga alla stadsboars tillnamn, inneslutande inom klammer de namn, hvilkas innehafvare hörde uteslutande till tjänstemannaklassen [1]).

Släktnamn i Åbo 1696.

Agrelijn, Alanus, Alapää, Alhojärvi, Alli, Allenius, Almegreen, Ambrosii, Ancka, Angerman, Anttila, Anung, Appollonius, Arkapoika, Arp, Artolijn, [Aschelinus].

Bahn, Bahneman, Barckare, Been, Befwert, Belttare, Bergh, Bergman, Bex, [Bienman, Biörckegreen], Biörman, Blad, Blanck, Blomberg, Bock, Boelius, Boija, Bolm, Bloom, [Brenner], Bondila, Brochius, [Brommius], Brooman, Bruka, Brukala, Brungi, Brunner, Brusila, Bultt, Bursetz, Busch, Böckellman.

Candilööf, Cappellman, [Carlenius, Carpæus], Christerman, Clemelä, [Collenius], Comulander, Corell, Corelius, Cretalenius, [Cygnelius].

Dam, Dansk, Deinert, Delphendahl, Dobblare, Druus, Dufva, [Duncan], Dysing, Dyster.

Eek, Eekhagh, Eekman, [Eenqwist], Einola, Elof, Enbusk, Erttman, Eskola, Euräpää.

---

[1]) Den lägre krono-, kyrko- och akademibetjäningen icke inberäknad. Adliga personer och akademistaten voro fria från mantalspengar och upptagas därför icke i längden.

Falck, Festing, Filppula, Finne, Fléege, Fläskilä, Fotelj, Forsenius, Forssteen, Franck, Frijbytare, Frijsilä.

Gartz, Gefwert, Girss, Gottskalck, Graan, Grabbe, Gråå, Grönbäck.

Haak, [Hagert], Haitu, Hakkinen, Hakula, Haldia, Hampula, Handelus, Hannula, Hanga, Hakosaapas, Harakka, Haradzholm, Haras, Harolainen, Harttlööf, Hassj, Hasu, [Heedman], Hero, [Hilander], Hiliainen, Hittander, Hoffman, Hoffren, Hogfält, Hollender, Holm, Holst, Holsteen, Hoperj, Hoppu, Horisto, Hornborg, Huge, Huijare, Huikari, Huistj, Hulckio, Hulmi, Humala, Humalander, Huorindo, Hurri, Huutaja, Hwijtkopp, Hwijtlock, Hydis, Hyryinen, Hålj, Hållo, Hächt, Häkärä, Hendu, Hännälä, Härielax, Härmälä, Höijer, Hörlingh, Hörmström, Höök.

Ilfwes, Innamaa, Iroinen.

Jakola, Jobbe, Joki, Jolpa, Joou, Judius, Jung, Juonikas, Jussila, [Justander, Justenius], Jutila, Jyskä, Jämming, Jämsä, Järsä.

Kaalimaa, Kalkkila, Kallio, Kalonen, Kampar, Kanckinen, Kangasala, Kanis, Kape, Kara, Karhu, Karkku, Karppa, Karva, Kaskala, Kassapää, Kastu, Katunpää, Keikeläinen, Kellner, [Kempe], Kerkolenius, Keso, Kettur, Kierikkala, Kijhl, Kilo, Kimalainen, Kimpala, Kingel, Kirves, Kissauen. Kistola, Kitula, Kivisilta, Kleen, Klint, Knabe, Knubbert, Kock, Koivu, Kokkola, Kolli, Kopo, Koponen, Korpo, Koppar, Koskela, Kotka, Konkar, Kouri, Kreeta, Kreijer, Krook, Krottila, Krouvi, Kruus, Krydma, Kröger, Kuddia, Kuhrman, Kuiva, Kuivala, Kujanperä, Kulda, Kulho, Kupi, Kurkku, Kurnapää, Kuros, Kuta, Kutsk, Kuuskoski, Kolare, Kärsämäki, Kökkö, Köppi, Köppilä, Kötte.

Lam, Lamber, Lambi, Lang, Langhans, Laukkaniitty, Lardela, Laroinen, Lehmo, Lehti, Leino, Leipälä, Lessle, Leusten, Leutken, Lietzen, Lihavainen, Lijfman, Lijma, Lillander, [Lilliewaan], Linberg, Linck, [Lindegreen], Lindh, Liux, Lorentz, Luiko, Lundbergh, [Lundersteen], Lundh, Lydman, Lähteenkorva, Läkare, Lönnroot, Löysä.

Machowitz, Makkara, Makoinen, Malmelin, Mannila, Maski, Meijer, Meko, Mekoinen, Mellenbergh, Mellinen, Mellman, Memolin, Mengi, [Mennander], Merthen, Metsä, Meunier (Munieur), Miltopæus, Miöd, Moback, [Modenius], Moiko, Moisio, Montin,

Munster, [Murenius], Mustasuu, Myndi, Mytyr, Myyrä, Mäki, Mättälä, Mätä, Möller.

Nahkala, Nattuka, Naula, [Netzelius], Neulaniemi, [Nidelberg], Nille, Nissilä, Nisu, Nockila, [Norlander], Nukar, Nummis, Nuorikkala, Nupukka, Nurkkala, Nyman.

Oittinen, Ojala, Oravainen, Orreus, Ostertag.

Paavola, Paimen, Pahaniemi, Pakainen, Pakka, Pali, [Palichander], Palikka, Palo, Panu, Papunen, Parckell, Patur, [Paulin], Pehmoinen, Peijer (Beijer), Pekka, Pelto, Peura, Philip, Pictorius, Pietilä, Pihka, Pihkala, [Pijhlman], Pijpo, Pincka, Pinoinen, Pinomäki, Pipping, Pirttilä, Pispa, Pitkäjärvi, Pitkälä, Platanus, Pohjalainen, Poikainen, Polack, Poro, Porsas, Portman, Prytz, Präst, Prättälä, Pudikkala, Pung, Puno, Puuveitsi, Pytti, Påsso, Påst.

Raam, Rabe, Raiko, Rainio, Rajalainen, Rancken, Rapakko, Rassiainen, Rauch, Rauvala, Rechtala, Reese, Relau, Rembo, Ridwala, Rikolainen, Rindawa, Romeyer, Rosslijn, Rosskamp, Rooth, Rudolph, [Rungius], Rungo, Runsala, Ruotzala, Ruotzimontanus, Rusch, Rucka, Ruuth, Rähälä, Räpälä, Röökman.

Saarman, Sadler, Saëhls, Safwo, Sahlfelt, Salander, Salko, Salli, Salmi, Saltbergh, Sangar, Sarcovius, Satoinen, Saunala, Schæfer, Scheidenburg, Schele, Schultz, Schüttepelss, Schröder, Seppälä, Seulo, Silcke, Silfwo, Silli, Simola, Sipilä, Skoug, Skogzman, Skytt, Soitto, Soltti, Sonni, Sorkka, Spansk, Spenser, Sperling, Sperrman, Spijk, Spijker, Sporenbergh, Spångh, Stadius, Staake, Steenbergh, Steenudd, Steenman, Steinacker (Steniachrie), Stephander, Stickula, Stifwi, Storaka, Storm, Streum, Stukkila, Ström, Ståhlfoot, Stääke (Stäki), Suiki, Suju, Sukula, Sundman, Suvikenkä, Swartt, Swensk, Syri, Syring, Såger, Säkkipää, [Säkylensis], Säthj, Säämi.

Taikinainen, Tammelainen, Tarhala, Tasapää, Tekkala, Teet, Tejelman, Ternant, Tijainen, Tilkkainen, Tillandz, Timme, Tiuru, Tohko, Tolpo, Tomptila, Torro, Totti, Tuisku, Tupsu, Turska, Tungeloinen, Turva, Tzander, Tymbi, Tyyti, Tättä, Törn, Törnrooth.

Uittamo, Ujakka, Ujander, Ulff, Ulich, Upalingo, Uustupa.

45

Voigt, [Waccenius], Walck, Walkiapää, Walkjärvi, Walli, Wantila·
Wanhalinna, Wargentin, Wargh, Warpuinen, Warsa, Wasz,
Wernbergh, Wesa, Wessman, [Wickelgreen], Wiens, Wieru,
Wiiala, Wijborg, Wijk, Wiikarj, Wiinala, Willman, Wil-
stadius, Windi, Winter, Wirman, Wittenberg, Wittfooth,
Wolmar, Wolter, Wächter, Wägare, Wännilä, Wärri, Wää-
räjalka.

Zimmerman. Aijälä. Ost.

IV.

Befolkningsstatistik.

ågra direkta och fullständiga uppgifter om stadsbefolkningens antal äger man icke. Man känner, huru många hästar, kor och svin som funnos i staden, men man saknar en på en allmän folkräkning grundad längd öfver befolkningens numerär. Vi måste sålunda från början afstå från hvarje försök att finna en siffra, som ens på hundratalet skulle återgifva det värkliga förhållandet. Däremot äro vi i stånd att med ledning af längder af olika slag erhålla kännedom om antalet hjonelag eller hushåll, antalet burskapsägande borgare, mantalsskrifne personer, döde m. m. Ur dessa uppgifter kunna vi sedan med användande af olika beräkningsgrunder härleda oss till slutsummor, som visserligen icke göra anspråk på att vara fullt exakta, men som dock få anses komma det värkliga förhållandet tämligen nära.

De första sifferuppgifter af allmännare betydelse äro från år 1609. I en för detta år uppgjord och i den föregående framställningen redan några gånger citerad skattlängd upptages antalet hushåll eller hjonelag i de skilda kvarteren till följande belopp.

	Hjonelag.	Enklingar.	Enkor.
Kyrkokvarteret . . .	127	6	5
Mätäjärvikvarteret . .	83	6	2
Klosterkvarteret . . .	120	4	3
Aningaiskvarteret . .	151	2	1

Dessa hjonelag betalade full skatt. Till dem får ännu läggas 29 hjonelag, hvilka icke mäktade erlägga skatten (näml. 5 i Kyrkokv., 9 i Mätäjärvi, 2 i Klöstret och 13 i Aningaiskv.), så vi få inalles 539. Utom dessa upptager en förteckning sådana personer, som,

„mestedels emot stadsens välfångna privilegier", aldrig deltagit i borgerskapets skatt, icke häller i dagsvärken till kyrkan och slottet, i gästning och skjutsning samt i vakt och vård. Förteckningen upptager i Kyrkokvarteret 32 hjonelagspenningar betalande hushåll, 8 enkor och 1 enkling, således 41 hushåll; i Mätäjärvi 17 hjonelag, 7 enkor och 1 enkling, således 25 hushåll; i Klöstret 11 hjonelag och 3 enkor, således 14 hushåll; i Aningais 19 hjonelag och 4 enkor, d. v. s. 23 hushåll. Altså 103 hushåll, som nu pålades deltagande i personella utskylder. Men dessutom uppräknas i nämda förteckning c. 236 personer (54 i Kyrkokv., 26 i Mätäjärvi, 56 i Klöstret o. 100 i Aningais), hvilka af särskild anledning — fattigdom, vistelse ute i kriget o. s. v. — befriats från erläggandet af nämda utgifter. Antager man, att de 539 + 103 hjonelagen innefattade i medeltal $5\frac{1}{2}$ person samt att de 236 fria hushållsföreståndarene representerade i medeltal en familj på $2\frac{1}{2}$ person, så blefve Åbo stads befolkning år 1609 något öfver 4,000 personer [1]).

Åren 1616—1619 finner man åter uppgifter rörande folkmängdsförhållandena i Åbo. Under nämda år uppbars under namn af Elfsborgs lösen en dryg afgift, i hvars erläggande äfven tjänstefolk samt söner och döttrar öfver 15 år, hvilka ännu bodde hos föräldrarne, togo del. Mantalslängder öfver borgerskapet i Åbo „både förmögne och oförmögne med deras söner, döttrar, pigor och drängar till Elfsborgs lösen, undantagandes slätt oförmögne och kronones tjänares hus och gårdar", meddela oss följande upplysningar om antalet skattskyldige 1616—1619:

	1616				1617				1618				1619			
	Hjonel.	Söner.	Döttrar.	Drängar.	Pigor.	Hjonel.	Söner.	Döttrar.	Drängar.	Pigor.	Hjonel.	Söner.	Döttrar.	Drängar.	Pigor.	Hjonel.	Söner.	Döttrar.	Drängar.	Pigor.

	Hjonel.	Söner.	Döttrar.	Drängar.	Pigor.	Hjonel.	Söner.	Döttrar.	Drängar.	Pigor.	Hjonel.	Söner.	Döttrar.	Drängar.	Pigor.	Hjonel.	Söner.	Döttrar.	Drängar.	Pigor.
Kyrkokvarteret ..	135	1	—	26	66	125	1	3	17	26	142	1	2	12	31	126	1	2	16	35
Mätäjärvikvarteret	90	1	—	7	28	101	2	3	10	20	110	2	1	13	28	108	—	1	10	20
Klosterkvarteret..	150	—	—	15	27	138	3	—	15	22	152	1	2	17	42	142	—	1	16	36
Aningaiskvarteret.	158	1	4	30	58	166	—	—	22	27	176	5	7	23	50	155	3	6	22	48
	533	3	4	78	179	530	6	6	64	95	580	9	12	65	157	531	4	10	64	139

[1]) Jmfr. G. Grotenfelts meddelande i Hist. Arkisto XI: 407 o. följ., där summorna i den senare förteckningen angifvas något annorlunda. Vid beräkningen af de 236 fria personerna har jag alls icke tagit hänsyn därtill, att ett antal bland dem betalade gårdspenningar, d. v. s. en afgift för sin gård, utan endast tagit i betraktande deras frihet från hjonelagspenningar.

Altså hjonelag under nämda år 533 — 530 — 580 — 531.
Räkna vi på hvarje hushåll i medeltal 5$\frac{1}{2}$ person, så få vi för de
resp. åren 2,930 — 2,915 — 3,190 — 2,920 personer. Till dem få
vi ytterligare lägga de s. k. friborgarne, inhysesmän samt kronans
och adelns försvarskarlar, hvilka voro från skatten frikallade jämte
sina hushåll. Särskilda längder upptaga dem till följande antal:
1614 och 1615 — 381, 1616 — 372, 1617 — 378, 1618 — 497,
1619 — 330. Antager man, att dessa friborgare, af hvilka en stor
del hade familj, men ganska många voro ensamma personer, i ge-
nomsnitt representera ett hushåll på 2$\frac{1}{2}$ person, så blefve Åbo
stads hela folkmängd år 1616 c. 3,860, år 1617 c. 3,860, år 1618 c.
4,430 och år 1619 c. 3,750, således i allmänhet omkr. 4,000 perso-
ner. Det är tydligt, att vid de nu anförda beräkningarna slut-
summorna bero på de medeltal man antager såsom de mest plau-
sibla, men de ofvan anförda siffrorna torde icke vara för högt
tilltagna.

I de längder vi härintills anlitat har hushålls- eller hjone-
lagstalet utgjort grundval för beräkningen. I borgarelängder från
1620 och 1630:talen upptagas allenast de egentliga borgarene, d. v.
s. de burskapsägande innevånarne. Någon större skilnad i beräk-
ningen föreligger icke, då ju en borgare i det närmaste är liktydig
med föreståndaren för ett full skatt betalande hjonelag. Enligt
nämda längder steg borgareantalet till följande belopp:

	Kyrkokv.	Mätäjärvi.	Klöstret.	Aningais.	Summa.
År 1624 · ·	174	145	185	212	716
„ 1625 · ·	201	151	216	249	817
„ 1632 · ·	107	144	99	130	480
„ 1633 · ·	127	107	153	157	544
„ 1637 · ·	88	73	109	117	387

I ögonen fallande är den under 1630:talet förekommande
minskningen i borgarenes antal. Till någon nedgång i befolknin-
gens numerär får man dock icke sluta däraf, utan måste skilna-
den anses bero på en noggrannare kontroll öfver dem, som värk-
ligen ägde borgarerätt och en utmönstring ur borgarelängden af
dem, som icke ägde de i lagen stipulerade kvalifikationerna.

Från år 1636 äger man ett rikhaltigare statistiskt material i
de s. k. mantals-kvarntullslängderna, hvilka upptaga alla stadens

innevånare mellan 15 och 63 år (borgare erläggande 16 öre, från år 1694 24 öre, inhysingar 12 öre). Med tillhjälp af dessa längder erhålla vi följande tablå öfver Åbo stads befolkning och dess fördelning på de skilda kvarteren. Kyrkans, skolans och akademiens män upptagas i en särskild kolumn ännu år 1670; sedan ingå de bland det öfriga borgerskapet. Från år 1685 förekomma universitetslärarene icke mera i mantalslängden. Civila tjänstemän upptaga en skild kolumn t. o. m. 1663.

Den mantalsskrifna befolkningen i Åbo 1636—1697.

År.	Kyrkokv.			Mätäjärvi.			Klöstret.			Aningais.			Kronobetjänte. 16 ö.	Prästersk. o. skolmän. 16 ö.	Summa.		Total-summa
	16 ö.	12 ö.	S:a.	16 ö.	12 ö.	S:a.	16 ö.	12 ö.	S:a.	16 ö.	12 ö.	S:a.			16 ö.	12 ö.	
1636	—	—	558	—	—	405	—	—	672	—	—	854	67	54	—	—	2,610
1638	531	97	628	380	104	484	657	61	718	801	194	995	112	75	2,556	456	3,012
1643	—	—	606	-	—	479	—	—	683	—	—	938	54	68	2,457	371	2,828
1645	—	—	513	—	—	394	—	—	607	—	—	821	56	79	—	—	2,470
1646	432	—	432	381	—	381	544	—	544	713	—	713	53	79	2,202	—	2,202
1647	402	—	402	353	—	353	541	—	541	774	—	774	60	80	2,210	—	2,210
1650	463	—	463	367	—	367	543	—	543	805	—	805	53	79	2,310	—	2,310
1651	420	—	420	340	2	342	486	—	486	726	4	730	57	72	2,101	6	2,107
1652	450	2	452	349	2	351	519	2	521	735	5	740	61	73	2,187	11	2,198
1653	446	118	564	351	86	437	579	64	643	746	152	898	81¹)	79	2,274	428	2,702
1655	436	100	536	347	102	449	493	72	565	670	153	823	53	90	2,089	427	2,516
1656	555	—	555	455	—	455	569	—	569	992	—	992	65	97	2,733	—	2,733
1657	535	—	535	297	—	297	443	—	443	1,176	—	1,176	75	87	2,613	—	2,613
1658	391	6	397	320	3	323	382	—	382	1,038	35	1,072	64²)	87	2,281	45	2,326
1661	484	117	601	368	112	480	421	63	484	1,085	274	1,359	88³)	99⁴)	2,542	569	3,111
1662	521	167	688	392	110	502	444	87	531	1,134	346	1,480	41	102⁵)	2,632	712	3,344

¹) Däribland 8 à 12 öre.
²)   „   1   „
³)   „   2   „
⁴)   „   1   „
⁵)   „   2   „

År.	Kyrkokv.			Mätäjärvi.			Klöstret.			Aningais södra.			Aningais norra.			Kronobetjänte 16 ö.	Prestersk. o. skolmän 16 ö.	Frie.	Summa.		Total-Summa.
	16 ö.	12 ö.	S:a.	16 ö.	12 ö.	S:a.	16 ö.	12 ö.	S:a.	16 ö.	12 ö.	S:a.	16 ö.	12 ö.	S:a.				16 ö.	12 ö.	
1663	541	152	693	418	99	517	472	69	541	705	170	876	468	86	554	55	101	—	2,761	576	3,337
1664	518	167	685	400	96	496	453	70	523	644	197	841	395	111	506	—	83	—	2,493	641	3,134
1665	542	155	697	417	104	521	477	63	540	691	176	867	424	94	518	—	83	—	2,634	592	3,226
1666	559	148	707	354	131	485	477	65	542	670	143	813	444	100	544	—	64	—	2,568	587	3,155
1667	531	143	674	419	108	527	424	83	507	668	267	835	404	90	494	—	51	—	2,497	591	3,088
1668	534	130	664	399	129	528	485	63	548	649	153	802	387	102	489	—	48	—	2,502	577	3,079
1669	516	140	656	415	121	536	463	60	523	656	191	847	388	115	503	—	58	—	2,496	627	3,123
1670	531	156	687	403	117	520	493	66	559	687	208	895	369	122	491	—	54	—	2,537	669	3,206
1674	593	147	740	475	94	569	431	82	513	700	150	850[1]	413	117	530	—	—	—	2,612	590	3,202
1675	584	144	728	475	68	543	465	58	523	710	151	861	388	94	482	—	—	—	2,622	515	3,137
1676	554	76	630	478	67	545	447	48	495	711	111	822	390	53	443	—	—	—	2,580	355	2,935
1677	504	55	559	402	49	451	395	49	444	618	62	680	296	46	342	—	—	—	2,215	261	2,476
1678	511	46	557	428	36	464	399	45	444	610	78	688	329	48	377	—	—	—	2,277	253	2,520
1679	490	59	549	394	11	405	426	37	463	631	77	708	346	56	402	—	—	—	2,287	240	2,527
1681	511	69	580	407	28	435	448	67	515	648	107	755	374	63	437	—	—	—	2,388	334	2,722
1682	511	36	547	437	52	489	472	79	551	655	126	781	326	21	347	—	—	—	2,401	314	2,715
1683	501	42	543	443	51	494	414	65	479	648	100	748	321	34	355	—	—	—	2,327	292	2,619
1684	547	73	620	453	89	542	448	71	519	689	131	820	337	45	382	—	—	—	2,474	409	2,883
1685	505	84	589	451	91	542	429	59	488	732	120	852	347	48	395	—	—	—	2,464	402	2,866
1686	475	69	544	450	58	508	441	56	497	739	85	824	346	42	388	—	—	—	2,451	310	2,761
1688	531	50	581	441	35	476	408	44	452	717	81	798	382	35	417	—	—	—	2,479	259[2]	2,738
1689	507	52	559	414	33	447	398	37	435	680	57	737	405	36	441	—	—	—	2,404	215	2,619
1691	489	52	541	424	49	473	369	32	401	692	87	779	395	32	427	—	—	—	2,369	252	2,621
1692	—			—			—			—			—						2,279	279	2,558
1693	501	63	564	383	90	473	360	48	408	612	114	726	356	41	397	—	—	—	2,212	356	2,568
	24 ö.			24 ö.			24 ö.			24 ö.			24 ö.						24 ö.		
1694	576	117	693	422	95	517	4?8	69	497	644	154	798	417	101	518	—	—	32[3]	2,487	536	3,055
1695	570	102	672	425	113	538	434	79	513	696	162	858	425	76	501	—	—	55[4]	2,550	532	3,137
1696	575	92	667	484	80	564	422	64	486	736	130	866	423	73	496	—	—	54[5]	2,640	439	3,133
1697	525	73	598	438	51	489	376	25	401	671	97	768	381	33	414	—	—	37[6]	2,391	279	2,707

I ögonen fallande äro de växlingar siffrorna förete för olika år [7]. Mellan summorna åren 1636 och 1638 är det en skilnad på

[1]) Efter approximativt afdrag af slottsbefolkningen.
[2]) Däribl. 14 stadsbetjänte, hvilka icke äro fördelade på kvarteren.
[3]) Kyrkokvart. 8, Klöst. 5, Aning. s. 8, Aning. n. 11.
[4])   „   10   „   17   „   10   „   18.
[5])   „   14   „   16   „   16   „   8.
[6])   „   8   „   15   „   8   „   6.
[7]) De siffror, som ofvan meddelats, hänföra sig allenast till befolkningen inom stadens staket. Mantalslängderna upptaga dessutom slottsfolket, bönderna på stadens hemman och tegelsalsarbetarne. Om deras antal upplyser följande tabell:

	1636	1650	1666	1683	1697
Slottsfolk	78	7	62	31	91
Landbönder . .	—	21	74	68	59
Tegelsalsfolk. .	—	15	9	11	13
Summa	78	43	145	110	163

600, mellan 1658 och 1661 på 800. Högst står slutsumman på 1660- och förra hälften af 1670-talet; sedan förmärkes en plötslig stegring åter år 1694. Dessa växlingar bero naturligtvis i främsta rummet på de inflytelser inflyttningar, det allmänna hälsotillståndet och de ekonomiska förhållandena utöfvat på folkmängdens numerär, men dessutom bör orsaken till dem sökas i det mer eller mindre samvetsgranna och konsekventa sätt, hvarpå mantalsskrifningen bedrifvits, äfvensom i antalet personer, som befriats från afgiftens erläggande. För att ur de mantalsskrifnes antal kunna sluta till hela befolkningens numerär, är det därför nödigt att först söka medeltalet af de mantalsskrifne för ett flertal år. Enligt beräkningar, som värkstälts af Ignatius, har man i allmänhet antagit, att den mantalsskrifna befolkningen i städerna under 1600-talet utgjort något öfver 40 % af hela befolkningen [1]). Antaga vi nu, att procenttalet varit 45, så erhålla vi följande approximativa summor för befolkningens storlek: 1640:talet c. 5,400, 1650:talet c. 6,000, 1660:talet c. 7,000, 1670:talet c. 6 300, 1680:talet c. 6,100, 1690:talet c. 6,300. I allmänhet kan man sålunda antaga, att befolkningen i Åbo under sjuttonde seklets senare hälft varierat mellan sex och sju tusen personer.

I regeln utsättes icke i mantalslängderna personernas yrke. Undantag göras nog, då enligt tidens sed handtvärkare nämnas vid sitt dopnamn och sitt yrke, såsom Jöran Smed, Matts Skräddare o. s. v. Men detta sker icke konsekvent, så de uppgifter öfver olika yrken, som på denna grund kunna samlas, icke blifva exakta. Här och där i andra handlingar möter oss ganska rikhaltiga och upplysande resuméer öfver antalet mästare i olika yrken, antalet köpman i olika brancher o. s. v., men spridda som dessa uppgifter äro och hänförande sig till olika år, kunna de icke läggas till grund för en allmän tablå öfver stadsmenigheten. En sådan tablå är möjlig allenast för åren 1696 och 1697, då mantalslängderna på ett ovanligt fullständigt sätt redogöra för enhvars genus vitae. Sammanställer man uppgifterna i mantalslängden för det förstnämda året, ter sig befolkningen, fördelad efter yrken, på följande sätt.

---

[1]) K. E. F. Ignatius, Finlands historia under Carl X Gustafs regering s. 21, Om Finlands folkmängd under medlet af sjuttonde århundradet i Historiallineu Arkisto I: 38—60.

Folkmängden i Åbo 1696, fördelad efter yrken.

	Kyrko-kvart.	Klöstret.	Mätä-järvi.	Aning. södra.	Aning. norra.	Summa.
Ofrälse tjänstemän ¹) · ·	5	6	—	9	2	22
Präster o. skolmän · · ·	13	—	1	1	1	16
Kommunala tjänstemän·	4	4	1	4	2	15
Lägre betjänte (kronans, kyrkans, kommunens)·	25	22	34	23	20	124
Advokater o. prokurato-rer·	8	1	2	2	1	14
Handelsmän ·	6	14	3	2	3	28
„Borgare" ·	66	49	79	106	69	369
Medici o. apotekare· ·	3	1	—	—	—	4
Boktryckare ·	—	1	—	—	—	1
Bokbindare· ·	2	—	—	—	—	2
Skräddare ·	3	3	6	4	6	22
Skomakare· ·	4	2	6	6	3	21
Linväfvare· ·	4	2	4	16	2	28
Guldsmeder ·	—	—	1	—	2	3
Smeder (grof-, hof-, knif-)	—	1	3	2	1	7
Pistolsmeder ·	—	1	—	—	1	2
Svärdsfejare ·	1	1	—	—	—	2
Sporrmakare ·	—	—	1	—	1	2
Kopparslagare ·	—	—	—	—	2	2
Snickare o. svarfvare·	5	2	1	2	3	13
Glasmästare ·	1	—	1	—	—	2
Målare ·	1	1	1	—	—	3
Timmermän ·	4	—	1	11	2	18
Tunnbindare· ·	—	—	—	1	1	2
Sadelmakare ·	1	—	1	—	1	3
Murmästare ·	3	1	1	2	2	9
Kann- o. klockgjutare· ·	1	—	—	1	—	2
Slaktare ·	1	—	6	—	—	7
Färgare ·	—	—	—	1	—	1
Sämskmakare ·	1	—	—	1	—	2
Körsnärer ·	1	1	—	2	1	5
Hattmakare ·	—	—	1	4	—	5
Garfvare· ·	—	—	—	1	—	1
Gördelmakare ·	1	—	—	—	—	1
Handskmakare ·	—	—	—	1	1	2
Nål- o. knappmakare ·	—	—	—	2	—	2
Snör- o. hampspinnare ·	—	—	—	2	—	2
Lärfttryckare ·	—	—	—	—	1	1
Konterfejare ·	1	—	—	—	—	1
Perukmakare· ·	—	—	—	—	1	1
Tobaksspinnare· ·	—	—	—	1	—	1
Krukmakare ·	—	—	—	1	—	1
Skorstensfejare· ·	—	—	—	1	—	1
Åkare o. gästgifvare · ·	—	—	5	2	1	8
Musikanter· ·	—	4	—	—	—	4
Skeppare o. styrmän · ·	1	2	1	1	—	5
Mjölnare ·	1	—	—	2	1	4
Trädgårdsmästare· ·	—	—	1	—	—	2

¹) Adliga personer och akademistaten fria från mantalspengar.

Uppgifter öfver tjänstehjonen ha redan meddelats för 1610-talet och flera kunna hämtas ur mantalslängderna för seklets senare hälft. Speciella längder öfver dem samt öfver handtvärksmästarenas gesäller och lärlingar (öfver 15 år) finnas bevarade från 1680—1690:talen, då de erlade till kronan en särskild, på riksdagarna förnyade gånger beviljad kontribution. Följande siffror må tjäna till belysande af deras antal:

	1687	1688	1689	1691	1692	1699
Gesäller	72	66	84	84	86	}343
Drängar	113	106	104	111	113	
Lärpojkar. . . .	81	57	47	33	46	—
Pigor	518	414	420	417	395	467

I allmänhet var drängarnas antal i en familj 1 och pigornas 1 à 2. I 1691 års längd förekomma 2 borgare med 5 drängar, 4 med 3 drängar, 5 med 3 pigor. Gesällerna i allmänhet 1, men ofta 2 hos en mästare. Lärpojkarnas antal är öfverraskande litet, beroende främst därpå, att endast de till 15 år komna inbegrepos i afgiften [1]).

Om nativitetsförhållandena i staden upplysa inga förteckningar. Däremot lämna domkyrkans begrafningslängder en noggrann kunskap om de döde. Betrakta vi seklets tre första och tre sista decennier, så erhålla vi följande mortalitetsuppgifter:

Antal begrafne 1600—1630 och 1670—1698.

1600	—	90	1619	—	149
1601	—	58	1620	—	95
1608	—	67	1621	—	100
1609	—	97	1622	—	148
1610	—	242	1623	—	161
1611	—	100	1624	—	140
1612	—	150	1625	—	110
1613	—	105	1626	—	170
1614	—	193	1627	—	154
1615	—	120	1628	—	121
1616	—	146	1629	—	156
1617	—	153	1630	—	391
1618	—	95			

[1]) Utom de ofvan angifna upptaga längderna landbönders, slotts- och tegelsalsfolkets tjänstehjon. De utgjorde 1688 1 ges., 26 dr., 21 pig.; 1689 1 ges., 16 dr., 17 pig.; 1691 1 pojke, 25 dr., 14 pig.; 1692 1 pojke, 28 dr., 10 pigor.

1670	—	166	1686	—	207
1671	—	157	1687	—	152
1675	—	220	1688	—	189
1676	—	325	1689	—	151
1677	—	339	$1691^1/_5-{}^{31}/_{12}$	—	308
1678	—	249	1692	—	406
1679	—	186	1693	—	320
1680	—	199	1694	--	347
1681	—	127	1695	—	180
1682	—	195	1696	—	220
1683	—	148	1697	—	714
1684	—	165	$1698^1/_1-{}^{30}/_4$	—	67.
1685	—	196			

I afseende å dessa siffror bör märkas, att i dem ingår äfven en och annan icke-Åbobo som fann sin lägerstad i eller utanför kyrkan, och att detta isynnerhet äger rum under tider af hungersnöd, då skaror af utsvultna landsboar sökte sig till staden i hopp att där finna det bröd, som deras hembygd icke kunde gifva. Ovanligt hög var dödsprocenten under senare hälften af 1670-talet och under hela 1690:talet, hvilka tider utmärktes af mer än vanligt dåliga skördar. Oftare än någonsin öppnades jorden för de döde under året 1697, då hungersnöden antog den gräsligaste utsträckning. Antalet begrafne steg till 4 gånger den vanliga siffran och det är icke möjligt att skilja åt stadsboar från främlingar. De ihjälhungrade tiggarene vräktes i grafvarna utan att man frågade efter deras namn. Begrafningslängderna upptaga dem i summariska poster: „15 tiggare, mans- och kvinspersoner samt barn", 20 tiggare, ända till 28 tiggare i en post. Under februari—april månader upptagas 106 tiggare; under maj—december nedlades i fattigmullen 214 lik. Mot slutet af året började de dödes antal att märkbart minskas och för de fyra första månaderna af det följande året upptages allenast 67 begrafningar. Begrafningslängder för årets öfriga månader saknas, men enligt en notis i Palmsköldska samlingen i Uppsala universitetsbibliotek skulle dödssiffran för året 1698 gått upp till 1421. För seklets sista år finnes ingen uppgift.

Domkyrkoräkenskaperna meddela oss uppgifter, utom öfver begrafningarna, äfven öfver antalet ingångna äktenskap eller „brudvigningar". Under århundradets tre sista decennier utvisa de följande siffror:

Antalet brudvigningar 1670—1698.

År 1670	— 77	År 1686	— 44
1671	— 56	1687	— 25
1675	— 26	1688	— 27
1676	— 35	1689	— 28
1677	— 39	$1691^{1}/_{5}$—$^{31}/_{12}$	— 35
1678	— 31	1692	— 14
1679	— 32	1693	— 25
1680	— 49	1694	— 40
1681	— 16	1695	— 18
1682	— 25	1696	— 17
1683	— c. 24	1697	— 1
1684	— c. 11	$1698^{1}/_{1}$—$^{30}/_{4}$	— 10.
1685	— c. 12		

V.

På rådhusstämma.

Af gammalt hade det burskapsägande borgerskapet rätt till deltagande i stadens förvaltning rörande angelägenheter. När konungs bud kom till staden eller när magistraten ville „um annur stadsens ärende tala", då var borgerskapet vid vite af 3 ℳ pliktigt att inställa sig på rådstugan. Sådana sammanträden kallades tidigare byamoten, senare allmänna rådstugudagar och höllos några gånger om året. För år 1646 ha vi antecknat 7 allmänna rådstugudagar, för år 1647 13, år 1650 8, år 1688 5, o. s. v. Men äfven annars, utan att allmän rådstugudag hölls, finner man medlemmar af borgerskapet tillstädes. Kallelse till mötet framfördes af stadens trumslagare, hvilka på gatorna, efter med trumslag åskadt ljud, utropade magistratens befallning.

På allmän rådstugudag närvar vanligen ståthållaren eller landshöfdingen eller ock något hans ombud. Ofta gälde det något från konungen kommet påbud, såsom kallelse till riksdag eller en nyss utkommen förordning, hvars innehåll meddelades menigheten. Men meddelandet behöfde ingalunda innebära en nyhet. Det fans ständigt anledning att påminna borgarene om ordentligt betalande af resterande utskylder till kronan, om iakttagande af allmänna förordningar rörande handel, handtvärk, sedlighet m. m., om hörsamhet emot magistratens tillsägelser angående allmänna onera o. a. d. Med ett ord, alla tillsägelser, som rörde stadens förvaltning och rättskipning, dess ekonomi och privilegier, dess dagliga handel och vandel öfverhufvud, promulgerades och repeterades på allmän rådstugudag. Några befallningar återkommo så regelbundet, att de kunna sägas utgöra ett stående program vid mötena.

Men borgerskapet kom icke allenast för att höra och tiga, för att mottaga befallningar, förmaningar och föreställningar. Det kallades ock för att uttala sig angående en mångfald af staden rörande angelägenheter. Dess rätt och plikt var att uttala sig i anledning af timande val af magistratens ledamöter, af präster och riksdagsmän, och om dess åsigt härvid icke alltid fälde utslaget, så vägde den dock i vågskålen och fick icke lämnas oåtspord. I många fall utöfvade borgarene en rådgifvande myndighet. Innan rätten skred till afgörande af en förvaltningsfråga, ville den ofta erfara, hvilket mottagande deras befallning skulle röna hos borgerskapet. I andra fall var deras samtycke nödvändigt. Så t. ex. när det gälde en utgiftsfråga. Det allmänna rådstugumötet var sålunda den stora kommunalstämma, där styrande och styrde trädde tillsamman för att afhandla och afgöra ärenden, som rörde stadens väl och ve. Afgörandet låg i de flesta fall hos de förra, men de senare utgjorde en faktor i det kommunala lifvet, som icke fick skjutas å sido.

Såsom mötesprotokollen skildra förhandlingarna, så försiggingo de i det stora hela lugnt, att icke säga lamt. Dock voro störande uppträden icke alldeles sällsynta och stundom uttalades rätt skarpa ord om magistratens förfaringssätt och bittra klagomål öfver de dåliga tiderna och de tunga skattebördorna, öfver de många reglementena, hvilkas nytta man icke kunde fatta, och de många svårigheter de lade för den enskildes utkomst. Men ehuru det öfverhufvud synes gått fogligt till och ehuru nyttan af de muntliga öfverläggningarna mellan magistrat och borgerskap var ögonskenlig, så hade dock systemet sina svaga sidor. Ju talrikare befolkningen blef, desto svårare visade det sig att komma till godt resultat, desto svårare att ena sig om ett gemensamt beslut. Därtill kom, att de erfarnare ock kunskapsrikare ofta höllo sig borta, till magistratens stora saknad, och de mindre näringsidkarne, om hvilkas mogna råd magistraten icke alltid hade de bästa tankar, företrädde stadens menighet. Dessa förhållanden framkallade behofvet af en utgallring, af ett särskiljande af de vise och erfarne från de fåkunnige. De väkte tanken på en borgarerepresentation, som företrädde menigheten, liksom ständerna vid riksens möten företrädde riket. Tidigast, redan i början af 1500-talet, vann tanken insteg och värklighet i rikets hufvudstad, sedan tilllämpades den i några andra städer och under 1600-talets andra årtionde proklamerades den som den princip, hvarefter borgerskapets deltagande i stadsvårdande ärenden borde anordnas.

I den ofta förut nämda stadgan af år 1619 om städernas administration framhölls de olägenheter, som följde däraf, att hela borgerskapet deltog i behandlingen af frågor, som magistraten icke kunde ensam afgöra, och hurusom därigenom ofta de minst kompetente fälde utslaget. För att göra ett slut på detta förvända förhållande föreskref stadgan, att vid valborgsmässo-tiden borgerskapet skulle utse 48 köpmän och 48 handtvärkare, bland hvilka magistraten utgallrade 24 köpmän och 24 handtvärkare till ett borgerskapet representerande utskott. När magistraten behöfde borgerskapets utlåtande eller samtycke, skulle dessa 48 kallas till rådstugan för att taga del af magistratens meddelande, hvarom de sedan ägde att rådslå på „gillestugan". När de enat sig om svaret, skulle de bringa det till magistraten, och hvad magistraten med de 48 beslöt, „det skall stånda och af hela borgerskapet fullbordas utan gensaga". Dock var det utskottet obetaget, „när någon svår sak förefaller", att kommunicera sig angående ärendet med öfriga borgare. Fyra bland utskottsmännen skulle af magistraten utses att jämte en borgmästare och 2 rådmän handhafva stadens intrader och skulle denna 7-mannanämds räkenskaper granskas af ett 12-manna utskott ur de 48:s led. Där gillestugor icke funnos, finge sådana inrättas. I mindre städer kunde antalet af utskottsmännen reduceras till 24 [1]).

Denna stadga af år 1619 blef som bekant aldrig promulgerad, men dess grundsatser blefvo i många stycken tillämpade, synnerligen i de större städerna. Så vann redan under 1600-talet förslaget om en borgarerepresentation erkännande i åtskilliga svenska städer, sedan dock vissa efter lokala förhållanden lämpade modifikationer blifvit genomförda. I Stockholm fans, såsom redan nämdes, af gammalt ett de 48:s råd och detta råd, som valdes af borgerskapet vid valborgsmässomötena, ägde fortfarande bestånd utan att det dock vann nämnvärdt inflytande på andra frågor än dem, som rörde beskattningen och stadens egendom. I Norrköping kom systemet till tillämpning år 1639, i Uppsala år 1662, i Gefle och Vestervik på 1630-talet o. s. v. Ingenstädes utom residensstaden steg kommunalrådets antal till 48; i de flesta utgjorde det 24, i andra 12. I några städer förskaffade utskottet sig ett stort inflytande på stadsförvaltningen, så i Norrköping, där de 24 älste deltagit i skattejämkningen och i tillsättandet af stadens lägre tjänstemän,

---

[1]) Stiernman, Commerce förordn. I: 738—747.

bestämt riksdagsmännens arvoden och utvalt den ena af stadens tvänne representanter [1]).

Huru det nya systemet genomfördes i Finland, är, kan man säga, tills vidare outredt. I sin Helsingfors stads historia har Ehrström framhållit, att det föreskrifna utskottet alls icke kom till stånd i Helsingfors före stora ofreden. Endast tvänne s. k. „handelsåldermän" eller „åldermän för borgerskapet" omtalas, hvilka öfverlade med borgerskapet om frågor af större vikt och sedan meddelade beslutet åt magistraten [2]). Melander har uttalat sig för antagandet, att det omnämda utskottet värkligen tillsattes i Åbo, och stöder därvid sin slutsats på en uppgift i rådstuguprotokollet för den 11 maj 1625, däri det heter, att tvänne „stadsåldermän" utsågos för hvart kvarter. I öfriga städer har han icke funnit något spår till de älstes råd före år 1634 [3]).

Jag har redan förut, vid fråga om borgmästarevalen i Åbo, uttalat mig i en riktning, divergerande från Melanders, och måste äfven denna gång, då jag hänvisar till hans arbete, göra detsamma. Melander anser, att det omnämda valet är att betrakta som ett kompletteringsval, afsedt att fylla uppkomna luckor i de älstes råd, hvilkas antal han dock icke vill bestämdt fixera, ehuru han synes böjd för att antaga siffran 24. Om ett kompletteringsval värkligen förefallit, så väcker redan den omständigheten en viss uppmärksamhet, att tvänne platser råkat blifva lediga i hvart af de fyra kvarteren. Och att det icke alls varit fråga om sådant val framgår, enligt min tanke, ur följande utdrag ur protokollet för den 15 sept. 1632, som är det enda, utom det af Melander anförda, hvari jag funnit åldermännen omtalade: „Blef också förordnat åldermän, två uti hvarje kvarter uti staden, hvilka skola noga inseende hafva om allehanda oordning och annor otillbörlig handel, som ibland borgerskap och andre i staden ske kunde, och sådant i tid borgmästare och råd tillkännagifva" [4]). Då man sammanställer dessa tvänne notiser, synes mig den slutsats kunna dragas, att årligen tvänne åldermän borde väljas för hvarje kvarter och att de valde ägde att utöfva uppsikt öfver det sätt, hvarpå deras medborgare stälde sig de författningar till efterrättelse, som regle-

---

[1]) C. T. Odhner, Om de svenska städernas kommunala utveckling under sjuttonde århundradet i Nordisk Tidskrift (Hamiltons) för 1867 s. 661—671.

[2]) Helsingfors stads historia från 1640 till stora ofreden s. 62. (Skrift utg. af sv. lit. sällsk. i Finland XV).

[3]) Kuvaus Suomen oloista 1617—1634 s. 74—76.

[4]) Bidr. t. Åbo hist. IV: 152. Detta häfte utkom först någon tid efter Melanders afhandling.

rade stadsmannanäringarna. De voro ett slags uppsyningsmän öfver handel och handtvärk och sålunda jämförliga med „handels-åldermännen" i Helsingfors. Väl talas ingenstädes om dessa åldermäns representativa funktioner och om sammankomster, som de skulle hållit med borgerskapet, men denna källornas tystnad utesluter icke möjligheten af öfverläggningar mellan åldermännen och borgerskapet. Säkert är emellertid, att de älstes institution, sådan den framträder i 1619 års stadga, icke kom till stånd i Åbo under Gustaf II Adolfs och hans tvänne efterföljares tid, och den kom, såvidt jag kunnat finna, icke häller till stånd i någon annan finsk stad. Det enda borgareutskott, som anträffas i Åbo, är den taxeringsnämd — de s. k. skottmännen — som hade sig förelagd uppgiften att på ett rättvist sätt, efter enhvar borgares i skattören värderade förmögenhet och inkomst, fördela de kontributioner, som på riksens allmänna möten pålades staden. Det låg i detta utskott en möjlighet till en borgarerepresentation, men det led mot seklets slut, innan denna möjlighet blef en värklighet.

Efter år 1632 förflyter det en lång tid, en tid af öfver fyra decennier, innan handlingarna åter tala om ett slags kommunalråd. Måhända står åldermännens försvinnande i sammanhang med tillsättandet af de handelsuppsyningsmän, om hvilka det förut varit tal. När magistraten ville meddela sig med borgerskapet, kallades detta tillhopa in corpore för att afgifva sitt betänkande eller sitt bifall. Så i regeln. Men från seklets midt visar sig därjämte en viss tendens att låta den alt talrikare borgaremenigheten företrädas af sina kunnigaste och inflytelserikaste män. År 1658 bevilja „de förnämste af borgerskapet" på hela borgerskapets vägnar en spannmålsförsträckning åt kronan. År 1668 meddelas „ett utskott af borgerskapet" underrättelse om ankomsten af en skeppsladdning salt och år 1671 göres ett liknande meddelande åt „en del af borgerskapet, så af tyskarne som de finske". Under de närmast följande åren omtalas upprepade gånger sådana utskott, dels af hela borgerskapet, dels allenast af det finska eller det svenska. Ännu i slutet af år 1675 rådplägar magistraten med „en del af borgerskapet och handelsmännen" om en krigshjälp [1]). Antalet af de kallade berodde för hvarje gång på magistraten, som väl icke iakttog någon annan regel än att inbjudning sändes till de borgare, som genom sin förmögenhet, erfarenhet eller släktförbindelser ansågos intaga en remarkablare plats bland sina ståndsbröder.

---

[1]) Rådst. prot. 19 apr. 1658, 8 febr. 1668, 6 apr. 1671, 16 nov. 1675 m. fl. ställen.

Den 3 december 1675 förekommer det första omnämnandet af ett fast borgareutskott. Denna dag anhöll borgerskapet, „att några utskottsmän måtte blifva konstituerade och nämde af hvart kvarter, som äro rätten så vid allmänna rådstugudagar som eljest till råd och adsistence". Och „pröfvade rätten — heter det vidare — deras begäran härutinnan vara skälig, hvilket ock i andra välbeställda städer brukligt är", hvarpå rätten utnämde till utskottsmän 4 personer i Kyrkokvarteret, 5 i Mätäjärvi, 5 i Klöstret, 5 i Aningais södra kvarter och 4 i Norra kvarteret. Ur förteckningen har synbarligen ett namn bortfallit, ty redan d. 14 i samma månad talas om de 24 utskottsmännen och denna siffra blef ock för framtiden regel [1]).

Sextiosex år efter det stadgan om städernas administration blef färdig, tillämpades sålunda dess bestämning om ett borgareutskott i Åbo, men icke emedan stadgan så bjöd — ty den omtalas aldrig — utan emedan borgerskapet kommit till insikt om den praktiska nyttan af den nya institutionen. Närmaste påstöten till antagandet af det representativa systemet torde den „förordning öfver Stockholms stads styrelse" gifvit, som utfärdades af Carl XI den 12 dec. 1672. Genom denna förordning timade den förändring i kommunalrådets karaktär, att de s. k. 48 älste, från att ha varit delegerade för borgerskapet, blefvo assistenter åt magistratens fyra kollegier. Då valbarheten var inskränkt till gillenas och societeternas åldermän, förlorade utskottet således den demokratiska prägel det tidigare ägt Förordningen betecknar sålunda ett baksteg i den kommunala representationens historia [2]). Att utskottets tillkomst i Åbo i främsta rummet är att betrakta som en frukt af magistratens ansträngningar och att långa underhandlingar förts, innan idéen realiserades, kan tagas för afgjordt, om ock rådstuguprokollen icke förmäla något därom, utan låta borgerskapets anhållan komma helt oväntadt, såsom skottet ur en pistol. Förslaget leder icke till någon diskussion och möter inga invändningar, utan borgmästare och råd äro genast färdiga att villfara ansökningen och framlägga, utan att taga sig någon betänketid, listan på utskottets ledamöter. Den nya institutionen har utan tvifvel varit välbehagligast för borgmästare och råd, hvilka numera kunde oftare än förut vädja till borgerskapet, då de ofta sluppo att sammankalla hela menigheten och kunde råd-

[1]) Rådst. prot. 3 dec. 1675.
[2]) Stiernman, Commerce förordn. III: 1058, 1076; Odhner, Svenska städernas kommunala utveckl. s. 664.

föra sig med de erfarnaste männen i staden. Men äfven borgerskapet har förändringen ländt till fromma. Mången bland det lägre borgerskapet såg väl med belåtenhet, att han befriades från rättigrättigheten att deltaga i rådhusstämman, en rättighet, som kunde stå honom dyrt, om han icke begagnade sig däraf. För de förmögnare eller „de förnämste af borgerskapet" har utskottets tillkomst visserligen medfört ökadt arbete i kommunens tjänst, men den har äfven bidragit att utvidga deras inflytande vid allmänna ärendens behandling och afgörande.

För att vara en värklig borgarerepresentation hade utskottet bort tillsättas genom allmänt val af det burskapsägande borgerskapet. Enligt 1619 års stadga skulle magistraten utse de älste sedan borgerskapet valt och stält på förslag dubbelt så många som behöfdes. Ingendera grundsatsen följdes i Åbo. Magistraten besatte lediga platser inom utskottet utan föregående valmöten af borgerskapet. Borgerskapet hade, strängt taget, endast förslagsrätt, men det är tydligt, att magistraten i regeln måste rätta sig efter allmänna opinionen och att den tog all tillbörlig hänsyn till de älstes och öfriga borgares förslag, om den ock i princip förbehöll sig afgörandet. Om någon konflikt talas aldrig. Ledamotskapet i de 24 älstes råd ansågs ingalunda synnerligen eftersträfvansvärdt och det har väl i många fall mera gält att förmå en borgare att mottaga en kallelse än att välja mellan flera aspiranter.

Vid utnämniugen af de älste iakttogs den regel, att lika många representanter utsågos för hvarje kvarter, såvidt detta nu lät förena sig med antalet 24. Sålunda har hvarje kvarter alltid varit företrädt af 4 à 5 bland kvarterets innebyggare. Men dessutom måste hänsyn tagas därtill, att alla lager af det burskapsägande borgerskapet blefvo representerade. Hvilken måttstock som härvid följdes, finnes ingenstädes angifven. Såvidt jag kunnat finna, voro bland de åren 1675, 1687, 1695 och 1699 förekommande älste de olika yrkena på följande sätt företrädda:

	1675			1687			1695			16 99		
	Handl.	Handtv.	Borg.	Handl.	Handtv.	Borg.	Handl.	Handtv.	Borg.	Handl.	Handtv.	Borg.
Kyrkokvarteret	2	—	2	2	1	2	2	—	3	—	—	—
Mätäjärvi	1	2	2	2	—	3	1	2	1	—	—	—
Klöstret	2	1	2	3	—	2	3	—	—	—	—	—
Aningais södra	1	1	3	2	—	3	—	—	5	—	—	—
„ norra	2	1	1	2	—	3	1	1	3	—	—	—
Summa	8	5	10	11	1	13	7	3	12	8	4	12

Såsom af ofvanstående framgår, torde ingen bestämd regel uppstälts i afseende å antalet handlande, handtvärkare och borgare, som insattes i utskottet. I allmänhet har på hvarje kvarter kommit 2 handlande, 1 handtvärkare och 2 borgare, men mycket ofta har proportionen varit annorlunda. Talrikast har köpmännens klass varit representerad, då man tager hänsyn till dess ringa numerär i förhållande till andra klasser. Handtvärksmästarene däremot, hvilka man skulle trott sig finna starkt företrädda inom kommunalrådet, ha på ett i ögonen fallande sätt blifvit ignorerade. Hvarpå detta berott, vågar jag icke afgöra. Måhända är förklaringsgrunden att sökas däri, att magistraten genom de af sina medlemmar, hvilka sutto såsom bisittare i ämbetena, kunde lätteligen meddela sig med mästarene; måhända äfven därpå, att handtvärksmästarene, hvilka framför andra medborgare ägde förmånen att vid gemensamma sammankomster meddela sig med hvarandra, kunde genom något vid allmänna rådstugumöten närvarande ombud uttala sin uppfattning. Det förekommer nämligen fall, då åldermannen eller annan mästare på ämbetets vägnar uttalat sig om vid rådhusstämma förekommande ärende.

Efter utnämningen aflade de älste sin ed. Mandatet varade i allmänhet så länge som den resp. innehafvaren ville behålla det. Någongång ha utnämningar i större skala ägt rum, men i de flesta fall ha valen företagits när en medlem afgått genom döden eller anmält sin önskan att blifva befriad från uppdraget. Den lifliga omsättning, som ägde rum, visar, att kallet kändes besvärligt och att de flesta efter en tid anhöllo att blifva därför förskonade.

De 24 älstes funktion har i allmänhet bestått i att företräda gemena borgerskapet och att som ett slags nämd eller deputeradekammare biträda magistraten i förvaltningsärenden. De kallades ganska ofta tillsamman, om de ock högst sällan infunno sig någorlunda mangrant. Ofta kommo de till ett antal af 5—10, hvarför rätten äfven gentemot dem måste hota med lagens straff för förfallolöst uteblifvande. Vid val till riksdagen och vid besättandet af lediga platser i rådet bespordes de älstes mening, och när denna icke var enhällig, skreds till votering. Äfven vid besättandet af öfriga stadens betjänte gafs dem tillfälle att yttra sig [1]). Taxeringarna anstäldes i deras närvaro och ansökningar om lindringar i taxan hänskötos till dem. Likaså förrättades i deras närvaro

---

[1]) Rådst. prot. 11 maj 1698.

båtsmansskrifningen och bestämdes markegångstaxan [1]). I resolution af den 18 mars 1689 biföll regeringen till borgerskapets anhållan att magistraten blefve pålagd att icke allenast inför landshöfdingen, utan äfven för de älste redovisa för användningen af de medel konungen anslagit till de publika husens byggnad [2]). Senare finner man magistraten redogöra inför de älste för årets budget och med dem bestämma om särskilda utgiftsposter [3]). I ofvanstående resolution af 1689 villfors äfven borgerskapets begäran „att alla borgerskapets angelägenheter och hvad commercen tillhörer måtte slutas i de 24 älstes närvaro och de njuta lika förmån med de 48 i Stockholm." Från år 1693 deltogo de älste i bedömandet af de ansökningar om burskaps vinnande, som inlämnades till magistraten och landshöfdingen [4]). Öfverläggningarna voro å ömse sidor mer familiära än på allmänna rådstugumöten och magistraten har oftare än förr hemstält till borgarenes betänkande förvaltningsärenden. På detta sätt har utskottsinstitutionen ytterligare ökat samarbetet mellan magistraten och borgerskapet Den har underlättat magistratens arbete och den har tillika beredt borgerskapet tillfälle att oftare än förr uttala sig i frågor af vikt för kommunen.

Genom utskottets tillsättande upphörde ingalunda det meniga borgerskapet att kallas till rådhusstämma. Alt fortfarande omnämnas jämte de älste menige man, om ock anledningarna till deras inkallande nu blifvit färre. Vid sådana tillfällen leddes dock ordet af de älste, och om öfriga borgare äfven tillspordes om sin mening, så fästades hufvudvikten vid de älstes utlåtande. Så känna vi redan ur det föregående, hurusom vid rådmansvalet år 1698 hela borgerskapet fick tillfälle att yttra sig, men hurusom resultatet af dess mening inhämtades genom omröstning bland de älste. Ett liknande fall relateras vid riksdagsmannavalet år 1688, som skall skildras i det följande.

I stadgan af år 1619 medgafs det de älste att, när vigtigare saker förekommo till afgörande, meddela sig med sina medbröder, innan de afgåfvo sitt svar. Om sådana kvartervis hållna öfverläggningar mellan utskottet och borgerskapet i Åbo talas endast vid de ofvan berörda valen 1688 och 1699. Äfven vid riksdagsmannavalet 1686 torde något liknande möte egt rum. Att dessa

---

[1]) Rådst. prot. 2 dec. 1689, 24 nov. 1690, 4 maj 1696 m. fl. st.
[2]) Riksreg.
[3]) Rådst. prot. 20 maj 1689.
[4]) Jemfr. sida 325.

fall emellertid icke voro de enda, framgår af borgerskapets anhållan vid 1682 års riksdag att få uppsätta „en stufva" för sina sammankomster. Denna begäran betraktades dock nu såsom åsyftande „en otjänlig novitet". På samma gång konungen fann skäl att i nåder förkasta ansökningen förmanade han borgerskapet, att „de ville härefter som tillförene späkt och skickeligen lefva och sig förhålla; och att draga försorg om stadens gemena bästa, det angår landshöfdingen och magistraten på rådstugan; där kunna de, ehvad dem angeläget är och deras befordring reqvirerar, tidigt angifva och föredraga [1)]."

[1]) Resol. för borgersk. 20 dec. 1682 § 20.

VI.

På riksens möten.

V i ha under 1600-talet att skilja åt mellan trenne slag af riksmöten: allmänna riksdagar, vanligen kallade herre-dagar, utskottsmöten och landskapsmöten.

I riksdagens, det af alla stånden besökta riksmötets historia äga de första decennierna af sjuttonde och, kan man till-lägga, det sista årtiondet af det sextonde seklet en synnerlig betydelse. Fyrståndsindelningen, fördelningen på fyra kamrar, vinner först då sin fulla utbildning och bekräftas i lag genom 1617 års riksdagsordning, den första förordning, som reglerar riks-dagens värksamhet. Lagstiftnings- och beskattningsfrågor, d. v. s. frågor som under senare tid ansetts specielt höra till ständernas arbetsordning, kunna först nu sägas tillhöra riksdagens kompetens. Därförinnan hade de endast sporadiskt — och under medeltiden aldrig — hänskjutits till riksdagen. Från denna tid har riksda-gen upphört att vara, hvad den ursprungligen varit, en för lagen okänd församling, som sammanträdt endast under stormuppfylda tider, för att gifva stadga och kraft åt utomordentliga, icke sällan revolutionära förehafvanden. Den har, såsom en författare ut-trycker sig, nu blifvit „organet för en ständigt fortgående växel-värkan mellan konung och folk." [1]

När tidsförhållandena voro af den art, att regeringen icke kunde eller icke ville afbida en fullständig riksdags sammankomst, utlystes s. k. utskottsmöten, d. v. s. riksmöten, till hvilka endast de tre högre stånden och från dem blott ett fåtal representanter kallades. Det första mötet af denna art hade hållits redan år

---

[1] Nils v. Steyern, Svenska riksdagens historia 1600—1650, s. 75.

1596, men först i regeringsformen af år 1634 meddelades föreskrifter rörande mötets sammansättning. Borgareståndet, d. v. s. Sverges och Finlands städer — Kexholms län, Östersjöprovinserna och de tyska länderna hade icke representationsrätt vid riksmötena — företräddes enl. R. F. af en borgmästare från Stockholm, Uppsala, Göteborg, Norrköping, Åbo och Wiborg. Dessa möten handlade egentligen frågor rörande utrikespolitiken och administrationen, men ha äfven beviljat skatter. Då de inneburo en fara för bondeståndets representationsrätt, blefvo de aflysta genom R. F. 1660, sedan det sista mötet af detta slag hållits på hösten samma år [1]).

Gjorde ett utbrutet krig en snar förstärkning af hären och krigskassan nödvändig och en riksdag icke kunde i hast samlas, sände regeringen äfven ut kommissarier för att med „ständerna i landsorten" underhandla om den behöfliga hjälpen. Än kallades representanterne för de fyra stånden i ett län att infinna sig i residensstaden eller någon annan ort, än sammanträffade ombuden för flera län på samma ställe. Så hölls i Finland år 1657 någorlunda samtidigt möten på fyra ställen, i Åbo, Helsingfors, Wiborg och Torneå; år 1676 kallades alla ombuden till Åbo, hvarför detta landskapsmöte äfven kan kallas en landtdag för Finland. Landskapsmötena förbjödos på samma gång som utskottsmötena, men upphörde först i slutet af 1670-talet.

Ehuru folkets röst sålunda kunde göra sig hörd på möten af olika slag och riksdagen erhållit såväl i lag stadgade former som ett utvidgadt värksamhetsfält, så var ständernas inflytande på det politiska lifvet ännu icke synnerligen stort. 1600-talets riksdagar voro blott en förskola till frihetstidens. Denna relativt ringa utbildning af riksdagens politiska värksamhet berodde dels därpå, att regeringen ensam hade rätten till initiativ och att det ankom allenast på densamma att bestämma tiden för riksdags hållande, men äfven i väsentlig mån däruppå, att stånden ännu icke kommit till insikt om hela bärvidden af den myndighet representationen vid riksdagen rättsligen lade i deras händer. Och icke allenast, att de politiska begreppen ännu voro tämligen omogna; riksdagarna stodo dessutom på flera håll i dåligt rykte, betraktades som en börda, som regeringen endast vid stor nöd borde pålägga undersåtarne. Konung Sigismund hade vid sin kröning lofvat att icke betunga riket med många riksdagar och i sin konungaförsäkran utfäste sig Gustaf II Adolf att icke kalla riksdagen till-

---

[1]) Jmfr. K. V. Beckman, Bidr. t. utskottsmötenas historia.

hopa utan att riksrådet erkänt dess sammankomst nödvändig för rikets välfärd. Riksdagarna voro merendels bevillningsriksdagar, afsågo att fylla regeringens tomma skattkammare och att skaffa knektar till hären, så att när budkaflen gick, att herredagen skulle komma tillhopa, fördes handen mekaniskt åt det håll, där pungen satt, och mången ungersven tänkte redan på utvägar, huru han skulle undgå den förhatliga knekteutskrifningen.

De stånd, som utöfvade något inflytande på riksdagen, voro ridderskapet och adeln samt prästaståndet. Borgareståndet tog sällan värksammare del i riksdagsförhandlingarna och dess hållning i tidens stora frågor erhöll en större betydelse blott genom ståndets anslutning till präster och bönder. Icke ens dess anspråk på särskilda ståndsprivilegier blefvo tillgodosedda Men om dess betydelse för riksdagen sålunda icke var stor, så hade å andra sidan riksdagen en icke ringa betydelse för stadskommunerna.

Vid riksdagen voro städerna i tillfälle att antingen gemensamt eller enhvar för sig framhålla de hinder, som hämmade handelns utveckling i allmänhet och en enskild stads isynnerhet. Herredagsmännen kunde såväl inför regeringen som inför hela ståndet gifva uttryck åt de bekymmer, som fylde deras valmän, och de farhågor de hyste för framtiden. Flertalet af valberättigade ansågo riksdagens förnämsta betydelse ligga just däri, att den gaf kommunerna en osökt anledning att på en gång framföra de önskningsmål, som hopat sig sedan senaste riksdag, och att framställa förslag om de åtgärder, som ensamma kunde lindra stundens stora bekymmer. Gafs ett gunstigt utslag på deras suppliker, då kände de sig försonade med det besvär och de utgifter representationsrätten medförde. Städernas ombud — likaså väl som prästerskapets och allmogens — kommo till herredagen med vidlyftiga klagomålsregister; de buro fram önskningar, som nödvändigtvis måste uppfyllas, om regeringen icke ville öfverlåta deras stad åt en säker undergång, riket och nationen till obotlig skada. Skrifvelserna voro hållna i den mest bevekliga tonart och fylda af de mörkaste tidsskildringar, när det gälde att slippa en bevillning eller erhålla ett understöd i en eller annan form; gälde det åter ett attentat mot en närbelägen, besvärlig stads existens, var skriften präglad af ett rörande själfförtroende och en orubblig tro på stadens förmåga att på grund af sitt goda läge och andra naturliga hjälpmedel svinga sig upp till betydenhet och dymedelst göra riket och kronan en stor välgärning. När man läser dessa besvär, i hvilka undersåtliga tillgifvenhetsförsäkringar omväxla med bilder i becksvart, frapperas man värkligen öfver, huru det varit möjligt att dessa städer kunnat lotsa sig fram genom tidens stormar och vidrigheter, många t. o. m. i ganska konserveradt skick. Det gälde för den regering, som mottog dessa jeremiader, att lugnt åhöra nödropen, utdela smärre lindringar och löften utefter hela linien och afspisa de flesta punkterna med försäkran om sin landsfaderliga åhåga och goda intentioner, men tillika hänvisa till „de närvarande konjunkturerna", hvilka icke medgåfvo större eftergifter. Medgifna privilegier behöfde icke hänskjutas till riksdagen. Våra tiders uppfattning om privilegiefrågors afgörande var ännu okänd. Regeringen kunde af egen maktfullkomlighet och utan att höra ständerna utfärda privilegier åt ett helt stånd eller en kommun. Det skulle dock iakttagas, att genom privilegier åt en ort en annans rätt icke blef för mycket för nära trädd.

* * *

Antalet at städernas herredagsmän var intill år 1634 obestämdt och berodde på regeringens tör hvarje gång utgifna ordres. I regeln kallades en borgmästare och därjämte vanligen en rådman och en borgare. Vid riksdagen i Linköping år 1600 representerades Åbo af en borgmästare och tvänne borgare, vid kröningsriksdagen i Uppsala år 1617 äfvenledes af trenne ombud, bland dem en borgmästare. Till de bägge riksdagar, som höllos år 1627, valdes en borgmästare, en rådman och en borgare. Likaså till den tilltänkta riksdagen i Wästerås 1629. I enlighet med regeringens tillsägelse utsågos år 1634 en borgmästare, en rådman och en af menige man att deltaga i riksdagen och den aflidne konungens begrafning, men kort efter valet förklarade borgerskapet, att dess tillgångar icke medgåfvo bekostandet af den tredje representantens resa, som därför också synes blifvit instäld. Vid utskottsmötet i Stockholm år 1631 företräddes staden allenast af en borgmästare och en rådman. Huru stort de delegerades antal var vid öfriga riksmöten före år 1634, kan numera icke bestämmas [1]).

Genom 1634 års regeringsform fastställdes, att hvar stad skulle företrädas af en borgmästare och en rådman eller annan förnäm borgare. Denna bestämning modifierades i praktiken sålunda, att de mindre städerna sände ett ombud, de större flera, Stockholm ända till 4. Från Åbo kommo, på något enda undantag när, tvänne herredagsmän, aldrig flere. År 1650 föreslog ma-

---

[1]) Riksdagsacta; Åbo rådst. rätts protokoll; Åbo tidningar 1774.

gistraten visserligen, att fyra personer skulle afsändas i anledning
af drottningens förestående kröning, men förslaget afslogs för ut-
gifternas skull. Till riksdagen i Göteborg 1659—60 infunno sig väl
tre ombud, men detta berodde på speciela orsaker, dem läsaren
redan känner. T. o. m. 1668 års riksdag företräddes staden som
oftast af en borgmästare och en rådman, någongång af en magi-
stratsledamot och en borgare; från 1672 alltid af en borgmästare
eller rådman och en borgare, vid riksdagen i Halmstad 1678 alle-
nast af en rådman, ehuru ursprungligen en borgmästare och en
rådman blifvit valda. Till utskottsmötena kallades ombud från
Finland endast några gånger. År 1635 representerades Åbo syn-
barligen endast af en rådman, år 1636 af en borgmästare och en
rådman. Representanterna vid provincialmötena äro icke fullstän-
digt kända. Vid mötet i Åbo 1671 förekommo en borgmästare,
syndicus och tre medlemmar af borgerskapet [1]).

Angående borgerskapets fullmäktige yttrar v. Steyern [2]), att
„de torde i allmänhet hafva blifvit nämda af magistraten.“ Då
denna utsaga är nog vag och en undantagslöst gällande regel för
valen i samtliga städer väl knapt kan uppställas, är det af nöden,
att vi skrida till en undersökning om det sätt, hvarpå valen för-
rättades i Åbo, och de inflytelser, som därvid gjorde sig gällande.

Valet hölls inför sittande rätt i närvaro af det burskaps-
ägande borgerskapet, som genom stadens trumslagare kallats att
inställa sig. Emellanåt var endast ett utskott af de förnämligare
borgarene instämdt. Någon gång öfvervarade landshöfdingen för-
rättningen. Denna började med uppläsandet af riksdagskallelsen,
hvarpå borgerskapet tillspordes, hvilka de ville sända till mötet.
Än låter valprotokollet påskina, att borgerskapet ägde att „sig
emellan utvälja och nämna“ samtliga ombud, såväl magistratsleda-
moten som det borgerliga ombudet. Än åter förklarade magistraten,
att den förenat sig om att som sin representant utse den eller den
borgmästaren eller rådmannen, hvarför borgerskapet uppmanades att
nämna sin representant. Hvad nu uppmaningen i den förra formen
vidkommer, så ha nog borgarene voterat på bägge ombuden och
sålunda utpekat den magistratsledamot de ansågo vara för tillfäl-
let bäst egnad till herredagsman. Men dels ha borgarenes vota
afgifvits först sedan mgistraten föreslagit kandidater, dels har det
skett under förutsättning, att äfven borgmästare och råd förenade

[1]) Riksdagsacta; Åbo rådst. prot.
[2]) Bidr. t. sv. riksdagens hisioria 1600—1650, s. 36.

sig om den bland sina kolleger, på hvilken borgerskapets röst
fallit. Ty valet af magistratsrepresentanten berodde h. o. h. på
borgmästare och råd. Vanligen gick uppdraget i tur och ordning
och först sedan den, som var i turen, undanbedt sig äran, utsågs
en annan. Borgmästarene hade härvid alltid prioritetsrätt. Nekade
de samtligen eller ansågos de af en eller annan anledning olämp-
liga — såsom år 1686, då den ena borgmästaren var invecklad i ett
sedlighetsmål och den andra låg i process med sina kolleger — så
utkorades en rådman. Då en borgmästare, en rådman och en bor-
gare deputerades, betraktades nog de två förstnämde såsom spe-
ciela magistratsrepresentanter. Att borgerskapet tilläts yttra sig
angående dessa är mera att betrakta som en formalitet, en grace
från magistratens sida, än som ett värkligt uttryck för borger-
skapets inflytande på valet. Meniga borgerskapets omröstning hade
sin betydelse egentligen endast såvidt som det gälde den andra
representanten. Visserligen erfordrades äfven för detta val ma-
gistratens samtycke, och då det kommit till konflikter, ha borg-
mästare och råd visat, att valet af bägge herredagsmännen i sista
hand berott på dem. Men borgerskapets röst måste tydligen ha
en helt annan betydelse, när det var fråga om borgarerepresen-
tanten än när uttalandet gälde ombudet för magistraten. Borg-
mästare och råd kunde icke utan synnerligen viktiga skäl ogilla
en kandidat, som hade den allmänna opinionen för sig. Var bor-
gerskapet deladt, kunde magistraten välja mellan kandidaterne
eller länka valet på någon tredje. Emellanåt föreslog magistraten
några lämpliga borgersmän, bland hvilka urvalet kunde ske; än
åter nämde borgerskapet på grund af egen inspiration. Sedan de
älstes institution kom i stånd, ha de 24 kommunalråden hufvud-
sakligast företrädt sina medborgare och vid fall af olika mening
har omröstning anstälts bland dem. Dock har det varit öf-
riga borgare obetaget att yttra sin mening. Någon gång omnäm-
nas förberedande valmöten, vid hvilka borgarene eller ett parti
bland dem öfverenskommit om kandidater till valet. Så år 1636,
1659 och 1688 [1]).

Om ett ingripande i valet från konungsmannens sida talas
någon gång. I november 1648, då riksdagskallelsen upplästes, be-

---

[1]) För närmare kännedom af valen hänvisas till rådst. prot. 21 apr.—21
maj 1634, 2 maj 1636, 5 dec. 1637, 29 nov.—9 dec. 1639, 19 okt.—26 nov. 1646,
15 mars 1654, 10 jan. 1655, 12 sept.—11 okt. 1659, 21 mars 1664, 21 apr. 1668,
1 juli 1672, 3 juli 1675, 21 juli 1680, 31 juli 1686, 5 dec. 1688, 12 jan. 1689, 11—
20 sept. 1693 m. fl. dagar.

rättade magistraten, att grefve Brahe hade „deputerat och namn-gifvit" borgmästaren Johan Hansson och borgaren Petter Thor-wöst. Protokollet för mötet tillägger: „då svarade borgerskapet dem vara goda nog." Vid riksdagsmannavalet 1668, då de valde undan-bådo sig uppdraget, vände sig magistraten till generalguvernören, som befriade den ene från besväret. När borgmästaren Schæfer tredskades att resa år 1680, kom från landshöfding Oxe tillsägelse att oförtöfvadt gifva sig i väg. Under valstriden 1688 säges lands-höfdingen ha „kallat" magistratens ombud [1]).

Till konflikter kom det högst sällan. Det kommunala lifvet hade ännu icke vunnit den utveckling, att riksdagsmannaplatserna skulle efterfikats såsom medel för genomförandet af ett visst po-litiskt system eller för tillfredsställandet af politisk ärelystnad och personlig fåfänga. Specielt under seklets förra hälft betraktades her-redagsmannauppdraget som en börda och en resa till den aflägsna riksdagsorten som ett offer på fäderneslandets altare. År 1634 be-friades rådmannen Bugenhagen, hvars tur det var att resa, från skyldighetens fullgörande mot vilkor att förnöja sin vikarie för dennes omak. Ett år senare lofvade rådmannen Ekman 60 daler åt den, som ville fara i hans ställe. År 1637 slapp herredagsman-nen Säger från saken med 50 daler s. m. Under valtrasslet år 1659 förordnade magistraten, att rådmannen Johan Knutsson skulle resa i st. f. rådmannen Jesenhaus, „som ordningen denne gången tangerade", och skulle han, „såsom för detta brukeligt och vant varit hafver", godtgöras af Jesenhaus med 100 daler k. m. Be-stämmelsen hade till följd, att Jesenhaus föredrog att resa fram-för att uppoffra sina 100 daler [2]). För borgerskapet var det tämli-gen likgiltigt, hvilken magistratsledamot det var, som af sina äm-betsbröder utkorades till herredagsman. Och äfven vid valet af borgareombudet visade valmännen stor liknöjdhet. Än hemstälde de öppet afgörandet „uti rättens betänkande och skön" [3]), än in-stämde de villigt i rättens förslag. Så i regeln. Någongång — och det var i undantagsfall — blef endräkten störd och det kom till häftiga debatter och tumultuariska uppträden. Hvarje gång visade det sig, att magistraten var den starkare parten, som kunde upphäfva borgerskapets val och utse ett efter dess mening lämp-ligare subjekt. Dessa valstrider sakna icke sitt intresse, synner-

---

[1]) Rådst. prot. 27 nov. 1648, 19 maj 1668, 15 sept. 1680, 8 dec. 1688.
[2])   „   21 maj 1634, 9 mars 1635, 8 dec. 1637, 24 sept. 1659.
[3])   „   19 okt. 1646, 10 jan. 1655.

ligen som de äro de första i sitt slag, som historien om våra riks-
dagsmannaval har att uppvisa, hvarför vi i det följande skola åter-
komma till dem.

I sammanhang med valet gälde det att bestämma herredags-
männens arvoden. Det var alltid en ledsam sak, när ordet uttaxe-
ring nämdes, och representationsrätten hade en i dubbelt hänseende
mörk sida, då hvarje riksmöte föregicks och efterföljdes af utgif-
ter. Många voro ock de påminnelser magistraten och de depute-
rade själfva gåfvo om herredagspengarnas utbetalande, innan ar-
vodet blef inkräfdt. Dess belopp var olika för olika ombud och
lämpades efter den utkorades samhällsställning för öfrigt och de
utgifter man förmodade att han var tvungen att göra för upp-
rätthållandet af sin reputation på riksdagsorten. År 1627, då en
borgmästare, en rådman och en borgare utsändes till de bägge
riksdagarna, bestämdes hvardera gången borgmästarens apanage
till 300, rådmannens till 200 och den gemene borgarens till 100
daler k. m.; år 1634, då en borgmästare och en rådman afgingo,
erhöll den förre 350 och den senare 250 daler; 1675, då borger-
skapets representant redan tidigare afrest i affärer till Stockholm,
anslogs inalles 500 daler till riksdagsmännens underhåll äfvensom
en „diskretion" på 25 dukater åt kanslirådet Oliwecrantz, natur-
ligtvis för att genom dennes medvärkan få ett gynnsamt svar på
riksdagsbesvären [1]. Taxeringen värkstäldes efter skattören och
och medlens uppbörd var öfverlåten åt särskilda deputerade.

En viktig sak återstod ännu, innan valmötet förklarades upp-
löst: besvärens uppsättande. Riksdagens egentliga betydelse och
dess enda förtjänst, som i någon mån öfverskylde dess förtretliga
följder, låg, såsom redan framhållits, i mångas ögon just däri, att
den gaf borgerskapet hopp om erhållande af särskilda lindringar
och privilegier. Ju flere ansökningar som biföllos, desto gynnsam-
mare bedömdes de deputerades nit och politiska kapacitet och i
desto angenämare hågkomst bevarades den riksdagen. En riksdag,
som icke medförde annat än idel afslag eller ock några smulor
från regeringens stora privilegiebord, var fullkomligt förfelad, och
det gick någongång så långt, att röster höjdes, som uppstälde ett
godt svar på besvären såsom vilkor för herredagspenningarnas ut-
betalande [2] Det var därför nödigt, att vid valtillfället erinra sig
alla de suppliker, som tidigare blifvit afslagna, och alla de nya

---

[1] Åbo Tidningar 1774 N:o 13; rådst. prot. 21 maj 1634, 2 maj 1675.
[2] Rådst. prot. 2 maj 1675.

bekymmer, som hopat sig efter senaste riksmöte. Sedan borgerskapet uttalat sina önskningsmål, uppsattes besvärsskriften af magistraten, som därvid inflickade önskningar för egen del, de flesta åsyftande en förbättring i lönevilkoren. Skriften undertecknades än med orden „borgmästare och råd samt meniga borgerskapet i Åbo", än allenast med „borgmästare och råd". Sällan ha de deputerade i eget namn uppsatt och inlämnat ansökningen. Vid seklets sista riksdagar undertecknade borgmästare och råd med sina egna namnteckningar. Emellanåt ha tvänne inlagor blifvit inlämnade till regeringen. Vid 1693 och 1697 års riksdagar uppsattes en besvärsskrift för stadens och en annan för magistratens räkning [1]).

Vid borgareståndets plena sutto Åbo stads representanter på de främre bänkarna. På kröningsriksdagen 1617 intogo de främsta städerna följande ordning: Stockholm, Uppsala, Kalmar, Wästerås, Norrköping, Åbo m. m. I 1647 års rangordning för städerna nämnas först: Stockholm, Uppsala, Göteborg, Norrköping, Åbo och Wiborg. Med hvilken ifver herredagsmännen på Åbobänken deltogo i debatterna och riksdagslifvet öfverhufvud, är fullkomligt okändt. Att några bland dem betraktats som en ackvisition för ståndet, kan man antaga på grund af hvad man för öfrigt känner om deras bildningsgrad och deras uppträdande i hemstadens kommunala lif. Såsom medlemmar i riksdagens förnämsta och länge enda gemensamma utskott, sekreta utskottet, nämnas då och då Åbo-representanter.

Efter hemkomsten från riksdagen redogjorde herredagsmännen på rådhuset inför borgerskapet för utgången af sitt mandat och för svaren på stadens hemställningar. Tillika upplästes riksdagsbeslutet och uttolkades på finska för det finska borgerskapet. Därvid passade magistraten eller konungens befallningshafvande, om han var närvarande, på tillfället att uppmana borgerskapet till beslutets efterlefvande, d. v. s. att ordentligt erlägga den af ståndet åtagna skattebevillningen. Så heter det i rådstuguprotokollet för den 13 april 1633, då Hans Guttrie återvändt från riksdagen och Gustaf II Adolfs begrafning, att underståthållaren på det strängeligaste och allvarligaste förmante borgerskapet att „med all lydno och hörsamhet, i enighet och vänlighet sig ställa och förhålla" gentemot den unga drottningen och „där öfver våga både mod och blod, där så behöfves och riksens nöd så kräfva kunde,

---

[1]) Åbo stads besvär.

som dock Gud nådeligen bevare" [1]). Stundom hölls borgerskapet i fullständig okunnighet om hvad som passerat på riksdagen. Då rådman Kasper Ekman återvände från 1635 års utskottsmöte, vid hvilket ständerna uttalat sig angående polska fredstraktaten och drottningens uppfostran, förklarade han på rådstugan, att gammal god sed visserligen bjöd honom att redogöra för riksdagens arbete, men att han nu måste bryta däremot, emedan frågorna blifvit „så hemligen och i stillhet" afhandlade och herredagsmännen förbjudits „vid hvars och ens edsplikt, sådant utropa eller tala" [2]). Det enligt moderna begrepp parlamentsvidriga förfarandet väkte ingen anstöt, endast nyfikenhet.

* * *

Fullständiga uppgifter om Åbo stads delegerade vid riksmötena ha numera icke kunnat erhållas. Rörande flera möten upplysa handlingarna alls icke, huruvida representanter från Åbo och Finland varit närvarande. Om somliga under seklets förra hälft hållna vet man med säkerhet, att ingen kallelse utgått till Finland. I vissa mötens beslut påträffas Åbo stads sigill, men underrättelse saknas om, hvem som trykt det. Då jag i det följande meddelar de uppgifter om Åbo stads herredagsmän jag inhämtat, så utesluter jag h. o. h. ur räkningen de möten, för hvilka inga upplysningar föreligga, men upptager dem, vid hvilka något ombud närvarit, ehuru hans namn numera icke är bekant.

Åbo stads herredagsmän 1600—1697.

Riksdagen i Linköping 1600. Borgmästaren Hans Henriksson, borgarene Jöns Henriksson och Lukas Larsson.

Riksdagen i Stockholm 1602. Stadens sigill finnes under riksdagsbeslutet.

Riksdagen i Stockholm 1605. Borgmästaren Knut Pedersson allenast nämd.

Riksdagen i Uppsala 1607. Borgmästaren Clas Thomasson (enl. Waaranen).

Riksdagen i Uppsala 1609. Stadens sigill under beslutet.

Landskapsmötet i Åbo 1612. Sigill under beslutet.

---

[1]) Bidr. t. Åbo hist. VI: 40.
[2]) „   „   VII: 30.

Riksdagen i Uppsala 1617. Borgmästaren Hans Platz, Lasse Mattsson (stadsskrifvare?) och Påvel Eriksson.

Riksdagen i Stockholm 1624. Borgmästaren Erik Andersson (enl. Carpelan).

Riksdagarna i Stockholm 1627. Vid den förra borgmästaren Erik Andersson, en rådman och en borgare. Vid den senare borgmästaren Krister Filipsson (tillika medlem af sekreta utskottet), rådmannen Erik Olofsson och borgaren Clemet Mulin; endast den förstnämde omnämnes i riksdagsbeslutet, hvarför de två andra, ehuru valde, möjligen uteblifvit.

Mötet i Uppsala 1629. Den 26 okt. 1629 föredrogs regeringens kallelse till en riksdag, som följande månad skulle sammanträda i Västerås, hvarefter borgmästaren Hans Olofsson, rådmannen Henrik Fråger och en borgare valdes till deputerade. Riksdagen blef emellertid icke af, utan i stället hölls i Uppsala ett möte med städernas representanter, hvilka afgåfvo sitt beslut den 9 december. Huruvida ofvannämda deputerade närvarit vid mötet, är okändt.

Utskottsmötet i Stockholm 1631. Borgmästaren Erik Olofsson och rådman Hans Bogge.

Riksdagen i Stockholm 1633. Borgmästaren Hans Guttrie och f. d. rådmannen, numera hauptmannen Henrik Tawast (i st. f. den först valde rådm. Johan Davendzbergh).

Riksdagen i Stockholm 1634. Borgmäst. Henrik Schæfer (tillika medlem af sekreta utskottet) och rådm. Johan Davendzbergh. Borgaren Clemet Mulin valdes till tredje representant, men valet återtogs för resekostnadernas skull.

Utskottsmötet i Stockholm 1635. Till herredagsmän valdes borgmästaren Johan Knutsson och rådmannen Kasper Ekman. Den förre reste emellertid icke, utan synes hans plats företrädts af stadsskrifvaren Nicolaus Bengtsson, som tidigare afrest till Stockholm på stadens vägnar, men i andra ärenden, och som jämte Ekman upptages såsom Åbo-representant i saml. riksdagsacta.

Riksdagen i Stockholm 1635. Borgmästaren Mårten Sigfridsson och rådmannen Johan Hansson.

Utskottsmötet i Stockholm 1636. Borgmästaren Johan Knutsson och rådmannen Lars Borgare.

Riksdagen i Stockholm 1638. Borgmästaren Henrik Schaefer och rådmannen Johan Hansson. Borgaren Petter Säger valdes af borgerskapet, men då han vägrade att resa, ordinerade rätten i hans ställe Johan Hansson.

49

Riksdagen i Nyköping 1640. Borgmästaren Hans Guttrie och borgaren Michel Eriksson Rytter. (Petter Thorwöst och Herman Stamer voro äfven stälda i valet, men undanbådo sig).

Riksdagen i Stockholm 1642. Borgmästaren Hans Guttrie allenast känd; var medlem af sekreta utskottet.

Riksdagen i Stockholm 1643. Borgmästaren Henrik Schaefer d. ä. och rådmannen Petter Jesenhausen.

Riksdagen i Stockholm 1644. Borgmästaren Johan Hansson och rådmannen Kasper Ekman.

Riksdagen i Stockholm 1647. Stadens sigill under beslutet och resolution på riksdagsbesvären, men representanterna okända.

Riksdagen i Stockholm 1649. Borgmästaren Johan Hansson och borgaren Petter Thorwöst.

Riksdagen i Stockholm 1650. Borgmästaren Nicolaus Lietzen och rådmannen Robert Rancken.

Riksdagen i Stockholm 1654. Borgmästaren Laurentius Brochius och rådmannen Petter Jesenhausen.

Riksdagen i Stockholm 1655. Borgmästaren Nicolaus Lietzen och rådmannen Hans Plagman.

Landskapsmötet i Åbo 1657. Borgmästaren Laurentius Brochius, talman för borgareståndet. Den andra representanten okänd.

Riksdagen i Göteborg 1659—60. Borgmästaren Laurentius Brochius, rådmannen Petter Jesenhausen (och borgaren Jöran Sonni).

Riksdagen i Stockholm 1660. Borgmästaren Nicolaus Lietzen och rådmannen Hans Plagman.

Riksdagen i Stockholm 1664. Borgmästaren Johan Schæfer och rådmannen Albert Rosskamp.

Riksdagen i Stockholm 1668. Borgmäst. Johan Schæfer och rådm. Johan Olofsson. Borgmäst. Petter Jesenhausen, som först utkorades, befriades från uppdraget af generalguvernören, som i stället förordnade Schæfer.

Landskapsmötet i Åbo 1671. Borgmäst. Johan Schæfer, syndicus Sveno Rydenius, handelsmannen Jochim Wargentin samt borgarene Jöran Karwa och Matts Hållo.

Riksdagen i Stockholm 1672. Borgmästaren Sveno Rydenius och borgaren Herman Thorwöst.

Riksdagen i Uppsala 1675. Borgmästaren Johan Schæfer och handl. Bertil Fästing.

Landtdagen i Åbo 1676. Borgmäst. Berendt Riggertsson allenast känd.

Riksdagen i Göteborg 1676. Borgmäst. Berendt Riggertsson och handl. Bengt Jönsson.

Riksdagen i Halmstad 1678. Rådmannen Johan Miltopæus, som därjämte representerade Nådendal och Brahestad.

Riksdagen i Stockholm 1680. Borgmäst. Johan Schæfer och handl. Johan Rancken.

Riksdagen i Stockholm 1682. Borgmäst. Berendt Riggertsson (medlem at sekreta utskottet) och handl. Henrik Fléege.

Riksdagen i Stockholm 1686. Rådman Johan Miltopæus och handl. Matthias Linck. Matts Hållo först vald af borgerskapet.

Riksdagen i Stockholm 1689. Rådman Wilhelm Wargentin och handl. Johan Leutken, (samt borgm. Ol. Beckius och handl. Joh. Rancken).

Riksdagen i Stockholm 1693. Rådman Mikael Corelius och handl. Carl Schæfer (sedan handl. Henrik Tolpo afsagt sig valet).

Riksdagen i Stockholm 1697. Borgmäst. Anders Prytz och handl. Henrik Tolpo.

* * *

Det var icke allenast vid riksmötena, som magistrat och borgerskap genom de af herredagsmännen framlämnade besvärsskrifterna nedlade inför regeringen sina önskningar och bekymmer. Äfven på annat sätt har staden anropat regeringens intervention. Närmast för handen låg att vända sig till styrelsens högste ombudsman på orten med anhållan om hans bemedling. Ett sådant vädjande har naturligtvis ägt rum och emellanåt har den kungliga höfvidsmannen af egen makt och myndighet kunnat afgöra ansökningen. Vid andra tillfällen har han spelat rollen af en medlare. När generalguvernören Gabriel Bengtsson Oxenstierna år 1633 gjorde en resa till Stockholm, tillsade han borgerskapet att sammanfatta de ärenden, som de ville hemställa till Konglig Majestät och hvilka ärenden hans excellens lofvade att på bästa sätt föredraga och understödja. Påminnelsen blef med nöje emottagen och efter rådplägningar mellan magistraten och borgerskapet uppsattes ett klagomålsregister, som aflämnades till friherren [1]. Äfven ha mellan riksdagarna deputationer afgått till regeringen dels på borgerskapets, dels på magistratens vägnar. År 1639 befullmäktigades Matts Eriksson och Matts Andersson af fyra de förnämste borgare i hvart kvarter „på hela gemene mans vägnar uti Åbo" att resa

---

[1] Bidr. t. Åbo hist. VI: 70—72, 79.

till Stockholm för att framlämna borgerskapets besvär [1]). År 1644
bemyndigade samtliga handtvärksämbeten mästarene Lambertz och
Schwerin att hos den myndig vordna drottningen föredraga handt-
värkarenes önskningsmål [2]). Efter branden 1656 deputerades borg-
mästaren Lietzen och köpmannen Henrik Schæfer d. y. att hos
regeringen ansöka om brandhjälp, men i brist på respenningar
och väl äfven andra orsaker afgick deputationen icke förr än 1658 [3]).
År 1683 var borgmästaren Beckins och år 1690 rådmannen Letzle
i Stockholm för att på magistratens vägnar framlämna en be-
svärsskrift [4]).

*   *   *

Lugn och fredlig var, såsom redan är nämdt, den prägel,
som i allmänhet hvilade öfver riksdagsmannavalen. Växlande
partigrupperingar bestämde icke valens utgång och små dissonan-
ser, beroende mest på personliga motiv, utjämnades utan svårighet.
Endast några gånger kom det till egentliga valstrider, då sinnena
råkade i en jäsning, som bjärt sticker af mot det eljest rådande lug-
net och som tyder på att det under den stilla ytan icke saknades
brännbara ämnen. Om den af finska borgerskapet år 1659 fram-
kallade valkampen har det redan varit tal. Vid valet år 1686 sy-
nes ett visst missnöje förefunnits ibland handelsmännen, men detta
yppade sig endast i motsträfvighet vid herredagspenningarnas er-
läggande. Vid det därpå följande valet, som hölls år 1688. kom
det till den hetaste batalj, som rådstugurättens protokoll ha att
omförmäla. Magistraten var nu, såsom år 1659, den angripna par-
ten, men emot densamma stod icke en skara lägre borgare, utan
stadens myndigaste köpmän, och till oppositionen hade dessutom
slutit sig den ena af stadens borgmästare, visserligen själf jäfvig
i fråga om utgången, dessutom mindre väl känd såsom dålig make

---

[1]) Åbo stads acta. Grotenfelt (Historiallinen Ark. IX: 187) har oriktigt
gjort dem till riksdagsmän. Detta år hölls nämligen ingen riksdag. Ett möte
hölls nog i Västerås och det har någongång kallats utskottsmöte, men det var
allenast ett utvidgadt rådsmöte eller ett ämbetsmannamöte, dit från rikets stä-
der endast några pastorer voro kallade. (Jmfr Beckman, Utskottsmötenas hist. s. 4).

[2]) Åbo stads acta; af Grotenfelt (se ofvan) oriktigt kallade riksdagsmän.

[3]) Rådst. prot. 16 mars 1658. Carpelan (Åbo i geneal. häns. s. 70) tager
miste, då han gör Schaefer till stadens representant vid 1658 års utskottsmöte
i Göteberg. Vid detta möte ha tydligen inga representanter för Finland när-
varit, åtminstone icke ombud för städerna. I stället underhandlade regeringens
ombud med de skilda städernas borgerskap om utgörande af en krigshjälp.

[4]) Åbo stads besvär; riksreg.

och försumlig tjänsteman, men ändå en god hjälpare åt de miss-
nöjde.

På allmän rådstugudag den 5 december 1688, bivistad af 10
bland de älste samt en del af det öfriga borgerskapet, upplästes
riksdagskallelsen och uppmanades menigheten att uppställa kandi-
dater. Då de tillstädesvarande ännu icke betänkt sig angående
saken, tillsades borgerskapet att sammanträda i hvart kvarter för
att uppgöra förslag och diskutera frågan om de delegerades un-
derhåll.

Öfver diskussionen på distriktsmötena finnas inga protokoll,
men resultatet framgår däraf, att den 8 december instälde sig trenne
bland de älste inför magistraten med anmälan, att borgerskapet
förenat sig om justitieborgmästaren Olaus Beckius och handels-
mannen Johan Rancken såsom de lämpligaste. Valet var en uppen-
bar utmaning åt magistraten, ty bägge de föreslagne lågo i äre-
kränkningsprocess med rätten. Det var därför icke att undra öfver,
om magistraten med en logik, som mycket väl kunde vändas mot
densamma, jäfvade såväl Beckius som Rancken, förklarande, att
den pågående processen gjorde det för magistraten omöjligt att
våga anförtro åt nämda personer stadens ärenden och sigill, hvar-
för rådmannen Wilhelm Wargentin, som själfva landshöfding Creutz
„kallat" i en skrifvelse, utsågs till magistratens representant och
valet af det andra ombudet uppskjöts till ett annat tillfälle.

.   Den 12 december hölls åter stämma. Närvarande voro 14
bland de älste „med en del af det svenska och finska borgerska-
pet och någre af handtvärkarne". På oppositionens vägnar fördes
ordet af Johan Rancken. Mot landshöfdingens utnämning an-
märkte han, att riksdagskallelsen lämnade borgerskapet frihet att
välja en borgmästare och en borgare. Framhållande, hurusom de
betrykta ekonomiska konjunkturerna, under hvilka handeln hotade
att „falla alldeles öfver ända", kräfde dugliga herredagsman, på-
minde han borgerskapet, huruledes Wargentin år 1681, då han
afskickats med borgerskapets postulata, kom med oförrättadt ärende
hem. Detta påstående betecknades af Wargentin som en lögn, och
annoterades till protokollet på yrkande af Rancken, som sade: „den
tiden han var en karl, var rådman en pojke". I diskussionen in-
blandade sig nu rådman Johan Miltopæus, berättande, att han på
riksdagarna år 1678 och 1686 „disputerat" från Åbo stads kontri-
bution 500 daler s. m. „viljandes han nu se, hvad Rancken kunde
uträtta". Rancken åter påstod sig kunna bevisa, att Miltopæus
uppfört sig tämligen slätt på riksdagen. „Och som medelst detta

Ranckens begynta oväsende intet kunde uträttas", resolverades, att Beckius, Wargentin och Rancken skulle afträda, hvarpå omröstningen vidtog. Först anmälde handelsmännen Fléege från Kyrkokvarteret, Johan Merthen från Klosterkvarteret och Matthias Linck från Norra kvarteret, att borgerskapet vid möte hemma hos dem beslutat att icke frångå Beckius och Rancken. Merthen tillade dessutom, „att där magistraten ville sända någon utom deras vilja, så må de ock dem själfva underhålla, men de af borgerskapet vilja sända en för sig". Johan Leutken från Aningais södra berättade, att borgerskapet i hans kvarter icke fattat något beslut, och Henrik Tolpo kunde till magistratens stora belåtenhet förtälja, att Mätäjärviboarne röstat på Wargentin och någon borgare, men icke Rancken. Nu upptogs till protokollet de närvarandes röster, såväl älstes som öfriga borgares (bland de senare några handtvärksmästare på sina ämbetens vägnar), och framgick det vid summeringen, att Wargentin erhållit 20 och Beckius 15 röster. De få närvarande handelsmännen gåfvo sina röster åt Beckius; det finska borgerskapet och handtvärkarne delade sig mellan bägge.

Vid samma omröstning erhöllo bland borgerskapet handlanden Johan Rancken och borgaren Jöran Hurula de flesta rösterna. Par dagar senare fick magistraten veta, att ett antal borgare vid ett privat sammanträde förenat sig om handelsman Johan Leutken.

Till slutligt afgörande kom det den 12 januari 1689. På landshöfdingens vägnar infann sig assessoren Samuel Wallenstierna för att dirigera mötet. Först höll rätten en förberedande konferens, hvarvid man förenade sig om Wargentin och Leutken. Beslutet gillades af Wallenstierna och det med så mycket större skäl, som hofrätten resolverat, att Beckius och Rancken borde stanna i staden för sina processers skull. Sedan detta öfverenskommits, öppnades dörrarne för borgerskapet. Wallenstierna förordade rättens kandidater, men motsades lifligt af Johan Rancken och några andra handelsmän. Rancken upprepade sina tidigare gjorda påståenden om Wargentins oduglighet och behofvet af att sända en herredagsman, som kan „staden något nyttigt skaffa och icke honom påbringa stora kontributioner". I stridens hetta undföll honom yttrandet, att de, som röstade på Wargentin, voro „allenast sextondels [skattöres] karlar, som minsta rösten hafva, de där väl kunna begära Grels Pässi". På denna förolämpning svarade Wallenstierna „Pässi vara en ärlig karl och sig hålla så före, att ehuru ringa skatt en borgare utgör, så njuter han likväl borgerlig rätt och bör hafva sitt fria votum". Det kom slutligen till öppen omröstning, hvarvid det befans, att flere af Ranckens och Beckii anhängare öfvergått på motsatta sidan och att endast en liten stab af köpmän blifvit dem trogne. Genom ytterligare acklamation erkändes Wargentin och Leutken såsom stadens representanter vid riksdagen.

Sålunda var genom assessor Wallenstiernas mellankomst valfrågan afgjord, men ännu återstod ett litet efterspel.

Den 1 februari 1689 var borgerskapet åter uppkalladt. Magistraten anmälde, att den för tidens knapphets skull varit tvungen att affärda herredagsmännen, innan besvären blifvit uppsatta, och uppmanade borgarene att åhöra innehållet af postulaterna, som nu ändteligen blifvit färdiga och skulle afsändas med posten till Stockholm. Det var att gjuta olja på elden. Bertil Fästing, en af stadens rikaste köpmän, som efter branden 1681 skänkt till kyrkan en ovanligt dyrbar dopfunt (jmfr s. 91), utbrast, „att han i 36 år redan här i staden varit, men aldrig hört en sådan oreda, som emellan magistraten och borgerskapet nu̅ uppkommen är. De herredagsmän, som redan förreste äro, hafva bort rest, så att ingen där af vetat, ej häller hafva de några postulata med sig, som borgerskapet likväl haft hos majestätet att andraga, där likväl borgerskapet tillförene vid slika tillfällen blifvit om postulaterna genom kämnären eller stadsfogden i sina hus påminte; men blifver borgerskapet nu vid gamla stilen icke handhafde, utan må Gud se här till, och emedan borgerskapet ej blifva hörde, utan lida stort förtryck, altså hafva de afskickat sina egna herredagsmän att angifva det förtryck, som borgerskapet måste lida". Borgmästaren Berendt Riggertsson replikerade honom, påstående, att borgerskapet nog blifvit i god tid uppmanadt att lämna sina besvär, men försummat att göra detta. Fästing berättade, att några af borgerskapet företett för sekreteraren de herredagsfullmakter de gifvit åt Beckius och Rancken, men att sekreteraren vägrat att lämna skriftligt erkännande om denna anmälan; ville dessutom hafva till protokollet antecknadt, att borgerskapet blifvit uppkalladt till stämman först aftonen förut kl. 6. Handelsman Henrik Wittfooth sade åt borgmästaren Berndt Riggertsson, „att han skulle gå till sitt samvete, så varder han finnandes, att allenast en hop intriger spelte härunder". Borgmästaren intygade, att magistraten handlat såsom rättvisan och samvetet bjödo. Fästing tog med anledning häraf åter till ordet, yttrande, att „här hafva tillförene suttit vackra herrar och män, men aldrig sådant oväsende hörts, som nu är, och håller han några af rätten oskyldiga till alt detta, men med ifrigt mod önskade, att Gud ville teckna dem af rätten, som orolige och orsaken äro och låta dem sådant på sin sotesäng äfvensom deras hustrur och barn umgälla". Härpå lämnade Fästing „med sina adhærenter" domstolslokalen och riksdagsbesvären upplästes och uttolkades på finska för de kvarblifvande — några handelsmän, men mest handtvärkare och borgare — och „voro alla samteligen tillfreds med det som i berörda postulater blifvit infördt".

Såsom Fästing angaf, hade de missnöjde bland handelsmännen affärdat Beckius och Rancken till Stockholm för att inlämna deras besvärspunkter. Om deras deltagande i riksdagsförhandlingarna finnes ingen uppgift; tvärt om vet man, att Beckius blef af konungen befald att resa hem [1]), men att de framlämnat besvären, framgår däraf, att konungen den 18 mars 1689 utfärdat tvänne resolutioner, den ena „för Åbo stad", den andra „för borgerskapet i Åbo stad". Resolutionerna beröra i vissa punkter samma ämnen och angå i allmänhet stadens näringar. Att den första resolutionen gifvits åt de med laglig fullmakt försedda ombuden synes däraf, att däri beröras frågor af specielt intresse för magistraten och det gemena borgerskapet. Att den senare resolutionen gifvits i anledning af Beckii och Ranckens besvär, kan man sluta till däraf, att däri samtyckes till vederbörandes anhållan om magistratens skyldigkännande att inför de älste redovisa för vissa åt staden gifna penningeanslag, hvarjämte de älste meddelas rättighet att på borgerskapets vägnar afgöra med magistraten särskilda staden rörande angelägenheter. Det är tydligt, att en punkt, sådan som den förstnämda, icke kunnat inläggas i en af magistraten affattad supplik [2]).

* * *

Sist och slutligen, på tal om Åbo stads deltagande i riksens möten, må några antydningar göras om de sammanträden af politisk art, som höllos i Åbo och vid hvilka representanter för ett

---

[1]) Åbo stads besvär, magistratens supplik 1689.

[2]) Anmärkningsvärdt under denna valstrid är, att rådstuguprotokollen vid redogörelsen för densamma någon gång hänföra valmännen till tre kategorier: handelsmännen, handtvärksmästarene och finska borgerskapet. Det är första gången uttrycket „det finska borgerskapet" bestämdt användes för att beteckna en näringsklass i motsats till köpmännen och handtvärkarene. Under adertonde seklet är en sådan indelning vanlig. Till finska borgerskapet hänfördes då både svenska och finska talande borgare, hvilka lifnärde sig med näringar, sådana som bryggning, krögeri o. s. v. Att nu under valkampanjen 1688 „det finska borgerskapet" anföres såsom en social, icke som en språklig grupp, visar, hurn-

eller alla stånd varit närvarande för att rådgöra om sina egna, om länets eller ock hela landets intressen.

Vid nyårstiden 1602 samlades från olika delar af landet den finska adeln för att afhandla med riksföreståndaren hertig Carl om särskilda frälset rörande ärenden. En slutlig uppgörelse mellan den segrande hertigen och den mestadels kungligt sinnade adeln kom nu till stånd och ett modus vivendi för framtiden uppgjordes. Den 9 januari undertecknades af 58 frälsemän en trohetsförsäkran, däri hertigen erkändes som Sveriges rikes regerande arffurste och rätta öfverhet och adeln lofvade bevisa honom och hans lifsarfvingar all hörsamhet. Hertigen å sin sida bekräftade adelns i lag grundade privilegier och biföll till särskilda till honom framstälda önskningsmål. Efter några veckors vistelse i staden begaf sig hertigen till Sverige, därvid tagande den långa omvägen genom Österbotten [1]).

Tio år senare, i april månad 1612, sammanträdde, på kallelse af regeringens kommissarier Nils Bjelke, Jöran Boye, Nils Andersson och Johan De la Gardie, ombud för de fyra stånden i Åbo och Tavastehus län till landskapsmöte i Åbo för att mottaga del af besluten vid riksdagen i Nyköping, dit de finska ständerna för årstidens skull icke kunnat infinna sig. Mötet erkände Gustaf II Adolf som konung och biträdde riksdagsbeslutet [2]).

Sedan förflyter inemot ett halft sekel innan landskapsmöten ånyo omtalas i Åbo. Under krigsåren 1656—1658, då de finska trupperna enligt vanan voro dragna långt bort från hemlandets gränser, måste i hast utskrifningar anställas för att mota ryssarnes infall. Vid landskapsmöten gåfvo de skilda länen sitt samtycke till regeringens begäran om folk och underhållsmedel. År 1656 hölls i Åbo ett möte af länets ständer och följande år sammankommo de ånyo. Mötet år 1657 leddes af general en chefen i landet Gustaf Evertsson Horn och i borgareståndet fördes klubban af stadens borgmästare Laurentius Brochius. Genom

---

ledes stadens finskspråkiga element hade sin hufvudstyrka bland de personer, hvilka i motsats till köpmän och handtvärkare kallades „borgare" par préférence. Bland dessa „borgare" funnos ock svenskspråkige, men de utgjorde ännu en så obetydlig procent i förhållande till de finska, att de icke invärkade på klassens allmänna språkliga karaktär. Ännu under följande tider, då „borgarene" starkt och kanske till öfvervägande del uppblandats med svenskspråkiga element, påminde uttrycket „finska borgerskapet" om klassens äldre språkliga färg.

[1]) J. E. Waaranen, Öfversigt af Finlands tillstånd i början af 17:de seklet.
[2]) Saml. riksdagsacta i sv. riksarkivet.

beslutet, som undertecknades den 13 maj, medgafs en dryg bevill-
ning och en antecipation af följande års utskrifning. Hjälpen var
emellertid icke tillräcklig och år 1658 trädde deputerade från länet
åter tillsamman. Antagligen hade städerna icke sändt några om-
bud, utan torde deras borgerskap hvart för sig på rådstugumöten
behandlat bevillningsfrågan. Åtminstone skedde så i Åbo, där de
förnämste af borgerskapet på sina medbröders vägnar den 19 april
samtykte till Horns begäran om en spannmålsförsträckning för
gränsfästningarnas behof[1]).

De sista landskapsmötena höllos på 1670:talet. Äfven de voro
utlysta af regeringen för bevillningars och utskrifningars erhål-
lande. År 1671 sammanträdde i Åbo åtminstone allmogens och
städernas, men antagligen äfven adelns och prästerskapets i länet
ombud. Ombuden för Åbo voro borgmästaren Johan Schæfer, sekre-
teraren Rydenius, en handelsman och två borgare.

År 1676 hölls i Åbo en landtdag, där ständerna i hela landet
voro representerade. Af fullmäktige för Åbo känner man allenast
borgmästaren Berendt Riggertsson, den ende, som undertecknat
landtdagsbeslutet. Ännu följande år var ett möte utlyst till Åbo,
men endast af adel och allmoge[2]).

---

[1]) Jmfr Ignatius, Finlands hist. under Carl X Gustafs regering och Åbo
rådst. rätts prot. 1658.

[2]) Rörande dessa möten se min uppsats Landskapsmöten i Finland på
1670:talet i Historiallineu Arkisto XI.

VII.

Borgerlig tunga.

Hvar borgare var skyldig att vid borgareedens aflåggande prestera tvänne borgesmän, som gingo i god för „att han skall åtminstone i sex år byaman vara och allan stads rätt uppehålla jämt wider sin byaman, efter sine mågo i allo ty stadenom kan hända". Detta löfte innebar förpliktelse att underkasta sig alla de utlagor och personliga prestationer, som pålades staden af dess egen magistrat eller af höga öfverheten, i allmänhet dock med vilkor, att borgerskapet gifvit sitt samtycke på allmän rådstugudag eller borgareståndet vid allmänt riksmöte. Det var skuggsidan af borgarerätten; en börda som låg tung på allas axlar och trykte mången ned till jorden. Därför var det ock tämligen vanligt, att åt från andra orter komne handtvärkare bevilja några års frihet från de tyngsta pålagorna, synnerligen om de bedrefvo ett yrke, som saknade tillräckligt antal idkare i staden. Vid de stadsregleringar, som förekommo vid seklets midt, utfärdades i större skala frihetsbref för dem, som drabbades af påbuden och som nedsatte sig på de nya tomtplatserna. Isynnerhet efter de stora vådeldarna, men äfven annars hörde det till vanligheten att bevilja medellösa borgare och andra stadsboar vissa lindringar för att möjliggöra en framtida ekonomisk återupprättelse [1]). För att emellertid alla stadsens innevånare skulle bidraga till det allmänna bästa, var det brukligt att förordna de s. k. „friborgarene" till „riskarlar" och „sprutkarlar", hvilket innebar att de skulle biträda

---

[1]) Vanligt bihang till de i kronans verifikationsböcker ingående mantalslängderna äro förteckningarna öfver oförmögne personer. 1647 års afkortningslängd upptager c. 45 sådana personer, 1650 års c. 120, 1652 års c. 35, 1656 års c. 60. Med anledning af gaturegleringen voro år 1650 331 personer befriade från mantalspengar, år 1651 397. (Verif. böck.)

vid exekutioner i brottmål och vid eldsläckning. Emellanåt har en och annan fattig borgare befriats från personella utlagor mot att han åtagit sig mindre kommunala sysslor, såsom å- och grop-väktaretjänster m. m.

Befriade från borgerlig tunga voro i allmänhet adelsmän, präst- och skolmän samt kronans tjänstemän utom när de drefvo borgerlig näring. I de adliga privilegierna af år 1617 (§ 22) tilläts ridderskapet och adeln „njuta och behålla deras hus och gårdar, som de hafva i städerna, fria och lediga för all kronones och stad-sens tunga, med mindre än de, som där uti boendes äro, bruka någon borgarenäring med ämbete eller annat". Prästaståndets pri-vilegier af 1650 befriade biskops-, skolmästare- och prästegårdar i städer för gästning, inkvartering, båtsmansskrifning, stakets under-håll och vakt „samt annor borgerlig besvär, ehvad namn det hälst hafva kan". Samma förmån åtnjöt städernas prästerskap för sina lagfångna ärfda, köpta och bygda gårdar med deras inom stadens jurisdiktion belägna ägor i åker, äng, trädgårdar, humlegårdar och kålgårdar, så länge prästerna själfva eller deras enkor och omyn-diga barn innehade dem och afhöllo sig från borgerlig näring. Under samma frihet inbegrepos de landtpräster, som „nöd-gas bygga sig hus och gård uti de städer, där akademier, gymna-sier eller gode skolor äro, för sina barns upptuktelse skull eller ock sina hustrurs enkestånd, såvida de icke inlåta sig i någon borgerlig näring, staden till prejudicium." Enahanda bestämningar finnas upptagna i 1619 års stadga och utsträckas dessutom till kro-nans icke-adliga tjänare. Stadgan ägde, som bekant, icke laga kraft, men i praktiken hade den äfven i detta hänseende sin till-lämpning. Undantag från den allmänna regeln gjorde mantals-pengarna, från hvilka endast adelsmän och från år 1685 akade-demistaten voro förskonade. Vid seklets slut pålades såväl adlige som icke-adlige några kommunala onera. Enligt 1673 års handels-ordning skulle de ståndspersoner, hvilka drefvo handel, undergå „några deras handtering proportionerliga onera realia till stadsens bästa, men icke något besvär, som själfva personen bör belastas med". Detta tyddes i resolutionen på städernas besvär vid 1678 års riksdag sålunda, att nämda personer skulle bära för sin hand-tering samma onera som de burskapsägande borgarene [1]).

De mångfaldiga besvär, som häftade vid stadens borgerskap, voro af tvänne slag: plikter mot kommunen och plikter mot sta-

---

[1]) Stiernman, Commerce förordn. 1V: 12, Riksdagsbeslut II: 1793.

ten. Om skyldigheter af det förstnämda slaget har det på särskilda ställen i den föregående framställningen varit tal. För bättre öfversikts skull torde det emellertid vara lämpligt att i ett sammanhang — ooh med några tillägg — åter uppräkna dem.

Kommunala förtroendeuppdrag. Borgarene voro skyldige att på magistratens förordnande deltaga i exekutioner, i taxeringar, i brandsyner, i uppsikt öfver vägar och staket, i uppbörden af särskilda bevillningar och frivilliga gåfvor samt i hofgången i kyrkan [1]); de voro pliktiga att mottaga herredagsmannakall, ledamotskap bland de älste och föreståndareskap öfver fattighuset.

Vakthållsskyldighet. I kongl. resol. af den 9 nov. 1686 på stadens besvär ålades arrendatorer, fogdar och ståndspersoner att deltaga häri. År 1692 tillsades både adel och oadel, präster och borgare ett upprätthålla brandvakt.

Deltagande i borgargardet. Härmed följde skyldighet att närvara vid exerciser och mönstringar samt att förse sig med nödig mundering.

Deltagande i vargskall. År 1663 nämnes, att borgerskapet uppbådades att tillika med bönder från S:t Karins och Lundo socknar anställa jakt efter vargar, som gjort skada bland boskapen [2]).

Gatu- och vägaunderhåll samt Gropens renhållning. År 1649 utfärdades den ordning för gatuläggarene, att de skulle för hvar kvadratfamn de stenlade erhålla 12 öre k. m., om de höllo sig med egen kost, men eljest 6 öre. För underhållet af gatan mellan brygghuset och Klostergatändan lades år 1698 en bevillning på dem, som ägde bodar i Katinhäntä [3]). I riksdagsresolution 9 nov. 1686 § 8 ålade konungen arrendatorer, fogdar och ståndspersoner, som ägde tomt, att deltaga i landsvägarnas förbättrande (inom staden intill tullportarna).

Brounderhåll. År 1677 nämnes en uttaxering efter öretalet. 1690 utsågo stadens älste några personer att i och för en förestående brolagning rotera och taxera dem, som ansågos ha nytta af stadens broar [4]).

Åns och reddens renhållning. Då år 1675 en sandbank bildat sig i farvattnet på redden, föreslog borgerskapet för regeringen,

---

[1]) År 1690 förordnades vid 40 ⁜ vite de förmögne handelsmännen Hans Wittfooth och Carl Schæfer att från påsk till Johanne gå med hofven i kyrkan.

[2]) Rådst. prot. 5 o. 29 maj 1663.

[3])　　„　　13 aug. 1649, 15 sept. 1698.

[4])　　„　　4 aug. 1690.

att hvar in- och utgående farkost skulle efter sitt lästetel kontribuera till åns rensande, men detta afslogs [1]).

Allmänna byggnaders underhåll. Allmänna byggnader, för hvilka dagsvärken och bevillningar fordrades, voro kyrkan, rådhuset, vakthuset, accis-, våg- och packhusen, kvarnhuset och kyrkoherdegården. Tidigare hade dagsvärken äfven levererats till Åbo slott, men denna skyldighet upphäfdes i riksd. resol. den 9 juli 1636 utom för löst parti, som annars var hvarken öfverheten eller staden till nytta. Till allmänna arbeten hörde vidare underhållet af båken på Utön. År 1646 afhandlades med några Korpobönder, att de mot erhållande af 200 dal. k. m., 12 tunnor råg och hvarjehanda byggnadsmaterial skulle „först timra under 8 famnar högt och 2³/₄ famnar långt på alla fyra väggar; därpå sedan uppresa spetsen 10 famnar högt förutom flaggan väl förvarad och med korsvärk bebunden, på det han kunne hafva desto bättre beständighet, såsom ock med sten och jord uppfylle“ [2]).

Staketets och grafvens underhåll. Till år 1648 deltog äfven närmaste landtbefolkning i staketets upprätthållande. 1686 resolverade konungen, att arrendatorer, fogdar och andra ståndspersoner, som icke voro särdeles privilegierade, skulle deltaga i tungan. År 1664 uppgifves, att på hvarje borgare kom 9 alnar af staketet; på de förmögne något mera [3]). — Underhållet af tullportar och bommar har, åtminstone vid seklets slut, ankommit på magistraten. Vid 1697 års riksdag supplicerade borgmästare och råd om befrielse från denna skyldighet och konungen lofvade taga saken under öfvervägande vid den för staden tilltänkta statens uppgörande [4]).

Tomtörespenningar, åkerskatt och mulbetespenningar.

Underhåll åt stadens betjänte och herredagsmän. Erlades efter öretalet.

Utskylder till kyrkan och prästerskapet. Borgerskapet var skyldigt att förse prästerna, skolmästaren och klockarene med ämbetsgård eller hushyra. Dessutom erlades till prästerskapet tionde från åkrarna inom staden [5]) samt påskpengar åt kyrkoherden. Till kyrkan betalades klock-, bänk- och vinpenningar. År 1629 öfverenskom borgerskapet med biskopens utskickade att betala i vin-

---

[1]) Resol. 27 sept. 1675 § 16.
[2]) Rådst. prot. 18 mars 1646.
[3])   „   17 aug. 1664.
[4]) Resol. för borgm. o. råd 23 dec. 1697 § 4.
[5]) Waaranen, Saml. af urk. II: 395.

penningar 2 öre för personen [1]). Åt organisten betalades lön, i hvars erläggande man år 1686 sökte förmå regeringen att deltaga, men utan framgång [2]).

Ännu mera betungande än plikterna mot konungen voro de besvär, som hvilade på stadens innevånare i deras egenskap af statsborgare. Kronans ständigt toma skattkammare var det Moloksgap, som uppslukade en stor del af frukterna af träget och mödosamt arbete. Hvarje näring var belagd med skatt; för de enklaste hushehof skattade man. Hvar vuxen person betalade en liten afgift för sitt lif och en dryg procent för sin förmögenhet. När man sluppit en förhatlig tunga, belastades man med en ny, som ofta var ännu värre. Regeringen visade en otrolig uppfinningsförmåga i att upptäcka nya skattetitlar och nya skatteobjekt. Ständerna voro missnöjda, skylde på hårda tider och oförmåga att betala mera, men slutade med att bevilja hvad som begärdes. Det var icke för intet stormaktsglorian omgaf svears och götars rike. Skulle den politiska storheten upprätthållas, landskap behållas, hvilka ägde hvarken en nationel eller en geografisk sammanhörighet med hufvudlandet, så måste alla krafter hållas spända, alla visthus stå öppna för kronans kommissarier. Det enskilda måste stå långt, långt tillbaka för det allmänna.

Staten kräfde för det första krigstjänst af sina undersåtar. I städerna presterades den i form af båtsmäns utrustning till flottan, det s. k. *båtsmanshållet*. I regeln uppstäldes en båtsman för hvar tionde borgare. Under krigstid eller för händelse af ett krig beviljades vanligen fördubbling af båtsmanshållet (vid riksdagarna 1644, 1652, 1655, 1660, 1672, 1675, 1678, 1683, 1686, 1689). Vid landskapsmötet i Åbo år 1659 lofvade staden att för år 1658 prestera fördubbladt båtsmanshåll eller 120 man, men för åren 1659 och 1660 blott 100 båtsmän. Nystads fördubbling steg vid samma tid till 40, Raumos och Borgås till 30, Björneborgs till 20, Nådendals till 4 o. s. v. [3]) Vid riksdagen 1660 efterskänktes för Åbo 6 fördubblingsbåtsmän [4]). Vid utskrifningen indelades borgerskapet af särskilda betjänte i rotar. Från utskrifningar undantogos år 1634 tegelbruksdrängar „såväl som alla andra af deras nödtorf-

---

[1]) Bidr. t. Åbo hist. IV: 55, 142, VI: 168.

[2]) Resol. för Åbo 1686 § 10.

[3]) Stiernman, Riksdagars o. mötens beslut, bihang s. 349, 360.

[4]) Resol. för Åbo 9 mars 1660 § 7.

tiga folk [1]). Däremot voro löst folk, som icke stodo i någons tjänst, hemfallna under sjö- eller landttjänst. De båtsmän rotarna uppstälde skulle förses med nödig utredning och underhåll. Vid riksdagarna 1612 och 1617 öfverenskoms, att städernas båtsmän skulle om sommaren, då de voro i tjänstgöring, underhållas af kronan, men om vintern intill vårdag stå i borgläger i sin stad [2]). År 1633 ålades borgerskapet i Åbo att hvar man i rotan gifva i utredningskost åt sin båtsman 6 ᶆ; år 1634 gafs 5 daler om våren och lika mycket om hösten och uppgifves hela utredningssumman ha stigit till 600 daler k. m. samt båtsmännens antal sålunda till 60; senare på året kom en skrifvelse från amiralitetet, hvari utredningen bestämdes till 10 daler k. m. både höst och vår [3]). Till båtsmanshållsskyldigheten hörde vidare att hålla lodjor för båtsmännens räkning [4]). Vid riksdagen 1680 supplicerade stadens representanter om befrielse härför, emedan staden själf befordrade sina båtsmän till Stockholm, men denna begäran afslogs [5]). Vid 1624 års riksdag befriades städerna från båtsmanshållet på två år, men åtogo sig i stället bevillning i penningar och in natura för besoldandet och underhållandet af ett kompani värfvadt sjöfolk. Beslutet förnyades vid 1627 års förra riksdag. För Åbo uträknades bevillningen till 2,090 daler (s. m.), 1,000 tunnor bröd, 100 lisp. smör, 60 skepp. kött och torrfisk, 150 t:r strömming [6]).

Militäriska skäl manade konung Carl XI efter kriget med Danmark att söka få till stånd en stående armé till lands och vatten. Med städernas riksdagsdeputerade inleddes underhandlingar om båtsmanshållets ersättande med båtsmanspenningar, och så småningom vunnos städerna för denna anordning, som befriade dem från besväret att anskaffa erforderligt antal sjöfolk, men å andra sidan förskaffade regeringen nödiga penningemedel för underhållet af de båtsmän sjösocknarna fortfarande och nu kontinuerligt uppstälde. Med Åbo stad afslöts öfverenskommelsen år 1682. Kontraktet, som undertecknades af stadens magistrat, hade följande lydelse:

---

[1]) Resol. för Åbo.9 sept. 1634 § 7.
[2]) Stiernman, Riksd. beslut I: 640, 718.
[3]) Bidr. t. Åbo hist. VI: 44, 179, 204.
[4]) Rådst. prot. 25 april 1625, 13 jan. 1638, 2 juni 1675.
[5]) Resol. för Åbo 11 nov. 1680 § 12.
[6]) Stiernman, Riksd. beslut. I: 773, 778, 790.

Båtsmans contract i Åbo stad [1]).

Såsom städernas fullmächtige på sidsta hållna riksdag uti underdånighet anhållit hafwa, få gifwa en wiss summa penningar för hwar båsse skyttare och båtsman de tilförene utgiordt hafwa och slippa dett beswär, som sielfwa manskapets præsterande med legning, underhåll, lådje- och rotepenningars erläggande och utredning med sig förer, och Hans Kongl. Maij:tt deras begiäran icke allenast hafwer täckts agrera, utan ock dem med den nåden omfatta, och igenom en särdeles resolution, dat. den 18 febr. 1681 allernådigst förskonat, at enär de sitt nu hafwande fulla ordinarie båtsmans tal i åhr en gång ifrån sig lefwererat hafwa och sedan årligen utgiöra och betala en wiss summa penningar för hwar man, de tilförene utgjordt och præsteradt hafwa, häreffter if:n manskapets præsterande och all den tunga, som dett med legning, underhållande, beklädning, lådje- och rotepenningars erläggande, utredning eller hwad namn dett hafwa må, skole wara befriade; altså hafwa denna stadsens magistrat och samtelige borgerskapet med särdeles erkiänsel denne Hans Kongl. Maij:tts nåde erfarit och till at wisa sin wälwillighet till Kongl. Maij:tts och riksens tienst, ehuru swårt dett för en och annan effter branden faller, samtyckt och bewiljadt åhrligen at utgiöra 60 daler k. m:t för hwar ordinarie båtsman denne staden tilförene utgiordt hafwer, belöpande sig uti en summa för 45 st. båtsmän tvåtusende siuhundrade daler k. m:t. Och som båtsmanstalet i krigstider altid är fördubblat wordet; altså skall ock denne summan af 2,700 daler k. m:t uti tillstötande krigstider (dem Gud länge och nådeligen afwände) fördubblat wara; och ehuruwäl önskeligit hade warit at kunna desse penningar till Stockholms banco befordra, likwäl såsom här på orten sällan wäxlar på Stockholm förefalla, siöwägen ock för den ofta infallande ostadiga wäderleken äfwentyrlig är; ty lefwe wij uti den underdånige förhoppning, med Kongl, nåde uptagas at magistraten här på orten sig härmed förplichtar, så wäl den ordinarie summan i fredstider som den fördubblade i krigstider hwart år uti en summa och innan Michaelis dag uti Kongl. ränteriet här i Åbo för Kongl. amiralitets räckning inlefwerera. Till yttermera wisso, at detta obrotsligen efterkommas och hållas skall, är detta på samtelige borgerskapets wägnar af stadsens magistrat med dess wanliga jnsegel och underskrifft stadfästat och bekräfftat. Datum Åbo d. 23 martii anno 1682.

Borgmästare och råd i Åbo.

Detta kontrakt godkändes af konungen och bestämdes i kongl. amiralitetets svar af den 7 november 1682 att gälla från år 1683. Borgerskapet sökte visserligen vid riksdagarna 1682—83 och 1689 att få summan nedsatt sålunda att den beräknades efter 45 båtsmän, men konungen samtykte icke till någon lindring. År 1693 vidtogs emellertid den förändring, att stadens landbönder roterades under det vissa knektehållet och båtsmanspenningarna nedsattes med 51 dal. s. m., som därförinnan fallit på nämda bönders andel.

---

[1]) Afskrifvet ur Åbo o. B:borgs läns verifikationsbok 1765 fol. 1854.

Summan steg sålunda till 849 daler s. m. Denna summa fortfor under en lång framtid att vara den normala afgift, som af magistraten och de 24 älste fördelades på borgerskapet. För jämförelses skull må nämnas, att de öfriga städerna i länet betalade enligt en år 1696 fastställd öfverenskommelse efter följande beräkningsgrund: Raumo för 9, Björneborg för 7, Nystad för 13 och Nådendal för 4 båtsmän[1]).

I sammanhang med skyldigheten att uppställa sjöfolk till rikets försvar må nämnas åliggandet att med stadens farkoster förstärka flottan. Det var en gammal plägsed, att vid inträffande örlig köpmansskutor togos i beslag och förvandlades till bestyckade krigsskepp eller användes för trupptransporter, rekognosceringar m. m. Det var en stor förlust för borgaren, som långt ifrån alltid erhöll ersättning för liden skada, hvarför hertig Carl i resolution af den 14 april 1600 försäkrade, „att efter borgerskapet där i staden hafva intill denna tid haft mycket besväring med deras skepp, skutor och båtar, som dem alltid äro blefne ifråntagne och förbrukade både af krigsfolket och andre, så att de själfva ingen nytta hafva haft af dem, därför hafve vi nådigst efterlåtit, att förbe: de Åboboar skole här efter fri och förskonade vara för alla försler med deras skepp och ingen något därtill pliktig vara utan betalning; hvarför ock när riksens lägenhet så fordrar och kräfver och några skepp eller skutor till riksens försel behöfvas, då skall med dem tillbörligen handlat blifva om en skälig och viss frakt, hvilken dem redeligen skall betaldt blifva"[2]). Följande år ålades hvar sjöstad i Finland att på sin bekostnad låta bygga en å två pråmar, beroende på stadens förmögenhet, hvaremot borgerskapets skutor och skepp skulle gå fria. När pråmarna icke mera behöfdes, skulle de af kronan återställas[3]). Följande år befriades Åbo stad från pråmbyggnaden mot att den inköpte en skuta på 20 läster[4]). Vid mötet i Uppsala 1629 lofvade städerna att uppställa för kronans räkning ett antal transportskepp, och föll därvid 4 på

---

[1]) Åbo o. B:borgs läns verif. bok 1765 f. 1855; riksd. resol. för Åbo den 20 dec. 1682 § 4, 18 mars 1689 § 9, 23 dec. 1697 § 5; Lor. Creutz t. konungen d. 16 juli 1696 i saml. landsh. berätt. Vid båtsmansroteringen år 1687 fördelades borgerskapet i 45 rotar, fem och en half borgare i hvarje rote, så att rotens afgift blef 62 dal. 10 $^{1}/_{6}$ öre k. m., då äfven uppbördsmannens lön, 100 daler, inbegreps i räkningen. Rådst. prot. 15 aug. 1687. — Under krigsåret 1657 omnämnes ett från general en chefen Horn till magistraten i Åbo ankommet bref, däri borgerskapet uppmanades att uppställa „ett parti ryttare". Rådst. prot. 21 mars 1657.

[2]) Waaranen, I: 40. [3]) Waaranen, I: 171—173. [4]) Waaranen, I: 291.

Åbo stads anpart[1]). För öfrigt omtalas ofta skutors ställande till krigsfolkets disposition. År 1626 uppmanades borgerskapet att „förfärdiga sina skutor med vandring, krubbor och foderbräden under hästarna till krigsfolkets utresande"[2]). På riksdagen 1678 anförde stadens herredagsman, att stadens bästa skepp blifvit taget till kronans behof och ännu år 1689 fordrades ersättning för skeppet Charitas[3]).

Det var icke nog med att skutor ställes för flottans räkning och för landtarméns transport, det var äfven nödvändigt att utreda manskapet, d. v. s. förse det med nödiga lifsförnödenheter. För detta ändamål beviljades då och då af ständerna en skeppshjälp och stundom fördes direkta underhandlingar med städernas borgerskap[4]). Vanligt var vidare, att borgerskapet ålades att ur kronans spannmålsmagasin uttaga till bakning och bryggning säd, som bönderna levererat ifrån sig. År 1624 talas om en post på 279 tunnor, år 1633 om en på 600 tunnor, som på detta sätt skulle göras njutbart för krigsfolket. När brygden och bakningen voro färdiga, levererades varorna på skeppen[5]). Emellanåt gafs bidrag till härens utrustning i form af penningeförsträckningar, hvilka icke voro alldeles frivilliga[6]).

Bidrag till krigsfolkets förplägning gafs äfven i form af *inkvarteringar*. Vid riksdagen 1604 lofvade Carl IX förskoning från borgläger så länge staden erlade s. k. månadspenningar[7]). År 1638, förbundo sig städerna att uppehålla ett antal nyvärfvade soldater alt intill deras munstring[8]). År 1697 resolverade Carl XII, att staden skulle betala 40 dal. s. m. inkvarteringspenningar för regementsskallmejblåsaren och 10 d. åt konstapeln[9]). Synnerligen påkostande uppgifves inkvarterings- och utredningsskyldigheten ha varit under krigsåren 1675—79, då trupper ständigt voro på väg

---

[1]) Stiernman, Riksd. besl. I: 818.

[2]) Bidr. t. Åbo hist. IV: 4.

[3]) Åbo stads acta och riksd. resol. 18 mars 1689 § 3.

[4]) Waaranen I: 277—278, Stiernman II: 1824, Bidr. t. Åbo hist. II: 139, IV: 47, 51, 55, 85, 143, VI: 207 m. fl. st. År 1665 erlade Åbo till kronans skeppsbyggning 250 daler.

[5]) Bidr. t. Åbo hist. II: 23, 41, 108, 109, 111, 119, 123, 130, 133, III: 25, VI: 35, 164, 168 m. m.

[6]) Waaranen II: 19; Stiernman, Riksdagsbesl. I: 791; Resol. för Åbo 9 juli 1636 § 8.

[7]) Resol. 20 mars 1604 § 2.

[8]) Stiernman, II: 952.

[9]) Resol. 23 dec. 1697 § 3—4.

till Sverige. Riksdagsfullmäktigen Johan Miltopæus skildrade inför regeringen år 1678 stadens uppoffringar i detta hänseende med följande ord: „Anno 1675—77 är staden vorden besvärad med åtskilliga såväl rytteriets, soldaters som dragoners durchmarscher, hvilka utom Åbo landshöfdingedömet, som Wiborg, Helsingfors och Carels landshöfdingedömen till Åbo anländt och därstädes tid efter annan så till kosten som värmen inkvarterade på en månad, då en vecka eller två, till dess farkosterna blifvit förfärdigade, dem jämväl ock staden med bryggande, bakande, mältande, malande och dryckekärilens tillsättande måst utreda; har ock staden sedan dess förutan många generalspersoner, öfverstar och andra krigsbefäl, isynnerhet herr Henrik Horns stora svit ifrån Tyskland, måst förpläga. Dessutom blef ock af Åbo stad förliden sommar 53 ryttare utmunderade, hvilka bekostningar ej med 6,000 daler s. m. ersättas kunna" [1]). Samma år, som denna klagoskrift ingafs, pålades staden ytterligare att underhålla ett antal på Rügen tillfångatagna tyska ryttare, hvilka under den tid de vistades i Åbo uppträdde på ett för ordningen och den allmänna säkerheten mycket hotande sätt [2]).

Ett allmänt besvär, hvaröfver allmogen anförde ständiga klagomål, men som synes hvilat tämligen lätt på städerna, var *gästnings- och skjutsningsskyldigheten*. Enligt de för städerna utfärdade gästgifveriordningarna af 1622 och 1638 samt andra stadgar voro städernas borgmästare och råd förpliktade att konstituera tillräckligt antal gästgifvare för främmandes härbärgerande och formän för de resandes fortskaffande. Gästgifvarene hade rätt att idka krögeri och voro för sig och sitt husfolk befriade från särskilda utlagor och personella prestanda. För att observeras af vägfarande, skulle de uthänga skylt eller „bräde". Antalet gästgifvare i Åbo var olika. År 1633 förordnades 3 gästgifvare, år 1639 10; år 1649 förordnades 6 personer i Aningais och 4 personer i hvart af de öfriga kvarteren till gästgifvare eller krögare; år 1692 deputerades 2 gästgifvare; år 1664 anhöll en borgare att ensam få upprätthålla gästgifvare i staden, men detta afslogs. 1662 nämnes, att åt gästgifvaren Henrik Ruut meddelades frihet från taxan, båtsmansroteringen samt vakt och vård. Om formäns tillsättande talas första gången år 1648, då de, som hade lust att lega ut hästar, uppmanades att anteckna sig. Följande år blefvo formän förord-

---

[1]) Åbo stads acta.
[2]) Rådst. prot. 1678—79. Några af dessa ryttare kvarstannade efter freden såsom handtvärkare i staden.

nade af magistraten, hvarjämte en „formansordning" utfärdades, om hvars innehåll rådstuguprotokollen icke nämna annat än att formännen voro skyldiga att stå till tjänst icke allenast med hästar, utan äfven med båtar. Från gästningar och skjutsningar voro enligt privilegier af 1600 och 1631 stadens landbönder befriade utom när det gälde „stora durchtåg af öfverheten och krigsfolket". År 1660 voro emellertid landbönderna en dag uppkallade till rätten och meddelades dem, att när gästgifvaren Henrik Ruut skickade bud till dem, „skola de låta deras hästar gå i skjutsning och bekomma för milen höst och vår 10 öre s. m., men vinter och sommar 8 öre s. m., emedan ock gästgifvaren för dess omak bestås 2 öre s. m. Vid seklets slut uppgifves det, att landbönderna voro befriade från gäst- och skjutsningar mot att de bidrogo med körslor och dagsvärken till stadens publika byggningar [1]).

Bland de penningebevillningar staden hade att utgöra nämna vi först dem af personel art.

Vid riksdagen 1609 förband sig städernas borgerskap att utgöra af hvart par folk eller hjonelag, besuttna som obesuttna, undantagandes husarme, 6 ӂ; följande år förnyades bevillningen och utsträktes till legohjon fr. o. m. 12 år, hvilka hade att erlägga, en dräng 2 ӂ och en piga 1 ӂ. Bevillningen afskaffades år 1612. Följande år medgafs på ett utskottsmöte, hvars beslut sedan bekräftades i landsorterna, för en tid af sex år den s. k. Elfsborgslösen, som erlades af hvarje borgare med 2 riksd. för hushållet samt med 2 riksd. för hvart skattöre, af hvar dräng med 1 rd. och hvar piga med $^{1}/_{2}$ rd. De s. k. *hjonelagspengarna* beräknades år 1609 för Åbo till c:a 880 daler. Elfsborgs lösen, som delvis var en förmögenhetsskatt, upptogs för åren 1616—1619 till följande belopp: hjonelagspenningarna 1616 — 861 daler, 1617 — 839 $^{1}/_{2}$ d., 1618 — 838 $^{1}/_{4}$ d., 1619 — 778 $^{1}/_{4}$ daler; betjäningens bidrag (söners och döttrars inbegripna) 1616 — 258 $^{3}/_{4}$ d., 1617 — 180 $^{3}/_{4}$ d., 1618 — 237 $^{3}/_{4}$, 1619 — 213 $^{3}/_{4}$ daler; skattöres- eller skottpenningarna 1616 — 453, 1617 — 381 $^{3}/_{4}$, 1618 — 325 $^{1}/_{2}$, 1619 — 315 daler. In summa steg sålunda denna dryga bevillning, för hvilken uppgifter under de första åren saknas, år 1616 till 1,572 $^{3}/_{4}$, 1617 till 1,402, 1618 till 1,401 $^{1}/_{2}$, 1619 till 1,307 daler s. m. [2])

---

[1]) Stiernman, Commerce förordn. I: 870 följ., II: 160 följ., Riksd. besl. II: 847, 958, 1005, 1029, 1193; Kongl. resol. för Åbo 8 juni 1631 § 3, 9 sept. 1634 § 3, 18 nov. 1693 § 14, rådst. prot. 8 maj 1633, 13 maj 1639, 5 juli, 27 nov. 1648, 15 jan., 8 aug., 29 okt. 1649, 15 febr. 1660, 11 juni 1664, 2 nov. 1692.

[2]) Stiernman, Riksd. besl. I: 635, 640, 668, 686, 687; statsarkivets Tilläggshandl. n:is 85, 222.

Vid riksdagen 1625 påtogo sig ständerna att utgöra en tull för all säd, som malades i de s. k. handkvarnarna. Från att ha varit en accis öfvergick denna s. k. kvarntull i slutet af decenniet till en personlig afgift, som nämdes *kvarntulls-mantals-* eller *mantalspenningar*. År 1627 utbytte prästerskapet och allmogen handkvarnspengarna mot mantalspengar och vid riksdagen 1629 lofvade alla stånd att betala denna nya afgift. För Åbo saknas mantalslängder före år 1636, men i 1635 års riksdagsbeslut kallas mantalspengarna redan en af „städernas vanliga utlagor". Vid 1655 års riksdag erhöll regeringen tillstånd att på prof för en tid af 3 år åter införa kvarntullspengarna i st. f. mantalspengarna och år 1658 emanerade en ordning och taxa, som bland de städer, i hvilka experimentet skulle företagas, äfven upptog Åbo. Försöket torde icke medfört pekuniär vinst för regeringen, ty ehuru afslag å anhållan om befrielse från kvarntullen meddelades städerna i början af år 1660 och den i slutet af året hållna riksdagen aflyste kvarntullen blott från de mindre städerna, så befinnas mantalspengarna ha införts i Åbo redan år 1661. Endast under åren 1659—60 saknas alla uppgifter om mantalspenningar, hvilket visar, att förändringen torde inskränkt sig till dessa år[1]). Från denna tid erlades afgiften kontinuerligt af personer öfver 15 och under 63 år[2]). T. o. m. år 1693 var afgiften 16 öre för personen utom för „inhysesfolk, båtsmän och annat löst parti", som betalade 12 öre; från år 1694 höjdes afgiften från 16 till 24 öre. Mantalsskrifningen värkstäldes på rådstugan i närvaro af kronans ombud samt ett antal borgare — 12 edsvurne för hvart kvarter — och längden verificerades vanligen af stadens syndicus. Uppbördsmannen aflönades af staden. För att gifva några exempel på skattens storlek må det nämnas, att den år 1638 steg för själfva staden till 1,450, 1663 till 1,600, 1695 till 2,110 daler.

Såsom redan nämdes, beviljades en *legohjonsafgift* vid mötena år 1610 och 1613. En liknande bevillning medgafs vid riksdagarna 1683, 1686 och 1689. Taxan var 2 daler s. m. för drängar och handtvärksgesäller, 1 daler för pigor samt tiondepenningen af lönen för drängar och gatubodssvenner, som hade öfver 60 daler i lön, samt för pigor, som hade mer än 30 daler. Den senare beräkningen kom i Åbo alls icke i fråga, hvad legohjonen vidkom, ty enligt upplysning, som gafs vid 1689 års riksdag, betalades i all-

---

[1]) Stiernman, Riksd. besl. I: 784, 799, 815, II: 939, 1254, 1330, Commerce- och politieförordn. II: 866 följ.

[2]) Tidigare, t. ex. 1639—42 o. 1651, erlades mantalspenningar af pers. öfver 12 år.

mänhet i årslön åt en dräng 12 daler och åt en piga 10 daler[1]). Denna bevillning steg 1689 till 890 daler.

Öfriga bevillningar erlades dels i form af en förmögenhetsskatt, dels sålunda att staden ålades eller åtog sig att utgöra en fixerad summa till kronan och denna summa fördelades efter skattörets belopp på borgarene.

Den tidigaste *förmögenhetsskatt,* som under detta sekel förekom, påbjöds år 1602. I ett „öppet mandat till alla landsändar", utfärdadt i Åbo den 1 febr. 1602[2]), öfverlät hertig Carl åt särskilda kommissarier att med ständerna i landsorten underhandla om en krigshjälp mot Sigismund, hvilken hjälp skulle utgöras af städerna sålunda, att af hvart skattöre erlades 1 ℳ, för hvar stuga i gården 2 öre, för hvar skorsten ¹/₂ öre, för hvar sjöbod 1 ℳ, för hvar väderkvarn 2 öre, för hvar stallgård ¹/₂ daler, för hvar obygd hustomt 12, för hvar kålgårdstomt ¹/₂ ℳ, för hvart tunnland åker 1 ℳ. Det finnes icke uppgift om, huruledes underhandlingarna ändades i Åbo, men det kan tagas för tämligen säkert, att förslaget någorlunda fullständigt antogs. I det redan nämda riksdagsbeslutet af år 1609, som stadgade om hjonelagspenningar, ingick äfven bestämning om, att för hvar gård eller tomt (där folk bodde uti) skulle erläggas 1 daler och för hvart skattöre 6 öre. Enligt den tidigare citerade längden belöpte sig gårdspenningarna i Åbo till c. 350 daler — hvarvid små hus och pörten beräknades som ¹/₂ eller ¹/₄ gård — och skottpenningarna till c. 670 daler. Vid riksdagen följande år förnyades beslutet om gårdspenningarna. Huru högt de skottpenningar stego, som utgingo till Elfsborgs lösen åren 1616—1619, känner läsaren redan. Vid riksdagen 1678 bestämdes, att alla de, „som icke höra under något stånd, skulle erlägga 5:te penningen af deras egendoms inkomst, deras lön dem förbehållen". Vid riksdagarna 1682, 1686 och 1687 beviljades ¹/₄ penningen af alt behållet intresse och gevinst af fruktbara kapital, skeppsparter och kompaniandelar; hvarjämte borgmästare och råd vid riksdagarna 1682, 1686 och 1689 beviljade 10:de penningen af sina löner. Dessa tillskott till kronoränteriet voro tämligen små från Åbo.

En bevillning, som visserligen hänfördes till acciserna, men som ägde stor likhet med de nu nämda förmögenhetsskatterna, emedan den direkte träffade de flesta gårdsägare, och som därför

---

[1]) Stiernman Riksd. besl. III: 1929, 1994, 2080; Åbo stads besvär.
[2]) Waaranen, I: 243—247.

upptages här, voro de s. k. ugne- eller *bakugnspenningarna*. Denna skatt infördes genom bakareordningen af år 1622, som stadgade, att för hvar ugn, hvari spisbröd bakades, skulle erläggas i accis 6 ₥ om året, men 6 daler, om äfven annat slags bakning förekom [1]). I den första uppbördslängden öfver ugnepenningar i Åbo — den är af år 1623 — upptages 568 personer, som skattade 6 ₥, 4 som skattade 3 daler och 5 som skattade 3 ₥ [2]). På grund af en interpellation år 1629 upplyste magistraten, att accisen erlades med hänsyn till enhvars förmögenhet, och detta bruk synes ha iakttagits en tid framåt, ty år 1638 meddelades landshöfdingens befallning, att ingen hädanefter sluppe från accisen med att betala för $^1/_4$, $^1/_2$ eller $^3/_4$ ugn, utan alla, fattiga som rika, skulle betala för en hel ugn, d. v. s. numera 3 daler, om de icke ville låta nederslå sina ugnar. Borgerskapets invändning, att hädanefter 10 borgare komme att förena sig om en ugn, upptogs som en hotelse af högst förgriplig art. År 1648 bestämdes, att de förmögne skulle erlägga 6 daler och de fattige 6 ₥ s. m. [3]). I en år 1681 utfärdad ordning öfver bakugnspengarnas taxering i rikets städer intogs för Åbo följande taxa: biskopen 6, kyrkoherden, professorer, borgmästare och förmögne borgare 4, rådmän och grosshandlare 3, skolrektorer 2 $^1/_2$, förmögne handtvärkare 2, kapellaner, hörare, klockare, kronans betjänte af högre värde samt ringare borgare 1 $^1/_2$, lägre kronobetjänte 1, fattige borgare $^3/_4$, utfattige med bakugn $^1/_4$ daler. En sex år senare utfärdad förordning upptog samma pris med ung. 25 % förhöjning. Enligt kongl. resolutioner af år 1647 och 1664 skulle taxeringen värkställas af kronans inspektor eller tullnär med gode män å stadens vägnar, enligt resol. af 1668 af landshöfdingen i borgmästares och råds samt accisbetjäntes närvaro; från år 1686 hade härvid magistraten lika votum med accisbetjänterne [4]). Befrielse från skatten medgafs åt Åbo 1657 och 1660 samt 1668 åt de utfattige [5]). Ända från år 1642 uppbar, såsom tidigare är nämdt, magistraten $^1/_3$ af bakugnspenningarna såsom bidrag till sin lön. Skatten uppgick år 1624 till 880 $^1/_2$ dal., 1640 till 847 $^1/_2$ dal., 1675 till 725, 1696 till 420 dal.

---

[1]) Stiernman, Kommersfördn. I: 862—865.

[2]) Statsark. Allm. handl. n:o 250.

[3]) Rådst. prot. 3 nov. 1629, 7 apr. 1638, 11 apr. 1648.

[4]) Stiernman, Riksd. besl. II: 1526—1527, 1540, 2037 samt Commerce förordn. IV: 360—361, 773—774.

[5]) Stiernman, Riksd. besl. bihang s. 349, resol. för Åbo 9 mars 1660 § 3, 12 okt. 1668 § 15.

Sist bland förmögenhetsbevillningarna må nämnas *boskaps-penningarna*. De antogos af borgareståndet första gången år 1622 och förnyades så godt som på alla följande riksdagar. Enligt den första beräkningsgrunden — som sedermera undergick förändringar — betalades för en häst 8 öre, ett sto 4 öre, en oxe 8 öre, en ko 2 öre, ett svin 1 öre o. s. v. [1]). Bevillningen steg för Åbo år 1638 till 94, år 1675 till 90 och år 1691 till 65 daler.

Utom nu nämda bevillningar, vid hvilkas utgörande personen eller något skatteobjekt låg till grund, ålåg det i regeln staden att erlägga en bestämd penningesumma, hvars fördelning på de enskilda skattdragandene var stadens ensak. Sådana bevillningar kallades vanligen *kontribution* eller *tax*. De beviljades vid riksdagarna för ett bestämdt antal år och förnyades vanligen, när ständerna åter sammankommo. År 1604 åtogo sig städerna att i tre års tid betala s. k. månadspenningar, hvilka för Åbo bestämdes till 50 daler, men genom särskild kunglig resolution år 1605 nedsattes till 40 daler [2]). År 1611 pålades staden 60 daler i månadspenningar och följande år höjdes summan med halfparten [3]).

Åren 1635, 1638 och 1639 upptages Åbo stads kontribution till 2,000 daler, som vid dessa tider synes varit det vanliga beloppet. Öfriga städer i Finland utgjorde: Raumo 375, Nystad 250, Björneborg och Helsingfors 150, Nådendal och Ekenäs 50, Borgå 300, Wiborg år 1635 1950 och åren 1638—39 1672 daler [4]). För åren 1640 och 1641 åtog sig Åbo en liknande kontribution, men denna förmedlades genom resolution den 26 febr. 1640 till 1,500 daler; förmedlingen prolongerades sedan vid kontributionens förnyande för åren 1642 och 1643, men afslogs vid riksdagen 1643 för följande år [5]). År 1644 steg kontributionen till 1440, år 1645 till 2,880, 1649—1650 till 1,500, år 1679 till 1,750, 1689—90 till 3,500, 1691 —92 till 1750, 1699 till 3,864 daler [6]). För åren 1681 och 1682 anslogs stadens kontribution tillsammans till 8,240 daler s. m., men i följd af branden utkräfdes den icke af kronan, utan anslogs den summa, som kunde uppbäras, till stadens publika byggnader och andra nödtorfter [7]), Stundom ersattes eller förstärktes den van-

---

[1]) Stiernman, Riksd. besl. I: 754, 762.
[2])   „   „   I: 583, Waaranen II: 199.
[3])   „   „   I: 660, 678.
[4]) Generalräkenskaper för Finland 1635, 1637 o. 1638.
[5]) Resol. för Åbo 26 febr. 1640 § 9, 25 febr. 1642 § 1, 2 dec. 1643 § 3.
[6]) Landsböckerna; städernas samfälda acta i svenska riksarkivet.
[7]) Åbo läns verif. bok 1681 f. 3214.

liga kontributionen af en s. k. *kröningshjälp* (såsom vid riksd. 1617, 1649, 1654, 1675) eller en *krigshjälp* (såsom 1602, 1655, 1675, 1678). Den kröningshjälp, som vid nämda tillfällen gafs från Åbo, steg i regeln till 1,000 daler; Nystad erlade för samma ändamål år 1650 200 och år 1655 100 daler, Raumo 1650 100 och 1655 50 daler, Björneborg bägge åren 50 daler, Nådendal 1655 20 daler. 1655 års krigshjälp steg för Åbo till 1,000 daler, 1675 års till 1,500 och 1678 års till 4,000 daler [1]).

Fördelningen af dessa summor var, såsom sades, stadens ensak. I 1678 års riksdagsbeslut förbehöllo städerna uttryckligen, att den då beviljade krigshjälpen skulle uttaxeras af magistraten i samråd med tillförordnade af borgerskapet, och enahanda vilkor fästes vid de bevillningar, som gåfvos 1680, 1683, 1686 och 1689 [2]). Den procedur, som sålunda förbehölls, innebar emellertid icke någon nyhet, utan öfverensstämde fullkomligt med långt tidigare rådande praxis vid den ordinarie kontributionens eller taxans fördelande. Redan i stadslagens konungabalk påbjöds, att när skatt eller skott blef lagd på staden, skulle den fördelas af utvalde män ur borgerskapet, vanligen kallade skottmän [3]). I jämkningen af stora kontributionen för år 1624 deltogo 13 borgare för hvarje kvarter utom Aningais, som företräddes af 14 [4]). Vanligt var, att taxeringsnämden utgjordes af ståthållaren eller landshöfdingen eller ock något hans ombud, borgmästare och råd samt 12 edsvurne borgare från hvart kvarter. Taxeringen värkställdes kvarter för kvarter under loppet af flera dagar och om äfven ombud från andra kvarter voro närvarande, så var det dock det egna kvarterets representanter, som med magistraten bestämde skattebeloppet för borgarene i detta kvarter [5]). Efter införandet af de 24 älstes råd representerades borgerskapet af de älste jämte några andra för tillfället adjungerade borgare — enligt regeln, men icke undantagslöst, till antalet 6 — hvilka då fingo aflägga taxeringseden. Äfven nu genomgingos kvarteren i tur och ordning och vid upptagandet af hvarje nytt kvarter utsågos borgare från detta kvarter,

---

[1]) Jmfr landsb. 1650, 1655 o. 1656 med riksdagsbesluten.
[2]) Stiernman, Riksdagsbeslut II: 1784, 1824, III: 1928, 1993, 2080.
[3]) Kap. XIX.
[4]) Bidr. t. Åbo hist. första serien II: 20.
[5]) „ „ „ IV: 112, VI: 229; rådst. prot. 19—24 febr. 1638, 22—26 mars 1642, 22—26 jan. 1646 m. fl. st.

men de älste kunde fungera vid taxeringen såväl inom sitt eget som i andra kvarter [1]).

Med anledning af år 1691 anförda klagomål öfver några oegentligheter vid taxeringen utfärdade landshöfding Creutz den ordning, att de för hvarje kvarter utsedde 6 edsvurne taxeringsmännen först skulle uttala sig angående de skattskyldiges vilkor, sedan skulle de älste afgifva sitt betänkande, hvarpå magistraten med ordhafvande konungsmannen skulle fälla utslaget. Ville någon personligen inställa sig inför nämden för att angifva sin ekonomiska ställning, var det honom medgifvet [2]). Vid taxeringen gälde det främst att bestämma enhvars andel i den ordinarie kontributionen och andra bevillningar till kronan, men därjämte tillkom det nämden att uttaxera den kontribution, som erlades för särskilda kommunala behof, synnerligen till stadens betjäntes underhåll.

Hvarje borgare skulle deltaga i kontributionen i proportion till sin förmögenhet. Vid dennas bestämmande användes af taxeringsnämden såsom exponent för enhvars betalningsförmåga det s. k. skattöret. Totalbeloppet af skattörena var mycket varierande och likaså den afgift, hvartill skattöret förpliktade. År 1632 steg öretalet till 300. År 1638, då kontributionen steg till 2,000 dal. s. m., betalades för skattöret 28 daler k. m.; under de närmast föregående åren hade erlagts 24 dal,; år 1678, då öretalet var 92, betalades 96 daler k. m.; år 1687, då öretalet var ung. detsamma, erlades i kontribution 118 daler k. m. för skattöret; åren 1689 och 1690 120 daler. För de betjäntes lön uttaxerades år 1664 på hvarje skattöre — inalles 117 — 17 dal. k. m.; år 1677 uttogs för de betjäntes lön, inkvarteringspenningar, prästerskapets hushyra samt brobyggningen 48 dal. k. m. af hvart öre (då 97); år 1688 steg den „lilla taxan", hvarmed man synbarligen har att förstå den kommunala kontributionen, till 39 daler k. m. för skattöret [3]). Vid kontributionens fördelning togs vanligen hänsyn till möjligheten af någras insolvens, men trots denna försiktighet och trots all sträng-

---

[1]) År 1686 deltogo i taxeringen af Kyrkokvarteret 4 af de älste och 7 edsvurne, i taxeringen af Mätäjärvi 3 af de älste och 7 edsvurne, i taxeringen af Klöstret 4 älste och 6 edsvurne, i taxeringen af Södra kvarteret 3 älste och 5 edsvurne samt i taxeringen af Norra kvarteret 8 af de älste och 4 edsvurne borgare. Rådst. prot. 8—20 juli 1686. (Jmfr vidare rådst. prot. 2 maj 1679, 2—6 sept. 1684, 31 aug.—4 sept. 1685, 7 juli 1686, 2 maj 1688, 28 apr. 1696 m. m.)

[2]) Rådst. prot. 2 nov. 1691.

[3]) Rådst. protokollen.

het vid skattens indrifvande finner man i kronans räkenskaper obetalda kontributionsrester balansera från år till år [1]).

Vore den inkomsts- eller förmögenhetsenhet känd, hvilken lades till grund för beräkningen af skattöret och bråkdelar däraf, skulle vi i några borgarelängder från 1610—1630:talen äga en rik källa till kännedomen af förmögenhetsförhållandena i staden och borgerskapets förmåga att bära de af stat och kommun pålagda besvären. Tyvärr sakna vi alla upplysningar, som skulle sätta oss i stånd att bedöma, efter hvilken måttstock skattöret beräknades. Det kan i allmänhet sägas, att förmögenhetsförhållandena icke belysas af några uppgifter, som skulle göra det möjligt att på ett tillfredsställande sätt följa med växlingarna i den ekonomiska ställningen och anställa jämförelser med följande tider. I stadens vid riksdagarna anförda besvär och postulater påträffas nog ofta omdömen om tillståndet inom en näringsklass eller inom borgerskapet i dess helhet, men dessa utsagor lida af svagheter. Dels äro de hållna i en ofta tämligen starkt färgad ton, då de ju vanligen afsågo befrielse från en pålaga eller erhållande af ett nytt privilegium; dels röra de sig med vanliga fraser och påståenden, hvilkas riktighet borgerskapet icke ansett nödigt att med närmare exempel och förtydliganden ådagalägga. I ett antal ännu bevarade inventarielängder möter man förteckningar öfver särskilda borgares efterlämnade kvarlåtenskap i löst och fast, men dessa längder belysa endast några enstaka fall och äga betydelse mera för en kulturhistorisk än för en ekonomisk undersökning. Vi kunna därför nu förbigå såväl riksdagsbesvären som inventarieförteckningarna — för att på annat ställe återkomma till dem — och hålla oss allenast till de ofvan nämda borgarelängderna, hvilka, ehuru de icke lämna någon hållpunkt för bedömandet af förmögenhetens storlek, dock tillåta oss att ordna borgarene i en viss förmögenhetsskala och jämföra dem i deras förhållande till hvarandra. I de mantalslängder för åren 1616—1619, enligt hvilka Elfsborgslösen uppbars, äfvensom i borgarelängderna för åren 1632 och 1633 finnes nämligen antecknadt för hvarje borgare det skattöre, enligt hvilket han skattade till kronan. Sammanställa vi uppgifterna för 1616 och 1632, erhålla vi följande tablå öfver förmögenhetens fördelning i staden.

---

[1]) Uppbörden af kontributionen ombesörjdes af borgmästare och råd intill år 1698, då borgerskapet ålades att aflöna en uppbördsman.

Skattöresfördelningen i Åbo 1616 och 1632.

	Antal skattören.																		
År 1616.	9	5	4½	4	3	2¾	2½	2	1¾	1½	1¼	1⅛	1	¾	⅝	½	⅜	¼	⅛
Kyrkokvarteret	—	1	—	—	—	—	—	—	1	2	—	—	1	3	1	10	12	28	67
Mätäjärvi	—	—	—	—	—	—	—	—	1	—	—	—	2	—	—	3	7	38	33
Klöstret	—	—	—	—	—	—	—	3	2	1	1	—	3	2	—	3	2	32	84
Aningais	—	—	—	1	—	—	—	4	1	1	1	—	4	3	1	7	20	53	55
Summa	—	1	1	—	—	—	—	7	5	4	2	—	10	8	2	23	41	151	239
År 1632.																			
Kyrkokvarteret	1	—	1	1	—	—	—	2	2	1	1	1	10	20	—	34	2	28	5
Mätäjärvi	—	—	—	—	—	—	—	—	—	—	—	—	5	9	1	24	12	40	7
Klöstret	1	—	1	—	1	1	2	4	—	3	3	—	18	18	—	43	12	34	2
Aningais	—	—	—	—	2	—	—	—	—	3	3	—	14	18	2	37	11	26	13
Summa	2	—	2	1	3	1	2	6	2	7	7	1	47	65	3	138	37	128	27

Såsom af tabellen synes, har det stora flertalet af borgerskapet skattat för någon bråkdel af ett skattöre, således för en jämförelsevis ringa förmögenhet. Det minsta belopp, som tabellerna upptaga, är $1/8$ skattöre. Senare förekom äfven beräkning efter $1/16$ skattöre. Läsaren erinrar sig handelsmannen Johan Ranckens under valstriden 1688 fälda föraktliga yttrande om „sextondedels karlar". En för tidens förhållanden ovanlig förmögenhet ägde år 1632 handelsmännen Jakob Wolle och Anders Merthen, hvilka bägge skattade för 9 skattören, rådmännen Gewert Bugenhagen och Casper Ekman, hvilka hade $4½$ skattören, rådmannen Herman Stamer, som hade 4 skattören o. s. v.

Efter 1633 har jag icke anträffat någon borgarelängd, som skulle tillåta en gradering af borgerskapet efter förmögenheten. För tiden före 1616 kan en sådan jämförelse mellan borgarenes olika skattebetalningsförmåga ske allenast för år 1609. Enligt det vid riksdagen i Örebro s. å. fattade riksdagsbeslutet skulle, såsom redan är nämdt, borgarene erlägga 6 runstycken eller öre för hvart skattöre, hvartill de voro skattlagda. I den många gånger förut citerade skattelängden upptages icke skattörenas storlek, men väl beloppet af de „skottpengar", hvarje borgare betalade. För hela staden stälde sig skottpenningarnas fördelning på följande sätt:

1 pers.	erlade	10	ℳ¹)		4 pers.	erlade	1¼	ℳ
1	„	„	8	„	2	„	„	9 öre
1	„	„	7	„	36	,.	„	1 ℳ
9	„	„	6	„	1	„	„	7 öre
5	„	„	5	„	29	„	„	6 „
4	„	„	4½	„	26	„	„	5 „
10	,.	„	4	„	114	„	„	4 „
1	„	„	3¼	„	6	„	„	3½ „
5	„	„	3	„	103	„	„	3 „
3	„	„	2½	„	3	„	„	2½ „
1	„	„	2¼	„	90	„	„	2 „
20	„	„	2	„	6	„	„	1½ „
1	„	„	1¾	„	2	„	„	1 „
1	„	„	13	öre	1	„	„	½ „
9	„	„	1½	ℳ				

*   *   *

Man kunde med skäl anse, att de i det föregående omnämda skattebördor och besvär bort utgöra det yttersta mått, hvarutöfver undersåtarnes förmåga att bära kronans ock kommunens tunga icke finge pröfvas. Så var emellertid icke fallet. Ännu förekommo åtskilliga dryga afgifter, hvilka kronan utkräfde af staden i form af indirekt skatt: sjötullen för sjöledes importerade varor, lilla tullen för till torget hämtade landtmannaprodukter, accis för vissa näringar o. s. v. Ehuru en beskattning på borgerskapet, voro de emellertid af annan natur än de ofvan skildrade utlagorna, hvarför vi lämna dem å sido för att upptaga dem i framställningen af näringsväsendet, hvartill vi nu skola öfvergå.

---

¹) 1 ℳ = 8 öre.

Trykta källor:

Ahlqvist, A., Suomalaisten sukunimistä. (Suomi 1860.)

Arnell, I., Swerikes Stadz-lagh. Sthlm 1730.

Beckman, K. V., Bidrag till utskottsmötenas historia. Upsala 1887.

Bidrag till Åbo stads historia, första serien I—VII. H:fors 1884—1891.

Bonsdorff, C. v., Landskapsmöten i Finland på 1670:talet (i Historiallinen Arkisto XI).

Carpelan, T., Åbo i genealogiskt hänseende. H:fors 1890.

Ehrström, E., Helsingfors stads historia från 1640 till stora ofreden. (Skrifter utg. af Svenska Literatursällskapet i Finland XV).

Forsman, A. V., Pakanuuden aikainen nimistö. H:fors 1891.

Grotenfelt, K., Vähän suomalaisuudesta Turussa ennen aikaan. (I Historiallinen Arkisto IX.)

— — Suomen kaupunkien väkiluvusta 1500- ja 1600-luvulla. (Medd. i Historiallinen Arkisto XI.)

Ignatius, K. E. F., Finlands historia under Carl X Gustafs regering. H:fors 1865.

— — Om Finlands folkmängd under medlet af sjuttonde århundradet. (I Historiallinen Arkisto I.)

Krohn, J. L. F., Suomenkielinen runollisuus Ruotsinvallan aikana ynnä Kuvaelmia suomalaisuuden historiasta. H:fors 1862.

Melander, K. R., Kuvaus Suomen oloista vuosina 1617—1634. I. H:fors 1887.

Nordström, J. J., Bidrag till den svenska samhällsförfattningens historia. H:fors 1839—1840.

Odhner, C. T., Bidrag till svenska städernas och borgareståndets historia till 1633. Upsala 1860.

— — Bidrag till svenska stadsförfattningens historia. Upsala 1861.

— — Om de svenska städernas kommunala utveckling under sjuttonde århundradet. (Hamiltons Nordisk Tidskrift, andra årg. Lund 1867.)

Schybergson, M. G., Riksdagsmannavalen i Åbo under frihetstiden. (I Skrifter utg. af sv. lit. sällsk. i Finland XVIII.)

Steyern, Nils v., Bidrag till svenska riksdagens historia. Sthlm 1863.

Stiernman, A. A. v., Riksdagars och mötens beslut. Sthlm 1728—1743.

— — Kongliga stadgar, förordningar etc. Sthlm 1747—1766.

Tegnér, E., Om svenska familjenamn. (I Nordisk tidskrift, utg. af Letterstedtska föreningen, 1882.)

Tengström, J., Afhandling om presterliga tjenstgörningen i Åbo erkestift. Åbo 1820—22.

— — Vita et merita M. Isaaci B. Rothovii. Åbo 1796—1801.

Tigerstedt, K. K., Handlingar rörande Finlands historia. H:fors 1863—78.

— — Adumbratio status urbium fennicarum. H:fors 1847.

Waaranen, J. E., Samling af urkunder. H:fors 1863—78.

— — Öfversigt af Finlands tillstånd i början af 17:de seklet. H:fors 1860.

Åbo Tidningar 1774, 1793.

Redovisning

öfver

Sällskapets för utgifvande af bidrag till Åbo stads historia räkenskaper för år 1891.

INKOMSTER

An Behållning från år 1890		3,752: 17
› 169 ledamotsafgifter för år 1891 à 5 mk 845		
› 4 › › › 1890 à 5 › . . . . . . › 20		865: —
› Räntor		185: —
› För bestridande af halfva kostnaden för I ser. VII häfte af Sällskapets publikationer af Herr Fredric Rettig .		703: 80
	Fmf.	5,505: 97

UTGIFTER

Per Uppköpt 19 häften 1 & 2 af I ser. à 6 mk		114: —
› J. Simelii arf. boktryckeri räkning.		922: 50
› d:o d:o d:o		13: —
› Algot Laurents bokbinderi d:o		103: 50
› Abo tidnings tryckeri bolags d:o		3: 60
› Torsten Hartmans d:o		365: —
› Frakt för böcker från Helsingfors		7: 60
› Behållning till år 1892		3,976: 77
	Fmf.	5,505: 97

Förestående redovisning är af undertecknade granskad och riktig befunnen.

Ferd. Jusélius.   **Julius Österblad.**

——➤✳◄——

Bidrag till Åbo stads historia, utgifna på föranstaltande af Bestyrelsen för Åbo stads historiska museum, utgå i tvenne serier. I den första serien, meddelas in extenso eller i förkortning intressantare urkundsamlingar och aktstycken, som tjena till belysande af stadens framfarna öden. Den andra serien omfattar allenast originalafhandlingar och bearbetningar af källorna.

De hittills utkomna häftena af ›Bidragen› äro följande:

Första serien:

I. Utdrag ur Åbo domkyrkas räkenskaper 1553—1634. Utgifna af R. Hausen. Helsingfors 1884.

II. Utdrag ur Åbo stads dombok 1624—1625. Utgifna af Carl v. Bonsdorff. Helsingfors 1885.

III. Abo stads dombok 1623 1624. Utgifven af Carl v. Bonsdorff. Helsingfors 1886.

IV. Utdrag ur Åbo stads dombok 1626—1632. Utgifna af Carl v. Bonsdorff. Helsingfors 1887.

V. Kyrkorådets i Åbo protokoll 1675—1689. Utgifna af Carl v. Bonsdorff. Helsingfors 1889.

VI. Utdrag ur Åbo stads dombok 1633—1634. Utgifna af George Granfelt. Helsingfors 1890.

VII. Utdrag ur Åbo stads dombok 1635. Utgifna af Torsten Hartman. — Hertig Johans af Finland diarium öfver utgångna bref. Meddeladt af K. G. Leinberg. Helsingfors 1891.

Andra serien.

I. Åbo stads historia under sjuttonde seklet. Af Carl v. Bonsdorff. Första häftet. Helsingfors 1889.

Pris för köpare 8 mark.

BIDRAG TILL ÅBO STADS HISTORIA.

UTGIFNA PÅ FÖRANSTALTANDE AF

BESTYRELSEN FÖR ÅBO STADS HISTORISKA MUSEUM.

ANDRA SERIEN.

III.

ÅBO STADS HISTORIA

UNDER SJUTTONDE SEKLET

AF

CARL v. BONSDORFF.

TREDJE HÄFTET.

HELSINGFORS,
J. SIMELII ARFVINGARS BOKTRYCKERI AKTIEBOLAG,
1894.

Förteckning

öfver

nya medlemmar i Sällskapet.

Ständiga ledamöter.

VON HORN, EDUARD, Kammarherre, Stockholm.
LINDER, HJ. C., Kammarjunkare, Tammerfors.

Årsledamöter.

BLOMQVIST, A. R., Fil. magister, Helsingfors.
DAHLBERG, GUST., Domprost, Åbo.
ENQVIST. WALTER, Tullförvaltare, Kristinestad.
FONSELIUS, AXEL, Häradshöfding, Wasa.
MELANDER, K. R.. Doktor, Åbo.
SPOOF, WALDEMAR, Referendariesekreterare, Åbo.

BIDRAG TILL ÅBO STADS HISTORIA.

UTGIFNA PÅ FÖRANSTALTANDE AF

BESTYRELSEN FÖR ÅBO STADS HISTORISKA MUSEUM.

ANDRA SERIEN.

III.

ÅBO STADS HISTORIA

UNDER SJUTTONDE SEKLET

AF

CARL v. BONSDORFF.

TREDJE HÄFTET.

HELSINGFORS,

J. SIMELII ARFVINGARS BOKTRYCKERI AKTIEBOLAG,

1894.

FEMTE AFDELNINGEN.

HANDEL och SJÖFART.

I.

Merkantilsystemet.

För att rätt förstå de säregna former, i hvilka det ekonomiska lifvet pulserade i Åbo under sjuttonde seklet, är det af nöden att något vidlyftigare redogöra för närings-lagstiftningen i riket öfverhufvud, att utreda de ekonomiska grundsatser, som besjälade lagstiftarene i deras arbete samt att uppvisa de medel och utvägar, hvilka ansågos lända nationen till ekonomisk och politisk välgång. På samma gång vi koncentrera uppmärksamheten på förhållandena i Åbo, måste vi oaflåtet fasthålla kontinuiteten med näringslifvet i riket öfverhufvud. Vi måste ständigt söka sambandet mellan det allmänna och det enskilda, mellan det ekonomiska lifvets allmänna utveckling och dess lokala yttringar i Åbo. Måhända mera än förut böra vi sålunda göra oss förtrogna med den miliö, på hvilken de förhållanden och förteelser vi ha att studera afteckna sig.

Man har gemenligen kallat det ekonomiska system, som under de senast förflutna århundradena beherskade samfundslifvet i Europas stater, merkantilsystemet eller handelsbalanssystemet. Detta system innebar det första försöket att efter en i detalj utarbetad samt i praktiken konsekvent fullföljd plan ordna och beherska näringslifvet på ett större område samt att för en längre framtid bestämma formerna för den ekonomiska utvecklingen. Det innebar tillika det första försöket att vetenskapligt utreda och förklara de ekonomiska grundbegreppen samt att fastställa betingelserna för en sund samhällsutveckling. Sitt ursprung hade systemet i den politiska, religiösa, sociala och ekonomiska hvälfning, som betecknar öfvergången från medeltiden till nya tiden. Dess utbildning sammanföll med och utgjorde en del af den under nya tidens första århundraden pågående centralisationsprocess, som skapade den moderna staten, kon-

centrerade samhällsmakten i furstens hand och samlade folkets splitt-
rade krafter kring gemensamma, nationella intressen och sträfvanden.
Inom staten visade sig denna process i ett underminerande eller ut-
plånande af provinsernas och kommunernas ofta mot hvarandra stri-
diga privilegier och friheter genom införande af enhet och likfor-
mighet i lagstiftning, förvaltning och beskattning. I stället för
territoriella och provinsiella intressen sattes nationella; i stället för
provinsiel och kommunal hushållning — olika på olika orter — kom
en statshushållning, som, på ett mera eller mindre godtyckligt sätt
reglerad af regeringen, efter samma grundsatser och genom gemen-
samma institutioner ordnade det ekonomiska lifvet inom hela stats-
gebitet. Gentemot utlandet visade sig samma process i en sträfvan
att konsolidera staten till ett i politiskt, militäriskt och ekonomiskt
hänseende enhetligt, slutet samhälle, som kunde existera på grund af
egna krafter, utan att anlita främmandes hjälp.

Ett kardinalproblem för tidens politiska ekonomi var att öka
landets tillgång på ädla metaller. Väl erkändes penningen icke som
den enda värdemätaren för en nations välmåga och rikedom — ehuru
de offentliga urkunderna mången gång tyda på detta antagande —
men den var onekligen det viktigaste och mest effektiva medlet för na-
tionalförmögenhetens höjande. Den praktiska statskonstens uppgift
gick därför ut på att befordra exploiteringen af förefintliga bärgvärk
samt att, såvidt möjligt var, täppa till alla onödiga kanaler, som
ledde penningen till utlandet, men att på sätt eller annat förmå ut-
ländingen att lämna i landet mera penningar än han drog bort där-
ifrån. Import till landet kunde tyvärr icke undvikas, men den skulle
nedtryckas till minsta möjliga värdebelopp, medan åter exporten
skulle i samma mån drifvas upp. Ju förmånligare handelsbalansen
var, d. v. s. ju mera årets export, uttrykt i klingande mynt,
öfversköt beloppet af de för importen utlagda penningarna, desto
lyckligare hade årets kommersiella sträfvanden utfallit, desto tydli-
gare hade ock systemets ofelbarhet trädt i dagen. Men den ekono-
miska vinsten förde ock med sig fördelar af politiskt art. Då man
fullt och fast trodde sig kunna antaga, att hvarje ekonomisk vinst
för den ena staten innebar en motsvarande förlust för den andra,
så måste hvarje för grannstaten oförmånlig handelsbalans medföra
för denna ett ekonomiskt och därmed äfven ett politiskt nedåtgående.
I samma mån som handelsbalansen förbättrades för den ena staten
och försämrades för den andra, förändrades till förmån för den förra
den politiska ställningen. Där ett land hade riklig tillgång på gång-
bart mynt, kunde regeringen uppträda med större anspråk mot ut-

landet och af detta tilltvinga sig nya ekonomiska fördelar. Kort sagdt: med ekonomisk öfvervikt följde äfven politisk.

Då nu statsekonomins uppgift sålunda var att upprätthålla en gynnsam handelsbalans, följde såsom korollarium, att af näringarna främst de skulle gynnas, hvilka mest befordrade penningars öfverflyttning från utlandet till hemlandet. Sådana näringar voro den utländska handeln och industrin, hvilka ock blefvo merkantilsystemets förklarade skötebarn. Väl hade jordbruket också sin stora betydelse och uppmärksamhet måste egnas äfven dess befordran, men lejonparten af den omvårdnad, som egnades näringarna, kom dock industrin och handeln till godo. För att skydda det inhemska arbetet för konkurrens af utlandet, lades höga tullar på utländska produkter och tidtals blef deras införsel h. o. h. förbjuden. Vidare underhjälptes industrins framsteg genom premier, genom monopol åt s. k. kompanier eller privilegierade handelssällskap, genom förbud mot råmaterials utförsel samt genom mångahanda åtgärder, hvilka åsyftade driftkostnadernas nedsättande, ofta på bekostnad af den jordbrukande klassen. Så kunde industriidkaren, till skada för jordbrukaren, ena gången gynnas genom förbud mot spannmålsexport, andra gången genom fri spannmålsimport. I gengäld för alla dessa nådebevisningar skulle industriidkaren vinnlägga sig om att fylla landets behof af handtvärks- och fabriksalster samt att dessutom producera det mesta han kunde för export till utlandet [1]).

---

[1]) Betecknande för den allmänna uppfattningen är följande yttrande, som förekommer i kongl. svenska kommerskollegii år 1662 till Kongl. Maj:t afgifna relation om handelns tillstånd:

„Först och för all ting är rådeligit, man med makt arbetade därpå, huru landet måtte kunna gifva flera varor ut än det emottager, ty såsom af det förra lyser förmögenhet, så utvisar det senare landsens tarf och fattigdom. Nu är Sverige rikt och ymnogt, i sig nogt, men felen sticker i kulturen och varornas utarbetande; fördenskull sätte vi såsom en källa eller ursprung till handel och negotie handtvärken, och att dem kunna nå — folk och förlag. Till hvilken ända vi skatte nödigt, man vinnlade sig om städernas uppkomst i riket, ty såsom goda städer göra godt land, så måste man först hjälpa städerna upp hvar efter sin situation, natur och egenskap, på det de måtte kunna varor emottaga och betala, som kringomliggande land utgifva, och åter furnera samma land med penningar åt de varor, som det tarfvar, arbetandes den ena den andra i händerna, som bägge deras nytta och tillväxt fordrar. Ty om landet gifver varor och kan dock med dem ej komma till salu, utan måste hemma konsumeras, gifver det ingen synnerlig profit, men kan det utan lång väg och omkostnad vändas i en nyttig penning eller andra tarfver, är det ju en stor hjälp, som landet kringom Stockholm emot andra aflägsne klarligen utvisar; att nu hjälpa städerna upp, är fuller, i gemen sagdt, intet bättre medel än genom handel och manufakturer, men huru dessa skola inplantas, befordras, drifvas och fortsättas, där uti sticker fuller största konsten". Handl. rör. Skandinaviens hist. XXXII: 298—299.

Den utländska handeln skulle i främsta rummet förmedlas af inhemska köpmän och på inhemska farkoster. Därför försvårades utländingars sjöfart genom högre tullafgifter och genom hvarjehanda inskränkningar i rättigheten till medhafda handelsartiklars aflastning och försäljning, medan den inhemska sjöfarten gynnades genom motsvarande lättnader i tullarna, genom skeppsbyggeriets understödjande och, om möjligt var, genom förmånliga, ofta genom krig aftvungna handelsfördrag.

För att merkantilsystemets syftemål säkrare skulle uppnås, var det af högsta vikt, att en planmässig, rationel arbetsfördelning genomfördes, att nationens arbetskrafter så ordnades och fördelades, att de alla värkade åt samma håll, alla stodo under en gemensam högsta ledning. Hvarje näringsklass, hvarje korporation, nästan hvarje individ skulle ha sin bestämda post i samhället, ha sin speciela uppgift att lösa, sitt fridlysta område, där han kunde utveckla sina intellektuella och materiella ressurser. Den ene skulle icke störande inskrida i den andres arbete. Samhället skulle vara likt ett stort maskineri, där det ena kugghjulet griper in i det andra och där hvarje del måste vara i ständig värksamhet för att icke hämma rörelsen hos andra delar. Regeringens skyldighet var att så fördela arbetet, att ingen samhällsklass förkofrades på en annans bekostnad, att alla arbetade för nationens gemensamma bästa för att sedan enhvar i sin mån blifva delaktiga af den allmänna välsignelsen.

Liksom hvarje annan företeelse af historisk betydelse, ägde merkantilsystemet sin förutsättning i en serie faktiska förhållanden, framgick ur tidens kraf på ett efter förändrade tidsförhållanden lämpadt ekonomiskt system. Detta system har betecknats såsom despotismen tillämpad på det ekonomiska området. Det stod ock i absolutismens tjänst och mera eller mindre despotiska furstar voro dess intellektuella upphofsmän. Motståndet mot systemet gaf anledning till den ena godtyckliga åtgärden efter den andra, så att när merkantilismen erhöll sin fulla utbildning, blef den en i system satt ekonomisk tvångspolitik. Men den var till sin innersta natur en frukt af den andliga och materiella kultur, som efterföljde medeltidens. Det må nu lämnas därhän, huruvida icke den ekonomiska utvecklingen kommit in på en riktigare bana och bragt med sig rikare frukter, om friheten proklamerats till systemets lifsprincip, icke tvånget. Merkantilsystemet har i alla fall under sin tvåhundraåriga supremati i Europas kulturländer mäktigt bidragit till att höja och utveckla näringslifvet, det har i flera länder skapat en nationel handel och industri och därmed ett inhemskt borgarestånd. Å andra sidan saknade systemet ingalunda sina brister. Det har tenderat att uppoffra den enskilda individen till förmån för det s. k. allmänna bästa, som ofta nog var ett lika allmänt ondt; det har klafbundit friheten, slagit den fria konkurrensen i bojor och hållit undersåtarna i ett till en början motiveradt, men med tiden vanhederligt tillstånd af minderårighet. Det har vidare isolerat nationerna från hvarandra och upprätthållit dem emellan en ständig antagonism, som icke sällan ledt till krigisk konflikt. Inom staten har systemet försatt samhällsklasserna i samma läge; det har kringgärdat de olika yrkena med murar och barrierer, som manat fram angripare utan att alltid kunna motstå dem. Teoretiskt taget låg systemets förnämsta misstag däri, att det öfverhöfvan uppskattade penningens betydelse för nationernas välstånd och därigenom förväxlade värkan och orsak, att det utgick från den chimeriska förutsättningen, att ett folk alltid kunde sälja mera än det köpte samt att hvarje öfverskott på handelsbalansens debetsida innebar en ren förlust för nationalförmögenheten. [1])

* * *

De första ansatserna till de merkantilistiska principernas tillämpande i Sverige och Finland skönjas under Gustaf Wasas regering. Under sitt ekonomiska nydaningsarbete, som åsyftade krossandet af hansans merkantila öfvervälde och skapandet af ett inhemskt handelsstånd, tillämpade Gustaf Wasa grundsatser och metoder, som karaktärisera merkantilsystemet under dess fulla utbildning. Han proklamerade grundsatsen om statens rätt att ingripa i näringsklassernas och de enskilda individernas arbete, att ordna och leda detta arbete, så att riket däraf hade den största fördel. Med en maktfullkomlighet, som knapt lämnade något öfrigt att önska, antog han sig sina i ekonomiska ärenden oförfarna undersåtars affärer; använde lika mycket tvångsåtgärder som förmaningar; upphäfde städer och kommenderade borgarene till andra, enligt hans tanke för handeln lämpligare orter. Han hyllade principen om en konsekvent utförd arbetsfördelning, ifrade mot köp på landsbygden, förbjöd mynts och cerealiers utförsel ur riket o. s. v. Men alt detta skedde utan tillbörlig följdriktighet och utan system. Föreskrifter gåfvos in

---

[1]) Jmfr. vidare G. Schmoller, Das Merkantilsystem i seiner hist. Bedeutung i **Jahrbuch** f. Gesetzg. Verwalt u. Volkswirtsch. årg. 1884; L. Cossa, Einleitung in das Studium der Wirtschaftslehre; A. Lille, Anders Chydenius i förh. t. samt. nationalekonomer m. m.

casu och gåfvos i mängd, men någon allmän norm fastslogs icke. Sammalunda tillgick det under de tre följande Vasa-konungarnes tid. Till ett noga afvägdt handelspolitiskt system kom det först under Carl IX:s och Gustaf II Adolfs regeringstider. Först vid ingången af det sekel, som utgör föremål för undersökning i detta arbete, kan det sägas att merkantilsystemet erhöll sin egentliga utbildning och proklamerades till statens ekonomiska religion. Systemets grundlagar blefvo 1614 års „handels och seglations ordning och stadga" samt 1617 års „ordinantie, huruledes köphandel af riksens inbyggare, såväl som främmande drifvas skall". [1]) I dessa stadgar nedlades hvad tiden ägde af statsmannaklokhet och ekonomisk visdom.

Ordinantiernas ändamål uppgifves vara, att rikets köpstäder, hvilka „äro i förledna tiden genom mycken och margfallig oordning, som uppkommen är uti seglatset och handeln, mycket af sig komna och utarmade — — måtte tillväxa och komma till en god förmögenhet, så att vi uti förefallande nöd kunde hafva på dem att lita". Till den ändan skulle, på vissa undantag när, all handel och industri inskränkas till städernas borgerskap, landsbygdens köpmän och handtvärkare inflytta till städerna och där vinna burskap. Städerna indelades i tvänne kategorier: stapelstäder, hvilka ägde rätt till handel med utlandet, samt uppstäder, hvilkas handelsförbindelser inskränkte sig till eget rike. Bland stapelstäderna skilde man mellan städer med passiv och städer med aktiv stapelrätt. De förra ägde uteslutande rätt att i sina hamnar mottaga utländska skepp och varor; de senares borgare voro berättigade att på egna skepp drifva seglation till utländsk botten. Stapelstädernas uppgift var att förse riket med nödigt kvantum af utländska artiklar samt att förmedla exporten till utlandet; uppstädernas borgerskap skulle fournera sig i stapelstäderna med de varor de behöfde för att „besöka, förhandla och försörja" landsbygden. Enligt 1614 års ordinantie var det stapelstädernas borgare förbjudet att konkurrera med uppstadsborgarene på landsbygdens marknader; på uppstädernas marknader fingo de icke häller köpslaga med allmogen, utan allenast mot kontant betalning tillhandla sig vissa varor af borgerskapet. Dessa inskränkningar upphäfdes emellertid under de följande åren, medan åter allmogens stadsbesök, tidigare h. o. h. frigifna, alt mera inskränktes till en bestämd köpstad. Af finska städer erhöllo genom H. O. 1617 Åbo och Wiborg samt tils vidare Helsingfors och Borgå passiv stapelrätt, Björneborg, Raumo, Nystad

[1]) Stiernman, Commerceförordn. I: 591—602, 690—704.

och Ekenäs aktiv stapelrätt. Utländingar fingo drifva köpenskap allenast på de fyra förstnämda orterna och med iakttagande af vissa bestämningar angående tiden för deras uppehåll och sättet för deras handel.

Genom dessa och särskilda andra bestämningar, hvilka i det följande skola anföras, hoppades regeringen ha fått till stånd en rationel fördelning af handelsnäringen; hon ansåg sig på ett lysande sätt ha fyllt sin plikt „att eftertrakta alt det som fäderneslandet och dess trogna inbyggare länder till välfärd och förbättring och tvärt om att hindra och afskaffa så mycket mögeligt, hvad oskick och oordning till deras skada och ärliga närings förminskelse kan vara uppkommen".

Fäderneslandets trogna inbyggare erkände nogsamt sin öfverhets goda intentioner, men erkände icke klokheten i dess åtgöranden. Försöket att åvägabringa ett konstant jämviktsförhållande samhällsklasserna emellan slog till stor del fel. I stället för att stifta en stadigvarande fred och försoning, manade ordinantierna alla intresserade parter till öppen inbördes kamp; stapelstäderna trädde i harnesk mot uppstäderna, uppstäderna mot stapelstäderna, allmogen och hvarandra. I stället för att skörda bifall inhöstade regeringen på alla riksdagar packor af klagoskrifter öfver fördelningen af privilegier och skyldigheter. Hvarje punkt i handelsordinantien utsattes för kritik. Regeringen upplyste omständligen de missnöjde, borgare såväl som bönder, hurusom de åtgärder som vidtagits och det system som fullföljdes voro de hälsosammaste för deras egen och riksens välfärd. Men då oppositionen icke lät sig förnöja, drefs regeringen tid efter annan att utfärda stadgar och resolutioner, hvilka dels inneburo nya restriktioner och ytterligare konsekvenser ur principerna, dels utgjorde undantag från systemet. Bland mängden af författningar må specielt framhållas 1636 års seglationsordning samt 1673 års handelsordinantie, andra förordningar af allmän art att förtiga. I hufvudsak afsågo ordinantierna att genomföra en till näringslifvets alla detaljer utsträkt arbetsfördelning samt att minska antalet af stapelstäder till fromma för de öfverblifnas handelsintressen. I synnerhet tenderade den kommersiella politiken att befordra hufvudstadsköpmännens intressen, esomoftast till ögonskenlig skada för andra orters bebyggare. Det tyktes icke omöjligt, att den tanke skulle blifva realiserad, som uttryktes redan i ett år 1595 af hertig Carl utarbetadt betänkande om städernas inrättning, att Stockholm skulle vara rikets enda stapelstad och att alla öfriga städer skulle afhämta sitt behof af utländska varor och aflevererera

sina exportartiklar på nämda ort [1]).   De många tilläggen värkade
till slut, att det med så stor möda och omtanke utarbetade ekono-
miska systemet kom att likna ett på olika tider uppmuradt samt
ständiga reparationer och ändringar undergånget torn, hvars snara
fall syntes mången åskådare oundvikligt.   Orsaker, hvilka här icke
behöfva utläggas, fördröjde emellertid katastrofen in på senare hälf-
ten af adertonde seklet, då 1617 års handelsordning och med den det
merkantila systemet erhöll sitt banesår [2]).

*   *   *

Detta i korthet till belysande af det rådande systemets prin-
ciper och allmänna karaktär.   Då vi gå att studera det kommersi-
ella lifvet i dess olika yttringar, skola vi först egna vår uppmärk-
samhet åt den utländska handeln, hvarpå en stapelstad skulle vara
funderad och förutan hvilken, såsom det hette i ett kommerskollegii
betänkande af 1697, „handeln och manufakturerna icke väl och med
någon fördel idkas och drifvas kunna, i det genom seglationen nöd-
vändigt alt det måste bringas och anskaffas, som kan gifva kom-
mersen och manufakturerna lif och rörelse.“

---

[1]) Stiernman a. a, I: 433—439.
[2]) Loenbom, Handl. t. kon. Carl XI:tes hist. IV: 4—5. För ett närmare stu-
dium af merkantilsystemet i Sverige och Finland hänvisas främst till E. G. Palmén,
Hist. framst. af d. svensk-finska handelslagstift., samt till i literaturförteckningen
upptagna arbeten af Arnberg, Cronholm, Fyhrvall, Odhner, Sillén m. fl.

II.

Utrikes handel.

id den stora utportionering af privilegier, som timade i sammanhang med de merkantilistiska principernas genomförande, bekräftades för Åbo borgerskap dess urgamla rätt till fri handel med utlandet. Genom att hugnas med aktiv och passiv stapelrätt erhöll Åbo en privilegierad ställning, som endast få städer i riket kunde glädja sig åt. Stockholm blef visserligen bestämd till handelsmetropol icke endast för Sverige, utan ock för hela riket, men Åbo skulle, i den mån Stockholms intressen icke träddes för nära, vara Finlands första handelsstad. När på 1630: talet alla finska sjöstäder norr om Åbo mer eller mindre fullständigt förvandlades till uppstäder och de österbottniska städernas seglation inskränktes till Stockholm och Åbo, när af öfriga städer i landet endast Viborg och Helsingfors samt för en tid Borgå benådades med stapelstads rättigheter, kunde det med skäl sägas, att Åbo borgare hade blifvit väl utrustade för konkurrensen på handelsmarknaden. För den fara, som hotade mången annan stad i anledning af osäkerheten till en gång erhållna privilegiers hälgd, blef Åbo sedermera så godt som alls icke utsatt.

Teoretiskt taget, såvidt det gälde merkantila privilegier, var alt väl bestäldt. Men värkligheten motsvarade icke de stora löftena. I stället för att inleda en kommersiel blomstringsperiod, medförde merkantilsystemets seger inom många affärsgrenar stockning och förfall.

Vid nya tidens ingång hade, i anledning af de föregående orofylda åren, näringarna i Åbo befunnit sig i ett bedröfligt tillstånd. Den utländska handel, som förekom, var så godt som fullständigt i händerna på köpmannafirmor i Lybeck. I samma mån som krigens sår läktes och Lybecks handelsvälde på Östersjön lutade mot sitt slut, erhöll affärsvärksamheten i Åbo åter ny lifaktighet och hängåfvo sig stadens egna borgare med växande tillförsikt åt företag, hvilka därförinnan ockuperats af främlingar. I stället för att såsom förut importera och exportera sina artiklar på hanseatiska redares skutor, öfvertogo köpmännen själfva fraktrörelsen, bygde åt sig skepp på en i stadens närhet befintlig slip eller sysselsatte skeppsbyggare på annat håll samt undanträngde så småningom från sina farvatten de främmande skepparene, så att vid slutet af Gustaf Vasas regeringstid stadens utrikes handel nästan uteslutande upprätthölls med egna skepp. Med Lybeck fortgingo affärsförbindelserna, ehuru med förminskad lifaktighet och tidtals i strid mot regeringens afsikter; i stället ökades samfärdseln med Danzig och Reval och inleddes de första förbindelserna med holländarene, Lybecks af konung Gustaf gynnade konkurrenter om Östersjöhandeln. På 1550:talet förmedlades förbindelserna med utlandet årligen af i medeltal c. 30 inkommande och lika många utgående skepp. Åbo stads egen handelsflotta hade under nämda decennium erhållit sådan tillväxt, att den år 1553 synes ha utgjorts af 9 skepp, hvilka gingo till Tyskland, och 4, som gingo till Livland, samt år 1560 af 15 Tysklands- och 5 Livlandsfarare [1]).

Under de tvänne följande årtiondena aftog, i följd af krigiska tider, sjöfarten betydligt, men repade sig åter vid seklets slut. Enligt tullräkenskaperna från 1580—1590:talen steg antalet från utlandet inkommande liksom antalet dit afgående skeppslaster till i medeltal något öfver 30 årligen. År 1588 utgjorde antalet inkommande skeppslaster 46 samt antalet utgående 47; år 1597 stego resp. siffror endast till 18. Lifligast voro förbindelserna med Lybeck och Danzig; i medeltal några skepp årligen upprätthöllo trafiken med Riga; från Nederländerna inkommo åren 1584 och 1585 årligen 4 skepp, men senare endast ett eller intet. Samfärdseln med Danmark, Stralsund, Wismar, Rostock, Pernau, Reval m. fl. hanseatiska och baltiska hamnar var så liflig som nödtorftigt behöfdes för att den icke skulle anses hafva h. o. h. upphört. Om resor till och från England och Frankrike talas icke [2]).

Tack vare förefintliga tullräkenskaper är det möjligt att i detalj följa Åbo stads handel på utlandet in på medlet af det sjuttonde seklets andra decennium. De uppgifter handlingarna lämna,

---

[1]) K. Grotenfelt, Suomen kaupasta ja kaupungeista ensimmäisten Vaasa-kuninkaitten aikana s. 17—48. 146.

[2]) T. S. Dillner, Tabeller öfver Finlands handel åren 1570—1622 i Historiallinen Arkisto XIII.

visa, att den utländska handeln i hufvudsak rörde sig i samma banor och ägde samma lifaktighet som vid det föregående seklets slut. Hade en förändring timat, innebar den hällre en tillbakagång än ett framsteg. När seklet gick upp, rasade som bekant det långvariga, ehuru af flera stillestånd afbrutna kriget mellan Vasahusets svenska och polska grenar; vid Gustaf Adolfs trontillträde hade Danmark och Ryssland anslutit sig till Sveriges fiender. Det polska kriget hade till naturlig följd, att skeppsfarten till Preussen och Livland led af ständiga afbräck; med Riga upphörde förbindelserna nästan h. o. h.; samfärdseln med Danzig höll sig fortfarande uppe, men visade stark tendens till aftagande; beröringen med Danmark visade under de första åren goda tecken till lifaktighet, men afbröts för flera år genom Kalmarkriget. Däremot fortforo firmorna i Lybeck att vara de bästa affärsvännerna, hvarjämte nya förbindelser anknötos med holländarene, hvilka efter öfvertaget öfver spanjorerne börjat draga till sig fraktfarten på de nordiska farvattnen. Enligt uträkningar af Dilluer steg antalet in- och utklarerade skeppslaster under åren 1590—1616 till följande belopp:

Ankommande och afgående skeppslaster 1590—1616.

	1590		1600		1601		1602		1603		1605		1611		1613		1615		1616	
	ank.	afg.	ank.	afg.	ank.	afg.	ank.	afg.	ank.	afg.	ank.	afg.	ank.	afg.	ank.	afg.	ank.	afg.	ank.	afg¹)
England . . .					1															
Frankrike . .					1	1														
Holland . . .					4	3		1			2	2	6	1	3	4	6	5	5	
Danmark . .	1		11	8	10	8	8	1	6	4	2	2			2					
Hamburg . .					1												3			
Lybeck	22	18	6	4	3	2					5	8	8	11	12	15	15	19	18	
Wismar . . .			2	2	4	3	9	15	22	21	13	9								
Rostock . . .							1	1	3	2						1				
Stralsund . .	1		1	1	1	3	4	2	1	1	2				1	1				
Kolberg . . .	1																			
Greifswald . .						1	2													
Stettin	1	1																		
Danzig	11	12	2	3	4	4	9	6	7	8		2	6	6	4	2	2	1	5	
Riga	4	2													1			2	1	
Reval				3		1							2		2			1		
Narva								2	2						1			1		
Ryssland . . .									2			1							1	
Summa	41	33	22	21	29	26	36	26	43	36	25	24	22	18	26	23	26	29	30	

¹) Saknas uppgifter.

Ur räkenskaperna framgår icke med bestämdhet, huru många af de skepp, som ankrade vid staden, tillhörde borgerskapet och huru många som buro utländsk flagg i masttoppen. Tydligt synes dock, att sjöfarten blifvit alt mera passiv, att fraktrörelsen till största delen råkat i händerna på holländare och tyskar. Väl utsände några förmögne köpmän fortfarande egna skepp, men flottans numerär steg icke mera till samma belopp som under Gustaf Vasas sista år, och de skepp, som funnos, måste ofta öfverlåtas till kronans tjänst. Då det vid Gustaf II Adolfs trontillträde uppgifves, att rikets städer lågo „handelslösa, ruttna och kullrifna" och att regeringen måste bistå själfva hufvudstadens borgerskap med försäljningen af tvänne skepp för den utländska sjöfarten, torde det med skäl kunna antagas, att Åbo stads aktiva sjöfart vid samma tid gått betydligt nedåt[1]).

Samma källor, som lämnat oss uppgifter om antalet af de mellan Finland och utlandet trafikerande skeppen, upplysa oss tillika om beskaffenheten af de laster, som årligen in- och utfördes. Tack vare den möda, som egnats det hithörande materialets behandling af Grotenfelt och Dillner, kunna vi numera icke endast öfverblicka Finlands export och import från Gustaf Vasas regering intill tidpunkten för 1617 års ordinanties tillkomst, utan jämväl konstatera, i hvad mån Åbo stad deltog i varuutbytet med utlandet. Försåvidt det gäller hela landets varuutbyte, kunna de uppgifter räkenskaperna lämna icka anses exakta, emedan tullängderna upptaga allenast de varor, hvilka från utlandet importerades direkte till finska hamnar eller utfördes från dessa, medan åter den ingalunda ringa mängden af varor, som af allmogen och andra in- och utfördes främst genom Stockholm, undandrager sig vår kännedom[2]). I afseende å Åbo stads handel måste tullräkenskapernas siffror dock anses täm-

---

[1]) Hallenberg, Gustaf II Adolphs hist. III: 312. Till belysande af öfriga finska sjöstäders utrikes handel i början af 1600:talet må efter Dillner följande uppgifter tilläggas. Från Viborg utgingo under åren 1600—1620 till utlandet (incl. Reval) i medeltal årligen 20 skeppslaster och inkommo lika många (19). Lifligast var trafiken år 1618, då de inkommande lasternas antal var 35 och de utgåendes 33. De flesta skeppen kommo från och gingo till Nederländerna och Lybeck. För Raumo steg under samma tid det årliga medeltalet till 10 ingående och 10 utlöpande skeppslaster, de flesta kommande från eller gående till Lybeck och Stralsund. Björneborgs skeppslista utvisar endast 1—3 skeppslaster från och till Lybeck. Från Helsingfors utgick år 1606 4 laster till Holland och 5 till Lybeck, 1615 2 till Holland och 3 till Tyskland; från Borgå år 1614 2 till Holland och 2 till Lybeck.

[2]) Se härom K. E. F. Ignatius, Muutamia tietoja Suomen kaupasta 16:nnella sataluvulla i Historiallinen Arkisto II, hvarest antages, att den genom stapelstäderna gående importen i allmänhet skulle utgjort allenast hälften af den värkliga.

ligen säkra, enär under de tider, om hvilka det nu närmast är fråga, Åbo-köpmännen endast i ringa mån torde begagnat sig af sina kollegers i Stockholm bemedling.

Betrakta vi Åbo stads import under medlet och senare hälften af 1500:talet, så finna vi, att de största posterna utgjordes af salt, tyger, kramvaror samt drycker och dryckestillbehör. Salt importerades år 1551 till ett belopp af 8,770 tunnor, 1576 till 5,290, 1596 till c. 10,000 tunnor (motsvarande c. 36,000 dalers värde). Importen af kläde från fabrikerna i England, Nederländerna, Böhmen m. m. har af Grotenfelt beräknats till 7,602 ₥ år 1551 samt 11,925 ₥ år 1559; importen af sidentyger nämda år till 1267 och 515 ₥. Dillner har anslagit värdet af införda tyger år 1577 till c. 5,000 daler. Af drycker infördes år 1559 102 t:r mjöd, 10 t. öl och 42 åmar vin, år 1596 20 t. mjöd, 53 åmar vin, 39 läster, 25 t. 30 fat öl. Humla och malt infördes till ansenliga kvantiteter för bryggeriernas behof. Beloppet af hampa och lin steg år 1559 till 107 skeppund, år 1678 till 1630 lisp.; det mesta hämtades från de baltiska hamnarna. Kramvaror och specerier infördes mestadels från Lybeck. Exporten ut. gjordes vid samma tid hufvudsakligast af tjära, trävaror, hudar och skinn, smör, tran, hästar, fisk. År 1551 t. ex. utfördes 256 hästar, 539 t:r tjära, 345 t:r smör, 201 t:r tran, 1870 decker (1 d. = 10 st.) ko-, bock-, kalf- och fårhudar, 368 tolfter bräden o. s. v.; år 1575 utfördes 98 hästar, 30 skepp. järn, 215 t:r tjära, 340 t:r smör, 50 varg- och räfskinn, 697 timber (1 t. = 40 st.) ekorr- och harskinn, 900 decker ko-, bock-, kalf- och fårhudar, 60 skepp. gäddor o. s. v. [1])

De sifferuppgifter, som föreligga för sjuttonde seklets tvänne första årtionden, utvisa, att importen och exporten bibehållit i hufvudsak samma karaktär som förut. Fortfarande stodo högst på importlistan salt, tyger samt drycker och malt. Bland väfnader, som mest gouterades, nämnas „görlesk“, „lybskt grått“, „packlakan“, „saltvelsk“, sammet, „pijk“, „määrs“, „kersij“ m. m. Importen af hampa och lin utvisar en märkbar förminskning. År 1590 importerades öfver 2,700 L℔ hampa, år 1600 allenast 338 och år 1615 200 L℔. Af kramvaror infördes mest hattar (år 1615 1,750 styck.), handskar (år 1615 232 par), skor, pungar och taskor (år 1615 2,814 stycken), bälten och värjor. Bland specerier förekom stärkelse, ingefära, lagerbär, pomeranser, sviskon, äpplen, socker m. m. Sill infördes några år par tiotal tunnor, spannmål något år ända till par hundra tunnor. På exportsidan upptages främst följande artiklar:

---

[1]) Grotenfelt s. 30—33.

	1600	1605	1606	1611	1613	1615
Spannmål t:r	2,420	26	—	671	3,694	1,887
Gäddor L℔	1,148	457	680	185	143	10
Lax t:r	145	447	409	169	389	292
Smör t:r	1,021	638	494	186	826	747
Hudar af husdjur stycken	10,484	11,144	8,365	7,960	11,980	12,200
Hudar af villebråd „	3,913	33,267	4,190	—	6,615	6,320
Tran t:r	290	166	44	13	207	148
Tjära t:r	1,118	3,955	1,682	2,772	3,212	7,625

Dessutom förekom strömming, kött och talg, ved, bräden och lin till mindre belopp. Alster af husslöjd saknas h. o. h. i tullängderna. [1]

* * *

Efter tidpunkten för de tvänne handelsordinantiernas utgifvande förlora våra källor det mesta af den rikhaltighet, som därförinnan utmärkt dem. Under återstoden af Gustaf II Adolfs regering anträffas allenast en och annan uppgift, egnad att belysa det merkantila läget. Enligt Cronholm steg antalet af de skepp, hvilka under åren 1627—1632 passerade Öresund med last från Åbo, till följande belopp:

År	Holländska-	Tyska-	Danska-	Skotska-	Engelska fartyg.
1627	11	2	—	—	—
1628	12	—	—	—	—
1629	13	—	1	—	—
1630	7	1	—	1	1
1631	19	—	1	—	1
1632	11	—	—	—	—

Fraktfarten på länderna väster om Sundet låg sålunda så godt som fullständigt i händerna på holländare. Ingen Åboskuta deltog under de sex åren i rörelsen. Angående fartygens last uppgifver Cronholm, att år 1627 utskeppades genom Öresund bl. a. 8,600 tunnor spannmål och nära 800 läster tjära, år 1628 bl. a. 8,200 t:r säd och 77 järngötlingar, hvarjämte tran och hudar voro en eftersökt exportvara [2]. Om importen från utlandet samt om sjöfarten på länderna vid Östersjön saknas alla närmare upplysningar. Som ett all-

---

[1] Dillner a. a.
[2] Sveriges hist. und Gustaf II Adolphs reg. IV: 235 samt tab. A.

mänt omdöme om den utländska handelns tillstånd anföres år 1630 af stadens handelsmän i en supplik till regeringen, att „staden är råkad uti allsomstörsta olägenhet, hela handeln varder förminskad och de som tillförene med sina skepp och varor pläga hit komma, lände nu till andre orter och städer, så att icke allenast staden och dess innevånare förmedelst sådant blifver utarmade och öde, utan ock jämväl hela landet och dess omliggande län, som pläga vara vane här att handla och sina nödtorfter köpe, lida allsomstörsta nöd och tvång." Som ett medel för sjöfartens höjande föreslås, att regeringen måtte frigifva några af de stadens skepp, som tjänade i rikets flotta [1]).

Under dr. Kristinas regeringstid flyta källorna sista gången något rikare för att sedan nära på sina ut. Särskilda upplysningar, om också icke alltid fullt exakta, anträffas såväl öfver exportens och importens storlek som öfver frekvensen af de mellan Åbo och Europas västerland trafikerande skeppen.

Vi fästa oss först vid varuutbytet med utlandet. I räkenskaper från åren 1637—42 anslås detta till följande värdebelopp:

Kapitalvärdet af Åbo stads import 1637—1642.

V a r o r.	1637 dal. s. m.	1639 dal. s. m.	1640 dal. s. m.	1642 dal. s. m.
Guld-, silfver- o. sidentyg . .	2,450	2,494	858	4,408
Kläde o. boj	25,284	24,893	23,194	35,071
Kramvaror	9,713	11,412	12,511	18,819
Lärft	1,749	1,884	995	1,851
Mässing o. tenn	262	—	—	—
Specerier	7,263	9,330	5,870	5,727
Drögeri o. färger . . .	3,783	2,345	2,590	1,134
Salt	25,964	—	34,533	10,565
Vikt- o. tunnegods . . .	2,856	41,774 [2])	2,859	6,568
Skeppsredskap	125	—	—	—
Drycker	17,351	19,448	12,239	18,234
Salt- o. torrfisk	—	667	430	523
Summa för Åbo . . .	96,800	114,247	96,079	102,900
„ „ Viborg . .	84,562	—	69,097	123,200
„ „ Helsingfors	2,285	3,342	15,595	15,993
„ „ Borgå . .	9,925	—	—	—

[1]) Åbo stads acta.
[2]) Häri ingå 6,481 t:r spanskt o. 9 t:r lüneburgskt salt.   55

Kapitalvärdet af Åbo stads export 1637—1642.

V a r o r.	1637 d. s. m.	1639 d. s. m.	1640 d. s. m.	1642 d. s. m.
Koppar	38	1,113	575	21,629
Järn	3,451			
Pälteri o. skinnvaror . . .	5,224	1,940	1,345	1,888
Trävärk	2,198	1,092	2,064	2,117
Läder o. skinn	9,021	4,888	6,162	7,301
Spannmål	59,159	28,457	22,909	5,724
Beck o. tjära	23,118	—	—	24,483
Tran o. bärma	1,273	—	—	—
Salt- o. torrfisk	760	4,466	1,490	2,707
Köpmansvaror	16,936	51,780	36,422	8,707
Summa för Åbo . . .	121,178	93,736	70,967	74,556
„ „ Viborg . .	121,694	—	162,783	169,835
„ „ Helsingfors	10,480	4,764	17,607	22,213
„ „ Borgå . .	12,747	—	—	—

Såsom af tabellerna framgår, hade Åbo vid denna tid nödgats afstå åt Viborg rangen af Finlands första handelsstad. Importen, såvidt den framträdde på tullängderna, var i det närmaste lika stor för de tvänne städerna, men i afseende å export hade Viborg vunnit ett afgjordt försteg. Främst på Åbo stads importlista stodo såsom förut salt, manufaktur- och kramvaror samt drycker. Bland guld-, silfver- och sidentyg märktes atlas, damast, sammet, armsiden, galoner, sammetspossementer, silkesstrumpor, guld- och silfverknappar och tråd; bland kläde och boj: packlakan, „piuk", „dosineken", „saltvelsk", kierssen, skotskt, markiskt och meissniskt kläde; bland kramvaror: hattar, remmar, band, knifvar, papper, borstar, speglar, saxar, värjor, pistoler, sporrar, danzigerglas, fiskkrokar, kedjor, pungar, tennglickor (små stift), tobaksdosor, timglas, munharpor, lås, hornlyktor, läderstolar m. m.; bland mässings- och tennvaror: fat, tallrikar, ljusstakar, stop, bäcken. Bland specerier utgjordes största procenten af socker, ingefära, peppar, russin, fikon, sveskon, mandel, anis, ris, „salte limoner" och oljor. Under posten drögeri representerades de största beloppen af „tryackelse", tobak, lim, brännsten, stärkelse, citroner, pomeranser, vallnötter, tobakspipor, senap, hvitlök m. m.; under färger alun, substantial m. m. Till rubriken vikt- och tunnegods hänfördes fisk, kringlor, äpplen, gryner, malt, lin, krita samt tomma tunnor och fat. Som en särskild post upptages emellanåt „allehanda köpmans- och ryska varor", till hvilka räknades ryska mattor, stöflar, baraner, jufter, hudar och skinn, husgerådssaker, byggnadsmaterial m. m. Dryckerna utgjordes mest af spanskt, franskt och rhenskt vin samt tyskt öl. På exportsidan stodo främst spannmål och tjära samt s. k. köpmansvaror, hvartill hänfördes s. k. ätande varor, såsom bröd, smör, ost och kött, samt lärft, vadmal, tran, tvål och husdjur. Mellan posterna „pälteri och skinnvaror" samt „läder och skinn" gjordes den åtskilnad, att till den förra räknades skinn af skogens villebråd, till den senare hudar af husdjur. Trävarorna utgjordes af läkter, ved, bräden, humlestänger, vagneskott, ämbaren, såar, byttor, bunkar m. m [1]).

Från hvilka länder de resp. importartiklarna ankommo och till hvilka orter landets egna produkter utskeppades, finnes icke angifvet. Det vill dock synas, som om tjäran och spannmålen till största delen utförts till länderna väster om Öresund. Från samma håll infördes så godt som alla saltlaster, medan åter drycker, specerier samt manufaktur- och kramvaror företrädesvis ankommo från tyska hamnar. Denna slutsats bekräftas af ännu bevarade räkenskaper öfver Åbo stads tolagsuppbörd år 1652, hvilka såväl upptaga värdet och beskaffenheten af de in- och utgående lasterna som ock angifva skutornas afgångs- och destinationsort. Lämna vi lasternas innehåll å sido och fästa oss endast vid deras taxeringsvärde, erhålla vi ur dessa räkenskaper följande tablå öfver varuutbytet med hamnarna vid Östersjön och Nordsjön.

Åbo stads in- och utskeppning 1652.

Afg. o. destin. ort.	Inkommande laster.		Utgående laster.	
	antal laster.	värde dal. s.	antal laster.	värde dal. s.
Reval	2	546	2	349
Riga	3	1,014	3	867
Danzig . . .	1	189	1	2,217
Kolberg . . .	1	207	—	—
Vismar . . .	—	—	1	162
Lybeck . . .	3	65,470	4	22,979
Holland . . .	2	1,556	4	16,756
Summa	12	68,982	15	43,330

[1]) Sv. riksarkivet, Oxenstiernska saml., bundt „Svenska tull- och accisväsendet", samt saml. Finska handlingar, bundt „Handl. rör. tull och postväsendet". Uppgifter ur

Ofvanstående siffror äro de enda, hvilka närmare belysa Åbo stads förbindelser med de baltiska och tyska sjöstäderna under drottning Kristinas regering. I afseende å beröringen med hamnarna vid Nordsjön lämna räkenskaperna öfver den af danska kronan uppburna s. k. Öresundstullen rikhaltiga upplysningar. Enligt hvad Lindholm, med ledning af dessa handlingar uträknat, skulle under tidrymden 1634—1654 Sundet ha passerats 113 gånger af holländska, 17 gånger af finska, 5 gånger af lybska, 1 gång af svenskt och 1 gång af engelskt skepp, som hade Åbo till utgångspunkt eller destinationsort, medan Viborg varit resans mål eller begynnelse för 351 holländska, 55 lybska, 2 engelska och 6 finska skutlaster [1]). I afseende å beskaffenheten af skeppslasterna har Lindholm inhämtat, att under åren 1634—43 utskeppades från Åbo till länderna väster om Öresund varor till följande belopp:

Åbo stads export till länderna väster om Öresund.

År	Tjära	Beck	R å g		K o r n		Stång- järn	Ved	Bock- skinn
	läster	läster	läst.	t:r	läst.	t:r	Sk℔	famn.	st.
1634	520	20	—	—	—	—	20	117	200
1635	1,209	—		220	—	200	457	310	—
1636	828	140	34	1,504	54	1,602	492	101	—
1637	535	170	17	c. 7,000	27	c. 4,000	102	44	—
1638	984	13	79	7,839	24	3,734	—	—	—
1639	1,169	—	95	3,507	21	2,469	—	172	—
1640	453	—		2,706		2,368	—	40	—
1641	760	43	—	1,304	—	2,129	11	—	—
1642	191	134	—	—		1,590	150	—	—
1643	199	70	—	—		—	126	50	—

dessa samlingar ha tidigare meddelats af K. E. F. Ignatius, „Muutamia tietoja Suomen kaupasta 16:nella sataluvulla", A. J. Lindholm, „Finlands ekonomiska tillstånd under tidskiftet 1634—1654", samt Leinberg, Bidrag t. känn. af vårt land V: 40—43.

[1]) Lindholm s. 155. Enligt en „summarischer aufsatz" i Oxenstiernska saml., „Tull- och accisväsendet", passerades Sundet år 1648 af 3, 1649 af 5, 1650 af 1, 1651 af 5 och 1652 af 3 skepp på vägen till och från Åbo. Intet af skeppen var svenskt eller finskt. Uppgiften, såvidt den angår år 1652, öfverenstämmer med Åbo stads tolagsbok, såframt fråga är om skepp och icke om skutlaster. Däremot måste det anses för osäkert, huruvida alla tre skeppen voro holländska.

Förteckningarna öfver införseln omnämna salt år 1634 48 läster, 1,650 tunnor, år 1637 12 läster, 2,375 t:r, år 1641 1,900 t:r; spanskt vin 2—6 pipor årligen; franskt vin år 1638 22 pipor o. s. v. Enligt en i Oxenstiernska samlingen förekommande varulista utgjorde importen från Holland till Åbo år 1648 700 t. salt, 4 pipor spanskt och 15 oxh. franskt vin, 3 packor, 1 kista och 3 fat kramgods och kryddor samt exporten 59 läst. tjära, 132 läster beck, 1,618 t. råg, 390 t. korn, 82 Sk℔ stångjärn [1]).

* * *

Under de tre Carlarnes tid inskränka sig de faktiska uppgifterna om storleken af Åbo stads utrikes handel till ytterst ringa mått. Så godt som enda källa för kännedomen om varuutbytet med utlandet äro stadens räkenskaper öfver tolagsinkomsten och af dessa har själfva räkenskapsboken bevarats allenast för ett år, 1673, medan för öfriga år endast totalsummor öfver skeppslasternas antal

---

[1]) Lindholm s. 144—145, 151. — I afseende å vikt- och måttförhållandena rådde vid denna tid en stor oreda, som ofta mera ökades än afhjälptes genom regeringens ständiga ingripanden. I olika delar af riket användes olika vikt- och måttberäkningar; samma måttenhet växlade till sin storlek efter beskaffenheten af den vara, som uppmättes. Vanligaste måttenheter för torra varor voro *läst* och *tunna*. Enligt Johan III:s förordning af 1583 skulle lästen inrymma af lakegods 12 tunnor, af lös spannmål och lös krampsill 24 tunnor. Vid skatteuppbörden beräknades i lästen 36—48 tunnor packad säd. Under senare hälften af 1500:talet och början af 1600:talet räknades vanligen på saltlästen, 16—18 tunnor, på sill-lästen 12 t., på mjöllästen 16 t., på råglästen 24 tunnor, på smörlästen 16 L℔, på tjärlästen gemenligen 12 tunnor. I början af sjuttonde och slutet af sextonde seklet var en ektunna tjära ¹/₃ större än en furutunna. I Agrelii Arithmetica af år 1655 upptages en läst spanskt salt till 18 och en gemen läst till 12 tunnor. År 1689 bestämdes, att en tjäruläst skulle draga 12 t:r. — Tunnan såsom mått för torra varor rymde i senare hälften af 1500:talet gemenligen 40 Stockholms kannor. På riksdagen 1638 bestämdes den till 54 (= 55,07 nuvarande kannor), på riksdagen 1664 till 56 Stockholms kannor eller 32 fat = 32 kappar. Såsom mått för flytande varor rymde tunnan gemenligen 48 tunnor. Denna beräkning fastställdes år 1664 för öl, fisk, tjära samt packadt salt. — För drycker användes vanligen såsom mått *åm, oxhufvud, pipa* och *fat*. Åmen rymde vanligen 60, oxhufvudet 70—90 och pipan 140—180 kannor. I början af 1600:talet motsvarade ett fat öl en tunna. — Som viktenheter användes oftast *skeppund, lispund* och *skålpund*. Skeppundet var i regeln = 20 L℔. Enligt 1625 års ordning om Stockolms stads vikter samt 1664 års allmänna plakat om mått och vikt skulle ett lispund järn och koppar vara = 16 ℔, men ett lispund viktualier (besmans- l. viktualievikt) vara = 20 ℔. (Jmfr. Falkman, Om mått och vikt i Sverige, Melander, Muistiinpanoja Suomen mitta- ja painosuhteista, samt Dillner, Tabeller öfver Finlands handel).

och tolagens belopp finnas kvar [1]). Enligt hvad räkenskaperna för år 1673 utvisa, importerades detta år från Lybeck (på samma skuta, som tvänne gånger besökte Åbo) manufaktur-, kram-, speceri- och dryckesvaror till ett värde af 36,515 daler samt från Reval spannmål till ett värde af 243 dal. s. m. Exporten inskränkte sig till en skeppslast, destinerad till Lybeck samt upptagande hufvudsakligast hudar, lifsförnödenheter och kopparmynt och värderad till c. 2,070 daler s. m. Taga vi till grund för våra beräkningar angående värdet af varuutbytet under öfriga år beloppet af tolagsafgiften, kunna vi anslå värdet af den tolagen underkastade in- och utförseln till följande approximativa siffror: 1665 införsel 49,100, utförsel 22,800 d. s.; 1666 införsel 80,500, utförsel 26,200 d. s.; 1667 inf. 43,000, utf. 58,800; 1668 inf. 43,400, utf. 32,200; 1669 inf. 46,000, utf. 17,600; 1670 inf. 44,600, utf. 19,200; 1671 inf. 37,000, utf. 20,800; 1675 inf. 21,900, utf. 150; 1676 inf. 13,200, utf. 1,800; 1677 inf. 10,200, utf. 1,200; 1678 inf. 8,500, utf. 200 daler s. m.

I afseende å frekvensen af in- och utgående skeppslaster under nyssnämda år lämna tolagsräkenskaperna följande upplysningar:

---

[1]) Räkenskapsboken för 1673 (liksom för 1652) förvaras i magistratsarkivet i Åbo; öfriga förteckningar ingå bland kronans verifikationsböcker.

Antal in- och utgående skeppslaster åren 1665—1678.
(Enligt tolagsböckerna).

	1665		1666		1667		1668		1669		1670		1671		1675		1676		1677		1678	
	från	till	från	till	från	till	från	till	från	till	från	till	från	till	från	till	från	till	från	till	från	till
Nyenskans	—	—	—	—	—	—	—	—	—	—	—	—	—	—	2	—	1	—	—	—	—	—
Narva	—	—	—	—	—	—	—	—	—	—	—	—	—	—	7	1	1	—	1	—	1	—
Reval	—	4	4	3	2	1	—	—	3	—	6	3	4	4	5	—	1	—	—	—	2	—
Riga	—	—	—	—	—	—	—	—	—	—	—	—	—	—	—	—	1	—	1	—	—	—
Danzig	—	—	1	—	—	—	—	—	—	—	—	—	—	—	—	—	—	—	—	—	—	—
Stralsund	2	2	1	1	2	1	1	—	—	—	1	—	2	1	—	—	—	—	—	—	—	—
Vismar	1	1	2	2	2	3	2	4	2	2	2	2	1	—	—	—	—	—	—	—	—	—
Lybeck	3	3	2	—	2	3	4	4	4	2	2	2	1	2	—	—	3	2	3	2	16	3
Holland	—	—	—	—	5	5	4	4	—	—	—	—	2	3	—	—	—	—	1	—	2	1
England	—	—	—	—	—	—	—	—	—	—	—	—	—	—	—	1	1	1	—	—	—	—
Summa	6	10	10	6	11	10	7	8	9	4	11	7	10	10	14	1	8	3	6	2	21	4

Enligt kongl. resolution af 1638 skulle tolagen uppbäras af alt in- och utgående gods. Säkerligen har dock varuutbytet med utlandet i själfva värket varit större än hvad tolagsräkenskaperna utvisa. Medan i dessa räkenskaper antalet in- och utgående skeppslaster år 1669 upptages till 9 inkommande och 4 utgående, angifves i kronans räkenskaper öfver sjötullen resp. siffror till 15 och 15 [1]). I viss mån beror denna olikhet i uppgifterna därpå, att mången Åbo-köpman tagit sig för vana att införskrifva sitt behof af varor från Stockholm, och synbarligen har en icke ringa del af exporten förmedlats på samma sätt. Huruvida äfven andra orsaker bidragit härtill, är vanskligt att afgöra, liksom det är omöjligt att beräkna, med hvilka summor det faktiska varuutbytet öfversteg det i tolagsböckerna upptagna. Till hvilka belopp in- och utförseln steg efter år 1680, då staden förlorade tolagen, är h. o. h. okändt.

* * *

Utvisade Åbo stads sjöfart redan vid seklets början vissa tecken till förfall, så framträder tydligt, hurusom den utländska handeln, och i främsta rummet köpmännens aktiva deltagande däri, under den följande tiden befann sig i nedåtgående. Förfallet afspeglar sig tydligt nog i de besvär, som regelbundet framlades på riksdagarna. Väl äro dessa besvär ofta öfverdrifna och starkt färglagda för att gifva desto bättre eftertryck åt de framstälda önskningsmålen, men bedömda cum grano salis sprida de öfver den ekonomiska ställningen ett ljus, som vi fåfängt söka på annat håll. De ständigt återkommande klagomålen vittna till fullo, att handel och sjöfart arbetade under trycket af ett kroniskt ondt.

Klagomålen gälde dels handeln i allmänhet, dels enskilda affärsgrenar: den årliga omsättningens förminskning, exportens aftagande och svårigheten att fylla behofvet af vissa utländska nödvändighetsartiklar. Oftast återkommo supplikanterne till borgerskapets oförmåga att själft förmedla beröringen med utlandet. Såsom redan nämdes, passerade under åren 1627—32 ingen Åbo-skuta Öresund och, enligt hvad Lindholm uppgifvit, skulle de 17 resor genom Öresund. hvilka under åren 1634—54 gjordes af finskt skepp med Åbo såsom afgångs- eller destinationsort, ha företagits af samma, Åbo-borgare tillhöriga skuta. Dessa uppgifter, som måhända kunna tarfva någon modifikation, öfverensstämma fullt med hvad Åbo-borgare själfva förtälja om sin handelsflotta. I besvär af år 1638 nämna de, att deras

[1]) Sv. kammarkollegii arkiv.

stad fordom varit af den förmögenhet, att den hållit 20 à 30 egna skepp i sjön, men att staden numera „så afsigkommen är, att hon nu icke mäktar ett skepp åstadkomma". Borgerskapet var nog betänkt på att låta bygga egna skepp, men behöfde därtill regeringens faderliga handräckning. Vid Carl X Gustafs trontillträde förmälde stadens deputerade, att handeln blifvit så ringa och afsigkommen, „att den staden, som för detta af lång ålder här en förnämlig stapel-, sjö- och hufvudstad i storfurstendömet Finland varit hafver, oförmodeligen uti en fläck och landsstad transmuterad varder". Något bättre synas förhållandena gestaltat sig på 1660:talet. Af de skutor, som år 1663 erlade stora sjötullen vid slottet, fördes 13 af skeppare från Åbo. Men år 1673 inrapporterade magistraten på därom gjord förfrågan, att staden f. n. ägde allenast 2 skepp. Det ena, kalladt „Liebe", uppfördt i Wismar, om 160 sv. läster och med 28 skottportar, ägdes af borgmästaren Johan Schæfer, rådm. Albr. Rosskamp, handelsmännen Jochim Wargentin, Jost Schultz, Joch. Wittfooth, Bartold Festing och Johan Rancken samt skepparen Hans Kröger. F. n. var det rest till Norge och Frankrike. Det andra, Trew, bygdt i Holstein med 2 stänger, om 70 läster, ägdes af Rosskamp, Wittfooth, Festing, Rancken och tvänne borgare i Wismar. Några år senare hade staden endast ett eget skepp, Charitas, som under det pågående kriget gick förloradt i kronans tjänst, till stor skada för sina ägare, hvilka ännu år 1693 icke erhållit ersättning. År 1678 förmälde landshöfding Oxe i skrifvelse till regeringen, att handeln i Åbo — såväl som i andra städer i länet — „alldeles studsat, hvarigenom borgerskapet till största delen äro af sig komne och utfattige blefne". År 1694 påbjöd landshöfding Creutz i bref till magistraten, att „emedan staden nu mera ingen seglation brukar", borde borgerskapet, om det framgent ville njuta stapelstadsfriheten, förskaffa sig ett skepp för handeln på utrikes ort. Två år senare anmäldes inför magistraten, att köpmännen Johan Schultz och Johan Kock låtit på orten uppföra en farkost på kravel, kallad „Engel Raphael". Men på 1697 års riksdag förmälde stadens representanter, „att borgerskapet icke har kunnat sig förskaffa något skepp till att fortsätta seglationen på utländska orter med, icke häller understå sig de utländska, såsom tillförene, att segla på Åbo, emedan de ingen last bekomma; hafvandes jämväl stadsens borgerskap, som sig tjänlige farkoster skaffat, för samma orsak skull måst dem igen åt främmande försälja, hvarigenom handeln har så aftagit, att staden dessmedelst befaras luta till undergång, där icke han på något sätt uti handeln blifver understödd". Det närvarande tillståndet var desto bedröfligare som staden „af begynnelsen har haft sin förnämsta handel af sjöfarten, som bestått uti salts och andra nödiga varors införsel, ja ock spannemåls, när Gud har täkts straffa landet med hårda år och missväxt, hvaremot de utländska, som tillförene haft sin seglation på Åbo, af landsens frukt och tillvärkning, bestående förnämligast af tjära, bräder, balkar, sparrar, ved och läkter med mera slikt, kunnat få sin tillbörlige last och afskeppning" [1]).

Orsakerna till den utländska handelns och sjöfartens förfall stå närmast att finna i de många och långvariga krig, hvilka fylla sjuttonde seklets historia. Osäkerheten på sjön förlamade borgerskapets företagsamhet, de tunga skattebördorna tärde på kapitalen och de skepp, som skötos ut på sjön, måste som oftast upplåtas åt kronan för militära ändamål. Men förutom i krigen ha vi att söka förklaringen till den betrykta stämningen på andra håll. I borgerskapets besvär utpekas ständigt såsom orsaker till det onda de s. k. kompanierna, de dryga tullafgifterna samt förlusten af den österbottniska handeln, öfverhufvud orsaker, som i högre eller lägre grad hade sin rot och sitt upphof i det herskande ekonomiska systemet. Om kompaniernas fördärfliga inflytande skall jag yttra mig i ett särskildt kapitel. Frågan om den österbottniska handeln skall behandlas i ett annat sammanhang. Nu må blott de pålagor beröras, hvilka under olika namn hvilade på handel och sjöfart.

Under sextonde seklet och ännu i början af det följande hade tullarna, införsels- som utförselstullen, i hufvudsak haft karaktären af en inkomstkälla för regeringen och delvis äfven af en hämsko på öfverflödig in- och utförsel. I afseende å sättet för skattens uppbörd rådde stor osäkerhet. Än uppbars tull allenast för utgående gods, men icke för inkommande; än medgafs frihet för intullen endast åt inhemska köpmän; än befriades utländingar från exporttull; än åter gjordes tullens belopp beroende däraf, om importören var gift eller ogift, om han ägde gård och grund i staden o. s. v. I sammanhang med tullen affordrades af trafikanterne den s. k. silfverväxeln, hvars belopp i allmänhet stod i omvändt förhållande till tullens. Silfverväxeln innebar en förpliktelse för köpmännen att vid varors in- och utförsel leverera till kronan ett visst kvantum ädla metaller, hvarvid kronan gaf i ersättning varor eller inhemskt un-

---

[1]) Åbo stads acta o. besvär samt „Finska handl., tullväsendet" i sv. riksark.; rådst. prot. 11 juni 1694, 30 mars 1696. I kommerskollegii berättelse af 1693 uppgifves Stockholms handelsflotta till 62 konsiderable monterade samt 142 mindre fartyg. Loenbom, Handlingar XIV 215—216.

derhaltigt mynt. Genom denna växling tillgodosågs regeringens be-
hof af fullhaltigt mynt, medan samma mynt åter alt mera undan-
trängdes ur den dagliga rörelsen [1]).

Efter de merkantilistiska teoriernas fullständiga seger begynte
en annan uppfattning om tullarnas karaktär och ändamål att göra
sig gällande. Det gick nu upp för tidens statsmän, att tullarna i
främsta rummet tjänade till att upprätthålla en gynnsam handels-
balans samt till att skydda de inhemska näringarna mot konkurren-
sen från utlandet. Tullarna skulle så anordnas, att de nedtrykte den
utländska importen och att de så småningom gjorde en ända på
utländingarnes, isynnerhet holländarenes öfvermäktiga fraktfart. I så-
dan anda utarbetades efter år 1636 — det år, då brytningen i tull-
politiken anses ha fullbordats — tullförfattningarna. Tullordningen
af 1637 aflyste silfverväxeln såsom besvärlig för kronan och trafi-
kanterne, befriade utländingarne från erläggande af utförselstull samt
proklamerade i afseende å införselstullen den grundsats, att det in-
hemska borgerskapet skulle blifva „beneficeradt med någon ansenlig
frihet emot andre utländske". Därför skulle varor, som fraktades på
inhemska skepp, underkastas en lindrigare tull än varor, som trans-
porterades på utländingarnes farkoster. Tullordningen af år 1638
graderade intullen icke endast efter skeppets, utan jämväl efter im-
portörens nationalitet, så att högsta tull (3 dukater för 100 da-
lers värde) erlades för varor, som infördes af utländingar på utländ-
ska skepp, lägsta tull (1 dukat för 100 dal. värde) för varor, som
infördes af inhemska borgare på egna skepp. Genom 1645 års tull-
ordning infördes en ny tullgradering, som sedan för lång tid blef
gällande. Skeppen indelades i tre kategorier: ofria, halffria och hel-
fria. Ofria voro alla främmande skepp; de erlade högsta uttull och
intull (3 dukat. för 100 dalers värde). Halffria voro inhemska skepp,
boijortar, kreijare och skutor, „som icke till örlig, utan allenast till
lastdragare och öfverförsel äro tjänlige"; de erlade $^1/_6$ lägre tull än

---

[1]) Stiernman, Commerceförordn. I: 128, 330, 455, 488, 511—516 o. s. v.; Pal-
mén s. 78 följ.; Arnberg, Om förf. t. sv. handelns upphjälpande s. 6 följ. Karakta-
ristisk för förhållandet mellan tull och växel är växel- och tullordningen af 1606.
All tull såväl för inkommande som utgående varor efterskänktes både inhemska
och utländska köpmän; endast accisen för utländska drycker skulle bibehållas. Men i
stället skulle köpmännen inväxla till myntkammaren guld- och silfvermynt efter fast-
ställd taxa. För hvarje hundra dalers värde af infördt gods skulle inlämnas 5 un-
gerska gyllen och i stället mottagas svenska penningar efter kurs af 8 mk gyllen.
För utfördt gods beräknades växeln i riksdaler, hvarvid kronan betalade för hvar
riksdaler 26 runstycken. Den som icke mäktade underkasta sig den vanliga växeln,
skulle erlägga in- och uttull och dessutom utgifva växel efter en lägre beräkning.

de ofria. Helfria voro inhemska „munterade"; skepp. d. v. s. skepp, som kunde föra åtm. 14 kanoner och användas vid krigsoperationer; de åtnjöto „svensk frihet", d. v. s. ¹/₃ dels lindring i in- och uttull ¹.)

Dessa nya grundsatser, hvilka tillämpades i en mängd författningar och resolutioner, alla åsyftande att gynna och befordra de inhemska näringarna, sjöfarten, handeln och industrin, hindrade emellertid icke regeringen från att med stränghet tillgodose statskassans vinst af varuutbytet med utlandet. Gjordes eftergifter på ett håll, tog kronan skadan igen på ett annat. Öfveralt rådde missnöje med tullarnas dryghet. Missnöjet stegrades ytterligare genom att officiella taxor länge saknades för ingående varor, hvarför varuvärderingen och sålunda äfven tullens bestämmande var öfverlåten åt tulltjänstemännens godtycke. Därtill kom, att in- och uttullen icke voro de enda skatter trafikanterne hade att erlägga. Under namn af licent uppbars från år 1629 tidtals en afgift för spannmål, salt och metallvaror; för drycker erlades accis. Dessutom betalades s. k. passpenningar, lastpenningar, armbössepenningar, sjörättspenningar, bro- och hamnpenningar, stämpelpenningar, vägare-, packare-, mätare- och vräkarepenningar m. m., af hvilka några gingo till kronan, andra till stadens kassa ²).

I de allmänna besvären öfver tullumgälderna deltogo Åbo borgare tid efter annan. Än klagade de öfver tulltjänstemännens vrånghet, än supplicerade de om lindring i afgifterna i allmänhet och isynnerhet i tullen för viktigare importvaror, såsom salt, tobak, spannmål, sill och manufakturvaror. Sällan hade ansökningarna lycka med sig; i regeln möttes de af tvärt afslag. Å regeringens sida åberopades därvid än finansiella skäl eller „riksens närvarande tarfver". än åter nödvändigheten af den inhemska industrins skyddande. Så

---

¹) Stiernman II: 80—83, 141—142, 401—403, 503—505; III: 605—607 m. fl. st.

²) Passpenningarna faststäldes år 1684 till 3 dal. för skepp under och 4 dal. för skepp öfver 100 läster. Armbössepenningar påbjödos år 1646 till underhåll för de fattige och förlamade vid amiralitetet; de utbyttes år 1647 mot lastpenningar, men uppburos senare jämte dessa. Sjörättspenningarna påbjödos 1688 för sjörätternas underhåll; de skulle utgå med ¹/₈ % af utgående och ¹/₄ % af inkommande varors värde. Om våg-, mätare-, packare-, bro- och hamnpenningar har det tidigare (s. 227—228) varit tal. År 1690 beslöto landshöfdingen och magistraten, att bro- och strandpenningar skulle betalas af inhemska män med 1 öre s. m. för 1—5 bördings båtar samt med 2 öre för 6—7 bördings båtar. (Flintberg, Städers och borgerskaps förmåner och skyldigheter II: 55—56, 85—88, 98, 114—115; Sillén, Hand. hist. und. Wasaätten s. 211—213; Stiernman, Commerceförordn. II: 487, 493—494, IV: 663—665, 678, 680 m. fl. st.; Åbo rådst. prot. 17 nov. 1690.)

förmodade regeringen i en resolution af år 1638, att borgmästare och
råd väl själfva kunde tänka, „det sådana exemtioner till intet annat
lända än att förtaga kronan sina underhållsmedel, andre däraf föl-
jande inkonsekventier och orimmeligheter till förtiga". En åren 1668
och 1675 gjord ansökan om nedsättning i den förhöjda uttullen på
hudar och skinn afslogs „på det staden så mycket mera må vinn-
lägga sig att bringa samma råvaror i manufakturer, hvilket dem fast
mera skulle vara till nytta än som dem eljest åt främmande öf-
verlåta" [1]).

Till handelns betryck och missnöjet med tullumgälderna bidrog i
hög grad regeringens fordran, att tullen skulle erläggas i myntsor-
ter, på hvilka allmän brist rådde. Efter silfverväxelns borttagande
påbjöds, att intullen skulle betalas endast i riksdaler specie, uttullen i
samma myntsort eller ock „godt gångbart silfvermynt". År 1645
medgafs den lindring, att uttullen kunde betalas, utom i riksdaler
och dukater, jämväl i hela och halfva daler och markstycken samt
$\frac{1}{10}$ del däraf i smått silfvermynt. Efter den s. k. Palmstruchska ban-
kens anläggning år 1656 tillätos köpmännen, först i Stockholm och
senare i hela riket, att inbetala uttullen i kopparmynt till banken,
som utfärdade kreditivsedlar öfver mottagna depositioner. Men se-
dan banken råkat på förfall, återkallades förmånen och under sek-
lets tre sista årtionden upprätthöll regeringen i regeln den fordran,
att icke allenast intullen, utan äfven uttullen skulle utgöras i fullhal-
tigt inhemskt eller utländskt silfvermynt [2]).

Penningebristen inskränkte sig emellertid icke till silfvermyn-
tet. den sträkte sig jämväl till andra myntsorter. Såväl i allmänna

---

[1]) Resolutioner för Åbo 20 mars 1633 § 6, 9 sept. 1634 § 2, 20 mars 1638 §
4, 9 mars 1660 § 2, 30 nov. 1660 § 2, 12 okt. 1668 § 6 o. 19, 12 dec. 1672 § 6, 27
sept. 1675 § 8, 11 nov. 1680 § 5, 20 dec. 1682 § 17 o. 21, 18 mars 1689 (n:o 1) § 3;
Åbo stads acta och besvär. — Rörande tullens belopp i Åbo må följande uppgifter
meddelas. Under åren 1637—1642 steg utförselstullen till i medeltal c. 6,650 riksd.
årligen (varierande mellan 3,760 riksd. år 1642 och 9,120 riksd. 1638) samt införsels-
tullen till i medeltal 5,000 riksd. årligen (mellan 3,270 år 1642 och 6,070 år 1638);
år 1645 steg in- och uttullen in summa till 9,850 riksd. i Åbo, 2,900 i Helsingfors
och 19,055 i Viborg; år 1663 steg intullen i Åbo till 13,240 riksd., uttullen till 6,510
daler; 1674 upptogs kronans uppbörd af utgående gods till 858 dal. tull, 31 dal. pass-
pgr, 45 dal. lastpgr, 11 dal. sjörättspgr, 5 dal. armbössepgr (summa 950 d. s.) samt
uppbörden af inkommande skepp till 3,817 riksd. tull-, 19 riksd. pass-, 24 riksd. last-,
90 riksd. sjörätts- och 23 riksd. armbössepenningar. (Sv. riksarkivet Oxenstiernska
saml. „Svenska tull- och accisväsendet" samt Finska handlingar „Tull- och post-
väsendet".)

[2]) Stiernman II: 143, 403, 505, 893; III: 808; IV: 303, 666; jämfr. resol. för
Åbo 21 nov. 1635 § 2, 9 mars 1660 § 3, 24 nov. 1660 § 2.

resolutioner på ståndens besvär som i enskilda svar åt Åbo borgerskap lofvade regeringen vidtaga kraftiga mått och steg till bristens afvärjande och gång efter annan utfärdades förbud mot kopparmynts utförsel [1]). År 1638 ingick Per Brahe till regeringen med hemställan om inrättandet af ett myntvärk vid Åbo, men förslaget förkastades på grund af de med dess realiserande förenade kostnaderna [2]). Stora förhoppningar fästades vid den ofvannämda Palmstruchska banken. Den skulle, så tänkte man sig, upphjälpa baissen på penningemarknaden, hindra stegringen af priset på utländskt mynt samt bringa „vårt egna inländska här till alt för ringa skattade kopparmynt till dess rätta valör och värde" [3]). För att den nya inrättningen jämväl skulle lända Åbo och dess omnäjd till fromma, anhöllo stadens representanter på riksdagen 1660 om uppställandet af en filial i Åbo. Regeringen lofvade göra sitt bästa och redan år 1663 hade frågan avancerat så långt att kontrakt ingicks mellan magistraten i Åbo och bankens kommissarier om upphyrandet af vakthuset vid torget till „banco contoir". Om bankens värksamhet känner man icke annat än hvad som förmäldes i borgerskapets besvär år 1697, att i staden „hafver varit ett banco, hvari såväl E. K. M. som åtskillige ståndspersoner och omyndige barns medel hafver kunnat insättas och emot säkra panter utlånas på intresse; hvaraf mången både af allmogen och flere i nödfall esomoftast kunnat sig betjäna". När den Palmstruchska banken förföll och år 1668 ställdes under riksständernes uppsikt, indrogs kontoret i Åbo trots regeringens till stadens fullmäktige afgifna löfte om dess bibehållande. På 1697 års riksdag ingick staden med förnyad hemställan om inrättandet af ett bankkontor under förvaltning af en kommissarie, en bokhållare och en kassör. Regeringen fann i sitt svar den påtänkta inrättningen „lända till de finska städernas och landets bästa" samt ålade landshöfdingen i länet att korrespondera med bankfullmäktige om planens realiserande. Senare hördes intet af saken och ett bankokontor i Åbo blef för långliga tider en utopi [4]).

* * *

Varuutbytet med utlandet förmedlades dels genom direkta rekvisitioner och varuförsändningar af köpmännen i Åbo, dels genom ut-

[1]) Res. f. Åbo 9 sept. 1634 § 9, 25 febr. 1642 § 4.
[2]) Tigerstedt, Handl. rör. Finl. hist. s. 111—113.
[3]) Stiernman II: 806—811; Schwerin, Författn. rör. bankoverket.
[4]) K. resol. 24 nov. 1660 § 3, 12 okt. 1661 § 9, 12 okt. 1668 § 23, 23 dec. 1697 (f. borgersk.) § 2; stadens besvär; rådst. prot. 23 juli, 6 aug. 1663.

ländska handlandes eller s. k. gästers besök i staden. Vanligt var,
att de främmande gästerna själfva ur sina skepp eller ur stånd, som
anvisades åt dem, försålde åt stadens borgare de varor de fört om-
bord på sin skuta. Likaså förekom det allmänt, att gästerna upp-
köpte i staden och på landsbygden landets produkter för export till
sitt hemland. Denna de främmandes kommers var i allmänhet ringa
omtykt af de inhemska köpmännen och blef äfven med tiden inskränkt
såväl genom kongl. författningar som kommunala stadgar. I reso-
lution, gifven Åbo stad år 1600, förbjöd hertig Carl, likmätigt äldre
privilegier, främmande gäster att hålla öppna gatubodar, att handla
med aln, lod eller kvintin samt att utskänka drycker kann- och stop-
tals. Endast ur skeppen fingo de sälja sina varor, sedan de först
ansagt dem på tullkammaren [1]). Några år senare inskränktes rättig-
heten till vistelse i en stad till 6 veckors tid. Stannade någon ut-
öfver dessa s. k. liggedagar, var han underkastad borgerliga utskyl-
der eller böter [2]). Då klagomål anfördes öfver att främlingarne —
holländare, tyskar, skottar och andra — kringgingo lagens bud och
syftemål salunda att de läto inskrifva sig som borgare, men flyttade
bort efter kortare eller längre tid, sedan de väl hunnit „förkofra sig
och slå under sig stora egodelar" på landsortens bekostnad, resolve-
rade konungen år 1607, att den gäst, som ville blifva borgare och
idka borgerlig handtering i rikets köpstäder, borde vid edens afläg-
gande lofva att stanna i staden i alla sina lifsdagar. Ville han icke
underkasta sig detta löfte, skulle han icke hindras från burskaps vin-
nande, men ville han senare uppsäga sin borgareed och flytta till en
annan stad inom eller utom riket, var han pliktig att först hembjuda
sin fasta egendom till salu åt någon besutten borgare i staden samt
finna sig i att staden, om annan köpare icke fans, tillöste sig går-
den efter mätismanna ordom. Af all hans lösegendom skulle tredin-
gen hemfalla till stadskassan. Var någon del af förmögenheten i
hemlighet undanskaffad, så hade han förvärkat hus och grund, som
utan vidare värdering hemföll till staden. Lämnade han skuld efter
sig, skulle denna först gäldas med hans fasta och lösa egendom „och
ingen annan sedan kräfva, efter som lag utvisar" [3]).

Ytterligare föreskrifter rörande de främmandes handel gåfvos i
1614 och 1617 års handelsordinantier. För det första fingo gästerna

---

[1]) Vaaranen, Samling af urkunder I: 42.
[2]) Resol. 20 mars 1604 § 7, 28 maj 1605 § 6.
[3]) Resol. f. Åbo 10 juli 1607 § 1. Liknande resolution afgafs s. å. åt Hel-
singfors och Viborg. I privilegier åt Raumo bestämdes, att hälften af den bortflyt-
tandes egendom skulle fördelas mellan kronan och staden. Vaaranen, Saml. af urk.
II: 285—286, 307—308, 316.

handla allenast i stapelstäderna och icke draga till uppstäder eller ut
på landsbygden. Liggedagarna fastställdes till 8 veckor, efter hvilkas
förlopp gästerna icke fingo fara till någon annan sjöstad, utan
direkte begifva sig utur riket. Försäljning i minut var alldeles för-
bjuden. Lastgods, såsom salt, sill och humla, skulle säljas ur skep-
pen, kramgods och lätta varor i stadens packhus, drycker i särskilda
för ändamålet inredda källare [1]).

Dessa inskränkningar i äldre tiders friheter kändes naturligtvis
de främmande gästerna besvärliga och de gjorde sig intet samvete
af att kringgå eller öppet bryta mot ordinantiernas bud. Det lama
sätt, hvarpå vederbörande tillämpade straffet, ökade deras djärfhet.
Borgerskapet i Åbo såväl som i andra städer besvärade sig gång
på gång öfver den olagliga konkurrensen af utländingarne. Man
anmärkte mot dem, att de utsträkte sin vistelse i staden långt ut-
öfver de 8 veckorna, att de själfva eller genom någon bulvan bland
borgarene bedrefvo minuthandel, att de drogo ut på landsbygden,
kommersande med adel och allmoge [2]). Regeringen gaf nog i all-
mänhet klagandene rätt, men uttalade ock någon gång sina dubier
rörande lämpligheten af att söka inskränka de främmandes handel i
riket. När t. ex. Åbo borgare år 1638 anförde, att liggedagarna
numera kontinuerade „år ut och år in", och de därför anhöllo, att
en viss tid måtte föreläggas främlingarne, „såsom tillförene sedvan-
ligt varit hafver", svarade regeringen, att hon ville taga ärendet uti
betänkande, men att hon för sin del höll på, „att ju mera sådant
folk de kunde till sig draga, ju mera nytta och fördel staden där-
utaf tager", förutsatt naturligtvis att magistraten vakade öfver att
de främmande icke sålde i minut, icke häller handlade annorlunda
„än som gästrätt det medgifver" [3]).

Huru länge frågan om liggedagarna öfvertänktes af regeringen
och huru den afgjordes, är mig obekant. Måhända löstes den i en-
lighet med borgerskapets önskan, ty i senare riksdagsbesvär finnes
den icke berörd. Icke häller omnämna besvären öfriga anmärknin-
gar, som tidigare riktats mot de främmande gästerna. Att dessa
dock icke upphört med sina gamla oseder och att isynnerhet frästel-
sen af färderna på landsbygden fortfarande var dem öfvermäktig,
framgår såväl ur borgerskapets allmänna och särskilda städers en-
skilda riksdagsbesvär som ock ur flera inför rådstugurätten i Åbo ut-

---

[1]) Stiernman, Commerceförord. I: 597—600, 698—700.
[2]) K. resol. f. Åbo 28 maj 1605 § 6, 21 nov. 1635 § 3, 9 juli 1636 § 5; rådst. prot.
[3]) Resol. 20 mars 1638 § 8. Tigerstedt, Handl. s. 309—311.

agerade mål. I 1673 års handelsordinantie omnämnas främlingar-
nes nyss anförda lagöfverträdelser såsom allmänt förekommande syn-
der, hvarför 1617 års föreskrifter ånyo inskärpas. Liggedagarna
faststäldes till en månad [1]).

Förutom genom allmänna författningar inskränktes de främ-
mande köpmännens affärsvärksamhet i Åbo genom påbud utfärdade
af landshöfding och magistrat. Rätt ofta hände det, att ett maximi-
pris faststäldes för försäljningen af varor, såsom salt, eller att gästen
förbjöds att afyttra åt en och samma borgare förnödenhetsartiklar,
på hvilka tillfällig brist rådde, utöfver ett visst belopp. År 1649
påbjöd magistraten, att gästerne fingo försälja sina i packhuset för-
varade artiklar endast trenne förmiddagar i veckan [2]).

En viktig förmån, som uppvägde månget restriktivt påbud, be-
viljades gästerna år 1636, då de frimarknader, hvilka samma år in-
rättades i Stockholm och Åbo, öppnades för främmande köpmän.
Marknaden varade i 2 veckor och var det därunder främlingarne med-
gifvet att åt alla marknadsbesökande „sälja deras gods utur bodar,
skepp, skutor och båtar, sälja och köpa i aln, lod och kvintin, utan
åtskilnad, det vare sig hvarjehanda varor det vara kan, köpa, sälja
och byta med hvarandra“. Följande år inskränktes dock denna fri-
het sätillvida att främlingarne förbjödos att sälja gods emot gods
samt att uppköpa varor af andra än stadens borgare [3]).

---

[1]) Stiernman, Commerceförordn. IV: 9–11.
[2]) Rådst. prot. 6 juni 1649, 8 april 1675, 19 okt. 1661, 8 okt. 1690.
[3]) Stiernman, Commerceförordn II: 68—69, 108—109.

III.

Kompanier.

Då handelskompanierna icke allenast utgjorde en af de mest karaktäristiska konsekvenserna af merkantilsystemet, utan därjämte utöfvade ett synnerligen märkbart inflytande på Åbo stads handel och sjöfart, förtjäna de väl att blifva föremål för en särskild undersökning.

Med kompanier förstod man bolag af större och mindre kapitalister, ofta med kronan som medintressent och vanligen med uteslutande rätt till handeln med vissa artiklar inom hela riket eller någon del däraf. Idén med kompanierna var att genom export- och importrörelsens inskränkande till föreningar, hvilka stodo under insiktsfulla fackmäns ledning, så ordna varuutbytet med utlandet, att priserna på exportartiklar stegrades till högsta och priserna på importartiklar till lägsta möjliga nivå. Så länge utländingarne fingo direkt uppgöra sina affärer med hvem de ville, kunde de till sin fördel diktera varupriserna. Afslutades åter köpen med bolag, hvilka hade uteslutande rätt till handeln med vissa hufvudartiklar, måste utländingen, om han icke ville lämna sin gamla handelsmarknad, finna sig i de vilkor, som bjödos af de marknaden beherskande kompanierna. Dessutom hoppades regeringen, att kompanierna så småningom skulle undantränga de främmande köpmännen, hvilka öfversvämmade riket och visade sig öfveralt på marknaderna i städer och på landsbygden.

Af de många mera eller mindre misslyckade kompanier, dem det sjuttonde seklet såg födas, höra endast trenne till området för detta arbete: tjäru-, tobaks- och saltkompanierna. Utan jämförelse viktigast bland dem voro tjärukompanierna, hvilka betecknats såsom krönet på merkantilsystemets byggnad.

Tjäran utgjorde, såsom redan ur det föregående framgått, en af Åbo stads viktigaste exportartiklar. Ifrån sydvästra Finlands socknar, i hvilka tjärubränningen allmänt förekom ännu ett godt stycke inpå 1600:talet, anlände talrika foror och dessutom hade de österbottniska bönderna vant sig att afleverera en del af sin tillvärkning i Åbo. År 1600 utgjorde exporten 1,118 t:r, fem år senare hade den stigit till 3,955 t:r och år 1615 anslogs den till 7,624 t:r. Under de sista åren af Gustaf II Adolfs regering beräknades utskeppningen till följande belopp: 1627—787, 1628—898, 1629—1,004, 1630—602, 1631—1,423 och 1632—848 läster; således under de sex åren i medeltal c. 930 läster[1]). Från Viborg steg exporten vid samma tid till i medeltal c. 100 läster mindre årligen. Ännu under Kristinas förmyndaretid höll sig exporten tämligen högt, om ock klagomål redan förspordes öfver att tillförseln från Österbotten märkbart aftagit och att Viborg tagit lofven af Åbo. Så steg utförseln till länderna väster om Öresund, där de största afnämare funnos, år 1635 ända till 1209 och år 1639 till 1168 läster, hvarförutom under särskilda år icke ringa kvantiteter beck fördes ut på marknaden. Men på 1640:talet inträdde för exportörerne mindre gynnsamma förhållanden, och när konjunkturerna åter tyktes ljusna, vidtogs af regeringen en anordning, som medförde ödesdigra följder såväl för Åbo stads som för hela Finlands tjäruhandel.

Genom kunglig förordning af år 1648 monopoliserades åt ett konsortium af köpmän i Stockholm och Viborg på 20 års tid exporten af all tjära och beck, som tillvärkades norr om Stockholm och Nyen. „Inbördes och inrikes" var handeln med tjäran fri, men var kompaniet icke pliktigt att erlägga för varan mera än 15 riksd. lästen. År 1654 öppnades genom en kunglig förordning bolaget för samtliga finska stapelstäder, hvarvid Viborg tilläts participera i affären med 18,000, Åbo och Helsingfors med 6,000 riksd. Kunde nämda städer erbjuda dugliga farkoster för tjärans fraktande till utlandet, skulle dessa och icke utländska skepp af kompaniet användas. Kompaniet lofvade därjämte att på sina från utlandet hemvändande fraktskepp gratis upptaga de varor, som af de finska stapelstädernas borgare införskrefvos, dock med förbehåll att advis erhölls i god tid och att „skeppen hvarken i ladande eller lastande alt för länge icke blifva uppehållna". Sedan Åbo, Viborg och Helsingfors insatt sina penningar i kompaniet, fingo de utse en person, som i direktionen bevakade deras intressen.

---

[1]) Cronholm, Sveriges hist. under Gustaf II Adolphs reg. IV, bil. C.—H.

I nämda förordning af 1654 uppgaf regeringen afsikten med kompaniet vara, „att tjäru- och beckhandeln, som för de främmandes missbruk och åtskillige kladderi skull var till en stor del förfallen och råkad i lägervall, måtte åter upphjälpas och bringas i sitt värde och pris igen och våre svenske och finske undersåtar därmed beneficeras, enkannerligen jämte Stockholm stapelstäderna i Finland, som af tjäruhandeln merendels bestå". Det medel, som tillgreps, vann emellertid icke godkännande af dem det skulle lyckliggöra. Stockholm blef nog „beneficeradt", ty dess intressen tillgodosågos alltid i främsta rummet, Viborg synes i allmänhet varit belåtet med anordningen och en kort tid äfven Helsingfors. Men öfriga finska städer, liksom äfven flertalet af de svenska, motsatte sig kompanierna från deras första tider till de sista. På riksdagarna och mellan riksdagarna, i enskilda besvär och i samtälda yrkade de missnöjde enständigt på kompaniets aflysande. På 1660 års riksdag blef oppositionen så våldsam, att regeringen, för att undgå stormen, måste lofva att upphäfva kompaniet. Detta löfte infriades emellertid icke bättre än att regeringen följande år utfärdade privilegier för ett nytt tjärukompani, som öppnades för hugade aktietecknare i alla på tjäruhandeln funderade städer. Angående priset på tjäran bestämdes, att kompaniet skulle betala åt stapelstäderna 16 riksd. specie lästen, stapelstäderna 15 rd. åt uppstädernas borgare, hvilka åter fingo efter behag öfverenskomma med landtmannen om priset. Då det gamla kompaniet klagat öfver att det nödgats mottaga mera tjära än det kunde försälja och fara ansågs föreligga för att en för högt drifven tjärubränning skulle ha till följd skogarnas utödande, fastställde regeringen genom resolutioner af 1663 och 1665 ett maximibelopp, först 7,000 sedan 5,000 läster, hvarutöfver det nya kompaniet icke behöfde mottaga tjära. Vid den fördelning af tjärukvantiteten, som värkstäldes år 1663, meddelades åt Stockholms borgare rättighet att sälja till kompaniet 2,800 läster, åt Viborg tilldelades 3,000 l., åt Åbo 700 och Helsingfors 500 l. Denna fördelning ändrades år 1665, då Viborg fick på sin lott 2,500, de österbottniska städerna tillsammans 2,000, Helsingfors 300 och Åbo — 10 läster, d. v. s. mindre än någon annan stad. Denna för Åbo oförmånliga fördelning motiverades därmed, att uppstäderna numera tillätos försälja sin vara direkt till kompaniet och icke, såsom förut, voro hänvisade till uppköpare i stapelstäderna. Då sydvästra Finland icke producerade tjära till större belopp, ansågos därför Åbo borgares intressen vara tillräckligt tillgodosedda genom det vid fördelningen uppkomna lilla öfverskottet.

Trots all huld omvårdnad, som från regeringens sida kom det förnyade tjärukompaniet till del, hade kompaniets dåliga förvaltning eller „slemma disposition" samt, och ingalunda minst, den ständigt fortgående hemliga utskeppningen till följd, att kompaniet slutade med bankrutt år 1672. Ett tredje kompani fick samma öde. Regeringen insåg nu fåfängligheten af det i flera decennier med gränslöst godtycke upprätthållna systemet och frigaf år 1682 hela tjäruhandeln. Men för dem som jublade öfver detta omslag blef glädjen icke lång. Det hastiga uppgifvandet af en gammal tvångspolitik medförde icke nog snart de väntade fördelarna; det kräfdes tid, innan handeln kom ur de gamla spåren, och då man icke gaf sig tid att tåligt afbida värkningarna af det nya systemet, höjdes åter rop på kompani. Regeringen tog sig häraf anledning att år 1689 oktrojera ett fjerde kompani, den s. k. tjäruhandelssocieteten, som jämväl öfvertog den dittils fria södra tjäran — d. v. s. den söder om Stockholm och Nyen tillvärkade tjäran —, men som för öfrigt organiserades efter samma grunder som de föregående kompanierna. Societeten fortlefde in på stora ofreden, då det upplöstes genom omständigheternas tvång för att icke mera återuppstå [1]).

Året efter det tjärukompaniet kom till stånd, eller år 1649, besökte upphofsmannen till systemet Johan v. Schwinderen Åbo för att förmå stadens köpmän att ingå såsom intressenter i bolaget. Underhandlingarna slogo emellertid alldeles fel och det enda Schwinderen kunde utvärka var löfte om lämplig plats till tjärhof [2]). Samma år visade borgerskapet sin afvoghet mot det nya företaget på annat sätt. Genom sina representanter vid riksdagen förklarade det, att tjärukompaniet „Åbo stad och dess välfångna konungsliga privilegier

---

[1]) Stiernman, Commerceförordn. II: 525—530, 778—783; III: 43—47, 160—161, 333—336, 950—955; IV: 485; V: 78—84; Fyhrvall, Tjärhandelskompanierna. Enligt Fyhrvall har den år 1663 skedda fördelningen af tjärukvantumet stannat på pappret. Förordningen härom blef emellertid år 1663 föredragen på rådstugan i Åbo och på riksdagen följande år sökte borgerskapet att få beloppet förökadt, emedan de 700 lästerna icke förslogo till den utländska handelns fortsättande. Äfven i Brahestad omtalas förordningens publicerande. Rådst. prot. f. Åbo 29 apr. 1663, Brahestad 23 maj 1663; k. resol. f. Åbo 31 aug. 1664 § 10.

[2]) Äfven senare synas aktier i kompaniet utöfvat ringa dragningskraft på Åboboarne. Då participanter i Viborg år 1660 erbjödo sig att sälja åt Åbo andelar till ett belopp af 3,470 riksd., afslogs anbudet utan vidare. (Rådst. prot. 30 mars, 4 apr., 3 dec. 1649, 4 aug. 1660). Till tjärhof inköpte kompaniet år 1653 ett invid staden beläget, privat person tillhörigt beckbruk. Bruket skulle nedläggas, men, efter hvad borgerskapet påstod, begagnades det fortfarande af kompaniet. (Oxenstiernska saml., Handl. ang. handelskompanierna).

sa högt prejudicerar och emotsträfvar, att staden däraf skall taga stor nackdel och omsider (komma) under ruin". Då det aldrig kunde vara meningen, att en hel stad skulle uppoffras „för någras partikular nytta", supplicerade ombuden om rättighet för staden att utskeppa några hundrade läster tjära. Ansökningen afslogs, men den ifrågasatta förmånen vanns antagligen genom hemlig utskeppning. På 1660 års riksdag, då regeringen tvangs att utlofva kompaniets upplösning, leddes oppositionen af borgmästaren i Åbo Nicolaus Lietzen. På riksdagen 1664 inlämnade Abo-representanterne en lång förteckning öfver de gravamina, hvilka under årens lopp samlat sig emot kompaniet. Kompaniet hade, förmenade borgarene, på ett oskäligt sätt och i strid mot sina instruktioner stegrat kursen på de växlar, kompaniet utstälde för borgarenes räkning på utlandet, synnerligen Amsterdam. Vidare hade kompaniet vägrat att på sina hemvändande fraktskepp bereda rum för de varor borgarene införskrifvit. Stor skada hade kompaniet dessutom kommit åstad genom att förhindra beckbränningens fortsättande i staden. Efter hvad som senare anfördes, skulle kompaniet dessutom från första början förfarit så hårdt och odrägligt med „inkvisition om tjäru vräkande och målet" i Åbo, „att alle de som här en gång varit hade hit aldrig mera åstundade", men så skonsamt i Stocholm, „att alla därtill lust hade". Hörda öfver dessa beskyllningar afgåfvo kompanidirektorerne sin förklaring, regeringen lofvade rättelse i de punkter, som befunnos befogade, men de öfverklagade förhållandena undergingo ingen förändring [1]).

De förluster tjärukompaniet under sin första tillvaro hunnit bereda Åbo stads handel betydde dock intet mot det dråpslag, som 1665 års tjärufördelning innebar. Från att två år förut ha bestämts till 700 läster, fastställdes nu det tjärukvantum Finlands hufvudstad fick försälja åt kompaniet, till en bagatell af 10 läster. Visserligen stälde sig i värkligheten utskeppningen — den hemliga oberäknad — något högre och för stadens fraktrörelse bereddes en icke oviktig förmån, då regeringen år 1673 biföll till de österbottniska städernas anhållan om upprättandet af ett tjärunederlag på 550 läster invid Åbo. Men i alla händelser nedgick exporten till en obetydlighet mot hvad den förut varit. Enligt officiella uppgifter exporterades under 1670:talet tjära till följande belopp: 1670—231 läster 5 t:r, 1671— 150 l. 11 t., 1672—25 l. 7 t., 1676—25 l. 11 t., 1677—59 l., 1678—12 l., 1679—21 läster. Under samma decennium steg Viborgs årliga export till i medeltal 2,000 läster tjära (varierande mellan 4,339 l. år

---

[1]) Besvär 1664, 1675; k. resol. 31 aug. 1664 § 8—11, 12 okt. 1668 § 1.

1678 och 300 l. år 1673) och 200 l. beck, Helsingfors' till i medeltal 230 l. tjära, Stockholms till i medeltal 2,300 l. tjära och 400 l. beck [1]). Vinsten af det österbottniska nederlaget blef fullkomligt illusorisk genom att kompaniet uppstälde så besvärliga betalningsvilkor för dem, hvilka aflevererade sin tjära i Åbo, att de österbottniska handlandene rent af tvungos att icke begagna sig af den erhållna förmånen [2]). Dessutom trakasserade kompaniet med betalningen af det ringa kvantum de mottogo af Åboborgare, så att dessa i månadtal fingo i Stockholm vänta på sin betalning, hvarjämte kompaniet under olika förevändningar slingrade sig från skyldigheten att för sina frakter anlita Åboskutor.

På 1675 års riksdag uppgåfvo stadens herredagsmän, att tjäruhandeln „är nu omsider således försvunnen, att man på några års tid icke hafver kunnat få laddning till den ringaste farkost, mycket mindre till stadens egne skepp, som likväl till handelns fortsättande med stor bekostnad uppbygde äro". Såsom räddningsmedel föreslogs dels kompaniets förpliktande att på nederlagsplatsen i Åbo stationera en faktor, som genast erlade likvid för de ankommande tjärulasterna och för dessas vidare befordran använde Åbo stads skepp, dels höjandet af det kvantum, hvarmed Åbo participerade i bolaget, dels och i främsta rummet kompaniets afskaffande. När år 1673, i anledning af regeringens kallelse, borgmästaren Rydenius afsändes till Stockholm för att deltaga i en rådplägning angående tjärukompaniet, gafs honom i instruktion att främst, „i fall alle begära kompaniet öfver ända, han då med den hopen håller", men om kompaniet blef beståndande, skulle han på det flitigaste anhålla om höjandet af stadens tjärukvantum till 800 à 1,000 läster. Att de besvär, som anfördes, icke voro gripna ur luften, framgick ur landshöfdingens samtidigt afgifna berättelser, i hvilka tjärukompaniets menliga inflytande såväl på allmogens tjärutillvärkning som på städernas handel på det tydligaste konstaterades. På alla föreställningar svarade re-

---

[1]) Sv. riksarkivet, „Tjärukompaniet 1628—1714."

[2]) Enl. Åbo stads besvär 1675 skulle säljaren, då han aflämnat sin vara på nederlagsplatsen, åtnöja sig med en attest öfver leveransen af kompaniets platsagent; attesten företeddes sedan för direktionen i Stockholm, som först påbjöd undersökning, huruvida leveransen ingick i det belopp säljarens hemstad ägde att afyttra. Konstaterades detta, utanordnades penningarna att betalas på tid, som af kompaniet bestämdes. Befans den resp. stadens kvantum redan vara försåldt, skulle tjäran på säljarens risk och omkostnad ligga på nederlagsplatsen till följande år, då varan skulle undersökas och ofvannämda procedur förnyas.

geringen. att hon ville tillhålla kompaniet att uppfylla sina förpliktelser i afseende å betalning, växlars utställande, skutors befraktande o. s. v. men att inga eftergifter därutöfver kunde göras [1]).

I hvad mån tjäruhandelns frigifvande år 1682 invärkat på affärsställningen i staden, är svårt att angifva. Synnerligen liflig hade marknaden säkerligen ännu icke hunnit blifva, när tjärumonopolet åter förnyades. Vid den fördelning af tjärukvantumet, som denna gång faststäldes, föll, enligt borgerskapets egna uppgifter, till en början 120 läster på stadens anpart. Så var förhållandet åtm. åren 1689—93. men år 1697 hade beloppet af den lagliga utskeppningen trykts ned till 20 läster. Bägge beloppen kändes som en hård orättvisa och förslag väktes, att Viborgs och de österbottniska städernas anparter måtte något minskas till favör för Åbo. Regeringen tillbakavisade förslaget med den kategoriska förklaring, att repartitionen af tjäran värkstälts efter den sorgfälligaste pröfning och att kontraktet med societeten icke kunde ändras [2]).

Därvid blef det.

* * *

Af jämförelsevis underordnad betydelse för stadens affärslif voro tobakskompanierna.

Tobaken gjorde sitt första intåg i Sverige och Finland under 1600:talets första decennier — tobaksrökning bland Uppsala studenter omnämnes år 1629 — och vann sedan allmän utbredning genom de från tyska kriget hemkomne krigsbussarne. Redan år 1638 förmälde grefve Per Brahe — ehuru med tydlig öfverdrift — att „tobaks otidiga och öfverflödiga brukande" tagit så öfverhanden, „att ingen snart sagdt finnes, både man och kvinna, ung och gammal. som icke både snufva och dricka (d. v. s. röka) tobak sent och bittida brukar". Vore godt och rådesamt, menade grefven, om tobaksimporten tilläts allenast apotekarene för farmaceutiskt behof. Tre år senare uppgaf regeringen själf, att tobaken. som för icke länge sedan varit alldeles okänd, helt hastigt vunnit en betänklig spridning bland gemene man i hela riket, „mångom uti margahanda måtto

---

[1]) Åbo stads besvär 1675 o. 1680; k. res. 27 sept. 1675 § 1 o. 11 nov. 1680 § 1—3; rådst. prot. 29 mars 1673; Harald Oxe t. reg. 13 maj 1678.

[2]) K. resol. f. borgersk. 18 nov. 1693 § 1 och 23 dec. 1697 § 1. Enl. Fyhrvall s. 60—61 skulle staden redan år 1689 fått sig tilldelade allenast 20 läster. År 1690 fördelades de 120 lästerna på 13 köpmän, hvilka erbjudit sig att participera i tjäruhandeln. Bartold Festing åtog sig att sälja 31 läster, Nils Kock 22, Henrik Wittfooth 10 1/2, Mårten Arp 12 3/4, Niclas Schultz 7 3/4; tre köpmän fingo allenast 2 3/4. Rådst. prot 10 sept. 1690.

till allsomstörsta skada och armod". Rätteligen borde införseln af den skadliga varan h. o. h. förbjudas, men då tobaksrökningen nu en gång blifvit „en inrotad ovana och ett stort missbruk", ville regeringen icke skrida till ytterligheter, utan åtnöjde sig med „att ställa däri någon moderation och alt lämpa efter tidernas lopp och folkets humor". Moderationen bestod däri, att tobaksimporten tilläts, men monopoliserades åt det s. k. söderländska kompaniet. Till tack för denna finkänslighet skulle tobaksrökarene erlägga till kronan den för konsumtionsartiklar vanliga accisen. Ville någon köpa tobak i parti eller minut af kompaniets på olika orter placerade agenter eller faktorer, skulle han först anmäla på acciskammaren, huru myeket han ärnade köpa, och erlägga accis därför, 2 öre s. m. för skålpundet. Öfver betalningen gafs ett kvitto, förutan hvars presenterande faktoren icke fick sälja det minsta af sin vara. Kvittona skulle af faktoren bevaras och månatligen insändas till kronans uppbördskammare. Återförsäljarena voro skyldiga att gifva åt köparen en sedel, upptagande kvantiteten af varan och försäljningsdatum. Dessa sedlar skulle vid anfordran företes för accistjänarene. För att ytterligare skärpa kontrollen, förbjödos år 1643 alla, som icke antagits till kompaniets „visse afnämare", att sälja tobak.

Regeringens hänsynsfullhet senterades illa af folkets humor. I trots af förnyade förbud och hotelser om straff fortgick ett allmänt underslef med tobakens hemliga införsel och försäljning, så att regeringen år 1649 fann sig föranlåten att upphäfva monopolet och frigifva handeln. Två år senare monopoliserades importen åt ett konsortium af Stockholms köpmän, frigafs 1653, men monopoliserades ånyo 1654 åt amerikanska kompaniet. År 1662 öfvertog regeringen själf tobakshandeln och öfverlät dess förvaltning åt tvänne arrendatorer, från hvilka alla återförsäljare ägde att taga sitt lager. Kontraktet utgick med år 1684, hvarefter importen af tobaksblad frigafs, men införseln af spunnen, karfvad och s. k. breftobak förbjöds. Denna inskränkning, som fortfor intill år 1715, vidtogs för att uppmuntra anläggningen af inhemska tobaksspinnerier [1]).

Om tobaksförsäljningen i Åbo föreligga några magra notiser. Den första tullräkenskap, hvari jag funnit import af tobak omnämd, är från år 1637. Beloppet upptages till 834 ℔. Efter tobakshan-

---

[1]) Handl. rör Skandinaviens hist. XXXI: 440; Stiernman, Commerceförordn. II: 305—306, 309, 373—377, 383—385, 396—398, 487—489, 602—603, 678—679, 692—693, 708—709, 783—785; III: 104—122, 318—322, 820—831, 852—853; 934—935; IV: 23—24, W. G. Lagus, Uppsats rörande tobak i Finl. Allm. Tidn. för 1851.

delns monopoliserande sökte kompaniet i främsta hand att öfverenskomma med köpmännen i staden om tobaksafnämeriet eller tobaksförsäljningen på orten, men då, såsom ofta hände, öfverensstämmelse om vilkoren icke uppnåddes, öfverläts försäljningen åt en kompaniets inspektor eller faktor, som ur egna bodar utminuterade varan uti staden med dess „underliggande marknadsplatser, socknar, hemman och distrikt". Denna åtgärd var ytterst misshaglig för borgerskapet, som därigenom gick miste om en liten förtjänst, och gaf vanligen anledning till demonstrationer och smuggelhandel [1]). När husgerådsmästaren Anders Andersson och köpmannen Peter Bohm i Stockholm år 1662 öfvertogo tobaksmonopolet i arrende, ingingo de med köpmannen Simon Berg kontrakt om försäljningen af den tobak, som förbrukades i Åbo och des omnäjd. Berg förband sig att taga alt sitt lager från arrendatorerne, men förbehöll sig att icke behöfva mottaga tobak till större belopp och af andra sorter än han själf rekvirerade. Han lofvade att icke stegra tobakspriset öfverhöfvan högt för att icke väcka ovilja hos „allmogen och gemene man". Vidare förband han sig att icke konkurrera på andra städers handelsområde, icke drifva understucken handel med insmugglad tobak, utan tvärt om bistå arrendatorernes betjänte i spaningarna efter smugglare [2]). Följande år ingick borgerskapet till regeringen med klagomål öfver att Berg, tvärt emot kongl. plakat, icke åtnöjde sig med att sälja sitt lager i parti åt återförsäljare, utan därjämte uthökrade tobak i minut, därigenom inmängande sig i borgerlig näring. Regeringen fann en sådan utminutering klandervärd, så länge borgerskapet själft erbjöd sig att vara tobaksafnämare, men ansåg den tillåtlig, när öfverenskommelse icke kunde uppnås mellan inspektoren och borgerskapet [3]). För att ordna de tvistiga förhållandena utsände arrendatorerne år 1665 en monsieur Petrus Thegner, såsom inspektor öfver tobakshandeln i hela Finland, till Åbo. Thegner bemyndigades att underhandla med några borgare om tobaksafnämeriets öfvertagande i Åbo. I första hand skulle han söka förmå bor-

---

[1]) Rådst. prot. 3 maj 1648, 16 mars 1659, 28 maj, 22 juli 1670.

[2]) Kammarkollegii arkiv i Stockholm, en volym med påskrift „Finlands städers affnehmares Reversaler". Liknande kontrakt ingingos med köpmän i andra städer. Vanligen lämnades det afnämare fritt att beställa så mycket tobak de ansågo sig behöfva, men där sig göra lät, sökte arrendatorerne att bestämma ett minimibelopp. År 1663 förbundo sig tobaksafnämarene i Viborg att köpa 6,000 skålp., år 1666 8,000, år 1671 11,000. En tobaksafnämare i Nystad förband sig år 1662 att köpa 700 skålp., en annan i Björneborg år 1664 att köpa 600 skålpund.

[3]) K. resol. 31 aug. 1664 § 5.

garene att förbinda sig till en årlig rekvisition på 20,000 ℔, men kunde han icke utvärka detta belopp, tilläts han gå ned ända till 15,000 ℔. Afslogs äfven dessa vilkor, skulle Thegner taga af magistraten attest öfver att han hembjudit återförsäljningen åt borgerskapet och sedan „inrätta handeln på bästa sätt sig praktisera och göra låter". Uppsikten öfver försäljningen skulle han öfverlåta åt borgaren Segerdt Brandt såsom inspektor i Åbo. Sålunda kunde borgerskapet icke besvära sig öfver bristande tillmötesgående från kompaniets sida. Huru Thegners mandat aflöpte, är icke kändt. Fem år därefter, år 1670, ingicks efter en tids trassel mellan arrendatorerne och ett antal borgare i Åbo ett kontrakt, som förband de senare att årligen mottaga 12,000 ℔ tobak för ett pris af 6 à 7 mark k. m. skålpundet. Detta belopp och hvad som därutöfver kunde rekvireras skulle i första hand försäljas i Åbo och dess omnäjd, men kunde äfven afyttras på marknaderna i länets öfriga städer samt på landsmarknaderna [1]). När tobaken år 1682 frigafs, handhades försäljningen af en tobaksfullmäktiges inspektor i Åbo [2]).

Så länge tobaksmonopolet existerade klagades alt jämt öfver de höga pris tobaken — virginisk, engelsk och fransk — betingade sig och öfver den dåliga vara, som kompaniet levererade. Kompaniet jämte dess återförsäljare i Åbo besvärade sig åter i sin tur öfver den vidtutbredda smuggelhandeln, som florerade i trots af de beslag stadens och kompaniets betjänte gång på gång gjorde.

Såsom tobaksspinnare anträffas på 1690:talet trenne personer.

* * *

Om saltet yttrade sig kommerskollegiet en gång, att det var „en så omistelig vara för Sverige, att Eders Kongl. Maj:ts så högre som nedrigare undersåtars vältrefnad består endels uti dess ymniga tillförsel" [3]). Oaktadt importen stod öppen såväl för inhemska som utländska köpmän ropades ständigt på saltbrist och på olidlig stegring i priserna. I främsta rummet låg skulden härtill i det ständiga krigstillståndet, men dessutom ville man söka orsaken i knep af köpmännen. Regeringen dundrade oafbrutet mot prisstegringen, ålade magistraterna att promulgera bestämda taxor för försäljningen och anbefalde de högre myndigheterna att förfara med all stränghet mot

---

[1]) Kammarkol. arkiv. Rådst. prot. 28 maj, 22 juli, 4 aug. 1670.
[2]) Sv. riksark. Handl. ang. tobakskompaniet och handeln.
[3]) Loenbom, Handl. VIII: 141.

dem, hvilka genom konstlade medel bidragit till bristen. År 1628 förklarades salthandeln för ett kungligt regale, men redan följande år kom regeringen till insikt om att detta botemedel icke lämpade sig för det föreliggande fallet, hvarför handeln frigafs. Försöket att monopolisera salthandeln förnyades icke häller sedermera, utan inskränkte sig regeringen till att genom lättnader i tullumgälderna och andra fördelar understöda såväl enskilda personer som bolag, hvilka egnade sig åt saltimporten. År 1638 meddelades åt alla, som införde salt från Spanien, en tulleftergift, hvars storlek berodde på om importören och skeppsbesättningen voro inhemska män eller utländingar. När det år 1646 bildade Wästervikska skeppsbyggningskompaniet förklarade sin afsikt vara att vinnlägga sig om handeln på Portugal, beviljade regeringen detsamma en betydande nedsättning i tullen på några år. Kompaniet skulle specielt ha till uppgift att förse stapelstäderna med nödiga kvantiteter salt — det kallas ock stundom saltkompaniet —, men det skulle ingalunda ha monopol på importen af denna vara. Saken uppfattades emellertid allmänt så som hade riket lyckliggjorts med ett nytt monopol och regeringen måste i upprepade riksdagsresolutioner upplysa stånden om deras villfarelse [1]).

Under sjuttonde seklets första decennier förmedlades saltimporten till Åbo dels af egna dels af tyska skepp. Sedermera synes importen till mesta del kommit i händerna på holländare. Än inkommo skutorna på beställning af köpmän i staden, än åter kastade de främmande skepparene utan föregående öfverenskommelse ankar i ån, vissa på att icke länge behöfva afvakta lastens uttömmande. Rådstuguprotokollen omnämna flera exempel på aftal mellan magistraten och främlingarne om försäljningen af skutornas innehåll. Åren 1633 och 1634 öfverenskom magistraten med tvänne holländare, att de skulle ur sina båtar sälja varan hel- och halfflästetals till 12 $\frac{1}{2}$ dal. k. m. tunnan. 1638 och 1639 omnämnas liknande ackord à 9—10 dal. tunnan [2]). Från seklets midt torde saltimporten till största delen förmedlats af Wästervikska kompaniet och tjärukompaniet. År 1650 förordnade magistraten tvänne personer att mottaga de 2,000 tunnor, som rekvirerats från tjärukompaniet, samt att utdela dem för 11 dal. tunnan åt resp. rekvirenter, hvilka i sin tur skulle sälja för 12 dal. tunnan [3]). På 1654 års riksdag supplicerade borgerskapet

---

[1]) Stiernman, Commerceförordn. I: 961, 981, II: 202, 575, 654, 891, 896, III: 364, 367, 396, 591, 838, IV: 54, V: 175, 244; Riksdagbeslut s 1,259, 1,325, 1,405, 1,565, 1,736, 2,035, 2,090 m. fl. st.

[2]) Rådst. prot. 26 maj 1633, 14 maj 1634, 5 maj, 3 nov. 1638, 15 juni 1639.

[3]) „ „ 30 apr. 1650.

hos regeringen, att salt- eller skeppskompaniet skulle åläggas att årligen införa till staden 2 skeppslaster salt och kommerskollegium bemyndigades att gå i författning om nämda åtgärd till saltbristens fyllande [1]). År 1660 lofvade borgerskapet, i anledning af från regeringen inkommen förfrågan, att göra sina beställningar hos Wästervikska kompaniet, såframt kompaniet effektuerade beställningarna promt och billigt och mottog i betalning icke allenast penningar, utan ock „andra köpmansvaror och gods, som här uti landsorten falla och vanka kan;" men på inga vilkor ville borgerskapet tillåta kompaniet att inrätta i Åbo egna försäljningsbodar [2]). Senare klagades öfver att kompaniet icke fäste afseende vid det gjorda förbehållet, utan höll saltupplag i Åbo och handlade direkte med landtmannen [3]). I följd af tjärukompaniets fördärfliga invärkan på stadens sjöfart och de krigiska konjunkturerna höll sig på 1670:talet den direkta importen af salt från utlandet ytterst lågt och köpmännen vande sig att h. o. h. fournera sig hos sina kolleger i Stockholm. När därför regeringen år 1675 förbjöd denna handel, emedan Åbo var en stapelstad, som borde själf sörja för importen från utlandet, väkte denna åtgärd stor nöd i Åbo. Borgerskapet anförde, att dess enda skepp seglat till Portugal, men nödgats för osäkerheten på sjön söka hamn i England, hvarför regeringens påbud haft till följd en sådan saltbrist i staden, „att ingen, om han än sitt lif där med frälsa visste, den andre med en näfve full salt, mycket mindre med mera förmår bispringa". Dessa skäl förmådde ock regeringen att meddela eftergift i förbudet [4]). Efter krigets upphörande förbättrades ställningen tydligen, men h. o. h. upphörde icke klagomålen öfver den ringa salttillgången och öfver svårigheten att sätta sig i direkt förbindelse med salthärdarna i utlandet [5]).

---

[1]) K. resol. 7 aug. 1654 § 8.
[2]) Åbo stads acta, magistr. t. landsh. 1660.
[3]) Besvär 1664, K. res. 31 aug. 1664 § 1.
[4]) Besvär 1675—76; K. res 27 sept. 1675 § 2.
[5]) Besvär 1693; K. res. 18 mars 1689 N:o I § 1, N:o II § 15.

IV.

Handelspartering.

D en sträfvan att införa i samhället en allmän och jämn arbetsfördelning, som utmärker merkantilsystemet, röjer sig kanske tydligast i frågan om den s. k. handelsparteringen. Då nu städerna indelats i stapelstäder och uppstäder, hvarje stads borgerskap åter i köpmän och handtvärkare, då vidare handtvärkarene fördelat sig på skilda fackafdelningar, var det en naturlig konsekvens af grundprincipen, att äfven medlemmarne af den handel idkande korporationen skulle bindas enhvar vid sin detalj. Erkändes engång nyttan af en arbetsfördelning i stort, så måste de goda värkningarna däraf lända samhället till desto större fromma, ju lägre ner de sträkte sig. Yrkets specialisering på alla områden var tidens löseu. Men denna specialisering skulle icke inträda på ett naturligt sätt, i mån af det kommersiella lifvets uppblomstring och konkurrensens tillväxt; den skulle skapas genom ett maktpåbud. Regeringen gaf sig icke tid att afvakta den naturliga utvecklingen af det rådande systemet. Det ekonomiska lifvet skulle rätta sig efter impulserna från rådkammaren; systemets värkningar skulle visa sig innan deras tid ännu var kommen.

Början med införandet af handelsparteringen eller den obligatoriska yrkesspecialiseringen på det kommersiella området gjordes i Stockholm. I en år 1635 utfärdad stadga om köphandelns försättande i ordentligt tillstånd framhöllo stadens öfverståthållare och magistrat den fördärfliga ovana köpmännen tagit sig „att ihopa samla uti en gatubod alla de varor, både inländska och utländska, små och stora, alt det som säljas kan, och göra således ett hökeri och mångleri utaf en redlig och uppriktig köphandel". När köpmannen förvärfvat sig något rörelsekapital, använde han detta till att „ihopa slagga" allehanda varor, såsom kläde, sidentyg, fisk, salt, vin och järnvaror, „in summa alt det, som säljas kan, att han kan bastant finnas och fournera köparen alt det han behöfver, hvaraf han lättelig drager landet till sig och alt således uppehåller den handel allena, hvarmed halfva staden och många hans fattiga medborgare sig redeligen och väl nära kunde". För att göra en ända på bedröfvelsen, dekreterade öfverståthållaren och magistraten, att köpmannakåren härefter skulle vara indelad i gillen, hvarje gille representerande en „viss partikular handel och vandel". Endast de, som handlade i gross, fingo sälja hvilka varor de ville, men icke under ett bestämdt kvantum; minuthandlandene åter fingo icke försälja andra varor än de för gillet bestämda. Gillena, till antalet tretton, skulle utgöras af sidenhandlandenes, klädeskrämarenes, hattstofferarnes, järnhandlandenes, glaskrämarenes, de med fransyska varor handlandes, kryddkrämarenes, apotekarenes, vinhandlandenes, sillkrämarenes, bryggarenes och tavernarenes gillen. I hvarje gille skulle tillsättas 2 åldermän, hvilka ägde att öfvervaka ordinantiens och de af magistraten faststälda prisens iakttagande samt befordra inhemska mäns framkomst på köpmannabanan. De borgare, hvilkas ekonomiska ställning icke medgaf inträde i något af de nämda gillena, tillätos lifnära sig med krögeri, fiskeri och mångleri. Underlät någon att anmäla sig till en viss branche, skulle han förvisas från staden såsom „onyttigt vattenbi" [1]).

De missförhållanden, som stuckit magistraten i Stockholm i ögonen, voro allmänt rådande i Åbo. Upprepade gånger gjordes af myndigheterna i staden anmärkningar mot den oordning, som rådde inom olika grenar af handeln. År 1629 förmälde regeringen, hurusom den förnummit, att „uti vår stad Åbo sker ett stort underslef och bedrägeri med allehanda slags drycker, såväl vin, bränn-

---

[1]) M. Lagerström, Stockholms stads ordinantier I: 32—45, 80—85. Enligt Odhners påstående har denna ordinantie aldrig kunnat fullt genomföras i Stockholm och i öfriga städer, där den påbjöds, ha myndigheterna nödgats åtnöja sig med att söka särskilja köpmanshandel, hökeri och handtvärk (Sveriges inre hist. s. 283—284). I Helsingfors gjordes början med handelsparteringen år 1656. Från ett fullständigt genomförande afstod man genast, och okändt är, huru länge ens den år 1656 gjorda fördelningen kunde upprätthållas. (Ehrström, Helsingfors stads hist. s. 76—77). I Wasa kunde, trots flera försök, systemet icke komma till tillämpning. (Aspelin Wasa stads hist. s. 170—172). I Jakobstad kungjordes år 1697 en landshöfdingens befallning att borgerskapet skulle slå sig till någon viss handtering och icke tränga hvarandra i deras näringar. Vid den fördelning efter yrken, som med anledning häraf företogs, delades borgarene i endast 3 kategorier: handelsmän, båtsmän och handtvärkare. (Jakobst. rådst. prot. 10 maj 1697).

vin, mjöd, såsom öl, jämväl och spetzeri, allehanda sidentyg, kläde, honung, hampa, lin, sill och andra slags varor, ehvad namn de hälst hafva kunna, som ifrån främmande land och orter dit ankomma: så ock i lika måtto med de varor, som föras därifrån, som är trån, tjära, talg, smör, lax, allehanda fisk och andra utförande varor, ehvad det hälst vara kan, jämväl ock med allehanda vikt och mål". För att för framtiden förekomma oskicket förordnade regeringen Hans Bogge (Bugg) att vara „general uppsynesman i Åbo stad öfver samma gods, att god riktighet finnas må såväl med de främmande som innevånarene, eftersom här i vår stad Stockholm tillgår [1])".

Denna åtgärd att utnämna en särskild inspektor öfver handeln medförde emellertid icke åsyftadt resultat. Bogge, som dessutom skulle ha tillsyn öfver handtvärkerierna i staden, gjorde tidt och ofta påminnelser om den makt, som var honom gifven, uppfordrade borgmästare och råd till värksamt understöd, instämde för rätten borgare och främlingar, som försedt sig mot god ordning och laga stadgar, men skördade endast å ena sidan ovilja, å andra sidan förebråelser för efterlåtenhet [2]). När därför i Stockholm ett nytt försök till handelns ordnande tillgreps, kunde det icke töfva länge, innan det af hufvudstaden gifna föredömet skulle påbjudas till efterföljd äfven i Åbo.

Experimentet begynte redan år 1638. På allmän rådstugudag den 3 mars — förmäler protokollet — upplästes på svenska och interpreterades sedan punktvis på finska „den nya handelsordinantien, som H. K. M. och de högvälborne Sveriges rikes nådige regeringsherrar hafva författa låtit och efter hvilken ordinantie högstbem:te H. K. M. och de högborne regeringsherrar nådigst vele, att köphandeln uti städerna här i Sveriges rike skall härefter dirigerad varda, nämligen således, att hvar och en köpman och borgare icke, som härtill skedt är, sig med allehanda gods eller saker befatta skall, utan ett viss efter be:te ordnings innehåll handel och handtering företager, därmed han tänker sig till att föda och ernära". Borgerskapet tillsades att „perpendera och väl öfverväga" ordinantien samt på de tre närmast följande rådstugudagarna anmäla, med hvad handel och idrott enhvar var betänkt att ernära sig.

---

[1]) Riksreg. 9 april 1629.
[2]) Bidr. t. Åbo hist. första serien IV: 43, 51, 67, 73, 74, 76, 96, VI: 39, 83, 95, 100, 122, 136—138 m. fl. st. År 1633 angåfvo borgmästare och råd Bogge hos gubernatoren för att han mestadels uppehållit sig på sin landbogård och försummat stadens angelägenheter. Något senare hotade vicefiskalen i hofrätten, att om Bogge icke beflitade sig bättre om sitt kall och ämbete, skulle fiskalen beställa åt honom i hofrätten „en magaplåster, som icke väl smaka skulle".

Protokollet fördjupar sig icke i detaljer rörande den nya handels-ordinantiens innehåll, men det framgår på annat håll tydligen, att detta innehåll fullt öfverensstämde med den åt Stockholm förlänade stadgan [1]). Sedan borgarene perpenderat och öfvervägt saken en veckas tid, afgåfvo de sitt svar, det gemena borgerskapet genom trenne ombud, de förnämligare köpmännen skriftligen. Svaret lydde enstämmigt, att borgerskapet önskade blifva vid det gamla, men om detta icke villfors, var ett uppskof med ordinantiens tillämpande nödvändigt, enär mången borgare nyligen försedt sig med stora la-ger, dem det var en omöjlighet att i hast afyttra. Därjämte suppli-cerade köpmännen, att deras förluster måtte godtgöras sålunda att de närmaste städernas jämte allmogens i skärgården och Österbot-ten handel blefve inskränkt till Åbo, liksom Västernorrlands handel redan inskränkts till Stockholm. När denna förklaring framfördes till landshöfding Falkenberg, svarade denne hetsigt, att den som icke genast fogade sig efter ordinantiens föreskrift, "skulle packa sig bort ur staden". Så kort blef processen dock icke. Hela året 1639 och under större delen af det följande fortgingo oafbrutet under-handlingarna om den nya ordningen. Landshöfdingen dref med bru-talt våld på värket; han infann sig någon gång på rådhuset för att i en oration förehålla borgerskapet nyttan af det nya systemet, men affärdade mest skriftliga befallningar, åtföljda af hotelser om stränga straff, höga böter och förvisning ur staden, för de tredskande [2]). Då och då markerades tillsägelsen ytterligare genom bref från ge-neralguvernören. Borgmästare och råd framförde pliktskyldigast befallningarna och hotelserna, men torde i det hela taget icke varit synnerligen angelägna om deras värkan. Borgerskapet gjorde pas-sivt motstånd; anhöll ständigt om rådrum och fick det äfven, först till Mikaeli, så till Martini och därpå till påsken följande år. Men

---

[1]) Prot. för den 9 maj 1638 talar om „den nya köphandelsordinantien, som H. K. M. hafver författa låtit, hvilken så här som i Stockholm är publicerad vor-den". Den 9 sept. 1639 infordrade regeringen från grefve Brahe afskrifter af de i Åbo gällande näringsförordningarna för att jämföra dem med motsvarande ordinan-tier i Stockholm „och, eftersom möjligst ske kan, bringa förberörda näringsordnin-gar till en likhet". R. R.

[2]) Den 13 okt. tillkännagafs, att den hvilken till nästa rådstugudag icke stält sig förordningen till efterrättelse, skulle böta 40 mk. s.; gick det öfver därpå föl-jande möte, skulle böterna höjas till 80 mk. och vid tredje rådstugudagen till 120 mk. Den 20 nov. meddelades landshöfdingens befallning, att för de gårdsägare, som ännu icke antecknat sig, skulle gården tagas i beslag som säkerhet för böterna; de hvilka icke ägde gårdar skulle förvisas från staden och, om de återkommo, sändas i halsjärn till Svartå bruk.

när fatalietiden var ute, återstod ännu ett antal oförbätterliga syndare. I juni 1639 medgafs dem, som ännu icke befriat sig från till deras branche icke hörande varor, rätt att under marknaden försälja dem i särskilda „pauluner", men icke i sina gatubodar[1]).

Trots det motstånd, som gjordes från borgerskapets sida, kunde redan på vårsommaren 1638 en vidlyftig förteckning uppgöras öfver de borgare, hvilka „en viss handel och handtering, därmed de tänka sig till att ernära, hafva upptagit, såsom ock hvad handtering och handel det är"[2]). Listan, som verificerats af stadens syndicus, utvisade följande gruppering af näringsidkarene:

Grosshandlare 44

Sidentygshandlare 2

Klädeshandlare 10

Nürnbergskramhandlare 13

Bryggare 8

Krögare 18

Lärfthandlare 1

Värdshusidkare 5

Lin-, humle- och bastförsäljare 16

Kryddkrämare 3

Strömmingssaltare 6

Salthökare 88

Köttmånglare l. slaktare 19

Dragare 33

Hökare med smör, gryn etc. 2

Brännvinsbrännare 2

Järnhökare med LЯ 1

Husslaktare 5

Timmermän 15

Hampspinnare 2

Stadens styrmän 5

Gatuläggare 2

Lärftblekare 1

Skoflickare 1

Fårskinsbetare 2

Listan gjorde icke anspråk på att vara fullständig, enär några borgare voro frånvarande från staden, och den undergick nog förändringar i praktiken. Hurudana framsteg handelsparteringen gjort vid slutet af det märkliga året 1638, framgår af en relation, som magistratens handelskollegium jultiden aflät till landshöfdingen[3]). I denna relation, som är tämligen unik i sitt slag, yttrar sig kollegiet på följande sätt:

1. *Grosshandlare,* som sigh hafwa påtagitt vti gross handla, hafwa dett nogorlunda påbegynt, dock än nu icke till datum sin förrige handell fullkombligen afflagdt, vthan lofwadt till den terminum, som h. herl.:tt landzhöfdingen sampt magistraten hafwa effterlåtitt, neml. till nästkommande påscha, fortsättia hwadh som till deras antagne handels fortsättiande wederböhr och requireras kann.

2. The som *klädesshandell* sigh företagitt och icke än nu till nogodt fullkombligitt effect och wercknadt (!) komma kunnadt, åhr denne förhindringh,

---

[1]) Rådst. prot.

[2]) Ingår bland Åbo stads acta.

[3]) „ „ besvär.

att dee in till datum vthaff allehanda slagz wahrur vthj deras gattubodar blandatt hafwa, hwilkett dee än nu eij hafwa föryttra kunnadt; derföre dee och hooss hans herl:tt landzhöfdingen sampt magistraten om dilation annhollit hafwa; hwilken dem och tillåtin ähr till nästkommande påscha, som förbemält ähr.

3. *Sijden- och lärfftskremmare* ähr och så nogsampt förehållit, förmant och pålagdt, att dee till deras opåtagne handels fortsättiande i rätten tijdh sådana wahror, som der tillhörer, förskaffa skola; hwilket dee och vthloffwadt hafwa effter yttersta förmågo sine att giöra till förelagden termin, neml. nestkommande påscha.

4. *Kryddekrämmare* haffwa icke än nu kunnadt komma till sin företagne handell effter dett dee än nu andra slagz wahrur vthi sine gattubodar beblandatt hafwa. Jcke deste mindre äre dee noghsampt förmante, att dee sigh till bemälte termin sådana wahrur förskaffa, som detta deras antagna kryddekremmare kall kräffwer, hwilkett dee och effter yttersta förmågo hafwa vthloffwadt att effterkomma.

5. *Jernkremmare* eller dee som medh Norinbergens wahrur att handla sigh påtagitt hafwa, så hafwe dee den nogorlunda begynt till att fortsättia effter deras förmögenheett; förhoppas man, dett dee här näst wijdare der om sigh beflijtandes warda.

6. *Apotekaren* hafwer en godh begynnellse till sin handteeringh, så wijda hans handell sigh sträcker. Man förhoppas, att han den wijdare fortsettiandes warder.

7. *Wijnhandlare* haffwer ingen än nu till datum sigh fullkombligen påtagitt att wara; vthan Petter Thorwösten, Petter Facht och Willhelm Gordon, som vthi gross sigh haffwa påtagitt; der ibland dee och wijn stycke taels här till försoldt haffwa.

8. Belangande *bryggerij* ähr nu så wijda fortsatt och vthi werckett kommitt, att otta effterschreffne förmögne borgare hafwa sigh dett fullkombligen opåtagitt, som ähre: rådhman Casper Eckman, rådhman Steen Christersson, rådhman Niels Olloffsson, chämnär Mårten Phillipsson, knijfsmed Henrich Bergen, ålderman, Clemett Curoj, Michell Eskellsson, Niels Sillillen, hwilka man förhoppas än nu wijdare, såsom dee wäll påbegynt haffwa, dett warda fullbordandes.

9. *Kröijarena* hafwa deeras påtagna embete mestadeels fortsatt, helst emädan dem till dato är tillåtitt sielffwe att brygga så länge att bryggarena vthi deras fulla esse komma kunde; hwilkett man, som förbemelt, förmodar nu een godh begynnelse hafwa wunnitt.

10. *Salthökare* hafwa deras påtagande mestadels vthi werckett bracht, att ingen mangell der weedh än nu funnitt är, för vthan dett, att dee sina bodar, som dem är pålagdt att hafwa på gatturna, icke än nu hafwa kunnadt förfärdiga; hwilkett dem dock är befalt till nestkommande påscha att giöra.

11. *Saltfisks-* och annat *hökerij* äre än nu fåå, som sigh sådant företagitt hafwa, dock synes nogon begynnellse der till; dee ähre och allffwarligen förmante, till nästförelagdan termin deras embete fortsättia.

12. Anlangande *glasskremmare* och *hattestofferare* ähr ingen än nu, som dee handteringar sigh till anteckna låtitt hafwa.

Såsom af relationen framgår, hyste magistratens afdelning för handeln godt hopp om det nya systemets genomförande, och i hufvudsak synas dessa förväntningar äfven blifvit uppfylda. Men det skedde icke utan opposition från de af påbudet i sin materiella existens hotade borgarenes, icke häller utan mångahanda eftergifter från myndigheternas sida. Enligt tidens sed åtnöjde sig borgerskapet icke med protester inför magistraten, utan vände sig med sina besvär till regeringen, roten och upphofvet till det onda. Alldeles resultatlöst blef detta vädjande häller icke. På riksdagen 1640 anfördes klagomål öfver att ordinantien tillämpades strängare i Åbo än annorstädes i riket, ehuru det kommersiella lifvet där ingalunda nått den utveckling, som utgjorde ett vilkor för parteringens genomförande. Regeringen resolverade, att ordinantien icke kunde återkallas, och gaf tillika en lektion i politisk ekonomi, men medgaf, „att sedan krämeri och hökerien äro ifrån hvarandra skilde, de andre varorne något modereras efter stadens och landsens lägenhet". I reskript till Brahe förklarade regeringen, att hon icke ville genom ett kategoriskt vidhållande af samtliga stadganden i ordinantien försvåra handeln, hvarför Brahe bemyndigades att efter eget pröfvande tillåta de köpmän, som icke kunde existera på ett slag af varor, att tils vidare handla med fyra eller fem olika sorter [1]). Tjugu år senare, på riksdagen 1660, inkom hela borgareståndet med ansökan om handelsparteringens upphäfvande och Åborepresentanterne upprepade samma anhållan i sina enskilda besvär. Icke häller nu medgafs någon afvikelse från hufvudprincipen, men regeringen lofvade att så moderera och lämpa parteringen „efter orternes lägenhet och beskaffenhet, att borgerskapets näring må därigenom förkofras och befordras". För den ändan ålades landshöfdingen och magistraten att efter kommunikation med kommerskollegiet utfärda en sådan ordning, „som till handelns riktighet och borgerskapets allgemena nytta och förkofring lända kan" [2]).

Om de anordningar, till hvilka dessa resolutioner gifvit anledning, saknas närmare underrättelser. I rådstuguprotokollen påträffas i allmänhet endast uppgifter om ordinantiens tillämpande in casu och därvid medgifna undantagsförmåner. Synbarligen har siden- och klädeshandeln samt försäljningen af s. k. „ryselske varor" eller „alnevaror" varit förenade på samma hand. Såsom ut-

---

[1]) Riksdagsbesvär; riksd. resol. för Åbo 26 febr. 1640 § 2, reskr. t. Brahe 29 febr. 1640 (trykt hos Tigerstedt, Handl. rör. Finl. hist. s. 383—4).

[2]) Resol. för Åbo 24 nov. 1660 § 9, 12 okt. 1661 § 11; Stiernman, Riksdagsbeslut s. 1398.

öfvare af skilda brancher omnämnas nürnbergerkramhandlare, krydd-
eller specerihandlare, hökare, vinhandlare, järnhandlare, krögare,
bryggare, köttmånglare, fiskare m. m. År 1647 hade nürnberger-
kramhandlandene och kryddkrämarene, åberopande bruket i Tysk-
land, tillegnat sig lärfthandeln. Följande år stadgade magistra-
ten, att lärfthandeln tillkom siden- och klädeshandlarene, hvare-
mot de som handlade med nürnbergergods och specerier tillätos
försälja papper och ylleband. Handeln med hattar och handskar
skulle vara dem tillåten „in communi och öfverhufvudet". År
1667 anträffades hos ett antal nürnbergerkrämare mercurius eller gift.
Åren 1660 och 1670 faststäldes i till sitt närmare innehåll okända
förordningar gränsen mellan nürnbergerkrämarena samt klädes- och
sidenhandlandene. År 1660 tilläts en specerihandlare, som klagade
öfver att han icke kunde afyttra sina varor till det i gällande ord-
ning föreskrifna kvantum, att sälja muskotblomma, muskot, nejlikor
och saffran skålpundtals, men peppar, ingefära, stärkelse och lim
lispundtals [1]).

De undantag från handelsordinantiens första lydelse, hvilka
tidt och ofta medgåfvos, kunde icke göra en ända på de talrikt
förekommande öfverträdelserna mot förordningen. Närmast ålåg
det stadsfiskalen att efterspana lagbrytare och befordra dem till
näpst. Mången gång anstälde han med sina betjänte razzia i köp-
männens bodar och sällan hände det då, att icke artiklar till större
eller mindre värde blefvo tagna i beslag. Tidt och ofta förekom
dessutom, att handlandene själfva instämde hvarandra för olaga in-
trång i affärerna. Siden- och klädeshandlandene klagade öfver för-
fång från nürnbergskramhandlandenes sida; kramhandlandene kla-
gade öfver hökarene; desse sistnämde åter öfver de förres olofliga
salthandel o. s. v. [2]).

Underkastades sålunda förordningen om handelsparteringen vid
dess praktiska genomförande hvarjehanda modifikationer och blefvo

---

[1]) Rådst. prot, 10 juli 1647, 11, 13, 28 juli 1648, 16 maj, 14 juli 1660, 17 juli
1667, 28 nov. 1670.

[2]) Rådst. prot. 21 jan., 14 sept. 1669, 17 maj 1671, 24 apr. 1693, 11 juni 1694,
30 jan. 1699 m. fl. dagar. Isynnerhet från kram- och specerihandlandenes, men ock
från andra köpmäns sida anfördes ofta klagomål öfver den minuthandel, som bedrefs
af ryska köpmän året igenom. På grund af fredstrakterna åtnjöto ryssarne vissa för-
måner framför andra främmande och af myndigheterna synas de i allmänhet blifvit
bemötta med välvilja. För att uppmuntra deras besök i staden resolverade magi-
straten år 1650, att de ryssar, som vistades i staden. skulle få sälja tvål med ¹/₂ och
¹/₄ „bottnar", handskar ¹/₂ dussintals, soblar partals och hudar stycketals. Rådst.
prot. 2 dec. 1650, 31 maj 1686, 14 sept. 1687; handelskollegiets relation af 1638.

gränserna mellan vissa brancher något obestämda, så upprätthölls dock en tydlig åtskilnad mellan „handlande" och „borgare". Denna åtskilnad ägde stor praktisk betydelse i näringslifvet och den framträdde dessutom i det olika sociala anseende, som kom de tvänne näringsklasserna till del.

„Handlandenes" klass utgjordes af dem, hvilka stodo i affärsförbindelser med utlandet, exporterade hemlandets produkter och bedrefvo handel med utländska köpmansartiklar. Till dem räknades järnhandlande, vinhandlande, siden- och klädeshandlare, nürnbergskramhandlare o. a. d. I 1696 års mantalslängd upptages deras antal till 28. Mången bland dem handlade i gross och hade sålunda rättighet att förse sig med lager af olikartade artiklar. För att vinna inträde i handlandenes klass fordrades icke allenast en större förmögenhet, utan äfven en genom föregående läroår ådagalagd insikt i affärer. Enligt 1635 års handelsordinantie för Stockholm skulle ingen få slå sig på köpmanshandel, som icke i sex år tjänat hos en handlande och i tvänne år varit hans vederlagssven „och alt således redeligen lärt umgås med sådan handel och handtering, som han sedan bruka vill" [1]).

Till „borgarene" åter räknades de hvilka lifnärde sig med hökeri, bryggeri, krögeri, fisk- och köttmångleri m. m. De stodo icke i förbindelse med utlandet, men uppköpte af handlandene och utminuterade utländska varor, såsom salt, tobak, sill m. m. På landsmarknaderna voro de ofta sedda gäster, hvarjämte de bedrefvo en icke så obetydlig exportrörelse på Stockholm. För att erhålla rätt till idkande af näring, fordrades af desse småborgare icke samma kvalifikationer, som af handlandene. Rätt ofta hände det, att personer, som ansökte om tillstånd att öppna en kramhandel, fingo afslag på sin begäran, emedan de icke kunde uppvisa erforderliga läroår, hvarpå de tillråddes att slå sig på hökeri eller någon annan borgarerörelse, som kräfde mindre förfarenhet i köpmansfacket [2]).

*   *
*

---

[1]) Lagerström, Stockholms ordinantier I:36. Enl. Sillén, Sv. handeln under Wasaätten s. 126, påbjöd Gustaf II Adolf år 1619 inrättandet af räkneskolor och inkallandet af utländska lärare i räknekonst för köpmännens utbildning. År 1687 anträffas i Åbo en „räkenmästare" Olai Buovius. Måhända var hans uppgift att meddela undervisning åt stadens köpmansämnen.

[2]) Rådst. prot. 7 apr. 1666, 4 aug., 5 nov. 1694. Såsom redan i föregående afdelning anförts (s. 388 not 2), kallades gemenligen idkarene af borgarerörelse under adertonde seklet och någon gång äfven under det sjuttonde „finska borgare". Om deras handel förtäljer Wasström år 1749, att de handla „på marknaderna och

På grund af sin förmögenhet och sin större förfarenhet i merkantila och kommunala värf bildade handlandene — från seklets midt gemenligen behedrade med titeln signor — eliten af borgerskapet. Redan förut har det anförts, hurusom handlandene betraktades såsom en skild korporation i kommunen, huru de kallades att rådpläga med magistraten om kommunala och kommersiella ärenden, hurusom de representerades i de älstes råd och där upptogo $1/_3$ af platserna. Då någon sådan indelning i gillen, som 1635 års handelsordinantie förutsatte, icke kom till stånd, gjordes vid seklets slut försök att förena alla handlande i ett gemensamt köpmansgille. Idén hade tillämpats i Stockholm år 1662 och år 1699 anlände från kammar- och kommerskollegium en uppmaning att följa hufvudstadsköpmännens exempel. Förslaget mottogs emellertid med köld och blef för lång tid hvilande [1]).

Inom köpmannakåren utpeka urkunderna ett antal personer och släkter, hvilka genom sin rikedom, sin högre köpmannabildning och sin vidsträkta affärsrörelse höjde sig öfver sina kolleger och utöfvade ett större inflytande såväl på det merkantila som det kommunala lifvet. Bland desse „samfundets stötter" ha några redan blifvit omnämda i egenskap af medlemmar af magistraten; andra egnade sig uteslutande åt sina affärer och deltogo i det offentliga lifvet allenast vid de allmänna rådstugumötena eller såsom medlemmar af de älstes råd och stadens representanter vid riksmötena. Innan vi skrida framåt i undersökningen af det ekonomiska lifvet, kan det vara skäl att göra bekantskap med ett antal af handelssocietetens remarkablare personligheter.

I tullräkenskaperna från seklets två första decennier omnämnas bl. a. följande köpmän, hvilkas import och export i allmänhet icke var inskränkt till någon särskild detalj, utan omfattade varor af olika slag:

hemma i sina hus med något salt, järn och tobak samt något sämre och gröfre så kalladt bondkram till varornas förväxling med allmogen, dock förnämligast med spannmål, boskap, viktualier och hökeri samt trävärke; idka inrikes seglation och lärftstillvärkningar. En del få ock nära sig med brygd och brännande, krögeri med mera". Handelssocieteten eller det s. k. svenska borgerskapet — uppgifver Wasström vidare — „äger utrikes handeln; har hittils i synnerhet velat förbehålla sig den förmån att handla i öppna bodar, af hvilka 40 här nu kunna räknas, nämligen 6 à 7 klädes- och sidenbodar, äfven så många kryddbodar; de öfrige förnämligast drifvande vin-, salt-, järn-, tobaks- och spannmålshandel, ehuruväl en hvar något af hvarje handelsvara härtils till föryttrande ägt, såvida den här flere resor föreslagna och påyrkade handels repartition icke ännu kunnat komma till värkställighet". (Oeconom. beskr. öfver Åbo stad s. 24—25)

[1]) Stiernman, Commerceförordn. III: 83—88; Åbo rådst. prot. 17 apr. 1699.

Frans Aufwasten († 1618), Alexander Brun († 1613), Kort v. Dyk, Hillebrand Erttzbaldh, Willam Facht († 1628), Bernt och Herman Frijs, Larens Froling, Johan Fögdingh, Willam Gerdener (var död 1626), Matts Hakola, Knut Hisku, Simon Hartwijk, Lukas Larsson Innemaa († 1600) Hieronimus Karsten († 1620), Matts Kauhainen, Daniel Kleensörger, Erik Andersson Knapila († 1629), Willam Kröger († 1622), Jöran Lindu (borgmästare, † 1622), Samuel Litzkou, Jochim, Jöran och Jakob Lose, Hans Medelborgh, Rotker v. Munster († 1626), David Måss, Jöran Ohrapää († 1622), Jöran Pallikka († 1620), Caspar Pijk († 1617), Hans Rantala (borgmästare), Daniel Rölich (var död 1606), Herman Schmidt, Johan v. Senden, Henrik Skepper (Schaefer), Jochim och Jurgen Schult (Schultz), Eskil Skräddare, Hans Stääk, Bertil Suiki, Johan Såger († 1632), Thomas Träll († 1630), Jonitas Week, Henning Wijkman, Jakob och Hans Wolle, Baltzar Wårdorp, Hans Wärmlingh, Zacharias Zacke m. fl.

Namnteckningar af Jakob Wolle d. ä. och Hans Wolle.

Såsom namnen antyda, utgjordes större del en af köpmännen af utländingar, synnerligen tyskar. En och annan bland de uppräknade har synbarligen endast någon kortare tid underkastat sig borgerlig skatt och tunga och sedan återvändt till hemlandet, där han fortfarande underhållit affärsförbindelser på Åbo. Måhända har ock någon upptagits, som vistats i staden allenast såsom gäst eller såsom representant för ett utländskt affärshus. De flesta ha emellertid kvarstannat i Åbo till dödedagar och bland dem ha några blifvit stamfäder för köpmannasläkter, hvilka under den följande tiden i högre eller lägre grad beherskade affärslifvet i staden [1]).

En af stadens största affärsrörelser vid seklets ingång innehades af Hans Wolle (Wulff, † 1613). Genom affärer på Tyskland förvärfvade han sig en ansenlig förmögenhet, som efter hans död tillföll sonen Jakob († 1639), äfven denne grosshandlande. Med ännu större framgång arbetade brodern Jakob Wolle († 1651), hvilken i borgare-

---

[1]) Se Carpelans Köpmannasläkter, Biografinen Nimikirja, Lindmans Åbo domkyrka, Hist. Arkisto IX: 270 följ.

Lukas Larsson
Innemaa 1601.

Walborg Innemaa
1601.

Michel Hållo
1604.

Soni Olufsson
1610.

Caspar Pijk
1610.

Gotskalk Sluter
1612.

Jeron. Karstens
1603.

Hans Stääk
1601.

Daniel Rölich
1601.

Hans Brun
1605.

Zach. Zacke
1605.

Hans Wolle
1614.

David Måss
1610.

Hans Platz
1612.

Joch. Lose
1617.

Carsten Bruuer
1606.

Jakob Wolle
1605 o. 1618.

Köpmannasigill från början af 1600:talet.

60

längderna för åren 1624—33 upptogs främst i afseende å kommunal taxering och vid handelsparteringens genomförande år 1638 anmälde sig sinnad att fortfarande handla i gross. Hans affärer gingo hufvudsakligast på Österbotten samt Danzig och Lybeck, men dessutom riktade han sig genom vidlyftiga negociationer med kronan. Under åren 1627—1635 innehade han i arrende samtliga salpeterbruk i Finland. År 1635 arrenderade han af regeringen Svartå järnbruk och Ojamo järngrufva. Därförinnan hade han anlagt ett järnbruk i Antskog. Bruksrörelsen gick emellertid dåligt och bragte slutligen Wolle på fullkomligt obestånd. Mot Åbo stad visade Wolle stor frikostighet genom att bekosta uppförandet af kyrkans högkor.

Samtidigt med Hans Wolle anträffas såsom köpman i Åbo tysken Henrik Schæfer, hvilken blef stamfader för en bland stadens märkligare borgaresläkter. Sönerna Hans († 1624) och Henrik († 1660) gingo i fadrens fotspår; bägge omnämnas i tullängder från 1600:talets första decennier såsom flitiga importörer af utländskt gods. Den senare utnämdes år 1632 till borgmästare och kvarstod på denna post till sin död, men fortsatte det oaktadt sina affärer. Vid handelsparteringens införande 1638 anmälde han sin afsikt vara att idka handel med kläde. Sonen Abraham Henrik († såsom rådman 1668) delade likasom fadren sin tid mellan affärerna och stadsförvaltningen. Dennes son Carl († 1729) började sin affärsbana såsom handlande i Reval, vann år 1689 burskap i Åbo och egnade sig åt siden- och klädeshandel, hvarjämte han en tid innehade stadskällaren i arrende. Äfven han sträfvade, trogen familjens traditioner, efter en plats i rådet; blef för sina vidlyftiga affärers skull först förklarad olämplig, men nådde år 1708 sitt mål, bl. a. på grund af sin „förvärfvade connocens i handeln".

Såsom stamfader för en annan märklig köpmannasläkt förtjänar Jochim Schult (Schultz) omnämnande. Han anträffas i staden år 1611, men synes kort därpå återvändt till sin hemstad Lybeck. På 1620- och 1630-talen kommo sönerna Jochim († 1662) och Jost († 1677) till Åbo för att såsom köpmannabiträden göra sig förtrogna med ortens kommersiella förhållanden och tillika inhämta kunskap i landets språk. Vistelsen kändes dem så behaglig, att de stannade i staden och öppnade egna affärer. Genom i stor skala bedrifven handel, synnerligen med kläde och siden, förvärfvade sig bröderna en ansenlig förmögenhet. I likhet med många andra inflyttade tyskar utöfvade de stor välgörenhet mot de fattiga och ihågkommo domkyrkan med dyrbara gåfvor. Fädrens yrke fortsattes af Jochims söner Wilhelm († 1689) och Johan († 1723) samt Josts söner Johan (medlem af de älstes råd, † 1705) och Niclas (tjärukompaniets faktor, en af de älste, † 1722). I 1673 års tolagsbok upptagas Jost och Wilhelm S. såsom importörer af manufakturvaror och specerier.

På 1620:talet inflyttade till Åbo tyske gästen Anders Merthen († 1666). äfven han stamfader för en af stadens märkligare släkter. Genom giftermål med den förmögne köpmannen Thomas Trälls dotter förskaffade sig Merthen en säker position i staden och befästade denna ytterligare genom lyckliga affärsspekulationer, så att han en tid upptogs bland de högst beskattade i staden. Omkr. år 1630 började dock affärerna, i följd af stora skador på sjön (åren 1629 och 1630 beräknade till 22,000 riksd.), att gå nedåt, hvarpå Merthen gaf utrikeshandeln på båten och egnade sig i tre årtionden åt källarerörelse. Samma genus vitae valdes af yngre sonen Torsten († 1701), hvaremot älste sonen Johan († 1707) och dennes son Carl († 1743) slogo sig på köpmannayrket.

Namnteckningar af Daniel Rölcke (Rölich), Jost Schult, Johan Merthen och Petter Thorwöst.

Liksom Anders Merthen lade holländaren Petter Thorwöst
(† 1659) grunden till sin lycka genom ett rikt giftermål (med köp-
mannen Johan Sågers dotter). Han anträffas i Åbo omkr. 1630, af-
lade borgareed år 1637, anmälde sig följande år till klädeshandel
och representerade borgerskapet på 1649 års riksdag. Han var i
staden känd såsom de akademiska lärarenes och studenternes ban-
kir, hvilket ock inbragte honom efter döden liktal och verser af
tvänne professorer. På 1640:talet öfvertog Thorwöst Ojamo, Ant-
skog och Svartå bruk såsom säkerhet för åt Jakob Wolle gifna lån.
Något senare anlade han Fiskars järnbruk. På Antskog lade han
grunden till en kyrka, som fullbordades af enkan och efter grund-
läggaren kallades S:t Peters kyrka. Thorwösts affärsrörelse i Åbo
öfvertogs af älste sonen Herman († 1685), hvilken därförinnan idkat
akademiska studier i Åbo och Uppsala. Bland stadens köpmän in-
tog han en bemärkt plats och representerade borgerskapet på riks-
dagen 1672.

På 1630:talet inkom från Lybeck köpmannen Jochim Wargen-
tin († 1682), som år 1638 anmälde sig till klädeshandel, represente-
rade borgerskapet på landskapsmötet i Åbo år 1671 och på sina
gamla dagar invaldes i de älstes råd. Sonen Wilhelm († 1692) eg-
nade sig åt handel med manufaktur- och specerivaror samt slutade
såsom medlem af magistraten.

Jochim Wargentins namnteckning.

Ungefär samtidigt med Jochim Wargentin anträffas första gån-
gen köpmannen Kristofer Franck († 1684). Mer betydande än denne
voro sönerne Kristofer († c. 1703) och Henrik († under stora ofre-
den). Bägge egnade sig med framgång åt köpmansyrket och inval-
des bland de älste. Hurusom den förstnämde förgäfves sträfvade
efter en ledig rådmansbefattning år 1697, har redan anförts (s. 191—
193). Äfven en tredje broder Johan († 1675) sysslade med handel.

Flyktande undan det tyska religionskrigets stormar anlände
omkr. år 1647 till Åbo lybeckska köpmannen Jochim Wittfooth
(† 1677) med hustru och barn. I kläderna hade flyktingarne, för-
mäler traditionen, guldmynt insydda och efter fredens ingaende lät
Wittfooth på egna skepp öfverföra sin i Tyskland kvarlämnade rätt

ansenliga förmögenhet. I det nya hemlandet förkofrade sig Wittfooth ytterligare, hufvudsakligast genom handel med kramvaror, så att han på sin tid ansågs vara Åbo stads rikaste man. Åbo domkyrka ihågkoms af makarna W. med storartade gåfvor och hospitalskyrkan med en klocka. Af sönerna slogo sig fem på handel; tre bland dem stannade i Åbo, dels fortsättande fadrens rörelse, dels grundläggande nya affärer. Älste sonen Henrik († 1693) blef medlem

Släkten Wittfooths sigill.

af de älstes råd och fungerade en tid såsom major för borgargardet; Hans († 1732) förvaltade sitt arf så lyckligt, att han kom att intaga samma framskjutna plats bland stadens penningemagnater, som hans fader tidigare innehaft; Gustaf († 1753) anlade i början af följande sekel ett yllespinneri och en tröjfabrik i Åbo. I likhet med föräldrarne utmärkte sig bröderna, och isynnerhet Hans, för storartad frikostighet mot allmänna inrättningar. Så donerade Hans år 1727 till domkyrkan ett dyrbart orgelvärk, som förstördes vid 1827 års brand jämte många andra minnen af det Wittfoothska affärshusets generositet.

En myndig köpman under 17:de seklets senare hälft var Bartold (Bertil) Festingh († 1692). Anländ från Lybeck år 1651, började han sin bana såsom handelsbetjänt i Jochim Schultz' siden- och klädesbod, öppnade tio år senare egen affär och upparbetade denna till en af de största i staden. Vid sidan af sin handelsrörelse, som om-

Jochim och Henrik Wittfooths namnteckningar.

fattade manufakturvaror och specerier, förvaltade han på 1680:talet stadskällaren. Domkyrkan ihågkom han efter 1681 års brand med en dopfunt af svart marmor och alabaster (se sid. 91). På 1675 års riksdag representerade F. borgerskapet. Om hans uppträdande såsom ledare för oppositionen vid valen till herredagen 1689 har förut varit tal (s. 387).

Samtidigt med Festingh intog Johan Rancken († c. 1710) en ledande ställning inom borgerskapet. Hans fader Robert Ranken hade börjat sin bana på 1620:talet såsom inflyttad köpsven och slutat såsom förmögen man och rådman år 1666. Johan tjänade först i Stockholm, återkom efter fadrens död till Åbo, där han handlade med manufakturer och specerier. Han uppgifves hafva varit en själfrådig och trätlysten man, hvarom ock hans företag att år 1683 installera en hospitalspredikant och hans uppträdande vid herredagsmannavalet 1688 buro vittne (jmfr. s. 254 o. 385—387).

På 1640:talet inflyttade från Tyskland handlanden Albert Rosskamp, som utnämdes till rådman år 1667, representerade staden på 1664 års riksdag och föreslogs till borgmästare år 1675 utan att dock mottaga anbudet. Bland varor, som han exporterade till utlandet, var tjäran en hufvudartikel och bland importvarorna kläde.

Två årtionden efter Rosskamp anlände till Åbo köpmannen Henrik Fléege († 1695), enligt traditionen en holländsk bondson. Borgareed aflade han år 1664, blef senare brandmästare, en af stadens älste, kapten vid borgaregardet och stadens representant på 1682 års riksdag. Bland donatorer till domkyrkan efter branden 1681 finnes han särskildt omnämd. Af sönerna egnade sig Johan († c. 1730) åt fadrens yrke.

Genom handel med importerade drycker, men ock genom export af tjära m. m. förvärfvade sig handlanden och gästgifvaren Nils Stensson Kock († 1692) en ansenlig förmögenhet, som tillät honom att bispringa kronan med rundliga lån och att ihågkomma domkyrkan efter 1681 års brand med nytt orgelvärk (s. 91). För dessa tjänster belönades han och hans arfvingar med rätt till uppehållande af en källare i staden. Sonen Johan († c. 1704) egnade sig äfvenledes åt handel.

Af inhemska köpmannasläkter, som höllo sig uppe seklet igenom, förtjäna släkterna Jobb, Ohrapää och Tolpo särskildt omnämnande. I början på århundradet omtalas Jakob Jobb såsom borgare och gårdsägare. Hans söner Jakob och Simon (kramvaruhandlande † 1697) samt sonson Johan († 1697) egnade sig åt köpmannayrket. I tullräkenskaperna från seklets början omnämnes ofta Jöran Ohrapää († 1622). Dennes brorsson Philpus jämte son Mårten anmälde sig år 1638 till grosshandel. En framstående ställning intog Mårtens son Mårten Arp († 1694), som förvärfvade sig genom handel en stor förmögenhet, invaldes bland de älste, var en tid kapten vid borgaregardet och underhöll ett tobaksspinneri. Johan Tolpo († 1681) upptages i 1652 års tolagsbok såsom exportör af trävaror och „ätande varor" samt såsom importör af kramvaror. Hans son Henrik († 1734) hörde till köpmannaståndets mest ansedda medlemmar och mottog åtskilliga bevis på sina medborgares förtroende, såsom ledamotskap bland de älste och senare i magistraten m. m.

Henrik Tolpos, Albert Rosskamps, Bartold Festinghs och Johan Leutkens namnteckningar.

Bland öfriga köpmän under seklets midt och vid dess slut må ännu ett antal namngifvas. I 1638 års handelsparteringslängd upptagas såsom grosshandlande borgmäst. Hans Guttrie, Petter Facht, Sigfrid Salko, rådman Gottfrid Rosskamp, Petter Trumbell, Simon Blom, Jakob Uggelwie, Henrik Blanck, rådman Petter Jesenhausen m. fl.; såsom sidentygsförsäljare Herman Stammer och Petter Såger († 1646), Henrik Gribbenow, Hans Bockmöller, Henrik Klöfwensich samt borgm. Schaefer och rådmännen Ekman, Rancken och Plagman; såsom försäljare af nürnbergerkram Eskil Ruskiapää († 1643.) Thomas Bachster, Mårten Fläske, borgm. Mårten Sigfridsson samt rådmännen Sten Christersson och Hans Hansson m. fl. Under seklets senare hälft omnämnas bl. a. signorerne Johan Leutken (klädeshandlare, herredagsman 1689, † 1697), Markus Kaske (klädeshandlare † 1697), Jonas Rosslin († 1690), Jochim och Kristian Isebehn (manufakturer och specerier, † 1686), Mathias Linck (herredagsman 1686), Matts Hållo (landtdagsman 1671), Josef Pipping (inkommen c. 1668, † 1690), Clas Syring, Johan Spieker (fader till den såsom stor donator kände direktören för Englands bank, Johan S., † 1775 i London), rådman Jakob Bachster (kramvaruh. † 1681), Hans Bachster (kramvaruhandl. o. tobaksafnämare, † 1681), rådman Johan Sager d. y. järnhandlandene Adam Bahn, Petter Nilsson, Simon Agrelijn, Erik Girss m. fl. m. fl.

V.

Accis underkastade borgarenäringar.

land de näringar, hvilka i det föregående hänförts under den gemensamma benämningen borgarerörelse, ådraga sig bryggeriet, krögeriet och mångleriet särskild uppmärksamhet. Dessa yrken falla delvis inom ramen för följande afdelning, men då de voro ordnade efter i hufvudsak samma grundsatser och de dessutom hade det gemensamma, att de voro underkastade den s. k. accisafgiften, synes det mig riktigast att redan nu upptaga dem i ett sammanhang, ehuru jag därigenom tvingas att något öfverskrida de tillbörliga gränserna för denna afdelning.

Först skola vi då till granskning upptaga sättet och vilkoren för krögare- och bryggare-rörelsens utöfvande.

Hufvudtanken i sjuttonde seklets lagstiftning angående tillvärkningen och försäljningen af starka drycker gick främst ut på att ordna denna rörelse i enlighet med de merkantilistiska grundsatserna samt på det för statskassan förmånligaste sättet. Däremot voro de synpunkter — sedlighetens och hygienens —, hvilka i vår tid spela en så stor roll vid sprit- och maltfrågans bedömande, för lagstiftaren främmande. Det gälde främst att genom uppmuntrande af den inhemska tillvärkningen nedtrycka importen af maltdrycker från utlandet, att skilja åt bryggeriet från krögeriet samt att, såvidt möjligt var, inskränka eller åtminstone till vissa allmänna brygghus koncentrera husbehofsbränningen. Redan under Gustaf Wasas tid förmärkas tydliga ansatser i denna riktning, men i de författningar, som emanerade under senare hälften af 1500:talet, talas allenast om accisens erläggande af utländska och inhemska drycker samt om försäljningsprisens officiella bestämmande, hvaremot frågan om den inhemska tillvärkningen lämnas oberörd [1]). Från och med början

---

[1]) Sillén, Handelns hist. und. Wasaätten s. 142; Stiernman, Commerceförordn. I: 223, 243, 291, 312, 357.

af följande sekel markera förordningarna, desto skarpare ju mera merkantilsystemet närmar sig sin fulla utbildning, nödvändigheten af ett med de rådande teorierna om arbetsfördelningen öfverenstämmande modus vivendi mellan producenter, mellanhandlare och konsumenter, hvarförutom naturligtvis statskassans fördel aldrig lämnas ur sikte. Liksom på försök upptagas de nya bestämningarna först i lokala resolutioner, hvarefter de påbjudas till allmän efterföljd uti generalförordningarna. Så tillsade Carl IX i resolutioner af år 1607 för Åbo, Raumo, Helsingfors och Viborg, att „vissa bryggare och bryggehus skall hållas i staden och icke hvar brygge som han själf vill — som härtill skedt är —, utan de som blifva därtill satte, de skola för eld och våda skull hafva deras bryggehus och pörten utom staden — — — och låta hvar och en för redelig betalning brygga uti deras bryggehus". Därjämte skulle vissa borgare förordnas att kanntals försälja eller uttappa finskt öl, som numera icke fick „skänkas i alla vinklar och olofliga hus". Bryggaren skulle erlägga i accis för hvar tunna han brygde 1 ✻ till jämn fördelning mellan kronan och staden samt krögaren för hvar tunna han utmånglade ¹/₂ ✻ till kronan och 2 öre till staden [1]). I plakat af år 1615 förordnade regeringen, för befordrande af den egna industrin, att i Stockholm ett behöfligt antal mältare och bryggare skulle tillsättas, hos hvilka samtliga ölförsäljare ägde att fournera sig [2]).

I de allmänna handelsordinantierna af 1614 och 1617 beröres ännu allenast handeln med importerade drycker. Enhvar hade rätt att i större partier importera och försälja sådana drycker, men minutförsäljningen skulle vara inskränkt till efter resp. stads behof lämpadt antal frikällare och gästgifverier. 1614 års ordning ville därjämte förlägga husbehofsbränningen till offentliga brygghus, men denna bestämning uteslöts ur den senare ordinantien [3]). En allmän lag, som omfattade såväl den utländska importen som den inhemska tillvärkningen, utkom först år 1622. De grundsatser, som uttalades i de nämda år utgifna förordningarna angående bryggeri, krögeri och gästgifveri, öfverensstämde i hufvudsak med de resolutioner Carl IX utfärdat år 1607 och blefvo för en lång framtid den norm, hvarefter krogrörelsen i riket var ordnad [4]).

---

[1]) Resol. f. Åbo 10 juli 1607 § 4, för Raumo, Helsingfors och Wiborg hos Waaranen, Saml. af urk. II: 286—287, 308.

[2]) Stiernman, Commerceförordn. I: 654—655.

[3])   „   „   I: 600—601, 703—704.

[4])   „   „   I: 865—874.

I alla städer i riket skulle — så hette det i dessa förordningar — brygghus uppföras, i hvilka af stadsmyndigheterna utsedda bryggare hade att tillreda så mycket öl att stadens behof blef tillgodosedt. För kontrollens skull måste bryggaren, innan han tilläts tända under, anmäla hos kronans uppsyningsman, huru mycket malt han använde, och efter brygdens värkställande erlägga hos samma person accis, 2 öre för en tunna starkt öl, 1 öre för svagt (sötöl) och ½ öre för spisöl. Så länge bryggarena icke kunde förse staden med nödigt kvantum öl tilläts husbehofsbränningen, dock med iakttagande af samma formaliteter, som föreskrifvits för yrkesbryggarene, men med erläggande af endast hälften af desses accis. Det öl, som af bryggarene brygdes, skulle af dem försäljas hel- och halflästetals eller tunnetals och med iakttagande af att köparen företedde intyg öfver att han anmält köpet hos uppsyningsmannen och erlagt krögare- eller köpare-accis. Minutförsäljningen tillkom krögarene, hvilka hade uteslutande rätt att — efter af vederbörande myndigheter faststäld värdering eller taxa — sälja kanntals, men icke fingo själfva bränna. Därjämte skulle krögarene vara härbärgerare eller gästgifvare för anspråkslösare resande och till tecken däraf ha „särdeles taflor" uthängande. Från desse krögare, hvilka försålde allenast inhemskt öl, åtskildes ett annat slag af krögare eller gästgifvare, hvilka erbjödo härbärge för främmande med något större anspråk och hade rätt till försäljning af utländska drycker, viner och ölsorter, kanntals. Därvid skulle iakttagas, att gästgifvaren icke fick hålla i sin källare mera än ett slag af vin, franskt, rhenskt eller spanskt, samt ett slags främmande öl. Dessutom skulle han lika väl som andra klassens krögare följa öfverhetligen faststäld taxa. Pip-, åm- och tunnetals fick han icke sälja sin vara — denna rätt tillkom särskilda vinhandlande — och utminutering af främmande brännvin var alldeles förbjuden. Gästgifvarene såväl som andra, hvilka höllo egna vinkällare, skulle erlägga accis, gästgifvaren dubbelt mera än enskilde. Fria från accis voro adelsmän, hvilka direkt importerade sina drycker från utlandet.

Till sin stora ledsnad måste regeringen snart nog konstatera, att dess bud „ringa attenderades, utan tillbaka sattes", till skada för den goda ordningen och statsintraderna, hvarför itererade bryggare-, krögare- och gästgifvareordningar måste utfärdas. I dessa uppprepades i hufvudsak samma bestämningar, som ofvan framstälts, hvarförutom i några punkter tillägg och förtydliganden gjordes, hvilka inneburo dels en skärpning af systemet, dels modifikationer och undantag. Tillvärkning af brännvin till salu och till husbehof,

under föregående sekel än medgifven än förbjuden, beröres icke i
1622 års ordning, men omnämnes i 1638 års accisordning såsom en
laglig näring. För pröfvandet af bryggarenes varor påbjöd en
stadga af år 1640 tillsättandet af kontrollanter eller „profvare".
Bryggare- och krögareordningen af 1664 förbjöd hembryggning och
ålade de borgare, som ville brygga till eget husbehof, att göra detta i
därför lämpade publika brygghus. 1681 års förordning afgaf den
märkliga förklaring, att påbuden om bryggeriets och krögeriets för-
delning på olika händer gälde allenast de förmögnaste städerna, „och
icke de små upp- och handelsstäder, som ringa näring hafva". Denna
tolkning innebar en afvikelse från systemet, som nog förut blifvit
gjord, men som, såvidt jag kunnat finna, nu första gången officielt
legaliserades. Samma förordning inskränkte uttryckligt den allmänt
gällande, men icke lika allmänt följda föreskriften, att såväl bryg-
gare som krögare skulle rätta sig efter de af magistraten faststälda
försäljningspriserna[1]). Angående de egentliga gästgifvarenes eller
tavernarenes skyldigheter och rättigheter gåfvos närmare föreskrif-
ter i en mängd gästgifvareordningar[2]). 1664 års ordning medgaf
gästgifvaren rättighet att utskänka såväl åt gäster som andra in-
hemskt och utländskt öl, mjöd, spanskt och franskt vin samt bränn-
vin kann- och stoptals. I en mängd accisordningar, hvilka blefve
för vidlyftiga att här refereras, tillgodosåg regeringen med växande
anspråk statskassans inkomst af den utländska importen och den
inhemska tillvärkningen.

* * *

Om krogrörelsens ordnande i Åbo före Per Brahes tid med-
dela källorna ytterst torftiga upplysningar. Så mycket framgår
dock, att härvidlag tämligen stor frihet var rådande, att krögeri och
bryggeri ingalunda voro strängt åtskilda och att t. o. m, handtvär-
kare gjorde sig en binäring af vin- och ölförsäljningen. En inskränk-
ning i denna näringsfrihet timade år 1638 i sammanhang med åt-
gärderna för handelsparteringens genomförande. Efter upprepade
tillsägelser antecknade sig på våren 8 personer till bryggare, 18 till
krögare och 2 till brännvinsbrännare. Profherrar utsågos för dryc-
kernas kontrollerande, taxor fastställdes för bryggare och krögare,
brygghus anlades och bryggarene konstituerade sig till ett ämbete

---

[1]) Stiernman, Commerceförordn. II: 137, III: 298—302, IV: 427—431.
[2]) 　　▪　　　　　" 　　II: 160—168, 658—669, III: 211—228.

under uppsikt af egen ålderman och inspektorer [1]). Sedan krögeriet åtskilts från bryggeriet, togo myndigheterna ytterligare ett steg i den inslagna riktningen. I sin år 1648 utfärdade instruktion för Finlands landshöfdingar påbjöd grefve Brahe, att alt „kättlebryggeri", d. v. s. alt hembryggeri, skulle upphöra i städerna och all bryggning koncentreras till offentliga brygghus; sålunda skulle kronans inkomster bäst tillgodoses och för städerna själfva skulle reformen ha till följd en uppblomstring af flera näringar och yrken, såsom korn- och malthandlandenes, tunnbindarenes, humlegårdsodlarenes, dragarenes, åkarenes och tapparenes, hvarjämte införseln af främmande öl skulle minskas och borgerskapet ändå alltid ha god tillgång på dricka. Genom särskildt mandat ålades magistrat och borgerskap i Åbo att ställa sig landshöfdingens åtgöranden till efterrättelse. Kunde en borgare icke uppföra ett brygghus, tilläts det flere att associera sig. Utom salubryggarene, hvilka sålde sin vara åt krögarene, skulle tillsättas särskilda husbryggare, hvilka värkstälde borgarenes husbehofsbrygd, d. v. s. beredde de drycker, hvilka icke voro afsedda till försäljning. Då borgerskapet förklarade det påtänkta företaget omöjligt och äfven bryggarene demonstrerade genom att afsäga sig sin handtering, hotade grefven att öfverlåta hela bryggerinäringen åt utländingar, „ty värket måtte ändtligen vinna sin fortgång", och för kettilbryggeriets afskaffande utsattes en bestämd termin, som par gånger prolongerades. Hotelsen hade till följd, att bryggarene uppgåfvo strejken — några med vilkor att få brygga på det finska maneret — och arbetet på brygghusen bedrefs med sakta fart, så att magistraten år 1651 kunde anmäla, att staden ägde 6 publika brygghus, till hvilka salubryggarene blefvo hänvisade. Jämlikt den grefliga befallningen borde nu borgarene anförtro sin husbrygd åt de för deras räkning utnämde husbryggarene, hvilka till en början tillätos att brygga hemma eller hos sina grannar. Påminnelser härom emanerade ock oupphörligen, men då borgarene alltid visste att förebära ömmande skäl, suspenderades på-

---

[1]) Rådst. prot 1638 o. följ. år; handelskollegiets relation af år 1638 bland stadens besvär. 1650 utsågs inspektoren öfver handelsordinantien Johan Olofsson att jämte accisskrifvaren 3 gånger i veckan profva bryggarenes varor, innan de uttogos af krögarene; 1655 bestämdes att ölet skulle profvas tisdag- och fredagmorgon. Taxor för krögarene omnämnas ofta; 1642 och 1645 bestämdes priset för en kanna öl till 6 öre k. m.; 1657 till 8 öre för godt och 7 öre för sämre öl; 1692 till 10 öre för kannan. Om taxan för bryggarena, hvilken bort upprättas månatligen, har jag icke anträffat uppgifter.

budet särskilda gånger, först på några månader „på prof", så en annan gång på längre tid, tils hela funderingen alldeles uppgafs [1]).

I kanske högre grad än någon annan näring har bryggeri- och krögerirörelsen åsamkat myndigheterna bekymmer och svårigheter. Försöken att upprätthålla de itererade krögeriförordningarna med deras i flera hänseenden konstlade detaljbestämmelser visade tydligen, huru svårt det var att tjäna tvänne herrar: borgarenes sanna välfärd och statens räkningekammare. De ådagalade tillika fruktlösheten af att tillämpa de skickligast uttänkta lagparagrafer, då det ekonomiska lifvet ännu icke mognat för dem. I trots af all förtänksamhet från lagstiftarens sida, i trots af det dubbla bokhålleri, hvarigenom staten kontrollerade rörelsen, och i trots af varningar, stämningar och böter, hörde öfverträdelser af författningarna till ordningen för dagen. Bryggarene tillvärkade underhaltig vara och sålde i mindre kvantiteter än tillåtet var, krögarene brygde i hemlighet, borgarene bedrefvo olagligt tappande och snappande, alla sökte slingra sig undan accisen. Då de lokala myndigheterna icke gåfvo efter, vände sig borgarene till regeringen med ödmjuka suppliker om bryggeriets och krögeriets frigifvande, naturligtvis utan resultat. År 1640 gafs det rådet, att den där icke ville underkasta sig de till städernas fromma stiftade näringslagarna, utan lifnärde sig „med sådana oordningar, som äro all redlig borgarenäring till hinder", kunde söka sig i annans tjänst eller begifva sig ut på landsbygden [2]). Oppositionen mot systemet tillväxte emellertid med sådan styrka, att landshöfding Oxe såg sig år 1673 nödsakad att för en tid framåt tillåta de af magistraten tillsatta bryggarene att sälja såväl tunne- som kann- och stoptals, att sålunda återförena krögeriet och bryggeriet [3]). Åtgärden var helt och hållet provisorisk och det dröjde icke länge, innan påminnelser åter gjordes om krögareordningens bokstafliga efterlefnad. Men det visade sig numera omöjligt att återvinna den förlorade positionen och myndigheterna kunde skatta sig glada, om det lyckades dem att inskränka öl- och brännvinsförsäljningen till tillförordnade salubryggare, hvilka ordentligt erlade sin accis. Den år 1673 meddelade eftergiften hade nämligen gifvit sådan fart åt det olofliga tappandet och snappandet, att då magistraten år 1687 förklarade, att hon icke ville hålla på bryggeriets

---

[1]) Styffe, Instr. f. landtreg. s. 241—242; rådst. prot. juni—okt. 1648, 11 dec. 1650, 13 maj 1651, 15 mars, 4—22 sept. 1654, 20 sept. 1655, 13 juni 1657, 15 dec. 1657 m. fl. dagar; resol. för Åbo 7 aug. 1654 § 14.

[2]) K. resol. 26 febr. 1640 § 6, 31 aug. 1664 § 18.

[3]) Rådst. prot. 25 sept., 29 okt., 26 nov. 1673.

och krögeriets åtskiljande, men att krögeriet icke kunde medgifvas andra än de tillförordnade salubryggarene, motsatte sig finska borgerskapet denna inskränkning, „anhållandes, att förra vanligheten härutinnan hållas måtte, efter deras endaste handel och föda däri består". Samma åsikt förfäktades följande år af hela borgerskapet och äfven inom magistraten saknade den icke anhängare. Vid en år 1689 förd principdebatt om den ståndpunkt magistraten borde intaga till den kinkiga frågan ansågo tvänne ledamöter, att vissa krögare ju kunde tillförordnas på försök, men att erfarenheten visat, att de icke kunde hålla sig uppe. En medlem af rätten resonnerade som så, att emedan Åbo icke kunde räknas till de förmögnaste städerna, i hvilka bryggeriet borde skiljas från krögeriet, så behöfde ölförsäljningen icke häller inskränkas till vissa krögare, utan „må härefter med ölsäljande förblifva som vanligt varit". Majoriteten förenade sig emellertid om den resolution, att förordningen om bryggeri och krögeri nog hade sin tillämpning äfven på Åbo, men då för tillfället ingen var hugad att åtaga sig allenast bryggarekallet, skulle det stå krögarene fritt att själfva tillvärka sitt behof, och skulle det vara förbjudet för enhvar, som icke antagits af magistraten till krögare, att idka försäljning af öl och brännvin [1]).

Det blef äfven sedermera vid detta beslut och magistraten tröttnade icke att försvara sin ståndpunkt gentemot den ständigt fortgående oppositionen. Resultatet blef, att officielt upprätthöllos förordningarna om vissa krögare, hvarjämte salubryggare för de olika kvarteren då och då förordnades, men de facto bedrefs ett allmänt lönnkrögeri. År 1690 anmälde inspektoren Edner, att af de tillförordnade krögarene endast tre accisat till salu, emedan öfriga borgare, hvilka erlade husbehofsaccisen, men icke saluaccisen, betogo dem deras trafik. Handelsman Simon Lydman, som åtagit sig krögeriet, uppgaf att han på Henriksmarknaden icke kunnat sälja en kanna öl „för de många, som däromkring öl kanne- och stoptals sälja" [2]).

Såsom redan sades, måste försöket att göra en ända på kettilbryggeriet snart nog uppgifvas. Af de 6 publika brygghus, som anmäldes hafva blifvit inrättade år 1651, förföll inom kort det ena efter det andra. Under seklets senare decennier omnämnes ofta stadens brygghus i Katinhäntä, där äfven enskilda personer ägde bryggerier. På 1690:talet upphäfdes ett under magistratens uppsikt

---

[1]) Rådst. prot. 11 maj 1687, 7 maj 1688, 4 nov. 1689.
[2]) Rådst. prot. 22 febr. 1690.

stående br/ggeri i Kuppis för att bereda plats åt den af medicinska fakulteten föreslagna surbrunnen.

Med jämförelsevis ringa framgång kröntes de i sammanhang med krogrörelsens ordnande pågående sträfvandena för humleodlingens höjande. I kapitlet om drätseln har redan anförts, hurusom skatten nedsattes för de tomter, hvilka förvandlades till humlegårdar, och huruledes åtm. redan på 1660:talet en stadens humlegård blef anlagd. Utom denna humlegård, som stod under magistratens förvaltning och merendels var utarrenderad, synes endast ett fåtal privata anläggningar ha kommit till stånd. Afkastningen från stadens humlegårdar kunde sålunda på långt när icke svara mot den synbarligen ganska starka efterfrågan efter humla. Hvad som brast fyldes genom riklig tillförsel icke allenast från landsbygden, utan ock från utlandet.

*   *   *

Förutom de anspråkslösa ölkrogarna med deras inhemska drycker funnos s. k. källare, i hvilka kunderna kunde släcka törsten med drufvans saft eller med mumma och bier från Tysklands beprisade bryggerier.

Af gammalt var Åbo stad i åtnjutande af den s. k. källarefriheten, hvarmed förstods rättigheten att underhålla en stadskällare och att till denna tullfritt införa ett bestämdt kvantum utländska vin- och ölsorter. I privilegiebref af år 1600 efterlät hertig Carl magistraten att accisfritt införa till stadskällaren så mycket vin, mjöd och öl „som de själfva uppköpa och af främmande land införa och icke annat". En resolution af år 1616 begränsade denna frihet till 10 åmar spanskt, 7 åmar rhenskt och 2 oxhufvud franskt vin. År 1624 utvidgades accisfriheten åter, så att den skulle gälla 16 oxh. franskt vin, 10 åmar spanskt och 10 åmar rhenskt vin, 4 oxh. vinättika, 12 t:r mjöd, 8 pip. mumma och 14 läster tyskt öl. Senare omnämna privilegiebrefven särskilda fruktlösa försök att få beloppen höjda och att erhålla befrielse äfven för den s. k. surplusen eller tapperiansaccisen, som utgjorde en år 1658 tillkommen förstärkning af den vanliga accisen [1]). Synbarligen ha dock genom resolutioner, hvilka icke kommit till min kännedom och hvilka antagligen

---

[1]) Stiernman, Commerceförordn. I: 600, 703; Vaaranen, Samling af urkunder I: 41, IV: 101; Resol. för Åbo 27 april 1624, 29 mars 1647 § 3, 8 nov. 1650 § 7, 7 aug. 1654 § 12, 24 nov. 1660 § 6, 31 aug. 1664 § 3—4, 12 okt. 1668 § 10, 12 dec. 1672 § 13, 27 sept. 1675 § 15. Sillén, Hand. hist. V: 83.

emanerat från kammarkollegiet eller landshöfdingen, vissa modifikationer i beloppen blifvit medgifna, ty t. ex. år 1666 upptaga stadens räkenskaper den accisfria importen till stadskällaren till 14 pip. spanskt, 27 oxh. franskt, 8 $\frac{1}{2}$ åm rhenskt vin, 1 båt (= 180 kannor) secht, 1 pipa kirsebärsvin, 4 åmar brännvin, 2 $\frac{1}{2}$ åm allekant, 1 åm mallvasir, 9 t:r mjöd och 2 fat zerbsteröl. Tullfriheten för dessa varor beräknades till 642 daler [1]).

År 1681 upphäfdes för alla städer utom Stockholm källarefriheten i den form, hvari den därintils existerat. I stället vidtogs den anordning, att de städer, hvilka därigenom drabbades af förlust, fingo afkorta i stora tullen för importerade drycker en summa motsvarande det förra privilegiet. För Åbo fastställdes — på grund af beräkningar, som tydligen voro öfverdrifna — tullnedsättningen till en början till 800 riksd. Men när år 1687 källarefriheten utsträktes äfven till de städer, som ännu icke åtnjutit denna förmån, utan att statskassan därigenom tillfogades någon förlust, nedprutades tullfriheten för Åbo till 651 daler s. m. Såsom norm vid tullnedsättningarnas fördelning, hvilken sedan blef gällande intill slutet af 1700:talet, betraktades hvar stads andel i 1686 års kontribution. På 1693 års riksdag klagade magistraten öfver att denna frihet till stor del neutraliserades genom den s. k. förhöjningen i tullen, men regeringen svarade, att någon ändring icke kunde ske, „alldenstund förhöjningen är en särskild rättighet, hvilken de såväl som andra böra utgöra och förminskar på intet sätt det dem tillagda kvantum uti tullfriheten" [2]).

Såsom förut (s. 229) omtalats, innehades förvaltningen öfver stadskällaren af magistraten, som räknade en god del af sitt salarium i den vinst rörelsen gaf och därför med Argusögon bevakade det dyrbara källareprivilegiet. År 1638 uppdrogs direktionen öfver källarerörelsen åt magistratens handelskollegium, hvarjämte en rådman utsågs att mottaga och utleverera dryckerna och en källarsven engagerades att mot bestämd lön förestå utskänkningen [3]). Detta sätt att sköta affären genom aflönad betjäning under magistratspersoners tillsyn torde väl tidigare varit det vanliga. Det synes

---

[1]) Verifikationsböckerna i statsarkivet.

[2]) Arnell, Stadslagen s. 206; Stiernman, Commerceförordn. IV: 465, 480; reskript t. statskontoret 23 okt. 1686 o. 26 mars 1687; k. resol. för Åbo magistrat 18 nov. 1693 § 7—8; stadens besvär 1685 (?) och 1693; rådst. prot. 25 juni 1681 o. 12 okt. 1685. — År 1680 innehades källarefriheter bl. a. af Viborg, Borgå, Kristinestad, Vasa, men t. ex. ej af Uleåborg, Jakobstad, Nykarleby. (Riksreg.).

[3]) Rådst. prot. 28 apr. 1638.

emellertid icke alltid förskaffat magistraten påräknad vinst, hvarför det uppgafs vid seklets midt och rörelsen utarrenderades åt någon enskild person eller ock åt en s. k. källaresocietet. År 1649 anfördes, att „alla saker på stadens källare några år bortåt icke så riktigt, som vederborde, hafva tillgått för det myckna utborgandet skull och mera slikt, att de inköpte drycker på visse och afskedade terminer årligen icke äro riktigt afbetalta, utan det ena året drages in opå det andra". För att göra en ända på dessa oriktigheter och på samma gång förse källaren med „goda och uppriktige drycker, som stadsens samt magistratens seder och tarf det fordrar och kräfver", uppdrogs åt borgmästaren Nicolaus Lietzen samt rådmännen Robert Rancken och Hans Plagman att mot ett årligt arrende af 2,700 daler k. m. i fyra års tid idka utskänkning i stadskällaren och dess annex packhuskällaren (nu första gången omnämd), därvid åtnjutande de förmåner, som genom kungl. resolutioner blifvit staden tillförsäkrade[1]). År 1672 innehades källarearrendet af köpmännen Albert Rosskamp, Jochim Wittfooth och Bartold Festingh. 1680 påträffas som arrendator Torsten Merthen. Efter Merthens afgång innehades stads- och packhuskällarena i flera år af Bartold Festingh, som betalade ett årligt arrende af 1,000 dal. s. m.

Intill år 1633 var stadskällaren den enda inrättning i sitt slag. Handelsordinantierna af 1614 och 1617 medgåfvo visserligen inrättandet af så många källare som behofvet kräfde, men dels torde behofvet icke kräft mera — då ju någon rörelse äfven måste ha förekommit hos stadens gästgifvare —, dels låg det i magistratens intresse att så länge som möjligt skydda sig för uppkomsten af konkurrens. Den andra källaren etablerades af den fordom rike, men genom svåra handelsförluster på fall bragte köpmannen Anders Merthen, som år 1633 erhöll regeringens tillstånd att mot behörig accis' erläggande i „en öppen källare och skänkhus" uttappa utländska och inhemska drycker. Efter Merthens död 1666 utsträktes rättigheten till hans enka och son Torsten, hvilken i utlandet lärt sig källarmästare- eller vintappareyrket och en tid äfven hade stadskällaren arrenderad. Privilegiet indrogs år 1697 af landshöfding Creutz, emedan Torsten Merthen icke mera mäktade ordentligt uppehålla rörelsen, och åtgärden godkändes af regeringen[2]). År 1644 ingick generalgillet i staden med anhällan om tillstånd att utskänka åt gillets medlemmar icke allenast inhemska ölsorter, utan äfven viner.

---

[1]) Åbo stads tolagsbok 1652.
[2]) Riksreg. 1633 f. 1169 v., 1667 pars 2 f. 861; landsh. Creutz t. konungen 5 juni 1685, Bure t. konungen 11 juli 1698.

I motiveringen anfördes. bl. a., att „man ser här uti staden vara en stor konsumtion och mycket uppgår årligen uti vin och sådana slags drycker för den myckenhet af folk, som esomoftast tillslås (!) både förmedelst munstringen, eljest ock sedan akademien här inrättad är, och ehuruväl borgmästare och råd hafve privilegium uppå en del sådana slags drycker uppå stadskällaren att tappa och skänka låta, så ser man dock, att det fast ringa förslår och icke hinner till väl halfva året öfver, medan källaren icke blifver därmed rätteligen försedd och fournerad, eftersom ock nu vid närvarande tid, uppå hvilken munstringen hafves för handen och en stor myckenhet af folk är tillsammans, snart ingen dryck finnes i hela staden; är ock till befruktandes, att stor mangel på landet framdeles skall finnas vid kyrkorna med deras mässevin". I trots af dessa skäl resolverade regeringen, att staden hade nog af sina tvänne vinkällare [1]). Inemot 40 år senare, år 1680, omtalas justitieborgmästaren Laurentius Brochii

Torsten Merthens namnteckning.

källare, som innehades i arrende af Bartold Festingh, men stängdes samma år eller något senare [2]). En ny vinkällare öppnades år 1682, då gästgifvaren Nils Stensson Kock belönades för regeringen och staden bevista tjänster med privilegium för sig, hustru och barn att såväl inom som utom hus utskänka främmande drycker så länge de uppehöllo gästgifveriet. År 1698 utsträktes förmånen till Kocks måg Johan Schultz, som bistod sin svärmor i gästgifvarerörelsen. En fjerde källare upprättades, jämlikt kongl. privilegium, år 1695 af Bartold Festinghs enka [3]). För magistraten var denna tillökning i konkurrensen föga välkommen och försök saknades ingalunda att på officiel väg få de besvärliga medtäflarene undanpetade. På en år 1682 inlämnad ansökan om de privata källarenas aflysande svarade regeringen, „att på det landet kan blifva accommoderad, är bäst och nyttigare, att där flera än en källare hafves". I anledning

---

[1]) Åbo stads acta; extract af samtl. städers postulater 1644 i sv. riksark.
[2]) Rådst. prot. 26 febr., 22 mars, 29 apr. 1680.
[3]) Landshöfd. Bure t. reg. 11 juli 1698; Åbo stads acta.

af klagomål öfver olagligheter utaf de privata vintapparene anbefalde regeringen bl. a. åren 1693 och 1698 grundliga undersökningar angående källarerättigheterna. Undersökningarna bragte vissa oegentligheter i dagen, och, såsom redan nämdes, stängdes Merthens källare, men i öfrigt utvärkade magistraten ingen minskning i konkurrensen [1]).

*　　*　　*

Om lifvet på källare och krogar innehålla domstolsförhandlingarna rätt många erinringar af föga uppbygglig art. Det dracks skarpt vid denna tid och som oftast kryddades nöjet på krogen af ett slagsmål inne i huset eller ute på gatan. I de flesta fall aflopp handgemänget utan vidare påföljder; i andra åter bragte det deltagarene i kontakt med såramåla- och dråpmålabalkarna. Här är emellertid icke rätta stället att omtala de bragder, som utfördes under mummans och vinets inflytelse. Då vi i en följande afdelning gå att bedöma sedetillståndet i staden, få vi åter anledning att styra våra steg till krogarna för att åskåda de bilder af folkets lif, som på dem upprullades. Nu må blott den anmärkning förutskickas, att myndigheterna sökte såväl med lämpor som med hotelser och straffdomar att upprätthålla ordningen och mildra det råa lefverne, hvarom rapporterna från källarena förtäljde. Enligt stadslagen skulle krogarna stängas, när det om aftonen ringde till vård (se sid. 236); under sjuttonde seklet anträffas flere gånger bestämmelser om krogarnas stängande kl. 9 på aftonen (samtidigt som i Stockholm). Aftonen före sön- och hälgdagar skulle nöjet afslutas kl. 7 och ingen utskänkning fick äga rum på söndagen före kl. 4 e. m. Åt studenter, som älskade att afsluta arbetsdagen vid stopet, var det förbjudet att uttappa starka drycker mot pant af kläder och böcker, hvilka sistnämda, såsom Consistorium academicum en gång förehöll studenterne, „skulle vara såsom res sacrae eller ock arma militum, de där skola hafvas i grann akt och icke så lätteligen sättas ut för öl i pant" [2]).

Af utländska drycker, som importerades till staden genom köpmännen eller källarenas innehafvare, voro tyska mjöd- och ölsorter samt spanska och franska vinsorter mest gouterade, År 1615 inför-

---

[1]) Resol 20 dec. 1682 § 2, 18 nov. 1693 (för borgm. o. råd.) § 7, 23 dec. 1697 (för b. o. r.) § 7, Bures ofvan anf. bref.

[2]) Arnell, Stadslagen s. 438—442, Lagerström, Stockholms ordinantier II: 71, Stiernman, Commerceförordn, IV: 998, Fontell, Consist. academ. protokoller I: 288, Åbo rådst. prot. 1 dec. 1675, 18 aug. 1700; Lor. Creutz t. reg. 13 febr. 1692.

des till staden 23 $\frac{1}{2}$ åm brännvin, 16 tunnor mjöd, 2 $\frac{1}{2}$ fat mumma, 87 $\frac{1}{2}$ oxh. och 116 åmar vin [1]). År 1637 upptogs importen till 20 pipor, $\frac{1}{4}$ åm spanskt vin, 1 $\frac{3}{4}$ åm, 145 oxh., 29 pipor, 20 kannor franskt vin, 2 $\frac{1}{2}$ åm, 9 $\frac{1}{4}$ oxh. brännvin, 28 $\frac{1}{2}$ läster rostocker, 22 $\frac{1}{6}$ l. lybskt, och 6 t:r revalskt öl, 36 t:r mjöd, 8 åttingar pryssing, 4 fat Brunsvigsmumma, 10 $\frac{1}{2}$ oxh., 12 kan. vinättika samt 5 t:r ölättika [2]). Under året 1640 infördes från Danzig: 4 $\frac{1}{2}$ pipa spanskt vin, 2 $\frac{1}{2}$ åm malvasir, 3 $\frac{1}{8}$ åm, $\frac{1}{2}$ t:a brännvin, 11 t:r mjöd, 1 $\frac{1}{8}$ åm pryssing; från Lybeck: 7 läst., 135 fat lybskt öl, 10 l. 71 t:r rostockeröl, 4 $\frac{1}{2}$ pipa, 8 oxh., 1 åm franskt vin, 1 $\frac{1}{2}$ pipa, 1 oxh. spanskt vin, 3 $\frac{1}{2}$ pipa mumma, 2 fat 6 t:r lybskt mjöd, 1 åm vinättika, 4 t:r ölättika; från Holland: 18 pip., 20 oxh., franskt vin, 5 pip. 6 åm. spanskt vin, 10 oxh. rödt samt 4 oxh. hvitt vin, 4 oxh. vinättika; från Stockholm: 6 t:r rostocker och 3 läster svenskt öl [3]). I denna vin- och ölström, som till största delen utgöt sig vidare öfver landet, upptogos antagligen icke de förråder, dem adelsmän själfva importerade för eget behof och hvilka enligt de adliga privilegierna gingo tullfria.

Mest konsumerades inhemskt öl, som brygdes i hemmen eller afhämtades från krogarna, mindre åter inhemskt brännvin. Tillvärkningens belopp skulle kontrolleras genom husbehofs- och saluaccisen, men öfversteg nog de i accislängderna upptagna summorna, då, såsom redan påpekats, underslef vid accisens utgörande ständigt förekommo. Under förra hälften af år 1641 erlade, enligt accislängderna, bryggarene accis för 1160 tunnor öl, krögarene för 900 tunnor, som de köpt af bryggarene [4]). Bryggareaccisen under samma tid steg till 290 daler, krögareaccisen till 225 daler. År 1639 uppgick enligt samma källa hela tillvärkningen i staden till c. 2,800 tunnor, däraf en obetydlig del brännvin. Under tio månader af år 1670 inbragte bryggeriet till salu 313 dal., bryggeriet till husbehof 498 dal. och bränneriet till salu 52 dal. s. m. [5]).

* * *

Samma grundsatser, som besjälade lagstiftningen angående bryggeriet och krögeriet, genomgingo äfven förordningarna om det s. k. köttmångleriet.

---

[1]) Dillner, Tabeller öfver Finlands handel.
[2]) Oxenstiernska saml. i sv. riksark.
[3]) Lindholm s. 137.
[4]) Statsarkivet.
[5]) Finska handl., vol. Tullväsendet, i svenska riksarkivet.

Detta reglerades tidigast genom slaktare- och köttmånglareordningarna af år 1622, hvilkas innehåll i hufvudsak upprepades i enahanda allmänna reglementen af 1672 och 1681 samt i särskilda accisförordningar. All slakt skulle enligt dessa förrättas i offentligt slakthus af edsvurne slaktare, hvilka förordnades af magistraten och konungsmannen. Till en början var det endast adelsmän tillåtet att anställa slakt hemma, men år 1672 frigafs husslakten för hela borgerskapet mot vilkor, att den förrättades af stadens rätte slaktare. Det offentliga slakthuset skulle vara deladt i tvänne afdelningar, den ena afsedd för slakten, den andra, den s. k. köttskrångeln inrymmande köttmånglarenes bodar. Ville någon — köttmånglare eller annan borgare — anställa slakt, skulle han anmäla saken hos uppsynesmännen, och utan att sedel af desse uppvisades fick ingen slaktare skrida till sitt värk. Rörande arbetets utförande funnos särskilda förhållningsregler och arvodet för exekutionen bestämdes efter en öfverhetligen faststäld taxa. Från slaktafdelningen kom köttet till köttskrångeln. Här granskades och vägdes dot af kronobetjäningen samt öfverantvardades åt köttmånglarene, hvilka utsågos af stadsmyndigheterna efter behof. Priset på sina artiklar fingo de icke själfva bestämma, utan skulle de, på samma sätt som krögarene, hålla sig till en köttmånglareordningon åtföljande taxa, som senare månatligen reglerades af magistraten. För alt som slaktades erlades accis, från år 1655 t. o. m. fördubblad accis. Köttmånglarene betalade saluaccis efter köttets försäljning; andra borgare erlade en något lägre husbehofsaccis, till en början på slakthuset efter förrättad exekution, från år 1656 vid stadsporten efter kreaturens uppköpande [1]).

Så föreskrefvo författningarna. Men lika litet som bryggarerörelsen kunde strängt åtskiljas från krögeriet, lika litet lyckades det myndigheterna i Åbo att i längden upprätthålla tudelningen i afseende å köttmångleriet. Ännu år 1629, således sju år efter köttmånglareordningens framträdande, klagades öfver „att här i staden är ingen köttmånglare eller slaktare, utan några finska borgare hafva sig därmed behulpit". Två år senare talades om tillsättandet af tvänne slaktare för hvart kvarter, „dem man kunde tilltala om färskt och hvad i så måtto behöfves", och år 1632 utfärdades värkligen några köttmånglarefullmakter af gubernatoren [2]). Senare omnämnas ofta dylika förordnanden af magistraten jämte förbud för andra än

---

[1]) Stiernman, Commerceförordn. I: 853—862; II: 307—308, 789—793, 858—859, 862—866; III: 908—911, 1038—1043, IV: 346—352, 433—436; Riksdagsbeslut II: 1014—1015.

[2]) Bidr. t. Åbo hist. första ser. IV: 51, 105, 163.

de med fullmakt försedde att befatta sig med rörelsen. Någon åtskilnad gjordes dock i allmänhet icke mellan slaktare- och köttmånglare yrkena, utan voro de i regeln förenade hos samma person. Som åldermän för yrket omtalas Lasse Stijk 1653, Markus Mårtensson Rakkila 1662—72, Jöran Thomasson Leipälä 1681—1701, Michel Oittinen 1701 —. Antalet slaktare uppgifves 1688 till 6, 1696 till 7. Synbarligen var behofvet härmed tillgodosedt, ty då en lifländare år 1690 anhöll att få slå sig ned såsom köttmånglare, förvägrades detta på grund af det förfång han därigenom komme att tillfoga slaktareämbetet [1]).

Det i författningarna påbjudna slakthuset synes ha bifvit färdigt år 1640, hvarpå slaktarene förbjödos att slakta hemma. Åt öfriga borgare medgafs dock, tvärt emot förordningen, rätt att anställa slakt i sina gårdar blott den värkstäldes af rätta slaktare och accisen erlades i behörig ordning [2]). Synbarligen försiggick försäljning af kött, utom i skilda slaktarebutiker, jämväl i det allmänna slakthuset. Före 1681 års stora brand fans såsom bekant en köttmånglareboda på stadsbron och beslut om dess återuppförande fattades tio år senare [3]).

Behofvet af slaktboskap tillgodosågs i främsta rummet genom tillförseln från landet. Utom att bonden förde sin afvel till staden rörde sig slaktare och andra uppköpare bland borgerskapet flitigt på landsbygden inom och utom länet. Men dessutom uppföddes ett icke ringa antal husdjur inne i staden. Redan förut har det varit tal om den möda magistraten hade att få svin och getter förpassade från gatorna och under den heta årstiden från hela staden. Om getternas mängd föreligga inga uppgifter, men de idkeliga påbuden om deras vård röja tydligt nog, att antalet var skäligen stort. Däremot meddela räkenskaperna öfver de s. k. boskapspengarna rikliga notiser om ko- och svinstocken. Ehuru dessa uppgifter icke kunna anses som fullt exakta, emedan vid skattskrifningen nog många underslef torde begåtts, gifva de dock tydlig föreställning om det i många hänseenden landtliga lif, som rådde i landets hufvudstad. År 1632 upptages antalet kor till 397, antalet svin till 404, 1660: kor 272, svin 259; 1670: kor 226, svin 109; 1687: kor 394, svin 107; 1695: kor 342, svin 121; 1697: kor 379, svin 37 o. s. v. [4]).

---

[1]) Rådst. prot. 4 juni 1690.

[2]) Rådst. prot. 14 dec. 1640, 20 febr., 3 apr., 13 okt. 1641. Under pestårct 1657 tilläts slakt inom staden endast i Katinhäntä och Multavieru.

[3]) Rådst. prot. 12 dec. 1691.

[4]) Verif. böckerna. Antalet hästar upptages 1632 till 112, 1660 till 50, 1670 till 31, 1687 till 92, 1695 till 73, 1697 till 92.

I trots af denna tillgång på slaktboskap förspordes dock ofta klagan öfver brist på kött. Magistraten förmanade tidt och ofta slaktarene att med nit vinnlägga sig om uppfyllandet af sitt kall samt vidtog särskilda mått och steg till hämmande af den export af boskap och kött, som slaktare och andra borgare bedrefvo på Stockholm. Än förbjödos slaktarena att försälja kött i mindre partier åt uppköpare från Stockholm, än tillhöllos de att först fylla stadens behof, innan de sände laster utom landet. Borgare, som uppköpte kreatur på landsbygden i och för transport till Stockholm, ålades att först utbjuda djuren i staden. Någon gång hände det att export af slaktboskap till Stockholm blef dem h. o. h. förbjuden. De borgare, som hade mera boskap än de behöfde till husbehof, tillsades att föra öfverskottet till torget. År 1685 utfärdades t. o. m. formligt förbud för borgerskapet att med förbigående af stadens slaktare utföra slaktboskap[1]).

* * *

För den skråmässiga organisation, som utmärkte köttmångleriet, voro de månglare och månglerskor förskonade, hvilka lifnärde sig med uppköp och försäljning af landtmannaprodukter. Deras rörelse hade under föregående sekel upprepade gånger blifvit förbjuden, emedan den ansågs bidraga till matvarornas fördyrande, men då förbuden intet båtade, sökte myndigheterna att reglera rörelsen genom särskilda förordningar, af hvilka den första för hela riket gällande utkom år 1623. Enligt den anordning, som då vidtogs, skulle alla de hvilka månglade med fisk, fågel, smör, ost, ärter, gryn, fläsk. ljus, tvål o. s. v. icke allenast bedrifva sin rörelse, utan äfven göra sina partiuppköp af landtmannen i en gemensam saluhall; de åter hvilka försålde „frukt, rötter, käl och gröna krydder" skulle ha sina bestämda platser på torget. Alla skulle de för sin rörelse utvärka stadsmyndigheternas tillstånd och förordnande samt till kronans uppsyningsmän erlägga accis för hvad de försålde. Månglarena af den första kategorin skulle dessutom i sin försäljning rätta sig efter dem meddelad taxa[2]). Så reglementsenligt blef dock mångleriet aldrig ordnadt, näppeligen ens i Stockholm. Redan i 1635 års märkliga köphandelsordinantie, om hvars tillämpande i Åbo det

---

[1]) Rådst. prot. 17 sept., 13 okt. 1638, 19 okt 1642, 28 aug. 1643, 5 sept. 1646, 24 apr. 1647, 5 juli, 4 sept. 1648, 4 juni 1675, 30 mars 1685, 13 sept. 1699.

[2]) Stiernman, Commerceförordn. I: 874—886. Enligt de medföljande taxorna skulle accis erläggas efter mängden af försålda varor. Senare taxor, såsom af 1672, 1681, 1687 m. fl. år, fastställde en bestämd veckoaccis för mänglerskorna.

redan varit tal, förbigås försäljningen i saluhallen; månglarene och månglerskorna förbjudas allenast att göra sina uppköp af bönderne före kl. 9 f. m. för att icke göra förfång åt andra stadsboar samt att utbjuda sina varor annorstädes än på torget eller andra tillförordnade platser. Någon gemensam saluhall kom aldrig till stånd i Åbo, utan bedrefs mångleriet dels på torget dels i gatubodar. Förutom lifsförnödenheter tillhandahöllo månglerskorna särskilda småsaker, såsom nålar, tråd, tvål o. s. v. äfvensom tobak och, merendels i hemlighet, öl och brännvin. Af kramhandlandene antastades de ofta för handel med förbjudna artiklar; hos andra väkte de ovilja genom sina förköp med landtmannen och af kronans uppsyningsmän ertappades de ofta med oloftiga handelsresor på landsbygden [1]).

En gren af mångleriet, som ofta kräfde myndigheternas ingripande, var fiskhandeln. Enligt privilegier, som utfärdats år 1590 af konung Johan och konfirmerades af efterföljande regenter, hade borgerskapet uteslutande rätt att i skärgården inom sex mils afstånd från staden upphandla och insalta fisk, hvarjämte år 1649 rättighet medgafs att fiska i kronans fiskevatten [2]). Då borgaren begaf sig ut på våren, plägade han förse sig med salt och mjöl för insaltningen, men dessutom medförde han nämda och andra varor i och för likvidering af den från allmogen uppköpta fisken. Vid handelsparteringens genomförande år 1638 tillsattes 4 fiskare för hvart kvarter; 1651 nämnes 13 fiskare under en alderman. I främsta rummet tillkom det fiskarene att sörja för behofvet af salt fisk, men dessutom aläg det dem att komplettera allmogens tillförsel af färsk fisk. Mycket ofta klagades öfver att fiskarene illa fullgjorde sin plikt, hvarför myndigheterna sökte sporra de försumlige genom att hota dem med insättning i knektehopen [3]). En annan anledning till klago-

---

[1]) År 1683 utfärdades ett kongl. plakat emot månglerskorna i riket, hvilka „foro gårdfari från bonde till bonde, uppköpande hvarjehanda viktualie persedlar, dem de sedan uti städerna i dyraste måtton försälja, hvarigenom icke allenast landsköp drifves och tullen ofta försnillas, utan ock stor konfusion uti handeln och stegring på varan förorsakas, sedan mångelskan och andra slike pränglare få den i sin hand, hvilken eljest, enär bonden kommer därmed till torgs, kan utur första handen fast lättare af borgaren upphandlas, då bonden salt eller andra persedlar behöfver att föra med sig tillbaka igen". Stiernman IV: 522.

[2]) Resol. f. Åbo 27 maj 1590 p. 3, 8 febr. 1616 § 5, 29 mars 1647 § 6, 1649 (utan dagteckning.)

[3]) Vid seklets slut synes meningen varit, att hökarene skulle försälja salt fisk i minut, landtmannen i parti. År 1691 anhöll nämligen en uleåborgare att få sälja sin medhafda lax och sik lispundtals, eftersom i staden ingen hökare fans, till hvilken han kunde sälja hel- och halftunnetals. Efter att ha besport borgerskapet biföll magistra-

målen öfver bristande tillgång på fisk låg däri, att borgare från
Sverige, specielt från Stockholm, Uppsala och Sigtuna, hvilka ägde
privilegium att uppköpa fisk i finska skärgården utanför Åbo stads
rayon, icke kunde afhålla sig från konkurrens på det förbjudna om-
rådet. Kunskapare utsändes från Åbo att efterspana de olofliga
gästerna, af hvilka ock mången fick med varans förlust sota för
sin närgångenhet. Privilegiebrotten upphörde dock icke och genom
resolutioner af 1684 och 1700 medgafs slutligen åt fiskköpareämbetet i
Stockholm full frihet att bedrifva sitt geschäft i finska skärgården [1]).

*   *   *

För konsekvensens skull böra vi ännu med några ord omnämna
„bakeriet."

I Stockholm och äfven i några andra städer i riket var bagare-
yrket underkastadt en skråmässig organisation. Gillesordningen af
år 1659 för bagareämbetet i Stockholm stipulerade i hufvudsak samma
kompetensvilkor för yrkets utöfning, som vi i nästa afdelning skola
finna, att gälde handtvärksämbetena i allmänhet [2]). I Åbo omtalas
några gånger bagaremästare och bagaregesäller, men äfven andra
personer, mänglerskor m. fl., idkade brödförsäljning. Enligt den första
allmänna bakareordningen, som utgafs år 1622, voro stadsmyndig-
heterna förpliktade att tillsätta ett behöfligt antal bakare, hvilka i
skilda bakarebodar skulle tillhandahålla allmänheten sina tillvärk-
ningar, och förutom desse skulle ingen få baka bröd till salu. Man
finner ock, att magistraten i Åbo vid särskilda tillfällen förordnat
vissa bakare, hvilka ådagalagt prof på sin förfarenhet, och att hon
därvid förbjudit alla andra, isynnerhet mänglerskor, att konkurrera
med desse. År 1632 omnämnas såsom utöfvare af yrket en bagare-

---

ten till ansökningen med vilkor att supplikanten höll sig vid försäljningen lispundtals
till ett af magistraten fastställdt pris; vid försäljning tunnetals skulle taxan frigifvas.
År 1698 biföllo borgmästare och råd, trots stadsfiskalens protester, till borgerskapets
anhållan, att landtmännen måtte tillåtas att sälja salt fisk marketals „emedan inga
vissa hökare, hvilkas rätt detta vore, finnas att tillgå. Rådst prot.

[1]) Stiernman, Commerceförordn. I: 207—208, V: 798—799; Cronholm, Sveriges
hist. IV: 93; Bidr. t. Åbo hist. första ser. II: 23, 44, 123—125, VI: 49; rådst prot.
7 mars 1639, 14 maj 1645, 26 apr. 1648, 23 jan. 1650, 11 juli 1670 m. fl. dagar.
År 1643 anhöll grefve Per Brahe, att magistraten måtte tillåta en hans gårdsfogde
att följande vår inom Åbo stads fiskgebit upphandla och insalta 50 á 60 t:r ström-
ming för det grefliga hushållets behof. Grefven lofvade att till gengäld vara sta-
den „med all god vänskap bevägne i hvad måtto vi kunna". Tigerstedt, Bref från
generalguvernörer och landshöfdingar i Finland s. 101.

[2]) J. A. Flintberg, Borgerliga förmoner och skyldigheter, första delen s. 29 följ.

mästare och en bagareenka; år 1683 en mästare och tvänne enkor,
af hvilka åtm. den ena var enka efter en bagare, ehuru numera om-
gift med en färgare; år 1697 utsågos tvänne personer till bakare och
en hofslagares ansökan om rätt att blifva bagare afslogs emedan
behofvet redan var tillgodosedt. Men dessa förordnanden kunde icke
förmå de personer, som vant sig att hålla bröd till salu, att afstå från
sin utkomst. Magistraten var tvungen att se genom fingrarna med
dessa extra ordinarie bakare, blott de uppfylde bestämmelserna rörande
brödets beskaffenhet och vikt samt erlade lagliga utskylder. Någon
gång, såsom år 1649, då den fattigare befolkningen anförde bittra kla-
gomål öfver brödbrist och öfver bakarenes höga priser, funno sig borg-
mästare och råd föranlåtna att officielt frigifva brödförsäljningen [1]).

Enligt 1622 års redan nämda bakareordning, som utkom i ny
upplaga bl. a. 1672 och 1681, skulle bakarene såväl i afseende å
brödets pris som dess vikt rätta sig efter af magistraten månatligen
utfärdad taxa. Flärd i tillvärkningen fick icke förekomma vid hot af
böter och brödets förlust. I näringsskatt skulle erläggas accis, hvars
storlek, enligt 1622 års ordning, berodde på ugnens storlek; för en
ugn, hvari kunde bakas en tunna hvetemjöl och en tunna rågmjöl om
dagen, skulle erläggas 4 öre för hvarje söknedag. I de senare bakare-
ordningarna bibehölls denna beräkningsgrund för bakareämbetet i
Stockholm, men i öfriga städer skulle bakarene taxeras efter förmögen-
heten till en bestämd årsafgift, varierande mellan 6 och 16 daler s. m. [2])

Liksom alla accisreglementen beredde förordningarna angående
bakeriet magistraten och accisbetjänterne många bekymmer. Isyn-
nerhet var det svårt att hålla brödet vid bestämd vikt och kvalitet
och i afseende å prisen yppades ofta stora oegentligheter.

År 1613 erhöll en Petter Andersson kungligt försvarelsebref för
idkande af pastejbagarerörelse i Åbo och dess omnäjd och år 1640
anträffas i staden en sockerbagare [3]).

---

[1]) Rådst. prot. 25 juni 1632, 14 mars 1640, 20 aug. 1649, 20 juli 1650, 3 mars
1677, 3 dec. 1683, 15 maj 1686, 17 nov. 1677 m. fl. d.; Vaaranens saml. ang. städerna
i statsarkivet. År 1667 tillätos bakarene att uppslå en försäljningsbod på bron. (Prot.
30 jan.) År 1641 vände sig en borgare Sigfrid Bengtsson, som af magistraten ut-
nämts till bakare, till Per Brahe med klagomål öfver att han undanträngdes från
sin handtering genom de tyska bagarenes stämplingar. Brahe afgaf ett rekommen-
dationsbref till landshöfdingen. Tigerstedt, Bref från generalguvernörer. s. 66.

[2]) Stiernman, Commerceförordn. I: 862—865, III: 907—908, IV: 431—432, V: 554.

[3]) Vaaranen, Saml. af urk. IV: 137; rådst. prot. 20 okt. 1640.

VI.

Torghandel.

I den topografiska afdelningen har redan nämts, hurusom torg-
handeln till en början var koncentrerad till Stortorget, men
hurusom genom förordningar af 1672 och 1675 handeln med
skogsprodukter förlades dels till Hästtorget, dels till Nytor-
get, hvarjämte den öppna platsen framför gamla hofrättshuset på
Aningaissidan, i enlighet med landshöfding Ernst Johan Creutz' för-
ordnande af år 1666, var bestämd till fiskaretorg. Den slutsats får
emellertid icke dragas af denna anordning, att handeln med landt-
mannaprodukter värkligen skulle varit inskränkt till de anvisade
platserna. Vederbörande myndigheters visa åtgöranden kommo i
denna punkt, såsom i så många andra, i kollision med gamla sed-
vänjor eller „inritade ovanor“, såsom de officielt benämdes.

Från äldre tider var bonden, som med sitt lass körde in till
staden, van att taga in hos en bekant borgare, till hvilken han af-
yttrade sina produkter mot reda penningar eller i utbyte mot köp-
mansvaror. Mellan mången borgare och bonde uppstod på detta
sätt en affärsvänskap, som kunde fortvara lifvet igenom. Bonden
vann härigenom fördelen af att äga en person, hos hvilken han städse
kunde påräkna härbärge och afsättning för sitt gods; borgaren ägde
likaså i sina gäster en stamtrupp af kunder och han gjorde sig dessu-
tom en förtjänst af att föryttra de af bönderna levererade va-
rorna i staden eller af att utskeppa dem till främmande orter. Ofta
nog knötos banden närmare genom att borgaren utgifvit varor på
kredit eller utlånat penningar och sålunda gjort sig till bondens
fordringsägare. Bonden ägde dämera icke frihet att utbjuda sina
produkter åt hvem han ville, utan råkade i desto större beroende
af sin kreditor, ju mera han anlitat dennes bistånd för kronoumgäl-
ders och andra utgifters betäckande. Förelåg ingen force majeure,

sökte borgaren att genom riklig traktering draga till sig så många
bönder affären kräfde. De bönder, som engång vunnits af en bor-
gare, bevakades af denne med ängslig misstänksamhet och någon
gång anmäldes till laga beifran försök att tubba till sig en annans
bonde [1]).

Detta bruk, hvars anor det är omöjligt att följa tillbaka i ti-
den, förekom allmänt i Finlands städer. Det kallades majmiseri
eller bondetraktering och bönderna titulerades borgarens majamesar.
För handtvärkare, ståndspersoner och andra, hvilka icke hade sin
fördel af denna plägsed, var den en ständig källa till förargelse, ty
den försvårade betydligt anskaffandet af lifsförnödenheter. Svårig-
heterna för den som ville göra sina uppköp på torget ökades yt-
terligare genom den ovana mången stadsbo, isynnerhet månglare,
tagit sig, att tidigt på morgonen begifva sig ut till stadsporten eller
ett stycke ut på landsvägen för att med de till staden kommande
bönderne ackordera om deras varor. Torget kom sålunda att stå
tomt och de borgare, som sålde de af bönderna uppköpta produk-
terna, togo hög provision. Besvär öfver dessa missförhållanden an-
fördes hos magistraten och, då dessa icke hjälpte, hos höga öfver-
heten och dess befallningshafvande, hvilka slutligen äfven inskredo
till de öfverklagade sedvänjornas stäfjande.

I den år 1622 utfärdade förordningen om lilla tullen, till hvil-
ken vi snart skola återkomma, förutsättes ännu icke, att landtman-
nen skulle vara pliktig att afyttra sina varor på torget. Försäljnin-
gen synes lika väl kunnat ske äfven annorstädes, på gatan eller i
husen. Men i början af 1624 utfärdades af ståthållaren och magistra-
ten i Åbo ett påbud, „att ingen borgare eller stadens invånare skall
efter denna dag fördrista sig till att löpa utom staketet eller stads-
portarna emot bönderna eller ock inom på än eller annorstädes dem
till sig slita och den ena ifrån den andra dem draga och locka, utan
när bonden inkommer, sedan han hafver förtullat, skall han genast
köra in på torget, där en så väl som annor med honom handla
och köpslaga kan" [2]). Tillsägelsen förnyades följande år med tillägg,
att försäljning ur båtarna kunde ske vid stadsbron, men sedan sy-
nes påbudet, som dock hotade de felande med 40 ɱ böter, för en
tid råkat i glömska. Det tillgick som förr, att bönderne körde sina
förnödenheter „uti vinklar hit och dit i gårdarna, så att den då först

---

[1]) Viborgs rådst. prot. 9 okt. 1623. Se för öfrigt min uppsats „Hvad förstods
med majmiseriet?" i Histor. Arkisto XII.

[2]) Bidr. t. Åbo hist. första ser. III: 22.

kan blifva varset, han kan något bekomma, men en annan. som ej så snart kommer, måste se uppå och vara utan" [1]).

Ett nytt försök till ordnandet af handeln med landtmannaprodukter gjordes under Brahes styrelsetid och denna gång med större kraft och flit. I januari 1638 publicerades på rådstugan ett från grefven inkommet mandat, som bjöd, att ingen borgare hädanefter skulle intaga i sin gård en bonde, som stod i skuld till honom, innan bonden stått i tre timmar på torget, och äfven i detta fall skulle köpet uppgöras på torget. Senare på året uppdrogs åt en torgfogde samt åt andra öfver handeln tillsatta uppsyningsmän att vaka öfver ordningens riktiga iakttagande, hvarjämte ett femtiotal „gemene värdar" utnämdes för landtmännens härbärgerande [1]). Tio år därefter utfärdade Brahe för samtliga landshöfdingar i Finland en instruktion, hvari landshöfdingarne lades på hjärtat att stäfja majmiseriet, hvilket „är en sjuka, som går här i alla städer öfver hufvudet, så att ingen bonde är fritt att handla med hvem han vill eller föra till torgs, utan med en viss man, den han igenom ränker och gammal skäl är till förbunden, af hvilka bägge orsaker förtages, att icke något kommer till torgs, utan borgaren brukar i så måtto bondenäring och bonden tvärt emot det borgaren tillkommer". Härefter skulle alla landtmannaprodukter utbjudas på torget och icke i husen, hvarjämte borgaren förbjöds att härbärgera bonden, hvilken, om han kvarstannade i staden, skulle taga in i för hans räkning utsedda „gästhus, krögare och härbärgen" [3]). Uti särskildt patent, dateradt den 8 januari 1649 och publiceradt på rådstugan i Åbo en vecka senare, vände sig grefven i samma ämne till vederbörande magistrater och borgerskap. Vid hot af varans förlust för bonden och 40 🔒 böter för borgaren förbjöds såväl majmiseriet som förköpen med bonden vid och utanför stadsportarna. Bonden skulle stå på torget tils hans lass blifvit utsåldt; kom han sent till staden eller var han eljest tvungen att kvarstanna öfver natten, skulle han taga in på krogarna. Därjämte förbjöds att „schackra och byta varor mot varor; utan så borgare som bonde sälje och köpe för kontant". Undantag från ordningen medgafs endast „dem af adel eller andra", hvilka sålt gods läste- eller skeppundtals och hvilka det stod fritt att genast föra varan i borgarehusen [4]).

---

[1]) Bidr. t. Åbo hist. första ser. II: 105.
[2]) Rådst. prot 13 jan., 13 okt. 1638, 14 dec. 1640.
[3]) Styffe, Instr. f. landtreg. s. 242—243.
[4]) Rådst. prot. för Åbo 15 jan. 1649, för Raumo 15 febr. 1649; Aspeliu, Wasa stads hist. s. 161.

I reskript af den 10 december 1650 till borgmästare och råd i Åbo — samt elfva andra finska städer — godkände regeringen Brahes förordningar och påbjöd dem till allmän efterrättelse [1]). Magistraten i Åbo, nu och då framdrifven af landshöfdingen, gjorde hvad på densamma ankom, inpräntade de nådiga patenten i borgarenes af kronisk svaghet lidande minne och drog gång på gång lagöfverträdare inför sitt skrank. Så stodo år 1650 på en gång ett trettiotal personer, bland dem tvänne medlemmar af rätten, tilltalade för att ha „intagit" bönder, som alls icke eller endast en kort stund besökt torget. Om en bland de anklagade, en förmögen köpman, vittnades det, att han plägade intaga bönder hvar dag. Men i trots af alla påbud, ransakningar och straff fortlefde de förbudna plägsederna, om ock i alt mera reducerad skala, lika länge som de mot dem riktade förordningarna [2]).

Till torgdag bestämde Gustaf II Adolf i resolution, utfärdad på landtdagen i Helsingfors 1616, lördagen och ålade tillika bönderna i de kringliggande socknarna att icke besöka någon annan oloflig handelsplats, utan föra sina varor till Åbo, hvaremot borgarene åter förpliktades att förse sig med sådana köpmansvaror, som bönderna hade behof af. Redan samma år klagade borgerskapet öfver den ringa effekt påbudet hade, hvarför regeringen i ett „förmaningspatent" hotade de tredskande bönderne med lagens hela stränghet, om de fortsatte med sina „olofliga handelsmedel" och underläto att föra sina varor till stadens torg [3]). Äfven senare klagagades öfver den otillräckliga tillförseln och öfver bönders och förläningsinnehafvares vana att i Stockholm söka afsättning för sina produkter. Men i regeln gälde, såsom naturligt var, de västfinska landtmännens färder Åbo och, såsom ännu bevarade längder öfver tillförseln af landtmannaprodukter åren 1639—41 intyga, passerades stadens tullportar dagligen af rader af allmogelass.

Marknader höllos trenne gånger om året: på vintern, sommaren och hösten. Vinter- och sommarmarknaderna, bägge kallade Henriksmässomarknader, ledde sina anor från medeltiden och begynte den förra den 19 januari, den senare den 18 juni. De varade ursprungligen 2 à 3 dagar, men förlängdes med lika lång tid genom kongl. resol. af år 1650, som medgaf för samtliga finska städer mark-

---

[1]) Histor. Ark. XII: 445—446.
[2]) Rådst. prot. 16—17 juni 1650, 29 juni 1651 o. 1661, 4 jan. 1675, 9 o. 14 dec. 1685 m. fl. dagar; Histor. Ark. XII: 121 följ.
[3]) Vaaranen, Saml. af urk. V: 161—162. Samma år bestämdes lördagen till torgdag för Raumo o. Viborg. Vaaranen V: 84—85.

nadsterminens utsträckning till en vecka [1]). Höstmarknaden tillkom genom resolution af år 1636. I likhet med den på samma gång påbjudna höstmarknaden i Stockholm skulle den pågå i trenne veckor, utblåsas den 8 och afblåsas den 28 september. Under denna s. k. frimarknad skulle det vara „fritt och efterlåtit icke allena våra undersåtar och städernas boer, så ock vårt rikes inbyggare af hvad stånd och värde de äro, utan ock alla främmande nationer att fritt och obehindradt marknaden besöka, där slå upp deras bodar, sälja deras gods utur bodar, skepp, skutor och båtar, sälja och köpa i aln, lod och kvintin utan åtskilnad, det vare sig hvarjehanda varu det vara kan, köpa, sälja och byta med hvarandra alt intill föresagd dag ute är och marknaden blifver efter sedvanan aflyst" [2]). När mot hösten 1637 tiden nalkades att frimarknaden första gången skulle hållas, utfärdades, för undvikande af „all oordning, confusion och befarande besvär", närmare föreskrifter för de besökande, föreskrifter som i viss mån förändrade bestämmelserna i marknadens stiftelseurkund. Alla inrikes boende, som gästade marknaden, ägde rätt att ur skutor och stånd genom köp eller byte afyttra sina medförda inhemska varor åt hvarandra eller åt stadens borgare, men icke åt utländingar. De utländska gästerna hade rätt att ur skeppen eller stånden afyttra sina varor i lod, kvintin, aln och tunnor åt hvem de ville, inhemske män såväl som utländske, men de måste sälja mot reda penningar eller på kredit och fingo icke bedrifva byteshandel. Ville de uppköpa landsens produkter, fingo de handla allenast med stadens borgare, men icke med andra marknadsbesökande. Åbo borgares privilegium inskränkte sig sålunda till förmedling af inhemska produkters försäljning åt utländingar [3]).

* * *

Inpå sjuttonde seklets tredje decennium var införseln af landtmannavaror till städerna fri för besiktning och skatt [4]). Friheten

[1]) Res. f. Åbo 8 nov. 1650 § 4.

[2]) Stiernman, Commerceförordn. II: 68—69.

[3]) „ „ II: 106—109.

[4]) År 1590 ingick Åbo borgerskap till konung Johan med klagomål öfver de trakasserier, som vederforos bönderna vid den öfver ån för stora tullens uppbörd slagna bommen. Konungen resolverade, att „Åbo borgarene och bönderne, som tillförning göra till staden, måge med sina farkoster och fiskebåtar obehindradt komma igenom när dem synes, dock så att därmed måtte hafvas noga och flitigt inseende, att under det sken icke blifver ut- och infördt en hop oskrifvet och oförtulladt köpmansgods och således bortstjäla vår tull."

upphörde med 1622 års märkliga förordning om den s. k. lilla tullen. Med riksens ständers bifall och samtycke dekreterade regeringen, såsom läsaren redan har sig bekant från den topografiska afdelningen, att samtliga städer skulle förses med omhägnader, nog höga och fasta att icke kunna öfverskridas, samt att all trafik till och från staden skulle gå genom de i omhägnaden anbragta portarna. Vid portarna, som borde hållas stängda nattetid och öppnas om sommaren kl. 4 samt om vintern kl. 6 på morgonen, skulle en afgift till kronan uppbäras för „alla ätelige, slitelige och förnötelige varor, som föres till torgs och marknad", således icke allenast för lifsförnödenheter, utan jämväl för köpmansvaror och handtvärksalster, vare sig att de sedan blefvo försålda eller icke. För den ändan skulle vid hvarje port uppföras en tullstuga och i stugan stationeras en vaktmästare med skrifvare, mätare och vägare, hvilka ägde att undersöka de inkommande lassen och uppbära tull efter fastställd taxa. Kunde varorna icke i hast mätas och vägas på tullstugan, såsom fallet ofta måste blifva vid de för sjöledes inkommande varor inrättade bommarna, skulle varans belopp uppgifvas af importören och tull erläggas därefter, men uppgiften sedan kontrolleras på våghuset. Forslades ett lass transito genom staden, behöfde ingen tull erläggas, men genomresan skulle ske under bevakning. Adelsman ägde privilegium att utan „inkvisition och ransakning" införa så mycket lifsförnödenheter, som skäligen erfordrades under hans och hans följes vistelse i staden under „en rund tid". Tullafsatserna beräknades i den förordningen åtföljande taxan till $^1/_{32}$ del eller c. 3 % af varans värde. Så erlades — för att anföra några exempel — för en tunna råg 2 öre, en t:a korn 1 $^1/_2$ öre, en t:a hafre 1 öre, en t:a ärter 3, en t:a äpplen 2, en t:a salt kött och salt fisk 4, en gödd oxe 12, en ko 4, ett får 1, ett tjog ägg $^1/_8$, en hare $^1/_2$, en oxhud 2, ett lisp. färskt kött $^3/_4$, ett lisp. smör 1 $^1/_2$, ett vinterlass hö 1 $^1/_2$, en tolft bräden 1—3, en timmerstock $^1/_4$, en vanlig släde 1, ett par skor $^1/_2$ öre s. m. o. s. v. För en mängd varor utsattes i taxan ingen tull, utan skulle denna bestämmas af tullnären i proportion till varans värde. Då tullnärernas värdering från första början visade sig mycket elastisk och gaf anledning till åtskilliga trakasserier, utfärdades senare tid efter annan nya taxor, hvilka alt fullständigare upptogo de i rörelsen förekommande varorna och dessutom voro afpassade efter förändringarna i varupriserna. Synnerligen vidlyftig var 1666 års „ordning och taxa på lilla tullen", som icke allenast upptog tullen på alla tänkbara landtmannaprodukter, handtvärks- och industrialster, utan dessutom innehöll en mängd tillägg, för-

64

tydliganden och undantagsbestämmelser, som tillkommit sedan tullens första införande. Så bekräftades åt stadshandtvärkarene rättigheten att till marknader tullfritt införa sina egna tillvärkningar, i fall de kunde uppvisa, att de erlagt tull för arbetsmaterialet, men alla andra, som utvärkat sig frihetsbref sedan år 1632, voro skyldiga att betala tull, såframt de icke fingo sina friheter ånyo bekräftade. Varor, som fördes genom en stad för att utskeppas till orter utom riket, voro icke frikallade från lilla tullen, såframt denna icke blifvit förut någorstädes erlagd. Borgerskapet tilläts icke att hålla sina nederlag på gårdar eller i bodar utanför staketet, utan skulle varorna, för undvikande af underslef, flyttas in i staden [1]).

I Åbo liksom öfveralt i riket, i stad och på landsbygd, framkallade naturligtvis den nya tullen en storm af ovilja. Stormen lade sig dock så småningom, när regeringen icke visade något tecken till eftergifvenhet, utan tvärt om belade öfverträdelser mot ordningarna med alt mer skärpta straffbestämmelser. De anmärkningar som gjordes inskränkte sig hufvudsakligast till särskilda oegentligheter, som yppade sig vid författningens tillämpning. Så klagades ofta öfver att varor, som förts till marknadsplatser på landsbygden, men icke därstädes blifvit slutsålda, underkastades andra gången tull, då de hemfördes; att spannmål, som uppköpts på stadens torg och sålunda redan en gång tullbehandlats, underkastades ny tull, då den hämtades som mjöl från utanför staden belägna kvarnar; att skörden från den utom staketet fallande stadsjorden icke undantogs från skatten o. s. v. Måhända oftast upprepades besvären öfver de dryga utlagor, som hvilade på handeln med boskap och menligt invärkade på slaktare- och köttmånglarerörelsen [2]).

Den skatt, som erlades vid tullportarna, skulle, såsom redan sades, uppbäras af särskilda tullbetjänte och efter vederbörlig kontroll levereras till kronans räntekammare. Denna metod befans emellertid från första början obekväm, synnerligen som den levererade intraderna i en mängd smärre poster, hvarför regeringen gärna utarrenderade hela tullen, när ett förmånligt och säkert ackord kunde uppgöras med enskild person, korporation eller hela borgerskapet. Så innehades tullarrendet åren 1624—25 af borgerskapet, 1626 af rådman Henrik Fråger; sedan uppbörden i några år handhafts af en

---

[1]) Stiernman, Riksdagsbeslut I: 755—756, Commerceförordn. I: 841—853, II: 3—10, 121—136, III: 416—488.

[2]) Resolutioner för Åbo 20 mars 1638 § 4, 24 nov. 1660 § 2, 12 okt. 1668 § 6, 27 sept. 1675 § 10; Bidr. t. Åbo hist. första ser. IV: 3.

kronans inspektor, öfvertogs den jämte accisen och bakugnspengarna
år 1633 af borgmästare och råd mot en arrendeafgift af 9,000 daler
k. m. samt år 1635 af Carl Billsteen och Gevert Bugenhagen mot
arrende af 2,500 dal. s. m. De två följande åren var tullen arren-
derad åt enskilda personer, 1637—1641 uppbars den af kronans män,
1642—1654 var den åter öfverlåten åt arrendatorer. Under återsto-
den af seklet synes uppbörden i regeln handhafts i enlighet med
tullordningarnas förutsättning [1]. Om den inkomst statskassan hade
af denna skatt föreligga numera, såvidt jag funnit, sifferuppgifter
endast för följande år: [2]

$$
\begin{array}{lll}
\text{År } 1634 & \ldots\ldots\ldots & 2,400\,[3]) \text{ daler s. m.} \\
\text{„ } 1635 & \ldots\ldots\ldots & 2,500\,[3]) \quad \text{„} \quad \text{„} \\
\text{„ } 1638 & \ldots\ldots\ldots & 3,642 \quad \text{„} \quad \text{„} \\
\text{„ } 1639 & \ldots\ldots\ldots & 3,521\,[4]) \quad \text{„} \quad \text{„} \\
\text{„ } 1640 & \ldots\ldots\ldots & 3,655\,[4]) \quad \text{„} \quad \text{„} \\
\text{„ } 1641 & \ldots\ldots\ldots & 4,044\,[4]) \quad \text{„} \quad \text{„} \\
\text{„ } 1670 & \ldots\ldots\ldots & 5,155 \quad \text{„} \quad \text{„} \\
\text{„ } 1671 & \ldots\ldots\ldots & 5,283 \quad \text{„} \quad \text{„} \\
\text{„ } 1672 & \ldots\ldots\ldots & 5,455 \quad \text{„} \quad \text{„} \\
\text{„ } 1673 & \ldots\ldots\ldots & 5,302 \quad \text{„} \quad \text{„} \\
\text{„ } 1680 & \ldots\ldots\ldots & 3,837 \quad \text{„} \quad \text{„} \\
\text{„ } 1682 & \ldots\ldots\ldots & 7,000 \quad \text{„} \quad \text{„}
\end{array}
$$

Angående inkomstens fördelning på olika tullportar finnes uppgifter
allenast för åren 1639—41. Ehuru de äro för få för att berättiga
till allmänna slutsatser, må de dock här anföras.

---

[1] Bidr. t. Åbo hist. första serien; Tigerstedt, Bref från generalguvernörer s.
181; Lindholm a. a. s. 124—132.

[2] Generalräkningar för Finland 1634—35, räkn. för extra ordinarie räntorna
i Åbo län 1638—41 samt landsböcker för samma län 1680 och 1682 i statsarkivet;
finska handlingar, vol. „Tull o. postväsendet" i sv. riksarkivet. För jämförelses skull
må följande uppgifter meddelas om lilla tullen i andra finska städer år 1670: Hel-
singfors 628, Viborg 5081, Nystad 1391, Nådendal 273, Ekenäs 77, Tavastehus 128,
Björneborg 561, Raumo 467, Borgå 278, Weckelax 42, Willmanstrand 22 daler s. m.

[3] Arrendeafgift upptagande äfven accis och bakugnspgr.

[4] Inclusive den s. k. reddtullen. Huruvida man härmed har att förstå tull
på sjöledes inkommande landtmannaprodukter eller om däri inbegreps en eller flere
af de extra afgifter, som hvilade på in- och utrikes ifrån kommande *farkoster*, fram-
går icke ur handlingarna.

Lilla tullen i Åbo vid olika tullportar 1639—41.

	1639	1640	1641
	d. s. m.	d. s. m.	d. s. m.
Aningaisporten	685	980	1,073
Tavastporten	646	773	724
Fägatuporten	222	263	380
Lilla bommen	566	573	627
[Reddtullen vid slottet . . .	1,389	1,034	1,220]
Tullporten oangifven	13	32	20
Summa	3,521	3,655	4,044

Fördelad på olika månader, steg uppbörden vid de fyra tull-portarna år 1639 enligt ännu bevarade längder öfver införseln till följande belopp:

Lilla tullen år 1639.

Månad.	Aningais porten.		Tavastp.		Fägatup.		Lilla bommen.		Summa.	
	dal.	öre.	dal.	öre.	dal.	öre.	dal.	öre.	dal.	öre.
Januari	221	9	331	20	56	20	11	13	620	30
Februari.	64	16	86	17	23	27	16	13	191	9
Mars	61	1	25	12	15	11	4	23	106	15
April	9	22	2	21	2	31	13	25	29	3
Maj	11	19	2	17	6	10	55	6	75	20
Juni	45	18	28	26	11	3	62	29	148	12
Juli	12	12	8	6	10	8	46	30	77	24
Augusti	32	14	22	12	19	10	76	7	150	11
September . . .	112	8	58	29	21	6	110	—	302	11
Oktober	54	19	41	15	37	29	131	16	265	15
November. . . .	10	9	8	31	6	28	22	12	48	16
December	50	3	21	24	19	4	12	18	103	17
Summa	685	22	639	6	230	27	564	—	2119	23

Utom för år 1639 ha införselslängder bevarats för större delen af år 1641. De utvisa att af spannmål infördes råg och korn i ansenliga kvantiteter och ofta färdigmalad, hafre och hvete åter obetydligt. Ovanligt stor var efterfrågan af malt och humla för

bryggeriernas samt lin och hampa för handtvärkeriernas behof. Af
öfriga jordprodukter syntes hö i rader af lass, rofvor, bönor och
kål i jämförelsevis ringa mängd. Af ladugårdsprodukter förekom
allenast smör, hvarpå tillgången var mycket rik. Utom lefvande
boskap infördes rätt ofta hudar, isynnerhet risbitsskinn. Tillförseln
af villebråd var tämligen klen, af fisk däremot större. Af skogs-
produkter förekom vanligen ved, bräden och tjära, något litet smi-
deskol. Ständigt inkommo lass med alster af manlig och kvinlig
husslöjd: träkäril i stor mängd, slädar, någon gång t. o. m. färdiga
hus, smidesarbeten, väfnader och garn.

* * *

Såsom redan nämdes, skulle lilla tullen utgå med $^1/_{32}$ del af
den införda varans värde. Det varuvärde, från hvilket taxorna ut-
gingo, kunde naturligtvis icke vara lika på alla orter och under lop-
pet af flera år. Det var klart att priserna skulle fluktuera alt efter
som förhållandet mellan tillgång och efterfrågan förändrades, hvar-
för det måste bero på en tillfällighet, om lilla tullen värkligen kom
att motsvara $^1/_{32}$ del af det gångbara priset. Att påbjuda de i
taxorna antagna varupriserna till allmän efterrättelse skulle visser-
ligen icke i princip afskräkt anhängarene af merkantilsystemets för-
myndarepolitik, men en sådan åtgärd måste af praktiska skäl för-
kastas. Dock medgafs åt köpare och säljare ingalunda full frihet
att efter behag öfverenskomma om ʼpriserna. Liksom magistraten
ofta bestämde de pris, till hvilka utländska köpmän skulle ur sina
skutor utminutera salt och andra nödvändighetsartiklar, och liksom
taxor gåfvos åt bryggare och krögare, likaså fastställdes tid efter an-
nan maximipris på de viktigaste förnödenheter, som bonden förde
till torget. På hösten 1633 förbjöd magistraten i Åbo borgarene
att uppköpa råg till högre pris än 14 ₥ tunnan; 1644 förebråddes
borgarene för att de i sin „obetänksamhet, hastighet och godvillig-
het" själfva skaffat sig en dyr tid genom att ingå på säljarenes alla
fordringar och någongång t. o. m. därutöfver; de skulle hädanefter
icke gifva ut mera än markegången utvisade. Denna uppgjordes af
borgmästare och råd, vid seklets slut biträdda af stadens älste. På
1690:talet och måhända redan tidigare förrättades värderingen må-
natligen och skulle den då uppgjorda s. k. månadstaxan tjäna bor-
gerskapet till efterrättelse, „således att ingen vid laga straff och sin
medborgare till prejudice må landtmannens varor dyrare betala än

markegångspatentet utvisar"[1]). I en af stadssekreteraren Ericus Salander bestyrkt tablå öfver „markgången och torgköpet" i Åbo under åren 1668—1681 upptagas råg, korn, hafre, ärter och smör såsom de produkter, hvilka vid taxans upprättande kommo i fråga [2]). Gångbara priset på dessa varor undergick följande växlingar:

Markegången och torgköpet i Åbo 1668—1681.

Uttrykt i daler k. m.

	1668	1669	1670	1671	1672	1673	1674	1675	1676	1677	1678	1679	1680	1681
1 tunna råg	6	6	6	8	$7^1/_2$	8	11	14	12	10	10	8	9	10
1 „ korn ...	6	6	5	8	7	7	$8^1/_2$	12	12	10	11	8	11	10
1 „ ärter ...	—	—	10	10	—	—	—	14	12	12	10	8	11	10
1 „ hafre ...	—	3	4	4	$3^1/_2$	4	4	5	6	6	6	$4^1/_2$	5	5
1 lisp. smör	$4^1/_2$	$4^1/_2$	$3^1/_2$	$3^1/_2$	$3^1/_2$	4	4	$4^1/_2$	$4^1/_2$	5	$4^1/_2$	$4^1/_2$	5	5

Äfven på andra landtmannaartiklar kunde någon gång fixa eller maximipris åsättas. Så fastställdes år 1659 priset på björkved till 7, på tall- och granved till 5 samt på blandad ved till 6 ₥ famnen. Men för öfrigt åtnöjde sig magistraten med att i allmänhet varna borgarene för oförståndigt stegrande af torgpriserna.

Öfriga detaljer af torghandeln ordnades af magistraten genom allmänna förordningar och resolutioner in casu, af hvilka de flesta voro af altför tillfällig art för att här behöfva relateras. Så godt som periodiskt återkommo tillsägelser om vågars och målkärils justerande genom af magistraten tillförordnade personer. År 1638, då en ny förordning om vikt och mått emanerat, påbjöds användandet af våg i st. f. betsman och alla gamla måltunnor infordrades till kämnärskammaren, hvarjämte edsvurne tunnbindare antogos för förfärdigandet af nya tunn- och kappmått, som öfverensstämde med de i Stockholm brukliga [3]). I vedordningar af 14 nov. 1659 och 4 jan. 1675 påbjöds, att en famn ved skulle hålla $3^1/_2$ aln i höjd och bredd; [4]) 3 lass skulle motsvara en stadsfamn, och skulle lasset, om det var fyrkantigt, hålla 2 aln i höjd och $2^1/_4$ aln i bredd, men om det var kullrigt, $2^1/_4$ aln i höjd och bredd. Med anledning af kla-

---

[1]) Rådst. prot. 21 aug. 1633, 12 okt., 2 dec. 1644, 3 febr. 1696, 4 jan. 1699 år 1701 s. 338, 588 m. fl. st.

[2]) Åbo tidningar för 1777 N:o 24.

[3]) Rådst. prot. 6 mars. 18 aug. 17 sept. 1638.

[4]) Ett sådant mått kallades ett stafrum. Cronholm III: 586.

gomål öfver hölassens ringa omfång tillsades år 1701 kämuären att låta på lämpliga ställen uppsätta stommar á 1 och 1 ½ palm hömått, i hvilka höet mättes af särskilda betjänte [5]). Om afgifter för marknadsstånd och om ordnandet af månglarerörelsen har förut varit tal (s. 227 o. 492—494.)

[5]) Rådst. prot. Enl. förordn. för Stockholm 1690 skulle en höpalm eller parm vara 3 ½ aln i höjd och bredd. Falkman II: 97.

VII.

På landsmarknaderna.

Såsom allmän grundsats för köpenskaps idkande fastslogs i stadslagen, „att alt köp skall göras i staden både landtmän och köpmän emellan och ej å landet eller annorstädes". Handel på landet var tillåten allenast för så vidt som den utöfvades på rätta marknadsplatser och på af öfverheten faststälda tider. Desslikes var det landtman medgifvet att handla och byta med landtman till husbehof. Men såväl för köpstadsmän som för andra vardt det förbjudet att idka gårdfarihandel eller, såsom det hette, att „i landeno fara med köpmannavara — såsom är sill, salt, kläde, kryddor, speceri och tolkit — och drifva köpslagan, till by och från, sälja och köpa ideliga".

Det förekom sålunda tvänne slag af landthandel: en tillåten och en otillåten. Den otillåtna kallades gemenligen landsköp, en term, som ursprungligen inrymde all handel å landet, men som från nya tidens början i regeln användes till att beteckna den art af köpenskap, som stred mot lands- och stadslag. Straffet för landsköp var 40 ₥ böter och varans förlust[1].

Trots bannet och straffet var landsköpet en vidt utbredd synd eller rättare en osed, som nästan legaliserades genom bruket och nödvändigheten. I ett land som Finland, där på vida områden inga städer funnos — vid 1600:talets ingång fans ingen köpstad i Österbotten, Savolax och Tavastland — var det otänkbart att inskränka varuutbytet mellan landtmän och borgare till de lagliga saluplatserna. De långa distanserna såväl som den anspråkslösa nivå, hvarpå det ekonomiska lifvet i städerna ännu rörde sig, hade till följd ett

---

[1] Jmfr Chr. Naumann, Om Landsköp, samt K. Willgren, Om rätt att idka gårdfarihandel enligt finsk förvaltningsrätt.

lifligt landsköp och skapade en mängd marknadsställen, om hvilka lag och förordningar intet visste. De lockade därjämte ut på marknaderna en mängd personer, för hvilka handel var ett absolut förbjudet näringsfång. Genom allmänna plakat och enskilda resolutioner, genom instruktioner för högre och lägre befallningshafvande samt genom utsikt till belöning för angifvarene sökte regeringen att stäfja lagöfverträdelserna, men merendels med ringa framgång. „Frälsesmän, fogdar, ämbetsmän, hofmän, bysseskyttar, knektar, båtsmän och alle andre kongl. maj:ts eller andre gode mäns tjänare — heter det redan i Uppsala stadga om köphandeln af år 1546 — skole ingen köpenskap till prångs drifva hvarken i städer eller på bygden, men vill någon bruka köpenskap eller borgarenäring, då må han med borgarene stadsens tunga draga" [1]). I ett hundra år senare (1650) på grund af borgareståndets besvär öfver ståndspersoners olaga handel tillkommet patent förbjöd regeringen „sträng- och allvarligen våre undersåtar af högre och nedrigare stånd, vare sig frälsemän eller deras tjänare, prästmän, borgare eller någon af våra och kronans enskilda tjänare, inspektorer, arrendatorer, bruksförvaltare och deras underhafvande, att härefter föröfva eller drifva något landsköp under hvad pretext och sken det än ske må, förståendes all olaga handel med säl och köp å landet, i gross eller eljest, utom städer, fläckar och marknadsplatser, så ock visse och ordentlige torgdagar och marknadstider". Arrendatorer och bruksförvaltare, hvilka vid bruken hållit öppna bodar, tillätos att sälja viktualier, men icke kramvaror. Icke blott landshöfdingar och kronobetjäning skulle arrestera de brottslige; städernas borgmästare och råd berättigades dessutom att förordna utridare, hvilka ägde att efterslå och uppspana alt olaga landsköp, taga i beslag kontraband samt anmäla saken till rättslig behandling [2]).

Bland Åbo stads klagopunkter till regeringen upptagas ofta besvär öfver den illegala konkurrens på affärsmarknaden, som bereddes borgarene af adelsmän, präster, kungliga och adliga fogdar, länsmän samt „andre främmande, hvilka fare landet utöfver gård ifrån gård till att bedrifve landsköp och uppköpa alla de varor, som de utöfver komme kunne, och sedan segle därmed åt Tyskland". Många och isynnerhet kronouppbördsmän företogo sig dessutom att drifva handel i staden med de varor de uppköpt på landsbygden under sken af kronouppbörd. På 1640 års riksdag förmälde stadens re-

---

[1]) Stiernman, Commerceförordn. I: 72—73.
[2]) Stiernman, Commerceförordn. II: 637—639.

presentanter, att fogdarne hade för vana att „ställe bem:te handel sålunda an, att när en bonde skall utgifva en tunna råg i skatt, borga de samma bonde rågen på ett års tid med de vilkor, att när året är förlupet, skall han därför gifva fogden tre t:r tjära; felar han därutinnan och icke på försagd dag betalar tjäran, [tvingas han att betala] en tunna råg och dessförutan att betala den utlofvade tjäran". Frälsemännen åter, hvilka på grund af sina privilegier hade rätt att för eget behof uppköpa varor i riket och att handla med afkastningen från sina gods, utsträkte denna frihet därhän, att de uppköpte af sina sockenboar och andra allehanda slags varor för export till Sverige och Livland. I sina svar betygade regeringen städse sitt misshag öfver den lagstridiga och för staden skadliga handeln samt tillhöll landshöfdingarne att granneligen vaka öfver att „kongl. förordningar och resolutioner, lag och handelsordinantier, hvaraf städernas uppkomst och tillväxt består, måge hörsamligen efterlefvas, att missbruk, oloflig och skadelig handel och landsköp hämmas och afskaffas". Stundom hänvisades de klagande till egen själfhjälp och någon gång tillrådde regeringen, trött vid de ändlösa klagovisorna, borgarene att genom „godt köp- och säljande" locka och draga allmogen till staden, så att den illegala konkurrensen af sig själf upphörde [1]).

Borgerskapet såg skarpt när det gälde grandet i nästans öga, men glömde bjälken i sitt eget. Det har förut varit tal om, hurusom månglerskorna försyndade sig mot lagen om landsköp och hurusom särskilda påbud utfärdades mot dem. Men månglerskorna voro icke de enda, som gjorde sig saker till lagöfverträdelser. Mycket vanligt var, att småborgare och köpmän, som reste till marknaderna på landet, bedrefvo sitt geschäft utmed hela vägen de passerade. Ofta begaf sig borgaren tomhändt ut på landsbygden under förevändning att indrifva sina fordringar hos bönderna, men i själfva värket för att uppköpa lifsförnödenheter eller fatta aftal om deras levererande till staden. Detta senare bruk gaf år 1634 ståthållaren anledning att påbjuda, att fordringarna skulle uppbäras af tillförordnade borgare, hvilka med magistratens pass reste ut till landsbygden. Fyra år senare beslöto borgmästare och råd, att ingen skulle tillåtas att resa ut på landet till att uppbära sin gäld, utan skulle enhvar söka sin betalning när gäldenären anlände till staden. Borgerskapet

---

[1]) K. resol. 8 aug. 1569 § 2, 14 apr. 1600 § 4, 28 maj 1605 § 4, 8 febr. 1616 § 4, 20 mars 1633 § 3 o. 5, 26 febr. 1640 § 1, 31 aug. 1664 § 6, 27 sept. 1675 § 3, 20 dec. 1682 § 2, 9 nov. 1686 § 2, 18 mars 1689 n:o 1 § 9 o. n:o 2 § 7; Tigerstedt, Handl. rör. Finl. hist. s. 378—383.

anmälde häröfver sitt missnöje, som annoterades till protokollet. När borgerskapet år 1642 vände sig till regeringen med anhållan om att på två å tre år återfå den förlorade rättigheten, svarade regeringen, att „emedan af desslike utlopp på landet gemenligen följer stort landsköp, ty faller H. K. M. betänkligt något sådant att bevilja och tillstädja, som kan gifva tillfälle och medel till handelsordinantiens öfverträdande". Borgarene förmanades därför att förlita sig på landshöfdingens hjälp till utfående af deras rätt. År 1693 meddelade landshöfding Creutz, att ingen borgare tillstaddes resa ut på landet annars än när marknader stundade, hvarjämte borgaren var pliktig att vid passets uttagande edligen uppgifva, huru mycket varor och penningar han tog med sig på färden samt hvilka äldenärer han hade, ty kronans betjänte å landet voro beordrade att i annat fall konfiskera deras medhafvande egendom [1]).

Ville borgare och bönder köpslaga med hvarandra, skulle det ske, utom i städerna, på laga marknader på landsbygden. Visserligen hyste regeringen tidtals sina betänkligheter rörande nyttan af dessa landsmarknader, enär, såsom det hette i en resolution af 1638, „man däruppå bör se, hällre att kunna draga folket med deras handel in uti staden än att de (borgarene) skole behöfva till dem ut på landet att resa" [2]). Men dessa betänkligheter häfdes genom nödvändigheten af flera handelsplatser än dem de fåtaliga städerna kunde erbjuda. Med hänsyn till de besökandes hemort indelade man marknaderna i tvänne slag: enskilda, som voro förbehållna en enda stads borgerskap, och allmänna, som stodo öppna för flera städer. Det stred visserligen mot principen i merkantilsystemet att stapelstädernas borgare skulle besöka landsmarknaderna, då det ju tillkom uppstäderna att förse landsbygden med nödiga handelsartiklar, men principen kunde icke fasthållas, och vi finna Åbo-borgare på marknaderna såväl i eget som närmast angränsande län.

Sitt egentliga marknadsområde hade borgerskapet inom Åbo och Björneborgs landshöfdingedöme. På 1630:talet omnämnas föl-

---

[1]) Rådst. prot. 21 juni 1634, 10 dec. 1638, 21 jan. 1693; resol. för Åbo den 25 febr. 1642 § 6. Aspelin, Wasa stads historia s. 181, omnämner ett af grefve Per Brahe d. 5 dec. 1649 utfärdadt och „jämväl till magistraten i Wasa" adresseradt särskildt bref, hvari Brahe uttalade sig för nödvändigheten af att borgaren, innan han begaf sig ut på landsbygden, gjorde inför magistraten reda för ändamålet med sin resa. Då arbetet saknar alla källanvisningar, har det varit omöjligt att utreda, huruvida nämda bref gälde hela generalguvernementet. Säkert är, att den däri framträdande uppfattningen stod i full öfverensstämmelse med de restriktiva åtgärder, som ofvan omtalats.

[2]) Res. f. Åbo 20 mars 1638 § 7.

jande marknader, hvilka besöktes af borgerskapet: i Wirmo kyndels-
mässo- och Laurentiitiderna, i Rimito och Nagu Olaidagen (᷅), i
Pemar Jacobidagen (᷅), i Bjerno Laurentii- och Mikaelitiden, i Salo
Bartholomei- och Mikaelitiderna samt i Tammerkoski Bartholomei-
dag och trettonde dag jul [1]). Vid seklets slut omnämnas dessutom
marknaden i Vemo den 13 juli, i Lemo och Nykyrka Olaidagen, i
Masku Johannetiden, i Hietamäki i Wirmo samt i Kimito Jacobi-
dagen [2]). Dessutom besöktes uppstädernas frimarknader, isynnerhet
askonsdagsmarknaden i Nådendal.

Af dessa marknader synas isynnerhet de i Salo och Bjerno be-
traktats som utmärkta tillfällen till affärsförtjänst. De hade syn-
barligen gamla anor och ansågos såsom Åbo stads enskilda mark-
nader [3]). Stor betydelse ägde därjämte de tvänne marknader, hvilka
höllos i nordöstra delen af länet, i Tammerkoski by af Birkkala
socken. De tillkommo eller kanske rättare legaliserades — ty lif-
lig köpenskap hade bedrifvits i byn förut — genom Per Brahes
resolution af 1638 och 1639. Den ena, sommarmarknaden, bestäm-
des att försiggå Bartholomeitiden; den andra, vintermarknaden, ut-
sattes först till S:t Matthiaetiden, men flyttades redan 1639 till tret-
tondagen. För borgarenes resor anslog Brahe 28 dagar tur och re-
tur. Att dessa marknader voro vinstgifvande och lifligt besökta
framgår bl. a. af den ansökan borgerskapet inlämnade på 1640 års
riksdag, att en stad måtte anläggas vid Tammerkoski eller vid No-
kia i Birkkala. Nu hörde det i allmänhet till seden att borgerska-
pen petitionerade om besvärliga grannstäders upphäfvande, hvarför
Åbo stads ansökan måste motiverats af hoppet om speciella förmå-
ner i den nya staden. Fragan hänsköts till generalguvernörens ut-
låtande, men ledde icke till vidare åtgärd. De nya marknaderna
betraktades till en början såsom Åbo stads enskilda marknader, men
lockade snart nog konkurrenter från andra städer. År 1643 erhöll
allmogen i Öfra Satakunta afslag på en anhållan, att äfven andra
städers borgare måtte tillåtas att besöka marknaderna i Tammer-
koski, och samtidigt möttes en liknande ansökan af borgerskapet i

[1]) Räkenskaper öfver lilla tullen i Åbo 1639 och 1641.
[2]) Rådst. prot. 29 okt. 1694.
[3]) På 1640:talet omtalas tvistigheter mellan borgerskapet och innehafvarene
af den mark, hvarpå marknadsstånden uppslogos. Tvisten angick erläggandet af
ståndpenningar. År 1647 erbjöds åt innehafvarene af Bjernå gård, på hvars område
marknaderna hållits, i ståndpenningar 16 öre k. m. för ett siden- eller klädesstånd
samt 8 öre för en nürnbergerkramsbod. Ville ägaren icke gå in härpå, skulle mark-
naden flyttas till ett annat ställe. Rådst. prot. 2 sept. 1644, 3—22 nov. 1647.

Raumo af samma öde. Men år 1648 medgaf Per Brahe nådendals-
boarne tillträde till trettondagsmarknaden och år 1653 lyckades det
Nystads borgare, hvilka ända från stadens anläggning idkat liflig
handel på Tavastland och lidit märkbart afbräck genom det Åbo
borgare beviljade privilegiet, att utvärka en kunglig resolution, som
medgaf dem rätt att tillika med åboboarne „på ordent- och lagligit
sätt handla och köpslaga" på Tammerkoskimarknaderna, „alldenstund
— hette det — be:te marknad icke är förordnad och pålyst för Åbo
stad allena, utan för landtmannen och flera där när omliggande stä-
der". Synbarligen har någon utsikt till marknadernas återvinnande
för egen räkning icke förefunnits, ty någon anhållan om nystads-
boarnes aflägsnande från marknaden synes icke blifvit inlämnad,
ehuru försök nog eljest gjordes att hämma Nystads handel på Ta-
vastland. År 1667 var det däremot fråga om marknadernas för-
flyttning till Lempäälä och 1694 uttalade sig såväl landshöfdingen
som magistraten i Åbo för upphäfvandet af trettondagsmarknaden i
Tammerkoski, enär denna gjordes öfverflödig genom den samtidigt
pågående och af Åbo borgare väl frekventerade marknaden i Tavaste-
hus. Någon förändring torde emellertid icke föranledts af dessa
förslag [1]).

Voro marknaderna i Bjerno, Salo och Tammerkoski goda pen-
ningekällor, så ansågos åter andra marknader lända mera till skada
och förargelse än till båtnad. Isynnerhet synas marknaden i Nåden-
dal samt kyndersmässomarknaden i Wirmo varit borgerskapet miss-
hagliga, och vid särskilda tillfällen gjordes försök att utvärka dessa
marknaders upphäfvande eller transporterande till Åbo. Denna mot-
vilja mot nämda och särskilda andra nära staden hållna „marknader
och kyrkomässor" hade sin grund däri, att allmogen, som från när
och fjärran stämde möte på dessa marknader, drogs förbi Åbo och
dessutom idkade stort landsköp med skäribönderna. Regeringen, som
år 1638 motvilligt bifallit till Åbo borgerskaps ansökning om delta-
gande i marknaden i Hollola, gaf emellertid på dessa hemställningar
afvärjande eller undvikande svar. Med anledning af på riksdagen 1693
framförda besvär utlofvades slutligen en undersökning och följande år
infordrades Lorentz Creutz' betänkande i ämnet. Creutz höll då med
borgmästare och råd en rådplägning, hvarvid marknaderna i länet
underkastades en skarp kritik. Allmänna meningen på mötet var, att

---

[1]) Rådst. prot. 30 juli, 10 dec. 1638, 16 jan., 30 dec. 1639, 16 mars 1667, 29
okt. 1694; kongl. resol. för Åbo 26 febr. 1640 § 7; Per Brahes resol. 9 maj 1639 i
Åbo stads acta; K. A. Cajander, Tavasthandeln och Nystad s. 10—15, A. J. Lind-
holm, Finlands ekonomiska tillstånd s. 90, Leinberg. Bidrag V: 32.

marknaderna i Wirmo, Wemo, Pemar, Kimito, Lemo, Nagu, Nykyrko, Masku och Uskela (Salo) kunde saklöst bortfalla, dels emedan de höllos skördetiden, dels emedan de sammanföllo med andra marknader. I Tammerkoski och Bjerno kunde det vara nog med en marknad. I stället föreslogs nya marknader i Haliko, Letala och Töfsala. Askonsdagsmarknaden i Nådendal ansågs lämpligast kunna firas i Åbo. Dessa uttalanden, om hvilka landshöfdingen förenade sig, meddelades sedan till kammarkollegium, hvars åtgöranden i frågan äro mig obekanta [1]).

I Nylands och Tavastehus län besöktes i främsta rummet städernas frimarknader, synnerligen trettondagsmarknaden i Tavastehus; Laurentiimarknaden i Hollola öppnades för Åbo-borgare genom kunglig resolution af 1638, men synes blifvit stängd någor årtionde därefter [2]). Äfven var, åtm. på 1660- och 70:talen, tillträdet öppet till marknaden i Karislojo samt kyndersmässomarknaden i Lojo, hvilken senare var en fortsättning på den c. 1670 upphäfda marknaden i Ekenäs [3]).

Viborgs och Nyslotts län betraktades såsom Viborgs speciella handelsområde och synes icke lockat till sig gäster från Åbo. Rätt till därvarande landsmarknaders besökande blef häller hvarken medgifven eller ens ansökt.

Ett viktigt marknadsområde för Åbo köpmän var däremot Österbotten. Handeln med allmogen och borgerskapet i detta landskap var en af de stora pulsådror, som tillförde näring och kraft åt det ekonomiska lifvet, och när den aftog, led ock affärsvärksamheten i staden ett märkbart afbräck. Frågan om denna handels ordnande utgjorde en del af den stora norrbottniska handelsfrågan, som spelade en så betydande roll i sjuttonde seklets merkantila lagstiftning, och den trängde ständigt fram i de memorial och suppliker, som Åbo borgerskap plägade rikta till regeringen. Frågans vikt bjuder oss att egna densamma en närmare undersökning.

---

[1]) Kongl. res. 12 okt. 1661 § 8, 12 dec. 1672 § 4, 20 dec. 1682 § 24, 18 nov. 1693 § 3 (för borgerskapet), rådst. prot. 29 okt. 1694.

[2]) Tigerstedt, Handlingar s. 311. År 1654 ingingo borgarene med anhållan om tillstånd att besöka marknaden i Hollola, hvarjämte de ansökte om återinrättandet af den indragna frimarknaden i Helsingfors. Regeringen förbehöll sig betänketid. Huru svaret slutligen utföll i afseende å Hollola marknad, är obekant. Marknaden i Helsingfors återställdes 1660. (K. res. för Åbo 7 aug. 1654 § 5; Ehrström, Helsingfors stads hist. s. 73.)

[3]) K. resol. 12 dec. 1672 § 2; rådst. prot. 5 maj 1671.

VIII.

Österbottniska handeln.

När det sjuttonde seklet uppgick, ägde det vidsträkta Österbotten ännu ingen köpstad. Handeln i landskapet var dock lika gammal som kolonisationen och erbjöd, efter intyg af samtida vittnen, vid nya tidens början en icke ringa lifaktighet. I stora byar och på hamnplatser vid kusten, i synnerhet i närheten af de stora älfvarnas utflöden, bedrefs vissa tider på året en liflig kommers. Vid Torneå-, Kemi-, Ijo- och Uleå-älfvars mynning, vid hamnar i Salo, Kalajoki, Mustasaari, Pedersöre m. fl. ställen sammanträffade finnar, svenskar, ryska karelare, hanseater o. a. med österbottningarne, tillhandlade sig deras produkter och gåfvo i utbyte sina egna. Bland de främmande skutorna märktes ofta båtar från Åbo. I synnerhet plägade Åbo borgare besöka Uleå samt hamnarna i södra Österbotten, men saknades icke häller på andra torgplatser [1]). För Åbo såväl som för andra städer var Österbotten en god afsättningsort för köpmansartiklar, synnerligen salt och manufakturvaror, och en ännu bättre upphandlingsort för exportartiklar såsom fisk, skinn, tjära, tran o. s. v. Men landskapets driftiga innebyggare åtnöjde sig icke med att i eget landskap invänta främlingarnes ankomst. På egna skutor förde de sina alster till kuststäderna vid Bottniska och Finska viken samt företogo sig ännu mera långväga resor till främmande länder.

I slutet af det sextonde århundradet och under de första decennierna af det följande inträdde i dessa förhållanden en märklig förändring. Förändringen bestod dels i genomförandet af det s. k. bottniska handelstvånget, som åsyftade upprätthållandet af Stockholms handelsherravälde öfver Bottniska viken och inskränkte norr-

---

[1]) K. Grotenfelt, Suomen kaupasta ja kaupungeista s. 68.

länningarnes eller norrbottningarnas (d. v. s. öster- och västerbott-
ningarnes) handelsfärder utom landskapet till Stockholm och Åbo.
Dels åter visade sig förändringen i sträfvandet att kväfva alt lands-
köp genom anläggningen af städer, hvilka i främsta hand skulle
uppsamla landskapets produkter och till hvilka köpmän från andra
delar af riket ägde att inskränka sina affärsbesök.

Sedan redan handelsordinantien af år 1594 utpekat vissa orter i
Österbotten såsom ställen för blifvande städer och Carl IX elfva år
senare tillsagt alla landsköpmän i Österbotten att flytta till de ut-
korade platserna, på hvilka endast inhemska, men icke utländska
köpmän tillätos handla och vandla, utfärdades 1605 och 1606 fun-
dationsbref för Uleåborg och Vasa. Privilegiebrefven, som utkommo
något senare, stadgade i afseende å handeln, att södra prosteriet af
Österbotten skulle betraktas såsom Vasa stads, norra prosteriet så-
som Uleåborgs handelsgebit, „och där skole inge andre städer göre
dem hinder eller intränga uppå". I fundationsbrefvet för Vasa för-
tydligades detta genom bestämningen att allmogen i södra prosteriet
skulle „alla söka dit och ingen annorstädes med deras handel och
varor". Med andra ord: städernas borgare hade rätt att besöka Vasa
och Uleåborg för att göra sig af med sina varor och af borgarene
på dessa orter uppköpa landskapets produkter; de berättigades äfven
att på tvänne marknader i Vasa — som dock icke blefvo af — att
köpslaga med allmogen, men för öfrigt måste de upphöra med sina
häfdvunna affärsresor på landsbygden. Österbotten för de österbott-
niska städerna! I samma anda uttrykte sig handels- och seglations-
ordningen af år 1614. „På det att Norrlands städerna måge vid
makt blifva och icke alldeles handelslöse, då skall alle olaglige ham-
nar efter denna dag blifva afskaffade och inge flere hamnar någrom
att besöka med köpenskap efterlåten än — — — Torne, Uleåborg
och Vasa; där skola de vara förpliktade att köpslaga med själfva
borgarene och ingaledes med landsmännen". Å andra sidan skulle
„alle allmogen i Norrlanden här efter vara förpliktad att köpslaga
blott och allena med själfva borgerskapet där i Norrlanden". Dessa
förmåner för norrländska städerna motvägdes däremot af tryckande
påbud, såsom att utländska köpmän icke fingo segla till orter norr
om Stockholm och Åbo, att borgare i de norrländska städerna väl
fingo föra trävaror, tjära, tran o. dyl. på egna skepp utrikes, men
lifsförnödenheter icke annorstädes än till Stockholm. Norrlands bor-
gare fingo sålunda icke besöka andra inrikes städer än Stockholm.
Dessa mot all rättvisa och billighet stridande bestämningar upprepa-
des i 1617 års handelsordinantie, t. o. m. med ytterligare inskränk-

ningar. Seglationen till utrikes ort förbjöds fullkomligt för de norrländska borgarene. Inom riket fingo de besöka hvarandra, men ville de styra kosan utom Norrlands gränser, fingo Västra Norrlands borgare icke segla till någon annan stad än Stockholm och borgarene i Vasa, Uleåborg och de österbottniska städer, som framdeles komme att anläggas, till inga andra städer än Stockholm och Åbo [1]).

Sådant var det bottniska handelstvånget, hvilket i halftannat århundrade likt ett oblidt öde beherskade handeln i landskapen kring Bottniska viken.. Det hade tillkommit för att tjäna Stockholms handelsintressen och det sög ut Norrbottens must och märg för att rikta hufvudstadens innebyggare. Åbo stads borgare hade, teoretiskt taget, ingen anledning att klaga öfver lagstiftarenes anordning. Dem hade tillfallit alla de smulor, som föllo från stockholmarenes bord; deras stad var blefven den andra afsättningsorten för Österbottens produkter; de själfva kunde med hufvudstadens borgare dela vinsten af den norrbottniska handeln. I själfva värket blef emellertid regeringens bottniska handelspolitik ytterst fördärflig för Åbo stads handel. De vackra bilder horoskopet till en början visade skingrades altför snart.

Ett svårt slag för borgarene i Åbo var till första början förbudet att handla med Österbottens allmoge på de traditionella handelsplatserna. Förbudet iakttogs nog icke så strängt, men dess öfverträdande var förenadt med stor risk, ty om allmogen ock höll med de främmande köpmännen, så vakade Vasas och Uleåborgs borgare och utliggare med Argusögon öfver sina privilegiers hälgd. De köpmän, som ertappades med olofligt landsköp, blefvo utan förskoning antastade och deras varor tagna i beslag. Häröfver besvärade sig naturligtvis åboboarne på samma gång som de petitionerade om upphäfvandet af de österbottniska städernas monopol på handeln med landtmannen. Regeringen, som i öfrigt konsekvent vidhöll sin en gång fastslagna politik, visade äfven i denna punkt icke ringa benägenhet att gå de framstälda önskningsmålen till möte. Genom särskilda undantagsbestämningar mildrades i väsentlig mån värkan af det allmänna förbudet mot Åbo-borgarenes direkta varuutbyte med den österbottniska bonden.

Det första undantaget från Vasas och Uleåborgs handelsmonopol gjordes år 1614. Enär Åbo var „en gammal namnkunnig stad, som nu för handelslöse platt förfaller", tillätos dess borgare — men

---

[1]) Stiernman Commerceförordn. I: 419—420, 498, 592—594, 692—694; Vaaranen, Urkunder II: 201, III: 102—104. Jmfr Fyhrvall, Om det bottniska handelstvånget i Svensk Hist. Tidskr. för 1882 samt Aspelin, Vasa stads historia.

inga andra städers — att året till ända „bruke deres fri handel och vandel" med allmogen i Österbotten. Följande år upprepades medgifvandet, som denna gång utsträktes till Raumo och Björneborg, med den närmare bestämning, att borgarene icke mera fingo enligt gammal sed utborga varor åt allmogen, „utan allenast denne gången rede om rede handla och sine gäld uppfordre". Den 8 febr. 1616, under besöket på landtdagen i Helsingfors, utfärdade sedan Gustaf II Adolf ett patent om marknader i Norrbotten, hvilket liksom öppnade en inkörsport till den för öfrigt starkt omgärdade österbottniska landsbygden. Patentet, hvars innehåll upptogs i landtdagsresolutioner, gifna samma dag åt Åbo och några andra städer, tillkännagaf, att regeringen kommit till insikt om att Åbo, Björneborg och Raumo icke kunde blifva bestående utan den österbottniska handeln och att de lidit stort afbräck sedan nämda handel afspärrades för dem. För att godtgöra förlusten och på samma gang tillmötesgå de österbottniska böndernas behof, ville regeringen för nämda städers samt Stockholms och några norrländska städers räkning inrätta tvänne frimarknader i Österbotten, den ena i Pedersöre och den andra i Salo hamn. På dessa marknader, hvilka skulle hållas Olofsmässotiden och fortgå i 14 dagar, tillätos nämda städers borgare att fritt och obehindradt „handla och köpslaga med präster, borgare och bönder". Enär Åbo borgerskap fortfarande beskärmade sig öfver innestående fordringar hos bönderna, tillstaddes de i ett något senare utfärdadt kungligt bref att besöka äfven andra orter för skuldens utkräfvande. Men för varuutbytet med allmogen på andra tider och orter än de i patentet angifna skulle resp. borgare akta sig [1]. Genom köphandelsordinantien af 1617 utsträktes rättigheten att besöka de två frimarknaderna till rikets alla stapelstäder.

De tvänne frimarknaderna i Pedersöre och Salo ha gifvit anledning till många sammanstötningar mellan borgarene i Åbo och deras kolleger i Vasa och Uleåborg. Då Pedersöre socken hörde till Vasas handelsgebit, betraktades en frimarknads förläggande till socknen som ett uppenbart attentat mot stadens välfångna privilegier. Förbittringen mot de konkurrerande städerna erhöll dock snart nog en oväntad afledare, då Pedersöre socken år 1620 utbröts ur Vasas handelsområde och lades under det samma år grundlagda Nykarleby, dit frimarknaden ock transporterades fem år senare [2]. I hufvudsak

[1] Vaaranen, Urkunder IV: 289, V: 24, 91—101, 109—110, och Landtdagen i Helsingfors 1616 s. 93.

[2] Aspelin s. 176; k. resol. för Pedersöre socken 11 juni 1636; Leinberg, Bidr. V: 25—26.

samma utgång erhöll konflikten mellan Åbo och Uleåborg angående marknaden i Salo. Åboboarne klagade öfver att deras privilegium på Salo marknad blef så godt som illusoriskt i anledning af de våldsamheter, som tillfogades dem af uleåborgarene. Desse i sin ordning klagade öfver olagligt landsköp och supplicerade om de besvärliga konkurrenternes undanträngande från marknaden eller ock marknadens indragande eller förflyttning till Uleåborg. Regeringen tog de anfallna i sitt beskydd och bekräftade privilegiet. När det oaktadt Uleåborg fortsatte sin gamla visa, resolverade regeringen år 1647, att marknaden skulle fortgå tils regeringen finge tillfälle att utsända „någon expris, som hele den konsten (sic!) besiktigar och H. K. M. därom pertinent underrättelse gifver eller ock vid bem:te Salo en liten fläck låter fundera, som Uleå stad uti ett och annat bispringer". Den lilla fläcken funderades år 1651 och erhöll namnet Brahestad. Därmed var tvisten mellan Åbo och Uleåborg angående Pedersöre marknad afklipt. Nio år tidigare hade Uleåborg begåfvats med den tvifvelaktiga fördelen af en frimarknad, på hvilken stapelstädernas borgare hade ytterligare ett tillfälle att köpslaga med den österbottniska allmogen [1]).

Under kampen för upprätthållandet af sina affärsförbindelser med allmogen i Österbotten voro Åbo borgare några gånger sangviniska nog att hos regeringen supplicera om alla de gamla marknadsplatsernas återfående alt intill Torneå [2]). En sådan ansökan lämnades naturligtvis utan afseende, men den blef i viss mån indirekte uppfyld genom anläggningen af nya städer i Österbotten. Väl följde åboboarne dessa fundationer med sneda blickar — år 1636 anhöllo de om upphäfvandet af privilegierna för Gamla- och Nykarleby — men då de nya städerna försågos med frimarknader, hvilka stodo öppna för andra städers köpmän, lämnade de köpmännen i Abo godt tillfälle till handel med allmogemännen. I resolution för år 1650 förklarade drottning Kristina för Åbo stads herredagsmän, att alla stadsmarknader i Finland och Österbotten skulle stå öppna „för alle kungl. m:ts undersåtar, som dem besöka vele", hvarjämte marknadsterminerna förlängdes till en vecka [3]). Följande år utsträkte Brahe på Åbo borgerskaps framställning terminen till tolf dagar och

---

[1]) Resol. för Abo 8 jan. 1631 § 1, 26 febr. 1640 § 3, 25 febr. 1642 § 13, för Uleåborg 14 aug. 1634 § 4, 19 juli 1636 § 2, 16 febr. 1638 § 1, 31 dec. 1647 § 2; Åbo stads besvär 1629; Fyhrvall, Hist. Tidskr. 1882 s. 58.

[2]) Resol. för Åbo 9 sept. 1631 § 1, 9 juli 1636 § 6, 26 febr. 1640 § 3; besvär 1640.

[3]) Res. 8 nov. 1650 § 4.

faststälde tillika delvis förändrade tider för marknadernas hållande. I Vasa skulle marknaden försiggå Bartholomeidagen (förut Lars-mässotiden), i Gamlakarleby likaså; i Nykarleby Laurentiitiden (förut Olaitiden), i Kristinestad kyndersmässotiden samt i medlet af september o. s. v. [1]

Sålunda hade under tidernas lopp det första förbudet mot Åbo borgerskaps besök i Österbotten blifvit skjutet å sido och portarna öppnade till den österbottniska handelns centra. När detta skedde, hade emellertid konkurrenternes antal ökats och konjunkturerna äfven i öfrigt förändrat sig, så att handelsresorna till det aflägsna landskapet icke inbragte samma vinst som i forna tider. De gamla banden hade lossnat, österbottningarne hade fjärmats från Aurasta-dens köpmän samt funnit en förmånligare marknad och anknutit nya affärsförbindelser på annat håll.

Enligt handelsordinantierna voro, såsom sades, de österbottniska borgarene, då de seglade utom landskapet, tvungna att hålla sig till Stockholm och Åbo. Mellan dessa båda städer uppkom därigenom en konkurrens, som lyktade illa för Åbo. Rikets hufvudstad måste af naturliga skäl erbjuda österbottningarne större utsikter till det medhafda godsets afyttring än den konkurrerande provinsstaden; där funnos flere afnämare och där kunde äfven många af utlandets pro-dukter utbjudas till billigare pris än i Åbo. Dessa fördelar godt-gjorde i fullt mått besvärligheterna af en längre sjöresa och så småningom utvecklade sig affärsförhållandena därhän, att de öster-bottniska borgarene utkorade Stockholm till sin egentliga stapelstad. Ur Åbo stads riksdagsbesvär ljuder som ett genomgående grundmo-tiv klagan öfver att den norrbottniska handeln, hvarpå staden var „funderad" och hvarur den hämtat sin bärgning, altmera gick bor-gerskapet ur händerna [2]. Borgarene sågo redan i andanom den tid

---

[1] Resol. 16 maj 1651 i saml. Åbo stads besvär. Året förut hade Brahe ut-satt Gamla- och Nykarlebys marknader till Olaidagen, Uleåborgs till Laurentiidagen. Leinberg, Bidr. t. känn. om vårt land V: 44—45.

[2] Att i siffror söka angifva beloppet af varuutbytet mellan Åbo och Öster-botten är numera mer än vanskligt. Enligt uppgifter, som välvilligt meddelats mig af magister T. S. Dillner, utfördes år 1615 från Åbo till Norrbotten, Hudiksvall och Gefle bl. a. 5140 alnar blaggarn, 4366 aln. lärft, 1256 aln. valmar, 162 Lℳ hampa, 54 Lℳ lin, 1164 t:r salt, 20 Lℳ humla, 6 oxh. vin, 395 t:r spannmål; följande år utfördes till Norrbotten samt inländska städer (utom Stockholm, Öregrund, Gefle, Ivangorod och Nyköping) 289 t:r spannmål, 1,000 t:r salt, 70 Lℳ 3 säckar humla, 1050 aln. lärft, 1320 aln. blaggarn, 178 aln. valmar m. m. Från Norrbotten inför-des, likaledes enligt Dillners beräkningar, år 1613 2496 t:r tjära, 1026 t:r fisk, 135 t:r smör, 972 st. hudar och skinn, 80 fat tran; år 1615 från Norrbotten, Stockholm och

vara hart nära, då deras stad, den första i landet, skulle „transmuteras uti en fläck och landsstad". Det enda sättet att återupprätta handelsförbindelserna med Österbotten var att hindra de österbottniska städernas seglation på Stockholm och inskränka densamma till Åbo. Det var ett radikalt medel och själfva medlets föreslående vågadt, då förslaget ju innebar ett hot mot det öfvermäktiga handelsmonopol rikets hufvudstad åtnjöt. Men nöden dref borgerskapet att våga försöket och en gång gjordt förnyades det flere gånger. „Såsom vi icke fördrista oss samma [österbottniske] handel på det sättet igen att begära — hette det i besvär af år 1659 — som han för detta af ålder varit hafver, näml. att [vi] obehindradt må handla med landtmännen, utan på särdeles privilegierade tider och marknadsplatser; länder fördenskull till E. K. M. vår underdån. begäran, E. K. M. allernådigst täktes oss ofvanbe:te den österbottniska handel uppå Åbo såvida att restringera, att de österbottniske städer, såsom äro Ny- och Gamlakarleby med Vasa, Kristinestad med Jakobstad, måtte påläggas med deras varor och köpenskap att segla uppå Åbo allena och där deras nederlag hafva, eftersom vi tillbjude och utfäste, att vilja dem med så gode varor fournera och det värdet gifva, som de på andra orter bekomma kunna". En annan gång — år 1693 — förmälde borgerskapet, „att sedan den norrbottniska handeln staden ifråntagen blef, däruppå dock den förnämligast funderad är, och till Stockholm transporterad, hafver den i mangel af last icke förmått hålla seglationen vid makt, som en stapelstad anstår eller kunnat sig något skepp upphandla". För att förekomma stadens undergång och „maintinera seglationen" anhöllo borgarene såväl om Kristinestads, Vasas, Ny- och Gamlakarlebys samt Jakobstads handels transporterande till Åbo som ock om en förhöjning i

---

Öregrund 2883 t:r tjära, 493 t:r fisk, 96 t:r smör, 1109 st. hudar m. m. Enligt i finska statsarkivet befintliga räkenskaper n:is 236—237 öfver utföringen från Vasa, Pedersöre och Uleåborg, räkenskaper som omöjligen kunna upptaga hela exporten, utfördes år 1620 till Åbo från Vasa 17 läster tjära, från Pedersöre 94 t:r tjära, 12 t:r smör, något tran och fisk, från Uleåborg 104 läster tjära, 56 t:r smör, 27 t:r lax, 54 decker hudar, 12 timber gråskinn samt något tran och torr fisk. — I räkenskaper öfver reddtullen vid Åbo slott upptages såsom inkommet från Österbotten följande poster: från Vasa 369 läster tjära, 26 ¹/₂ t:a smör, 423 ko- och kalfhudar, 20 åmar 14 fat 60 t:r tran, 27 mesor och 52 st. träkäril; från Nykarleby 33 l. tjära, 2 t. smör. 10 hudar; från Uleåborg 36 l. tjära, 4 t. fjäder, 1 ¹/₂ t. lax; från Gamlakarleby 13 l. tjära, 3 kohudar, ¹/₂ t:a smör, 7 t. tran; från Pedersöre 40 l. tjära; från Salo 13 l. tjära, 14 t. smör, 25 t. råg, 5 t. lax; från Norrbotten (här = Österbotten i allmänhet) 75 l. tjära, 34 t. smör, 30 t. lax, 6 t. tran, 36 L℥ gäddor, 11 hudar, 2 t. fjäder. (Jmfr. Lindholm a. a. 137—138).

stadens anpart i tjäruexporten, „då de i underdånighet försäkra sig
med tjänlige farkoster att förse, på det de icke måge förorsakas sig
salt och vin etc. från Stockholm såsom af andre eller tredje handen
förskaffa, utan själfva sådant ifrån utländska orter inkomma låta,
hvarigenom både handeln, som [de] i mangel af seglationen hafver en
tid måst låta, kunde igen upprättad blifva och hädanefter bättre
florera än härtill och E. K. M. icke mindre däraf en stor nytta än
E. K. M:ts undersåtar här i Finland en märkelig uppkomst hafva
skulle".

Resultatet på ansökningarna blef alltid detsamma, endast for-
men för afslaget varierade. Än svarades kort om godt, att förra
privilegier skulle upprätthållas. Än utlofvades en undersökning af
resp. ämbetsvärk. Än bifogades till afslaget den förmaning till bor-
gerskapet, „således med de österbottniske att omgå i deras handel och
saltets samt andra nödiga varors försäljande emot dem så moderera
och efter billigheten tillämpa, att de icke må förorsakas hällre hit på
Stockholm än till dem att segla". År 1643 erhöllo åboboarne
en näsbränna, som var afsedd att för framtiden afhålla dem från
fortsatta bemödanden i samma syfte. I resolution, som gafs på
riksdagen nämda år, försäkrade regeringen, att hon alltid vinnlagt
sig om, „att städerne i riket måge blifva behållne och uti handel och
vandel tilltaga, och på sin sida intet låtit fela, såväl sine trogne un-
dersåtar i Åbo som andra städernes borgerskap vägen till ett och
annat hälsosamt näringsmedel [att angifva], såsom ock esomoftast på
deras underdåniga ansökande hulpit under med goda råd och betedt dem
uti deras anliggande all konglig benådning uti alt skäligt och görligt,
såvida riksens tillstånd det hafver medgifva kunnat". Regeringen
kunde därför icke underlåta att uttrycka sitt stora misshag öfver
att borgerskapet kunnat för sin egen uppkomst föreslå sådana ut-
vägar, „som icke allenast äro andra städer prejudicerlige, utan ock
vid denna tid impraktikable". Som i Österbotten flere städer grund-
lagts — heter det vidare — „de där måste hafva sin näring, han-
del och tillväxt af dess omliggande socknars afvel och tillförsel, så
vore det icke allenast ett oskäligt tvång och pålagdt ok, om en hel
provins skulle för en stads eller några få personers fördels skull och
på det sättet som borgerskapet i Åbo begäre restringeras på Åbo
allena, utan skulle ock oundvikligen lända Österbottens städer till
undergång, hvilkets konservation och gode välstånd H. K. M. icke
mindre än andra sina undersåtars erhållande aligger att bära försorg
och åhåga före". Isynnerhet ogillade regeringen, att stadens magi-
strat icke haft takt och besinning att afhålla borgerskapet från det

steg som tagits. „Och efter både dem och de österbottniske fritt står och lofgifvet är — säges det till slut — att handla med hvarandra efter lag, laga stadgar och handelsordinantien, så skulle detta besväret dels därmed märkeligen vara till att remediera och afhjälpa, om de själfva därhän bearbeta och beflita sig om att sålunda uti köp- och säljande möta och traktera hvar och en, att de därigenom kunna fa lust och vilja sig till dem med deras gods att förfoga och det där i staden föryttra". Det var bäska piller för magistraten och borgerskapet, och de hade också den värkan, att det räkte ända till 1659, innan förslaget åter upptogs. Att regeringens svar icke dikterats allenast af hänsyn till Österbotten, utan att Stockholms handelsintressen vägt lika mycket i vågskålen, om de också icke berördes i resolutionen, behöfver knapt påpekas [1]).

Med harm i sinnet måste Åbo borgerskap finna sig i att farleden till Stockholm förblef den stora allfarsväg, på hvilken de österbottniska köpmännen och äfven bönderna sökte afsättning för sina varor, medan endast en ringa del af den österbottniska handelsflottan styrde sin kurs öfver Erstan in i Aura å. Och borgarene nödgades därtill passivt åse, huru en del skutor sökte sig ännu en tredje marknadsled, till de baltiska sjöstäderna. I privilegiebrefven för Vasa och Uleåborg hade åt dessa städers borgare beviljats rättighet att segla till Reval, Narva och de livländska städerna, men genom köphandelsordinantien hade detta tillstånd annullerats och de österbottniska städernas seglats söder om Stockholm och Åbo blifvit förbjuden. I trots häraf pågick en icke obetydlig handel på den förbjudna marknaden och regeringen, som bestormades af de österbottniska köpstadsmännen med böner om hjälp, icke allenast blundade för denna smyghandel, utan tog densamma tidtals i sitt nådiga beskydd. År 1624 erhöll t. ex. Vasa, åren 1663, 1669 och 1676 samtliga österbottniska städer frihet att besöka de baltiska hamnarna. Friheten gafs visserligen hvarje gång endast provisoriskt på en kortare tid samt med särskilda densamma inskränkande förbehåll, men en gång medgifven begagnades seglationsrätten i vida större utsträckning än som tillstadt var och utan hänsyn till någon tidsbegränsning [2]).

Dessa uppenbara afvikelser från det herskande systemet satte, begripligt nog, sinnena i jäsning i Stockholm och Åbo, hvilka städer ju mottagit på entrepenad förmedlingen af Österbottens varuut-

---

[1]) Resol. för Åbo 21 nov. 1635 § 1, 9 juli 1636 § 6, 20 mars 1638 § 6, 2 dec. 1643 § 1, 9 mars 1660 § 1, 12 okt. 1661 § 2, 18 nov. 1693 1 (för borgersk.); Åbo stads besvär.

[2]) Aspelin s. 202—211.

bytet med den öfriga världen. Än sökte åboboarne att utvärka ett upphäfvande af österbottningarnes friheter, än åter åtnöjde de sig med den fordran, att österbottningarne skulle obligeras att först utbjuda sina varor i Åbo innan de tillätos att segla vidare. Regeringen svarade, att handelsordinantierna skulle hållas vid makt och „att ingen må prejudicera den andra mot privilegiernas klara innehåll, utan så den ena som den andra staden sig därefter i seglation och deras handel rätta och förhälla". De undantagsförmåner, som medgifvits de österbottniska borgarene, borde icke oroa åboboarne, ty de voro ju af öfvergående art, och dessutom kunde klagandene trösta sig med att dessa undantag inneburo uppoffringar jämväl för själfva hufvudstadens köpmannakår [1]).

---

[1]) Resol. 20 mars 1633 § 2, 31 aug. 1664 § 12, 11 nov. 1680 § 3, 20 dec. 1682 § 11, 18 mars 1689 (N:o 2) § 1.

IX

Konkurrens med städer och allmoge.

i ha i föregående kapitel vid framställningen af den norr-bottniska handeln kommit att beröra ett sakförhållande, som allmänt karaktäriserar merkantilsystemets tidehvarf: konkurrensen och afunden städerna emellan, sträfvandet att så mycket som möjligt inskränka grannstädernas handelsprivi-legier och i samma mån öka sina egna.

Merkantilsystemet åsyftade att efter ett noga afvägdt program fördela det kommersiella arbetet städerna emellan samt att för hvarje stad anslå ett sorgfälligt kringgärdadt handelsområde, inom hvilket borgarene kunde utveckla sin affärsförmåga oberörda af kon-kurrenter från andra orter. Huru välvist regeringen än sökte att fastslå gränspålarna, visade det sig alltid, att någon del af gränsen blef dragen på ett sätt, som stridde mot gammal häfd och som väkte misshag antingen på ena eller på hvardera sidan om linien. Den otjänliga gränsen gaf anledning till ständiga kommersiella fäjder, till ströftåg på grannens hälgade gebit, till öppna och hemliga kränk-ningar af hans välfångna fri- och rättigheter. Som oftast fortsat-tes striden inför regeringens forum, hvarvid bakom riksdagskulis-serna ett intrigspel utspann sig, som ofta hotade och någon gång t. o. m. ändades med stadsprivilegiernas upphäfvande för den sva-gare af de konkurrerande parterna.

Såsom förut blifvit anmärkt, hade Åbo sin svåraste konkurrent i Stockholm och så godt som öfver hela linien utföll konkurrensen illa för staden. Vid sjuttonde seklets början innehade åboboarna, på grund af kongliga resolutioner af åren 1569 och 1590 rätt att med sina skutor styra genom Söderström in i Mälaren och afyttra sin last af fisk och annat i Mälarstäderna. Därvid skulle dock iakttagas, att intet landsköp bedrefs och att Stockholms privilegier icke kränktes [1]). Denna handel var för Stockholms borgare en ständig källa till förargelse. Tidt och ofta antastade de Åbo-borgare, beskyllande dem för olaga köp, medan de själfva icke skydde att idka fiske inom Åbo stads rayon. Genom H. o. S. O. 1614 förbjöds slutligen infarten till Mälaren. De Åbo stads skutor, som seglade öfver Ålands haf, måste numera afyttra all sin last i Stockholms hamn. Mycket djupare än detta nederlag kändes emellertid förlusten af den norrbottniska handeln. I trots af alla försök att leda densamma in i de gamla spåren och att göra Åbo till Österbottens exportort, förblef Stockholms herravälde orubbadt och föredrogo österbottningarne att söka afsättning för sina produkter i den svenska hufvudstaden. Om repressalier i anledning af Åbo borgerskaps angrepp talas i allmänhet icke i riksdagshandlingarna. I början af seklet gjordes visserligen anspråk på uppfyllandet af stadslagens bud, att „alle af Finland (utan Åbo byamän), af Nyland etc. skole hvarken sin marknad med skipum drifva, utan i Stockholm vid 40 ℳ sak", men sedan köphandelsordinantierna på ett så gynnsamt sätt bevakat Stockholms handelsintressen, åtnöjde sig borgerskapet med att endast försvara sin ställning mot angreppen från de af sakernas nya ordning hårdt träffade provinsstädernas borgare.

Det spända förhållandet till Stockholm hindrade emellertid icke Åbo-borgarene från att fortsätta sina gamla handelsrelationer med hufvudstaden. I den rad af finska, isynnerhet västfinska och österbottniska skutor, som ständigt låg förtöjd i Stockholms hamn, syntes ofta farkoster från Åbo. Om antalet af dessa farkoster lämna räkenskaperna öfver den inländska tullen intill slutet af 1610:talet några spridda upplysningar. År 1606 upptagas 2 båtlaster från Åbo, 1607—9, 1608—15, 1614—40 och 1615—9, mest inrymmande handslöjdsalster, såsom lärfter och garn, samt lifsförnödenheter [2]). Senare uppgifves exporten af kött och lefvande boskap till Stockholm varit ansenlig. Såsom förut påpekats, sökte myndigheterna i Åbo att inskränka denna export, emedan den hade till följd köttbrist i Åbo. Den hämmades emellertid icke häraf, icke häller af det ofta öfverklagade missförhållande, att vid Blockhusudden lilla tull måste erläggas tvänne gånger för boskap, som andra gången fördes till staden [3]).

---

[1]) K. resol. 8 aug. 1569, 27 maj 1590.
[2]) Sv. kammarkollegii arkiv.
[3]) K. resol. 31 aug. 1664 § 20, 18 mars 1689 (n:o 1) § 10.

Af större betydelse än varuexporten till Stockholm var införseln från denna stad. Under seklets första decennier synes denna import icke antagit nämnvärda dimensioner, då köpmännen ännu mäktade att på egna eller på förhyrda skepp införskrifva sitt behof direkte från utlandet. Men fr. o. m. seklets midt, då den egna handelsflottan så godt som upplösts, torde det alt oftare förekommit, att Åbo köpmän fournerade sig hos sina välförsedda kolleger i Stockholm. Om den nöd som uppstod i Åbo, då regeringen på 1670:talet förbjöd åboboarne att taga sitt salt från Stockholm, enär stapelstadsrättigheterna medförde förpliktelse att vända sig direkt till utlandet, har redan varit tal.

Med öfriga svenska städer förekom ingen nämnvärd konkurrens eller beröring. Väl klagade, såsom förut framhållits, åboboarne öfver det förfång borgare från Arboga, Sigtuna och Uppsala gjorde inom stadens fiskeridistrikt genom uppköp hos skärgårdsallmogen, men denna konkurrens torde icke medfört synnerliga förluster. Genom H. O. 1614 afkliptes Åbo borgares därförinnan pågående handelsfärder till Mälarstäderna.

Med de närbelägna västfinska småstäderna Nådendal, Nystad, Raumo och Björneborg kom det ofta till konflikter. I förhållande till dem försökte borgerskapet i Åbo att förvärfva sig samma dominerande ställning som rikets hufvudstad intog gentemot provinsstäderna.

Den närmaste grannstaden Nådendal var en obetydlig uppstad, en „fläck", såsom det hette i tidens språk, och kunde icke uppehålla någon allvarlig konkurrens med Åbo. Det nära grannskapet gaf emellertid anledning till smärre förvecklingar, hvilka högeligen förargade borgarene i Åbo. Med en stad som Nådendal tykte desse att processen kunde göras kort och de skydde icke för medel, som h. o. h. befriade dem från den besvärliga skråköpingen. Redan under Gustaf Vasas tid hade åboboarne föreslagit indragandet af Nådendals marknad samt stadsboarnes förflyttning till Åbo. Enahanda åtgärder förordades under det följande seklet, ehuru utan framgång. På riksdagen 1654 gjordes hemställan om upphäfvandet af den seglation nådendalsboarne bedrefvo; 1661 föreslogs, att Nådendal måtte förvandlas till en förstad till Åbo. År 1693 gjordes ett förnyadt attentat. Man undvek att direkt petitionera om stadsprivilegiernas upphäfvande, men man föreslog några förberedande åtgärder, hvilka i sin tillämpning småningom måste leda därtill. För det första anhöllo åboboarne, att inga nyborgare mera måtte tillåtas att slå sig ned i Nådendal; vidare att Nådendals marknad fastlagstiden skulle transporteras till Åbo samt att Nådendals rådstugurätt skulle ersättas med en kämnärsrätt och staden ställas under Åbo borgmästares och råds jurisdiktion. Petitionen motiverades därmed, att sta staden var „föga ansenligare än en bondby, därest en hop bondedrängar sig nedsätta och sedan med hvarjehanda köpenskap resa omkring landet, där de äro komne ifrån och där väl bekante". Vid en följande år hållen rådplägning med landshöfdingen i länet yrkade magistraten på fastlagsmarknadens förflyttning, enär de bönder, hvilka besökte denna marknad, ändock voro tvungna att besöka Åbo för att förse sig med köpmansvaror. Äfven på andra sätt visade Åbo borgerskap sin öfverlägsenhet gentemot den svaga rivalen. I en till Per Brahe stäld böneskrift, synbarligen tillkommen omkr. år 1654, anförde de „fattiga Nådendals fläcks innevånare" bl. a., att borgmästare och råd i Åbo utvärkat hos landshöfdingen örbud mot deras resor på landet, att deras gods blifvit utan någon anledning arresteradt och att en rådman jämte kämnären i Åbo företagit sig att på eget beväg anställa husundersökningar i Nådendal. Dessa kollisioner hindrade emellertid icke de tvänne städernas borgare att ömsesidigt understödja hvarandra mot gemensamma konkurrenter. År 1650 Åfattades den öfverenskommelse att betjänte från Nådendal skulle biträda Åbo stads handelsinspektorer vid landsköpets stäfjande. Af det gods, som arresterades genom tillgörande af bägge städernas fullmäktige, skulle $^3/_4$ tillfalla Åbo stad och dess uppsyningsmän, $^1/_4$ Nådendal. Hvad nådendalsboar ensamme arresterade skulle delas jämt städerna emellan[1]).

I medlet af sextonde seklet hade Åbo borgerskap sökt utvärka ett kungligt påbud om borgarenes i Raumo och Björneborg (Ulfsby) förflyttning till deras stad och hade äfven lyckats bringa det så långt, att deras hemställan understöddes af ett till Åbo år 1547 sammankalladt möte af adelsmän, präster och borgare. Numera var förhållandet till de tvänne städerna jämförelsevis godt, ehuru konflikter ingalunda uteblefvo. I 1617 års handelsordinantie hade åt borgarene i Raumo medgifvits rättighet att segla till utlandet på egna skutor och med inhemskt manskap. Denna rätt borttogs 1636, men återgafs delvis år 1641, då den gamla trävaruexporten till utlandet frigafs, men borgarene förbjödos att hemföra från sina resor annat än salt och penningar. För Åbo-borgare var denna eftergift icke i

---

[1]) Grotenfelt, Suomen kaupasta s. 49, Leinberg, Bidrag V: 36—38; resol. f. Åbo 7 aug. 1654 § 5, 12 okt. 1661 § 6, 18 nov. 1693 (för borgersk.) § 2 och (för magistr.) § 13; riksd. besvär; rådst prot. 24 apr. 1650, 29 okt. 1694.

smaken och 1647 ingingo de till regeringen med anhållan om att Raumos och Björneborgs utrikesseglation måtte inställas och deras exportartiklar afyttras allenast i Åbo. Regeringens svar vittnar om ett raptus af ovanlig frisinthet. Åboboarnes anhållan kunde, hette det, icke tagas i konsideration „hälst emedan all handel i sig själf är af fri natur och fritt och otvungen vill idkas och drifvas". Supplikanterne tillhöllos att „göra sin flit, att med godt manér kunna locka björneborgs- och raumoboerne till sig med deras handel, hvilket bäst låter sig därigenom praktisera, att borgerskapet med dem i köp och säl väl umgå och dem så i ett och annat accommodera med alla nödtorfter, att de själfviljande borgerskapet med sina varor gärna besöka". Senare ha åboboarne klagat öfver att borgarene i Raumo och Björneborg icke åtnöjde sig med att exportera träkäril och importera salt, utan jämväl utförde och uppköpte andra varor, hvilka lagligen borde gå genom stapelstadsköpmännens händer. Regeringen lofvade upprätthålla författningarna och biföll år 1661 till Åbo borgerskaps ansökan att de af grannstädernas borgare, hvilka utförde träkäril, skulle för kontrollens skull förplikas att erlägga sin tull i Åbo. Men raumo- och björneborgsboarne fortsatte icke desto mindre att tolka sina privilegier på det friaste sätt [1]).

Oftare stördes grannsämjan med Nystad. Mot Åbo borgerskaps enträgna protester hade Nystad anlagts år 1617 i en trakt, där allmogen af gammalt hade vant sig vid ifrig köpenskap samt långväga handelsfärder till lands och sjöss. Allmogens gamla traditioner följdes troget af den nya stadens borgerskap, som i afseende å den utländska seglationen åtnjöt lika rättighet med innebyggarene i Raumo och Björneborg. Stadens enda lagliga exportartiklar voro sålunda efter år 1641 trävaror och enda importartikel salt. Att affärer dock gjordes äfven i andra brancher, framgår tydligen däraf, att samma anklagelser för olaga handel, som riktades mot Raumo och Björneborg, i kanske ännu högre grad gälde Nystad. Med grämelse sågo Åboborgare dessutom att nystadsboarne, lika väl som björneborgarene och raumoboarne, utförde större delen af sina försäljningsartiklar till Stockholm i stället för att afyttra dem i Åbo, som ju skulle vara handelsmetropol för västra Finland. Då nystadsboarne besvärade sig öfver att Åbo borgare med våld ville förhindra dessa resor, afgaf regeringen ett utslag, som gaf klagandene full rätt och skarpt tadlade åboboarne för deras trakasserier. Åbo borgare tillråddes

---

[1]) Grotenfelt s. 54; Stiernman, Commercef. I: 691, II: 67, 311; resol. f. Åbo 26 febr. 1640 § 4, 29 mars 1647 § 4, 9 mars 1660 § 5, 12 okt 1661 § 5, 7

att uppehålla sådana priser, att nystadsboarne icke fingo anledning att segla längre bort.

En ständig källa till misshälligheter mellan Åbo och Nystad var vidare den s. k. tavasthandeln. Det har redan nämts, hurusom Åbo genom de för dess räkning år 1638 inrättade marknaderna i Tammerkoski en tid beherskade handeln i nordöstra Satakunta och angränsande delar af Tavastland, men huruledes Nystads borgare år 1653 utvärkade en kungl. resolution, som öppnade marknaderna äfven för dem. Sedan denna fråga afgjorts, uppflammade en strid om tiden för Nystads marknader, en tvist, som år 1660 officielt afgjordes till Åbos fördel, men de facto icke medförde åt staden de väntade fördelarna i afseende å tavasthandeln. Ett decennium senare gjorde Åbo ett fåfängt försök att få nystadsboarnes marknadsfärder åt Tavastland stämplade såsom landsköp och på denna grund h. o. h. förbjudna. En ljusare framtid tyktes öppna sig år 1681, då det lyckades Åbo borgerskap och andra antagonister till Nystads handel att utvärka en kungl. resolution, som annullerade Nystads stadsprivilegier. Glädjen förbyttes snart nog till sorg, ty redan samma år förmåddes konungen af andra inflytanden att återkalla dödsdomen öfver Nystad samt att tilldela Åbo borgerskap en varning för dess afundsjuka. Segern var emellertid dyrköpt för Nystad, ty den vanns med en längre tids förlust af seglatsen på utrikes ort. Konkurrensen om tavasthandeln fortgick sedermera utan att något tillfredställande modus vivendi kunde uppnås. I det hela torde den utfallit till större fromma för Nystad än för den mäktigare medtäflaren [1]).

Med andra städer i landet har det icke kommit till förvecklingar af nämnvärd art. Viborg låg för aflägset och hade sitt eget handelsgebit, så att kollisioner knapt kunde ifrågakomma. Förhållandet till Borgå grumlades par gånger i anledning af borgåboarnes försök att utestänga Åbo-borgarene från marknaden i Lojo samt trettondagsmarknaden i Borgå. Regeringens utslag föllo till förmån för Åbo [2]). Tvistigheter med Helsingfors omnämnas icke [3]). På landtdagen i Helsingfors 1616 klagade Ekenäs borgare öfver att Åboboar uppslogo bodar och idkade handel alldeles i deras grannskap, hvarjämte de uppköpte „all den fisk där faller, så att de ingen bekomma, hvarutaf de uti deras handel och dagliga näring mycken skada och förfång lida". Konungen svarade med att strängeligen förbjuda

---

[1]) Jmfr. K. A. Cajander, Tavasthandeln och Nystad; Vaaranen saml. af urk V: 5); Resol. f. Åbo 26 febr. 1640 § 4, 12 okt. 1661 § 5, 23 sept. 1675 § 4 m. m.

[2]) Kongl. resol. för Borgå 27 sept. 1675, 20 dec. 1682.

[3]) Ehrström, Helsingfors stads historia.

bägge missbruken. Senare, på riksdagen 1680, gjorde Ekenäs ett fåfängt försök att utvärka Lojo marknads stängande för Åbo borgare [1]). Från Tavastehus inlupo särskilda gånger klagomål öfver att åboboar bedrefvo landsköp i omnäjden och isynnerhet öfver att de vid tiden för stadens marknad uppköpte boskap utanför staden och bortförde kreaturen utan att passera tullporten [2]).

* * *

Framkallade de västfinska småstädernas konkurrens bittra känslor hos borgerskapet i Åbo, så var den vidsträkta bondeseglation, som förekom i de västfinska socknarna, ännu mindre tolererad. Det grämde i allmänhet borgerskapet, att bönderna i socknar, som af gammalt ansågos höra till Åbo stads speciella handelsområde, förde sina produkter till andra städer och gjorde i dem sina uppköp. Men isynnerhet vände sig förbittringen mot skärgårdens och kustsocknarnas allmoge, som vanligen utsträkte sina färder till städerna hinsidan Bottniska viken och Östersjön.

Redan under medeltiden hade denna kustbefolkning vant sig att finna ymnig afsättning för sina varor i Stockholms hamn och, i trots af åtskilliga trakasserier och öfvergrepp från Stockholms-borgares sida [3]), hade dessa färder fortgått i oförminskad skala. När tidsförhållandena det tilläto, plägade bönderna söka högre priser för sina produkter i de baltiska och hanseatiska sjöstäderna. Exportvarorna utgjordes hufvudsakligast af skogens, sjöns och ladugårdens afkastning, men äfven af slöjdartiklar. Isynnerhet voro bönderna i Kalais, (d. v. s. näjden kring Nystad) kända för stor färdighet i tillvärkningen af träkäril och de hade denna industri att tacka för det namn, hvarunder de gemenligen gingo, vakkasuomalaiset, vakkafinnar. Med Gustaf Wasas regering blef denna bondeseglation ställd under styrelsens närmare kontroll och föremål för en mängd lagstiftningsåtgärder. Till en konsekvent fullföljd taktik kom det från regeringens sida icke under de första Wasakonungarne, men i hufvudsak tenderade regeringens politik att göra en ända på böndernas seglats till orter utom riket, åtminstone till att förhindra utförseln af lifsförnödenheter. Däremot fann regeringen alt behag i seglationen till Stockholm [4]). Vid ingången af sjuttonde seklet befinnas vakkafin-

[1]) Vaaranen, Saml. af urk. V: 112 och Landtdagen i Helsingfors 1616 s 72; resol. f. Ekenäs 11 nov. 1680; Åbo rådst. prot. 5 maj 1671.
[2]) Res. f. Tavastehus 11 nov. 1680, — — — 1693.
[3]) Se Sillén V: 3.
[4]) Grotenfelt, Suomen kaupasta ja kaupungeista s. 50—51, 133—142.

narna ha ägt rättighet att utskeppa till Tyskland träkäril och att
därifrån införa „salt och annat, hvad som de till deras eget behof
behöfva". Efter hvad borgerskapet i Åbo, Raumo och Björneborg
vid särskilda tillfällen, bl. a. på landtdagen i Helsingfors 1616, in-
tygade, plägade bönderne i Nykyrko, Kalais, Vemo och Letala jämte
träkärilen utskeppa allehanda landtmannaprodukter, dem de utbytte
mot köpmannavaror icke allenast för eget behof, utan jämväl för be-
drifvande af köpenskap med egna och andra socknemän. I anledning
af dessa beskyllningar påbjöd Gustaf II Adolf, att bönderna i nämda
socknar såväl som skärgårdsallmogen skulle vid sin afresa till ut-
ländsk ort och likaledes vid sin hemkomst underkastas visitation af
kronans tjänare [1]· Handelsordinantien af 1617 medgaf allmogen
på Åland, Korpo, Rimito, Töfsala, Nagu, Kimito, Tenala och i ny-
ländska skärgården att utföra bondevaror till alla sjöstäder i Fin-
and, Estland och Ingermanland, men till Sverge allenast till Stock-
holm. För undvikande af landsköp förbjöds bonden att uppköpa
exportartiklar af sina grannar, socken- eller häradsmän, samt att till
handla sig i städerna mera än han tarfvade till sitt eget husbehof.
De norr om Töfsala boende socknemännen — i Nykyrko, Kalais.
Letala, Lappo och Vemo — omnämdes alls icke, emedan deras seg-
lation skulle öfvertagas af det just grundlagda Nystad, och de hvilka
ville fortsätta sin seglation anvisades att bosätta sig i denna stad [2].
År 1635 tillätos Pyhämaa och antagligen samtidigt Letala seckne-
boar att segla med sina slöjdalster till Stockholm och andra inrikes
städer, sedan de i tre dagar utbjudit sin vara i Nystad. I början af
1650:talet beviljades seglationsrättighet på Stockholm åt Pargas.
Vemo, Nykyrko, Euraäminne, Piikkis, Sagu, Virmo, Bierno, Lemo
och Mietois [3]. Genom öppet bref af 1681 bekräftade regeringen
Vemo, Virmo, Lemo, Nousis, Nykyrko och Letala socknars urminnes
rätt till „sin seglation och handel med deras manufakturer, som bestå
af åtskilliga slags träkäril, såsom bunkar, ämbaren, såar och mera så-
dant, som intet kan räknas för någon stadsnäring eller köpmanshand-
tering" [4]. Vid särskilda tillfällen konfirmerades åt allmogen i Töf-

---

[1] Vaaranen, Saml. af urk. II: 200, V: 96—101, Landtdagen i Helsingfors
616 s. 71.

[2] Stiernman, Commerceförordn. I: 694—695; Vaaranen, Saml. af urk. V:
224—225.

[3] Palmén, Svensk—finska handelslagstiftningen s. 42—44; Lindholm, Finlands
ekonomiska tillstånd 1634 — 1654 s. 81—83; Cajander, Tavasthandeln s. 13.

[4] Riksreg. 14 febr., 5 juli 1681.

sala,¹ Pyhämaa och Euraåminne rättigheten att segla med sin afvel till Stockholm o. s. v. ¹).

Med förenade krafter ha borgerskapen i de västfinska städerna arbetat mot denna seglation. Lika ifrigt som de intrigerade mot hvarandra, då det gälde att vinna ett kommersielt privilegium, lika endräktigt stodo de hvarandra bi i kampen mot böndernas seglationsrättigheter. Bondeseglationen lände deras egen handel till största förfäng, synnerligen som bönderna ingalunda höllo sig inom de skrankor, med hvilka deras friheter omgärdats. En ständigt återkommande beskyllning mot bönderna var den, att de före sin afresa gjorde stora uppköp i socknarna och att de vid hemkomsten medförde en mängd köpmansvaror, som de utpränglade bland sockneboarna. Dessutom anfördes, att de socknemän, hvilka icke åtnjöto seglationsrätt, frestades att följa sina med nämda privilegium försedda grannars exempel, så att hela kuststräckan och skärgården de facto dref seglation på Sverige. I sina svar förklarade regeringen med större eller mindre eftertryck sitt misshag öfver de lagöfverträdelser bondeseglationen föranledde och anbefalde upprepade gånger landshöfdingen i länet att undersöka, hvilka bönder som ägde seglationsrätt och hvilka som gjort sig skyldiga till lagbrott. Men om ett återtagande af de medgifna privilegierna ville hon icke veta. Tvärt om tilldelades borgarene allvarliga förebräelser för att de djärfdes antasta bönderne i deras välfångna rätt, hvarjämte regeringen upprepade sitt ofta gifna råd, att borgarene skulle så reglera sitt förhållande till bönderne, att desse funno det förmånligast för sina intressen att besöka städerna i sitt landskap och icke söka marknad för sina produkter på längre håll. I resolution, gifven åt Åbo år 1642, undervisade regeringen borgerskapet, hurusom en restriktion af böndernas handel till deras egna städer skulle medföra ekonomisk ruin för landtmannen, hvars konservation och välfärd måste ligga regeringen lika varmt om hjärtat som städernas förkofran. „Emedan såsom borgerskapet — heter det vidare — icke sålunda möta landsmannen uti köp- och säljande, att han må vilja och åstundan hafva sig till dem att förfoga, utan såsom nu såväl som ofta tillförene blifver klagadt, att de stegra och dyrka sitt gods på det högsta och vanvyrda och sätta priset efter sin egen begäran på det landtmannen till salu förer, hvarför håller H. K. M. betänkligt nu och för denna tid allmogens seglationsfrihet att upphäfva,

---

¹) Resolutioner för Vemo härad och Vasaborgs grefskap 2 okt. 1675, för Raumo 9 nov. 1686.

till dess K. M. spörjer och förnimmer, att borgerskapet sig själfva
rätta och sätta sig uti det vilkor och lägenhet, att de på skäligare
sätt än för detta skedt är kunne och förmå landtmannen traktera, dä
H. K. M. vill på medel och vägar till b:te allmoges handels och
vandels afskaffande vara betänkt; och tviflar H. K. M. intet, att
när bonden således befinner hos dem i köp, säljande och betalning
den billighet, som vederbör, det han ju hällre kommer till Åbo än
med sin äfventyr och fara begifver sig till andra och vidare aflägna
orter" [1]).

Att döma af de seklet igenom fortgående klagolåten öfver
bondeseglationen ha de västfinska borgarene icke förstått att trak-
tera allmogen på det af regeringen förordade sättet. Och sant är,
att i de besvär allmogen å sin sida inlämnade ofta anträffas klago-
mål öfver att bönderne icke erhöllo i de egna städerna skäligt pris
för sina varor, att de uppehöllos af borgarene så länge att deras
last af fisk och annat hann förfaras, att borgarene genom konstlade
medel uppdrefvo priserna på sina artiklar o. s. v. [2]) Voro dessa
påståenden grundade, och det voro de väl ofta nog, så hade rege-
ringen all anledning att sörja för böndernas bästa genom att för-
unna dem ett vidsträktare marknadsfält. Men å andra sidan bör
ihågkommas, att städerna, på grund af den stränga arbetsfördelning
merkantilsystemet genomfört, för sin utkomst och förkofran just
voro hänvisade till de socknar, hvilkas innebyggare benådades med
större seglationsfriheter, samt att klagomålen mot dessa friheter i
väsentlig mån motiverades af de lagöfverträdelser, som följde den
lagliga bondeseglationen i spåren. Hvad regeringen i 1642 års reso-
lution anförde till förmån för bondeseglationen har nog kunnat starkt
invärka på regeringens hållning i afseende å densamma. Men dessu-
tom bör förklaringen därtill sökas i svårigheten att konsekvent, utan
beviljande af undantagsförmåner, fasthålla systemets grundsatser och

---

[1]) Resol. för Åbo 26 febr. 1640 § 1, 25 febr. 1642 § 3, 2 dec. 1643 § 2, 31
mars 1649 § 1, 8 nov. 1650 § 5, 7 aug. 1654 § 5, 9 mars 1660 § 4, 12 okt. 1661 §
3—4, 31 aug. 1664 § 13—14; för Nystad den 9 juli 1636, 27 sept. 1675, 20 dec.
1682, 18 nov. 1693; för Raumo 9 nov. 1686 o. s. v. I januari 1686 supplicerade bor-
gerskapet hos landshöfdingen att skäribönderna måtte förbjudas att på Henriks-
marknaden i staden uppköpa spannmål af landtmannen, emedan stor brist på varan
rådde i landet. Då ansökningen remitterades till magistraten, understödde några
ledamöter densamma, medan andra åter ansågo, att den stred mot gällande förord-
ningar_angående marknadsbesökandenes rätt till fri köpenskap. Ansökningen synes
icke ledt till något resultat. Rådst. prot. 18 jan. 1686.

[2]) Resol. för Masku, Haliko och Nedra Satakunta härad 2 okt. 1675,"Nedra
Satak. 18 nov. 1693 o. s. v.

att uttänka hjälpmedel för de olikartade, stridiga kraf, som från olika håll framstäldes. En bestämmande faktor i denna fråga, liksom i hela den ekonomiska lagstiftningen, var därjämte hänsynen till Stockholms handelsintressen. För dessa intressen var det af vikt, att tillförseln af landtmannaprodukter från Finland var så stor som möjligt och att denna tillförsel upprätthölls direkte af producenterne själfva och icke förmedlades af mellanhänder.

Trykta källor:

Arnberg, J. W., Om författningarne för svenska handelns upphjälpande under Gustaf II Adolphs regering. Upps. 1854.

Arnell, I., Swerikes stadzlagh. Sthlm 1730.

Aspelin, H. E., Wasa stads historia. Wasa 1892.

Bidrag t. Åbo stads historia, första serien. I—VII. H:fors 1884—91.

Biografinen nimikirja. Toimittanut Suomen Historiallinen Seura. H:fors 1879—83.

v. Bonsdorff, C., Hvad förstods med majmiseriet? (Hist. Arkisto XII.)

Cajander, K. A., Tavasthandeln och Nystad. Nystad 1890.

Carpelan, T., Åbo i genealogiskt hänseende. H:fors 1890.

Cossa, L., Einleitung in das Studium der Wirtschaftslehre. Übers. Freiburg im Breisgau 1880.

Cronholm, A., Sveriges historia under Gustaf II Adolphs regering. Lund 1857—72.

Dillner, T. S., Tabeller öfver Finlands handel 1570—1622 (i Hist. Ark. XIII.

Ehrström, E., Helsingfors stads historia. H:fors 1890.

Falkman, L. B., Om mått och vigt i Sverige. I—II. Sthlm 1884—85.

Fontell, A. G., Consistorii academici protokoller. H:fors 1883—87.

Flintberg, J. A., Bruksidkares, städers och borgerskaps ömse förmoner och skyldigheter. Andra delen. Sthlm 1789.

— — Borgerlige förmoner och skyldigheter. I. Sthlm 1786.

Fyhrvall, K. O., Bidrag till svenska handelslagstiftningens historia. I. Tjär-handelskompanierna. Sthlm 1880.

— — Om det bottniska handelstvånget (i Historisk Tidskrift 1882).

Grotenfelt, K., Suomen kaupasta ja kaupungeista ensimmäisten Vaasa-kunin kaitten aikoina. H:fors 1887.

Hallenberg, J., Gustaf II Adolphs historia. Sthlm 1790—96.

Hammarström, P. A., Om tullförhållandena mellan de skandinaviska rikena från äldsta tider till freden i Brömsebro 1645, med särskildt afseende på Öresundstullen. (I Lunds Universitets årsskrift, tom. XII.

Handlingar rörande skandinaviens historia, del. 31—32. Sthlm. 1850—51.

Ignatius, K. E. F., Finlands historia under Carl X Gustafs regering. H:fors 1865.

— — Muutamia tietoja Suomen kaupasta 16:nnella sataluvulla (i Hist. Ark. II).

Lagerström, M., Stockholms stads ordinantier. Sthlm 1731—34.

Lagus, W. G., Uppsats rörande tobak i Finlands Allmänna Tidning 1851.

Leinberg, K. G., Bidrag till kännedomen af vårt land. V. J:kylä 1890.

Lille, A., Anders Chydenius i förhållande till samtida nationalekonomer. H:fors 1882.

Lindholm, A. J., Bidrag till kännedom om Finlands ekonomiska tillstånd under tidskiftet 1634—1654. H:fors 1892.

Loenbom, S., Handlingar till konung Carl XI:tes Historia. Sthlm 1763—74.

Melander, K. R., Muistiinpanoja Suomen mitta- ja painosuhteista 15:satalu-vun loppupuolella ja seuraavan vuosisadan alulla. (I Historiallinen Arkisto XI.)

Naumann. Chr., Om landsköp. Lund 1838.

Odhner, C. T., Städernas och borgareståndets hist. Upps. 1860.

— — Sveriges inre historia. Sthlm 1865.

Palmén, E. G., Historisk framställning af den svensk-finska handelslagstift-ningen från Gustaf Vasas regering till 1766. H:fors 1876.

Schmoller, G., Studien über die wirtschaftliche Politik Friedrichs des Gros-sen und Preussens überhaupt von 1680 bis 1786. II. Das Merkan-tilsystem in seiner historischen Bedeutung; städtische, territoriale und staatliche Wirtschaftspolitik. (I Jahrbruh f. Gesetzgeb., Ver-waltung u. Volkswirtschaft 1884.)

Schwerin, F. B. v., Författningar rörande banko-verket. Sthlm 1828.

Sillén, A. W. af, Svenska handelns och näringarnas historia. IV. Under Wasaätten. V. Under de tre Carlarnes tidehvarf. Sthlm o. Upps. 1865—71.

Stiernman, A. A. v., Commerceförordningar. Sthlm 1747—66.

— — Riksdagsbeslut. Sthlm 1728—43.

Styffe, C. G., Instruktioner för landtregeringen. Sthlm 1852.

Tigerstedt, K. K., Handlingar rör. Finlands historia. H:fors 1849—50.

— — Bref från generalguvernörer och landshöfdingar i Finland. Åbo 1869.

Waaranen, J. E., Samling af urkunder. H:fors 1863—78.

— — Öfversigt af Finlands tillstånd i början af 17:de seklet. H:fors 1860.

— Landtdagen i Helsingfors 1616 och Finlands dåvarande tillstånd. H:fors 1862.

Wasström, N., Oeconomisk beskrifning öfver Åbo stad. Sthlm 1749.

Willgren, K., Om rätt att idka gårdfarihandel enligt finsk förvaltningsrätt. H:fors 1891.

Redcvisning
öfver
Sällskapets för utgifvande af bidrag till Åbo stads historia räkenskaper för år 1892.

INKOMSTER:

An Behållning från år 1891			3,976: 77
› 2 ständiga ledamotsafgifter	100: —		
› 178 ledamotsafgifter för år 1892 à 5 mk	890: —		
› 2 › › 1890 à 5 ›	10: —		
› 4 › › 1891 à 5 ›	20: —	1,020: —
› Försåldt 3 häften	15: —		
› › genom Waseniuska bokhandeln i Helsingfors	30: 40		
› › gonom G. W. Edlunds bokhandel i Helsingfors	25: 60	71: —
› Räntor		163: 50
› Till bestridande af kostnaderna för II ser. II häfte af Herr Fredric Rettig		3,000: -
		Fmf. 8,231: 27

UTGIFTER:

Per D:r Carl von Bonsdorffs räkning		3,400: —
› J. Simelii arfv. boktryckeri d:o		1,344: 55
› Algot Laurents bokbinderi d:o		148: 50
› Gravör Rud. Åkerbloms d:o		193: —
› D:o d:o		155: —
› A. Th. Nordgrens d:o		130: 50
› D:o d:o		36: —
› D:o ·d:o		16: —
› Fröken Alma Engbloms d:o		10: —
› Fotografen J. Reinbergs d:o		14: —
› Annonser och distribution i Helsingfors		16: 20
› A. W. Hammars räkning		40: —
› Frakt för böcker från Helsingfors		20: 60
› D:o till Stockholm		2: —
› Uppköpt 6 häften af I & II ser. à 6 mk		36: —
› Behållning till år 1893		2.668: 92
		Fmf. 8,231: 27

Förestående redovisning är af undertecknade granskad och riktig befunnen.

Ferd. Jusélius.   Julius Österblad.

Bidrag till Åbo stads historia, utgifna på föranstaltande af Bestyrelsen för Åbo stads historiska museum, utgå i tvenne serier. I den första serien, meddelas in extenso eller i förkortning intressantare urkundsamlingar och aktstycken, som tjena till belysande af stadens framfarna öden. Den andra serien omfattar allenast originalafhandlingar och bearbetningar af källorna.

De hittills utkomna häftena af »Bidragen» äro följande:

Första serien.

I. Utdrag ur Åbo domkyrkas räkenskaper 1553—1634. Utgifven af R. Hausen. Helsingfors 1884.

II. Utdrag ur Åbo stads dombok 1624—1625. Utgifna af Carl v. Bonsdorff. Helsingfors 1885.

III. Åbo stads dombok 1623—1624. Utgifven af Carl v. Bonsdorff. Helsingfors 1886.

IV. Utdrag ur Åbo stads dombok 1626—1632. Utgifna af Carl v. Bonsdorff. Helsingfors 1887.

V. Kyrkorådets i Åbo protokoll 1675—1689. Utgifna af Carl v. Bonsdorff. Helsingfors 1889.

VI. Utdrag ur Åbo stads dombok 1633—1634. Utgifna af George Granfelt. Helsingfors 1890.

VII. Utdrag ur Åbo stads dombok 1635. Utgifna af Torsten Hartman. — Hertig Johans af Finland diarium öfver utgångna bref. Meddeladt af K. G. Leinberg. Helsingfors 1891.

Andra serien.

I. Åbo stads historia under sjuttonde seklet. Af Carl v. Bonsdorff. Första häftet. Helsingfors 1889.

II. Åbo stads historia under sjuttonde seklet. Af Carl v. Bonsdorff. Andra häftet. Helsingfors 1892.

Pris för köpare 6 mark.

4

BIDRAG TILL ÅBO STADS HISTORIA

UTGIFNA PÅ FÖRANSTALTANDE AF

BESTYRELSEN FÖR ÅBO STADS HISTORISKA MUSEUM.

ANDRA SERIEN.

IV.

ÅBO STADS HISTORIA

UNDER SJUTTONDE SEKLET

AF

CARL v. BONSDORFF

FJERDE HÄFTET.

HELSINGFORS,
J. SIMELII ARFVINGARS BOKTRYCKERI AKTIEBOLAG.
1894.

Nya medlemmar

i

Sällskapet för utgifvande af bidrag till Åbo stads historia.

Ständiga ledamöter.

CRONWALL, A. M., Ingeniör, Åbo.
FORSELIUS, VICTOR, Bankdirektör, Åbo.
STÅHLBOM, PAUL, Handlande, Tammerfors.
Åbo Svenska klassiska lyceum.

Årsledamot.

CARPELAN, TOR, Friherre, Fil. kand., Helsingfors.

BIDRAG TILL ÅBO STADS HISTORIA
UTGIFNA PÅ FÖRANSTALTANDE AF
BESTYRELSEN FÖR ÅBO STADS HISTORISKA MUSEUM.
ANDRA SERIEN.

IV.

ÅBO STADS HISTORIA

UNDER SJUTTONDE SEKLET

AF

CARL v. BONSDORFF

FJERDE HÄFTET.

HELSINGFORS,
J. SIMELII ARFVINGARS BOKTRYCKERI AKTIEBOLAG,
1894.

SJÄTTE AFDELNINGEN.

HANDTVÄRK.

I.

Skråtvånget.

Under en diskussion i svenska riksrådet om näringarna i riket yttrade Klas Larsson Fleming, öfverståthållare i Stockholm och medlem af Kristinas förmyndareregering: „I Sverige kan man sig evertuera och blifva konung, men sämskmakare kan man intet blifva".

Detta paradoxala yttrande var nu icke afsedt att tagas alldeles efter bokstafven, men det innebar, i afseende å sin allmänna syftning, en ingalunda obefogad kritik af vissa karaktäristiska förhållanden inom tidens näringslif, och det förtjänar desto större beaktande som det fälts af en ledamot i styrelsen och en erkänd auktoritet i ekonomiska frågor. Dess udd var riktad mot de skrankor, som under merkantilsystemets tidehvarf voro lagda för arbetets frihet och för den enskildes rätt att på hederligt sätt lifnära sig med sina händers värk. Var, såsom vi i föregående afdelning redan sett, näringsfriheten inskränkt på det merkantila området, så var den ännu sorgfälligare kringgärdad på förädlingsnäringens gebit. Sträfvade handelsordinantierna att leda köpenskapen in i vissa öfverhetligen utstakade fåror och anvisade de för köpmännen de sauna källorna och de ofelbara medlen till enskildt och allmänt välstånd, så egnade åter skråförordningarna den mest minutiösa omvårdnad åt handtvärkarens lif och näring från hans första inträde i läran och intill hans hädanfärd.

Hvad som i främsta rummet kännetecknade tidens handtvärksnäring var skråtvånget eller skyldigheten för hvarje handtvärkare att vara immatrikulerad i en efter bestämda regler styrd korporation, s. k. ämbete, och att inom denna korporation ha genomgått vissa grader och aflagt vissa prof på yrkesskicklighet innan han tillstaddes att åt allmänheten hembjuda alstren af sin konst. Fallenhet för ett yrke, skicklighet och ordentlighet däri höfdes nog för den som ville bryta sig en väg på handtvärkets gebit, men af honom fordrades ock särskilda andra kvalifikationer, dem en senare tid ansett sig kunna utan förfång för yrket umbära. Saknades dessa kvalifikationer, hjälpte begåfning och färdighet till intet. Handtvärkareaspiranten fick i sådant fall se sig om efter utkomst på annat håll. Men fylde han de vilkor som kräfdes, lyckades det honom att vinna introduktion i ett legaliseradt handtvärkaresamfund, då var också hans framtida bärgning garanterad och hans arbete skyddadt för en farlig och ruinerande konkurrens.

Under medeltiden — för att kasta en återblick på äldre förhållanden — hade handtvärket till en början icke varit en uteslutande rättighet för en samhällsklass. I motsats till hvad förhållandet varit utomlands, där handtvärket ursprungligen handhafts af ofrie, hade i Sverige och i Finland såväl landtmannen som borgaren för sed att idka handtvärk och att drifva handel med alstren af sin hemslöjd. Landslagen lade intet hinder härför och i stadslagen ingick icke någon annan bestämning om handtvärkarene, än att ingen fick drifva mera än ett yrke. Eudast guldsmederna voro, enligt en författning af år 1485, för den nödiga kontrollens skull pliktiga att bosätta sig i städerna. Praktiska orsaker och närmast den större utsikten till varornas afyttring förmådde dock så småningom, alt efter som nya stadssamhällen uppstodo, handtvärkarene att till alt större antal öfvergifva sina boplatser på landsbygden och att ställa sig under stadsrätt. I den mån denna rörelse tilltog och den handtvärksidkande klassens antal i städerna ökades, framträdde bland utöfvarene af samma yrke en sträfvan att sammansluta sig till afskilda korporationer, organiserade efter en af medlemmarne antagen och af den världsliga öfverheten faststäld ordningsstadga. Egentlig styrka och betydelse erhöll dock denna associationstendens först genom inflytelser från utlandet och närmast genom inflyttningen af tyska mästare och gesäller, hvilka i stor mängd slogo sig ned i städerna och togo hand om landets förädlingsnäring. I Tyskland liksom annanstädes hade handtvärkarekorporationerna synbarligen utgått ur behofvet för idkare af samma yrke att genom gemensam sammanslutning ordna och befordra sina näringsintressen samt att i yrkesangelägenheter göra sig oberoende af sina herrar, vare sig att desse utgjordes af andlige och världslige store eller af städernas magistrater. — Senare hade — efter mönster af de äldre andliga och de s. k. skyddsgillena (convivia), ur hvilka flere författare velat härleda handtvärkareassociationernas ursprung — till samfundets uppgifter fogats kärleksvärk mot behöfvande medlemmar, sällskapligt umgänge, gemensam andakt o. s. v. Samma faktorer, som medvärkat till yrkesgillenas uppkomst i Tyskland, bidrogo till deras efterbildande i Sverige. På sina nya boplatser ordnade sig de främmande handtvärkarene efter bruket i hemlandet och då deras sträfvanden gynnades af monarkerna, hvilka genom privilegier ville skapa för riket nya yrken, dröjde det icke synnerligen länge, innan i Sveriges förnämsta städer ett antal fast organiserade korporationer af handtvärkare utbildat sig. Föreningen nämdes gille, sedan gemenligen ämbete (amt, ammet, officium), emedan den äldre uppfattningen i utlandet tillskref handtvärket en offentlig karaktär, betraktade detsamma såsom ett offentligt uppdrag, en kommunal befattning. Medlemmarne kallades ämbetsmän och stadgan nämdes skrå (skraa), ett namn som med tiden öfvergick till att beteckna själfva gillet. I afseende å organisation och värksamhet liknade de svenska ämbetena i hufvuddragen sina tyska förebilder, ehuru de i många stycken, i politisk och social betydelse, i pedantiskt reglementerande m. m., aldrig gingo upp emot dessa. Den fordran, som uppstäldes i Tyskland och som senare lades till grund för den svensk-finska handtvärkslagstiftningen, näml. handtvärksnäringens inskränkande till ämbetenas medlemmar, kunde endast i de största städerna och blott inom ett fåtal yrken under medeltiden med framgång upprätthållas. I Kristofers landslag tillerkändes full näringsfrihet åt landsbygden och i städerna fordrades i allmänhet icke annat kompetensvilkor än det i stadslagen föreskrifna burskapet [1]).

Ett stort antal handtvärkaregillen eller ämbeten omnämnas i Sverige under medeltiden, de flesta i Stockholm och Visby, och för en del af dem ha skrån bevarats intill närvarande tid [2]). Redan i dessa skrån, hvilka härstamma från medeltidens sista århundrade, igenfinnas de flesta af de bestämningar, hvilka under nya tiden reg-

---

[1]) Frågan om handtvärkareskrånas uppkomst och utbildning i de stora kulturländerna har varit föremål för djuptgående forskningar af en mängd lärde, såsom Hüllman, Eichhorn, Wilda, Maurer, Stieda, Schmoller, Gierke, Brentano m. fl. Referat af de skiljaktiga resultat, till hvilka dessa forskare kommit, meddelas bl. a. i Lundells „Om handtverksskrån", Bergfalks „Om svenska städernas författn. o. förvaltning", Odhners „Sv. städernas o. borgareståndets historia", Nordströms „Sv. samhällsförfattn. historia", Hildebrands „Sveriges medeltid" och „Medeltidsgillena i Sverige" samt senast i Ehrströms „Det finska skråväsendets historia". Den fullständigaste undersökningen rörande de medeltida gillena i Sverige har framlagts af Hildebrand i nyssnämda arbeten.

[2]) Trykta af G. E. Klemming i Svenska fornskriftsällskapets Samlingar, häfte 27, samt i samma sällskaps årsberättelser 1869 o. 1870.

lerade lifvet inom handtvärkarenes samfund och sörjde för handt-
värkarenes tekniska och sedliga utbildning. Från Finland har man
sig icke bekant något medeltida skrå. Måhända ha dock åtmin-
stone i Åbo, hvarest gärningsmän af tysk börd nogsamt förekommo
och där äfven några religiösa gillen kunnat uppvisas, föreningar,
ehuru mindre utvecklade, ingåtts handtvärkare emellan, om ock
egentliga yrkesgillen icke omtalas.

Under nya tidens första århundrade viker den handtvärksfri-
het, som därförinnan varit medgifven, och skråtvånget icke alle-
nast påbjudes i lag, utan vinner slutligen seger äfven i samhället.
Tillämpande jämväl på handtvärket de grundsatser om en allmänt
genomförd arbetsfördelning, hvilka vi funnit vara bestämmande för
den merkantila lagstiftningen, sökte Gustaf Wasa att koncentrera
handtvärkarene till städerna, i det han tillsade först idkare af vissa
yrken och slutligen år 1546 samtliga på landsbygden bosatta handt-
värkare, hvilkas kvarstannande icke var nödvändigt för menige mans
behof, att flytta in till städerna. För att rätt ordning måtte upp-
rätthållas, skulle idkare af samma yrke förena sig till ett ämbete
under uppsikt af åldermän, hvilkas plikt det var att „alltid hafva akt
och tillsyn med ämbetsmännerne, att de göra godt och ostraffeligt
värk". I särskilda skråordningar förbjödos de, hvilka icke vunnit
burskap och inträde i ett ämbete, att taga befattning med yrkets ut-
öfning [1]). Denna sistnämda bestämning, från hvilken nog många
undantag af konungen själf medgåfvos, har säkerligen icke kunnat
upprätthållas i Finland under Gustaf Wasa och hans närmaste efter-
följares tid; icke häller torde påbudet om åldermäns tillsättande ledt
till någon påföljd. Utöfvare af en mängd yrken påträffas nog,
några, såsom skräddare, skomakare och smeder, t. o. m. till ett icke
så ringa antal. Så upptager en skattlängd af år 1571 i Åbo 14 skoma-
kare, 10 skräddare, 7 tunnbindare, 5 guldsmeder, 5 murmästare, 8 sme-
der, 5 målare, 3 skinnare, 2 bältare m. m.; i Viborg namngifvas åren
1540 och 1541 7 skomakare, 4 skräddare, 3 bältare, 3 skinnare, 3 mur-
mästare, 6 smeder, 1 guldsmed m. fl. Men om någon skråmässig före-
ning under åldermän talas ännu icke, hvarken i Åbo eller annan-
städes [2]).

Konsekvenserna af Gustaf Wasas stadgar drogos af Carl IX.
Landsbygdens gärningsmän aflystes på två mils afstånd från stä-
derna och antalet af dem som bodde på längre håll fastställdes till

---

[1]) Stiernman, Commerceförordn. I: 37, 73.
[2]) Grotenfelt, Suomen kaupasta s 41, 63, 125—126.

en efter häradets behof lämpad siffra. Skråtvånget fastslogs som vilkor för idkande af handtvärk och öfver det s. k. bönhåseriet afkunnades förkastelsedomen. Men icke nog med att alla handtvärkare skulle inpraktiseras i ett yrkesgille och ställas under dess uppsikt och domvärjo. Handtvärket blef mångenstädes ett monopol, då på flera orter ämbetena „slötos", hvilket innebar, att antalet mästare inom resp. yrke icke fick öfverskrida en af vederbörande myndigheter bestämd siffra[1]).

Vid ingången af sjuttonde seklet möta vi sålunda skråtvånget som en allmän, ehuru ännu icke i alla städer strängt genomförd institution. Det företer vid denna tid i hufvudsak samma skaplynne som $2^1/_2$ århundrade senare. Någon allmän författning, som gälde alla handtvärk och på ett likformigt sätt ordnade detaljerna af systemet, förefans dock icke. Vissa allmänna grundsatser voro fastslagna i kungliga förordningar; enskildheterna funnos angifna i de speciella skrån ämbetena utarbetat och fått sig öfverhetligen faststälda. Den första allmänna skråordning tillkom år 1621, då Gabriel Oxenstierna och Lars Skytte, i enlighet med kungligt bemyndigande, utfärdade ett s. k. generalämbetes skrå för Uppland[2]). Denna skråordning publicerades sedermera till efterlefnad i andra landsdelar och utvecklades vidare af dess utgifvare i samråd med andra tillförordnade personer i ett antal skrån, hvilka väl närmast gälde ämbetena i Stockholm, men erhöllo en allmännare karaktär genom att de äfven afsågo resp. handtvärkare i öfriga städer. Så utfärdades af Oxenstierna, Skytte, Olaus Bureus m. fl. år 1621 allmänna specialskrån för skomakare och skräddare, 1622 för guldsmeder, köttmånglare, kopparslagare, smeder, skinnare, kardevansmakare, stakemakare m. fl. [3]). Med vissa modifikationer och tillägg upprepades hufvudbestämningarna i 1621 års generalskrå i de specialskrån, hvilka enligt förra tiders exempel fortfarande utfärdades och konfirmerades för resp. ämbeten i olika städer, vanligen af borgmästare och råd efter handtvärkarenes hörande eller på deras ansökan. En ny allmän skråordning emanerade år 1669, då efter flera försök till ändringar och sedan riksens ständer tillsports om sin mening „Kongl. Maj:ts allgemene ordning och skrå för handtvärkarne i Sverige och

---

[1]) Lundell s. 93 följ.

[2]) Trykt hos Stiernman, Commerceförordn. I: 781—793 samt i Bidr. t. Åbo hist. första ser. II: 155—164.

[3]) Klomming, Skråordningar; original och afskrifter i sv. riksark samt biblioteken i Helsingfors och Stockholm.

Finland" såg dagen[1]). Denna ordning, som i grunden öfverensstämde med den förra, ehuru den i fullständighet vida öfverträffade densamma, ägde kraft intill utkomsten af 1720 års skråordning, som åter låg till grund för handtvärkslagstiftningen ända till skråväsendets upphörande för trenne årtionden sedan.

Af de specialskrån, som före frihetstiden tilldelades ämbeten i Åbo, finnas numera endast följande i behåll: för skräddareämbetet af den 22 sept. 1625, för skomakareämbetet af den 13 juli 1629 och 9 juni 1662, för smedsämbetet af den 20 febr. 1633, för snickare-, målare- och glasareämbetet af den 10 april 1633, för skomakaregesällerne af den 9 sept. 1648 samt för det s. k. generalgillet af den 21 juni 1648 [2]). Förutom i 1621 års G. S. ingående allmänna stadganden om ämbetenas organisation innehålla de en mängd från äldre svenska specialskrån lånade bestämningar angående medlemmarnes tekniska och sedliga uppfostran, deras uppförande i hälg och söcken, i värkstaden och i gillesalen. De utgöra på en gång en ekonomisk förordning och en ordningsstadga, en strafflag för afvikelser från skråförfattningen och för förseelser mot god ordning och höfviskt skick. I dem afspeglar sig såväl tidens ekonomiska lagstiftning som handtvärkarenes bildningsgrad, deras seder och lefnadssätt. Genom den allmänna skråordningen af 1669 förlorade de visserligen sin kraft, men fortforo att tillämpas ännu någon tid framåt hufvudsakligast i de stycken, som angingo det inre lifvet inom ämbetena, och för såvidt de icke stodo i disharmoni med den allmänna ordningen. Med ledning af dessa specialskrån, de allmänna skråordningarna samt andra öfverhetliga påbud och stadgar skrida vi nu till en granskning af skråväsendet, sådant det tedde sig i sina grunddrag i Åbo — och i riket öfverhufvud —, för att sedan öfvergå till ett specialstudium af de yrken, som funnos representerade i staden.

* * *

---

[1]) Trykt hos Stiernman III: 733—755.
[2]) Skräddareskrået finnes aftrykt i Bidr. t. Åbo hist. 1:sta ser. II: 165—173, generalgillets skrå i Lindholms „Finl. ekonom. tillstånd", bih. IV; skomakareskrået af 1662 bevaras i afskrift i sv. riksark., de öfriga skråna, likaledes i afskrift, i univ. bibliotekets i Helsingfors manuskriptsamling, smedsskrået dessutom i hist. museet i Åbo. Af skrån, gifna under 17:de seklet åt handtvärkare i andra finska städer, känner man allenast skräddareskrået af 1662 och skomakareskrået af 1663 för Helsingfors stad (meddelade af Ehrström i Helsingfors stads historia s. 83—97) samt snickare- och drejareämbetets i Viborg skrå af 1668 (orig. i statsark. en noggrann kopia af S. O. 1669).

Skråförfattningens första budord lydde, att ingen fick drifva själfständigt yrke i städerna, som icke blifvit inskrifven i ett ämbete, där vunnit mästaregrad och inför magistraten aflagt borgareed. De hvilka icke företedde denna kompetens fingo arbeta i en mästares tjänst såsom gesäller eller lärlingar. Alla de gärningsmän på landet, hvilka icke utsetts till häradshandtvärkare eller stodo i adelsmäns tjänst, skulle enl. G. S. 1621 före Mikaeli 1622 ha nedsatt sig i närmaste stadskommun. För undvikandet af öfverdrifven konkurrens inom yrket fastslogs dock i några skrån en viss gräns för antalet mästare, som tillätos etablera sig. Enligt skräddareskrået och det äldre skomakareskrået skulle antalet mästare i Åbo icke få öfverskrida 20. Blef genom en mästares död en plats ledig, skulle ämbetet „tillsamman gå och tillse, hvilken därtill kan vara tjänligast, och så alltid laga att deras ämbete fullt är“. Skomakareskrået af 1662 föreskref, att antalet mästare skulle bero af borgmästare och råd samt åldermannen och bisittarene i ämbetet. Något ovanligt var det icke häller, att burskaps ansökningar af skräddare och skomakare såväl som af andra yrkesidkare tillbakavisades af magistraten på den grund, att det resp. yrket redan var alldeles tillräckligt representeradt i staden[1]). Med de allmänna skråordningarna öfverensstämde en sådan monopolisering af arbetet icke, ty i G. S. 1621 nämdes intet om slutna skrån och i S. O. 1669 stipulerades uttryckligen, att enhvar, som redligen lärt sig yrket och uppfylt författningsenliga prof, var berättigad att blifva mästare[2]). Men om stadsmyndigheterna, hvilka det såsom bekant tillkom att upprätthålla ett rätt förhållande mellan producenter och konsumenter, i vissa fall visade sig stränga och afvisande, så kunde de åter i andra fall, då det ansågs viktigt att förstärka krafterna inom vissa yrken, visa det största tillmötesgående. Ytterst vanligt var i sådana fall, att åt från andra orter komna handtvärksmästare flera års frihet från borgerlig tunga medgafs för att underlätta de första svåra stegen. Mången gång, isynnerhet när det gälde att införa ett nytt handtvärk i staden, kunde t. o. m. fordran på mästerskap suspenderas, blott den nykomne i öfrigt erbjöd tillräckliga garantier för ett dugligt arbete och en redbar vandel. Än var det i sådant fall magistraten som lossade på de strama banden, än åter hade främ-

---

[1]) Rådst. prot. 8 aug. 1692, 11 febr. 1659 m. fl. st.

[2]) Under Carl XI hände dock någon gång, att regeringen förklarade vissa ämbeten slutna. Lundell s. 113.

lingen iakttagit försiktigheten att af regeringen eller någon dess myndige befallningshafvande utvärka ett privilegiebref[1]).

Förutom i nu nämda undantagsfall var frihet från skråtvånget medgifven allenast åt handtvärkare, hvilka voro stadda i kronans. privilegierade personers och vissa institutioners tjänst. Enligt G. S. 1621 (§ 25) voro knektar, bysseskyttar och båtsmän berättigade att „arbeta till sitt behof och åt sine medtjänare i samma ämbete, dock åt ingen annan". De adliga privilegierna (af 1590, 1612 och 1617) tilläto adelsmän „att hafva och hålla i sitt försyar och tjänst allehanda ämbetsmän, som till hushålls uppehälle, tarf och förbättring kunde tjänlige vara, dock icke häller flera antaga och under sitt namn försvara än en adelsman skäligen och själf behöfde". I anledning af klagomål öfver timade olagligheter förklarades privilegiernas innebörd i ett kongl. plakat af år 1675 sålunda, att ingen adelsman eller annan ståndsperson tilläts hålla i sitt försvar „någon ämbetsman i någon stad, det vare sig mästare, gesäll eller pojke, med mindre han brukar en sådan dageligen dags för viss årslön och i sin egen kost hela året igenom och icke tillstädjer honom göra något arbete för någon annan, hvarmed den borgerliga näringen förminskas kunde". Företog sig någon under adelns försvar stående ämbetsman att arbeta åt andra än sin husbonde och sålunda bedrifva borgerlig näring, skulle han undergå borgerlig skatt och tunga såsom andra handtvärkare eller och antastas som lösdrifvare[2]). Under i hufvudsak enahanda vilkor som adelsmän fingo kyrkor och akademier antaga i sin tjänst handtvärkare, som behöfdes för institutionens och under dess domsrätt stående personers räkning. Handlingarna omtala ofta Åbo domkyrkas eller akademis snickare, målare, glasmästare och smeder, akademins skräddare, skomakare, fiskare, biskopens skomakare m. m. I det akademiska konsistoriets protokoll citeras ofta öfverenskommelser med magistraten om rättighet för någon under akademins skydd tagen handtvärkare att vara „omolesterad och fri för taxa och annan stadsens tunga med den condition, att han icke är de andra handtvärkare, som ordinarie och extraordinarie utlagor underkastade äro, till skada och nackdel, utan arbetar allenast åt de personer, som äro af akademie medel och under akademie privilegier begripas"[3]).

---

[1]) År 1679 meddelades af regeringen ett antal brandenburgska krigsfångar, som i några år hållits internerade i Åbo, rättighet att kvarstanna i landet och fritt bedrifva handtvärkareyrke i städerna. Rådst. prot. 17 febr. 1679.

[2]) Stiernman, Commerceförordn. I: 358, 789, III: 752, IV: 100—102; Flintberg. Borgerliga förmåner och skyldigheter I: 6—8; Lundell s. 98 följ.

[3]) Fontell, Consistorii prot. I: 51, 64, 149, 558, 587 m. fl. st.

Dessa friheter från skråtvånget, så tydligt preciserade och strängt begränsade de än tyktes vara, blefvo en aldrig sinande källa till konflikter med rättvisan och till missnöje inom de legaliserade handtvärksskråna. Altjämt höjdes klagomål öfver att de privilegierades handtvärkare på hvarjehanda sätt kringgingo eller uppenbart bröto mot skråförfattningarna samt att de för ämbetena så skadliga underslefven gynnades af de privilegierade personerna själfva. I nyss nämda kongl. plakat af år 1675 uppgafs såsom ett allmänt rådande ondt. att städerna uppfyldes „med allehanda löst slagg, som, af lättja eller annan odygd äggade, sig ifrån landet dit in begifva, där allehanda försvar antaga och där igenom mycket oskickligt och skadligt väsende åstadkomma". Mången hade företagit sig att taga under sitt försvar flere gärningsmän än han kunde sysselsätta, „hvar af följer, att sådane försvarskarlar, som antingen intet eller dock en ringa tid tjäna deras förmente husbonde, utan kanske med en afgift om året sig affinna och all tiden taga sig en annan födkrok före, sålunda undangåendes kronan och städerna deras rättighet och förorsakandes allehanda oskick och oreda". På riksdagen samma år besvärade sig skomakarene och skräddarene i Åbo öfver att de olofliga handtvärkarenes antal i staden redan öfverskred mästarenes, ity att biskopen, adelsmän, assessorer, professorer och nedrigare ståndspersoner tagit under sitt försvar folk, „som intet hafva under läroåren continuerat, utan under läran antingen af vanart begifvit sig ifrån sin mästare eller under läran beblandat sig med beryktade och löse kvinnor, öfvandes de sedan sitt bönhåseri alt fort till dess de omsider blifva trängde och nödgas söka sig burskap, det de ock här i Åbo vinna och hafva vunnit, continuerandes altså framgent under borgerlig titel med deras bönhåseri, och det icke allenast, utan ock lära sina söner och andra, hvarigenom de rätta ämbeten blifva så förklenade, att de af privilegierna och skrån intet hafva sig att hugna". Enahanda klagan förspordes på riksdagen 1689[1]).

All sådan handtvärksrörelse, som icke bedrefs af ämbetenas rätta medlemmar eller af privilegierade institutioners och personers gärningsmän för resp. husbönders räkning, stämplades gemenligen med benämningen bönhåseri och lagbrytarene kallades bönhåsar, bönhasar, driftekarlar, lösdrifvare, fuskare[2]). På alla orter funnos

---

[1]) Åbo stads acta, K. resol. f. Åbo 18 mars 1689 § 17.

[2]) Uttrycket bönhåsar härledes från de tyska benämningarna bönhase, bodenhase (bön, bone, boden = loft, vindsrum; hase = hare) och förklaras däraf att de af myndigheterna förföljde handtvärkarene plägade gömma sig på vindar o. dyl. ställen.

sådana fria handtvärkare bosatte och inga stränghetsåtgärder voro
i stånd att göra en ända på dem. De utgjordes vanligen af fattigt
folk, som icke haft tillgångar att genomgå de reglementerade gra-
derna inom ämbetena eller på grund af någon brist i fräjdebeviset
blifvit förvägrade inträde; lärlingar, gesäller och mästare, som på
något sätt spårat ur eller kolliderat med ämbetsskrået; egensinniga
naturer, hvilka icke lärt sig att bära skråförfattningens bojor, utan
följde sin egen åsikt om rätt och näringspolitik. Mot lagens väk-
tare, ämbetena och magistraten, gjorde de ett segt, aldrig uppgif-
vet motstånd. Nöden gjorde dem djärfva och modet stärktes ge-
nom medvetandet att de för sina billigare arbetslöners skull stän-
digt kunde påräkna arbetsgifvare samt hemliga gynnare och beskyd-
dare. Så förblef bönhåseriet en osed, som följde skråtvånget tätt i
spåren och som neutraliserade en del af dess öfverdrifter och
orättvisor.

I G. S. 1621 samt i specialskråna bekräftades det redan under
medeltiden förekommande bruk, att ämbetena själfva anstälde spa-
ningar efter illegala handtvärkare eller, såsom det officielt hette,
„jagade och togo bönhåsar". I hvarje ämbete skulle af åldermann-
nen och hans bisittare vissa personer utses att föranstalta jakterna
och skulle desse bönhåsjägare åtföljas af tvänne „de älste och be-
skedligaste i ämbetet", hvilka skulle tillse, att alla smygvrår blefvo
ordentligt undersökta. Alla ämbetsmän voro skyldiga att biträda
vid jakterna och den som visade sig försumlig i sitt uppdrag, sedan
åldermannen gifvit signal till jaktens början, straffades med böter.
Dolde någon mästare sin vetskap om en bönhås tillhåll, kunde
han, i fall förseelsen förnyades, drifvas utur ämbetet. Höga böter
till ämbetet och förlust af värktygen, insättning i stadens gömma
eller i knektehopen voro de straff, som väntade bönhåsen, om han
greps af ämbetets spårhundar. Den som gifvit arbete åt den gripne,
förlorade materialet. Befans det, att någon mästare begagnat sig af
bönhåsars hjälp, fäldes han dessutom till böter. Hatet mot de ille-
gala konkurrenterne, hvilka togo brödet ur munnen på stadens
skattbetalande ämbetsmän, dref vanligen förföljarene till ytterlig
stränghet och de ofta upprepade jakterna fostrade en högt uppdrif-
ven fiskalisk färdighet. Mycket ofta bedrefvos razziorna med sådan
grundlighet, att ämbetena efteråt fingo stå till svars för att ha gjort
hemgång hos handtvärkare, hvilkas skuld på intet sätt kunde ådaga-
läggas. För att moderera jakterna och förhindra under dem be-
gångna olagligheter förbjöd S. O. 1669 ämbetena att framdeles an-
ställa jakter utan att magistraten lämnat sitt begifvande och utsett

någon person att öfvervaka förrättningen. Vanligen var det då underordnade betjänte, hvilka deltogo i skallgången och af ämbetena undfägnades för besväret med dryckesvaror. För öfrigt kan det sägas, att magistraten stod ämbetena troget bi, och varningar mot bönhåseri hörde till de ordningsregler, hvilka hon årligen plägade föredraga för allmänheten[1]).

Genom skråtvånget var sålunda näringsfriheten inskränkt till ämbetenas medlemmar. Det var att gynna ett fåtal på flertalets bekostnad — isynnerhet om ämbetet var slutet. Men icke ens inom ämbetet var konkurrensen frigifven. Konkurrensen var liksom friheten en vilde, som måste ordentligen tuktas och klafbindas, innan man släpte honom ut på egen hand. Bland mästarene skulle en så stor ekonomisk jämlikhet som möjligt upprätthållas. Det skulle icke finnas bland handtvärksmästarene några penningematadorer, men icke häller någon, som af brist på arbete led nöd. Ingen mästare, som kommit sig till ett något större rörelsekapital eller ägde större spekulationsförmåga, energi och företagsamhet, fick begagna sig af dessa Guds gåfvor till att öfverhöfvan rikta sig själf och att nedtrycka kommersen hos sina ämbetsbröder. Handtvärkareståndet skulle bestå af burgna personer, som hade fullt upp för dagen med arbete och mat samt dessutom kunde lägga af en måttlig sparpenning för ålderdomen.

För att detta ekonomiska jämlikhetsideal skulle uppnås, var handtvärkaren strängt förbjuden att skaffa sig någon annan inkomst än den hans handtvärk gaf honom[2]). Ofta var antalet biträden, som en mästare tilläts begagna i sin tjänst, fixeradt i ämbetsskrået. Skräddareskrået (§ 4) samt det äldre skomakareskrået (§ 4) för Åbo förbjöd mästarene att hålla flere stolar än tre i sin värkstad. Allmänna skråordningen af 1669 lämnade mästarene full frihet härvidlag, men äfven efter denna tid omnämnas inom ämbetena i Åbo tilltal mot mästare för att de omgåfvo sig med öfverhöfvan stor arbetspersonal[3]). I de flesta värkstäder i Åbo synes personalen utgjorts af en gesäll och en lärling; dock funnos äfven sådana, som sysselsatte ända till 3 gesäller och 2 lärlingar. I vissa fall kunde en mästare åläggas af ämbetet att afstå från sin skickligaste gesäll till förmån för en konkurrent i yrket. Strängeligen

---

[1]) G. S. 1621 § 6, S. O. 1669, X, 22, skrädd. skrå § 44—48, skom. skrå 1629 § 48—50, d:o 1662 § 41—43, snick. skrå § 32—34, 37, 38; rådst. och skräddareämb. prot.

[2]) G. S. 1621 § 23.

[3]) Skrädd. ämb. prot. 18/8 1674, 16/3 1675, 10/11 1679.

voro mästarene förbjudna att genom högre lön än skrået eller ämbetsrätten faststält eller ock genom löfte om andra förmåner göra en annans arbetare „afspännig" och tubba honom till sig[1]). Vid hot af böter förbjöds likaså att göra eu ämbetsbroder förfång genom förköp „enkannerligen uti de varor och materier, som till deras handtvärk lända, bjudandes mera därför än som en annan af hans ämbetsts bröder af köparen det förtingat hade, dyrkandes så den rå materien i handtvärkarnes händer"[2]). Ingen skulle „sig intränga" i ett arbetsaftal, som ingåtts med en ämbetsbroder, såframt denne icke befans „hafva sin man oskäligen uppehållit eller i hvarje annan måtto förfördelat eller för högt sitt arbete uppsatt"[3]). Den mästare, som mottog mera arbete än han kunde utföra inom föresagd tid, skulle böta för hvar dag som öfversköt[4]). I smedsämbetet skulle åldermannen utse tvänne mästare, hvilka hade uppsikt öfver kolköpen, „på det att den ene icke skall gifva mer som den andra"[5]).

Förutom dessa stadganden, hvilka afsågo betryggandet af handtvärksmästarenes ställning, funnos i skråna äfven andra, hvilka tillgodosågo konsumenternes befogade intressen. För dessa var det sörjdt främst genom de fordringar, som uppställdes för vinnandet af mästaregraden, genom den mångåriga skola handtvärkaren hade att genomgå, innan han tilläts att utbjuda sina alster. Dessutom bevakades allmänhetens intressen genom den kontroll ämbetet själft utöfvade såväl öfver beskaffenheten af som priset på de varor mästarene levererade. Ämbetet var på sätt och vis solidariskt för det arbete, som af dess enskilda medlemmar presterades. Befans en ämbetsbroder ha „brukat någon flärd eller falskhet", skulle han af åldermannen stämmas inför ämbetet och straffas „efter som sakens viktighet vara kan". S. O. 1669 innehöll särskilda straff för den som sålde gammalt för nytt, som fördärfvade ett arbete eller försnillade mottaget arbetsmaterial och lämnade sämre i stället. För kontrollens skull måste de arbeten, som kunde stämplas, förses med

---

[1]) Snickareskrå § 26, skrädd. § 20, smeds § 27, skomak. 1629 § 24 och 1662 § 22, S. O. 1669, VIII, 12, guldsmedsskrä 1622, III, 1.

[2]) Skrädd. § 21, snick. § 25, skomak. 1629 § 25, dito 1662 § 23, smeds. § 31, S. O. 1669, VII, 1.

[3]) S. O. 1669, VII, 3.

[4]) S. O. 1669, X, 26, skom. 1662 § 18. I ämbetsprotokollen omnämnas ofta åtal mot mästare, som försummat att i ordentlig tid utföra mottagna arbeten.

[5]) Smed. § 18.

mästarens bomärke[1]). I G. S. 1621 (§ 15) förbjödos mästarene att fordra betalning utöfver den arbetstaxa, som faststäldes af fogaten och magistraten jämte åldermannen. S. O. 1669 frigaf den obligatoriska taxeringen, men ålade handtvärkarene inom de ämbeten, för hvilka taxa icke utarbetats, att åtnöja sig med skälig ersättning, vid risk att eljest återställa hvad oskäligt var och att dessutom bötfällas till dettas tredubbla belopp. Erfordrades arbeten för kronans räkning, skulle dessa af ämbetena i första hand utföras[2]).

Vi kunna i afseende å handtvärket under 17:de seklet bekräfta allmängiltigheten af den iakttagelse Hildebrand gjort vid betraktelsen af de svenska medeltidsskråna: „Begicks ett svek, utbjöds dålig vara, kommo berättigade klagomål öfver ett arbete, drabbade skammen hela ämbetet. Arbetarens hederskänsla gick nödvändigt ut därpå att hvarken han eller hans medbröder skulle hafva skam af honom; man arbetade den tiden icke uteslutande för den största möjliga penningevinst; arbetets ära kände man djupt"[3]).

---

[1]) Skrädd. § 15, snick. § 26, skomak. 1629 § 20, dito 1662 § 18, guldsmedsskrå 1622, II, 8, S. O. 1669, VII, 4 och X, 27—32.

[2]) G. S. 1621 § 19, S. O. 1669, X, 24—25, guldsmedsskrå 1622, II, 23.

[3]) Sveriges medeltid I: 475.

II

Handtvärkarens utbildning.

Mästaregraden utgjorde, såsom redan är sagdt, vilkor för inrättandet af egen värkstad. Men innan denna värdighet uppnåddes hade handtvärkaren att genomgå en lång och för mången ytterst besvärlig förskola. Gick sonen i sin faders fotspår och hade han lyckan att mottaga eller påräkna af denne som arf en fullt etablerad värkstad, slapp han med jämförelsevis ringa obehag och bekymmer. En bättre ekonomisk ställning och släktrelationer, synnerligen giftermål med en mästares enka eller dotter, voro äfven egnade att jämna stigen. Men för flertalet arbetare var vägen till mästarestolen beströdd med stötestenar. Det kräfdes stor uthållighet och stark tro på framgång för att öfvervinna motigheterna och hindren. Mången stannade modlös eller bruten på halfva vägen. Somliga åtnöjde sig med att framlefva sitt lif som gesäller i andras tjänst; andra spårade ur den rätta vägen och sökte sin bärgning på bönhåseriets farliga smygstigar.

Tvänne läroperioder hade handtvärkaren att genomgå, innan han nådde mästareskapet: lärpojkstiden och gesälltiden.

Vid i allmänhet c. 14 års ålder sattes gossen i lära hos en mästare. Ända till år 1720 bjödo författningarna, att han skulle förete af vederbörande magistrat eller häradsrätt utfärdadt bördsbref, som intygade, att han var i alla måtto „oberyktad" samt född i äkta säng af ärliga föräldrar. Detta innebar en upprörande orättvisa mot barn af oäkta börd och förklaras allenast genom det pedantiska sträfvandet att undvika alt, som möjligen kunde kasta en skugga öfver ämbetets heder och värdighet. „Hvem kan väl förtänka handtvärkarne — anmärker Lundell — att äfven de under ståndsfördomarnes tid sökte genom ett strängare urval bevara sitt stånds merendels ärftliga ära?"

Inträdet i läran skedde efter föregånget aftal mellan gossens målsman och mästaren. I några ämbeten var det sed, att mästaren förbehöll sig att under en kortare tid pröfva gossen innan han förband sig att definitivt mottaga denne. Så stadgade smedsskrået för Åbo en pröfvotid af 14 dagar. S. O. 1669 medgaf ända till tvänne månader. Utföll profvet väl och sämdes kontrahenterne om den läropenning gossen hade att erlägga, anmäldes aftalet för åldermannen, hvarpå den unge adepten efter erläggande af inskrifningspenningar immatrikulerades i ämbetets rullor och ställdes under dess beskydd. Den lärotid gossen nu hade att genomgå bestämdes i G. S. 1621 till tre å fyra år, i Åbo stads skräddare- och smedsskrån till tre, i skomakare- och snickareskråna till fyra, i S. O. 1669 till tre å fem år. Snickare- och skomakareskråna fordrade uttryckligen, att vid inskrifningen tvänne löftesmän skulle anmälas, hvilka garanterade, att gossen icke i förtid lämnade mästaren, och dessutom iklädde sig borgen för den skada denne på ett eller annat sätt kunde vålla. Samma bruk iakttogs äfven i andra ämbeten och det bekräftades i S. O. 1669, dock med den reservation, att om löftesmän icke kunde uppvisas ock gossen icke hade råd att betala den af mästaren fordrade summan, skulle borgmästare och råd så jämka, „att ingen genom sådana otidiga besvär blifver hindrad att lära ett ärligt handtvärk". I skräddareämbetets inskrifningsbok för åren 1645—1731, den enda i sitt slag som anträffats för ifrågavarande tid, upptages ofta läromästaren själf såsom den ena löftesmannen och stundom kräfves allenast en persons borgen[1]).

Mästarens skyldighet gentemot lärlingen bestod närmast i att inviga denne i fackets hemligheter. För att undervisningen skulle blifva desto grundligare var det i allmänhet förbjudet att lära flere än 1 eller 2 gossar i sender. Smedsskrået tillstadde en mästare att antaga en ny lärgosse först när den tidigare antagne befann sig i sitt andra läroår; skomakareskrået af 1662 först när denne tjänade sitt sista år[2]). S. O. 1669 tillstadde en mästare att antaga så många lärpojkar som han efter borgmästare och råds ompröfvande väl hann undervisa. Allenast lärpojkar fick icke förekomma i värkstaden, utan skulle äfven gesäller brukas, „att arbetet icke må blifva af pojkar fördärfvadt och illa gjordt". I främsta rummet

---

[1]) Smed. § 28, skrädd. § 28, snick. § 31, skom. 1662 § 19, G. S. 1621 § 7, S. O. 1669, IV, 1.—3.

[2]) Skrädd. § 16, skomak. 1629 § 21, 1662 § 19, smed. § 16.

71

borde mästaren taga i läran infödda pojkar och den som härvid visade ett antinationelt sinnelag skulle androm till varnagel allvarligen näpsas af magistraten, hvilken äfven skulle tillse, att hvarje mästare hade så många pojkar i lära „som han bör och behof görs".

Mästaren skulle dock icke inskränka sig till lärpojkens tekniska utbildning; han var äfven pliktig att taga vård om dennes sedliga uppfostran. Vid hot af böter var mästaren förbjuden att tubba en lärodräng, vare sig sin egen eller en annans, till att spela kort eller tärning[1]. Den faderliga tuktan mästaren tilläts använda, skulle icke få öfverskrida tillbörliga gränser, men synes ofta urartat till hårdhet och grymhet, så att det befans nödigt att i S. O. 1669 intaga förbud för mästare att „uti dryckenskap eller eljest af blotta ondsko illa slå och oskäligen handtera någon läropojke". Utan att skälen godkänts af ämbetsrätten var en mästare icke berättigad att skilja från sig en lärodräng innan den öfverenskomna lärotiden var till ända. Dog mästaren tidigare, skulle gossen fortsätta hos enkan eller genom ämbetets försorg placeras hos en annan mästare för återstoden af lärotiden[2].

För alt det goda, som från mästarens sida kom honom till del, skulle lärpojken visa sin lärare lydnad, respekt och trohet. Han skulle med flit utföra det handtvärksarbete, som gafs honom, och var därjämte skyldig „att löpa mästarens ärenden och hans hussysslor beställa, dock att det sker med mått och han mest brukas till det hans lära och handtvärk egentligen angår"[3]. G. S. 1621 medgaf en lärling att genom en penningesumma friköpa sig från springpojkssysslorna. Anförde gossen graverande skäl mot sin mästare, kunde han genom ämbetsrätten frikallas från dennes tjänst. Men rymde han ur läran, skulle han genom myndigheternas försorg fasttagas för att näpsas af sin mästare, och ingen handtvärkare fick taga honom i sin tjänst. Kunde han icke nås, skulle löftesmännen ersätta uppkommen förlust och, ehuru lärotiden icke var slut, erlägga hela läropenningen[4]. Bedref lärgossen otukt eller bestal han sin mästare, drefs han ur ämbetet; klander mot mästa-

---

[1] Smedsskrå § 39.

[2] S O. 1669, IV, 4 och IX 3—4. Exempel på upprörande grymhet mot lärgosse anföras bl. a. i Bidr. t. Åbo hist. första ser. IV: 62—63 samt i rådst. prot. 1697 s. 1147. Åldermannen i smedsämbetet blef år 1688 förmanad „att icke altför mycket aga sin pojke ej häller låta honom svälta och lida någon hunger, som pojken klagar öfver, utan hålla honom i ett och annat som en ärlig mästare ägnar och bör". Smedsprot. 9 mars 1688.

[3] S. O. 1669, IX, 21.

[4] G. S. 1621 art. 7, 10.

rens kost och hus samt utspridande af dennes enskilda angelägenheter straffades med böter[1]).

* * *

När lärotiden var ute, framstäldes lärlingen åter för ämbetet, som utfärdade åt honom lärobref och erkände honom för gesäll. I skomakareämbetet skulle den utskrifne fira händelsen med uttappande af en tunna öl vid ämbetsbordet och mästaren skulle belöna sin förre pojke med en klädning. Äfven i andra ämbeten synes gesällölet varit obligatoriskt, enär S. O. 1669 uttryckligen frikallade gesällen från detsamma. Kunde gesällen icke erlägga de föreskrifna afgifterna till ämbetet och till gesällådan, skulle läromästaren gå i utläggning för beloppet och sedan skaffa sig godtgörelse genom gesällens arbete[2]). Senare blef det vanligt att lärlingen utförde såsom gesällprof eller gesällstycke något till hans fack hörande arbete, som antingen bestämdes i skrået eller förelades honom af den egna mästaren.

Med uppnåendet af gesällgraden inträdde den förre lärogossen i ett friare skede af sin utbildning och i ett mindre underdånigt förhållande till sin arbetsgifvare. Han var numera icke bunden att utföra annat arbete än det som hörde till facket, han var icke underkastad den faderliga husagan och kunde efter öfverenskommen tid söka sin lycka hos en annan mästare. I Sverige voro under 1700-talet gesällerne allmänt berättigade att tilltalas „monsieur" och i skräddaregesällernes i Åbo inskrifningsbok tilldelas denna titel redan vid seklets början åt den s. k. altgesällen samt andra äldre mästersvenner[3]).

För att öfvergången till det fria gesällifvet icke skulle fresta till äfventyrligheter och för att läromästaren skulle beredas tillfälle att någon tid njuta lönen för sin möda samt erhålla godtgörelse för möjliga penningefordringar, var den ur läran utskrifne skyldig att ännu en tid kvarstanna i den gamla värkstaden såsom s. k. lönedräng. När gossen uttjänat sina år, stadgade G. S. 1621 (art. 8), „må han tjäna hos samma mästare för en gesäll på ett år och tage gesällelön; sedan må han vandra hvart han vill utan om den staden på tu år". Samma bud förnyades i S. O. 1669 (IV,5). Men

---

[1]) Smedsskrå § 38, 61, skomak. 1662 § 20, 21, skrädd. § 18.
[2]) Skom. skrå 1629 § 21, 43, dito 1662 § 19, 36, S. O, 1669, IV, 5.
[3]) Skrädd. ges. inskrifn. bok i hist. museet i Åbo; W. Berg, Saml. t. Göteborgs historia s. 280.

ville mästaren afstå från sin rätt eller mellankom „något särdeles förhinder", som godkändes af magistraten och ämbetsrätten, skulle vilkoret bortfalla. I specialskråna för Åbo talas intet om denna ettåriga arbetsplikt; ur skomakaregesällernes skrå vill t. o. m. synas, som om uppbrottet från läromästaren skulle ske strax efter lärotidens slut. Att den dock upprätthölls åtminstone inom skräddareyrket, framgår ur gesällgillets nyss citerade inskrifningsbok, som gör en bestämd rangskilnad mellan lönedrängarna och de fullfärdiga gesällerne eller mästersvennerna.

Sedan läroperioden med ty åtföljande lönedrängstid omsider nått sitt slut, vidtog den för äldre tider så karaktäristiska och för handtvärksnäringen så betydelsefulla gesällvandringen. Under vandringsåren, under färderna från ort till ort och från mästare till mästare inom och utom hemlandet var gesällen i tillfälle att med egna ögon skåda olika landsdelars och länders seder och bruk, deras näringsflit och arbetsmetoder. Ägde han då förmåga att tillgodogöra sig de iakttagelser han gjorde, att tillegna sig de förbättringar och upptäkter inom facket, som gjorts annorstädes, så hade vandringsåren sin betydelse icke allenast för honom själf, utan jämväl för yrket och för den ort, där han slutligen slog sig ned såsom mästare.

Från att ursprungligen ha varit ett frivilligt bruk, som följdes af de:n hvilka ville vinna en större erfarenhet och yrkesskicklighet, var gesällvandringen med tiden vorden en allmän plägsed och blef slutligen genom G. S. 1621 förklarad obligatorisk och faststäld till 2 år. Smedsskrået för Åbo utsträkte tiden till minst 4 år, skomakareskrået af 1662 till 3 år för mästaresöner och 4 år för andra. Det var icke sagdt, att gesällen skulle vandra utom landets gränser, men gjorde han det, lände det honom till merit. I några ämbeten i riket var det t. o. m. föreskrifvet, att när gesällen uppsagt sin tjänst hos en mästare, fick han icke antaga arbete hos en annan mästare i samma stad, utan skulle han söka sig till en annan ort. Denna sistnämda fordran aflystes fullkomligt genom S. O. 1669 och gesällen lämnades full frihet att efter lärotidens slut uppehålla och förkofra sig hvar han behagade. Endast det skulle iakttagas, att gesällen tjänat i tre år innan han tilläts vinna mästerskap[1]). Men ehuru gesällvandringen sålunda frigafs, upphörde den icke, utan fortfor ännu länge att betraktas såsom ett högst nödvändigt vilkor för en handtvärkares fulla utbildning.

---

[1]) G. S. 1621 art. 8–9, S. O. 1669, V,1, och VI,1, smed. § 19, skomak. 1662 § 19.

Vid skilsmässan från läromästaren och innan renseln kastades på ryggen skulle gesällen förse sig med lärobrefvet, som undertecknades af åldermannen och bekräftades med ämbetets signet. Uraklät han detta och begaf sig passlös bort, blef han efterlyst och mästarene i den stad eller landsbygd, dit han anlände, voro vid vite förbjudna att taga honom i sin tjänst, innan han ingått förlikning med ämbetet.

När nu en vandrande gesäll kom till en främmande stad för att söka sig arbetsförtjänst, fick han i regeln icke stanna på orten huru länge han behagade, icke häller vända sig till hvilken arbetsgifvare som hälst. Pedantiskt ordnadt som allting var, var äfven arbetssökandet underkastadt en viss ordning, något olika för olika orter och ämbeten. Ordningen åsyftade i allmänhet att kontrollera gesällerne och deras lefnadssätt samt att förekomma en rivalisation mellan mästarene. „När en sven kommer vandrande, hette det i skräddareskrået för Åbo, skall han strax begifva sig på krogen och där sig förhålla i 14 dagar, på det att, när någon mästare en sven behöfver, må han honom söka på ett visst rum; och där samma sven innan för:ne dagar icke får någon mästare, kan han vandra på en annor ort, hvart honom täckes och synes". Tog en mästare gesällen till sig och hänvisade icke honom till krogen, d. v. s. till det hus, som utsetts till gesällhärbärge, var han hemfallen åt böter. Samma straff vederfors gesällen, om han under väntetiden sysselsatte sig med bönhåseri eller dröjde i staden utöfver de 14 dagarna. Enligt smedsskrået skulle vandringssvennen, när han kommit till värdshuset, skicka efter en mästersven eller, om sådan icke anträffades, efter yngste mästaren i ämbetet för att genom denne höra sig för efter arbete. Fans icke arbete, „då skall han få sitt nattläger", d. v. s. härbärgeras gratis. Enligt snickareskrået skulle den s. k. krogfadren på snickarekrogen sända efter gesällernas „skaffare", som skulle underrätta sig om gesällens ärende och om han var beställd af någon mästare. Var detta fallet, skulle gesällen befordras till ort och ställe; kom gesällen åter „på sin egen äfventyr", skulle saken anmälas för åldermannen, som väl sedan gjorde förfrågningar hos sina ämbetsbröder. Voro alla platser upptagna, skulle ämbetet „vara honom behjälplige, att han må fortkomma". Mest frisinnadt var till en början skomakareämbetet. Dess skrå tillät en vandringsgesäll att taga in hos hvilken mästare han behagade och denne var skyldig att gifva sin gäst en måltid. Kom man icke öfverens om arbete, skulle gesällen på samma sätt undfägnas „hos en annan och tredje mästare". Fick han icke plats inom 8 dagar,

skulle han vandra vidare och ingen mästare tilläts härbärgera honom
i sitt hus. Sedan ett gesällgille bildats, förbjödos vandringssven-
nerne att gästa hos en mästare. De skulle taga in på gesällernas
krog och altgesällen, d. v. s. ordföranden i gesällgillet, skulle be-
spörja mästarene. Skomakareskrået af 1662 bekräftade denna cou-
tume och hotade med böter såväl den mästare, hvilken icke hänvi-
sade svennen till gesällkrogen, som ock den gesäll, hvilken envisa-
des att taga in på annat ställe. 1669 års allmänna skrå ålade främ-
mande gesäller att angifva sig hos åldermannen „och låta sig efter
ordningen om arbete befråga". Saknades arbete, skulle de bispring-
as med en billig tärepenning. Dock var det en mästare obetaget
att på sin bekostnad från annan ort införskrifva en gesäll, i hvil-
ket fall denne var pliktig att kvarstå i tjänsten åtminstone $1/_2$ år,
om han icke ville förlora hela lönen och ersätta mästaren resekost-
naden. Sedan kunde han öfvergå till annan mästare i staden[1]).

Det ingick sålunda bland ämbetenas skyldigheter att bispringa
en med ortens förhållanden obekant handtvärkare i dennes spanin-
gar efter arbetsförtjänst och att, om försöket utföll negativt, med
en „skänk" eller tärepenning bidraga till hans timliga uppehälle.
Känslan af broderskap inskränkte sig icke till medlemmarne af det
egna gillet, utan omfattade alla kolleger i yrket. Där gesällgillen
kommit till stånd, tjänade dessa såsom platsanskaffningsbyråer; fun-
nos sådana icke, var det mästarenes sak att hjälpa. Hade icke häl-
ler mästarene bildat ett fast skrå, var det synbarligen gesällen obe-
taget att själf söka sig plats. På hvad sätt den mästare eller alt-
gesäll, som förmedlade arbetsaftalet, skulle gå till väga, finnes icke
angifvet i de anförda skråna. Enligt Lundells förmenande kunde
det hända, att mästarene fingo sig gesäller tillskickade i den ord-
ning de anmält sin önskan därom på härbärget, eller ock utdelades
gesällerna efter s. k. „omskådning", d. v. s. sedan först den mä-
stare, hvars tur det var att gifva resande gesäller arbete, och sedan
de öfriga mästarene hvar efter annan tillfrågades, om den till sta-
den ankomne gesällen kunde få arbete[2]). När vandringsgesällen

[1]) Skrädd. § 13, 26, smed. § 24, snick. § 39, 40, 42, skomak. 1629 § 18, 30,
dito 1662 § 16, skomak. gesäll. § 6, S. O. 1669, V, 2.
[2]) Lundell s. 70 – 71. I Stockholms bokbindaregesällskaps skrå af år 1749,
hvilket accepterades såsom rättesnöre äfven i Åbo, ingingo följande bestämnin-
gar angående omskådningen: När en lärgosse inskrifvits i gesällskapet, skulle
han „lika med alla andra gesäller uti arbete omskådas till mästarene hvar efter
annan, som de äro gamle till uti ämbetet och ordningen till dem kan vara;"
dock skulle hans läromästare ha prioritetsrätt. Sammaledes skulle främmande

uppsöktes på härbärget af en mästare eller altgesäll, skulle han allra först uppvisa sina legitimationsbref. I Tyskland och på vissa orter i Sverige underkastades gesällen dessutom ett muntligt förhör, som gick ut på att pröfva hans förmåga att uttrycka sig i konstigt cirklade och som en gillets hemlighet bevarade fraser och ordalag. Stapplade examinanden i formlerna, riskerade han att blifva bötfäld eller t. o. m. förklarad inkompetent till erhållande af plats i stadens ämbete[1]). Huruvida detta kunskapsprof vunnit insteg jämväl i Finland och hvilken omfattning det i så fall erhållit, kan icke afgöras. I skråna finnes icke någon antydan därom, icke häller i de få ämbetsprotokoll, som ännu bevarat sig.

När arbetsaftalet ingicks, ägde vanligen vid hot af böter de bägge kontrahenterna, mästaren och gesällen, att rätta sig efter i skrået ingående eller af ämbetsrätten faststälda bestämningar angående arbetslönen. I Åbo skräddares skrå samt det äldre skomakareskrået var veckolönen angifven för mästersvenner och lönedrängar; i det yngre skomakareskrået bestämdes lönen efter styckearbete, medan åter gesällernas skrå lät lönen bero på godvillig öfverenskommelse. S. O. 1669 afgjorde saken sålunda, att hvarje ämbete skulle med borgmästares och råds vetskap fastslå en viss veckolön, men att inom de ämbeten, som tillämpat styckeberäkningen, skulle det vara mästaren obetaget att „stycketals betinga med sin gesäll som de bäst kunna åsämjas". Den mästare, som icke punktligen utbetalade lönen, näpstes med böter[2]).

Legotiden hos en mästare berodde merendels på ömsesidig öfverenskommelse. I snickareämbetet var friheten dock såtillvida inskränkt, att den vandrande gesällen skulle arbeta åtminstone 14 dagar. Skräddareskrået medgaf allenast fyra flyttnings- eller s. k. vandretider i året. Uppsägningen synes gemenligen bort ske på en söndag. S. O. 1669 frigaf h. o. h. legotiden utom i det fall, då gesällen ankom på rekvisition af mästaren. Före den öfverenskomna tiden skulle hvarken mästaren utan giltig orsak vräka sin gesäll

---

gesäller, som i staden aldrig förut arbetat, „efter tur och ordning mästerskapet emellan omskådas", och för undvikande af misstag utdelades åt altgesällen en trykt lista öfver ämbetsbröderne, på hvilken han var pliktig att „hvarje gång noga anteckna, till hvilken ordningen är att få en hitkommen eller vandrande gesäll, som ledig är". Afskr. i hist. museet i Åbo; jmfr. Ehrström, Skråväsendet s. 64—65.

[1]) Lundell s. 72, Hildebrand, Sveriges medeltid I: 351—354; Wilh. Borg, Saml. t. Göteborgs hist. s. 266—268, upptager formulär till en sådan examen för klensmedsgesällerna i Göteborg.

[2]) VIII, 3, 4.

eller denne lämna sin stol. Flyttade en gesäll i förtid, „anten af motvilja eller tredska", eller lät han sig af någon annan locka, straffades han i skräddareskrået med förlust af lönen och 13 veckors uteslutning ur ämbetet; ville han efter strafftidens utgång arbeta i staden, skulle han försona ämbetet med en tunna öl. Smedsskrået bestämde exilen till 6 veckor, likaså skomakareskrået af 1629; samma skrå af 1662 gick därhän, att det pålade gesällen ½ års vandring. S. O. 1669 hotade allenast med förlust af lönen. Steg gesällen upp på öfverenskommen dag för att fortsätta vandringen, skulle han förse sig med pass af ämbetet. Den som flyttade med sin husbondes „ominne" skulle icke få mottagas af annan mästare[1]).

En mängd bestämningar i skråna förpliktade gesällen till flit, nykterhet och sedesamt lefverne. De flesta förseelser försonades med böter till ämbetslådan; svårare hänvisades till magistraten eller straffades med förvisning ur ämbetet. Gesällen skulle bo i sin mästares hus och där förvara sin kista och våtsäck. På bestämd tid på morgonen var han skyldig att stiga upp till sitt arbete och på kvällen skulle han i god tid infinna sig till hvila. Dagen fick icke förnötas med „onyttigt spatsergående" eller användas till extra förtjänst utan mästarens tillstånd. Hemkom en smedsgesäll efter kl. 9 på aftonen, straffades han med förlust af en veckas lön; stälde han till något „parlament", fördubblades boten. En gammal plägsed, som ledde till många förargligheter, var firandet af frimåndag. Med frimåndagen förstods ursprungligen måndagen före fastan, men under tiders lopp hade begreppet fått en så vidsträkt betydelse, att det omfattade äfven öfriga måndagar i året. Skomakareskrået medgaf, „att man intet förbjuda kan, att en mästersven, eftersom gammalt ock fortvarit hafver, må hafva fri måndag när honom så synes;" men var gesällen icke i arbete tisdag morgon kl. 7, hade han förbrutit veckans lön. Skräddareskrået åter förbjöd vid vite af veckolönens förlust frimåndagen; S. O. 1669 samt de allmänna smeds- och guldsmedsskråna af 1622 ålade gesällen att för hvarje försummad arbetsdag arbeta två dagar gratis. Vid strängt straff var gesällen tillhållen att icke utsprida ondt tal om sin mästare och dennes hus, att icke yppa skråhemligheter, att icke förakta sin kost och lön samt att icke bestjäla mästaren. Afhände sven eller lärodräng sin mästare egendom till två öres värde, drefs han enl. skräddareskrået ur ämbetet, och den ämbetsbroder, som sedan dri-

---

[1]) Snick. skrå § 41, 44, skrädd. § 14, skomak. 1629 § 19, dito 1662 § 17, smed. § 25, S. O. 1669 V, 1 och VIII, 3.

stade att hysa honom hos sig, pliktfäldes till 8 ⚒. Från besök i „oärligt hus" skulle gesällen afhålla sig, och sin mästares döttrar och tjänstepigor skulle han hålla i ära. Dog han i ett glädjehus eller förvärfvade han sig där en besmittelig sjukdom, voro hans medbröder frikallade från eljest öfliga förpliktelser mot honom. Lägrade en gesäll sin mästares tjänarinna, bötfälde smedsskrået honom till 80 ⚒; lägrade han mästarens dotter, skulle han erlägga samma bot och dessutom äkta flickan[1]).

Fordran på kyskhet hos gesällen gick så långt, att han i allmänhet ansågs oberättigad att gifta sig. Skråordningarna lade visserligen intet hinder för gesällers äktenskap; 1622 års allmänna guldsmedsskrå t. o. m. förutsatte dem som vanligen förekommande, då det förklarade gesäll ovärdig att vinna mästerskap, om han „sig fäst och bebundit med en uppenbar kvinna och den kränkt är". Men i praktiken utbildade sig i Sverige och äfven i Finland den opinion, att gesälls giftermål oftast grundade sig på föregående brottsligt förhållande, hvarför en gift gesäll icke borde avancera till mästare. Skräddarenes och smedernas i Åbo ämbetsprotokoll omtala några fall, då gifta gesäller endast genom erläggandet af en extra afgift till ämbetslådan utvärkade sig rätt att speciminera för mästaregrad. Äfven bland gesällerne själfva rådde afvoghet mot gifta kamrater. Det äkta ståndet lämpade sig icke för gesällens rörliga lefverne och den gifte gesällen hindrades af hänsynen till sin familj att iakttaga gentemot mästarene den själfständiga hållning som höfdes honom[2]). Coelibatsteorin kunde dock, i trots af all bestämdhet, icke fullständigt genomföras. Väl torde flertalet gifta mästersvenner fått söka sig arbete hos privilegierade personer och ute på landsbygden eller ock ha de ökat antalet af de biltoge bönhåsarne. Men i några ämbeten voro de dock alltid tolererade såsom undantag och vid sjuttonde seklets slut upptaga mantalslängderna för Åbo ett icke så ringa antal af dem. Stundom ha borgmästare och råd inskridit till förmån för gesäller, hvilka genom sitt inträde i det äkta ståndet utsatts för trakasserier[3]). Skråordningen

---

[1]) S. O. art. VIII, skrädd. § 17—19, 23, snick. § 27—30, smed. § 23, 30, 38, 61, skom. 1629 § 22, 23, 27, dito 1662 § 20, 21, 25, skom. gesäll. § 8, 9, 18, allm. guldsmeds- och smedsskrån 1622 art. III.

[2]) Lundell s. 76—77.

[3]) Då en handtvärkare, som förut tjänat i armén, år 1693 sökte inträde i klensmedsämbetet, vägrade mästarene att mottaga honom, emedan han var gift. Magistratens representanter i ämbetsrätten höllo dock för, att det var bättre att gifta sig än att brinna, och tvungo mästarene till eftergift. Klensm. ämb. prot. 21 nov. 1693.

af 1720 tog slutligen öppet parti för de gifta gesällerne, men kunde
dock icke göra ända på den boycottering, för hvilken desse åtmin-
stone i Sverige fortfarande voro utsatte.

* * *

När en gesäll arbetat och vandrat de föreskrifna åren samt
ansåg sig mogen för mästerskapet, skulle han „äska ämbetet" i den
stad, där han ämnade speciminera, d. v. s. hos åldermannen för det
resp. ämbetet anmäla sin åstundan att undergå de prof, som voro
föreskrifna för vinnandet af denna den högsta graden inom ämbe-
tet. Därpå ålades gesällen vanligen att först arbeta en bestämd tid
hos någon mästare i staden för att sålunda sätta ämbetet i tillfälle
att pröfva hans förmåga och lefverne. Skräddareskrået och det
äldre skomakareskrået faststälde pröfvotiden till ett år för inländske
och två år för utländske män; snickare- och smedsskråna nämde ett år
för alla, snickareskrået med det tillägg, att om gesällen så önskade,
kunde han lösköpa sig från vilkoret genom erläggande af 40 ℳ;
skomakareskrået af 1662 fordrade i allmänhet ett år, 1622 års allmänna
guldsmedsskrå tre år, hvarunder gesällen borde ha förestått tvänne
värkstäder. S. O. 1669 föreskref detta s. k. årsarbete allenast för den
händelse magistraten och ämbetet pröfvade nödigt att fordra det-
samma på grund af sökandes ungdom, ringa förfarenhet eller andra
omständigheter. Befriad från detta uppskof med målets ernående
skulle enkannerligen den mästersven vara, som i mästares ställe före-
stått en värkstad „och sålunda gjort i sitt handtvärk gode prof".
Högeligen önskligt var, att aspiranten kunde uppvisa en dylik
merit; dock skulle ingen afvisas, som förvärfvat sig nödig förfaren-
het i yrket[1]).

Led årsarbetet mot sitt slut, skulle gesällen ånyo äska ämbe-
tet och då förelägga börds- och lärobref, som utvisade, att han var
obesmittad och i alla måtto oberyktad samt att han ärligen full-
gjort alla skyldigheter hos sina arbetsgifvare. Befunnos legitima-
tionsbrefven i behörig ordning eller meddelades gesällen ytterligare
anstånd med deras anskaffande — hvilket i praktiken stundom före-
kom och äfven medgafs i skomak. skrået 1662 — förelade ämbetet
såsom sista prof det s. k. mästerstycket. Detta bestod i ett eller
flera arbeten, hörande till facket, dem gesällen skulle utföra utan
anlitande af någons hjälp i åldermannens eller någon annan mästa-
res hus. I några skrån, såsom skomakarenes, snickarenes och sme-

---

[1]) Skrädd. § 11, skomak. 1629 § 16, dito 1662 § 10, snick. § 8, smed. § 19,
S. O. 1669 art. VI, guldsm. skrå 1622, II, 2.

dernes, angafs noggrant, hvari mästareprofvet skulle bestå; i andra åter var det öfverlåtet åt åldermannen att i hvarje särskildt fall bestämma uppgiften. Likaså angåfvo några skrån den termin, inom hvilken arbetet vid hot af böter skulle vara afslutadt; en del gingo så långt i reglementerande, att de föresatte ett visst tidsmått såväl för de första förberedande operationerna — t. ex. för „insmidningen" inom smedsyrket — som för det därpå följande hufvudarbetet. Lämnade skrået ingen närmare föreskrift, bestämdes tiden af ämbetet, som stundom tog sig denna rätt äfven där skrået icke medgaf det. På samma gång som uppgifterna förelades gesällen utsågos s. k. skådemästare, hvilka skulle på ämbetets vägnar följa med arbetets förlopp och därvid noga iakttaga speciminantens färdighet, hindra honom från att begå underslef och dessutom vaka öfver att det fastställda tidsmåttet icke öfverskreds.

Efter fatalietidens utgång äskade gesällen eller „styckmästaren" — såsom han åtminstone inom smedsämbetet och under följande sekel inom skomakare- och bokbindareämbetena numera kallades — åter ämbetet och framlade sina stycken till ämbetsrättens och de församlade mästarenes bepröfvande. Befunnos styckena oklanderliga, blef speciminanten, som i ett sidorum afvaktat utslaget, inkallad för rätten och förklarad för mästare i det resp. lofliga ämbetet, hvarpå han aflade mästareeden, som i skräddareämbetet hade följande lydelse: „Jag N. N. beder mig så sant Gud hjälpa till lif och själ, det jag vill och skall min konung och rätta öfverhet samt den högtärade magistraten jämte ålderman, bisittare såsom mine rätte förmän i allone hörig och lydig vara, där till med det kall och skräddareämbetet Gud mig tillförordnat hafver i all trohet förestå och efter detta gjorde ämbetsskrå och dessa rätta bruk mig regulera och rätta och vid alla dess infattade punkter mig hålla och efter högsta flit och samvet mino dem hörsamlingen efterkomma, mig så sant Gud hjälpa". Upphöjelsen blef sedan bekräftad genom utfärdande af diplom, det s. k. mästarebrefvet[1]).   Blef profvet åter

---

[1]) Då något mästarebref från 1600-talet icke anträffats och stiliseringen väl icke i hufvudsak undergått större förändringar under följande sekel, må här som prof meddelas formulär till mästarebref inom svarfvareämbetet i Åbo, som inrättades 1739.   Det lyder som följer:

Kongl. Maj:ts til Sverige etc. vår allernådigste konungs troplicktigste undersåtare ålderman, bisittare och samtelige mästare uti thet loflige svarfvare ämbetet i sjö- och stapelstaden Åbo: Gjöre vitterligit för allom them som thetta vårt öpne bref händer förekomma, se, höra eller läsandes varda: huruledes gesällen af thetta vårt ämbete, ärlig och välförfaren [N. N.] gifvit oss tilkänna, thet han vore sinnad sig uti vårt kära fädernesland och [N. N. stad] nedsätta

underkändt, tillsades mästersvennen att „löpa och vandra på nytt
igen" tills han kände sig säkrare i sina partes. Voro de anmärk-
ningar som gjordes icke så graverande, att de motiverade ett ovil-
korligt ogillande, tilläts ofta udda vara jämt mot vilkor att gesäl-
len korrigerade felen samt erlade för hvarje upptäkt brist böter,
hvilkas belopp voro genom skrået bestämda i några ämbeten, i andra
åter angåfvos af ämbetsrätten. Ömmande ekonomiska förhållanden,
behofvet af flere yrkesidkare, nära skyldskap med en medlem af
ämbetet äfvensom en till kassan erlagd extra afgift nämnas stundom

---

samt på thess lärda handtvärk såsom mästare burskap vinna, och således af oss
tjensteligen begärt, thet vi, til befrämjande af thetta hans föresatta ändamål,
ville honom under vårt skrå och ämbete til mästare antaga och til bevis therå
behörigt mästarebref meddela.

    Thenna hans begäran och gjorde ansökning hafve vi honom ej afslå kun-
nat, emedan han, efter uptedt vederbörligt bevis om thess härkomst och ärliga
börd samt erlagde vanlige afgifter til vår låda, befinnes vara vid ämbetets qvar-
tals sammankomst den [datum] i läran hos vår ämbetsbroder, äreborne och konst-
erfarne mäster [N. N,], jemväl ock, sedan han de honom föresatte läroår rede-
ligen och väl uthållit, den [datum] blifvit af läran lösgifven och frisagd samt
för en rättskaffens gesäll erkänd och förklarad; therhos han, så under sine
läroår som then tid han sedermera för gesäll arbetat, fördt et stilla och anstän-
digt lefverne, såsom han äfvenledes den [datum] erhållit den högtärade magi-
stratens i [N. N. stad] tilstånd at efter uptedt mästarebref i berörde stad bur-
skap, dock icke annorstädes utan därtil behörigen erhållit tilstånd; i betraktande
af alt detta samt så vida han sig nu med vårt ämbete behörigen affunnit, var-
der han [N. N.] härmedelst för mästare i [N. N. stad] förklarad och antagen, at
therstädes sitt lärde handtvärk icke allenast fritt och obehindradt uti öppen
värkstad under ämbetets uthängande skylt idka och drifva, fordra redelige ge-
säller samt hos vårt ämbete gåssar i läran inskrifva och dem efter fulländade
läroår lösgifva och förpassa; utan ock för öfrigit til godo njuta alla the förmo-
ner, fri- och rättigheter, hvilka kongl. förordningarne rättskaffens mästare i vår
profession nådigst tillägga; försäkrandes vi therhos, så vida mäster [N. N.] fram-
gent til vår låda aflefvererar sine årlige qvartals penningar samt emot vårt äm-
bete sig sålunda skickar som en redelig mästare ägnar och anstår, at honom
uti hvad han ämbetet skäligen tillitandes varder alt bistånd göra. I hvilket af-
seende til en hvar, af hvad stånd och värde the vara måge, hos hvilka mäster
[N. N.] med detta vårt öpne bref sig anmälandes varder, men i synnerhet then
högtärade magistraten i [N. N. stad], länder ämbetets respective börsamma och
tjensteliga begäran, at the thenne mäster [N. N.] såsom en rättskaffens mästare i
ämbetet et gunstbenägit och rättvist hägn och försvar vederfaras låta, emot alt
intrång antingen af bönhasar eller andre, the ther uti hans handterings lofliga
idkande skulle söka honom hinder och men tilfoga; thet ämbetet med tilgifven-
het och återtjenst vid förefallande tilfällen städse skal söka at bemöta och aftjena.
Til yttermera visso är thetta med nu varande åldermannens och bisittarnes egen-
händiga underskrifter samt vårt ämbetes sigill stadfäst och bekräftadt, som skedde
i Åbo den — — år efter vår herres och dyraste frälsares nåderika födelse etc. etc.

såsom förmildrande omständigheter. Enligt snickareskrået kunde gesäll, som misslyckats i sitt prof, en gång förnya försöket, hvarvid han borde „tänka på sin förra skada". Inom skräddare- och smedsämbetena förekommo vid seklets slut fall att gesäller, som afstodo från profvets fullföljande, blefvo erkända såsom s. k. half-mästare. Denna värdighet, som ursprungligen torde ha beviljats ad interim för att sätta den vanligen gifte gesällen i tillfälle att uppehålla sig på orten tills han kunde ånyo vedervåga profvet, medförde en lägre plats i mästarenes brödraskap samt rättighet att arbeta åt allmänheten, men utan biträde af lärpojke och gesäll.

Med mästareprofvet voro en mängd omkostnader förbundna, hvilka kräfde af speciminanten en under gesällåren aflagd icke så ringa sparpenning. Dessa afgifter, hvilkas belopp enligt special-skråna framdeles skola anföras, utgingo i form af äskepenningar för hvarje gång ämbetet hopkallades, inskrifningspenningar till åldermannen och bisittarene, lösen åt skrifvaren, bidrag till ämbetets fattig-bössa samt mästareafgift. Den sistnämda, den största af alla, skärptes vanligen för utländingar, men nedsattes för mästaresöner samt gesäller, som gifte sig inom ämbetet. De öfriga afgifterna däremot voro lika för alla. Dessutom ägde speciminanten att själf bekosta materialet till sina stycken, — enl. smedsskrået skulle han äfven ha egna värktyg —, att traktera skådemästarene, där sådana tillsattes, samt att efter lyckligen genomgånget prof celebrera sin upphöjelse med ett kalas för sina ämbetsbröder. Om denna s. k. „mästaremål-tid" stadgade G. S. 1621, att till densamma skulle inviteras ålder-mannen, bisittarene och fyra mästare i ämbetet, hvarjämte ålder-mannen hotades med böter, om han tillstadde inbjudandet af flere gäster. Till måltiden hörde, enligt specialskråna, förutom kosten en tunna öl. Räkte gesällens kassa icke till för alla dessa utgifter, skulle han ställa vederhäftig borgen för det resterande beloppet. Genom S. O. 1669 underkastades taxan en betydande nedsättning. Böterna för felaktigheter i mästerstycket aflystes, äskepenningarna fastställdes till 2 daler. utgifterna för „mästareförtäringen och gästa-budet" till 5 dal. och afgiften till lådan till 10 daler.

Omedelbart efter det ämbetet tilldelat speciminanten sin hög-sta värdighet, skulle den nye mästaren — ungmästaren eller ung-brodern, såsom han en tid framåt kallades — åtföljd af ålderman-nen inställa sig på rådstugan för att vinna burskap[1]). Sedan stod

---

[1]) I smedsämbetet föreslogs år 1688, att äfven mästareeden skulle afläggas på rådhuset, men detta förkastades af mästarene såsom stridande mot urmin-nes sed.

det honom fritt att „arbeta såsom annor mästare obehindradt". Var ämbetet slutet och talet för tillfället fullt, måste han dock gifva sig till tåls tills ledighet inträffade, såframt han icke föredrog att bosätta sig på annan förmånligare ort, hvarest hans mästareprof utan vidare skulle erkännas. Att ställa sig i annans tjänst anstod honom icke mera. Skräddareskrået tillät den yngste mästaren att genast antaga gesäll, men icke lärling, innan han drifvit affären i ett års tid. God sed och tradition fordrade, att han med det första skulle inträda i det äkta ståndet, hvars behag han under gesälltiden måste försaka. Ville han hedra ämbetet och visa god korpsanda, sökte han sitt vif i sina nya bröders hus. En sådan taktfullhet uppmuntrades i alla skrån med ekonomiska fördelar. Liksom mästaresöner, hvilka gingo i sin faders fotspår, vanligen åtnjöto 30 à 50 % nedsättning i mästareafgiften och antagligen utsattes för en mildare kritik af mästerstyckena, så förunnades samma lättnader åt den gesäll, som befriade sig med en mästares enka eller dotter i samma ämbete. Gifte sig mästareson inom ämbetet, frikallade skräddareskrået honom h. o. h. från mästareafgiften. Smedsskrået utsatte detta pris för hvarje gesäll och gick i nitälskan för äktenskapliga förbund mellan mästaresöner och mästaredöttrar så långt, att det befriade mästaresonen från mästareprofvet. S. O. 1669 gynnade yrkets ärftlighet genom att bevilja 50 % rabatt i mästareafgifterna åt mästaresöner och mågar samt de mästersvenner, som gifte sig med mästareenkor. I afseende å utländska gesäller, som ville vinna mästaregrad, uttalade några specialskrån önskvärdheten af att de gifte sig in i ämbetet. „Ingen utländsk antages till mästare, hette det i skräddareskrået och samma bestämning intogs i skomakareskrået, med mindre han sig befriar med en mästare enka eller dotter; vill han sig befria med någer annor, gifve i ämbetet tjugu daler, ämbetes egen sak"[1]).

Om de rättigheter och skyldigheter, som tillkommo mästarene i förhållande till hvarandra och till allmänheten, har det förut varit tal. I sitt privata lefverne ägde mästaren att fly alt som väkte anstöt och kastade skugga öfver det ämbete han tillhörde, hvarför grof missgärning samt giftermål med beryktad kvinna straffades med förvisning ur ämbetet, den senare förseelsen i skomakare-

---

[1]) G. S. 1621 § 11, 17, skrädd. § 7—12, 27, 28, skom. 1629 § 7, 8, 10, 12 16, 17, 31, 32, dito 1662 § 8—10, snick. § 8—12, smed. § 6—15, 19, 20, 42, 44. S. O. 1669 art. VI, smeds- och skräddareämbetenas protokoll. Se vidare kap. VIII.

ämbetet dessutom med 40 ₥ böter [1]). För sina lärlingar och gesäller skulle mästaren vara en god föresyn i vandel och arbete. Mot sina ämbetsbröder skulle han visa ett sant broderligt, från egennyttiga bevekelsegrunder rent sinnelag. Allmänhetens välvilja skulle han vinna genom solid produktion. Sålunda hedrade han sig själf och sitt ämbete.

Afled mästare utan efterlämnande af son, som kunde öfvertaga värkstaden, var det enkan medgifvet att fortsätta rörelsen. G. S. 1621 begränsade dock tiden, hvarunder detta kunde ske, till tre år; sammaledes de äldre specialskråna för Åbo, smedsskrået med det tillägg, att terminen kunde förlängas med ämbetets „ville och minne". Efter mannens död utsågo då åldermannen och bisittarene bland mästersvennerne i staden en värkgesäll, som förestod värkstaden mot erhållande af „vaska" (d. v. s. klädtvätt) samt en antingen redan i skrået eller af ämbetsrätten bestämd veckolön. Skomakareskrået af 1662 tillät enkan att drifva rörelsen sålänge hon behagade och att själf ur värkstäderna i staden utse åt sig den första värkgesällen, som godvilligt skulle afstås af husbonden. S. O. 1669 berättigade mästareenkan att uppehålla handtvärket „så länge hon enka sitter och sig ärligen förhåller" samt förpliktade åldermannen att anskaffa åt henne nödiga biträden [2]). Icke sällan hände det att enkan, sedan hon någon tid försett gesällen med veckolön och vaska, skänkte åt honom hand och hjärta med ty åtföljande värkstad. Gifte hon sig utom yrket, hade hon förvärkat sin näringsrätt.

---

[1]) Skrädd. § 6, skom. 1629 § 6, 1662 § 7, snick. § 6, smed. § 5, S. O. 1669, X, 17.

[2]) G. S. 1621 § 18, skrädd., snick. o. skom. 1629 § 5, skom. 1662 § 6, smed. § 32, S. O. 1669, X, 13.

III.

Mästaregillen.

oro mästarene inom ett yrke nog talrika och välmående att bära de därför nödiga utgifterna, tillätos de bilda eget gille eller ämbete. 1622 års allmänna smeds- och guldsmedsskrån förklarade fyra mästare behöfliga för ändamålet, likaså en år 1650 åt Åbo stad gifven k. resolution. Voro mästarene färre, skulle de lyda under resp. ämbete i Stockholm och till detta erlägga sedvanliga gillesutskylder. S. O. 1669 tillät trenne mästare att fundera ett gille. Så länge detta icke kunde ske, skulle mästarene subordinera under resp. ämbete i närmaste stad eller, om gille icke fans i samma landsort, under skrået i rikshufvudstaden [1]). Gillets uppgift skulle vara att uppehålla ett sannskyldigt brödraskap mellan mästarene i samma fack. Det skulle kontrollera medlemmarnes arbete och yrkesinsikter, men ock värka för tilltagande hyfsning i seder och lefnadssätt samt bistå fattiga och lidande yrkesbröder under deras pröfvotid.

I spetsen för mästarenes brödraskap stod åldermannen — i somliga ämbeten t. o. m. 2 — samt bisittarene. Om valet af dessa funktionärer stadgade G. S. 1621 (art. 2) att mästarene skulle uppställa på förslag till åldermansplatsen två, till bisittareplatserna 4—6 (sålunda i regeln 2 till hvar plats) de skickligaste och dugli-

---

[1]) Allm. smeds- o. guldsm. skrån II: 1, S. O. 1669, I, 2, resol. f. Åbo 8 nov. 1650 § 6. Förutom mästaregillena i Åbo, hvilka framdeles skola anföras, påträffas, såvidt jag funnit, följande ämbeten i finska städer: i *Wiborg* skräddareämbetet (nämdt 1628), skomakareämbetet (med signet från 1652), snickare- och drejareämbetet (med skrå af 1668); i *Helsingfors* skräddareämbetet (bildadt 1660), skomakareämbetet (med skrå af 1663), timmermansämbetet (nämdt 1665) samt möjl. sadelmakareämbetet (1659); i *Wasa* skomakareämbetet (åtminstone påtänkt 1680), skräddareämbetet (nämdt 1693) samt smeders, kopparslagares, glasmästares och sadelmakares gemensamma gille (enl. Aspelin auktoriseradt 1690).

gaste inom sin krets. Bland de föreslagne skulle sedan konungs-
mannen jämte borgmästare och råd utse åldermannen samt så många
bisittare „de kunna behöfva och ämbetena äro starke till", hvarefter
de utkorade aflade i ämbetet ed efter följande formulär: „Jag beder
mig så Gud till hjälpa, att jag uti mitt antagne åldermans- (bisit-
tare-) ämbete skall troligen och redligen förhålla, att jag skall pläga
hvarjom och enom af mine ämbetesbröder hvad som rätt och skä-
ligt vara kan och hålla dem vid den gjorda skrå, som uti ämbetet
författadt är; och isynnerhet lofvar jag ock, att där någon, som
kunne hafva något emot någrom af våre ämbetsbröder, som icke
äro i ämbetet, då vele vi honom utan någon persons anseende skipa
hvad rätt är och uti vår skrå författadt är; men där någre saker, som
egentligen uti vår skrå icke författadt är, utan till rådstugan i stä-
derna eller på landet till tinget hörer, vele vi parterna dit hänvisa" [1]).
S. O. 1669 (II, 1) föreskref, att förutom åldermannen skulle tillsättas
två eller fyra bisittare — „efterty som de hafva ämne å mannom" —
och skulle ämbetet till hvar ledig plats föreslå två lämpliga kandi-
dater, bland hvilka borgmästare och råd gjorde sitt val. Eden skulle
afläggas på rådstugan. Enligt specialskråna för ämbetena i Åbo
skulle valet ske på årsmötet, som hölls Valburgidagstiden, men
praxis synes icke öfverensstämt med detta stadgande, utan förrät-
tades valen såsnart omständigheterna påkallade det.

Såvidt ur ännu bevarade protokoll öfver smeds- och skräddare-
ämbetenas sammankomster under seklets tre sista årtionden kan
urskiljas, torde valen gemenligen tillgått sålunda, att sedan ämbetet
äskats tillhopa och ärendet anmälts, några af mästarena, 2 à 4, upp-
stäldes på förslag, antingen genom acklamation eller efter yttrande
af en för ändamålet tillsatt komité, eller ock utan vidare uppmanades
af ordhafvanden att aflägsna sig, emedan de på grund af sin ålder

---

[1]) Enligt i Åbo skräddares protokollsbok införda formulär hade ederna föl-
jande lydelse:

Åldermanseden: „Jag N. N. beder mig så Gud till hjälp, att jag uti mitt
af öfverheten ombetrodde åldermanstjänst i all trohet förestå vill och skall vå-
rom konung och öfverhet vara lydig och hörsam, såsom ock det hela lofl. skräd-
dareämbetet uti min åldermanstjänst, hvarjom och enom skifta rätt efter skråns
innehåll och sådant med trohet och flit, så sant mig Gud skall hjälpa till lif
och själ".

Bisittareeden: Jag N. N. svär vid Gud och hans helga evangelium, att jag
detta mitt ombetrodda bisittare ämbete efter yttersta förmåga vill trogen och
rättrådig vara, så att efter skråns innehåll mina medbröder hvad rätt och skä-
ligt är må vederfaras; så sant etc.

73

ansågos närmast komma i fråga, hvarpå de kvarblifvande voterade mellan de sålunda utpekade, mästarene först och sedan de vid mötet närvarande magistratsledamöterne. Än inskränkte man sig till att, i enlighet med S. O., utvälja tvänne kandidater, hvilka uppmanades att anmäla sig inför magistraten för att mottaga dess utslag och utnämning samt sedan aflägga den sedvanliga eden på rådhuset. Än åter röstades allenast på en person, hvars val sedan underkastades magistratens bekräftelse. Men det hände äfven, att den som erhållit rösterna omedelbart installerades i sin befattning och tilläts begå eden. Detta kunde ske endast med de närvarande rådspersonernas begifvande och i det fall, att desse öfverensstämde med pluraliteten eller att allmän endräkt uppnåddes. Uppstod någon gång konflikt, liksom väl ock när rådspersonerna stannade i minoriteten, måste afgörandet hänskjutas till magistraten. Vid val af bisittare synas valmännen i allmänhet varit tämligen ense, medan åter vid åldermans tillsättande meningarna rätt ofta divergerade. I regeln fästes största vikt vid ålder i ämbetet, så att åtminstone vid utseendet af bisittare den älste mästaren förbigicks endast om anmärkningar af graverande art kunde riktas mot honom. Vid val af ålderman måste naturligtvis äfven andra hänsyn tagas i betraktande. I kapitlet „Finska och svenska församlingen" har redan anförts, hurusom vid val af ålderman i skräddareämbetet år 1669 en del mästare föredrogo mäster Johan Nilsson, emedan han var älste bisittare och kunnig i finskan, men magistraten gaf företräde åt kandidaten mäster Jochum Baudemann bl. a. på den grund, att denne var både skrif- och läskunnig. Vid åldermansval, som förrättades i smedsämbetet år 1679, invände borgmästaren mot en bland de föreslagne, att han icke kunde anses lämplig till den ifrågasatta posten, emedan han hvarken kunde läsa eller skrifva, icke häller ägde kunskap i „språket", d. v. s. i svenskan. Samma motiv bestämde utgången af ett liknande val i klensmedsämbetet 1698. Vid ett bisittareval i skomakareämbetet 1683 föredrogs en till åren yngre mästare, emedan han var infödd finne, under det att såväl åldermannen som de två äldre bisittarene voro „af tyska nation" [1]).

Åldermans- och bisittareuppdragen varade för lifstiden och endast hög ålderdom, sjuklighet eller fattigdom berättigade till afsked ur tjänsten. Vägrade en mästare utan laga skäl att mottaga ålder-

---

[1]) Smedsprot. 29 juli 1679, 4 jan. 1682, 20 sept. 1689, 18 mars 1698, 21 juni 1711; skrädd. prot. 8 maj 1677, 10 sept. 1680, 30 maj 1690, 8 maj 1691, skomak. prot. 1683 o. 1687 (fragment), rådst. prot. 4 juni, 4 o 7 juli 1706.

manskapet, straffades han med böter samt ålades i några skrån att ändock förestå befattningen i ett år; S. O. 1669 hotade med böter äfven den som ville undandraga sig bisittareskap samt förklarade den mästare, hvilken trenne gånger refuserade en af ämbetet honom erbjuden förtroendepost, för all framtid ovärdig till den ifrågavarande platsen. Gjorde sig ålderman eller bisittare skyldig till grof missgärning eller försumlig tjänsteförvaltning, måste han nedlägga sitt värf[1]).

Åldermannen och bisittarene — hvilkas antal i ämbetena i Åbo varierade mellan 2 och 4 — hade till uppgift att "söka ämbetets gagn och nytta, intet viljandes och vetandes göra något medhåll med bönhåsar, mindre se igenom finger med någon som intet kan rätt göra sitt mästerstycke, emot bättre vetande och varning; för all ting icke göra och förrätta något, det hela ämbetet angår, efter eget godtycke utan borgmästare och råds samt ämbetets vetskap". De voro ämbetets förmän och funktionärer, vid vissa tillfällen dess själfskrifna representanter; därjämte väktare af privilegiernas hälgd och uppsyningsmän öfver arbetet och vandeln inom ämbetet. I åldermannens hand var ledningen af ämbetets gemensamma ärenden nedlagd, på honom hvilade främst omsorgen om ämbetets ekonomi. När någon skatt pålades borgerskapet, skulle enl. G. S. 1621 åldermännen och bisittarene tillkallas för att lämna upplysningar om sina ämbetsbröders ekonomiska ställning. Huruvida så äfven tillgick i praktiken, må lämnas oafgjordt. För alt sitt omak ersattes åldermannen och bisittarene med en del af de sportler, som erlades till ämbetet i form af böter, inskrifnings- och äskepenningar m. m. Åldermannen uppbar dessutom vanligen i de ämbeten, som saknade gilleshus, en mindre hushyra; han åtnjöt för sin gård förskoning från vissa kommunala onera och kunde räkna sig en inkomst af den krogrörelse, som förekom vid ämbetets sammankomster. Jämte bisittarene ägde han en viss förmånsrätt vid gesällers och drängars antagande äfvensom, med magistratens och ämbetets begifvande, vid vissa andra tillfällen. Såsom primi inter pares hedrades åldermannen och bisittarene framför andra mästare; i kyrkan och vid gästabudsbordet intogo de de förnämsta platserna; förnärmelser mot dem voro belagda med högre böter o. s. v.[2]).

Förutom åldermannen och bisittarene togo medlemmar af magistraten aktiv del i ämbetenas ledning. G. S. 1621 och specialskråna för Åbo nämde intet om deras personliga närvaro vid äm-

---

[1]) Skrädd. § 2, snick. § 2, smed. § 1, skom. 1662 § 2, S. O. 1669, II, 1, 5.
[2]) S. O. 1669, II, 3, 4, 6, G. S. 1621 art. 24, 26.

betets sammankomster. men i några af de tidigare omnämda allmänna specialskråna (såsom guldsmedernas, stakemakarenes, kardevansmakarenes m. fl.) stadgades det, att emedan flere förseelser, som beifrades af ämbetsrätten, äfven skulle näpsas med böter till rådstugurätten, borde magistraten årligen utse en rådman till att „alltid vara ämbetet till hjälp i deras gille och tage han vara på stadens saköre, att hon icke blifver nederlagd". I de mindre städerna i Finland förordnades vanligen en rådman att i egenskap af „skråherre öfver ämbetena" vaka öfver handtvärkarenes görande och låtande. I Åbo synes till en början hvarje gille haft sin särskilda rådman såsom „bisittare och tillsynesman". Ännu år 1632 utsågs en rådman för ett hvart af snickare-, skräddare-, guldsmeds-, skomakare- och smedsämbetena. Efter magistratens indelning i kollegier år 1638 öfverläts, såsom läsaren känner, uppsikten öfver handtvärkerierna åt en borgmästare, den s. k. ämbetsborgmästaren, jämte par rådmän. Genom S. O. 1669 skärptes betydligt den kontroll magistraten därförinnan utöfvat öfver ämbetena. En mängd ärenden, hvilkas afgörande förut berott på ämbetet och dess valde funktionärer, drogos under magistratens „godtfinnande"; de ämbetssammankomster mästarene plägade hålla skulle numera bero på magistratens „lof och goda minne", och intet möte fick förekomma utan att en af rådet var tillstädes. I praktiken öfvertogos i Åbo de befogenheter skråordningen förlänade magistraten i dess helhet fortfarande af ämbets- eller handelsborgmästaren jämte „colleganter" och endast något svårare tviste- och brottmål samt viktigare administrativa handlingar berodde på borgmästare och råd in pleno. På skräddare- och smedsämbetenas sammankomster närvoro — enligt hvad protokollen utvisa — vanligen ämbetsborgmästaren, assisterad af en, någon gång af tvänne af magistraten utsedde rådmän. Ovanligt var dock icke, att „ämbetsrådmannen" ensam företrädde sitt kollegium eller att samtliga „ämbetsherrar„ saknades. Utan deras vetskap och samtycke kunde dock i regeln möte icke hållas och intet af vikt uträttas [1]).

En besvärlig och på sätt och vis äfven maktpåliggande post inom ämbetet var den s. k. ungbrodrens eller ungmästarens. Posten innehades af den yngste mästaren och medförde skyldighet „att ga ämbetets ärenden och det åldermannen honom å ämbetets vägnar befaller förrätta". Ungbrodren var ämbetets vaktmästare, som för

---

[1]) S. O. 1669, I, 4; smeds- o. skrädd. prot.

sitt i många ämbeten rätt stora omak ersattes med en ringa del af de i ämbetskassan inflytande extra afgifterna. Närhelst åldermannen tillsade därom, skulle han vara redo att kalla ämbetet tillhopa. Vid mötet skulle han närvara till sista man och under det efterspel, som plägade följa på den officiella afdelningen, ålåg det honom att tjänstgöra som munskänk. Visade sig ungbrodren försumlig i sina åligganden, straffades han med böter; ville han för en tid aflägsna sig från orten, skulle han anmäla därom hos åldermannen och bisittarene, hvilka då utsågo en vikarie. Från sina vaktmästaresysslor kunde ungbrodren blifva entledigad, om han lyckades förmå någon annan mästare att mot kontant erkänsla öfvertaga kallet; i annat fall vann han befrielse först när en ny mästare intogs i brödraskapet. I några ämbeten kunde tjänstetiden blifva lång nog; i andra åter var omsättningen tämligen liflig [1]).

* * *

För att befordra sammanhålligheten bröderne emellan tillät G. S. 1621 ämbetena att tillösa sig eget hus, s. k. gilleshus eller gillesstuga. I detta hus, som förklarades fritt för all stadens tunga och besvär, skulle ämbetet hålla sina sammankomster; där skulle ämbetets tillhörigheter förvaras och där skulle åldermannen ha sin tjänstevåning. Medgåfvo tillgångarna icke en sådan utgift, kunde flera ämbeten förena sig om en gillesstuga och sig emellan öfverenskomma om dess användning. Hvarje gilleshus skulle förses med de ämbetens skyltar, som förfogade öfver detsamma. Sålänge något gårdsköp icke kunde afslutas, skulle mästarene sammanträda hos sin ålderman. S. O. 1669 förutsatte likaledes ett eget ämbetshus för hvarje ämbete eller ock en af magistraten åt flera ämbeten anvisad gemensam gillesstuga. Snickare-, smeds- och skomakareskråna för Åbo utpekade åldermannens hus såsom mästarenes rätta samlingsplats. För tämligen säkert kan ock antagas, att samtliga ämbeten i Åbo, såväl under sjuttonde seklet som senare, i regeln samlades hos sin ålderman. Endast under den korta tid det s. k. generalgillet förfogade öfver eget hus torde några ämbeten därstädes haft sin möteslokal [2]).

---

[1]) Skrädd. § 3, 42, skomak. 1629 § 3, 46, dito 1662 § 4, 39, snick. § 3, smed. § 4, S. O. 1669, II, 8.

[2]) G. S. 1621 art. 1, 4, 5, S. O. 1669, 1, 3, snick. § 19, smed. 54, skomak. 1662 § 4 36

I gillessalen, vare sig att denna sedan befann sig i åldermannens privata bostad eller i ämbetets samfälda gilleshus, sammanträdde efter erhållen kallelse mästarene „till att rådslå om deras saker och traktera hvad som i deras skråer kunne vara författadt". G. S. 1621 nämde ett obligatoriskt möte, årsmötet, som skulle hållas Valborgsmässotiden. S. O. 1669 fixerade antalet obligatoriska möten till högst 4 i året, men tillät extra sammanträden, när viktiga orsaker påkallade det; utan borgmästares och råds lof och minne samt åldermans och. bisittares vetskap och närvaro skulle mästarene icke fä komma till hopa. Tidpunkterna för de ordinarie mötena, kvartalen eller kvartalsmötena, voro vanligen närmare angifna i resp. ämbetens specialskrå. Så utsatte skräddarenes och snickarenes i Åbo skrån tidpunkten för 2 ordinarie möten samt uppdrogo åt åldermannen och bisittarene att utlysa extra möten, när ärendena påkallade det. Skomakareskrået faststälde dagen för 4 och smedsskrået för 5 kvartal. Åtminstone inom några yrken synes det fortfarande varit plägsed att sammanträda på den dag i året, som uppkallats efter det helgon yrkets utöfvare under medeltiden ärat såsom sin skyddspatron. Synnerligen noga med de i skråna angifna mötesdagarnas iakttagande var man dock icke. Kvartalen kunde ofta fördröjas med veckor och sällsynt var det icke, att af bekvämlighetsskäl tvänne kvartalsmöten sammanslogos. Den som utan laga hinder uteblef vare sig från ett ordinarie eller ett extra möte fäldes till böter. Samma straff drabbade den mästare, som vid tiden för en kvartalssammankomst lämnade staden utan att ha anmält därom för åldermannen. För ekonomiska och andra smärre ärenden sammanträdde stundom „de älste i ämbetet" [1]).

En ämbetssammankomst företedde i smått en kopia af en allmän rådstugudag. Rätten utgjordes af åldermannen såsom ordförande, ämbetsherrarne samt bisittarene; menigheten af gemene mästare. Rådplägningar höllos, ansökningar mottogos, förhör anstäldes, vittnesmål aflades och domar afkunnades. Sessionens början angafs därmed, att den i salen befintliga s. k. ämbetslådan öppnades och åldermannen klappade i händerna. På Valburgimötet skulle, enl. G. S. 1621, lediga förtroendeposter besättas, skrået uppläsas och åldermannen aflägga redovisning för kassaförvaltningen. För att yttermera skärpa skråets lydelse i vederbörandes minne,

---

[1]) G. S. 1621 § 4, S. O. 1669, I, 4, 5, skrädd. § 1, 3, skom. § 1, snick. § 1, 3, smed. § 3; smeds- o. skrädd. ämb. prot.

stadgade specialskråna, att uppläsningen skulle repeteras på öfriga
kvartal [1]). Ville någon inhämta innehållet på andra tider, skulle en
särskild afgift till ämbetslådan erläggas [2]). Öfriga löpande ären-
den, som föredrogos på kvartalen, gälde i allmänhet „det gemena
bästa och ämbetens befordrande". Oftast afhandlades förseel-
ser mot skråförfattningen: förköp, underslef i arbetet, bönhåseri,
tubbande af gesäll, läropojkars och gesällers afvikelser från värk-
staden, slagsmål, injurier m. m. Lärpojkar inskrefvos, gesäll- och
mästaregrader utdelades; åt mästareenkor utsågos värkgesäll, åt ge-
sällgillet krogfader och lådmästare m. m. Trenne gånger skulle
åldermannen ställa till församlingen s. k. „omfrågan" eller „upprop
och klappning", och den som hade något ärende att framföra, nå-
got klagomål eller någon anhållan att göra, skulle då lätta sitt
hjärta. „Hvilken mästare någon sak hafver mot sin sven och sven-
nen emot mästaren — hette det i skräddareskrået, och samma stadga
upprepades i andra skrån —, då skall han det gifva ämbetet till-
känna; kan ämbetet saken förlika, vare godt; hvar och icke, hafves
för rätta [rådstugan] och där anklagas" [3]). Angaf någon en sak
annorlunda än som öfverensstämde med rätta förhållandet, följde
böter [4]). För att saken skulle upptagas, borde käranden erlägga
äskepenningar till ämbetslådan och fattigbössan. När ett klagomål
anmäldes för åldermannen och bisittarene, tillkom det enl. S. O.
1669 desse att bedöma, huruvida därmed kunde anstå till nästa
kvartal eller om det kräfdes en extra sammankomst, i hvilket fall
äskepenningarna skulle tredubblas [5]).

I hvilka fall de beslut som fattades och de utslag som gåfvos
på kvartalen berodde enbart på ämbetsrätten och i hvilken mån det
gemena brödraskapet ägde att invärka på afgörandet, framgår icke
med klarhet hvarken ur skråna eller ur protokollen. I smeds- och
skräddareämbetenas förut citerade protokoll uppgifves i allmänhet
icke, huru besluten tillkommo; i undantagsfall heter det, att ären-
det afgjorts „med rättens så väl som med samtlige ämbetsbröder-
nes enhällige samtycke", „af ålderman, bisittare och samtliga bro-
derskapet". G. S. 1621 talar om rådsledamöternes och gemene mästares
ingripande i ämbetenas beslut och åtgöranden endast vid val af äm-

---

[1]) År 1726 beslöt guldsmedsämbetet att inställa uppläsningen, emedan alla
mästare voro läskunniga och sålunda själfva kunde inhämta kännedom om skrået.
[2]) Skom. 1662 § 30.
[3]) Skrädd. § 24, snick. § 28, 50, skom. 1629 § 28, dito 1662 § 26, smed. § 33.
[4]) Smed. § 50.
[5]) S. O. X, 1.

betets funktionärer samt uppdrager såväl särskilda förvaltningsåtgöranden som bestraffandet af förseelser mot ämbetets skrå antingen åt åldermannen allena eller åt åldermannen jämte bisittarene. „de om alle deres saker skole skärskåda och döma och hålla hand utöfver deras gjorde skrån". I skräddarenes, snickarenes och skomakarenes skrån åläggas ålderman och bisittare att hafva grann akt och inseende öfver skrået, „ställandes sig själfve efter deras löfte och gjorde ed, såsom och exekverande hvad här uti förmält står, som de det ansvara och bestå vele". Ämbetsbröderne skulle välja ålderman och bisittare, uttala sig angående mästerstycken, förlika tvistande samt „rådslå hvad till deras ämbete nödigt och nyttigast varda kan", men i öfrigt tillkom den förvaltande och dömande myndigheten åldermannen jämte bisittarene. Först S. O. 1669, hvilken, såsom redan framhållits, skärpte magistratens kontroll öfver handtvärkarene, upptog bestämningar angående rådsledamöternes deltagande i ämbetsrättens förvaltning. Enligt detta skrå skulle anhållan om förkortning i lärotiden samt gesälls klagomål öfver olagligt afsked afgöras af åldermannen jämte bisittarene; „små och särskilda trätor" ämbetsbröderne emellan, modeller till mästerstycken, mål angående försnillning i utfördt arbete samt angående stöld och otrohet, begången af gesäll och lärodräng, skulle bero på åldermannen och bisittarene med borgmästares och råds (d. v. s. ämbetsherrarnes) minne och samtycke; gälde frågan förkortning i gesälltiden, utdelande af nödhjälp samt straff för försumlighet i utförande af mottaget arbete eller för misshandel å läropojke, skulle den slitas af „borgmästare och råd med ämbetet" [1]). Som allmän regel torde kunna antagas, att tvistemål mellan bröderne samt mellan desse och deras arbetare äfvensom förseelser mot skråets tydliga föreskrifter vanligen afdömdes af ämbetsrätten. Var ärendet af ekonomisk art och berörde det allmänna yrkesintressen, berodde väl utgången på hela brödraskapet. Synbarligen har ämbetsrätten i förvaltningsfrågor sökt vinna brödraskapets bifall och därför mången gång hänskjutit till mästarene mål, hvilkas afgörande enligt skråna berodde på henne ensam. Ämbetsherrarnes uppgift inom rätten torde hufvudsakligast bestått i att vaka öfver författningarnas riktiga tillämpning samt i att på magistratens vägnar pröfva ärenden, hvilka icke kunde afgöras allenast af brödraskapet. Öfver alt, som passerade på sammankomsterna, skulle protokoll föras — enligt S. O. 1669 af

---

[1]) S. O. 1669 art. II, 3, 7, IV, 3, 4, VI, 1, 4, VII, 3, VIII, 9, 13, IX, 3, X. 16, 25, 20).

en „edsvuren notarius och stadsbetjänter" -- och skulle en kopia däraf årligen inievereras till borgmästare och råd [1]).

Från ämbetsrätten kunde besvär anföras hos borgmästare och råd samt hos det s. k. generalgillet (hvarom i nästa kapitel), men olydnad och genstörtighet mot ämbetet tilläts ingen visa. „Där någon af motviljo eller tresko sig anställer och icke vill vara åldermannen, bisittaren eller ock deras utskickade följaktig in för ämbetet, utan de nödgas begära stadens sven eller profoss sig till hjälp en sådan motvillig att antasta — stadgade skråna — så skall det dem tillstädjas och blifva efterlåtet, och en sådan motvillig sättes sedan i fängelset till dess han sin hörsamhet och lydno vill bevisa, och stadstjänaren eller profossen bekomme för sitt omak 4 öre så ofta de honom vidertarfva". Företog sig någon att klandra en ämbetsdom eller, såsom det hette i skräddareskrået, „anten någon uppå gatorna brukar sin onyttige mun, säger sig vara orätt vederfarit eller ock begynner sådant vita och förkasta sin medbroder, som ock med hafver varit på ämbetet tillstädes", skulle han straffas med skärpta böter för okvädesord, „ty hade honom något för när skett, så hade han bort det uti huset inför åldermannen och bisittaren tillkännagifva och sig besvära och icke löpa så om på gatorna, skämmandes i så måtto ämbetet". Och icke allenast lastaren skulle bötfällas, utan äfven den som åhört talet utan att därom anmäla. Satte sig någon upp emot skråets artiklar och vägrade att efterkomma dess bud, straffades han med dryga böter samt med förlust af värktygen och rättigheten att arbeta. Fördristade sig någon „till att förkasta eller obekvämligen och illa tala om skrået och ämbetet", skulle han drifvas ur ämbetet och staden som en ärelös man, ty, hette det i smedsskrået, „den som föraktar lag och skrå, han föraktar sin öfverhet". Dog en gesäll, som föraktat ämbetet, innan hans sak utagerats, skulle enl. skomakareskrået hans blodsförvandter erlägga böter till ämbetet. Skattade någon åt „den lede odygden, som hos mången kan finnas", att utropa hvad ämbetet beslutit att skulle hållas hemligt, blef han likaledes näpst med böter. Den som „med föraktliga ord eller sidvördning" groft förgick sig mot åldermannen och bisittarene straffades enligt de år 1622 utgifna allmänna specialskråna första och andra gången med böter samt tredje gången med förvisning ur ämbetet —" utan hela ämbetet beder för honom och han sig storligen ödmjukar". Intill dess böterna för

---

[1]) Rådst. prot. 4 sept. 1643, 17 nov. 1649. År 1683 utsåg magistraten kämnären Bertil Letzle till notarie vid alla ämbetslådor i staden; dock skulle hans mottagande bero på hvarje ämbete själft.

begångna brott blifvit erlagda, skulle, enligt smeds- och skomakare-skråna, arbetet och värktygen konfiskeras [1]).

Under sessionen på gillessalen — liksom i det enskilda umgänget i allmänhet — var mästaren skyldig att vinnlägga sig om höfviskhet i ord och gärningar. Hvad som i detta hänseende skulle iakttagas stod granneligen upptecknadt i de ordningsregler, hvilka upptogo en god del af skråets innehåll och belade hvarje förseelse mot den goda tonen med böter till ämbetslådan och fattigbössan.

Enhvar, som undfått kallelse, skulle enligt dessa regler inställa sig på mötet på utsatt klockslag, och ingen fick aflägsna sig utan laga förfall innan sammankomsten förklarats upplöst. Förbjudet var att komma med dragande knif eller beväpnad med „någon annan gevär, som skadelig varda kan". Värktygen skulle lämnas hemma, likaså „skodtfällen" (förklädet). När åldermannen klappade, skulle enhvar sitta på „det rum honom är först tilldeputeradt" och ingen tilläts tränga sig på en annans plats. Kappan skulle ovilkorligen hållas på båda axlarna och hatten skulle vara af. Den som uppropades af ordföranden skulle stiga upp och yttra sig på ett höfviskt sätt. Ingen fick vägra att ingå på svaromål, ingen träda af och till på golfvet, ingen svära vid Guds namn utom när ed aflades, ingen falla i en annans tal, ingen med „slemt tal och otuktige åthäfvor i ord eller gärningar" skymfa en närvarande, „med ifrigt mod" utmana honom eller draga knif mot honom. Ingen tilläts „bjuda trots" i någon sak eller slå näfven i bordet, „men åldermannen står det fritt göra" [2]).

På den officiella delen af en ämbetssammankomst följde vanligen, en „gemütlicher Teil", ett dryckeslag. Detta bruk var mycket gammalt; det daterade sig från gilleväsendets första tider och hade förskaffat ämbetena titeln „skänkeämbeten" samt mötena namnet „skänk". Att hålla ämbetssammankomst hade sålunda blifvit liktydigt med att „hålla skänk" eller beskänka sig [3]) För brukets bibehållande genom tiderna var det sörjdt på mångahanda sätt. De flesta skrån påbjödo uttryckligen, att Valburgidagsmötet skulle celebreras med „ett dryck- och åldermansgille", och de ämbeten, hvilka

---

[1]) Skrädd. § 33, 35, 37, 50, 51, snick. § 17, 18, 52—54, smed. 35, 37, 48, 52, 57, 62, skom. 1629 § 13, 36, 38, 40, 53, 54, 58, dito 1662 § 13, 31, 33, 46, 47, S. O. 1669 art. X, 1622 års guldsm., kardevans- och köttmånglareskrån II, 5, 1630 års allm. bokbindareskrå II, 6.

[2]) Skrädd. § 36, 38—41, snick. § 3, 15, 19—21, smed. § 4, 22, 34, 36, 37, 51, 53, 54, 56, 59, 60, skom. 1629 § 3, 15, 39, 41, 42, 44, 45, dito 1662 § 4, 11, 12, 15, 32, 34, 35, 37, 38, S. O. 1669 art. X.

[3]) Lundell s. 68—69.

icke förpliktades genom skrået, läste samma påbud mellan raderna. Om de festiviteter, med hvilka en nybakad mästare skulle fira sin upphöjelse, har det redan varit tal. Likaså har det nämts, att i några — och troligen i alla ämbeten — lärlingen efter lärotidens slut skulle uttappa en tunna öl vid ämbetsbordet i åldermannens hus. Flera förseelser mot skrået kunde försonas med 1 à ½ tunna öl, som naturligtvis genast fann sin användning. Slutligen medgaf G. S. 1621 åldermannen att med af ämbetsbröderne hopsamlade medel uppköpa öl och brännvin, som sedan skulle utminuteras hemma eller i gilleshuset. Alla dessa fingervisningar uppfattades af ämbetena så väl, att icke allenast årsmötet, utan alla kvartal slutade med „dryck och åldermansgille". Icke ens de sammankomster, som höllos af ämbetets älste för revision af kassan eller för andra smärre ärenden, aflupo utan anlitande af åldermannens källare. Insamlingen för dryckeslaget tillgick sålunda, att de medel, som af mästarene erlades till ämbetskassan under namn af kvartalspenningar, tillgrepos för ändamålet. I smeds- och skräddareämbetenas protokoll nämnes stundom, att alt, som inflöt i kvartalspengar, åtgick samma dag till „förtäringen".

Under dryckeslaget skulle samma broderliga anda och höfviska väsen råda som under själfva mötet. När en dryck framhades, var ungbrodern pliktig att skänka i, biträdd af någon mästare, som åldermannen förordnade. För att förekomma en altför ymnig och för kvällens trefnad farlig konsumtion, hotade skråna med böter den som spilde på bordet mera öl än han kunde täcka med handen; rann ölet under bordet så att det kom under fötterna, skärptes straffet [1]). I trots af dessa försiktighetsmått och andra påminnelser om fridsamhet kunde det ofta nog gå rätt hett till under sköldarna. Mången gång fick ett under „friölet" med altför starkt eftertryck fördt meningsutbyte ett efterspel på följande kvartalsmöte.

* * *

I samma hus, där kvartalen höllos, förvarades den s. k. „lådan" eller „ämbetslådan", till sitt yttre en vanlig mindre kista. I denna funnos ämbetets tillhörigheter nedlagda: skrået, protokollen m. fl. handlingar äfvensom den gemensamma kassan, välkomman, spiran,

---

[1]) Skrädd. § 2, 42, smed. § 1, 43, snick. § 21, skom. 1629 § 2, 43, 46, dito 1662 § 2, 36, 39.

sigillet och andra ämbetet tillhöriga eller åt detsamma som pant öfverlåtna värdesaker. Men lådan tjänade icke allenast som förvaringsställe för lösören af olika slag. Den hade tillika en symbolisk betydelse, väkte, kan man säga, hos handtvärkaren samma känslor som fanan hos soldaten. Lådan var den härd, vid hvilken mästarene samlades för att afhandla sina gemensamma angelägenheter. Att sammanträda inför öppen låda var som att stå inför domstolens skrank. Med lådans öppnande vidtog sesionen; lådans tillslutande var signalen till den officiella afdelningens slut. Så länge lådan stod öppen innebar hvarje förseelse mot god ordning, hvarje personlig förnärmelse tillika ett brott mot ämbetets höghet. Nycklar till lådan innehades af åldermannen samt en, enligt S. O. 1669 af tvänne (de älste) bisittare, hvilka alla måste vara tillstädes när helgedomen öppnades [1]).

De kontanta tillgångarna voro fördelade på tvänne fonder: „lådan", den egentliga ekonomifonden, samt den för fromma ändamål afsedda „bössan" eller fattigbössan. Öfver alt, som inflöt och utgick, förde åldermannen, biträdd af bisittarene, bok och redovisning aflades på vårkvartalet. De ordinarie inkomsterna utgjordes af kvartalspengarna, hvilka erlades på hvarje kvartalsmöte af alla mästare — i några ämbeten åldermannen, bisittarene och ungbrodren undantagna —, rörelse idkande enkor samt halfmästare. Beloppet bestämdes af brödraskapet, men skulle enl. S. O. 1669 godkännas af ämbetsherrarne, på det ingen måtte betungas utöfver sin förmåga. Den grundfond, som sålunda erhölls, förstärktes genom de tillfälliga intrader, hvilka inflöto i form af äskepenningar, mästareafgifter, lösen för ämbetets signet under lärobref och pass, böter för brott emot skrået, frivilliga bidrag för särskilda ändamål m. m. Ehuru alla upptänkliga medel till sportlarnas ökande funnos anvisade i skrået, hunno tillgångarna aldrig växa till någon synnerlig höjd, emedan de merendels utgingo i samma mån som de inflöto. Ehuru S. O. 1669 lade mästarene på hjärtat, att kassan borde användas allenast till ämbetets gagn och bästa och att intet fick „onytteligen på ett eller annat sätt förtäras", utvisa dock ännu bevarade skråhandlingar, att de största expenserna gingo till „förtäringen" och „friölet". Mindre summor användes till hushyra åt åldermannen samt gratifikation åt hans hustru, till lön åt notarien m. m. Drygare tillfälliga utgifter förekommo t. ex: vid inköp af låda och välkomma samt bårkläden för begrafningar, vid uppförande eller reparation af ämbetets bänkar i domkyrkan o. s. v.

---

[1]) Smodsskrå § 2, S. O. III. 1.

De små afgifter, som inlades i fattigbössan, användes till under-stödjande af ämbetets och stadens fattige. Vid större behof anlitades själfva lådan såsom låne-, sjuk- och begrafningskassa. Det hörde näml. sedan älsta tider till gillenas vackraste plikter att vaka öfver och bispringa lidande och nödstälda ämbetsbröder under deras hemsökelser. „Varder någon mästare, som ämbetets rättighet i välmakten gjort hafver, utfattig eller sjuker — hette det i S. O. 1669 — och det icke kommer af hans eget vållande, dryckenskap, slöseri och annat slikt, den skall utur embetslådan med borgmästare och råds minne hjälp bekomma, så mycket ämbetet pröfvar nödigt och lådan kan umbära". Dog mästaren eller hans hustru i fattigdom. skulle ämbetet ombesörja begrafningen „med ringaste omkostnad"; kom mästaren sig upp från sin sjukdom och till bättre vilkor, skulle ämbetet återfå hvad det utlagt. Egendomligt nog omtalar af specialskråna för Åbo allenast smedsskrået fattiga ämbetsbröders understödjande, men säkert är, att ett sådant understöd lämnades äfven i andra ämbeten. Däremot ålägga samtliga skrån ämbetets medlemmar att följa en mästare, hans hustru, barn och biträden till grafven. Försummade den, hvarpå det närmast ankom att anmäla om dödsfallet, sin plikt, så att ämbetet icke kunde vara följaktigt till den sista lägerstaden, straffades han med böter [1]).

---

[1]) Skrädd. § 48, snick. § 35, smed. § 40, skom. 1629 § 52, dito 1662 § 45, 50, S. O. 1669, X, 16.

IV.
Gesällgillen.

Liksom mästarene kunde gesällerne inom samma yrke sammansluta sig till gillen, om de egde de nödiga förutsättningarna i afseende å antal och förmögenhet. Närmast tillkom det gesällerne själfva att taga initiativ till gillens inrättande, men det förekom äfven att saken först bragtes å bane af mästarene. Ändamålet med dessa föreningar var att utöfva kontroll och uppsikt öfver gesällerne, att bland dem upprätthålla tukt och ordning, att bereda tillfälle till sällskaplig samvaro, att ordna och underlätta förfrågningar efter arbete samt att bispringa nödstälda yrkeskamrater med vård och penningemedel.

Åtminstone fyra gesällgillen omnämnas före stora ofreden i Åbo — skomakare-, skräddare-, smeds- och linväfvaregesällernas —, men endast de två förstnämda gillenas skrån finnas veterligen numera i behåll. De utvisa, att organisationen i stort som i smått var anlagd efter mönster af mästaregillena.

Åldermannen motsvarades i gesällgillena af den s. k. åltgesällen eller altknekten (åltknekten, ålderknekten), hvilken valdes af gesällerna, vanligen för ett år. Vägrade en gesäll att mottaga kallet, skulle han enl. skräddaregesällernas skrå böta en tunna öl och ändå blifva altknekt. Var han sinnad att vandra från staden före tjänstetidens slut, skulle han anmäla därom för gillet i god tid för att efterträdare skulle i tid hinna utses. Vid sidan af altknekten stodo såsom rådgifvare och kontrollanter tvänne mästare, s. k. bisittare eller lådmästare, hvilka utsågos af mästaregillet och inför detta aflade ed. Uppdraget gick i tur och ordning ibland mästarene och varade åtminstone inom skräddare- och smedsgesällernas gillen i regeln i två år. Vaktmästaresysslan innehades af yngsta mästersvennen.

Sin gemensamma samlingspunkt hade gesällerne hos en mästare, krogfadren, hvilken utnämdes af mästaregillet efter samma grunder som lådmästarene; dock var det icke ovanligt, att den mästare, som en gång öfvertagit posten, innehade den i flera år, dels af hänsyn till de utgifter en flyttning åsamkade gesällerna, dels emedan han kunde påräkna en måttlig ersättning för sitt omak. I krogfadrens hus, vanligen kalladt krogen eller härbärget och utmärkt genom gesällernas gillesskylt, togo vandrande gesäller in, där förvarades lådan och där höllos sammankomsterna. Några gånger om året, på i skrået bestämda tider, skulle ordinarie möte, s. k. „vandretid" eller „vandretid och stämma", hållas och dessutom en gång i månaden s. k. krogdag. Ingen medlem af gillet fick uteblifva utan laga förfall. I afseende å uppförandet på mötena gälde i det hela samma anvisningar som gifvits mästarene. Strax vid mötets början skulle värjorna och „tagordtarna" eller knifvarna aflämnas till altknekten; förbjudet var att utan inbjudan sätta sig vid altknektens och bisittarenes bord, att slå näfven i bordet — det stod endast altknekten fritt —, att slå knäpp för en annan, att öfverlasta sig o. s. v. De löpande ärendena utgjordes mestadels af löndrängars och mästersvenners inskrifning och välkomnande. „När mästersvenner och löndrängar till stämman församlade äro, föreskref skräddaregesällernas skrå, då skall ålderknekten uppklappa och spörja, hvilken mästersven eller löndräng intet hafver vunnit bröderskap; han skall stiga upp och stå för bordet och vinna broderskap och gifva till broderskap 4 öre". Återvände någon, som tidigare varit medlem af gillet, till staden, skulle han ånyo inskrifvas. En stående nummer på vandretiderna var skråets uppläsande. Dessutom förehades ärenden af disciplinär art, framkallade af gesällers försumlighet i arbetet och lastbarhet i lefvernet, af inbördes tvister och andra oregelbundenheter. Förekom någon sak, som icke fans uttrykt i skrået, men ändock måste anses höra till gillets forum, skulle — enl. skomakaregesällernes ordning — altknekten jämte bisittarene skärskåda och afhjälpa den „efter yttersta samvete deras"; men var målet för inveckladt för att af dem kunna slitas, skulle det hänskjutas till ämbetets ålderman och bisittare. Straffet bestod i vanliga fall i penningeböter, någongång i en tunna öl. Vägrade en gesäll att ställa sig rättens dom till efterrättelse, skulle altknekten åtala honom inför åldermannen. Förelåg ett svårare felsteg, såsom när gesällen „skämde sin mästares hus med okyskhet och lönskaläge" eller när han genom slagsmål vållat någon skada, skulle saken beifras af rådstugurätten.

Sitt största behag hade krogdagen genom det tillfälle till fraterniserande och pokulerande det gaf. Det fans ständigt nya bröder som skulle välkomnas med bägaren i hand; än var det en lärgosse som lärt ut i staden och nu gladdes åt sin upphöjele, än åter en vandrande gesäll, ofta en gammal bekant, som kom med färska tidender från den öfriga världen, stundom från Stockholm och utlandet. Anledning till skålar gåfvo dessutom gamla bisittares afträde och nyas tillträde. I andra nordiska länder kryddades nöjet genom en mängd besynnerliga ceremonier och upptåg, som voro förenade med vissa gillesförrättningar. Så underkastades vid inskrifningen i gesällboken den utlärde gossen en för honom själf förödmjukande och t. o. m. smärtsam, men för åskådarene säkerligen ytterst lifvande receptionsakt, som erinrade om den vid universiteten förekommande depositionen och i allmänhet åsyftade att genom hvarjehanda ceremonier och hocus pocus konster befria recipienden från alla en lärlings, för en fri gesäll opassande olater. Äfven i många andra stycken skall vid mötena en besynnerlig ritual blifvit följd[1]). Hvad härom förtäljes framställer forna tiders gesällif i en bjärt och originel belysning, men måste här lämnas oanfördt, emedan ingen hållpunkt finnes, som tilläte oss att bedöma, i hvilken mån de skandinaviska gesällernas ordensritual funnit adepter i Finland. De enda något muntrare upptåg, som omnämnas, förekommo vid lådans och gillesskyltens transport från en krogfar till en annan. Om deras art gifver följande anteckning i skräddaregesällernes utgiftsconto för 1688 en antydan: „Gafs till spelmännerne, som skulle göra dom lustiga efter gamla plägseden, enär ombytan- och flyttande plägar ske krogfadrarna emellan — 2 daler".

Gesällernas gilleskassa samlades och förnöttes på samma sätt som mästarenes. På alla vandretider och krogdagar erlades s. k. „tidepenningar" och „krogpenningar", hvilka till beloppet voro större för mästersvennerne än för löndrängarna. Af alla nykomlingar togs inskrifningspenningar, äfven kallade välkomstpenningar, då de betalades af vandringsgesällen. Af böterna gick det mesta till „lådan", en mindre del till „bössan". Medlen förvaltades af altknekten och bisittarene, hvilka enligt skomakaregesällernes skrå skulle hvarje Valborgsmässotid aflämna redovisning inför borgmästare och råd; hälften af öfverskottet skulle tillfalla „mästersvens älder-

[1]) Lundell s. 73.

man", andra hälften stadens fiscus. I skräddaregesällernas conto-
böcker talas intet om en sådan partering; hela saldot tillföll gillet
och revision anstäldes vid hvarje ombyte af altknekt och bisittare.

En viktig uppgift hade gesällgillena såsom samfund för ömsesi-
dig hjälp. Föll en gesäll i långvarig sjukdom, så att han icke kunde
ligga hos mästaren, skulle enligt skräddaregesällernes skrå alt-
knekten förskaffa honom till härbärget eller något annat lämpligt
ställe. På altknektens tillsägelse skulle en mästersven vaka öfver
den sjuke. Saknade patienten nödiga medel, skulle utgifterna be-
kostas genom insamling bland gesällerne eller lån ur lådan och
fattigbössan. Efter sitt tillfrisknande skulle den sjuke återbetala
hvad som kostats på honom. Afled han, hade gillet rätt att skaffa
sig godtgörelse genom försäljning af hans kvarlåtenskap. Inflöt in-
tet på detta sätt, skulle dock „gifvas för Guds skull" såväl till
sjukvård som till begrafningen, hvilken skulle bivistas af alla gilles-
bröder. Besmittelig sjukdom och död, ådragna i oärligt hus, be-
friade inom skomakaregesällernes gille kamraterne från nämda
förpliktelser.

Liksom mästarene vunno en större sammanhållighet genom sin
gillesordning och sålunda kunde med bättre eftertryck förfäkta sina
yrkesintressen, likaså kunde gesällen, i medvetandet af den solida-
ritet, som förenade honom med andra gesäller af facket, uppträda
med större frimodighet och bestämdhet mot sin arbetsgifvare. I
sydligare länder och äfven i Sverige plägade gesällerne, när en
mästare ådragit sig deras misshag och vägrade att ingå förlikning,
„skymfa" honom, d. v. s. förklara honom ovärdig att i sin tjänst
använda gesäller. De gesäller, som arbetade i den bannlyste mä-
starens värkstad, skulle lämna sina stolar och ingen gesäll på samma
eller annan ort fick inträda i stället. Först när mästaren under-
kastat sig förlikningsvilkoren, upphäfdes boycotteringen. Någon
gång kunde en af magistraten eller mästaregillet vidtagen åtgärd
föranleda en allmän strejk, ett interdikt öfver en hel stad och dess
mästare. Men det kunde äfven hända, att gesällerne straffade en
kamrat genom att utstöta honom ur gillet och „skymfa" ho-
nom. Till alla gesällgillen inom samma fack sändes då „skymfbref",
i hvilka gesällerne, mot löfte om återtjänst, uppfordrade brödraska-
pen att icke mottaga i sin krets den bannlyste[1]). Huruvida dessa
kraftåtgärder äfven tillgrepos i Finland, är svårt att afgöra. Ana-

---

[1]) Lundell s. 74—75; Meddel. fr. Samfundet f. Nordiska museets befrämj.
1890 s. 62.

logiskäl tala visserligen för att så var fallet, synnerligen som till-
strömningen af främmande gesäller icke var obetydlig och de in-
födde arbetarene under vandringsåren varit i tillfälle att fatta
smak för utländska seder. Men då inga faktiska bevis kunnat
uppletas, kan det på lika goda grunder antagas, att obstruktions-
och boycotteringsmetoden icke tilltalat den finske handtvärkarens
temperament eller att, om densamma förekommit, den användts i
undantagsfall och i mildrad form[1]). I medlet af innevarande år-
hundrade lära strejk mot mästare och skymfande af gesäller endast
till namnet varit kända inom våra gillen.

---

[1]) Smedsprot. 9 mars 1688 nämner ett fall, då en vandrande gesäll väg-
rade att taga tjänst hos smedsåldermannen, emedan dennes son var för en för-
seelse och penningeskuld inskrifven i gesällernas svartbok på den ort, hvarifrån
gesällen kommit. Detta handlingssätt godkändes af smedsämbetet och älder-
mannen pålades att skaffa sin son ur svartboken.

V.

Generalgillet i Åbo.

Flera exempel gifva vid handen, att handtvärksförhållandena i Åbo i början af sjuttonde seklet icke voro myndigheterna rätt i lag. I inledningen till skräddareskrået anmärkte magistraten, att „nu en lång tid stor oskicklighet och oordning ibland ämbeterne och handtvärksmän här i vår stad varit hafver, hvilket är alldeles emot all god värdslig politia, lag och rätt och nu ej längre bör vara ej häller står till att lida". Samma påminnelse gjordes vid konfirmerandet af skomakarenes och snickarenes skrån. År 1629 hade till regeringens kännedom kommit, att „en stor oordning i vår stad Åbo är med alle handtvärksmän i deras arbete och gärning, i det de icke hafve någor inseende antingen i deres pertzelers inköpande eller ock mat och öl, anten det är godt eller ondt köp och dock likväl dyrke deres gärning och arbete så högt som här [i Stockholm] eller annorstädes, där någon myckenhet tillsammans är" [1].

De oskäliga prisen på handtvärksartiklar voro sålunda en anledning till styrelsens missbelåtenhet. Ytterligare orsaker gåfvo handtvärkarenes ovillighet att underkasta sig skråtvånget samt bönhåseriets florerande. För att införa bättre ordning inom handtvärket, påbjöd slottslofven Hans Ragvaldsson år 1624, att alla ämbetsmän, „om de ock vore under hvars hägn och försvar de helst vara kunde och ehvad ämbete det hälst vara kan", skulle granneligen registreras [2]. Fem år senare uppdrogs åt generaluppsynesmannen öfver handeln i Åbo Hans Bogge, hvars värksamhet tidigare (s. 460) blifvit omnämd, att jämväl hafva inspektion och uppseende öfver handtvärkarenes „gär-

---

[1] R. R. 9 apr. 1629.
[2] Bidr. första ser. III: 33.

ning och arbete" samt att afskaffa den „oordning eller skinneri",
hvarom regeringen underrättats. Hvart fjärdedels år skulle Bogge sam-
mankalla åldermännen och de handtvärkare, hvilka saknade skrå, samt
förelägga dem ett visst pris på deras arbete. Öfverträdelser af taxan
skulle straffas första, andra och tredje resan med böter från 40—
120 ᴍ och fjerde resan med förlust af rättighet till handtvärkets
utöfning. Bogges egen ifver sporrades genom hotelse om ämbetets
förlust, om han lät sig komma någon försumlighet till last. Såsom
läsaren redan känner, anmärktes mot Bogge, att han icke egnade
stadens angelägenheter tillbörlig uppmärksamhet, och denna före-
bråelse hade väl sin tillämpning jämväl på hans förhållande till
handtvärkarene. År 1635 klandrade ståthållaren handtvärkarene för
„olikhet och dyrkande i sine varor och arbetande, så att när en
ärlig man hafver något att låta arbeta hos dem, hinner ingen sådant
betala" [1]).

Det värksammaste medlet till handtvärkets ordnande var upp-
rättandet af med speciella ordningsregler försedda ämbeten. Inom
de yrken, där sådant lät sig göra, förmärktes snart nog en tydlig
förändring till det bättre. Men det fans yrkesidkare, hvilkas ringa
antal icke tillstadde en sådan sammanslutning, och om de äfven
subordinerade under resp. ämbetsrätt i Stockholm, så gjorde afstån-
det, att nödig kontroll och omvårdnad icke kunde egnas dem. För
att afhjälpa detta missförhållande och förskaffa alla yrken samma
förmån, enade sig handtvärkarene på initiativ af magistraten år 1636
om upprättandet af ett s. k. ämbetsgille eller generalgille, som i sig
skulle innesluta samtliga handtvärksmän i staden, främst dem hvilka
icke ingått någon yrkesförening, men också dem som försetts med
eget skrå. Sedan „artiklar och punkter" för gillet utarbetats och
dessa följande år 1637 erhållit borgmästares och råds ratifikation,
vände sig mästarene till Per Brahe med anhållan om dennes beskydd
och om fastställande af eget sigill till tecken af gillets sjålfständig-
het. I resolution af den 2 febr. 1640 uttrykte Brahe sitt nådiga
välbehag öfver företaget samt tillförsäkrade gillet alla de beneficia
och rättigheter, som utlofvades i generalskrået, uppmanande tillika
magistraten att tilldela „sådana friheter, som de själfve veta be-
sinna, att gillet kan blifva efter tillbehör och uppå vederbörligt sätt
med uppehållet". Samtliga handtvärksmän bjödos att underordna
sig gillet och att erkänna dess höghet, enskilda ämbeten dock deras
rätt oförkränkt. Under sina domar, pass, lärobref m. fl. utgående

---

[1]) Bidr. första ser. VII: 63.

bref skulle gillet tillåtas att begagna ett secret och insegel af följande symboliska utseende: „tvänne nakota människoarmar och händer korsvis öfver hvarandra satte och med band tillsamman bundne, ståendes uti en blå grund, hafvandes uti hvardera handen en blomstrande olivekvist, själfva blomstren gröna och stjälkarna förgylda;

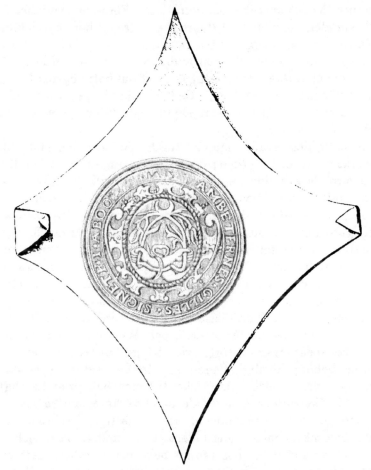

Generalgillets i Åbo sigill.

omkring armarna eller själfva grund, uti hvilket secretet begripes, en cirkelrund ring eller krans, där uti inseglet med desse bifogade förgylde bokstäfver, nämligen, Ämbeternes Gillis Signete j Åbo' namngifves och stå förmälda". I en senare på året afgifven resolution förklarade Brahe, att alla importante saker, i hvilka appell från gillet skedde, skulle gå till rådstugu-, icke till kämnärsrätten, samt att appellationsafgiften skulle vara densamma som från kämnärskammaren till rådstugan [1]).

Gillets syftemål angifves i de sålunda fastställda stadgarna vara att bilägga och slita „ämbeternas enskilda och tillhörande saker". Yppade sig bland mästare och mästersvenner i ett specialämbete träta och tvist „ämbetens egentliga saker angående, som uti specialskrån icke kan biläggas", skulle saken dragas inför generalgillet; gälde det icke „en ämbets enskild fall", föll den utom gillets kompetens och hänsköts till rådstugurätten. Förekom oenighet bland de gillesbröder, som icke tillhörde ett fast eller specialämbete, fick saken icke nedläggas utan anmälan hos gillets ordförande. Ville någon utom gillet stående andraga en sak för gillesbröderna, var det honom tillåtet mot erläggande af dubbelt högre äskepenningar än medlemmarne betalade. Den gillesbroder, som icke tillhörde ett fast ämbete i staden, var skyldig att inför gillet in- och utskrifva sina lärpojkar.

Generalgillet skulle sålunda bilda en föreningslänk mellan handtvärkare af olika yrken; det skulle vara ett stort handtvärksskrå, hvaraf de enskilda ämbetena voro underafdelningar. I första instans skulle det afdöma och bilägga tvister mellan handtvärkare, som icke sammanslutit sig till ett specialskrå, i andra instans mål, som tidigare förekommit inför ämbetsrätterna. I afseende å gillets organisation och samlifvet inom detsamma gälde samma föreskrifter som för ämbetena. Statuterna föreskrifva val af ålderman och bisittare, hvilka ägde att döma efter skrået och i saker, som icke funnos däri klarligen uttrykta, „efter yttersta samvete sino;" anskaffande af låda med fyra lås; ordinarie kvartal Urbanidag den 25 maj, då åldermannen redovisade för kassan, och Martinidag den 11 november; kvartalspenningar, 2 öre, vid bägge tillfällena; extra möten efter behof; hemlighållande af sådana beslut, „som stadsens förmän och våra medborgare icke till men och prejudicerligt är" m. m. Af vikt synnerligen för de handtvärkare, hvilka icke bildat eget ämbete, var bestämningen, att en fattig gillesbroder skulle, om han hemsöktes med Guds faderliga ris, understödjas och, i fall han afled i armod, hans begrafning bekostas af gillet. Att en gillesbroder skulle deltaga i en kamrats och hans familjemedlems jordafärd, föll af sig sjålft, men han var dessutom pliktig att i vissa fall följa äfven utom stående till grafven. Önskade näml. någon utom gillet att genom gillets närvaro öka ståten vid en anhörigs likbe-

---

[1]) Åbo stads acta.

gängelse, skulle han ackordera därom med åldermannen och bisittarene samt gifva i lådan, „gillet till ära", hvad desse bestämde.

Huru generalgillet fylt sin uppgift och hvilken betydelse det ägt för näringslifvet i staden kan numera svårligen bestämmas. Dock tala de sparsamma uppgifter, som ännu förefinnas, för att det aldrig lyckats gillet att vinna det inflytande och den auktoritet stiftarene väl tänkt sig. Isynnerhet under seklets sista årtionden torde förhållandena varit otillfredsställande och en tid synes det gått därhän, att gillet befann sig i fullkomligt upplösningstillstånd. På särskilda riksdagar och isynnerhet år 1689 anfördes bittra klagomål öfver de svårigheter gillet hade att kämpa med, hvarför landshöfdingen i länet tillsades att i samråd med kommerskollegiet uttänka medel till det ondas afhjälpande. Som en antydan om resultatet af det utlofvade understödet får väl betraktas en uppgift i rådstugurättens protokoll år 1690, hvari det heter, att stadens fasta ämbeten erhöllo rättens tillstånd „att inrätta generalgillet här i staden, som för någon tid sedan af grefve Per Brahe blifvit inrättadt, men nu förfallit; hvarunder ock skola höra och lyda alla handtvärksmän, som redeligen lärt, vandrat och för öppen ämbetslåda gjort sitt mästerstycke och således ämbetsrättighet vunnit" [1]). Utan något inflytande på näringsförhållandena i staden har denna pånyttfödelse väl icke varit, men till större betydelse och auktoritet lyckades generalgillet icke ens efter denna tid höja sig.

Den dekadens hvaråt generalgillet tidigt nog hemföll, berodde till någon del därpå, att gillet från seklets midt saknade en fast samlingslokal. Redan under de första åren efter sin instiftelse hade gillet med egna medel tillöst sig egen gård vid Kyrkogatan, hvarest möjligen äfven stadens fasta ämbeten höllo sina sammankomster. Jämlikt privilegierna för gilleshus åtnjöt gården frihet för kommunala utskylder och bröderne hade rätt att därstädes hålla utskänkning af öl och brännvin, en rätt som dock hade sina olägenheter, enär den ofta bragte gillet i konflikt med rättvisan [2]). Under 1656 års stora brand blef detta gilleshus lågornas rof; det uppbygdes ånyo af bagaren Mårten Döpner och begagnades i några år af gillet, men måste år 1660 efter rättegång afträdas åt Döpner såsom säkerhet för dennes omkostnader. Någon inlösen kom sedermera icke i fråga

---

[1]) Riksdagsbesvär på riksd. 1680; rådst. prot. 3 febr. 1670.

[2]) Rådst. prot. 12 juni, 4, 25 sept., 4—13 nov. 1643, 1 mars 1645, 4, 18, 25 sept. 1648. Såsom tidigaro (s. 486—487) nämdes, sträfvade gillet att fåsin utskänkning utsträkt till vinsorter och lyckades äfven vinna landshöfdingens bifall men magistraten satte sig däremot och lät konfiskera ett vinlager. Regeringen, hos hvilken gillet anförde besvär, godkände åtgärden

och en annan tomt, som erbjöds af magistraten vid Helgeandsgatan på Aningaissidan, måste af brist på medel lämnas obebygd. På 1682 års riksdag supplicerade gillet fåfängt om statsunderstöd för en stugas uppförande. År 1689 omtalas gilleshuset, för hvilket bröderne förgäfves ansökte om vissa lindringar i kronoutskylderna samt utskänkningsrätt, men redan två år därpå uppgifves det, att ämbetslådan och skylten funnos hos en af åldermännen, och år 1699 anhöllo bröderne, enär de råkat i tvist med en ålderman, hos magistraten om annan lokal för sina sammankomster. När seklet gick till ända, stod sålunda generalgillet alt ännu utan egen gillesstuga [1]).

En bidragande orsak till gillets aftagande betydelse synes vidare legat i svårigheten för gillesrätten att göra sina bud och utslag gällande inom ämbetena samt att med dessa öfverenskomma om ömsesidiga befogenheter. Några antydningar förekomma om tvister med ämbetsrätterna och åtminstone en sådan konflikt hade till följd, att ämbetet uppsade gemenskapen med gillet. Af orsaker, som äro obekanta, hade skräddarene redan år 1647 separerat sig och magistraten, hvars hjälp af gillet anropades, ansåg sig icke kunna skrida till tvångsåtgärder [2]). Schismen ägde bestånd ännu 1674 och synes fortgått intill gillets återupprättelse 1690, då en skräddaremästare utsågs till bisittare. På riksdagen 1689 klagade gillesbröderne öfver att åtskilliga handtvärkare, hvilka icke kunde bilda eget gille, höllo sig under ämbetena i Stockholm och Nyköping [3]). Med ämbetena i Stockholm råkade gillet i en långvarig tvist, som dock flera gånger afgjordes till gillets favör. Enligt statuterna hade, såsom redan påpekats, gillet rättighet att utfärda lärobref åt lärpojkar, som tjänat ut hos mästare i staden. Men när dessa arbetare kommo såsom vandringsgesäller till Stockholm, vägrade ämbetena därstädes att erkänna dem och fordrade, att de skulle underkasta sig ny lärotid i Stockholm; äfven hade det händt, att gesällerna blifvit bötfälda under förevändning, att de icke tjänat hos „rätte och ärlige handtvärkare". Vid anstäld undersökning befans det, att generalgillets besvär öfver saken voro fullt befogade, och regeringen lofvade gång på gång att förehålla resp. ämbeten i Stockholm deras egenvillighet. Måhända ha dessa slutligen gifvit med sig, ty efter år 1689 omtalas klagomålen icke mera [4]).

[1]) Rådst. prot. 7 mars 1659, 4 juli 1660, 15 juli 1691, 19 apr. 1699; k. resol. 1682 § 31, 18 mars 1689 § 16.

[2]) Rådst. prot. 11 dec. 1647.

[3]) K. resol. 18 mars 1699 § 17.

[4]) K. resol. 12 dec. 1672 § 8, 11 nov. 1680 § 10, 9 nov. 1686 § 13, 18 mars 1689 § 14.

I spetsen för generalgillet synes under de första årtiondena stått fyra åldermän, af hvilka samtidigt endast tvänne torde varit stadda i tjänsteutöfning; vid gillets restauration 1690 minskades antalet till två. Bisittarenes antal uppgifves år 1647 till åtta, år 1680 nämnas allenast fyra, år 1690 utnämdes fem. Vid valen torde samma förfarande iakttagits som vid liknande förrättningar inom specialämbetena. Synbarligen ha de fasta ämbetena eftersträfvat att vinna en plats i direktionen och magistraten har å sin sida förfäktat den grundsatsen, att för ärendenas bättre handhafvande inga ämbetsåldermän skulle förtros med poster inom generalgillet. Om missnöje med valet af ålderman talas endast en gång. Kort efter det guldsmeden Hans Meyer (1689) utsetts till den ena åldermannen utspann sig mellan honom och gillesbröderne en tvist, som i trots af regeringens och de lokala myndigheternas inskridande fortgick ännu tio år senare. Samtliga ämbeten skola ha nekat att erkänna Meyer; man vägrade att åtlyda hans kallelser, så att Meyer år 1699 måste utvärka af magistraten ett påbud om vite för den som vidare opponerade sig. Den ringa betydelse generalgillet ännu vid seklets utgång ägde förminskades sålunda ytterligare genom det öppna krigstillståndet mellan gillesbröderne och åldermannen[1]).

Af de mästare, som innehaft åldermans- och bisittarebefattningar i generalgillet, kunna numera endast följande uppvisas:

Åldermän i generalgillet.

Mårten Lambertsson, skomakare	nämd	1642—48
William Classon Stockman, skomakare . .	„	1642—44
Ingelbrekt Barttel, kopparslagare	„	1643—47
Falentin Schwerin, sadelmakare	„	1644
Lytke Caloander [2])	„	1648
Berndt Glasmästare	„	1653 [o. 1660 ?]
Zacharias Witte, guldsmed	„	1654
Mårten Döpner, bakare	„	1661
Jochim Neiman (!)	„	1661
Axel Boya l. Boye, guldsmed	„	1687—89
Hans Meyer, guldsmed.	„	1689—1716
Anders Broman, snickare	„	1690

[1]) Rådst. prot. 29 maj 1689, 9, 12 apr., 8 okt., 16 nov. 1690, 15 juli 1691, 28 nov. 1692, 15 juni 1695, 7 nov. 1698, 19 apr. 1699.

[2]) Huru Caloander, som var Åbo stads förste postmästare (utn. 1638 och död c. 1649), kunde inväljas i styrelsen för gillet, är en gåta.

76

Bisittare.

Hans Kortsson, skräddare
Jochim Strokerck, guldsmed
Jakob Bååk
Lytke Caloander
Henrik von Minden, bakare } nämda samtidigt 1647.
Kristofer Guldsmed
Simon Tunnbindare
Mårten Döpner, bakare

Jöran Kijhn, snickare, förordn. 1650.

Bogislaus Hornborg, murmästare
Thomas Mellenberg, skomakare
Zacharias Jung, skräddare } utn. 1690.
Cort Philip, klensmed
Henrik Holm, linväfvare

* * *

Af de stadens näringsidkare, hvilka böra hänföras till ämbets-männens klass eller hvilka stodo på gränsen mellan handtvärkare och borgare i inskränkt mening, ha redan tidigare — af skäl som på sina ställen anförts eller som framgå ur sammanhanget — bar-berare, bryggare, slaktare och bakare blifvit omnämda. Stockholms bardskärares skrå af 1571, som konfirmerades af Gustaf II Adolf år 1628, påbjöd för barberarene en fullkomligt skråmässig organi-sation och utbildning. Öfverhufvud samma kompetensvilkor, som upp-ställdes i hufvudstaden, gälde naturligtvis de jure äfven på andra orter utan att de dock med synnerlig stränghet kunde upprätthål-las. Ifrågasättas kan, huruvida ens flertalet af de barberare, oculi-ster, medici m. fl., hvilka praktiserade i Åbo, avancerat högre än till gesällgraden, och om en och annan kan det antagas, att han icke ens förvärfvat sig denna värdighet. — Bryggarene i Åbo sam-manslöto sig under trycket af den nya regim, som infördes under Per Brahes generalguvernörstid, till ett ämbete och de omtalas år 1641 såsom stående under en uppsyningsman, kallad ålderman (Hen-rik Bargen), men sammanslutningen blef icke långvarig och någon sådan ordning, som kännetecknade ett handtvärkareskrå, blef väl aldrig bland bryggarene genomförd. — En tydlig karaktär af äm-betsmän ägde däremot slaktarene-köttmånglarene och bakarene. Det af Oxenstierna, Skytte, Bureus och Mathias Trost utfärdade kött-månglareskrået af år 1622 var utarbetadt efter fullkomligt enahanda mönster som öfriga af dem utgifna skrån. Lärpojkarne skulle vara oberyktade, de skulle förete löftesmän och lära i fem år, innan de erkändes som gesäller. Högst tvänne mästersvenner och en lärodräng tillätos samtidigt tjäna hos en mästare. Michelsmässotiden, d. v. s. vid slakttidens början, skulle mästersvennen äska ämbetet och inför detsamma såsom mästarestycke slakta fem får eller en oxe inom en timme. Efter mannens död kunde enkan fortsätta rörelsen o. s. v. Huru fullständigt de personer uppfylde skråets föreskrifter i afseende å yrkets inlärande, hvilka af magistraten plägade utnämnas till stadens slaktare, finnes icke angifvet, men tvifvelaktigt är, huruvida dem alla affordrats mästareprof. Åldermän omtalas från seklets midt, medan åter alla antydningar om tillvaron af bisittare saknas. — Bland bakarene funnos vanligen några, som kunde uppvisa mästarebref, men flertalet af dem, som lifnärde sig med bakning. hörde till månglarenes klass.

Öfriga ämbetsmän, hvilka stodo eller åtminstone bort stå under generalgillets uppsikt och skydd, skola behandlas i följande kapitel af denna afdelning. Först egna vi uppmärksamhet åt de yrken, hvilkas idkare voro „starka" nog att bilda ett gille, hvarvid vi följa dem i kronologisk ordning. Sedan upptaga vi de handtvärkare, hvilka saknade eget skrå och hvilka icke kunna subsumeras under de fasta ämbetena.

VI.

Guldsmedsämbetet.

etta ämbete torde i afseende å ålder varit det första i staden. Väl nämnes i offentliga handlingar, såvidt jag kunnat finna, guldsmedernas skrå först så sent som år 1629 och själfva ämbetet först år 1632, då en rådman utsågs till bisittare, men flera tecken tala för en högre ålder. Därpå tyder den ålderdomliga formen på det största af de tre sigill, hvilka finnas aftrykta på följande sida; därför talare vidare det relativt stora antal idkare guldsmedsyrket ägde under nya tidens första århundrade samt nödvändigheten af att ställa desse under noggrannare kontroll än den magistraten ensam kunde utöfva. Det är visserligen icke osannolikt, att med det i en rådstugurättens dom af 1629 åberopade skrået åsyftades det allmänna skrå för guldsmeder, som utfärdades af Gabriel Oxenstierna, Lars Skytte och Olaus Bureus den 1 juli 1622, men denna möjlighet motsäges af en annan uppgift, som tyder på, att guldsmederne i Åbo redan därförinnan, kanhända redan under 1500-talet, blifvit utrustade med egen skråordning. År 1644 ingingo nämligen guldsmederna till den myndig vordna drottningen med anhållan om restitution och konfirmation å „den skrå de af framfarna konungar hafva varit benådade med och härtill intet till godo åtnjutit af orsak att den af magistraten där i staden är dem afhänd". Under hvilken framfaren konungs tid skrået utfärdats, säges icke, icke häller när magistraten skridit till den öfverklagade åtgärden, men möjligt är, att det senare skett i slutet af 1630-talet, då guldsmedernas antal betydligt reducerats och då det anmärktes mot guldsmedernas uppsyningsman eller ålderman, den s. k. värdejen, att han „sin skrå icke vidmakthåller eller sin bisittare icke ens akta eller veta enär de församlas". I sitt svar utlofvade drottningen, att landshöfdingen skulle skaffa guldsmederna rättelse, om deras uppgifter befunnos riktiga[1]). Huruvida det gamla skrået sedermera återupplifvades eller möjligen ersattes med 1622 års allmänna ordning, finnes ingenstädes utsagdt. Själfva ämbetet omnämnes åter i handlingarna först några årtionden senare, men återupprättades synbarligen långt tidigare.

Guldsmedsämbetets sigill. Stamparna till det första och tredje sigillet
förvaras i historiska museet i Helsingfors.

Det större värde guldsmedernas arbeten ägde framför andra handtvärkares och lättheten att lura mindre skarpsynta kunder förmådde redan tidigt myndigheterna att egna guldsmederna en strängare kontroll och eftersyn. Under medeltiden hade, såsom tidigare är nämdt, guldsmederna blifvit ålagda att bosätta sig i städerna, där det var lättare att hålla öga på dem. Vid upprepade tillfällen utfärdades stränga förbud mot flärd och falskhet, hvarjämte den halt guld- och silfverarbeten borde äga noga bestämdes. 1473 års förordning, som förnyades af Gustaf Wasa, förbjöd guldsmederne

---

[1]) Extract af samtl. städernas postulater anno 1644, resol. f. ämbetena o gillet i Åbo.

att använda sämre guld än rhenskt, d. v. s. sådant som förekom i rhenländska guldmynt, samt pålade värkmästaren för guldsmedsämbetet i Stockholm att probera alt det guld- och silfverarbete, som utbjöds i Uppland „eller annarstädes". Johan III uppdrog år 1576 åt en särskild uppsyningsman att hafva inseende öfver att det arbete, som levererades af guldsmederna i Stockholm och andra köpstäder, var fullgodt i afseende å skrot och korn, Konung Sigismund förordnade i den konfirmation han år 1594 tilldelade guldsmederna i Stockholm å deras skrå, att ingen guldsmed i riket skulle „fördrista sig att arbeta ringare sölfver än lödige marken till halftjortonde lod gjutet silf i fin [84,37 %]. och hvad som under hammaren förarbetes skall hålle ett kvintin mindre än fjorton lod uti fin; hvad som guldarbete tillkommer, skall ingen vare efterlåtit ringare guld förarbete än rinskt och Pariser arbete icke med högre glas än uppå åtta kroner en [försmälta]". Beslogs någon med sämre arbete. förlorade han varan och straffades med böter (40 ₥). På alla artiklar skulle slås mästarens stämpel. Riksens „värdeen eller proberemestere" skulle besöka alla marknader för att granska alla guld- och silfverarbeten, som vid dessa tillfällen utbjödos, men dessutom skulle åldermannen i hvar köpstad „på ovisse dagar om året, dock emot visse högtider" anställa inspektion i värkstäderna och sönderslå alt, som vid anstäldt prof befans innehålla flärd. Ingen „säckeguldsmed" tillstaddes bo på landsbygden, utan skulle all guldsmedshandtering koncentreras till städerna. Fullkomligt enahanda föreskrifter upptogos i 1622 års allmänna guldsmedsskrå. Ar 1641 tillförordnades uppsyningsmän att granska fullödigheten (12 l.) af det unseguld och silfver samt de af dessa metaller förfärdigade lyxartiklar, som infördes till riket[1]).

Dessa och många andra förordningar gälde guldsmedsyrket i hela riket, men dessutom vidtogos särskilda åtgärder för att kontrollera påbudens efterlefnad i Finland. Så utnämdes år 1613 guldsmeden i Åbo Hans Hosenwinckell till värdej eller probermästare af alt guld- och silfverarbete i Finland. I fullmakten säges, att klagomål inlupit öfver den falskket och flärd guldsmederna i Finland såväl som på andra orter gjorde sig skyldiga till i det de sålde „kronoguld för ungerskt och renskt för kronoguld" samt försämrade silfrets halt, „att där en lödig marker bör hålla fjorton lod i fint, där öfve de så mycken tillsättning, att en lödig mark stundom

---

[1]) Klemming, Skråordningar s. 160, 169--176; Stiernman, Commerceförordn. I: 18 19, 249—251, II: 312—314; Hildebrand, Sveriges medeltid s. 561.

håller näppeligen tio eller tolf lod och under tiden än mindre, däri-
genom de enfaldige mycket blifva besvikna, såsom icke häller kro-
non minder skada där af hafver, där något sölfver för allmogens
utlagor blefve uppburit". Hosenwinckell tillkom det nu att göra
ända på sådan svek och falskhet genom att hålla grann akt på alt
guld- och silfverarbete, „att det må redeligen och icke falskeligen
gjordt eller säldt blifve". Han skulle resa till alla orter i landet,
hvarest guldsmeder bodde, samt ransaka och profva deras arbete,
därvid kontrollerande, att intet annat guld skulle få bearbetas än
ungerskt och kronoguld, hvaraf det förstnämda skulle hålla 23 kara-
ter 6 gran, det senare 21 karat 2 gran. Alt „gjutet och gement"
silfverarbete skulle hålla 13 lod 2 kvintin samt alt „stort eller ham-
mer arbete" 13 lod 3 kvintin. Den guldsmed, som beslogs med att
ha satt sin och stadens stämpel på underhaltigt arbete eller med
att ha öfvat falskhet i vikterna, skulle förlora arbetet och böta
40 ℳ. Hosenwinckell skulle tillika tillhålla de guldsmeder, som
hade sitt hemvist eller försvar på landsbygden, att flytta in till stä-
derna. Samma straff, som vederfors guldsmederna för flärd i arbe-
tet, skulle påläggas köpmän, som sålde guldringar och guldsmycken
med falska stenar, „det vare dobleter, glasstenar, jordestenar". Själf
skulle Hosenwinckell föregå sina kolleger med godt exempel samt
årligen insända till värdejen och probermästaren i Stockholm prof
på sitt eget och andras arbete jämte berättelse öfver sin värksam-
het. Han skulle svära att „grant ransake och ingen göre till vilje
anten för gåfvor eller vänskap skull eller se igenom fingren med
dem som brottslige vare kunne, så framt han icke som en otrogen
tjänare vill straffet blifva". För sin trogna tjänst skulle han belö-
nas med frihet för särskilda utlagor. Vederbörande myndig-
heter på alla orter voro skyldiga att lämna honom nödig hand-
räckning [1]).

Om Hosenwinckells värksamhet som proberare innehålla råd-
stuguprotokollen för Åbo några notiser, hvilka utvisa, att rätten
tillämpade all lagens stränghet mot svekfulla guldsmeder. Efter Ho-
senwinckells död (år 1626) anträffas som proberare och ålderman i
Åbo guldsmeden Jochim Strokerck (Stråkärk, + 1651). Huruvida
dennes värksamhet hade samma omfattning som hans föregångares
finnes icke nämdt. I sitt kall biträddes Strokerck af uppsynings-
männen öfver handeln och handtvärket och antagligen ägde han
att aflämna årlig rapport till riksguardinen Weiler, hvilken år 1630

([1] Waaranen, Saml. af urk. IV: 188—190.

erhöll uppsikt öfver guldsmederne i hela riket. Om Strokercks närmaste efterföljare föreligga mig veterligen icke uppgifter. Under seklets sista årtionden anträffas såsom guldsmedsåldermän Axel Hansson Boga l. Boye åtm. 1680—89 samt Hans Meyer 1689—1716. Den sistnämde förordnades år 1695 af riksvärdejen Antonii Grill i Stockholm att hafva inspektion öfver guldsmederna i Åbo och Björneborgs län. Intet guldsmedsarbete skulle få försäljas innan det proberats af Meyer i ämbetsborgmästarens närvaro och försedts med stadens stämpel[1]).

Om lifvet och värksamheten inom guldsmedsämbetet i Åbo under sjuttonde seklet upplysa numera inga handlingar. Men då 1622 års allmänna guldsmedsskrå, om det också icke i oförändrad form tillämpades inom ämbetet, i alla fall måste ha i hufvudsak öfverensstämt med det specialskrå, ämbetet fått sig tilldeladt, kunna vi därur upptaga de bestämmelser, som hade afseende å yrkets inlärande och mästarenes privilegier.

Lärotiden för en pojke skulle vara i fem år[2]). Pröfvotiden före mottagandet utsträktes till $^1/_4$ år. En gesäll skulle vandra i tre år och sedan i ytterligare tre år tjäna hos tvänne mästare i samma stad och förestå deras värkstäder. Ingen mästersven tilläts att för egen räkning mottaga arbete utan tillstånd af mästaren, som bestämde och mottog arbetslönen samt gaf däraf efter behag åt gesällen. Som mästerstycke skulle gesällen utföra inom 3 månader i åldermannens värkstad en kredensbägare ("eett eenfacht credentz medh tu bundh"), en amelerad guldring med infattad sten samt ett signet med sköld och hjälm. I mästareafgift erlades i Stockholm 60 dal. till lådan och 20 dal. till gästabud, i andra städer 20 d. till lådan och 10 till gästabudet. Mästaresöner samt de hvilka fingo en mästares enka eller dotter skulle betala något mindre. Fans i en stad icke tre mästare. skulle profvet afläggas i Stockholm. Med anledning af klagomålen öfver den tid och de kostnader mästarestycket kräfde tillät 1689 års skråordning för Stockholms guldsmeder en gesäll att förfärdiga en kanna, skål eller bägare, som lättare kunde afyttras. Äfven i Åbo blef det i början af 1700-talet, och kanske tidigare, sed att

---

[1]) Rådst. prot. f. Åbo 1697 s. 11, f. Wasa 8 mars 1705. Meyer sökte att få sin fullmakt utsträkt äfven till städerna i Österbotten, men då han år 1705 gjorde anspråk på att få probera guldsmedsarbete i Wasa, tillbakavisades försöket af magistraten under förklaring, att Österbotten icke hörde till Åbo provins.

[2]) I rådst. prot. 1624 omnämnes ett kontrakt mellan en mästare och en lärlings förmyndare, enligt hvilket lärotiden skulle vara 4 år.

som prof förelägga en silfverkanna med tre knappar under samt drifvet arbete på locket[1]).

Antalet mästare i guldsmedsämbetena skulle enligt 1622 års skrå bero på borgmästares och råds godtfinnande. Täflade en utländsk mästare med en inhemsk gesäll om en vakans i ämbetet, skulle den senare ha företräde. Ingen mästare från annan ort kunde vinna burskap utan att förete betyg öfver sitt tidigare förhållande. På sin höjd två mästersvenner och tre lärlingar tillätos samtidigt arbeta i värkstaden. Ville en mästare borttinga eller förarrendera sin affär, kunde det ske allenast åt en ämbetsbroder. Mästareenka tilläts fortsätta rörelsen i två år. Köpmän, som konkurrerade med guldsmederna, fingo icke införa underhaltiga artiklar. Om antalet kvartal nämde skrået intet, men ur några handlingar angående guldsmedsämbetet i Åbo under 1700-talets första årtionden framgår, att de ordinarie sammankomsterna borde ha varit fyra och att kvartalspenningarna utgingo med 5 öre s. m. för kvartal. Bisittarene voro efter stora ofreden och antagligen därförinnan tvänne till antalet. Den förste af mig kände utnämdes 1721.

Jämför man de krafter guldsmedsyrket kräfde under förgångna sekel med den arbetsstyrka, som vår tid tager i anspråk, finner man, att behofvet fordomtima var betydligt större. Man hade då icke för sed att nedlägga sina penningar i vinstgifvande företag och räntebärande papper, utan de besparingar, som kunde göras, lades på kistbottnen eller förvandlades till guld- och silfverpjeser, hvilka generationer igenom bevarades såsom en icke obetydlig del af familjearfvet. Vid uppbud af panter omnämna rådstugurättens i Åbo protokoll under sjuttonde seklet jämt och ständigt silfverbälten, stop, kedjor, skedar, guldringar o. a. d. och samma dyrbarheter förekomma allmänt i inventariiförteckningar öfver för öfrigt ganska anspråkslösa bon. Sålunda förklarar det sig, att vi för två å tre århundraden sedan påträffa i Åbo ungefär samma antal guldsmeder som i våra dagar. År 1571 var antalet åtminstone 5; under åren 1587—1617 upptaga begrafningslängderna 8 aflidne guldsmeder; år 1609 synes antalet varit 4, år 1625 6, år 1633 7, år 1637 endast 2, år 1683 6; sedan nedgick siffran, så att staden åren 1696 och 1713, då mästarene flyktade öfver till Sverige, räknade endast 3 guldsmeder.

Bland guldsmeder, som förekommo i Åbo från slutet af 1500-talet intill stora ofredens tid, ha följande blifvit af mig upptecknade:

---

[1]) Guldsmedsämb. handl. i Åbo hist. museum.

Guldsmeder i Åbo.

Mårten Guldsmed + 1587; Herman Guldsmed + 1588; Lars G. + 1590; Jakob nämd 1594, + 1613; Hans Lidskåu + 1595; Mårten nämd 1596—99; Hans Lidskåu + 1597; Johan nämd 1609; Philpus + 1610; Anders nämd 1588, + 1617; Herman nämd 1608, + 1628; Jöran nämd 1609—37; Hans Hosenwinckell nämd 1609, + 1626; Valentin nämd 1620; Ambrosius + 1622; Hans Globitz n. 1609 —36; Jakob n. 1625; Hartwich Wölich n. 1625—36; Gudmund n. 1627, +1630; Jochim Strokerck n. 1629, + 1651; Frans n. 1630—37; Kasper G. n. afliden 1632; Thomas n. 1633; Johan n. 1633—35; Klas Höfwitz, gullarbetare, n. 1637—47; Jochim Gullarbetare 1643 och Jakob dito 1645—47; Knut Guldsmed n. 1646, + 1635; Zacharias Witte n. 1647—69; Kristofer n. 1643,+1660; David n. 1660, + 1669; Jöran 1662; Kristian 1663; Augustus Wideman l. Weideman n. 1661, + 1693; Axel Hansson Boye nämd 1668, + 1688 som ålderman; Jakob Brask n. 1670, + 1680; Hugo Persson Mörman n. 1671, + 1684; Kasper Ciälnär n. 1675, + 1694, Hans Meyer nämd 1679, en af stadens älste 1692, ålderman, + 1716 såsom flykting i Stockholm; Anders Holm n. 1678, + 1687; Michel Biörman n. 1685, + 1720 i Stockhom; Henrik Norling n. 1692; Michel Roth n. 1696—1700; Lars Lund nämnes afliden 1697; Gabriel Mörman n. 1702—21, flyttade efter kriget till Nystad; Johan Boye n. 1696—1710; Jakob Biörk, mästare 1706, + 1731 såsom ålderman.

Till guldsmedernas yrke hörde äfven gravering af sigill eller „pitzier“. Som kringresande „pitzierstickare“ ex professo anträffas år 1696 en Johan Caspar Lechman. Inom samma yrke arbetade äfven figursnidaren Gustaf Hagner (nämd 1698—1712).

VII.

Skomakareämbetet.

På hösten 1624 ingingo ett antal skomakare i staden till borgmästare och råd med anmälan om den „oordning, förtryck och skada", hvari deras yrke råkat, samt med anhållan om nödig handräckning till det ondas afhjälpande. Såsom lämpligaste undsättningsåtgärder föreslogos inrättandet af ett slutet ämbete med så många mästare staden behöfde och kunde uppehålla. förbud mot införsel af färdiga skodon från Tyskland och landsbygden samt aflägsnandet af alla lösdrifvare och bönhåsar. De s. k. „finska skomakarene", hvilka länge bott i staden, de flesta arbetande hemma hos borgerskapet, kunde gärna fortsätta sin näring blott de gåfvo sig under ämbetets försvar och icke förökades utöfver behofvet.

I sitt svar biföll magistraten utan tvekan till ansökningen såvidt den angick upprättandet af ett skomakareämbete med begränsadt antal medlemmar samt förjagandet af de löskarlar, hvilka bedrägligen stält sig under privilegierades försvar. Äfven fann magistraten förslaget att förbjuda importen af skodon från utlandet välbetänkt, blott skomakarene så förestodo sitt yrke, „att ingen hafver sig däröfver att klaga". Däremot kunde införseln från landsbygden icke afklippas, enär en sådan åtgärd skulle medföra en prisstegring och sålunda lända den fattigare befolkningen till skada. De „finske skomakarene" förklarades berättigade att fortsätta sin näring på sätt som förut, men af dem skulle flere icke antagas „än behof görs och af nöden är". För att skomakarenes syftemål skulle desto snabbare realiseras, utnämdes omedelbart tvänne bland adressens undertecknare, Anders Unger och Mårten Lambertz, till åldermän, hvarjämte rådmannen Fråger förordnades till bisittare. — Med anledning af en uppfordran till ämbetet att fastställa en pristaxa för

skodon förklarade skomakarene några dagar senare, att de af prak-
tiska skäl icke kunde rätta sig efter magistratens önskan, men för-
bundo de sig att „så oss uti köpet med hvar man förhålla, att ingen
klagan därutinnan ske skall" [1]).

Det lofliga och konstrika skomakareämbetets inrättande timade
sålunda år 1624, men skrået utfärdades af borgmästare och råd först
fem år senare, den 13 juli 1629. Häri bestämdes, att ämbetet skulle
hafva fyra ordinarie sammankomster i året: Valburgi-, Petri Pauli,
Bartholomæi och conversionis Pauli dagar. Antalet inskrifne mästare
fick icke öfverstiga 20 och ingen mästare tilläts hålla mer än 3
stolar i sin värkstad. Ville mästare-
enka fortsätta sin mans rörelse, tilläts
hon göra det i tre år och skulle hon
betala åt den värkgesäll, åldermannen
och bisittarene utsågo åt henne, i vec-
kan 6 🝢 i lön och 4 öre i drickspen-
gar. Mästerprofvet skulle utföras på
följande sätt. Först skulle specimi-
nanten bereda åt sig en god oxhud,
hvarpå intet fel fick förekomma,
hvarken någon „beenling" eller an-
nat saknas. Af huden skulle i ålder-
mannens hus och i hans närvaro till-
skäras 1 par stöflar utan kragar „med
en tilbunden rand och achter flijt",
1 par klappskor utan hål, 1 par „lä-

Skomakareämbetets sigill. Stam-
pen förvaras i historiskt-etnogra-
fiska museet i Helsingfors.

der afsatz skoor" och 1 par lakejskor utan öron. För hvarje fel som
upptäktes erlades i bot 1 🝢. I mästareafgift betalades, föru om
kost och en tunna öl, till lådan 40 🝢 af mästareson och måg, 60
🝢 af annan inhemsk man och 80 🝢 af utländing; därtill kom 1
dal. åt åldermannen och hvarje bisittare, 2 🝢 åt notarien samt
3 🝢 till bössan. Pröfvotiden var ett år för infödde och två år
för utländske gesäller. I veckolön skulle en gesäll bekomma 1—2 🝢
beroende på arbetets beskaffenhet; en „förbundtverker", d. v. s. en
första årets gesäll, skulle åtnöja sig med half mästersvens lön. Läro-
tiden för en pojke var 4 år; inskrifningsafgiften 1 dal. i lådan och
2 🝢 åt notarien. Vid gesällinskrifningen erlades åt åldermannen
och hvarje bisittare 1 dal., åt skrifvaren 2 🝢 samt till lådan 3 🝢.

---

[1]) Bidrag 1:sta ser. II: 57—62.

Böterna för brott mot skrået varierade mellan 1—40 ꝳ. Högsta bot erlades för äktande af beryktad kvinna samt för utbasunande af sekreta beslut; 20 ꝳ betalades för tubbande af annans arbetare samt för gröfre förseelser inför öppen låda, 16 ꝳ för olydnad mot ämbetsdom, 12 ꝳ för förköp och olagligt härbärgerande af gesäller, 9 ꝳ för antagande af bönhås och förtalande af kunder, 4—8 ꝳ för mindre förseelser mot mötesordningen. Lindrigaste afgiften, 1 ꝳ, betalades för svordom inför lådan. Slutligen förbjöd skrået utländingar att importera skodon och borgare att försälja samma artikel på torget på andra tider än under marknaderna.

Några och trettio år senare ingick skomakareämbetet till magistraten med anhållan om „någon korrektion" i sina artiklar, af hvilka några under tidens lopp visat sig otjänliga. Med anledning däraf utfärdades den 9 juni 1662 nytt skrå, som skulle gälla provisionaliter till den länge bebådade allmänna skråordningens utkomst. De tillägg och afvikelser från den första upplagan, magistraten företog sig, voro i hufvudsak följande.

Vid hvarje kvartal skulle af mästarene erläggas till lådan 4 öre; antalet mästare skulle bestämmas af borgmästare och råd jämte åldermannen och bisittarene, hvarvid borde tillses, „att stadsens invånare på den'ena sidan med arbete befordrade och ämbetsbröderne å den andra sidan af många mästare intet skadade blifva". Mästareenka kunde fortsätta rörelsen så länge hon behagade, men utan lärgosse; strax efter mannens död, men icke senare, kunde hon bland gesällerne i staden utvälja åt sig värkstadsföreståndare. Pröfvotiden före mästerskapets afläggande nedsattes för utländingar till ett år, för mästaresöner samt mästaredöttrars och enkors trolofvade till ½ år. Mästerstyckena skulle bestå af „ett par ryttarestöflar, ett par allamodhig (!) skor, ett par dubbelstickade skor, ett par mans toflor och ett par kardivans skor", hvilka skulle förfärdigas inom tre dagar. För felaktigt arbete betalades 14 ꝳ och för hvarje timme som användes af den fjärde dagen 1 ꝳ. Mästareafgiften höjdes för icke-mästaresöner till 80 ꝳ. Gesälls vandringstid skulle vara i 4 år, med ett års lindring för mästaresöner; lärpojkstiden likaså i 4 år. Lönen för en gesäll skulle utgå med 8 öre för ett par skor och 20 öre för ett par stöflar och borde gesällen utföra 8 par i veckan: en „bundtverkares" lön skulle vara 2 ꝳ i veckan. Ingen mästare fick taga en ny lärling innan den föregående tjänade på sitt sista år. För att tillfredsställa allmänhetens behof var hvarje mästare pliktig att på lördagen hålla till salu på torget fyra par skor, hvilka granskats af tvänne utaf åldermannen tillsatte kontrollanter [1]).

Enär förutom skråna endast några mindre viktiga handlingar angående skomakareämbetet kunnat igenfinnas, grundar sig vår kännedom om förhållandena inom detta ämbete, ett af de största i

Skomakareämbetets låda. Förvaras i historiska museet i Åbo.
(Årtalet 1552 oriktigt).

[1]) År 1672 ingick skomakareämbetet till kommerskollegiet med ansökan om konfirmation å 1662 års specialskrå, som ansågs bättre lämpa sig för förhållandena än S. O. 1669, men kollegiet afslog denna begäran och lofvade inkvirera, hvarför den senare ordningen icke blifvit tidigare tillämpad. Att specialskrået dock tolererats och till någon del kanhända t. o. m. stadfäst, framgår bl. a. däraf att skomakarena i Vasa sände år 1680 ett ombud till Åbo för att erhålla del af därvarande skomakareämbetets skrå och privilegier. På riksdagen

Skomakaregesällernes välkomma af silfver. Välkomman omgifves af 12 små silfversköldar, upp-
hängda af krogfäder och altknektar för gillet mellan åren 1698—1853. På locket läses inskriptionen:
„Dieses ist der Schu-Macher Gesellen ihr Wilkum A:o 1696 d. 16 April". På den större fanan läses
namnet Jochim Bandeman (fanans förärare), på den mindre årtalet 1696 samt orden „Dieses ist
der Schumacher Gesellen ihr fahna". Förvaras i historiskt-etnografiska museet i Helsingfors.

staden, hufvudsakligast på ett antal spridda uppgifter, som före-
komma i rådstugurättens protokoll. Dessa gifva vid handen, att
vederbörande myndigheter hade största svårighet att åstadkomma
ett tillfredsställande modus vivendi mellan skomakarene och all-
mänheten och att skomakarene kanhända mera än andra yrkesid-
kare uppburo klander från borgerskapets sida. Mycket ofta anför-
des, att skomakarene icke kunde fylla kundernas behof och att de
öfverhöfvan stegrade priserna på sina tillvärkningar. En fråga,
som synes varit ett ständigt tvisteämne, angick det s. k. husarbe-
tet eller skomakares plikt att på kallelse inställa sig till arbete i
kundens hem. Denna fråga hade en icke ringa ekonomisk betydelse,
hvarför husarbetet fordrades af borgerskapet lika ifrigt som det
bekämpades af skomakaremästarene.

　　Från första början rådde inom skomakareämbetet en dualism
mellan de fullärde mästarene och de simplare „finska skomakarene",
hvilka inhämtat en mindre grundlig förfarenhet i yrket, utförde
enklare arbeten och plägade sömma hemma hos borgarene. I
Stockholm, där en liknande åtskilnad förekom, ledde dualismen
till upprättande af tvänne ämbeten: skomakareämbetet och sko-
flickareämbetet. I Åbo nedläto sig vid ämbetets grundläggande
mästarene — bland hvilka många af utländsk härkomst an-
träffas — till att i sin krets upptaga de „finska skomakarene",
hvilka antagligen ställes under speciel uppsikt af den ene af de
två åldermännen. Denna fusion af mästare och skoflickare ägde be-
stånd ännu åren 1636—38, då förutom åldermannen Mårten Lam-
bertz äfven „the finske skomakares ålderman" Brusius omtalas, men
synes upphört under de närmast följande åren. Åren 1638 och 1641
lyckades det skomakareämbetet att af landshöfdingen utvärka reso-
lutioner, som förbjödo borgerskapet att hädanefter i sina hus an-
vända skomakare. Följden af denna åtgärd var, att de „finske
skomakarene", hvilka icke mera omtalas, tvungos att afstå från sitt
näringsfång eller att lifnära sig på olofliga sätt samt att skomakare-
arbetet koncentrerades till ett tjogtal mästare. Rensningen hade
genomförts emot borgerskapets och magistratens protester och den

---

samma år uppgaf herredagsmannen Johan Schæfer, att skomakare-, smeds- och
skräddareämbetena påstodo sig ha fått på riksdagen 1678 bekräftelse å sina
gamla skråartiklar, hvarför de icke behöfde „agnoscera" den allmänna skråord-
ningen. På 1686 års riksdag besvärade sig skomakare-, skräddare-. smeds-, snic-
kare- och linväfvareämbetena öfver att „de sina af Kongl. Maj:t nådigst förunte
privilegier och skrå icke tillgodonjuta få".

blef en ständig källa till missnöje, enär den försvårade tillgången på billig vara och skomakarene dessutom visade sig motvilliga att begagna annat läder än de själfva beredt. S. O. 1669 aflägsnade väl det på allmänheten lagda bandet genom bestämmelsen (X, 33), att om någon ville betinga sig arbete hemma i sitt hus, „då må ingen ämbetsman sig förvägra att dit komma eller skicka det samma att förfärdiga eller antaga emot skälig betalning, vid straff som saken är till". Men skomakaremästarene höllo envist på sin uppfattning om husarbetets förkastlighet, och då magistraten af förekommen anledning år 1685 afgaf ett utslag, som erinrade skomakaremästarene om deras skyldighet, och bötfälde några de uppstudsigaste till 40 ℳ, dristade sig desse att hota med appell till högre instans. På riksdagen följande år resolverade regeringen, att om borgarene icke kunde öfverenskomma med skomakarene om priset på becksömsskor, kunde de arbeta för sig själfva. År 1692 kom slutligen en uppgörelse till stånd, då skomakareämbetet samtykte till magistratens förslag att tillsätta tvänne becksömsskomakare för hvart kvarter. Under tiden hade ämbetet straffats för sin motspänstighet genom tilltagandet af bönhåsarne, de „finska skomakarenes" efterföljare [1].

I 1609 års skattlängd öfver borgerskapet upptages omkr. 30 personer med yrkestiteln skomakare; år 1637, sålunda innan schismen timat, uppgafs skomakarenes antal till 42; år 1680 steg mästarenes antal till 18, 1687 till 17 och 1696 till 21. I spetsen för ämbetet påträffas åren 1624—38 två åldermän, sedermera endast en. Bisittarene voro åren 1675 och 1685 fyra; efter stora ofreden åtnöjde man sig med tre. Kvartalspenningarna, från hvilka åldermannen synes varit befriad, utgingo med 12 öre för gången. År 1728 omnämnes en tillfällig afgift „skiltpenningar", som erlades „efter gamla hederliga bruket" för underhåll af ämbetets dyrbarheter.

Af ämbetets funktionärer ha följande af mig anträffats:

---

[1] Rådst. prot. 19 sept. 1635, 29 aug. 1638, 27 febr. 1641, 29 aug. 1642, 29 apr. 1648, 27, 28 mars, 15 aug., 7 dec. 1685, 25 juni 1692; k. resol. för Åbo 9 nov. 1686 § 9. Ang. prisen på skor må nämnas, att då kronan år 1675 ackorderade om leverans af skodon till härens behof, fordrade skomakarene 1 dal. s. m. för ett par med 4 sulor, men endast 1 ℳ om kronan bestod materialet. År 1635 erbjöd sig åldermannen att sälja kardevanskor för 10 ℳ k. m. paret. I Björneborg faststälde magistraten år 1631 priset för manfolksskor till 3 mk. och för kvinfolksskor till 20 öre paret; arbetade skomakaren i kundens hus, skulle han få 1½ öre för paret, arbetade han hemma, men af kundens läder, 4 öre.

Åldermän i skomakareämbetet

Anders Unger, utnämd 1624.

Mårten Lambertz (Lamber, Lambert, Lambertsson), utn. 1624, afgick på egen begäran 1651, var död 1653.

Brusius Sigfridsson, nämd 1636—38 såsom de finska skomakarenes ålderman.

Gert Wallfeldt, utn. 1651, lefde ännu 1663.

Hans Brunou, nämd 1668—85; erhöll år 1669 frihet från utgörande af de betjäntes lön, båtsmanspenningar, vakt och vård samt tomtpenningar.

Jöran (Jurgen) Langhans, död 1687.

Lorenz Timme, vald 1687, nämd ännu 1705.

Anders Steen l. Stein 1706, en af de älste 1699.

Hans Knabe, utn. 1706, då han befriades från torgvakthållningen; nämd ännu 1713.

Bisittare i skomakareämbetet.

Matts Skomakare, afgick 1651.

Henrik Thomasson, utn. 1651.

Filip Eriksson, synbarl. utnämd före 1671, nämd 1675—87.

Filip Knutsson, nämd 1685.

Ambrosius Steen, synbarl. utn. före 1671. nämd ännu 1675.

Lorenz Timme, synbarl. utn. före 1671, nämd 1675—87. ålderman 1687.

Hans Mårtensson Lambert, utn. 1671, förekom ännu 1675.

Jöran Langhans, nämd 1683.

Jakob Anttila 1683.

Thomas Mellenbergh, utn. 1693, förekom ännu 1706.

Thomas Eskilsson Ihronen, utn. 1687, + 1692.

Petter Westman, nämd 1687—1700.

Jakob Bertilsson, nämd 1694.

Hans Knabe, nämd 1706.

Ambrosius Langhans, utn. 1706.

Bland öfriga mästare må nämnas Hans Smaltz (1624—25), Jöran Meltzer (1624—52), Johan Burtz (1650—51), Michel Meltzer (+1668), Johan Steen (+1689), Henrik Ihronen (+1692), Anders Wass (1706—10) m. fl.

*   *   *

Den 9 september 1648 utfärdades af magistraten skråordning för skomakaregesällernes gille. I inledningen uppgafs, att åtgärden vidtagits på ansökan af mästarene och efter gesällernes hörande för att göra en ända på „de fel och hinder, som med deras gesäller en rund tid inritade äro". Under uppsikt af altknekten och lådmästarene skulle gesällerne sammanträda till ordinarie kvartal om påsken och Mikaelitid äfvensom till krogdag en gång i månaden [1]). Mötet skulle öppnas kl. 3 e. m. Förfallolöst uteblifvande från kvartalet försonades med 2 ♏ till lådan och 4 öre till

Sköldar, hörande till skomakaregesällernes välkomma (pl. s. 609).

fattigbössan, från krogdagen med 4 öre till lådan och 1 öre till bössan. Yngste mästersvennen eller „förbundtvärkaren" betalade för försumlighet i sitt vaktmästarekall 2 ♏. Vid inskrifning i gillets bok erlades af mästaresöner 2 ♏ till lådan och 4 öre till skrifvaren, af andra mästersvenner 1 dal. till lådan, 4 öre till bössan och 1 ♏ till skrifvaren. Hvarje krogdag skulle gesällen inleverera 1 öre till lådan och 4 öre till „krogsäcken", d. v. s. till fonden för förtäringens bekostande. Oskickligt tal inför lådan kostade 2 ♏, skymfande af kamrat ända till 6 ♏, knifdrag 3 ♏ till lådan och 1 ♏ till bössan, en natt utom mästarens hus 6 öre till lådan och

---

[1]) I afskriften i univ. biblioteket står måndagen, hvilket tydligen beror på felskrifning.

2 öre till bössan, förtidig bortgång ur tjänsten 4 ℔. till lådan och
2 ℔ till bössan. Gesälls lön skulle bero på öfverenskommelse med
mästaren; uppstod konflikt, skulle altknekten underrättas, och om
denne icke kunde åvägabringa förlikning, skulle saken öfverlämnas
till mästarenes gille. I tvänne år skulle gesällen vandra utom sta-
den. Ville altknekt vandra, skulle han 4 veckor förut därom un-
derrätta gillet.

VIII.

Smedsämbeten.

O m smedsämbetets första tillkomst finnes allenast antecknadt, att magistraten i april 1625 tillsade smederna „fullkomligt ämbete och skrå, under hvilket de ock sig svuro", samt att ålderman och bisittare utnämdes, hvilka aflade eden enligt G. S. 1621. Som rättesnöre för ämbetets värksamhet tjänade i åtta år G. S. 1621 samt antagligen det allmänna smedsskrå, som år 1622 utfärdades af Gabriel Oxenstierna, Lars Skytte m. fl. „alla smeder till nytto och efterrättelse". Efter mönster af den sistnämda stadgan utarbetades inom ämbetet eget specialskrå, som stadfästes af magistraten och på rådstugudag den 20 februari 1633 promulgerades till allmän efterrättelse. Genom detta skrå hänfördes till smedsämbetet icke allenast klensmederna, hvilka därförinnan gifvit namn åt ämbetet och kanhända uteslutande bildat detsamma, utan äfven böss- (och pistol-) makare, sporrmakare, urmakare, svärdsfäjare och grofsmeder. Ehuru icke omnämda i skrået, upptogos i ämbetet jämväl knifsmeder, kopparslagare och grytgjutare. Sålunda blef af alla stadens ämbeten smedernas det som i sig inneslöt den mångsidigaste yrkesskickligheten.

Den koalition af smeder, som sålunda tillskapats, ägde dock icke bestånd längre än till år 1689. I maj månad d. å. instälde sig stadens klensmeder inför magistraten med anmälan, att de ansågo sig nog starka att ensamme uppehålla ett ämbete och att de önskade separera sig från de öfriga bröderne, hvilka kunde begifva sig under generalgillet. Då ansökningen ägde stöd i gällande allmänna skråordning, ansåg magistraten sig böra bifalla till densamma och ålade, vid hot af böter samt förlust af rätt till handtvärkets utöfning, de öfriga ämbetsbröderne, pistolmakarene, sporrmakarene, knif- och grofsmederna m. fl., att ställa sig under generalgillets protek-

tion intills äfven de mäktade följa klensmedernas exempel. De så-
lunda ur föreningen utmönstrade yrkesidkarene gåfvo öppet sitt
misshag till känna och sökte rättelse hos landshöfdingen, men utan
att utvärka någon ändring. På sommaren 1689 var boskiftet värk-
stäldt, hvarefter de „handtvärksbilder" utströkos ur ämbetsskylten,
hvilka icke hade någon gemenskap med klensmedsyrket. Följande
år ansökte de öfvergifne mästarene hos magistraten att få samman-
sluta sig till ett ämbete, men magistraten ansåg en sådan fusion
icke mera öfverensstämma med gällande författningar, hvarför an-
sökningen afslogs och supplikanterne tillsades att ställa sig rättens
tidigare resolution till efterrättelse [1]). Pistolmakarene rönte dock
redan före seklets utgång nåden att blifva upptagna i klensmeder-
nas brödraskap och i undantagsfall togos senare äfven idkare af andra
smedsyrken under ämbetets „skydd och försvar". År 1746 återknöts
föreningen mellan klensmeder och grofsmeder, men redan på 1770-
talet hade de sistnämde skilt sig och bildat eget ämbete. Ännu senare
upprättade kopparslagarene och svärdsfäjarene egna gillen.

Antalet mästare inom smedsämbetet uppgifves i den tidigare
citerade förteckningen öfver handtvärkare af år 1637 till 16, hvarför-
utom omnämnas 1 svärdsfäjare, 2 pistolmakare och 1 kopparslagare.
År 1679 inneslöt ämbetet 8 klensmeder, 1 pistolsmed, 3 svärdsfäjare,
1 knifsmed och 3 sporrmakare; tio år senare, då schismen timade,
8 klensmeder (och 1 halfmästare), 1 knifsmed, 2 sporrmakare, 1 pi-
stolmakare (och 1 halfmästare) samt 1 hofslagare. Klensmedsäm-
betet började med 7 mästare och 1 halfmästare, räknade år 1700 3
klensmeder, 2 pistolmakare och 1 halfmästare samt år 1713, då den
stora flykten tog sin början och „ämbetskistan och där uti liggande
låda med zirater och dokumenter" öfversändes till Stockholm, alle-
nast 3 medlemmar.

Ordinarie kvartal skulle inom smedsämbetet hållas påsk-, Jo-
hanne-, Michelsmässo- och jultid samt dessutom årsmöte Valborgs-
mässodag. Vid seklets slut förekom dock redan stor oregelbunden-
het i afseende å tiden och mycket ofta sammanslogos tvänne möten
till s. k. dubbelt kvartal. Inom klensmedsämbetet voro kvartals-
tiderna desamma, men försummades ännu mera. År 1702 omnämna
protokollen allenast ett möte och följande år väktes förslag om
kvartalens inskränkande till tvänne; 1706 beslöts dock, att möten
skulle hållas 4 gånger, och därvid blef det — på papprot [2]). Kvar-

---

[1]) Rådst. prot. 29 maj, 20 nov. 1689, 26 mars 1690; smedsämb. prot. 7 juni,
16 aug. 1689.

[2]) Prot. 16/9, 1703, 23/11 1706.

talspenningar, hvilka betalades af samt-
liga medlemmar, erlades i smedsämbetet
under dess sista decennium med 6 öre
k. m. i gången, i klensmedsämbetet med
12 öre. Det mesta af inkomsten gick na-
turligtvis till „ämbetsskänken". Åt smeds-
åldermannen gafs år 1683 i hushyra om
året 5 dal. s. m., åt klensmedsåldermannen
till en början 10 dal. k. m., som år 1694
sänktes till 6 d. Notarien synes erhållit
1 ¹/, dal för kvartalet¹). Ämbetets lös-

Smedsämbetets sigill.

egendom utgjordes år 1679 — förutom reda penningar och panter
— af en välkomma af tenn med vidhängande 7 silfverskyltar, en
silfverfana och en dukat, 2 tennstop, en kopparkanna, en fattigbössa
af koppar, sigill och 2 bårkläden. Vid inventering år 1699 upp-
tecknades allenast en välkomma och 2 stop af tenn, fattigbössa
och sigill²).

När, såsom redan nämdes, magistraten år 1625 företog sig att
ordna smedernas samfund, utsågs för detsamma en ålderman, men
när skrået utkommit, tillsattes tvänne föreståndare. Detta antal
förekom ännu år 1639, men senare talas allenast om en ålderman.
Bisittarenes tal steg i smedsämbetet åren 1679—89 till fyra, i klen-
smedsämbetet första året till tre, sedan till två och från år 1711 in-
emot seklets midt allenast till en. Protokollet synes vanligen förts
af en mästare; först år 1686 nämnes en särskild notarie.

Såsom ämbetets förtroendemän nämnas före stora ofreden föl-
jande mästare:

Åldermän i smedsämbetet.

Simon Häin (från Riga), klensmed, utnämd 1625 samt 1633, senare
gången tillsammans med
Mårten Notrer (Naterer, Natter, Notkere, äfven kallad Swaben,
från Mecklenburg), klensmed, död 1655; utförde åren 1630—
32 och 1654 större arbeten vid domkyrkan.
Ingelbrekt Barttel, kopparslagare, nämd 1639.
Jakob Eriksson, antagl. klensmed, nämd 1655.

---

¹) Prot. ¹⁸/₁ o. ²⁷/₇ 1683, ²¹/₁ o. ¹⁷/₁₁ 1691, ¹¹/₄ 1694.
²) Prot. ¹⁹/₇ 1679, ¹⁷/₅ 1699.

Salomon Ludvig Ståhl (äfven kallad Ludwijkstål), svärdsfäjare. +
1679.

Klas Bergh, svärdsfäjare, utn. 1679, + 1685.

Erik Sigfridsson, klensmed, 1685—89.

Åldermän i klensmedsämbetet.

Erik Sigfridsson 1689, afgick s. å. för att öfverflytta till annan ort,
men dog i Åbo 1690.

Petter Sundman, enhälligt vald 1689, + 1697.

Cort Philip, utn. 1698, + 1711; kom från Lybeck.

Klas Bergman, utn. 1713 sedan platsen i två år stått obesatt och
lådan förvarats hos bisittaren Mytheri; + 1725.

Bisittare i smedsämbetet.

Nils Mattsson Kains, klensmed, åtm. 1679—89.

Petter Andersson Langh, pistolmakare, åtm. 1679—81, + 1681.

Klas Bergh, svärdsfäjare, åtm. 1679.

Erik Eriksson, sporrmakare, åtm. 1679—82, + 1682.

Hans Ståhl (Stoll), svärdsfäjare, 1679—1684, + 1687; förde proto-
kollet i ämbetet.

Bengt Börilsson, klensmed, utn. 1682, död s. å.

Erik Sigfridsson, klensmed, 1683—1685. Sedan ålderman.

Lorenz (Lars) Beyer, knifsmed, 1683—1689.

Matts Jakobsson Mytheri (Mytyr), klensmed, 1686—89.

Petter Sundman, klensmed, 1686—89.

Bisittare i klensmedsämbetet.

Nils Mattsson Kains 1689—91, + 1691.

Matts Jakobsson Mytheri 1689 — åtm. 1713.

Petter Sundman 1689.

Cort Philip 1691—98.

Petter Ertman 1698—1711.

Klas Bergman åtm. 1711—1713.

Gesällernes gille nämnes första gången år 1680, men existerade
synbarligen långt tidigare. Liksom i skräddareämbetet voro de af
mästaregillet utsedde lådmästarene två till antalet och torde väl i
likhet med krogfadern i regeln förordnats på två, stundom på ett år.
Dock nämnas fall, då skylten i ända till sex år förvarats hos
samma krogfar. År 1680 beslöto mästarene, att för utrymmets skull
gesällådan för framtiden skulle hållas hos åldermannen, men beslu-

tet uppgafs snart. Någon gång grundade sig valet af krogfader på gesällernas egen önskan. Möten synas hållits en gång i månaden. År 1691 förbjödos gesällerna, i följd af förefallna excesser, att sammanträda om söndagen. Om tiden för altgesällens eller den s. k. örtjungens mandat finnes ingen uppgift [1]).

* * *

Ehuru förenade i samma brödraskap och stående under samma skrå voro medlemmarne af smedsämbetet strängt tillhållna att enhvar i sin näring inskränka sig till en specialgren af smideskonsten, att sorgfälligt sky hvarje beställning, som gammal sed hänförde till en annan ämbetsbroders lika trångt begränsade arbetsgebit, och att i värkstaden begagna sig allenast af sådana gesäller, som vunnit sin grad i samma specialfack. Framkallade yrkesafunden och pedanteriet konflikter inom ämbeten, som representerade allenast ett handtvärk, måste svårigheterna blifva ännu större i ett ämbete, som inneslöt idkare af en mängd förvandta och i hvarandra ingripande yrken. Klensmederna kladdade i sporrmakarenes, grofsmedernes och urmakarenes handtvärk; desse åter i klensmedernes, pistolmakarene i svärdsfäjarenes yrke o. s. v. Kollisionerna ökades däraf att vederbörande icke alltid ägde så noggrann kännedom om de rätta råmärkena på det utparcellerade arbetsområdet. Isynnerhet hade klen- och grofsmeder svårt att blifva ense om en gränstraktat. Med anledning af en grofsmeds inför magistraten år 1678 gjorda klagan öfver att klensmederna sysslade med klockors, kareters, rustvagnars och kärrors förfärdigande förklarade svarandene, att nämda arbeten icke kunde anses tillhöra en grofsmed, emedan denne icke fick i sin värkstad hålla något skrufstäd, icke häller begagna annat än en grof fil. Två år därpå afgaf ämbetsrätten den resolution, „att en hofslagare [tillkom] alt det järnarbete, som under en vagn kommer till att göra, bestående af hjulen och bommen med hästskor och söm samt andre gemene kärror, men vagnkorgen skall af klensmederne och af ingen hofslagare eller grofsmed beslås; dessutan skall ock en hofslagare eller grofsmed vara tillåtit smida annat groft murarbete tillika med de andra af klensmederna". Senare omnämda tvistigheter mellan klen- och grofsmeder bragte i dagen, att „den ene med den andre

---

[1]) Prot. 26 aug., 26 okt. 1680, 7 juni 1689, 15 maj 1690, 14 juli 1691, 18 sept. 1703, 27 mars 1712.

af ämbetsbröderne intet rätteligen visste själfva, hvad hvar och en af dem egentligen skulle tillkomma att göra;" och beslöts förty att från smedsämbetet i Stockholm införskaffa upplysningar om därstädes följd praxis. När klen- och grofsmederna år 1746 räkte hvarandra handen, öfverenskoms för den goda sämjans bevarande om en sådan arbetsfördelning.

Klensmedsämbetets välkomma af silfver, antagligen från 1600-talet. Kring välkomman finnas upphängda 11 sköldar af mästare under åren 1690—1781. Förvaras i historiska museet i Åbo.

"att de förre, *såsom af gammalt vanligit varit här i staden,* måtte tillkomma eller förfärdiga sådant järnvärk, som till snickare- och svarfvarearbetet egentligen hörer, såsom att göra allehanda slag förtente och oförtente lås, nycklar, gångjärn, kist-, skåp- och fönsterbeslag, spjäll af förr tillsmidde järnplåtar, kakelugnsdörrar, skrufvar, järntappar med mera fint arbete, som klensmederne af ålder tillhört och äro vane vid, hvaremot åter hofslagar- eller grofsmederne jämte hästars curerande och skoende enskildt kunde tillkomma att beslå kärror, slädar, vagnar, chaiser och så vidare hvad af dem kan förfärdigas; men i öfrigt skulle de å ömse sidor alt såsom de af en och annan anlitte blifva få smida det grofva arbetet samfält, näml. murankrar, spisjärn, grytfötter, järnstörar samt alt groft skepps- och annan redskap, såsom hittills äfven här vanligt varit"[1]). En för vapensmederna förarglig suspension af gamla privilegier skedde år 1700, då regeringen ålade samtliga smeder i staden att med åsidosättande af sin vanliga sysselsättning endast utföra sådant arbete, som tarfvades för krigsfolkets utmarsch[2]).

Ständigt förfång ledo smedsmästarene naturligtvis af bönhåsarne, hvilka icke saknades inom något yrke, men dessutom klagades ofta öfver den skada, som tillskyndades ämbetet genom impor-

[1]) Smedsprot. 16 juli 1680, 9 mars, 18 maj 1688; klensm. prot. 3 maj 1746; rådst. prot. 24 nov. 1647, 22 apr. 1678.
[2]) Klensm. prot. 7 nov. 1700.

ten af smidesarbeten från utlandet och från landsbygden. Så klagade smedsämbetet år 1634 öfver att Norrteljeboar införde till staden pistoler i st. f. att sälja dem till kungl. rustkammaren. Ungefär samtidigt besvärade sig stadens ende kopparslagare öfver en mässingskrämare från Norrköping, som sålde kittlar på torget. I anledning af svärdsfäjares och sporrmakares besvär öfver konkurrens från köpmännens sida utfärdade Per Brahe år 1649 ett påbud (förnyadt af landshöfdingen år 1661), som förbjöd borgerskapet att försälja andra till klagandenes yrke hörande utländska artiklar än „kostelige och rare saker". I gengäld skulle klagandene förse sig med tillräckliga förråd och iakttaga facila priser. År 1675 gjorde

Sköld till klensmedsämbetets välkomma.

smedsämbetet ett försök att utvärka absolut förbud mot införseln af bilor, kistor, yxar, knifvar m. m. från landsbygden, men magistraten resolverade, att landtmannen skulle tillåtas att såsom förut afyttra dylika varor under marknadstiderna; skedde det vid andra tillfällen, kunde ämbetet konfiskera varan; dessutom tillsades borgarene att afstå från plägseden att för sina behof anlita landssmeder[1]).

*

[1]) Rådst. prot. 27 juni 1632, 3 maj 1634, 22 apr. 1648, 6 aug. 1649, 10 aug. 1661, 28 jan., 18 mars 1663, 23 aug. 1675.

Om lärotiden för elever inom de olika smedsfacken stadgade specialskrået såväl som 1622 års allmänna smedsskrå, att den icke skulle få understiga tre år och att en mästare icke kunde taga ny lärpojke innan den förre tjänat ett år. I allmänhet synes lärotiden dock utsträkts till fyra år. Denna termin bekräftades af klensmedsämbetet år 1680, då det tillika medgafs en mästare att hålla tvänne pojkar blott de icke voro antagna inom samma år. Läropenningen uppgifves i ett fall till 30 dal.

Gesälls vandringstid bestämdes i specialskrået till fyra år. Denna fordran upphäfdes väl de jure genom S. O. 1669, men vidhölls i praktiken, om ock med eftergift i tidsmåttet, af ämbetet, som endast i undantagsfall tillåtit en sven, hvilken icke arbetat annanstädes, att speciminera för mästaregrad. Om lönen fans ingen föreskrift. Enligt det allmänna smedsskrået skulle gesällen arbeta hos en mästare åtminstone 14 dagar och skulle uppsägningen å ömse sidor ske på en söndag. Åtminstone det senare bruket synes iakttagits i Åbo.

Angående mästarespeciminationen och de profstycken, som därunder skulle utföras, lämnade specialskrået följande föreskrifter. En klensmedsgesäll skulle förfärdiga „eett stufwoloss medh trij kryppette [1]) reghlar och eenn bruthin fall, vp- och tillholdningh och een lödhnatt [2]) jngerichtt [3]) medh twå stiernar och twå korss och fyro rijffwer" [4]). En bössmakares mästerstycken voro en god hagelbössa, „låsett medh een tobrocken [5]) welbom [6]) och enn afslaghen stånngh medh en durckbruchenn [7]) hanna" samt „ett godtt paar smör giltt [8]) pistollar". En sporrmakares stycken voro „ett par kryppethe stennger medh eett godt frannsöske munstycke och ett par stigböghlar". En klenurmakare skulle göra „enn godtt seigerwercke, som kallas eenn klenn stodz" [9]), och en grofurmakare „ett seigher wärck, som slår alle fyre qwarter, halfwe och helle stundher, der till wijsare vpå alle kannther och eenn väckare". En svärdsfäjare skulle föreläggas som prof „enn förgyldt raper [10]), enn försilfwradt hugdeghenn [11]) och enn förgyldt punigar [12]) wäll vpå snijdt". Eu grof- eller hofsmed slutligen skulle smida en hästsko om 3 ₥ vikt, utan begagnande af våg huggen från en järnstång, en järnskofvel, likaså

---

[1]) Härledes från tyska krüppen = böja. [2]) lödd. [3]) Eingerichte enl. Grimms lexikon = „ein Stück in den Schlossern, das zum Einschnitt der Schlüssel past". [4]) Enl. en annan afskrift „rifware". [5]) Från plattyska tobreken = zerbrechen, bryta. [6]) Enl. en annan handskrift „fälbohm". [7]) = genombruten. [8]) = smerglade. [9]) = studsare. [10]) Rapier — fäktsabel. [11]) — huggvärja. [12]) Från franska poignard, dolk.

om 3 ℳ, samt en täljyxa om 5 ℳ vikt. Stämde vikten icke, skulle profven ogillas.

Angående knifsmeds mästerstycken stadgade 1622 års allmänna smedsskrå, att de skulle utgöras af „en kockepack[1]) med fyra knifwar och spjknål uthi".

Vid speciminationen skulle iakttagas, att såväl den s. k. „insmidningen", d. v. s. det för styckena erforderliga järnets behandling i ässjan, som ock styckenas därpå följande hopsättning m. m. skulle utföras inom ett bestämdt tidsmått. En klensmedsgesäll skulle begynna insmidningen kl. 3 på morgonen och afsluta densamma kl. 11 f. m. samma dag. För det därpå följande arbetet fick han använda 6 veckor. En bössmakare skulle insmida mellan 3 på morgonen och 5 på aftonen samt uppvisa sina stycken efter 3 månader. Lika lång tid medgafs en svärdsfäjare[2]). En grofsmed skulle insmida mellan 3 på morg. och 12 p. d. samt afsluta arbetet på 3 dagar. Speciminationstiden för sporrmakare och urmakare utsattes icke i skrået, utan skulle bero på ämbetets förordnande in casu.

Öfver arbetets ärliga och korrekta utförande skulle tvänne skådemästare vaka, hvilka för sin möda kunde pretendera att af gesällen trakteras med mat och öl. Insmidningen skedde vanligen i en skådemästares eller i åldermannens värkstad, liksom väl äfven styckenas vidare förfärdigande. Afslutades insmidningen icke på de bestämda timmarna, bötfäldes klensmeds- och svärdsfäjare- samt förmodligen äfven andra gesäller till 2 ℳ för hvarje öfverskjutande timme. Upptäkte skådemästarene fel på det smidda, kostade hvarje sådant 3 ℳ. Skedde uppvisningen icke inom stadgad tid, erlades i böter en tunna öl. I mästareafgift skulle förutom måltiden betalas 48 ℳ. Ogillades en hofslagares stycken, dömdes han att böta 80 ℳ. Åt mästarebarn och enkor voro särskilda undantagsförmåner medgifna. Afled en mästare efterlämnande son, som egnat sig åt samma yrke, skulle denne inträda i fadrens rätt och för vinnande af burskap endast erlägga 30 ℳ till lådan och tillställa mästaremåltid. Mästareson, som icke befann sig i detta läge, skulle, om han äktade en sin ämbetsbroders dotter, erlägga 48 ℳ i mästareafgift samt traktera mästarene på öfligt sätt, men vara fri från utförande af mästarestycket. Hvarje annan mästersven, som tog en

---

[1]) Antagligen från tyska dialektorden Pack — Bündel, knippa och kocke = Haufe, hop (Grimm).

[2]) Insmidningen skulle ske på en dag, men för klockslagen finnes tomrum i de tvänne äldre afskrifter af skrået som påträffats.

Klensmedsämbetets, sigill af 1748.
Stampen i hist. museum i Åbo.

mästares dotter eller enka, frikalla-
des från mästareafgiften, men var
skyldig att underkasta sig mästare-
profvet och mästaremåltiden [1]).

Så lydde föreskrifterna i skrået.
I hufvudsak ha de nog tilllämpats
i praktiken, men icke utan afvikel-
ser. Vid genomläsningen af proto-
kollen från seklets slut fästes upp-
märksamheten specielt vid den för-
sumlighet styckmästarene ådagalade
i afseende å de utsatta terminernas
iakttagande. Den vanliga coutumen
var, att när gesällen tvänne gånger
äskat ämbetet, faststälde ämbetsrätten
för den första akten, „insmidningen", en ofta nog långt framskjuten
dag, intill hvilken speciminanten var berättigad att arbeta åt all-
mänheten samt att ytterligare förbereda sig till profvet. Var ge-
sällen icke fullt pålitlig, kunde ämbetet, för att sauvera sig själft,
fordra af honom kaution för det arbete han under tiden komme att
utföra för allmänhetens räkning. Vanligen bestämdes på samma
gång dagen för styckenas uppvisande — då ämbetet äskades tredje
gången — och för säkerhets skull prolongerades fatalietiden ofta

[1]) Detta är den enda förnuftiga tydning jag kunnat gifva åt resp. bestäm-
ningar, hvilka i båda afskrifterna förekomma i en korrumperad form. Afskrif-
ten i historiska museet i Åbo, hvars riktighet bestyrkts med stadens sigill, har
följande lydelse:

§ 42. Hwilckenn embetzman af thetta embetedh, som efter sigh någonn
sonn hafwer och hann widh samme embethe blifwa will, thå skall hann thett
niutha som fadren hanss för honom haft hafwer och thenn rätighett sielff em-
betädt parerer, så att när hann till gifftermåll kommer och åhr sijnn egenn man
worden, tå åhr han eij plichtigh till någre vthskulder eller omkostnår som andre
pläger göra, vthann 1 t:a öll m. måll och till lådhan 30 ₥, sedann winna bor-
garskap vpå rådthusett.

§ 44. Hwilckens swen ens mans dother j embetädt tager till hustru och
will hann samme embethe brucka, m:sonn hann skall gifwa 48 ₥ och kost och
jngenn m:stycke göra, åhr thett eenn m:dother eller enckia, skall niutha frij
sinne pening:r, men m:stycke och m:måll skolle the göra.

År 1684 ansökte en pistolmakaregesäll, son till en mästare och bisittare i
ämbetet, om mästaregrad utan prof, „emedan specialskrån sådant medgifver och
hans sal. fader i lifstiden det samma berättat". Men ämbetsrätten tillbakavisade
denna begäran under förklaring „att ingen af de förra mästaresöner är vorden
utan mästerstycke intagin, med mindre de hafva gjort de lindrigast varit".
(Smedsprot. ¹¹/₁ 1684).

utöfver den i skrået angifna terminen. Granskningen af de insmidda styckena tillkom vanligen skådemästarene, men stundom har ämbetet förbehållit sig äfven denna pröfning, i hvilket fall dagen för mästerstyckenas slutliga uppvisande bestämts först efter denna preliminära undersökning.

Huru liberalt ämbetsrätten än utmätte terminerna, kunde den dock icke hindra, att styckmästarene så godt som i regeln anhöllo om förlängning och om ytterligare förlängning. Då ämbetet sällan afslog en sådan ansökan om „dilation", som vanligen motiverades af ekonomiska svårigheter, kunde det lyckas en gesäll att i åratal uppehålla ämbetet och därunder förtjäna sin bärgning utan att det slutligen blef något af de mångomtalade mästerstyckena. Af de 16 speciminanter, som omnämnas i smedsämbetets protokoll åren 1679 —89, fullföljde endast 6 sina prof. Några exempel må anföras till belysande af tillgången.

En klensmedsgesäll Severin Mårtensson, som anmälde sig i jan. 1682, tilläts att utöfva smedsyrke till den 9 juni, då han skulle „insmida"; uppvisningen skulle ske på julkvartalet; uppskof beviljades gång efter annan, slutligen till september 1684, hvarpå ämbetet slutligen förlorade tålamodet och lät igenspika hans värkstad. Då klensmedsgesällen, sedermera åldermannen Cort Philip anmälde sig den 20 april 1683, utsattes insmidningen till den 27 april och uppvisningen till midsommarkvartalet, sålunda kortare termin än skrået medgaf; när tiden utgått, erhöll Philip, för att han gift sig med en bisittareenka, dilation först till november, så till fastlagstiden; uppvisningen skedde först i maj 1684, ett år efter anmälan. För en pistolsmed Anders Lang, som äskade samtidigt med Philip, bestämdes insmidningen till 12 nov. och uppvisningen till påsken följande år. En annan pistolsmed, sedermera bisittaren Johan Jakobsson Cojander, som anmälde sig den 14 jan. 1703, tillsades att insmida sitt „grofmästarestycke" till den 25 febr., då han skulle uppvisa det utsmidda; den 28 febr. uppvisades styckena och befunnos af mästarene vara väl utsmidda, hvarpå sista uppvisningen utsattes till Johannetid, men ägde rum först i september. En sporrmakaregesäll, som speciminerade 1688, ålades att insmida nyårstiden och uppvisa arbetet vid fastlagen [1]).

Äfven i afseende å beskaffenheten af de förelagda profven skilde sig praxis stundom från skråets utsaga. Om mästarestycken, aflagda inom urmakarenes, svärdsfäjarenes och bössmakarenes fack,

[1]) Prot. $^4/_1$ 1682, $^{13}/_4$, $^{10}/_6$, $^{27}/_7$, $^{30}/_{10}$ 1683, $^6/_5$, $^3/_7$, $^{16}/_7$ 1634, $^{21}/_{10}$ 1688, $^{14}/_1$ $^{21}/_2$, $^{18}/_6$, $^{26}/_6$, $^{18}/_{12}$ 1703 m. fl. st.

nämna protokollen intet. För pistolmakare lydde uppgiften: „ett par gode smerglade pistoler". För nyssnämde Cojander specificerades uppgiften sålunda: „ett par goda halfspännare eller flint-pistollås med kappar och piporne samt ett hjullås till karbin utan pipa", hvarförutom C. påmindes att „arbeta väl ut med stål öfver axeln och alle låsen härligen utstoffera". En sporrmakaregesäll fick sig år 1688 förelagda „1 par stänger och 1 par stegbyglar". Grofsmedernas prof hade vid samma tid inskränkts till en hästsko, gjord enligt skråets anvisning. Ett stugulås och ett hänglås eller taskelås, hvilkas växlande konstruktion hvarje gång närmare bestämdes, uppgifvas vid seklets slut såsom klensmedernas traditionella mästerstycken" [1]).

Några fall omtalas i protokollen, då styckmästaren, inseende sin svaghet, afstått från profvets fullföljande och åtnöjt sig med halfmästaregraden, hvilken kostade 10 daler och, såsom redan anförts, berättigade honom att hålla egen värkstad och där betjäna sig af dräng, men icke af gesäll eller lärpojke. Hade speciminanten åter energi att fullfölja sin uppgift till slutet, synes han jämförelsevis sällan blifvit tillbakavisad, äfven om de förfärdigade styckena icke voro alldeles målfylliga. Befunnos fel, åtnöjde sig ämbetet vanligen med att förmana gesällen att rätta desamma och att framdeles förkofra sig i sin konst, på det hvarken han eller ämbetet skulle utsättas för anmärkningar. År 1697 godkände ämbetet några under vanliga förhållanden undermåliga mästerstycken af en pistolsmed, emedan förutom honom endast en pistolmakaremästare fans i staden och han förband sig att erlägga 100 dal. k. m. till kassan. Fyra år senare tilldelades brödraskap utan något prof, men mot en afgift af 100 dal., åt en gesäll, som af magistraten i Nystad kallats att bosätta sig därstädes, men icke „uti en sådan hast" kunde undergå de föreskrifna formaliteterna. I afseende å fordran på läro-

---

[1]) Följande anvisningar angående klensmedsprofven må har omnämnes. År 1698 tillsades en gesäll att smida „ett stort vthanlåås eller Saltzmas, ett st. kistlåås; en nyckel med ett klöfwerbladh medh 4 slöprigler medh torhål uppå och sielf bläcket rätt tiockt; en nyckel medh twå stiernor, en dubbel och ett kårs". För en gesäll preciserades uppgiften år 1703 sålunda: „1:o Låuten slåss [= lås] medh twå riglar och en klincka medh tryckel [trycke?] innan och utan, medh uphålning och omswäfning uthsmedia af ett stycke medh hall jngericht medh tree richtskifwer och medh stråhlar, alt medh skrufwar att man kan skrufwa särdeles om hvaran; 2:o een stugulåås medh twå geradhe riglar, en fallandh tryckel medh tree richtskifwer och twå hållbårdar och en crantz och en medh hufwudh på jngerichten, förstäl medh lapp, låsen medh zirat utharbetat". Prot. ⁴/₂ 16⁸0, ¹⁰/₄ 1683, ¹²/₁₀ 1686, ²²/₁₀ 168 , ¹²/₂ 1698, ⁹/₂ 1700, ²⁸/₉ 1703 m. m.

och bördsbrefs uppvisande före mästaregradens vinnande visades så stor efterlåtenhet, att en och annan mästare fullgjorde detta vilkor först flera år efter det han vunnit inträde i brödraskapet[1]).

* * *

Jämför man de uppgifter öfver smeder af olika brancher, som handlingarna omnämna, finner man, såsom äfven redan af det föregående framgått, att *klensmedsyrket* var starkast representeradt. Bland dess utöfvare förmärkes mången från Sverige eller från utlandet inkommen man, men det öfvervägande flertalet synes dock ständigt varit af inhemsk börd. Förutom de klensmedsmästare, hvilka redan omnämts i egenskap af åldermän eller bisittare, må ytterligare ur hopen framhållas följande: Hans Black (erhöll år 1602 monopol på tillvärkningen af besman i Finland), Bengt Klensmed (1609—23), Mårten Tysksmed (= Notrer?, 1632), Jakob Engelsmed (1624—33), Kristofer Hoffman (+ 1669), Siwert Smed (+ 1667), Henrik Berendtsson (+ 1680), Axel Berendtsson (+ 1686), Mårten Mytheri (+ 1687), Thomas Söfringh (1704—1706), Henrik Backman (1704—12) m. fl.

Fåtaliga voro däremot *hofslagarene* eller *grofsmederne*, bland hvilka af mig antecknats Michel Hofslagare (+ 1615), Michel Hirsfeltt (1623—24), Jöran (1624), Jakob (+ 1628) och Mårten Hofslagare (1643—49), Bertil Tiuru (1643—44), Anders Kunckell (1674), Sven Olofsson (1679—1710), Zacharias Henriksson (1679—82), Henrik Jöransson (+ 1679), Erasmus Thomasson (n. 1686, + 1693), Petter Lindberg (1697), Erik Svensson (1710—12).

Af de likaledes fåtaliga *knifsmederne* ha anträffats: Henrik Bergh (1616—46), Simon Simonsson (kom från Örebro 1645), Nils Åkesson (1661, 1664 bosatt i Nådendal), Lorenz l. Lars Beyer (1667—92, + 1692), Johan Blomberg (1696—1712), Johan Keckonen (1704—10).

Såsom *sporrmakare* förekomma: Jöns Jonsson (1643—63, måhända + 1668), Jonas Jonasson Höök (1669—1710), Johan Höök (1712), Erik Eriksson (n. 1658, + 1682), samt Simon (1679—96), Thomas (1683—87) och Sigfrid Larsson Sporrmakare (1684—92, + 1692).

Svärdsfäjareyrket bedrefs af Jochim Turow (1631—55, + 1655), Salomon Ludvig Ståhl (1641 mästersven hos föregående, mästare

---

[1]) Prot. $^{22}/_7$ 1679, $^{27}/_{10}$ 1682, $^{12}/_4$, $^{27}/_7$, $^{30}/_{10}$ 1683, $^{11}/_4$ 1684, $^{14}/_5$, $^{12}/_{10}$ 1686, $^{21}/_7$ 1697, $^{10}/_{12}$ 1701, $^1/_6$ 1702, $^{18}/_9$ 1703, $^{17}/_2$, $^{17}/_{11}$ 1704. $^{22}/_{11}$ 1706 m. m.

redan 1645, + som ålderman 1679), Hans Ståhl (son t. föreg., nämd 1664, bisittare, +1687), Klas Bergh (från Pargas, bosatte sig 1664, + som ålderman 1685), Mårten Mårtensson (n. 1686, + 1692), David Busch (Bosk, Boske, 1694—1704, var död 1710), Lars Lindh (1712) samt en till namnet icke angifven svärdsfäjare, som afled 1671.

Bössmakare eller *rörsmeder* omnämnas stundom under 1500-talet; så t. ex. Staffan von Byren och Henrik, hvilka arbetade i den af hertig Johan i slottet inrättade rörsmedjan, samt Per Rörsmed, som år 1590 utförde järnarbetet till Nykoret i domkyrkan. Under följande sekel omtalas flere rörsmeder i Viborg, men i Abo allenast tvänne: Hans och Bertel Kunckell, hvilka år 1633 erhöllo af magistraten pass till Sverige[1]). Däremot anträffas fr. o. m. 1630-talet en mängd *pistolsmeder* eller pistolmakare, de flesta till börden tyskar, hvilka mest arbetade för arméns räkning och äfven sysslade med reparation af bössor. Såvidt mina anteckningar utvisa, voro de följande:

Hans Netler (Netker, 1633—36, återvände till Tyskland), Anders Andersson (1633—73, möjligen tvänne med namnet Anders), Petter Somar (1636—56, antagligen identisk med den „långa Peder Pistolmakare“, som nämnes 1646—47), Jöran Urbansson (1646—69), Lennart Frölich (Fröllig, 1653—66, + 1666), Ambrosius Pistolmakare (1656—65), sal. pistolsmed Swäben nämd 1658, David Fågelsång (gesäll, 1664), Petter Andersson Langh (1666—82, då han dog som bisittare), Jakob Andersson (var gesäll 1671, blef halfmästare 1683, + 1691), Erik Sigfridsson (gesäll, tilläts på grund „af en högre hand“ att arbeta under krigstiden på 1670-talet, tillsades att upphöra 1679), Jöran Jakobsson (regementspistolsmed, nämd redan 1683, + 1697), Anders Eriksson Langh (från Norrtelje, styckmäst. 1683—84), Jöran Kohlbärgh (styckmäst. 1683), Nils Böhr (antagl. endast gesäll, 1686), Jöran Bäfwert (Bever, 1686—1711, vann mästerskap och burskap 1691), Mattias Jöransson Sangar (blef mästare 1697, + 1710), Johan Jakobsson Cojander (från Loimijoki, blef mästare 1703, bisittare 1723, + 1747, [Elias Pistolmakares hustru nämd 1697 och Michel Erssons d:o 1710].

I sammanhang med pistolsmederna kunna omnämnas *lådmakarene* Jakob Kunckell (1635—63) och Mattis Johansson (1653—55), hvilka förfärdigade stockar till pistoler och musköter; den förre levererade 1657 till kronan 20 muskötstockar à 3 ℳ stycket.

---

[1]) J. R. Aspelin, Muistoonpanoja aseteollisuudesta Suomessa i Hist. Ark. VIII: 326—330, hvarest äfven strödda uppgifter om pistolsmeder i Åbo förekomma; Bidrag t. Åbo hist. 1:sta ser. I: 50, VI: 47.

Något *urmakare*handtvärk förekom strängt taget icke i staden. Väl omnämnas ett tiotal urmakare eller säjaremakare, men de voro så godt som alla ambulatoriska eller annanstädes bosatta yrkesidkare, hvilka gästade staden ett eller par år, i de flesta fall för att upprätta eller reparera domkyrkans säjarevärk.

Den förste till namnet kände urmakaren i Finland var en mäster Hans Säjermästare, som under åren 1597—1600 var sysselsatt med kyrkans säjarevärk samt med tillhjälp af tvänne smeder i domkyrkans smedja omsmidde St. Henriks klockas axel[1]). Efter honom omtalas säjermakaren i Viborg Lorenz Meyer, som vistades i Åbo åren 1627—29 för att förfärdiga en ny säjare till kyrkan och sistnämda år mottog en utanordning på 200 daler och 4 t:r spannmål. Han återvände år 1643, då han förband sig att för 200 dal. k. m. göra ett säjarevärk till rådstugan. Ännu år 1647 vistades han i staden såsom medlem af smedsämbetet, men utförde år 1649 en process inför rådstugurätten genom ombud[2]). Samtida med honom voro Aegidius Urmakare (1644) och Johan Säjermakare (1645—47). Några årtionden senare förekomma urmakarene Herman Ekestädh (1666 —68), som år 1667 fråndömdes alla sina urvärk på grund af borgerskapets klagomål, Christ. Rybner, som år 1668 anlände från Sachsen, men icke senare omnämnes, Hans Kristofer Pillgram (n. 1672, dräpt s. å.), Erik Hornmoth (Härmodh, Hermodh) från Norge, som år 1670 tilläts bosätta sig i staden och följande år „af nyo förfärdigade" kyrkans urvärk, men redan år 1672 synes bosatt sig i Narva. Dessutom omtalas vid samma tid i domkyrkans räkenskaper trenne till namnet icke uppgifne urmakare, hvilka begrofvos åren 1668—72. År 1710 nämnes urmakaren m:r Lorenz Bure[3]).

Den ende som fann det mödan värdt att under en längre tid kvarstanna i staden var mäster Michel Albert (1675—94). Han ankom år 1675, utsänd af urmakaren Erik Hornmoth, för att utföra det arbete på „det ena gamla urets" och det år 1671 förfärdigade säjarevärkets reparation, som denne åtagit sig för en summa af 2,500 dal. k. m., men i följd af ögonsjukdom tvungits att afstå ifrån. Arbetet pågick ännu följande år till förtret för kyrkorådet, som beslöt att instämma mäster Michel inför domkapitlet såväl för försumlighet i sitt uppdrag „såsom ock att förnimma, af hvad religion han

---

[1]) Bidrag 1:sta ser. I: 54, 63.

[2]) Bidrag 1:sta ser. I: 118, rådst. prot. 16 juni 1643, — 1647, 29 okt. 1649.

[3]) Rådst. prot. 7 dec. 1668, 30 apr. 1670, Åbo läns verifik. böcker, Bidrag 1:sta ser. V: 3, Morgonbladet 1881 n:o 114. Jmfr. s. 114 noten, där af misstag uppgifvits, att Michel Albert år 1671 förfärdigade domkyrkans urvärk.

är, emedan han aldrig går i kyrkan, ej häller till Herrans högv. nattvard, utan sitter alla hälge dagar under gudstjänsten på sin värkstad". År 1678 påträffas mäster Michel åter sysselsatt med det „stora säjarvärkets" reparation; till slottet, hvarest han längsta tiden bodde, levererade han år 1683 ett urvärk och med magistraten ackorderade han år 1688 om reparerande och vidmakthållande af rådstuguuret, för hvilket arbete han enligt magistratens mening blef så väl honorerad att han år 1693 ålades att gratis förfärdiga en visare till rådstugutornet. Enligt gammal sed befriades mäster Michel af magistraten från borgerlig tunga och detta privilegium förnyades, då det år 1682 utlöpte, af landshöfding Oxe. Af kyrkorådet erbjöds åt honom befattningen som domkyrkans klockställare, men anbudet blef af honom afslaget[1].

Förutom af desse specialister i facket utfördes urmakarearbeten af stadens klensmeder. Med reparation af kyrkans säjarevärk voro åren 1609 och 1615 Bengt Klensmed, år 1628 Jakob Smed, år 1681 kyrkosmeden Erik Sigfridsson, år 1687 klensmeden Petter Ertman sysselsatta[2].

Svagt representerade voro *kopparslagarene*, hvilka hänfördes till smedsämbetet, ehuru de icke omnämdes i specialskrået, icke häller i 1622 års allmänna smedsskrå. Liksom urmakarene anlände några bland dem till staden på särskild rekvisition af kyrkorådet. Handlingarna omnämna följande: m:r Henrik Kopparslagare (1609 — 24), Sigfrid (1608—14, + 1614), Mårten (1630), Ingelbrekt Barttel (Bertilsson, Bartels, vann burskap 1632, + 1655, ålderman) Henrik Pijll (gesäll fr. Reval, täkte 1644 domkyrkan), Clas v. Dahlen (mästersven hos Ingelbrekt Barttel, mottog år 1654 dennes gård „med värkstad samt hammarsmedja med alla dess tillhörige värktyg" mot skyldighet att betala en årlig pension af 50 riksd. och att hederligen begrafva honom; täkte 1661 med koppar taket öfver domkapitlet och beslog 1674 med bly kyrktornsgaflarna, + 1678), Erik Andersson (1659), Simon Kopparslagare (vigdes 1677), Henrik Thomasson (nämd 1681—94, beslog tornspetsen 1688), Clas v. Dahlen d. y. (1685—87), Lars Carlsson Nyman (täkte 1692—93 och 1695 —96 tornspetsen), Kaspar Stenberg (nämd 1695—1700, var död 1710) samt kyrkotäckaren Jöran (1696).

Plåtslagare, hvilka i 1622 års allmänna smedsskrå räknades till smedsämbetet och ägde att som mästerstycken förfärdiga „en kyritz

---

[1] Bidrag 1:sta ser. V: 1—6, 27, 30; rådst. prot. 3 okt. 1688, 24 apr. 1693; Morgonbladet 1881 n:o 114; Åbo o. B:borgs läns verifik. bok 1682 f. 2563.

[2] Bidrag 1:sta ser. I: 69, 84, 114, V: 44, 52.

[= kyrass] medh try streck stycker och en häststiärna", omnämnas icke i staden sedan medlet af 1500-talet. Däremot omtalas i slutet af 1600-talet första gången tvänne *bleckslagare* eller *bleckmakare:* Hans Fers (1679) och Daniel Bruhn (1686—94).

Till smedsämbetet känfördes, enligt en uppgift i rådstuguprotokollen, äfven *grytgjutarene.* Mig veterligen förstärktes ämbetet på detta sätt endast med två medlemmar, näml. Jakob Mattsson Paturi, (nämd 1679—97, förfärdigade åren 1681—82 några skifvor till kyrkans urvärk och omgöt lilla klockan) samt en till namnet icke känd, som påträffas år 1636. I början af seklet nämnes grytgjutaren Bertil (1616—19).

På gränsen mellan smeds- och det i nästföljande kapitel behandlade snickareämbetet stodo *vagnmakarene*, hvilka först år 1778 bildade eget ämbete och då tillätos att begagna samma samlingslokal och ämbetslåda som hof- och grofsmederna, dels på grund af sitt ringa antal, dels emedan „deras arbete å ömse sidor äger någon gemenskap samt följer det ena på det andra"[1]). Den förste i sitt yrke var en Jon l. Jonas Svensson Medelplan, som nämnes 1656 —97); senare förekomma Johan Medelplan (son till föreg., i hvars tjänst han anträffas 1661—67; sin egen 1667—94) och Johan Andersson (svensk till börden, som tilläts nedslå sig år 1699 och möjligen är identisk med den vagnmakare Johan Friberg, som nämnes i mantalslängderna för 1710—12).

---

[1]) Magistratens utslag d. 16 nov. 1778 i hist. museet i Åbo. Följande år förenade sig grofsmeds- och vagnmakaregesällerne till gemensamt gille.

IX

Skräddareämbetet.

O m tillgången vid ämbetets konstituerande förtälja handlingarna intet annat än att skrået utfärdades af borgmästare och råd den 22 sept. 1625 och publicerades på rådstugudag en månad senare. Det konfirmerades sedermera af Nils Bjelke år 1628 samt fortfor att tillämpas i vissa delar ännu efter det S. O. 1669 sett dagen. Visserligen beslöt ämbetet år 1669 att framdeles följa den nya skråordningen såsom enda rättesnöre, men redan året därpå kom man „för särdeles orsaker" öfverens om att i afseende å lärpojkars in- och utskrifning följa det gamla skrået. I praktiken gjordes en tid framåt liknande undantag äfven i några andra fall, såsom i fråga om utgifter för mästaregraden och pröfvotiden före speciminationen, i afseende å gesällers giftermål m. m.[1]). År 1680 ansökte ämbetet hos magistraten om stadfästelse å sina gamla privilegier, hvarvid såsom skäl anfördes, att skräddareämbetet i Stockholm undfått samma förmån, men denna begäran afslogs och skräddarene tillhöllos att stricte hålla sig till det allmänna skrået. Dock medgafs ämbetet rätt „att praktisera den gamla specialskrån uti de punkter och clausuler, som emot den allgemene skråordningen icke contrariera och strida"[2]).

När en pojke inskrefs i läran, skulle han enligt specialskrået gifva 1 ℳ i skrifgeld och 1 dal. till lådan samt sedan lära i tre år. Ännu vid seklets slut och i början af 1700-talet var lärotiden i regeln densamma, men utsträktes någon gång ända till fem år, då gossen icke hade råd att erlägga den sedvanliga läropenningen. Denna torde i de flesta fall belöpt sig till 30 à 40 dal. k. m., men

---

[1]) Skräddareämbetets protokoll 1669—1693 i historiska museum i Åbo.
[2]) Rådst. prot. 18 maj 1680.

stegrades understundom ända till 90 dal.
Är 1672 bestämde ämbetet, att ingen mä-
stare skulle få taga ny lärogosse innan
den tidigare antagna lärt i två år[1]). Un-
der åren 1651—1700 inskrefvos i ämbetet
270 lärgossar, således i medeltal 5 å 6
årligen [2]).

Om gesälls tjänstetid stadgade äm-
betsskrået intet annat än att utländsk
gesäll skulle tjäna på orten i tu och in-
hemsk gesäll i ett år, innan han tilläts

Skräddareämbetets sigill.

undergå mästareprofvet. Samma skrå fixerade veckolönen till 12
öre för mästersven och 6 öre s. m. för löndräng. Gesällernes eget
skrå bestämde, att den mästersven, som arbetade „på flickvärk",
skulle bekomma 5 öre i veckan och sitta i värkstaden från 5 på
morgonen till 8 på aftonen; år 1686 uppgafs 6 ögk. m. vara den
lagliga veckolönen[3]). Vandretiderna utsattes till påska, midsommar,
Mikaeli och jul. I fjorton dagar fick gesällen uppehålla sig i sta-
den under spaning efter plats. Enligt gesällskrået skulle den ge-
säll, hvilken vistats i staden i 8 dagar utan att ha lyckats få en
arbetsgifvare och utan att ha tagit in på härbärget, betraktas som
bönhås.

Mästerstyckena skulle enligt 1625 års specialskrå vara till an-
talet fyra. Under seklets sista årtionden tillsades en mängd gesäller
att förfärdiga en kvinfolkskasjacka (öfvertröja), en kvinfolkströja,
manskofta och byxor samt ett par strumpor med 4 svicklor. Åt en ge-
säll bestämdes 1691 till mästerstycken en manfolkskappa af parkum, en
manfolksjacka af kläde, manfolksbyxor, en kvinfolkströja samt ett
par lärftsstrumpor. En annan förfärdigade följande år en prästkappa,
en mansjacka, ett par skinnbyxor, kvinfolkströja samt 4 strumpor med
svicklor. Måtten på plaggen voro mycket noga bestämda, likasom
alntalet på det tyg, som fick åtgå. Till kostymen användes i regeln
kläde, i undantagsfall billigare material; till strumporna lärft. Sedan
styckena blifvit fastställda, skuros de af gesällen än i närvaro af
hela ämbetet, än under kontroll af skådemästarene. Fatalietiden för

---

[1]) Prot. 5 sept. 1672.
[2]) Ämbetets inskrifningsbok 1645—1731 i hist. museum i Åbo.
[3]) Skrädd. prot. 25 okt. 1686.

sömnadens utförande varierade vanligen mellan 3 och 5 veckor, men kunde stundom begränsas till en vecka. Antalet kontrollanter synes gemenligen varit två. Åt en gesäll, som sömmade sina stycken 1691, utsåg ämbetet tvänne skådemästare, hvilka skulle närvara vid tillskärningen, samt tvänne andra, hvilka tu gånger om dagen skulle besöka speciminanten för att följa med arbetets förlopp. I mästareafgift skulle enligt specialskrået erläggas, förutom kost och en tunna öl, af utländing 20, af inhemsk gesäll 15 och af mä-

Sköld till skräddareämbetets välkomma.

stareson 10 daler. För fel i styckena betalades böter efter ämbetets godtfinnande. Mäktade gesällen icke fullfölja profvet, meddelades stundom halfmästareskap, ehuru ämbetet vid par tillfällen erkände, att ett sådant medgifvande icke hade stöd i gäl-

Skräddareämbetets välkomma af silfver fr. 1600-talet. Förvaras i historiska museet i Åbo.

lande skrå. Af en halfmästare betalades år 1669 30 dal. k. m.; en annan gång gafs ett fat öl.

Antalet mästare, som samtidigt tillätos arbeta i facket, fixerades i skrået till 20. År 1637 uppgafs dock antalet till 25; i mantalslängden för år 1656 tituleras 28 personer skräddare; 1686 erlades till lådan kvartalspenningar af 25 mästare, 1691 af 22 mästare och 3 halfmästare; år 1696 upptog mantalslängden 22 skräddare.

Ordinarie kvartal utsattes i skrået till Valburgi och Bartholomæi dagar. Vårkvartalet synes ock regelbundet hållits i maj månad, men höstkvartalet hade redan på 1670-talet framskjutits till Michelsmässotiden. År 1692 beslöts, att kvartal framdeles skulle hållas 4 gånger i året. Såframt mötena under detta och följande år få läggas till grund för en allmän slutsats, skulle kvartalstiderna hädanefter ha varit nyårstid, maj månad, midsommartid och oktober. För att öka frekvensen vid sammankomsterna fördubblades 1676 det i skrået utsatta vitet för förfallolöst uteblifvande. 1689 beslöts, att sessionerna skulle vidtaga på slaget 12 [1]).

Silfverbägare tillhörig skräddareämbetet; förfärdigad år 1673. Förvaras i historiskt-etnografiska museet i Helsingfors.

Om kvartalspenningarna uppgifves det, att de afskaffades år 1669 och återinfördes 1675, då de bestämdes till 16 öre för gången eller 1 dal. k. m. i året, men mästarene frikallades från äskepenningar; 1692, då kvartalen fördubblades, sänktes afgiften till 12 öre k. m. för gången. Fria från skatten voro åldermannen och ungmästaren. Det mesta af inkomsten gick, såsom tidigare anmärkts, till friölet. Åt åldermannen betalades i hushyra före 1692 6 dal., senare 10 dal. s. m. Åt hustrun erlades vanligen några daler för hennes omak af mötena. Notariens arvode — accidentierna undantagna — bestämdes 1672 till 4 och 1679 till 6 dal. s. m. Inkommande passpenningar och afgifter för lärobref fördelades enligt år 1669 fattadt beslut mellan åldermannen och bisittarene[2]). Lån gåfvås ofta, egentlig nödhjälp åt ämbetsmedlemmar jämförelsevis sällan. Behållningen i kassan synes, trots medlemmarnes talrikhet, vid årsredovisningen icke öfverstigit par hundra daler. Vid kassarevisionen 1649 anträffades i lådan 40 dal. k. m.; revisionen år 1670 utvisade inkomster under det löpande året 167 dal., utgifter 95

---

[1]. Prot. 28 okt. 1676, 17 okt. 1689, 24 juli 1692.
[2]) Prot. 6 aug. 1669, 5 sept. 1672, 13 maj 1679.

dal., behållning 135 dal. kontant och 196 dal. k. m. utlånade medel. Förnämsta dyrbarheten i lådan var välkomman af silfver, till hvilken åldermannen år 1670 skänkte en silfverfana och 10 mästare lofvade hvar sin silfversköld. År 1672 lät ämbetet af i dess värjo befintligt silfver smida en bägare till skänk åt ämbetsborgmästaren och år 1673 för egen räkning tre bägare, den största, som var „drifven med blommor", vägande 33 lod, de två öfriga af 25 lods vikt[1]).

Ledningen af ämbetet innehades städse af endast en ålderman. Bisittarenes antal steg åren 1671—86 till fyra, senare till tre. Af dessa funktionärer påträffas i urkunderna följande:

Åldermän i skräddareämbetet.

Olof Börilsson, utnämd 1625, afgick 1629 i följd af tvist med brödraskapet, rådman 1632.

Jakob Mattsson, utnämdes 1629 bland fyra i valet stälde mästare, ehuru han „sig hårdt förvägrade och sade kort nej", förebärande sin okunnighet i skrif- och läskonsten. Nämnes dock ålderman 1633.

Hans Skräddare (Brinck?), nämnes ålderman 1631.

Knut Thomasson Wiisas 1635—66, + 1666.

Thomas Andersson, utnämd 1666, + 1668.

Jochum (Jochim) Bandemann, utn. 1669, + 1680.

Johan Henriksson Siewo (Sefwo), utn. 1680, + 1694.

Hans Mårtensson Bock, 1694—åtm. 1703.

Zacharias Jung, nämd 1706—11.

Bisittare i skräddareämbetet.

[Jakob Johansson och *Hans Danielsson* 1648?]

Henrik Simonsson, utn. 1669, + 1671.

Jakob Bolm, utn. 1669, + 1677.

Wilhelm Funck, utn. 1669, afgick 1674.

Johan Nilsson, utn. 1671, + 1677.

Johan Henriksson Siewo, utn. 1671, ålderman 1680.

Hans Mårtensson Bock, utn. 1674, ålderman 1694.

Sigfrid Simonsson, utn. 1677.

Simon Henriksson 1678—91.

Detlef Bars 1680—83, + 1683.

---

[1]) Af dessa bägare finnas ännu 2 i behåll, den ena i historiskt-etnografiska museet i Helsingfors (se afb. s. 635) den andra i historiska museet i Åbo.

Henrik Henriksson 1680—89, + 1689.

Jakob Klemetsson Hurri 1683—86.

Zachris Jung 1690—93.

Jonas Bergman 1691—1704.

Simon Sigfridsson 1699—17u6.

Mathias Hulkio 1699—1706.

Anders Mellenberg, utn. 1706, nämd ännu 1707.

Bertil Palman 1708—1715.

Niclis Garberg 1713—1714.

Bland öfriga mästare må nämnas: Kristofer Enckell (1633), Petter Spentz (1636—57), Hans Kijhlman (1651—56), Petter Munck (1669—72), Jonas Bergman (1681—96), Ulrik Törnroth (+1704), Jakob Biörbeck (+1694) m. fl.

* * *

Gesällgillet eller „mästersvenners och lönedrängars gille" existerade måhända redan år 1648, men synes erhållit sin egentliga organisation först år 1660. Detta år anlände, förtäljes det, mäster Anders Forsman (+1662) från Sverige medförande „efter denne stadsens lofl. magistrats och ämbetenes begäran" en trykt afskrift af Stockholms skräddaregesällers artiklar, hvilka framdeles skulle ländia yrkesbröderne i Åbo till efterrättelse[1]). Följande år anskaffades för 44 dal. en gillesskylt af koppar för härbärgets räkning och något senare inlöstes öfriga under gillesvärksamheten behöfliga utensilier.

Såsom titeln på skrået redan antyder och äfven i det föregående framhållits, gjordes bestämd åtskilnad mellan mästersvennerne, gillets seniores, och löndrängarna, gillets novitier. Huru lång tid som i regeln åtgick innan den från läran utskrifne och i gillets bok såsom löndräng immatrikulerade skräddaren kunde inför öppen låda på krogen hälsas såsom mästersven eller fick „dricka sitt ärliga välkommi för en gesäll", kan svårligen närmare angifvas. Någon gång varade det endast ett år, men i de flesta fall timade upphöjelsen först några år senare, sedan löndrängen en kortare eller längre tid uppehållit sig på andra orter, hvarest mången redan hunnit blifva erkänd som fullfärdig mästersven, när han återvände till hemstaden. Under åren 1670—1700 intogos enligt gesällernes inskrifningsbok i gillet 154 löndrängar och 145 gesäller, bland dem

---

[1]) „Skrädare Mesterswenners och Lönedrängars Artijklar som aff gammal sedwano warit hafwer, vthgifne i Stockholm den 20 Maji anno 1660 ord ifrån ord lijka lydandes". Det enda exemplar jag kunnat finna förvaras i historiska museet i Åbo; §§ 29—38 äro bortrifna.

somliga intagna par gånger. Maximum af inskrifne under ett år steg inom båda kategorierna till 11.

Enligt skrået skulle mästersvennerne och löndrängarne årligen välja tvänne altknektar, en tysk och en svensk, den ena om påsken och den andra Mikaelitid. Den i tjänsten äldre skulle föra ordet i gillet samt „underrätta den yngre om alladanda lägenhet". Denna efter nationalitetsförhållandena bland Stockholms skräddare lämpade bestämning iakttogs dock icke i Åbo, där veterligen endast en altknekt förestod gesällgillet. Tjänstetiden varade sällan öfver ett år. Vid ombyte af lådmästare, hvilka vanligen „uppvaktade" i tvänne år, iakttogs såvidt möjligt den plägsed, att hvarje gång endast den ene afgick medan den andra kvarstod ännu ett år såsom „äldre bisittare". Någon bestämd tidpunkt för ombytet torde väl icke funnits angifven, men i de flesta fall intogo i början af 1700-talet såväl bisittarene som altgesällen sina platser på midsommarkvartalet. Af gesällerne mottogos de vanligen med högtidlig tillönskan om „lycka och Guds välsignelse" och aftackades efter tjänstetidens utgång på samma sätt. I regeln vederfors samma goda bemötande krogfadren. Under åren 1669—94 omnämnas endast tvänne fall, då gesällerne anhållit hos mästaregillet om lådans förflyttning till annan mästare.

Ordinarie stämma hölls tämligen punktligt annandag påsk, Johannis och Mikaeli dagar samt annandag jul, sålunda vid samma tid som enligt mästarenes skrå gesälls vandringstider inföllo. Krogdagar höllos i medeltal en gång i månaden. Enligt gesällskrået skulle mötet öppnas kl. 1 p. d. och skulle hvarje gång en mästersven insätta i lådan 4 och en löndräng 2 öre. Vid denna skatteuppbörd skulle iakttagas, att „ålderknekten skall först uppstå och gå för bordet med sin kappa uppå båda' axlarna och lägga först sina stämmo-

Skräddareämbetets spira af silfver förfärdigad 1672. Förvaras i historiska museet i Åbo.

penningar på den orten, där de bör vara, och de andre mästersvenner och löndrängar därefter såsom deras mästare blifver uppropad". År 1703 bestämdes krogpenningarna till 2 öre s. m. för gesäll och 1 öre för löndräng. Inskrifningsafgiften till lådan utgjorde enligt skrået 4 öre, men höjdes år 1671 med 1 dal. k. m. för gesäller och

Denna Lådan hafver iag Anders Monson Forsman För årat Mestarsvennerna til ära, sig til åmineslse Anno 1660, Repareat A: 1782.

Skräddaregesällernes gilleslåda   Förvaras i historiska museet i Åbo.

½ dal. för löndrängar; år 1690 beslöts, att lärpojkarna skulle betala 5 dal., då de firade sitt intagande i gillet. Af de inflytande medlen anslogs år 1689 åt „krogskrifvaren" 6 dal. k. m. i året; åt „krogmodren" betalades två till flere gånger om året „skopenningar" 3 daler. Revision af kassan timade vid hvarje ombyte af krogfader, bisittare och altknekt. År 1670 utvisade bokslutet kontant behållning 40 dal., år 1700 70 dal. k. m.

Skräddaregesällernes sig-
net af år 1731. Stampen
i hist. museum i Åbo.

Af gillets jordiska egodelar må näm-
nas lådan, som skänktes till gillet år 1660
af skräddaren Anders Forsman, en armbössa
köpt 1667 för 3 dal., en välkomma af en-
gelskt tenn inlöst år 1665 för 31 dal. och
några år senare försedd med ett tiotal silf-
versköldar, vidare ett „regemente" d. v. s.
en välkomma af silfver, utfördt af guldsme-
den Hugo Persson Mörman och uppvägdt
till 32 lod, samt en förgyld välkomma om
51 lods vikt, som år 1693 inköptes från guld-
smeden Michel Biörman för 200 dal. k. m.[1]).

[1]) Gesällernes „Inkomst och Vthgifftz Book" 1660—1726 i historiska mu-
seum i Åbo.

X.

Snickare- målare- och glasareämbetet. Tunnbindare och timmermän.

krået undertecknades af magistraten den 10 april 1633 och förkunnades på allmän rådstugudag en månad senare. Det utsatte för ämbetet tvänne ordinarie sammankomster, som skulle hållas Valburgi och Lucas' dagar. Enka tilläts fortsätta mannens rörelse i tre år med på vanligt sätt utsedd värkgesäll. Lärodräng erlade vid inskrifningen 4 ℳ till lådan och 2 ℳ åt skrifvaren samt förpliktades att tjäna i fyra år. Rymde han tidigare ur läran, skulle hans borgesmän betala 40 ℳ såväl till lådan som åt läromästaren. För gesällvandringen fans intet tidsmått utsatt. När gesällen anmälde sig till vinnande af mästaregrad, skulle han äska ämbetet tvänne gånger och sedan underkasta sig det vanliga årsarbetet, såframt han icke ville lösa sig från detta genom erläggande af 40 ℳ. När årsarbetet var öfver, tillsades en snickaregesäll att förfärdiga hos åldermannen ett bord, som kunde utdragas och inskjutas, ett brädspel och en kista. Sedan det gröfsta arbetet var öfver, underkastades styckena en förberedande granskning i ämbetet, som, i fall fel upptäktes, kunde bötfälla gesällen eller ålägga honom att utföra arbetet ånyo. För arbetets afslutande utsattes i skrået ingen bestämd termin. En målaregesälls mästerstycken skulle bestämmas af åldermannen och skulle de utgöras af „landskap eller historier". Mot erläggandet af 40 ℳ kunde profvet, om det misslyckats, förnyas. En glasmästaregesäll skulle såsom mästerstycke förfärdiga ett fönster med 33 6-kanterutor samt en lykta med 8 kanter „af idel glas och bly med en spets". Rutorna skulle vara „väl komponerade med hvar annan, att det väl

Snickare-, målare- och glasareämbetets
sigill.

passera kan", och när de voro fär-
diga, skulle åldermannen exami-
nera gesällen, „huru många 4-hörne-
rutor där komme uti;" sade han
öfver eller under 6, bötade han
6 ♦. Sedan frågade åldermannen,
huru många 3-kanterutor. Sva-
rade gesällen då mer eller mindre
än 14, erlade han 12 ♦ för miss-
taget. För otillåten hjälp af an-
dra betalades 40 ♦. Sedan resp.
styckmästare fullföljt sina uppgif-
ter och vunnit ämbetets godkän-
nande, skulle han erlägga i mästareafgift 40 ♦, om han var mästa-
reson, men eljest 60 ♦. Giftermål med mästares enka eller dot-
ter nedprutade utgiften för mästaresöner till $1/2$ tunna öl och för
andra gesäller till 30 ♦.

I ett halft sekel stodo snickarene, målarene och glasmästarene äf-
vensom svarfvarene, hvilka senare anslöto sig till ämbetet, under ge-
mensam ledning. I skrået ålades de att med saktmod och utan att
förakta och såra den ene den andre, underkasta sig denna förening,
enär intet yrke ensamt för sig var nog starkt representeradt att tåla
upprättandet af ett specialgille. Om några skilsmässoplaner talas icke
häller förr än år 1685, då snickarene anmälde, att de ville bilda ett
eget gille, enär deras antal redan steg till tio och deras gesäller icke
ville rätt sämjas med gesällerna inom öfriga yrken. Ansökningen
godkändes af magistraten, som på samma gång lämnade öfriga med-
lemmar inom ämbetet fritt att följa snickarenes exempel eller ock
att öfverenskomma om andra mått och steg[1]). För målarene, glas-
mästarene och svarfvarene hade detta snickarenes utträde samma
följder som klensmedernas skilsmässa från sina ämbetsbröder. De
försattes i samma läge som en mängd andra i staden bosatte handt-
värksmän, hvilka icke mäktade med de utgifter upprättandet af ett
eget gille kräfde och hvilka därför fingo åtnöja sig med det svaga
skydd generalgillet kunde lämna. Ett svarfvareämbete tillkom först
år 1738, ett glasmästareämbete år 1782 och ett målareämbete två
år senare.

Af snickare-, målare-, glasare- och svarfvareämbetets åldermän
omnämna handlingarna allenast snickaren *Jöran Kijhn* 1647, *Berndt*

---

[1]) Rådst. prot. 31 okt. 1685.

Glasmästare 1649, *Sigfrid Larsson* 1661—68 och konterfäjaren *Abraham Myra* 1681—84. Såsom ålderman för snickareämbetet nämnes åren 1686—1700 mäster *Henrik Mattsson Leino* och 1710 *Johan Hacht*. Namnen på bisittarene ha fullständigt hemfallit åt glömskan.

Ett gesällgille förutsattes i skrået, som nämde om gesällernes „skaffare" eller altknekt samt om böter till gesällådan. Förmodligen har ett sådant äfven kommit till stånd, ehuru alla uppgifter därom gått förlorade.

*

Målarene och de med dem nära på liktydige *konterfäjarene* voro i allmänhet jämförelsevis fåtalige. Sällan torde antalet öfverstigit 2 à 3. Först vid seklets slut anträffas samtidigt ända till 5 mästare. De märkligaste skola omnämnas i nästa kapitel.

Antalet *snickare*mästare uppgifves år 1637 till 7, år 1685 till 10 och 1696 till 9. I domkyrkans räkenskaper omnämnas mycket ofta såväl domkyrkosnickare som andra af stadens snickare sysselsatta med inredningens förbättrande. År 1587 förfärdigade och „uppströk" en snickare krucifixet i kyrkan. Åren 1590—91 „tillpyntade" en annan snickare jämte en svarfvare nykoret i kyrkan; 1624 nämnes Lasse Snidkare, som förfärdigade bänkar och stolar till kapitlets sessionsrum, och Hans Snidkare, som gjorde ett skrin för pungpenningarna, 1617 Matts Snickare, som arbetade på predikstolen i sakristian, 1682 Jöran Snickare, som reparerade frubänken i kyrkan, och Johan Eriksson Snickare, som bekom 10 daler för stadsvapnets och St. Henriks belätes utsnidande, åren 1685—89 Anders Broman (lefde ännu 1701) och Måns Miödh (+ 1692), hvilka bygde orgelläktaren och för c. 450 dal. k. m. åtogo sig att förfärdiga och vid främsta pelarene uppsätta konungens och drottningens stolar. Såsom akademiesnickare anträffas Jöran Kijhn (antagen 1653, + 1660) och Henrik Syrach (antagen 1661, + 1692), om hvilken sistnämnde det uppgafs, att han kunde göra „skatoller och musikaliska instrumenter". Bland öfriga snickare må nämnas Hans Hein (1658), Erik Wirman (1682—94), Johan Öst (1685—94), Johan Holm (+ 1694) m. fl. År 1656 omnämnes en lästmakare och 1660 en Blasius Stolmakare[1]).

I sammanhang med snickarene må nämnas *orgelbyggarene*. Den förste kände orgelbyggaren var mäster Anders Bruse, som anträffas i staden åren 1645—55 (1661 ?) och flera år å rad var sys-

---

[1]) Bidr. I: 86, 106, V: 64—73, verif. böckerna, Morgonbladet 1881 n:o 133, Cons. Acad. prot. II.

selsatt med arbeten å orgelvärket i domkyrkan samt äfven använ-
des såsom organist. År 1651 ingick han med magistraten ett kon-
trakt, hvari han förband sig att till följande sommar förfärdiga or-
gelvärket och att sedermera „med egen bekostnad hålla värket vid
makt och hvad fel och olag däri kan komma alltid med egna ma-
terialier reparera". I ersättning skulle han bekomma 200 dal. k. m.
jämte rättighet att idka vanligt snickareyrke; dessutom tilläts honom
att hålla „skänkeri" af finskt och svenskt öl samt brännvin äfven-
som att, om han fann för godt, inrätta ett s. k. „gårkiökerij",
d. v. s. matservering. Samtida med Anders Bruse var mäster Klas
Fransson Zander, som uppträder i mantalslängderna år 1650
och afled i Åbo 1676. Åren 1664—66 var han sysselsatt med repa-
ration af båda orgelvärken i domkyrkan. Efter Zanders död öfver-
togs hans arbete och äfven hans arbetsvärktyg af Jakob Mattsson
Kingiläinen, som år 1683 säges ha rymt från staden. Sedan på-
träffas icke mera någon orgelbyggare ex professo, utan utfördes de
reparationer af orgelvärken, som ansågos nödiga, af orgelnisten i
församlingen monsieur Kristian Kölner. Af kyrkorådet mottog han
år 1688 löfte om godtgörelse för de 500 dal. k. m. han af egna
medel nedlagt på stora orgvärket. För sitt eget „omak och hafde
besvär" begärde han ingen ersättning, hvilken „höflighet" erkändes
af kyrkorådet såsom synnerlig lofvärd och för kyrkokassan under
dess dåvarande betryck ytterst välkommen [1]).

I likhet med snickarene mottogo *glasmästarene* tidt och ofta
beställningar af domkyrkorådet. År 1600 nämnes en Erik Glas-
mästare och åren 1613—14 Matts och Olof Glasmästare sysselsatta
i domkyrkan. Den sistnämde presenterade år 1615 en räkning på
81 daler för inalles 166 „taflor" och 580 rutor, som af honom in-
satts, däraf i korskoret 92 rutor samt i nykorets sex fönster 32 taf-
lor och 284 rutor [2]). Under seklets senare hälft omnämnas såsom
flitigt anlitade domkyrkoglasmästare Henrik Glasmästare (1643—51).
Berndt Reese d. ä. (+ 1660), Berndt Reese d. y. (1682—96). An-
ders Cappelman (1675—91), Johan Sperling (1685—94), Sigfrid Eriks-
son (+ 1689) m. fl. Inalles har jag för hela seklet upptecknat c.
25 glasmästare, hvilket ådagalägger, att yrket ständigt var tämligen
väl representeradt.

Fåtaligare voro *svarfvarene*. Under sextonde århundradets sista
årtionden har jag icke anträffat mera än 4 svarfvare och under den

----

[1]) Bidrag V: 17, 31, 56, 62, Morgonbladet 1881 n:o 133, verif. böcker, rådst.
prot. 22 okt. 1651 m. fl. dagar.

[2]) Bidrag 1:sta ser. I: 63, 77, 81.

följande tiden intill stora ofreden icke flere än c. 15. Nämnas må Erik Svarfvare (+ 1621), Hans Meyer (1686—97), Biril Svarfvare (1679—97), Nils Hjelt (1710—12), Henrik Wandelius (1710). I mästarestycke förfärdigades år 1748 en spinnrock[1]).

Tunnbindareämbetet omnämnes i 1637 års förteckning öfver stadens handtvärkare, men någon närmare uppgift om dess organisation har icke kunnat anträffas, hvarför tillvaron af ett ordnadt gille med största fog kan ifrågasättas. Till antal voro tunnbindarene dock icke så alldeles fåtalige: 1609 nämnas 6 tunnbindare, 1637 5, 1656 åtm. 5, men 1696 allenast 2.

En hankmakare Johan anträffas 1658.

Rätt talrika voro *timmermännen*, hvilka dock icke synas associerat sig till ett gille. Till domkyrkan antogs år 1678 förutom den ordinarie kyrkotimmermannen en extra ordinarie, som skulle „uppvakta" vid förefallande behof[2]). Äfven *byggmästare* omnämnas tämligen regelbundet, om också icke till något större antal (se vidare kap XII). Vid par tillfällen omnämna handlingarna *kvarnbyggare*.

---

[1]) Svarfvareämb. prot. i Åbo hist. museum.
[2]) Bidrag V: 21. Då timmermännen efter 1681 års brand öfverhöfvan stegrade sina fordringar, bestämde magistraten dagslönen till 3 ₥ och 1 stop öl. Samtidigt utlofvade kyrkorådet åt 40 gemene timmermän 28 öre, åt 3 „principaler" ibland timmermännen 5 ₥ samt åt arbetsledaren 3 dal. om dagen.

XI.

Belätsnidare och konterfäjare.

Må de bildande konsternas idkare och vänner tillgifva mig, att jag, midt inne i framställningen om handtvärket, upptager till behandling tidens konstnärer: belätsnidarene och konterfäjarene. Att omnämna dem i sammanhang med framställningen om den andliga odlingen i staden, vore att ytterligare markera den låga invå, hvarpå vårt lands konst vid denna tid befann sig. Beläthuggarene, belätsnidarene och statuarierne, såsom tidens skulptörer med växlande namn kallades, voro intet annat än specialister inom snickarefacket. När det var renonce på beställningar å bildsniderier och andra till deras konst hörande arbeten, funno de sig på intet sätt kränkta i sin konstnärsheder af att utföra vanligt snickarearbete — en fordomsfrihet, som dock tidt och ofta bragte dem i kollision med de egentliga yrkessnickarene. Å andra sidan anträffas ofta vanliga snickaremästare upptagna af arbeten inom träskulptur. Ännu tydligare framträder konterfäjarenes eller konstmålarenes sammanhörighet med slätmålarene. Vid snickare-, målare- och glasareämbetets instiftande 1633 enrolerades konterfäjarene uttryckligen i ämbetet och på 1680-talet anträffas konterfäjaren Abraham Myra såsom ämbetets ålderman. Enligt skrået skulle en vanlig målares mästerstycken utföras på historie- och landskapsmåleriets gebit. Flere konterfäjare tituleras ofta i handlingarna rätt och slätt målare. De arbeten, som af dem utfördes, vitna bäst om arten af deras yrke. Samma konterfäjare, som afbildade i olja och färg ädlingars, universitetsprofessorers och storborgares porträtt, fann det fullt honnett att måla möblemanget i kundens hem. Ofta anträffas konterfäjare sysselsatta med att bestryka bänkar, dörrar och predikstol i den kyrka, hvars väggar de förut prydt med taflor ur den heliga historien.

Finlands konst var ännu under sjuttonde seklet så godt som uteslutande kyrklig. Nästan alt arbete, som af en öfverseende kritik kan hänföras till denna kategori, utfördes för kyrkornas räkning afsåg att bryta enformigheten i de kala kyrkomurarna eller att draga uppmärksamheten till de i kyrkans sköte anlagda familjegrafvarna. Den aristokrati, som fans i landet, har synbarligen icke i någon nämnvärd mån gynnat konsten genom att med dess alster smycka sina bostäder och hos städernas köpmän och borgare var konstsinnet ännu mindre utveckladt. När någon gång ett konstvärk omtalas, som utförts på beställning af enskild man, afsåg det i regeln att pryda Herrans hus. Så kom det sig, att de belätsnidare och konterfäjare, hvilka anträffas i Åbo, nästan undantagslöst omnämnas i sammanhang med något i domkyrkan utfördt arbete.

Skulpturen var en fullkomligt exotisk planta. De monument af marmor och sandsten, hvilka utgjorde Åbo domkyrkas förnämsta prydnader och dem läsaren känner från första afdelningen, voro icke allenast utförda af utländska mästare, utan äfven förfärdigade utomlands. Endast träskulpturen kunde uppvisa alster, som tillvärkats inom landet, men det mesta och bästa däraf var utfördt af konstförfarne utländingar, hvilka kallats att tillfredsställa det behof af konstnjutning och prakt, som icke kunde fyllas af egna män — konstnomader, hvilka sällan stannade många år på orten, utan efter fullgjordt uppdrag styrde kosan till en annan stad eller återvände till sitt land igen. Under medeltiden hade importen och tillvärkningen af helgonbilder och altarskåp varit anmärkningsvärd; numera, efter den reformerade lärans seger, fingo träsnidarene visa sin talang i utsirandet af predikstolar, ljusarmar, bänkar och konungsstolar, adliga vapensköldar m. m.

Den förste träskulptör, som möter oss i handlingarna, är en till namnet okänd bildsnidare, som jämte en likaledes okänd målare år 1622 under tvänne veckor uppsatte den nya predikstolen och sedan reste sina färde [1]. Par decennier senare omtalas Grels Billesnidare (1643) och Mågens l. Måns Larsson Bildhuggare (1645—55). Den sistnämde var måhända engagerad i och för uppställandet af den predikstol Henrik Fleming år 1650 donerade till kyrkan (se sid. 88). År 1648 klagade snickarene i staden, att Mågens arbetade dem till förfång ute på landsbygden och sålunda „tog deras näring ur munnen", i följd hvaraf Mågens ålades af magistraten att

[1] Bidrag 1:sta ser. 1: 97.

inskränka sin värksamhet[1]). Enligt Aspelin skall staden ungefär samtidigt ha gästats af franske belätsnidaren Michel Balt, inkallad, enligt uppgift, af kyrkorådet i och för uppsättandet af nyssnämda predikstol, som möjligen t. o. m. förfärdigats af honom själf. Sedermera bosatte sig Balt i Uleåborg, hvarest han länge lefde och snidade jämte sin likabenämde son, förseende hufvudsakligast Österbottens kyrkor med predikstolar[2]). År 1662 meddelade magistraten i Åbo åt en sten- och bildhuggare Daniel Sudrovius tillstånd att bosätta sig i staden. I slutet af samma år begärde och erhöll denne magistratens skydd emot stadens snickaremästare, hvilka ville hindra honom från att utföra snickarearbetet på predikstolen i St. Marie kyrka. Han omnämnes ännu år 1666[3]). Året före Sudrovius påträffas beläthuggaren Matts Gerdtsson, som antagligen är identisk med den bildhuggare Mathias Remas, som på 1670- och 1680-talen utförde särskilda arbeten för domkyrkans räkning och afled i Åbo 1684. I så fall var han måhända den samme belätsnidare, som 1664 mot ett honorar af 40 daler gjorde „skilterne under armarna på pelarna i kyrkan" och 1668 bekom 22 dalar för några ljusarmars snidande. 1676 gafs åt honom guld och silfver till några bilders smyckande; 1682 utanordnades åt honom 70 dal. för arbete på visaretaflan[4]). År 1681 uppträder första gången beläthuggaren och statuarien mäster Johan Ulrik Beurle, som af domkyrkorådet ombetroddes med flera maktpåliggande uppdrag. Hans första arbete blef restaureringen af Åke Totts under 1681 års brand skadade marmormausolé, för hvilket arbete domkyrkorådet på grefvinnan Kristina Brahes vägnar utanordnade år 1681 160 dal. och år 1685 180 dal. k. m. Samtidigt ingick kyrkorådet med Beurle aftal om förfärdigandet af den predikstol Petter Thorvöst anmält som gåfva till domkyrkan och som läsaren redan känner från första afdelningen (s. 89). År 1685 säges Beurle en tid varit biträdd af ett följe på 9 personer. När arbetet tre år senare afslutades, tilldelades Beurle utöfver de 5,500 daler k. m. kontraktet utsatte ytterligare 1,500 dal., „mera — såsom det hette — af commiseration än att han meriterat". I gengäld för denna frikostighet lofvade Beurle leverera en ritning till konungens och drottningens stolar, hvilkas utfö-

---

[1]) Rådst. prot. 19 aug. 1648. Enl. J. R. Aspelin, Muistiinpanoja taiteilijoista Suomessa ennen aikaan (Hist. Ark. VIII: 73—103) anträffas Grels år 1662 i Ekenäs och Mågens åren 1646—47 i Pargas.

[2]) Morgonbladet 1881, n:o 134.

[3]) Rådst. prot. 14 jan. o. 8 dec. 1662; verif. böck.

[4]) Verif. böcker, Morgonbl. 1881, n:o 133.

rande anförtroddes åt snickarene Broman och Miödh. Det tredje stora arbetet, hvarmed Beurle prydde domkyrkan, var ett stort crucifix, doneradt af handlanden Johan Schultz. Efter år 1688 nämnes han icke mera; måhända bosatte han sig i Stockholm, där han 1684 äktat en dotter till kongl. konterfäjaren Georg Waldau[1]) I förbigående omnämnes år 1684 en belätsnidare Jakok Schwartz och 1689 träffa vi på beläthuggaren Hans Rosensteen l. Rosenstern, som afled i Åbo 1693. Om dennes värksamhet känner man knapt annat än att han utsirade de nyssnämda kungliga stolarna[2]).

Till träsnidarene ha vi ännu att hänföra de för akademiens vetenskapliga produktioner engagerade figurstickarene eller formskärarene. År 1675 tilldelade det akademiska konsistoriet en student Jacobus Johannis Liebeck (+ som kapellan i Pyhäjärvi 1693) ett stipendium såsom belöning för att han „skurit en hop schemata i trä" till akademiska disputationer. Den förste ordinarie figurstickaren var Daniel Joensson Medelplan, som antogs år 1678 under akademiens försvar och årligen uppbar ur fiscus 2 t:r spannmål. Nio år senare anhöll han att få sig ombetrodd gjutningen af stilar till det akademiska boktryckeriet, men erhöll ett undvikande svar; 1688 eller 1689 lämnade han staden, synbarligen för att öfvertaga det samtidigt privilegierade boktryckeriet i Viborg. I hans ställe antogs figurstickaren Gustaf Eriksson Hagner, som måhända redan år 1691 ansökte om fast aflöning, men först tre år senare tilldelades denna förmån, då han förpliktades „att flitigt uppvakta efter herr rectoris och samtl. hrr professorum ordres uti det af honom i hans tjäust fordras, alltid så lagandes, att han sina förmän med höflighet och skyldig lydno går till handa". Såsom binäring idkade han „pitzierstickning" eller sigillgravering. År 1707 levererade han till altartaflan i Sääksmäki en ram, för hvilken kan bekom 65 dal. k. m. Han nämnes ännu år 1712[3]).

*

---

[1]) Bidrag 1:sta ser. V: 44—49, 59, 60, 63, 64; domk. räkensk., Aspelin, a. st., Svenska autografsällskapets tidskr. II: 164.

[2]) Bidr. V: 73; domk. räk.

[3]) F. W. Pipping, Hist. undersökn. om boktryckeriet i Finland (i Acta Societ. Scient. Fenn. II: 729—730, III: 695—698); J. J. Tengström, Johan Gezelii d. ä:s minne s. 130—131; V. Lagus, Åbo akademis studentmatrikel I: 146; E. N(ervander), Tvenne konstnärer i Finland under stora ofredens dagar (i Hufvudstadsbladet 1871 n:o 83).

Af öfriga belätsnidare i landet har jag anträffat en Nils Jonsson, som åren 1648—57 vistades i Vasa, samt en Hans Belätsnidare, som år 1600 var bosatt i Ekenäs och uppgafs ha 30 år tidigare levererat predikstol till Pojo kyrka.

Konterfäjarenes konst framträdde, då den icke användes för rent praktiska ändamål, i fabrikation af porträtt, altartaflor, s. k. votivtaflor samt bibliska målningar kring kyrkoväggarna. Med slika arbeten sysslade konterfäjaren Jochim Lang, som nämnes första gången år 1632 och var bosatt i Åbo intill sin död 1679. Förutom mer eller mindre dekorativa arbeten i domkyrkan — såsom målning af taflor, stolar, funten m. m. — må bland hans prestationer nämnas porträttering af flera akademiska lärare, altarskåpets i Sunds kyrka „uppstrykning" och förseende med en afbildning af den hel. nattvarden, förfärdigande af votivtaflor till västfinska kyrkor samt måhända dekorering af Pedersöre kyrka. Om de akademiska fädrens porträtt förmäles det, att de enligt år 1659 uppgjordt aftal skulle vara 1 ½ aln höga och 3 kvarter breda samt betinga sig ett pris af 12 dal. k. m. [1]). Samtida med denne Åbo stads förste konterfäjare voro Jöran Kühn eller Kuhne (nämd 1656, var afliden 1663), Jöran Gentelman (nämd redan 1664, + 1669) och mäster Abraham Eriksson Myra (nämd första gången 1656, död såsom ålderman 1684). Den sistnämdes konstfärdighet synes i främsta rummet kommit landskyrkorna till godo. I Sunds kyrka målade han orgor och läktare, till Korpo kyrka levererade han en mängd väggtaflor. Dock omnämnas en mängd mindre beställningar af domkyrkorådet, såsom uppstrykande af altartaflan 1681, målning af urtaflan och förgyllning af visarene samt årligen återkommande målning af julljusen. Efter Myra påträffas såsom konterfäjare mäster Didrik Mölrum [1]) (tidigare bosatt i Umeå, erhöll år 1684 tillstånd att slå sig ned i Åbo, nämd ännu 1700), monsieur Anders Ulich (n. 1688—98), Jochim Kröger (n. 1689, + 1697), Anders Mick (1688), mäster Johan Saltbergh (1680—97, egentligen yrkesmålare), Lars Myra (son till Abraham, nämd 1691—1710) samt en målare vid namn Corelius (1707). Den förstnämde målade på slottet 3 kamrar, för hvilket arbete han erhöll 110 daler; i domkyrkan utförde han några reparationer och till Brahestads kyrka sände han, på beställning af enskild person, en väl utförd, ännu bevarad votivtafla (framställande Kristus och Luther samt donators familj). Ulich „stofferade" 1688 den af Beurle förfärdigade predikstolen, hvarför han bekom 550 daler, samt målade 1692 för 120 dal. de tidigare omnämda af Rosenstern utsirade

[1]) Domk. räkensk. o. mantalslängder; Consistorii Academici protokoll II: 154, 227; J. R. Aspelin, Muistiinpanoja s. 82—83, E. Aspelin, Suomalaisen taiteen historia s. 37—38.

[1]) Namnet skrifves äfven Möllerum, Molrum, Mullrum, Möllerus, Mählruum.

konungsstolarna. Dessutom nämnas bland hans arbeten ett porträtt af biskop Johan Gezelius d. y. samt tvänne i kyrkan upphängda oljemålningar, den ena framställande Kristus i Getsemane, den andra Kristi förklaring. Lars Myra åtnjöt, liksom fadren, privilegiet att måla julljusen och utförde 1693 ritningar till kyrkobänkar. Corelius hvars person för öfrigt är okänd. levererade år 1707 till Sääksmäki kyrka, ett porträtt af Carl XII, en altartafla samt ett crucifix [1]).

Förutom desse tidens konstmålare omtalas i handlingarna flere vanliga målare, hvilkas yrke tämligen nära tangerade konterfäjarenes: Thomas Målare (+ 1611), Olof M. (+ 1622, stamfader för släkten Pictorius), Henrik M. (målade 1615 nykoret och predikstolen), Erik M. (1645 – 63, målade 1658 en kjortel till Kolmodins comoedia), Anders Gilberg (1690—92) m. fl.

År 1691 talas om en augsburgisk krämare Jöran Allewall, som tilläts sälja allehanda „vaxpusierte beläten".

---

[1]) Verif. böcker och rådst. protokoll, J. R. och E. Aspelin, anf. arbeten, Hufvudstadsbladet 1871 n:o 83, A. H. Snellman, Turunlinnan rakennushist. aineita s. 106. Såsom värksamma utanför Åbo nämner J. R. Aspelin ytterligare följande konstmålare: mäster Kristian (i Saltvik 1650), Mårten Johansson (på Åland 1656--85), Petter Dunder (på Åland 1703—1704), Isak Brenner (+ som kyrkoh. i Storkyrö 1670), Lars Gallenius (nämd 1700 i Mäntyharju bosatte sig 1742 i Uleåborg); G. Lagus (Viborgs hist.) nämner en konterfäjare Valentin Betge bosatt i Viborg c. 1650. Till denna lista må fogas konterfäjaren Olof (påträffas i Viborg 1641), målaren och bilthuggaren Mathias Reimer (i Nådendal 1658) samt konterf. Hans Burckhardt (i Brahestad 1668).

XII.

Murareämbetet. — Krukomakare.

nligt en i det föregående några gånger åberopad förteckning öfver handtvärkare skulle ämbetet varit upprättadt redan år 1637, och mästarenes stora antal vid samma tid gör riktigheten af denna uppgift mycket sannolik. Men å andra sidan är det anmärkningsvärdt, att de första funktionärerna omnämnas så sent som år 1671, då en mästare aflade på rådstugan åldermanseden och tvänne andra utsågos till bisittare, samt att ämbetets å nästa sida afbildade fattigbössa är försedt med samma årtal[1]). Omöjligt är icke, att vi i dessa, såsom det kunde synas, tillfälliga omständigheter äga en antydan om någon reorganisation af ämbetet, såframt de icke helt enkelt berättiga oss att förlägga ämbetets egentliga grundläggning till nämda år.

Antalet mästare uppgifves vid ämbetets första omnämnande till 12, hvilken siffra måste betecknas såsom relativt hög, enär densamma år 1601 bestämdes till maximum för antalet ledamöter i murareämbetet i rikets hufvudstad. Senare var ämbetet jämförelsevis fåtaligare representeradt. År 1680 anträffa vi 10 och 1696 9 murare. För domkyrkans räkning var som oftast en särskild murmästare anstäld och likaså för akademiens. Som åldermän påträffa vi *Jakob Murmästare* 1671, *Jöran Bertilsson Hampula* 1679—93 och *Bogislaus Hornborg* 1698—1712; som bisittare *Jöran Hampula* och *Nils Sigfridsson* 1671 samt *Matts Linck* 1687.

Om det specialskrå, som följdes i ämbetet, finnes inga uppgifter. Icke häller möta vi i tidens handlingar några upplysningar om ämbetets värksamhet. Enligt hvad en i historiska museet i Åbo

---

[1]) Rådst. prot. 29 apr., 5 maj 1671.
[2]) Klemming, Skråordningar s. 88.

bevarad samling af mäster-
stycken gifver vid handen,
ålades ända från medlet af
1700-talet, och kanhända re-
dan mycket tidigare, gesäl-
lerne att vid mästarespeci-
minationen ådagalägga sina
fackinsikter genom att pre-
stera ritningar till (i de flesta
fall) tvåvånings stenhus, åt-
följda af noggranna „mate-
rialförslag" — en uppgift,
som förefaller något olämp-
lig under en tid, då stenhu-
sen ännu icke voro synnerli-
gen talrika, men som dock,
ehuru med mindre anspråk
och med afprutning af ma-
terialförslaget, äfven utdela-
des såsom gesällstycke.

Till murarenes skrå hänför-
des *byggmästarene*, tidens ar-
kitekter. Väl uppförde flerta-
talet af de många personer,
hvilka nämnas under denna
titel, endast trähus, hvarför
de rätteligen höra till tim-
mermännens grupp, men i
afseende å några kunna vi
sluta till, att deras speciali-
tet var uppförandet af mu-
rade byggnader. På 1620-
och 1630-talen påträffa vi i
Åbo en Sigfrid och en Cle-
met Tornbyggare samt en
Hans Brede, kyrkobygg-
mästare. År 1630 åtogo sig
tvänne byggmästare Frans
och Cosmus Reimers för en
ersättning af 800 daler och
10 t:r spannmål alt det mu-

Murareämbetets fattigbössa. Historiska
museet i Åbo.

Murareämbetets sigill. Stampen i hist.
etnograf. museet i Helsingfors.

rareämbete, som för tillfället skulle utföras i domkyrkobyggnads-
komplexen. År 1648 nämnes en byggmästare Jonas Bode samt på
1680-talet Petter Nicolai Regenboga (1687), Jurgen Didrik Wägner,
som engagerades af kyrkorådet år 1682 mot fri kost och en vecko-
lön af 18 daler k. m. i och för kyrkotornets ombyggnad, men hade
olyckan att följande år vådligen omkomma under arbetet, samt Hans
Konrad Buchegger l. Schwartz, som tre år senare genom landshöf-
ding Lor. Creutz' försorg tillkallades från Stockholm dels för af-
slutandet af tornbyggnadsarbetet, dels för utförandet af reparationer
på slottet[1]).

Murmästarene nära stående handtvärkare voro *stenhuggarene*,
hvilka några gånger omtalas.

*

Under 1500-talet omtalas *krukomakare* endast par gånger, men
under loppet af följande sekel påträffas af dem ett tiotal och efter
stora ofreden erhöll yrket en så pass stark anslutning, att kom-
merskollegium redan år 1738 kunde, på magistratens framställning,
utfärda skrå åt ett krukomakareämbete. Så godt som alla och må-
hända alla krukomakare, hvilka möta oss under sjuttonde seklet,
voro af tysk börd. Längsta tiden påträffas Jochim Banicke (1633—51),
Michel Fessel (ankom 1650 från Riga och erhöll 4 års frihet + 1675)
samt Erik Rudolph (1679—1701, en af de älste 1699), hvilken äfven
tituleras *kakelugnsmakare* och efterträddes af sina söner Johan och
Rudolph (nämda 1710). Med de ordinarie krukomakarene konkur-
rerade ofta gäster från Gefle, hvilka plägade infinna sig till mark-
naderna, försedda med lager af stenkäril.

---

[1]) Bidrag 1:sta ser. 1: 117, 119, IV: 56, V: 56—58, Histor. Arkisto VIII: 98
samt rådst. prot. och mantalslängder.

XIII.

Linväfvareämbetet. — Textilindustri.

Af gammalt var väfnadskonsten en mycket omtykt hemslöjd i Åbo stad och dess omnäjd och, såsom läsaren känner, ingick linneväfnader bland de artiklar Åbo borgare plägade utskeppa till Stockholm. Däremot ägde linneväfveriet såsom handtvärk ännu i sjuttonde seklets början endast ett fåtal idkare. Under de första årtiondena omnämna handlingarna endast en och annan linväfvare och år 1637 hade antalet mästare ännu icke stigit högre än till fem.

Först vid seklets midt, under Per Brahes generalguvernörstid, begynner linväfvareyrket att erhålla en större anslutning och utvecklar sig sedan till en af de mest betydande näringsgrenar i staden. I ett till rikskanslern Axel Oxenstierna år 1638 afgifvet betänkande om medlen till näringarnas befrämjande i Åbo förfäktade Brahe den åsikt, att linväfveriet var jämte läderberedningen en af de handteringar, som främst borde understödas. Det fans, menade grefven, ingen stad i riket förutom Riga, hvilken så väl egnade sig för tillvärkning af „dammask, dräll och buldan och allehanda grant och groft lärft". Ehuru antalet linväfvaremästare var ringa, trodde sig Brahe dock kunna påstå, att öfver 200 borgare lifnärde sig med lärfts väfvande och säljande. Förtjänsten var emellertid obetydlig, emedan „de understå sig att föda sig med ett ämbete, det de intet hafva lärt, och väfva lärftet så smalt, otätt och fullt med knutar, att de som fråga efter godt lärft begära intet köpa det". Tils vidare fans endast en linneväfvare, om hvilken det kunde, sägas att han väfde „rätt godt lärft", men ingen fans, som kunde väfva dräll eller dammask. Bästa sättet att befordra väfnadsindustrin var enligt grefvens mening att uppmana tyska mästare att lämna sitt af olyckor hemsökta fädernesland och bosätta sig i Åbo. Som det emellertid var en känd sak, „att största delen af människorna äro därtill inclinerade, att de hällre bo och blifva i sitt fädernesland än som draga uti ett främmande land där till att blifva och bo", föreslog Brahe, att regeringen måtte låta sina inbjudningar åtföljas af löften, nog frästande att öfvervinna betänkligheterna. Åt de främmande mästarene borde utlofvas tysk gudstjänst, frihetsår, ödestomter samt lindring i tullen „till dess de komma någorlunda i gång". I anledning af denna hemställan förklarade regeringen i reskript af den 29 febr. 1640, att hon delade Brahes tankar om de nämda yrkenas betydelse, hvarför Brahe uppmanades att öfvertala några förmögna borgare i staden, „att de sig uppåtaga vele sådana nyttige som nödige och dem själfva profitlige värk att anrätta, införskrifvandes ifrån främmande orter sådant folk och handtvärksmän, som därtill nödige äro och värken fortdrifva kunne". I sådant fall lofvade regeringen „framdeles intet finnas obenägen dem med några särdeles privilegier och hvad mera till värkets befordring kan tjäna att förse och benåda"[1]).

Om de mått och steg Per Brahe vidtagit för den af honom så högt uppskattade väfnadsindustrins höjande föreligga inga närmare uppgifter; icke häller känner man till det sätt, hvarpå regeringen understödt företaget. Såvida inbjudningar utgått till väfvarene i Tyskland, ha dessa icke rönt synnerlig framgång, ty bland de linväfvare som omtalas påträffas endast ett fåtal af tysk härkomst. De flesta namn ådagalägga, att yrkets utöfvare voro hemma från Finland eller Sverige. Synbarligen ha på förmånliga vilkor tomter blifvit åt dem upplåtna i de på Aningaissidan utstakade nya kvarteren, enär flertalat linväfvare bosatte sig i denna stadsdel, där också redan år 1655 en gata uppkallats efter dem. Från magistratens sida har invandringen befordrats genom det vanliga medlet: frihet från kommunala pålagor under de första åren. År 1680 erhöllo linväfvarene för sig bekräftelse å en kommerskollegii resolution af år 1663, som i allmänhet befriade handtvärkmästare jämte deras biträden från erläggande af båtsmanspenningar, men som icke alltid iakttagits af vederbörande myndigheter. Privilegiet blef i anledning af ämbetets klagomål öfver liden oförrätt förnyadt följande år[2]). År 1679 föreslog kommissarien Carl Falkenberg på regeringens vägnar, att, enär tillvärkningen af groft och grant lärft redan vunnit stor utveckling, staden ville ytterligare understöda handteringen

---

[1]) Tigerstedt, Bref fr. gen. guvernörer s. 222, Handlingar s. 383—387.
[2]) Rådst. prot. 7 apr. 1680, 18 juli 1681; handl. ang. skomakareämbetet i hist. museum i Åbo.

genom att på sin bekostnad inrätta en stampkvarn, „hvarest sedan det finaste lärft såväl här som på främmande orter väfvas och tillvärkas kunde, hvilket staden kunde föryttra till hvad ort den behagar förutan någon tulls afgift och erläggande". Borgerskapet var emellertid icke hågadt att underkasta sig denna uppoffring och saken fick förfalla[1]).

Den nitälskan för linväfvarehandtvärkets höjande, som kännetecknade regeringens representanter och stadsmyndigheterna vid seklets midt, bar äfven, såsom redan antyddes, goda frukter. År 1656 räknade yrket c. 10 mästare, år 1680 hade antalet stigit till 20 och i 1696 års mantalslängd upptagas 28 linväfvare, hvilka, enligt samma längd, sysselsatte 46 gesäller.

De raska framsteg linväfveriet såsom handtvärk sålunda gjorde undanträngde ingalunda hemväfveriet. Vid upprepade tillfällen klagade linväfvaremästarene öfver det förfång borgarehustrur gjorde dem genom att göra sig en direkt penningeförtjänst af en färdighet, som lagligen icke fick ländä andra än dem själfva och deras familjer till godo. På riksdagen 1686 förtäljde de, att medan mannen satt hemma och dref borgerlig handel plägade hustrun lifnära sig på landsbygden med väfnad. Följande år sökte ämbetet att hos magistraten utvärka förbud mot användandet af s. k. tyska stolar i privat bruk, men magistraten resolverade, att borgarehustrur och andra voro fullt berättigade att begagna sig af de tyska väfstolarna så länge de allenast tillgodosågo sitt eget och familjens behof. Däremot synes den tidigare åtnjutna rättigheten att exportera linneväfnader till Stockholm ha beröfvats utanför ämbetet stående personer[2]).

År 1637 påträffas uttrycket „linväfvareämbetet", men vi få af detta omnämnande ännu icke draga den slutsats, att de fem linväfvaremästarene redan då emanciperat sig från sitt öfverhufvud i Stockholm och bildat eget gille, enär ordet ämbete icke behöfver tagas i annan bemärkelse än yrke i allmänhet. För tämligen säkert kan dock antagas, att gillets upprättande ägt rum åtminstone kort tid därefter och flera år före 1663, då jag första gången funnit åldermannen omnämd. Om något specialskrå talas icke, hvilket skulle tyda på, att ämbetet behulpit sig med den allmänna skråordningen, kompletterad möjligen med linväfvareskrået för Stockholm.

---

[1]) Rådst. prot. 22 maj 1679.
[2]) Rådst. prot. 16 mars, 18 apr. 1687, 14 juni, 30 juli 1692, 7 aug. 1693, 9 mars 1695; riksd. resol. 9 nov. 1686 § 19.

I april 1669, en månad efter den allmänna skråordningens utgif-
vande, infunno sig ämbetets ålderman och bisittare för magistraten,
uppteende „en kopia af den skrå, som de från Stockholm förmått
hafva", d. v. s. förmodligen en afskrift af linväfvareämbetets skrå,
och anhållande att blifva därvid maintinerade. Därpå resolverade
magistraten, „att de måtte betänka, att denna orten kan icke jäm-
föras med Stockholm, men hvad bönhåsar vidkommer, så skola de
blifva adsisterade". Till bönhåsarne skulle dock icke räknas lands-
höfdingens linväfvare samt stadens drällmakare, „som icke prejudi-
cerar dem med sitt handtvärk eller lyder under deras skrå" [1]).

Af åldermännen i ämbetet känner jag allenast trenne: *Eskil
Mattsson* (nämd första gången 1663, + 1682), *Anders Henriksson*
(nämd 1687), samt *Thomas Sigfridsson* (nämd 1692—1700), af bisit-
tarene endast en: *Michel Hansson* (utnämdes 1690 af magistraten,
ehuru en annan kandidat vunnit för sig såväl majoriteten i ämbe-
tet som ock ämbetsborgmästaren).

Gesällerne hade bildat eget gille eller låda åtm. redan år 1691,
då en altgesäll första gången nämnes. Såsom något egendomligt
får väl anses, att af de 46 gesäller, hvilka upptagas i 1696 års man-
talslängd, ungefär 1/3 inträdt i det äkta ståndet.

* *
*

Öfriga inom staden anträffade idkare af textilindustri torde
lämpligast upptagas i sammanhang med linväfvareämbetet.

En *drällmakare* Michel Michelsson anlände år 1663 från Reval
och erhöll af magistraten 4 års frihet från alla stadens utskylder.

En *lärft- och kattunstryckare* Nils Olofsson Hellman vann år
1701 burskap efter att ha uppehållit sig i staden i c. 5 år och näm-
nes ännu 1712.

En *dukmakare* Kristian Johansson, äfven kallad *vantmakare*,
från Stockholm erhöll år 1664 tillstånd till näringsidkande „såframt
han kunde komma sig här något före;" han afled i staden 1669.
År 1609 nämnas Erik och Jöran slottsens vantmakare (klädesmakare).

En *lärftsblekare* Bertil Jakobsson nämnes 1638 samt en Jakob
Blekare 1663—86.

År 1663 bosatte sig i staden *färgaren och öfverskäraren* Daniel
Mattsson, som genast tilldelades frihet från borgerliga utskylder på be-
haglig tid samt år 1668 en våningsplats för sitt yrkes bedrifvande.
Af hattmakarene tilltalades han 1669 för att ha stofferat och svärtat
hattar. Åren 1681—1712 nämnes färgaren och öfverskäraren Staffan

---

[1]) Rådst. prot. 28 apr. 1669.

Meunieur (Munieur, Meunier). 1693 inflyttade från Stockholm färgaren Nicolaus Ditmars. 1710 anträffas färgaren David Thor-Myhlen.

Hampspinnare anträffas under seklets hela lopp, ehuru till ett ringa antal. År 1609 nämnas tvänne (Jöran och Marcus), 1637 likaså två (Johan Karsten och Eskil Hampulan), 1675—85 fyra; 1632 talas om tyske hampspinnaren.

Repslagare och *snörmakare* uppträda först under seklets senare hälft. Bland de förre har jag anträffat: Anders Kåike (1712), Johan Jakobsson (1669—83), Henrik Hansson (1683), Jakob Henss (1697), Henrik Ståhl (+ 1710) samt Olof Fechter (1691—1700), åt hvilken sistnämde hampspinnarene i staden tillsades att mot skälig ersättning leverera sina alster. Som snörmakare uppgifvas s:r Elias Reickenbock (1666), Niclas Klint (1696—1712) och Johan Corell (1697—1712).

XIV

Körsnärsämbetet. — Läderindustri.

Beredarena af pälsvärk kallades under medeltiden och ända in på medlet af sjuttonde seklet gemenligen skinnare; först senare började benämningen körsnär (kyrsnär, kyrschner, kurskner), som tidigare mera sällan användts, att vinna burskap i språket. Då rikedomen på villebråd i landet var jämförelsevis stor och, såsom läsaren redan funnit i kapitlet om utrikes handeln, pälteri pch skinnvaror utgjorde en icke så obetydlig post på Åbo stads exportlista, faller det sig helt naturligt, att vi ständigt påträffa ett icke ringa antal skinnare bosatta i staden. Under 1500-talet omnämnas de ofta och under följande sekel har jag anträffat ett trettiotal. Åren 1571, 1609 och 1624 omnämna borgarelängderna 3 skinnare, åren 1632 och 1637 5, 1675 7 eller 8; på 1680- och 1690-talen arbetade samtidigt 5 à 6. När dessa handtvärkare sammanslöto sig till ett gille, är icke med säkerhet kändt. En antydan finnes visserligen om, att det skulle skett före 1637, men denna uppgifts tillförlitlighet måste ifrågasättas. Troligare är, att skinnare- eller körsnärsämbetet konstituerades först år 1675, då mäster *Mathias Rauch* (inflyttad 1664, nämd som ålderman ännu 1702) utsågs af magistraten till ålderman samt mästarene *Jöran Arckenholt* (nämd 1665—92) och Anders Skogh (nämd 1663—82) blefvo bisittare. Mycket snart råkade dock gillet på förfall, ty år 1700 heter det, att körsnärsämbetet blef med landshöfdingens tillstånd ånyo inrättadt, hvarvid Rauch förnyade sin åldermansed och mäster *Kristian Lundbergh* (1692—1710) utsågs till bisittare[1]). Om de specialstadgar som efter gillets instiftelse möjligen antogos eller

---

[1]) Rådst. prot. 22 sept. 1675, 29—31 okt. 1700. Lundbergh blef, för att han tillbakavisade bisittareskapet, lagförd.

blefvo af myndigheterna utgifna föreligga inga upplysningar. Visserligen afvisades en på 1686 års riksdag gjord ansökan om åtnjutande af de Stockholms skinnare år 1674 medgifna privilegier och skinnarene hänvisades till den allmänna skråordningen, men möjligt är, att ämbetet i fackangelägenheter följde nämda privilegier eller 1622 års allmänna skinnareskrå, som väl i hufvudsak torde baserat sig på Stockholms skinnareämbetes skrå af år 1589. I detta skrå stadgades bl. a., att en skinnare skulle förfärdiga till mästerstycken „en trångan kvinnokjortel, ett gråskinns foder och en fyrstickad skinnkjortel" [1]),

Om förhållandena inom skinnareyrket meddela källorna intet annat än att körsnärerne esomoftast besvärade sig öfver intrång från obehöriga personers sida. År 1683 anmälde de för magistraten, att åtskilliga personer understodo sig „med bönhåseri att umgå och såväl hem- som vildpälteri bereda;" de ville gärna medgifva dessa bönhåsar att bereda får-, hund-, katt- och svinskinn, blott vildpälteriet blef dem förbehållet. Rätten gaf klagandene rätt och förelade svarandene en kort termin för de olofliga arbetenas försäljning. I besvär, som framlämnades vid riksdagen 1689, riktades klagomål icke allenast mot bönhåsarna, utan äfven mot stadens köpmän, hvilka höllo bönhåsar i sin tjänst och i sina butiker försålde deras tillvärkningar, hvarförutom de gjorde skinnarene stort förfång genom att från utlandet importera mössor och muffar. Förargliga konkurrenter hade dessutom uppstått i de ryska köpmän, hvilka marknadstiderna besökte staden och försålde dels medförda, dels från bönhåsarna uppköpta vargskinnsvantar, mössor m. m. Med anledning af dessa besvär gaf regeringen landshöfdingen i uppdrag att „förhindra alt det missbruk, som föröfves af bönhåsar emot kongl. resolutioner och handtvärkarnes privilegier, låtandes den allvarligen plikta, som befinnes vara brottslig och äntlig befordra, att gode förordningar af ingen öfverträdas i en eller annan måtto". I afseende å ryssarne ansåg regeringen sig icke kunna afgifva någon bestämd resolution, utan skulle saken hänskjutas till landshöfdingen, hvilken ägde att föranstalta undersökning och af kommerskollegium infordra närmare besked om de rättigheter ingångna fredstraktat beviljade ryssarne. I slutet af året befinnes magistraten, i anledning af anfördt klagomål, ha utfärdat förbud för köpmännen att försälja utländska skinnartiklar och i början af 1690 aflät landshöfdingen en interims resolution, som tillstadde ryssarne att tills

---

[1]) Klemming, Skråordningar s. 263—278, resol. f. Åbo 9 nov. 1686 § 18.

nödig utredning i saken vunnits försälja de handskar och mössor
de själfva förfärdigat. Huru det slutliga utslaget lydde, är okändt:
säkert är dock, att bönhåsarnes kladdande icke upphörde[1]).

Af de körsnärer, som anträffas i staden, må förutom redan om-
talade tre funktionärer i ämbetet nämnas: Knut Skinnare (1609—
37), Ernst Augustin (1624—57, + 1657), Hans Arckenholt (1632—
69, + 1669), Jöran Skinnare (tvänne med namnet, den ene + 1655,
den andre 1682), Thomas Andersson (1683 96, en af de älste),
Mårten Rauch (+ 1691), Mårten Kristersson (1696—1710), Mathias
Strengh (1673—75), Johan Schröder (1696—1712), Samuel Falk (1710)
och Staffan Boman (1710).

*

De olika brancherna inom läderindustrien ha i allmänhet lo-
kat till sig ett mycket ringa antal idkare, ehuru såväl regeringen
som magistraten vid flera tillfällen tillkännagåfvo sin beredvillighet
att befordra denna näring. I föregående afdelning (s. 441) har re-
dan anförts, hurusom regeringen tvänne gånger åren 1668 och 1675
afslog borgerskapets i Åbo ansökan om nedsättning i exporttullen
på hudar och skinn, emedan regeringen hoppades, att de höga tull-
satserna skulle mana innebyggarene att mera än dittills „vinnlägga
sig att bringa samma råvaror i manufakturer". Under drottning
Kristinas minderårighet ifrade regeringen med stor energi för kar-
duans-, juft- och annan läderberedning och det med sådan framgång,
att den fått sig tilldeladt vitsordet att ha i Sverige framkallat denna
industri[2]). I Finland har Per Brahe ifrat för samma sak. I ett
till rikskanslern Axel Oxenstierna afgifvet betänkande om medlen
att upphjälpa näringarna i Åbo uttalade han sin ledsnad öfver att
ko- och oxhudar i stora kvantiteter utskeppades till Tyskland och
Holland utan att därförinnan beredas. „Nu ville jag gärna — för-
klarade Brahe — arbeta däruppå, att jag kunde bringa en del af
borgerskapet därtill att skaffa så månge läder-, karduan- och
sämiskmakare hit in, som alla de hudar och skinn, som här
falla, kunde gargöra och bereda, så att icke en rå oxe- eller ko-
hud eller bockskinn skulle utskeppas. Och om en ämbetsman
själf icke hade de medel att köpa in alla hudar, så ville jag
gärna persvadera somliga borgare därtill, att de fournera och för-
sträcka den med hudar och skinn, så ock med ekebark och schmack

---

[1]) Rådst. prot. 21 aug. 1683, 9 nov. 1689, 17 febr. 1690, 1691 s. 77, resol.
f. Åbo den 18 mars 1689 n:o I § 18 och II § 17.
[2]) Odhner, Sveriges inre hist. s. 280.

från Tyskland eller andra orter, efter här intet finnes sådant, och med alt annat hvad de hela året till deras arbete behöfva och taga åter gara hudar och beredde skinn i betalning af ämbetsmän. När nu detta med flit blifver drifvet, tviflar jag intet, att Åbo borgarene skola kunna med nytta sälja fundtleer [! sulläder], sämisk och karduan [för] bättre köp än som de i Danzig eller annorstädes [bekomma], efter det på de råhudar och skinn här är så godt köp, och därigenom få en stor aftreck och näring bredevid det att staden därigenom märkeligen blifver populerad och causerar mera consumtion, handel och vandel" [1].

På hvad sätt Brahe sökt värka för uppfyllandet af sitt i detta betänkande uttalade program är icke kändt. Efter hans inträde i förmyndareregeringen beviljades år 1643 åt magistraten en skvalte-kvarn vid Hallis by mot skyldighet å magistratens sida att därstädes anlägga en god och tjänlig stampekvarn „staden till bästa och sämskmakeriet till fortsättande". Enär magistraten ännu år 1645 icke kommit i besittning af kvarnen, förnyades privilegiet samma år; ytterligare konfirmationer gåfvos åren 1650, då skatten för kvarnen, tre tunnor mjöl, efterskänktes, och 1668 [2]. År 1675 uppgifves såsom innehafvare af stampkvarnen Simon Mattsson Sämskmakare (nämd 1652—91), hvars tillvärkningar icke skola ländt mästaren till heder, och år 1691 mäster Paul Voigt (nämd 1684—97). Förutom desse ha inalles inemot 15 idkare af *sämskmakeriet* (eller fällberedareyrket) blifvit af mig upptecknade (Henrik Sämskmakare + 1601, Bertil 1609—26, Mårten 1616—47, Bengt + 1665, Paul Hahn 1687, Samuel Steen 1694 m. fl.).

Synnerligen inskränkt var antalet *logarfvare-* eller *barkare*, såsom de oftast kallades. Under hela seklet har jag icke kunnat konstatera mera än ett tiotal, bland hvilka 6 tituleras barkare och 5 garfvare. År 1648 bosatte sig i staden garfvaren Mikael Böhme, till hvars handtvärks bättre befordring magistraten lofvade uppsätta en stampkvarn i och för barkens sönderstötande. Han uppgafs vara den förste garfvaren, hvilket tyder på, att han begagnade sig af ett i staden tidigare okändt beredningssätt. År 1687 inkallade magistraten, på hemställan af skomakareämbetet, en garfvaremästare från Stockholm, men denne afsände i sitt ställe garfvaregesällen Anders Schuldt och lädertågaren Kasper Steenacker (Steinachrie), hvilka

---

[1] Tigerstedt, Brof från generalguvernörer s. 221— 222.
[2] K. resol. 2 dec. 1643 § 4, 20 juni 1645 § 3, 8 nov. 1650 § 11, 12 okt. 1668 § 22; Leinberg, Bidrag V: 31.

äfven tillstaddes utöfva garfvareyrket samt befriades från borgerlig tunga under 4 år[1]). Den förstnämde synes ganska snart lämnat orten, men Steenacker kvarstannade ända till 1701. Kort efter honom anträffas garfvarene Johan Michel Ståhl och Kristofer Richter, grundläggare af den sedermera så vidlyftiga Richterska garfveriaffären. Att flere barkare eller garfvare icke etablerade sig i staden, berodde, förutom på konkurrensen af andra specialister inom läderberedningen, i väsentlig mån därpå, att skomakarene tämligen allmänt plägade bereda det läder de använde för sina tillvärkningar äfvensom att mången borgare själf fylde sitt behof af läder. Enligt skomakareskået af år 1629 skulle, såsom läsaren redan känner, en skomakaregesäll vid mästerprofvets afläggande själf bereda den hud han använde för sina stycken, och om denna bestämning äfven bortföll ur det senare skrået, så upphörde därmed ingalunda skomakarenes lädertillvärkning, Med anledning af stridigheter mellan skomakare- och logarfvareämbetena i Stockholm resolverade kommerskollegium år 1664, att det stod skomakarene fritt att för eget behof idka garfveri i deras vanliga garfvarehof, men då det härmed afsedda ändamålet, läderprisens fallande, icke uppnåddes, återkallades privilegiet och logarfvarene skyldigkändes att efter en af magistraten faststäld taxa tillhandagå skomakarene med nödigt kvantum sul- och öfverläder[2]).

Mycket nära logarfvarebranchen stod *kardevans-* eller *karduansmakeriet.* Skrået för logarfvareämbetet i Stockholm tillät logarfvarene att bereda allehanda slags läder med beck och gräs, men förbjöd dem att bereda kardevan „af hvad slag och färga det vara kan". Kardevansmakarene fingo icke bereda ox- och kohudar, „hvarken drifve, kalcke, becke eller passera vid all deras läders förlust"[3]). Enligt 1622 års allmänna kardevansmakareskrå skulle mästareprofvet utgöras af tvänne bockskinn, det ena "blomekt" (blommeradt?), det andra „snöhvitt på köttsidan", samt ett kaninskinn, "tempereradt som fint på köttsidan".

Den förste kardevansmakaren, som påträffas i staden, var en Jochim Bäck, anländ från Riga och omnämd åren 1633—37. Efter honom omtalas Jakob Kardevansmakare (1643—50), David Silfver (1645-·69), Herman Mobach (1654—97, + 1697), Daniel Mobach (1675—96, + 1696), Frans Fransson (1669—75), Anders (1685) och David Kardevansmakare (1686—89) samt Johan Schultz (1706).

[1]) Rådst. prot. 9 aug. 1648, 21 nov. 1687.
[2]) Stockholms besvär i sv. riksark.
[3]) D:o saml.

Den förste *jucht-* l. *juftmakaren* möter oss 1673, då en Henrik Thomasson (från Ruovesi), hvilken måhända i Ryssland lärt sig yrket, erhöll magistratens tillstånd att inrätta en värkstad i staden. Under seklets sista år anträffas juftmakaren Axel Andersson, hvilken i 3 $1/2$ år vistats i Ryssland, „lärandes sig tillika att bereda röda och gula saffianer". På förord af landshöfding Creutz samt kammarkollegium upplät regeringen åt honom till hans yrkes befrämjande ett oindelt hemman i Pöyttis socken, där det fans god tillgång på vide och rönnbark, hvarförutom mäster Axel jämte hans blifvande arbetare befriades från mantalspenningar; dessutom meddelade regeringen som lån, hvilket med tiden skulle återbetalas, 30 dal. s. m., 3 à 4 t:r spannmål, en järngryta, inrymmande 30 kappar, samt $1/4$ lisp. bressiliebark och rödkrita[1]). I hvad mån de förväntningar i afseende å juftläderindustrins uppblomstring, som regeringen synes fästat vid Axel Andersson, besannades, är okändt. I Åbo anträffas mannen ännu år 1700.

Till läderarbetarene ha vi att hänföra bältare och sadelmakare, hvilka tidigare voro tämligen identiska, samt remsnidare och sämkelmakare.

Bältare omnämnas under 17:de seklet till ett antal af c. 15 (Olof + 1613, Påvel + 1628, Michel Tina 1633—63, Lucas 1650—69 m. fl).

Sadelmakarenes antal var ungefär lika stort;1696 påträffas samtidigt 3 mästare. Bland dem må nämnas Bertil Hansson Sadelmakare (1609—25), Falentin Schwerin (1623—55, + 1655, ålderman i generalgillet), Gideon Schwergen (1663—81), Blasius Schwergen (1659 —76, + 1676), Berendt Hass (1658—63), Bertil (+ 1672), Hans Hässe (1685—93), Hans Jöransson Ek (1683—97), regementssadelmakaren Hans Niclas John (1676—1711, + 1711), Johan Lustig (+ 1711) m. fl. Ett sadelmakareämbete inrättades först år 1762. Följande år ålades en gesäll att för mästerskaps vinnande utföra under loppet af $1/2$ år i åldermannens hus „en mans sadel med sammets säte och annat tillbehör (såsom betsel och hölster) samt en skiltbom och en husarbom".

Som *remsnidare* förekomma Abraham Remsnidare (äfven kallad bältare, 1629—45), Mårten Gilick (1653) och Kristian Remsnidare (1652). En kringresande *sämkelmakare*, som sålde remmar, nämnes 1648.

---

[1]) Rådst. prot. 28 maj 1673, riksreg. 19 juni 1698.

XV.

Handskmakare, hattmakare, perukmakare.

Förutom körsnärerne, skräddarene och skomakarene, hvilka bildat själfständiga gillen och redan omtalats, ha vi inom beklädnadsindustrin ytterligare att märka handskmakarene, hattmakarene och perukmakarene, hvilka subordinerade under generalgillet samt under resp. ämbete i Stockholm.

De *handskmakare*, som påträffas före stora ofreden, voro icke flere än fyra: Kristofer Elof (1687—97), Melkior Hogfeldt (Högfäldt, från tyska staden Zerbst, anlände 1690, nämd ännu 1697), Lorenz Pässe (Bosse) och Petter Brummer (bägge 1710—12). Sin bästa kund torde desse haft i höga kronan, som sysselsatte dem för härens räkning. Äfven gehängtillvärkning synes hört till deras specialitet, att döma däraf att handskmakaren Elofs skylt utgjordes af ett par handskar och ett gehäng [1]). Under följande sekel ökades visserligen handskmakarenes antal, men till eget gille sammanslöto de sig aldrig.

Talrikare voro *hattmakarene*, hvilka anträffas hela seklet igenom, såvidt jag kunnat iakttaga, till ett antal af c. 20 I början förekommer endast en hattmakare, men redan år 1626 tillgodosågs borgerskapets behof af trenne mästare och vid denna siffra höll sig som oftast antalet intill seklets sista decennium, då vi samtidigt (t. ex. 1696, 1697) finna ända till 5 hattmakare i värksamhet. Då sålunda antalet öfversteg det i den allmänna skråordningen faststälda minimum för gilles stiftande, kunde man vänta sig, att hattmakarene skulle associerat sig under egen styrelse och anskaffat sig

---

[1]) Kämnärsprot. 1690.

egen härd eller låda. Men inkomsterna torde icke ansetts tillräckliga att medgifva de extra utgifter, som nöjet af egen låda medförde, eller ock mellankommo andra orsaker, hvilka uppsköto planens realiserande. Eget nog omnämnes icke häller från magistratens sida något försök till påtryckning. Sålunda utgick det sjuttonde seklet utan att hattmakarene ännu sammanslutit sig och det följande seklet lutade redan mot sitt slut, när änteligen det svåra steget togs ut. Sedan magistraten anmält, att staden var utrustad med 4 hattmakare, utdelade kommerskollegiet år 1679 tillstånd för de fyra mästarene att bilda ett ämbete och följande år sammanträdde desse värkligen för att vidtaga på dem ankommande åtgärder. Ur de skråartiklar, som då antogos, må endast nämnas föreskriften om mästerstycket, hvilket skulle utgöras af en hel och en half kastorshatt samt en ullhatt, alla tre „efter tidens bruk"[1]).

Af de hattmakare, som omtalas före stora ofreden, må här följjande anföras: Mårten Setzke (+ 1618), fransöske hattmakaren (1636), Peter Burset (Bursetz) d. ä. och d. y. (tydligen fader och son, nämda 1637—1697), Samuel Burset (+ 1669), Lorenz Köhl (Cöln, Köller, 1683—1712), Simon Hattmakare (1668—94), Gabriel Hollsteen (1696—97), hattstofferaren Henrik Brockman (1684) m. fl.

Sedan i senare hälften af seklet bruket att bära peruk börjat vinna allmännare utbredning i norden, funno utländska *perukmakare*, fransmän och tyskar, det mödan värdt att öfverflytta sin konst äfven till Finland, där naturligtvis Åbo emottog de första pioniererne. Redan år 1681 omnämnes en perukmakare Reinhold Jochum Gertz, som synbarligen fann marknaden dålig, enär han icke vidare omtalas. Under följande decennium anträffas fem hårkonstnärer, hvilka icke häller blefvo långvariga på orten, näml. Paul Renaud (1690—94), Joh. Alb. Bothe (1691—92), Adam Kristian Rabe (1695—96) samt Kristofer Bilou och Jean Gast, hvilka uppenbarade sig år 1696, bägge med pass från Stockholm.

---

[1]) Hattm. ämb. handl. i Åbo hist. museum.

XVI.

Gjutareyrken.

ill denna kategori ha vi att hänföra en mängd specialister, hvilka alla voro för fåtaliga för att bilda egna gillen och hvilka äfven försmådde den art af koalition, som förekom t. ex. i smedsämbetet. Flertalet bland dem utgjordes af utifrån inkomna yrkesidkare.

I främsta rummet förtjäna *klockgjutarene* att ihågkommas. I likhet med så många andra handtvärkare sysselsattes de så godt som uteslutande för domkyrkans räkning, och då arbetsförtjänst naturligtvis icke alltid stod att tillgå, vände de efter någon tids vistelse staden ryggen, sedan de botat de refvor, som uppstått i klockorna vare sig i följd af eldens härjningar eller på grund af långvarigt bruk.

Fr. o. m. slutet af 1500-talet omtalas invid kyrkan en smedja, hvarest smeder och säjarmästare plägade utföra reparationer för domkyrkans räkning och hvarest måhända äfven klockgjutarene torde haft sin värkstad etablerad[1]). Efter den eldsvåda som år 1601 härjade domkyrkan reparerades „klockgjutarens järntyg" och anförtroddes åt klockgjutaren Lasse Trulsson (antagligen samme Lars Trulsson, som nämnes bosatt i staden 1595) att upphjälpa skadan på klockorna[2]). År 1608 göts till kyrkan en klocka om 5 skepp. 9 lisp. vikt af Suni Olofsson Klockgjutare, som nämnes i staden ännu åren 1619 och 1647 och förutom klockgjutning i staden och på landsbygden äfven sysslade med tillvärkning af ljusstakar och kronor[3]). 1618 —19 anträffas klockgjutaren Bertil, hvilken möjligen är identisk

---

[1]) Bidrag 1:sta ser. I: 46, 60.
[2]) „ „ I: 57, 62, 150.
[3]) „ „ I: 66, 77, 74, 90; Morgonbladet 1881 n:o 109.

med den s. 631 nämde grytgjutaren Bertil[1]). Åren 1624—26 värkstäldes reparationer å klockorna af Anders Klockgjutare, som enligt öfligt bruk försågs af kyrkorådet med nödigt arbetsmaterial och erhöll för sin möda 33 dal.[2]). Nio år senare (maj 1633) anlände från Stockholm klockgjutaren eller „rootgiesser" Jöran Putensson, kallad att gjuta åt domkyrkan en ny stor klocka. Till gjutningen användes förutom de s. 114 omnämda småklockorna (Marie, Munckens, S:t Henriks, Kurckens och Merthens) en mängd af kyrkans lösören, såsom kittlar, bäcken, kopparmynt m. m., hvarjämte klockgjutaren själf tillsatte tenn och „gaar koppar", så att den metall, som åtgick till smältningen, steg till en vikt af 25 skepp. 12 lisp. För betäckandet af kyrkogjutarens omkostnader och arbetslön, hvilka i på rådhuset ingånget kontrakt beräknats till 2,362 daler, men sedermera enligt klockgjutarens företedda räkning synas stigit tusen daler högre, anstäldes en allmän insamling inom staden, hvarvid Michel Bokbinder och kyrkovärden kringburo klockboken i „den svenska", Clement Choralis och Filip Ohrapää i „den finska" församlingen. Ehuru rika bidrag i penningar och in natura gåfvos af personer af alla stånd (gubernatoren Oxenstierna skänkte 60 riksd. specie, Åke Tott 20 riksd., Jakob Wolle 10 riksd., biskop Rothovius och rådman Gevert Bugenhagen 40 daler, fru Kristina Hansdotter 15 tunnor råg m. m.) kunde, enligt kyrkosysslomannens räkenskaper, icke mera än 1,550 daler hopbringas, hvarför kyrkorådet såg sig nödsakadt att mot pant af 470 lod kyrkosilfver upptaga ett lån på 1,000 daler hos köpmannen Robert Gerner. Sedan arbetet på sommaren slutförts och behörigen granskats, ålade magistraten mäster Jöran att uppsätta klockan i stapeln samt affordrade honom ett års garanti för arbetets duglighet, „hvilket mäster Jöran icke gärna ville efterkomma". Före afresan från orten fick Jöran tillfälle att värkställa en grundlig putsning och reparation af kyrkans ljuskronor, för hvilket arbete han debiterade kyrkokassan 70 daler[3]).

Den följande stora klockgjutningen värkstäldes efter 1656 års brand. Sedan insamling af medel i några år fortgått, rekvirerades från Stockholm klockgjutaren Anders Höök, som anlände i maj 1660 och under sommaren göt tvänne klockor. Till den ena, som måste gjutas om, åtgick 12 $\frac{1}{5}$ skeppund, till den andra 9 $\frac{1}{2}$ skeppund koppar och tenn, som erhölls dels genom lån och uppköp, dels genom

---

[1]) Bidrag 1:sta ser. I: 172—174.
[2]) „ „ I: 103, 105, II: 63.
[3]) „ „ I: 127—135: VI: 49, 51, 62, 70, 80.

användande af kyrkans takkoppar. Då Höök följande år afreste, utanordnades åt honom — förutom ersättning för hans underhåll under den tid arbetet med klockorna pågick — i arbetslön 860 dal. [1]).

Sedan förflyter åter fjorton år, innan klockgjutare åter omtalas. I juli 1675 ingicks mellan domkyrkorådet samt tvänne klockgjutare Fredrik Meijer och Peter Wulff ett kontrakt, hvari de sistnämde åtogo sig att mot ett arvode af 700 dal. k. m. gjuta en klocka af samma „höjd, vidd, vikt och ljud", som kyrkans stora klocka, hvilken senaste vår gått sönder. Kyrkorådet å sin sida förband sig att tillhandagå med så mycket arbetsfolk och material som erfordrades. Men innan klockgjutarene tillätos att skrida till sitt maktpåliggande arbete, skulle de prestera vederhäftigt intyg, antingen från Stockholm eller Reval, hvarifrån Wulff var hemma, „huru de i sin konst äro förfarne och anderstädes arbetat hafva". På detta vilkor strandade hela aftalet. Då, i trots af påminnelser, de infordrade bevisen icke blefvo anskaffade och det dessutom förljöds, att en af nämde klockgjutare för St. Marie kyrkas räkning utförd klocka misslyckats, uppsade kyrkorådet kontraktet och de tvänne klockgjutarene fingo lämna staden efter att ha levererat som prof på sin konst endast „den lilla fjärdendels klockan" om ett lisp. vikt [2]).

Två år senare påträffa vi åter vår gamle bekante, välförståndige och konstrike mäster Anders Höök, som i trots af sina 70 år lämnat sin hemstad Örebro för att utföra den så snöpligt afbrutna och sedan i följd af de krigiska tiderna uppskjutna gjutningen. Ehuru en mängd intyg af honom företeddes öfver lyckligen utförda gjutningar, tvekade dock kyrkorådet, med hänsyn till hans höga ålder, att ombetro honom ensam det viktiga värket, hvarför han ålades att förskaffa sig från Stockholm en gesäll till biträde. Då detta vilkor icke kunde uppfyllas — Höök sköt skulden på det af tyskar bestående klockgjutareämbetets i Stockholm yrkesafundsjuka och intriger — förklarade en del af stora kyrkorådet Höök inkompetent till förrättningen, men flertalet och däribland stiftets biskop beslöt att „i Jesu namn" öfverlåta gjutningen åt den gamle mannen, enär han arbetat altsedan drottning Kristinas tider, „kan konsten väl, hafver gjordt tillförende här och annorstädes gode prof, kan ock temperera tillsatsmaterien särdeles". För säkerhets skull

---

[1]) Vid omgjutningen af den större klockan användes bl. a. 5 ℔ vax, 1 ¹/₂ lisp. talg, 1 lisp. hampa, ¹/₂ lisp. lin, 4 kannor drank, 6 lisp. krita, vidare olja, terpentin, kimrök m. m. Domk. räk. i Åbo kyrkoarkiv.

[2]) Bidrag 1:sta ser. V: 2—4.

måste dock Höök ställa sin egendom som säkerhet för all den skada och onödiga omkostnad han möjligen komme att vålla. På sommaren 1678 hölls offentlig bön om gjutningens lyckliga utgång och kort därpå försiggick den med stor spänning och många farhågor motsedda processen, som till skam för alla olycksprofeter utföll synnerligen väl. Höök afreste med bibehållen ära och medförande sin mödas lön, som enligt en uppgift i domkyrkoräkenskaperna skulle belöpt sig till 787 dal. k. m. I anledning af kyrkotornets svaghet beslöt kyrkorådet år 1680 att uppsätta den nya klockan i stapeln, där söndagsklockorna redan voro upphängda [1]).

Knapt hade kyrkans förmän och vårdare befriats från bekymret med den stora klockan, innan 1681 års stora brand tvang dem att ånyo se sig om efter en klockgjutare. Höök stod väl icke mera till disposition, hvarför kyrkorådet vände sig till klock- och styckgjutaren i Stockholm mäster Michel Bader, med hvilken, efter några betänkligheter i afseende å arbetslönen, kontrakt äfven uppgjordes såväl om leveransen af tvänne timklockor (s. 114 not) som om fyllandet af kyrkans behof af tornklockor. Gjutningen vidtog år 1682 och afslutades följande år. I densamma deltogo „mästarens son" samt klockgjutaren Mårten Mick (Möck, Myck), antagligen någon tid äfven Bader själf. Angående utgifterna kunna exakta uppgifter icke lämnas; vid ett tillfälle utanordnades åt Bader en summa af 3,436 dal. k. m. Medan arbetet med gjutningen, som tydligen resulterade i flera klockor, pågick, betjänade sig församlingen af tvänne från St. Marie och Nummis kyrkor lånade klockor.

Efter klockgjutningen bosatte sig nyssnämde Mårten Mick i Åbo, där han ock afled år 1692. Sitt egentliga arbetsfält hade han på landsbygden — han levererade klockor bl. a. till Reso, Dragsfjärd, Sagu och Lemland — men äfven för domkyrkans räkning blef hans konst särskilda gånger tagen i anspråk. År 1689 synes en mindre gjutning blifvit af honom värkstäld och vid flera tillfällen anförtroddes honom reparationer af kyrkans förråd af ljuskronor. För sin nyttiga tjänst belönades han af landshöfdingen år 1690 med 6 frihetsår och efter döden hedrades han af kyrkorådet med fri begrafning in i klockgjuteriet. Den siste före stora ofreden nämde klockgjutaren var den från Göteborg ankomne mäster Ambrosius Ternant (1694—1710), som utförde smärre arbeten i dom-

---

[1]) Bidrag 1:sta ser. V: 11—38, Morgonbladet 1881 n:o 109, domk. räk.

kyrkan samt försåg församlingarna i omnäjden (t. ex. Nådendal och Korpo) med tornklockor[1]).

*

Öfriga specialister inom gjutareyrket äro så godt som allenast till namnet och till tiden kända. De kunna därför i största korthet omnämnas.

Bland *kanngjutarene* eller *tenngjutarene* ha anträffats: Jöns Kanngjutare (1614—18), Olof K. (1630 - 60, var 1649 utfattig), Mårten K. (1646—59, + 1659, hvarefter enkan en tid fortsatte rörelsen). Jöran Kluger (vann burskap 1659, + 1694), Erland Ståhlfoot (1665 —97, en af stadens älste 1688) samt Bengt Stålström (1702—1703). Deras tillvärkningar utgjordes till största del af tennkannor. Enligt en förordning af år 1694 för alla kanngjutare i riket skulle tennet i afseende å kvalitet indelas i 2-, 3- och 4-stämpladt. Det förstnämda eller gemena tennet skulle få uppblandas till 33 ¹/₃ %. det följande till 17, men det 4-stämplade allenast till 3 %. Arbetena skulle förses med mästarens stämpel samt en bokstaf, som angaf årtalet, sålunda att A betecknade år 1694, B år 1695 o. s. v. Häröfver såväl som öfver att kannorna icke såldes högre än en i förordningen intagen taxa medgaf, skulle städernas magistrater vaka[2]). I Stockholm sammanfördes genom skrå af år 1545 grytgjutarene med kanngjutarene, men år 1675 nämnes allenast kanngjutareämbetet[3]). De få grytgjutare som anträffas i Åbo, ha redan omtalats i sammanhang med smedsämbetet. Likaså blecklagarene Fers och Bruhn.

På *mässingstillvärkningens* gebit anträffas Jöns l. Jonas Larsson Mässingsmakare (som år 1659 anlände från Sigtuna och äfven nämnes nål- och hakemakare, + 1685), Johan Mässingssmed (1689) samt gördelmakarene Kristian Pick (nämd 1690, antagligen död 1692, hvarefter enkan fortsatte affären) och Petter Falck (1694— 1712, äfven nämd knappmakare). Enligt 1622 års allmänna stakemakareskrå skulle en stakemakare eller mässingsmakare förfärdiga som mästerstycken en hane, en ljusstake och ett handfat. År 1792 inrättades i staden ett gördelmakare- eller gelbgjutareämbete, hvar-

---

[1]) Morgonbladet 1881 n:o 109, Bidrag V: 46, 51, 70, rådst. prot. 17 nov. 1690, domk. räk. o. mant. längder. Ternant var synbarligen son till klockgjutaren Hans Ternant, som nämnes i Göteborg åren 1674—80 (Berg, Saml. t. Göteborgs hist. s. 326).

[2]) Stiernman, Commerceförordn. V: 453—456.

[3]) Klemming, Skråordn. s. 227 följ., Stockholms bosvär i sv: riksark.

vid mästerstycket bestämdes till ett förgyldt byrå- eller lådbeslag eller ock ett par ljusstakar samt en subalterns ringkrage.

I sammanhang med de sistnämde må slutligen upptagas:

krongjutaren Måns Sunesson (1672—88), i hvars fack äfven klockgjutarene arbetade;

knappmakarene Hans l. Johan Johansson (1633—57, + 1657, kallas äfven nålmakare), Wellam (1654), Hans Helmers (1672), Jakob Romeyer (kom 1695 med betyg från knappmakareämbetet i Reval, nämnes ännu 1700), Johan Knappmakare (1695, möjligen identisk med Helmers eller följande) samt en vid namn Brunberg (1710);

krokmakarene Johan (1633) och Jochim (1637—39);

hakemakarene Jöran (1647—52), Joen l. Jonas (1646—56) och Kristian Andersson (1649);

häckelmakaren Sigfrid Bertilsson (1668);

nålmakarene Kristofer Meibohm (1672), Gabriel Johansson Raam (1681—1701, nämd måhända redan 1663), Eskil Simonsson (1655—94, + 1694) samt Anders Doufwar (anlände år 1673 från Stockholm).

Stilgjutning utfördes i slutet af 1640-talet för universitetsboktryckeriets räkning af en vid akademin studerande östgöte Sveno Thoreri Gelzenius (+ 1676).

XVII.

Bokbindare och boktryckare.

Böcker rönte icke under detta tidehvarf stor efterfrågan, hvarför ock allmänhetens behof af bokbindarenes hjälp var skäligen ringa. Före akademins upprättande år 1640 påträffas såsom idkare af det lofliga och konstrika bokbindareyrket allenast fem personer: Hans Bokbindare (+ 1616), som antagligen hade större revenu af sin gästgifvarerörelse, Frans (1614—15), Johan (1624—25) och Eskil Bokbindare (1616—19) samt mäster Michel Pintzer (nämd 1624—39, hvarefter enkan några år framåt fortsatte rörelsen). Efter akademins instiftelse och sedan ett tryckeri uppsatts blef naturligtvis förhållandet något bättre, men ännu i tvänne årtionden var en värkstad tillräcklig att fylla behofvet. Böcker infördes från utlandet inbundna och de skrifter, som utgingo från stadens officin, hufvudsakligast för akademiestatens och den studerande ungdomens räkning, spriddes mestadels i häftade exemplar. År 1642 bestämde sig konsistorium för att antaga en särskild akademiebokbindare och utnämde till befattningen Fredrik Elers (Ellertz, + 1679), som vandrat i Sverige och Tyskland samt senast tjänat som mästersven hos Pintzers enka. Utnämningen bekräftades genom kungligt bref, som tillförsäkrade Elers alla de en akademiehandtvärkare tillkommande förmåner samt ålade honom att till lärodrängar främst antaga „dem utaf landseus ungdom, som bem:te ämbete lust och vilja hafva att lära". Redan samma år beklagade sig Elers öfver att Pintzers enka införskrifvit en mästersven från Stockholm i akt och mening att fortsätta rörelsen, hvarför han anhöll att såsom rätt akademiebokbindare åtnjuta konsistorii skydd för sitt privilegium, „på det ingen annan må sedan honom i någon måtto prejudicera". På denna ansökan följde en resolution, som synes förekommit den befarade konkurrensen, eftersom klagomålet icke förnyades. Elers arbetade sedan utan medtäflare i yrket intill år 1660, då bokbindaren i Stockholm Zacharias Arvidsson Lietzen (+ 1684, broder till borgmästaren Nicolaus Lietzen) anhöll att blifva akademins andre bokbindare. Ansökningen stötte väl på svårigheter, hvarför Lietzen gaf sig år 1663 under stadens jurisdiktion och erhöll sex års frihet från borgerliga utlagor, men något senare torde hans hjälp dock tagits i anspråk för akademins räkning. År 1675 anlände, på kallelse af akademin, mäster Baltzar Gebhard (+ 1693) och 1690 engagerade magistraten för sina behof mäster Anders Ostertag (+ 1692), på samma gång tillförsäkrande honom frihet från borgerlig tunga. Efter desses död upprätthöllo enkorna i flera år mannens värkstad. Tilläggas ännu Henrik Raaben (1642), Kristian Fredrik Reiman (född i Leipzig 1665, kom till Åbo 1695, + 1710) samt akadamiebokbindaren Lorenz Höijer (c. 1688 —1715), så ha alla de bokbindaremästare blifvit omnämda, hvilka kommit till min kännedom[1]).

Enär sålunda år 1690 antalet bokbindare steg till den siffra, som enligt den allmänna skråordningen erfordrades för bildandet af specialgille, uppfordrade magistraten s. å. de tre bokbindaremästarene att begagna sig af den dem medgifna rättigheten samt lofvade för sin del att medvärka till utfärdandet af enahanda privilegier och skrå, som innehades af ämbetet i Stockholm. De tilltalade förklarade ock sin beredvillighet att ingå på förslaget, men saken fick sedan förfalla, antagligen af ekonomiska grunder, och mästarene subordinerade alt framgent, liksom därintills, under ämbetet i Stockholm. Ett halft sekel senare (år 1738) utfärdade, på förslag af magistraten, kommerskollegiet skrå och gillesbref för ett bokbindareämbete i staden, men de mästare, som saken angick, undandrogo sig denna rättighet intill år 1775, då på grund af ytterligare påtryckning motståndet slutligen måste uppgifvas[2]).

I afseende å fordringarna för utöfvande af bokbindareyrke föreskref 1630 års allmänna bokbindareskrå först och främst, att bokbindarene skulle vara af den evangeliska trosbekännelsen eller, såsom orden lydde, „af den rätta, sanna kristeliga tro och religion, alldeles likmätig med denne här uti riket genom Guds nådige be-

---

[1]) Consist. Acad. prot. I: 51, 64, II: 309, 409, Pipping; Hist. underr. om boktryckeriet i Acta soc. scient. fenn. III, 2: 657; riksreg. 20 sept. 1642, rådst. prot. 4 juli 1663, 30 aug. 1675, 20 okt. 1690; mantalslängderna.

[2]) Rådst. prot. 7 apr. 1690; bokbindareämbetets handl. i Åbo hist. museum; Eichhorn, Bokbindare och bokband i Sverige till år 1720 (i Medd. fr. Svenska slöjdföreningen år 1888).

skydd vidmakthålles och brukas och icke med någon främmande
skadelige, och fördömde sekter vara bekajade eller förmängde".
Vidare bestämdes, att en lärling skulle tjäna i fyra år, om han själf
försåg sig med kläder och skodon, men i sex år, om dessa tillhand-a
höllos honom af mästaren. En gesäll borde ha vandrat i åtm. ett år
samt i två år ha tjänat som värkgesäll i den stad, där anmälan om
profvet gjordes, innan han tilläts att förfärdiga sina mästerstycken.
Dessa beskrefvos på följande sätt: „Först en median folio biblia,
utan på bladen och lädret skönt förgyld, dock i rödt läder med
vridna spännen; item en Cosmographiam Munsteri uti svinläder med
röda blad och spännen; än en pappersbok in qvarto lång uti bräder
med två böcker papper uti hvitt kalfläder och gröna blad; vidare
en bok in octavo med två ryggar uti rödt atlask och bladena skönt
förgylda (densamma boken skall föräras den ordhafvande borgmä-
staren); än en bok in octavo i papper, alt skönt förgyldt (och den
föräras bokbindarehandtvärks bisittaren)". Bland öfriga punkter i
skrået må nämnas bestämningen, att mästaresöner, som äktade mä-
stares enka eller dotter, befriades från de två kontrollåren; att bok-
bindarene i de närmare Stockholm belägna städerna skulle tvänne
gånger årligen inställa sig i hufvudstaden i och för skråets åhö-
rande, mästarene i de aflägsnare landsorterna allenast en gång; att
mästareenka kunde fortsätta rörelsen så länge henne täktes; att en
mästare icke fick hålla i sin tjänst mera än 3 gesäller och 2 lär-
pojkar; att mästersven skulle bekomma i veckolön 3 svenska öö
samt att han skulle härda ut hos en mästare i minst 2 veckor och
arbeta från 5 på morgonen till 9 på kvällen m. m. [1]).

Ehuru de mästerstycken skrået omnämde länge nog bibehöl-
los, kunna de dock icke alla anses synnerligen karaktäristiska för
tidens bokbindarekonst. Enligt de undersökningar, som värkstälts
af C. Eichhorn[2]), utfördes i Sverige ytterst sällan band „i atlask"
och „i papper". „Rödt läder", d. v. s. röd karduan eller marocko
påträffas först på 1630-talet och användes i regeln allenast för prakt-
band. Svart karduan begagnades hufvudsakligast för biblar, psalm-
böcker och teologiska arbeten. „Hvitt läder", d. v. s. sämskad kalf
samt svinläder infördes i bruket under Gustaf II Adolfs tid och
vann sedermera god spridning. Samtidigt började pergamentet att
vinna insteg och blef snart det kanhända mest omtykta material för
bokband. I popularitet täflade därmed allenast kalfskinnet, hvilket

---

[1]) Orig. i kungl. biblioteket i Stockholm.
[2]) Bokbindare och bokband i Sverige till år 1720.

användes dels i naturlig färg dels i en brunaktig ton och från medlet på seklet ofta „sprängdes" med svarta prickar. Vanligen dekorerades pärmarna med blind- eller guldprässningar; knäppena, som under föregående sekel varit mycket populära, ersattes allmänt af knytband. Större prakt i banden utvecklades egentligen under sek-

Finska bibeln af 1642. Trykt och möjligen inbunden i Stockholm.
Förvaras i historiska museet i Åbo.

lets senare hälft, under inflytandet af den lyx och smakriktning, som vid samma tid vunnit öfverhand inom rikets höga aristokrati. Sedan bokbindaren öfverdragit banden med sammet, sändes de ofta till guldsmedens värkstad för att beslås med silfverplåtar.

Då de flesta bokbindare i Åbo gjort sina lärospån i Sverige och inför ämbetet i Stockholm vunnit mästaregraden, kan det med

skäl antagas, att de i afseende å arbetsmetoder och yrkesskicklig-
het icke skilde sig mycket från sina svenska kolleger. Dock torde
de jämförelsevis sällan varit i tillfälle att utveckla hela den konst-
skicklighet, hvaraf de voro mäktiga, enär kunderna i regeln åtnöjde
sig med enkelt, men durabelt arbete och endast någon enstaka bok-
vän kunde tillåta sig nöjet af en präktigare utstyrsel. Något bok-
band, som med full visshet kunde tillskrifvas mästarene i Åbo, har
jag mig icke bekant från denna tid. De enda säkra minnesmärken
af deras konst, som mig veterligen återstå, äro stadens domböcker,
några skråhandlingar samt möjligen en del af kronans räkenskaps-
böcker. De flesta äro inbundna i pergament, ett fåtal i kalf, svart
karduan och „hvitt läder". Vid bandens utförande ha mästarene
icke eftersträfvat någon konstnärlighet. Deras syftemål har varit att
åstadkomma ett arbete, som trotsade seklerna, och det måste er-
kännas, att denna uppgift blifvit af dem väl fyld.

*

Till bokbindarenes näring hörde förutom böckers inbindning i
pergament och marocko äfven böckers bekostande och försäljning.
Bokbindarene voro sålunda tidens förläggare och bokhandlare eller,
såsom termen lydde, „bokförare". I denna egenskap voro de genom
flera förordningar skyddade för konkurrens med utländska importö-
rer samt inhemska borgare och boktryckare. Det redan nämda bok-
bindareskrået förbjöd uttryckligen samt vid hot af varans förlust
utländska bokförare, hvilka länge gjort geschäft i riket och isynner-
het på stadsmarknaderna funnit afsättning för sin vara, att införa
och försälja andra inbundna eller oinbundna „materier", vare sig
på latin, tyska eller svenska, än „allehanda slags konstböcker med
kopparstick, landttaflor och mapper". Bröto de häremot, skulle de
bötfällas till 10 daler samt förlora sina materier, hvilkas försäljnings-
värde skulle fördelas mellan staden, ämbetet och de fattige i Dan-
viks hospital. Alla svenskspråkiga tryckalster, som från utlandet
sökte sig väg till riket, skulle (dels för konkurrensens skull, dels
till förekommande af farliga lärors spridning) af bokbindarene tagas
i beslag. Borgare, köpsvenner, skolmästare och andra i städer, där
en bokbindare existerade, voro förbjudna att sälja sådana böcker,
som funnos att tillgå hos bokbindaren. Hade ingen bokbindare
etablerat sig i staden, voro de tillåtna att „summevis" uppköpa in-
hemskt tryck hos en bokbindare och sedan utminutera det i sin
hemstad, men icke annanstädes. Emedan boktryckarene i Stockholm
företagit sig att låta inbinda samt såväl hemma som annanstädes

försälja böcker, så förbjöds nu denna osed. Den boktryckare, som bröt häremot, förvärkade såväl sitt inbundna lager som bokbindare-värktygen och den handtvärkare, som varit hans medbrottsling, straffades med förvisning ur ämbetet samt böter, om han var mästersven, eller fängelse, om han var dräng. Bokbindarene-bokförarene i Stockholm tillätos att försälja böcker på alla marknader i riket, uppstadsbokbindarene åter allenast i stiftet.

Dessa bokbindarenes privilegier förnyades genom särskilda resolutioner, hvilka isynnerhet riktades mot boktryckarenes vana att handla med inbundna böcker. Genom en kunglig förordning af år 1667, som i hufvudsak upprepade äldre stadganden, förbjödos bokförarene att införa och föryttra onda och farliga böcker, „som kunna vara uppfylda antingen med groft och fördömeligt kätteri eller någre smädeskrifter på främmande konungar, stater och herskaper eller ock en hop förargelige och lastfulle lärdomar och exempel, hvaraf mycket ondt och stor oreda följa kan". För att i detta afseende nödig kontroll blefve iakttagen, ålades bokförarene att inlämna förteckningar öfver böckerna, i Stockholm till konungens bibliotekarie, i andra städer till biskopen och domkapitlet, hvilka ägde rätt att förbjuda försäljningen af olämpliga tryckalster [1]).

Den första fasta boklådan anträffas i Stockholm vid ingången af det sjuttonde seklet och år 1616 utfärdades privilegier för den första bokhandlaren i Uppsala [2]). Följande år, 1617, tillärnades en liknande förmån Finland, då en Johan Raussner erhöll kunglig fullmakt att hålla tryckeri och boklåda i Åbo. Men det tilltänkta företagit synes, vid närmare besinnande, ha befunnits outförbart och Raussner själf försvinner i obekanta öden [3]). Den förste, som uttryckligen tituleras bokhandlare, var mäster Michel Bokhandlare, hvilken år 1628 tillhandlade sig af domkapitlet ett lager af postillor och kate-

---

[1]) Waaranen, Saml. af urkunder V: 220. Antagligen åsyftar Cronholm samma person, då han (IV: 233), utan närmare angifvande af år och namn, säger, att under Gustaf II Adolfs tid en boklåda öppnades i Åbo. Raussner var son till boktryckaren Kristofer Raussner, som år 1614 erhöll privilegium att inrätta boktryckeri i Stockholm. Denne Raussner eller hans likabenämde son (död som bokbindareålderman i Stockholm 1658) företedde år 1632 på rådstugan i Åbo ett kungligt bref, innehållando förbud för undersåtarne att uppköpa sådana biblar och „andra små böcker" på svenska, hvilka trykts utomlands riksens ständer oveterligen och inhemska bokförare till förfång. (Sv. autografsällsk. tidskr. II: 185, Bidrag 1:sta ser. IV: 152, Schück s. 58).
[2]) Flintberg I: 74—75, 96—97, Stiernman, Commerceförordn. III: 589—590.
[3]) H. Schück, Om den älsta bokhandeln i Sverige (i Sv. bokförläggareföreningens festskrift den 4 dec. 1893 s. 1—80), Flintberg I: 92—93.

keser och hvilken säkerligen icke var någon annan än bokbindaren Michel Pintzer[1]). Om bokbindaren Zacharias Lietzen uppgifves det, att han år 1673 utvärkade sig af magistraten en resolution, som förbjöd borgerskapet att inmänga sig i hans rätt att sälja almanackor[2]). Att äfven öfriga bokbindare i staden höllo till salu boklager kan tagas för gifvet, om också bestämda uppgifter därom saknas.

Till akademins särskilde bokförare antogs af consistorium academicum år 1641 Kristofer Wenkstern, som af regeringen privilegierades med tull- och licentfrihet för från utlandet införda böcker. Men Wenkstern bröt, af orsaker som icke omnämnas, aftalet och föredrog att stanna i Stockholm, där han afled såsom bokbindareålderman[3]). Följande år uppdrogs bokhandelns inrättande åt bokföraren Laurentius Jauchius (Jauch), hvars fader innehade tryckeri i Lybeck och dref stora affärer på den svenska bokmarknaden. I det kontrakt, som med honom uppgjordes, tillförsäkrade konsistorium honom samma frihet från borgerlig tunga, som kom akademins handtvärkare till del, tull- och licentfrihet för införda böcker samt lämpligt förvaringsrum för boklagret. Under marknadstiderna skulle det vara hvarje bokförare tillåtet att försälja böcker, men på andra tider skulle Jauchins ha monopal på bokhandeln. Dock skulle härvid det vilkor iakttagas, att om någon annanstädes ifrån kommen bokförare utbjöd nyttiga och nödiga böcker till lägre priser än Jauchius, skulle det icke förmenas honom. Dessutom skulle enhvar, som själf „lade upp" eller förlade en bok i staden, också ha rättighet att försälja den. Hos regeringen lofvade konsistorinm medvärka till utdelandet af rättighet för Jauchius att på egen bekostnad upplägga „några nödiga böcker", främst psalmboken, „den man manuale kalla plägar, uti sådan form på *finska*, som den af Henrik Keiser på svenska upplagd är". Däremot ansåg konsistorium sig icke äga makt att villfara Jauchii ansökan om rätt att föra sina böcker till Riga, Reval m. fl. orter samt att införa den svenska bibel in qvarto, som hans fader låtit trycka i Lybeck. Likaledes afslogs Jauchii anhållan att blifva upptagen på akademins ordinarie stat[4]).

I gengäld för dessa af konsistorium honom utlofvade förmåner förband sig Jauchius till iakttagande af följande vilkor:

---

[1]) Bidrag 1:sta ser. 1: 112.
[2]) Rådst. prot. 1 juli 1673.
[3]) Riksreg. 8 maj 1641, Sv. autografsällsk. tidskr. II: 185.
[4]) Consist. acad. prot. I: 58—60.

„1:o. Att han är trogen, rättrådig och billig i sin handel och ingaledes söker efter någon slem vinning.

2:o. Att han utan någon försummelse årligen och alltid försörjer akademin med allehanda nödtorftige böcker, och om han själf någon vägs förreser, måste han sätta en sin fullmäktige eller tjänare, som dageligen är här när akademien tillstädes och säljer dem böcker, som lust hafva några till sig handla.

3:o. Att han ingaledes förer eller föra låter hit någre skadelige böcker, som äro mot Gud och den rätte religionen. Därför skola ock förordnas 2 af professoribus, hvilka däruppå vakande öga alltid hafva skola och pröfva, hvilka böcker han i sin boklåda till köps hafva må.

4:o. Att han årligen skickar hit till akademin catalogos librorum ifrån åtskillige orter i Tyskland, Holland etc., på det att senatus må veta beställa och förskrifva de böcker in, som nyttige, nödtorftige och ungdomen tjänlige äro".

Huruvida Jauchius kände sig af detta kontrakt bunden till stadigvarande vistelse i staden eller om han betraktade sin affär i Åbo såsom en filial, den han på afstånd öfvervakade och endast någon gång i året besökte, framgår icke med full säkerhet, men synes det senare sannolikare än det förra. Efter några års fåfänga spekulationer på förra tyska kyrkan för sitt boklager hade han år 1647 bragt det därhän, att ett rum i förra kapitelshuset (se teckn. s. 116 litt. H.) blifvit åt honom inredt till boklåda. Sedan omnämnes Jauchius icke förr än år 1655, då han anmälde för konsistorium, „att han icke kan hålla någon boklåda här uti staden årligen, emedan han hafver tagit sig före ett annat värk uti Reval och eljest både till sjöss och af otrogne tjänare en odrägelig skada lidit", hvarför han anhöll om förlof och dimission från sin beställning. Dock erbjöd han sig att på rekvisition sända in „goda autores och böcker" [1]).

Efter Jauchii definitiva bortflytining var akademin och staden länge i saknad af annan fast boklåda än den hvarje bokbindare upprätthöll i samband med sin värkstad. I den akademiska senaten väktes särskilda gånger förslag om engagerandet af en stadigvarande bokförare, men förslaget stötte på svårigheten att finna en för kallet hågad och lämplig person, hvarför konsistoriet måste åtnöja sig med att med utländska bokförare öfverenskomma om regelbundna leveranser af för de akademiska studierna erfor-

---

[1]) Consist. acad. prot. I: 75, 90, 235, 236, 271, 284, 298, II: 18.

derlig literatur. År 1660 anhöll en lübsk bokförare August Johan Becker om rätt att införa böcker till salu och konsistorium förklarade sig äfven hågad att antaga honom till ordinarius, ifall de af honom till prof skickade böckerna vid granskning godkändes, men underhandlingen fortsattes icke längre[1]). Redan samma år antogs Mårten Heer till akademins bokförare med vilkor att han årligen instälde sig i staden, försedd med „nyttiga och oförargliga" böcker, dem han tilläts införa tullfritt, men hvilka ock skulle tillhandahållas kunderna för billigt pris. Aftalet förnyades tre år senare med det tillägg, att Heer skulle ha monopel på införseln och att han vid försäljningen tilläts beräkna sig 25 °/₀ vinst[2]). Året därpå, 1664, anhöll bokföraren i Stralsund Otto Reyman att blifva antagen till akademins bokförare, men underhandlingarna om vilkoren torde stött på hinder, enär saken icke vidare beröres i konsistoriiprotokollen[3]). Äfven senare omtalas aftal mellan konsistorium och utländska bokförare om tullfri införsel af böcker, men någon fast boklåda blef, mig veterligen, icke under detta sekel upprättad.

För landets inhemske män erbjöd bokhandeln så ringa intresse, att professorn, sedermera ärkebiskop Mennander år 1756 kunde yttra, „att man in till vår tid knapt skall kunna uppvisa en enda infödd svensk, som varit bokförare"[4]).

*   *   *

Liksom i Sverige, där det första boktryckeriet anlades kort efter Uppsala universitets stiftelse, är äfven i Finland boktryckerikonsten så godt som årsbarn med akademin. Väl hade prästerskapet i Åbo redan år 1617 öfverenskommit med boktryckaren i Stockholm Kristofer Raussner, att dennes son, den nyssnämde Johan Raussner skulle öfverflytta från Tyskland samt uppsätta ett tryckeri i och för tryckningen af den finska bibelöfversättningen, hvarpå arbetet redan en tid fortgått, och regeringen hade äfven gifvit sitt gunstiga tillstånd till företaget samt beviljat Raussner samma privilegier, som innehades af boktryckarene i Stockholm[5]). Men det tilltänkta tryckeriet blef lika litet som den projekterade boklådan en värklighet. När sedan, två årtionden därpå, regeringen beslöt att hugna Finland med en egen högskola, blef utnämningen af en

---

[1]) Consist. acad. prot. II: 210, 233.
[2])   „   „   „   II: 240, 436.
[3])   „   „   „   II: 530.
[4]) C. F. Mennander, Tal om bokhandeln i Sverige.
[5]) Waaranen, Saml. V: 220—221.

akademieboktryckare en af de första åtgärderna till planens realiserande. År 1639, sålunda innan fundationsbrefvet för den nya lärdomsanstalten ännu utfärdats, erhöll boktryckaren och stilgjutaren i Stockholm Petter von Selow (Zelau) förordnande att begifva sig öfver till Åbo för att vidtaga förberedande anstalter till uppsättande af ett tryckeri. Men i trots af nya påminnelser såväl från regeringens som den akademiska senatens sida och ehuru å akademistaten fast lön för en boktryckare upptagits, föredrog Selow att kvarstanna i Stockholm, sålunda undandragande sig den vanskliga äran att hedras såsom Finlands förste boktryckare. I det nya tryckeriets uppsättande tog han dock såtillvida del att han till detsamma levererade den första uppsättningen af stilar [1]).

Den förste boktryckaren i Finland blef Peter Wald eller Petrus Erici Waldius, såsom hans namn lydde på de af honom trykta latinska disputationernas titelblad. Född år 1602 i Uppland, hade han i sju år förestått boktryckeri i Wästerås, då han på sommaren 1642 öfverreste till Åbo för att tillträda sin befattning såsom akademieboktryckare. I det skriftliga kontrakt, som året förut ingåtts mellan honom och akademins ombud, professorerne Eskil Petræus och Erik Achrelius, utlofvades åt honom frihet för borgerlig tunga, husrum, årligt deputat på 100 dal. s. m. samt en ersättning af 6 ₥ s. m. för hvart ark gemen skrift, som professorer och studenter läto trycka hos honom. Wald å sin sida förband sig att utan försummelse och uppehåll, men med iakttagande af sabbatshvilan, betjäna alla kunder, att afgiftsfritt trycka rektors patent och intimationer, att till hvart ark leverera 3 korrektur, att icke utföra något akademiskt tryck utan imprimatur af dekanus i resp. fakultet, att icke antaga någon mästersven utan rektors vetskap samt att icke tillbakavisa „lärodrängar af landsens ungdom". Senare, år 1647, bestämdes för kontrollens ökande, att icke allenast disputationer, utan äfven rim, verser, orationer m. m. skulle undergå censur af någon professor. Af alt tryck som utgick skulle ett exemplar levereras till universitetsbiblioteket. Taxan modifierades sålunda, att af hvarje ark 200 exemplar skulle utgifvas efter 1 riksdaler, men att hvarje 100 ark därutöfver skulle fås för 1 dal. k. m. Uppsikten öfver

---

[1]) Framställningen om boktryckeriet grundar sig främst på F. W. Pippings detaljerade och långt utdragna „Historiska underrättelser om boktryckeriet i Finland", på samme författares „Förteckn. öfver i tryck utg. skrifter på finska" S. G. Elmgrens „Öfversigt af Finlands litteartur", J. J. Tengströms Gezelius d. ä:s och d. y:s minnen, Klemmings och Nordins boktryckerihistoria samt på Consist. acad. protokoll.

tryckeriet uppdrogs åt tvänne inspectores typographiae. Äfven var det fråga om utnämnandet af en officiel korrekturläsare eller corrector, men denna åtgärd fick förfalla.

Walds värksamhet började under synnerligen tryckande förhållanden. Hans eget förlagskapital var ringa och akademins klena tillgångar voro altför starkt anlitade för att medgifva något ansenligare understöd. De af Selow öfversända stilarna voro så otillräckliga, att endast ett halft ark kunde i sender uppsättas. Men Wald grep med ifver och oförtrutenhet värket an. Redan år 1642 hade par små afhandlingar lämnat hans officin och snart nog såg han sig i stånd att utsända efter tidens förhållanden rätt respektabla arbeten Tack vare en penningedonation af grefve Gustaf af Wasaborg kunde akademin år 1646 öfverlåta åt studenten Sven Gelzenius gjutningen af grekiska typer och två år senare utanordnades, genom Per Brahes försorg, ett årligt bidrag af 66 daler till tryckeriets underhåll. Detta anslag användes hufvudsakligast till ökandet af stillagret, som vid Walds död redan uppgick till en vikt af c. 54 lispund.

Det mesta af hvad som utgick från Walds lilla tryckeri utgjordes af latinska disputationer, orationer och andra akademiska tillfällighetsskrifter. Dessutom anlitades Wald af domkapitlet för tryckning af dess påbud till stiftets prästerskap. Men äfven på enskilda personers förlag utkom ett och annat arbete af religiöst innehåll. Såsom förläggare af finska skrifter märktes rådmannen Sigfrid Larsson Salko, hvilken förlade och — enligt hvad titelbladet angaf — hemma hos sig försålde en 70 ark stark „manuale finnonicum", upptagande psalmbok, evangelier, katekes, bönbok m. m.

Efter Walds år 1653 inträffade död sköttes tryckeriet under nådåret af enkan med biträde af mannens sättarepersonal, hvaribland förekom en literärt bildad man, studenten Andreas Ståhlfot. Under tiden såg sig konsistorium om efter arftagare. Redan hade aftal ingåtts med förste boktryckaren i Göteborg Amund Grewe, då en från Sverige ankommen boktryckare Peter Hansson, hvilken i flera år vistats utrikes och under sina läroår i Stockholm bl. a. deltagit i sättningen af den finska bibeln, anmälde sin önskan att öfvertaga såväl tryckeriet som Walds enka. Detta generösa anbud, som befriade akademin från vidare förpliktelser mot enkan, hade till följd, att aftalet med Grewe bröts och Peter Hansson utnämdes (1654) till akademieboktryckare. De vilkor, som med honom uppgjordes, voro i hufvudsak de samma som ingåtts med hans företrädare. För vanligt tryck skulle beräknas 6 ﬆ s. m. arket, för grannare 4 öre s. m. mera och för det gröfsta trycket 3 dal. k. m. Senare gåfvos en mängd föreskrifter angående tryckets beskaffenhet, om undvikande af för grofva typer och för små „columner och formater". En officiel korrekturläsare, som påyrkats redan under Walds tid, blef nu utnämd, men sysslan indrogs några år senare.

Det materiella understöd, som från akademins sida kom Peter Hansson till del, var icke stort. Under det fjerdedels sekel han förestod tryckeriet torde icke mera än c. 700 dal. k. m. utanordnats till honom för inrättningens underhåll. Denna sparsamhet, som betingades af akademins egen penningenöd, var desto kännbarare, som Peter Hansson vid tvänne tillfällen, åren 1656 och 1678, såg sin i Mätäjärvi belägna gård, hvari tryckeriet var inrymdt, drabbas af vådeld. Det oaktadt var tryckprässen i någorlunda jämn värksamhet och om en och annan professor äfven fann mäster Peter försumlig i sin tjänst, torde de anmärkta förhållandena lika mycket berott på bristande understöd från akademins sida som på vårdslöshet hos boktryckaren. Liksom förut utgjordes det mesta af hvad som från tryckeriet utgick af akademisk literatur. Vidare tryktes en mängd allmänna förordningar i finsk öfversättning samt åtskilliga skrifter, hvilka afsågo den stora allmänhetens uppbyggelse och undervisning. I hvad mån Peter Hansson deltagit i bekostandet af de sistnämda arbetena framgår icke, men troligt är, att i de flesta fall författaren själf fått åtaga sig förlagskostnaderna.

Efter Peter Hanssons död 1679 öfverfördes privilegierna på sätt som efter Walds frånfälle uppå gesällen Johan Larsson Wall. Denne, som i likhet med sina föregångare var svensk till börden, hade arbetat tvänne år hos Peter Hansson, hvars efterlämnade enka (andra hustrun) och barn han nu lofvade att försörja. Kontraktet med honom öfverensstämde med de äldre aftalen, men ökade något boktryckarens skyldigheter i afseende å afgiftsfritt utgifvande af smärre tillfällighetstryck samt nedsatte taxan för professorerne. Senare mottog Wall upprepade påminnelser om förbudet att befordra till tryck arbeten, hvilka icke blifvit af resp. professorer godkända — erinringar, hvilka hufvudsakligast afsågo vården om det i publikationerna använda språkets, främst latinets, men äfven svenskans, öfverensstämmelse med grammatikens fordringar. Sedan år 1686 en censor librorum utsetts för hela riket, tillsades Wall, i likhet med öfriga boktryckare, att hvarje halfår insända till denne förteckning öfver alt utgånget tryck. Andra kungliga förordningar, hvilka länge ignorerades, men genom en år 1707 utgången hotfull „påminnelse och åtvarning" påbjödos till noggrann efterlefnad, förpliktade Wall att till samtliga universitet i riket äfvensom till kungl. biblioteket och riksarkivet inleverera ett exemplar af alla böcker och skrifter.

Om de förändringar i afseende å tryckeriets inventarier, hvilka förekommo under Walls tid, upplysa konsistoriiprotokollen, att den af Petrus Wald medförda tryckprässen ersattes med en ny, som kostade 100 dal. s. m., att ny digel, panna, kolumnlåda och nytt bräde anskaffades äfvensom att från Lybeck vid särskilda tillfällen införskrefvos ansenliga kvantiteter stilar och bland dem de första hebräiska typerna. För bekostandet af dessa förbättringar var Wall så godt som uteslutande hänvisad till egna tillgångar. Universitetets alltid knappa tillgångar medgåfvo endast nu och då en ringa handräckning och vid seklets slut upphörde understödet alldeles. Tryckeriet arbetade därför med största svårighet och befann sig vid Walls död år 1709 i fullständigt obestånd.

Jämför man antalet af de skrifter, som under de tre akademie-boktryckarenes tid utgingo från officinen, finner man, att produktiviteten begynte märkbart aftaga under Peter Hanssons sista ar och att den isynnerhet minskades efter det Johan Wall öfvertagit ledningen. Förteckningarna öfver i Åbo utkomna tryckalster utvisa, att Walls värksamhet nästan uteslutande egnades den akademiska disputations- och vältalighetsliteraturen, medan åter det finskspråkiga officiella trycket såväl som det mesta af de skrifter, hvilka afsågo den stora allmänhetens uppbyggelse och undervisning, omhändertagits af en konkurrent på bokmarknaden.

Omedelbart efter sin utnämning (1664) till biskop öfver Åbo stift hade den för upplysningens höjande nitiske Johan Gezelius d. ä. riktat sin uppmärksamhet på de literära förhållandena i landet och därvid genast upptäkt, att det akademiska boktryckeriet högst ofullständigt mäktade att fylla den uppgift det hade sig förelagd såsom förmedlare af goda och nyttiga kunskapers spridning. Såsom prokansler för universitetet ingrep biskopen upprepade gånger i tryckeriets angelägenheter, än föreslående utvägar till bristernas afhjälpande, än förehållande boktryckaren hans försumlighet i tjänsten. Vid en år 1666 i konsistorium förd diskussion om boktryckeriet förklarade biskopen slutligen, att om „correction" icke följde, ville han själf skaffa sig „boktryckeri och karl". Hotelsen sattes äfven två år senare i värket, då Gezelius på egen bekostnad upprättade ett boktryckeri och till dess föreståndare antog boktryckaregesällen Johan Karlsson Winter, hvilken var född i Örebro och någon tid arbetat vid det numera upplösta boktryckeriet i Dorpat[1]). I kontraktet lofvade Gezelius nödtorftiga rum åt Johan Winter och hans arbetspersonal, 50 dalers årligt bidrag till tryckeriets underhåll samt en sättarelön af sex dal. för arket (Cicero, latinsk, svensk och mittel). Genom Gezelii förmedling tilldelades Winter år 1680 titel af konglig boktryckare i storfurstendömet Finland och några år senare tillades honom ett årligt understöd af 60 dal. s. m. för öfversättningen af de bönedagsplakat och andra kungliga förordningar, hvilkas tryckning synes varit honom uppdragen ända sedan år 1674.

I Finlands odlingshistoria intager det gezeliusska tryckeriet ett ytterst viktigt rum. Från detsamma utgick det öfvervägande antalet af de många andliga, vetenskapliga och pedagogiska arbeten på svenska, finska och latin, genom hvilka Gezelius på ett så djupt ingripande sätt invärkat på det kyrkliga lifvet och ledt undervisningsväsendet, det högre såväl som det lägre, in på nya banor. År 1683 utkom en ny finsk upplaga af nya testamentet, två år senare ny upplaga af hela bibeln; dessutom upplagor af katekesen, psalmboken, predikningar, uppbyggelseskrifter, läroböcker m. m. Före tryckeriets uppsättande hade Gezelius lofvat att försälja de på hans förlag utkomna och för undervisningen afsedda arbetena till hälften af gångbara priset i Uppsala. Huruvida detta äfven iakttogs, måste lämnas oafgjordt, men säkert är, att Gezelii förlagsartiklar funno en mycket stor spridning i Finland och Sverige. Enligt uppgift af sonen skall Gezelius ha utlagt inemot 100.000 daler för sina böcker och vid hans död (1690) värderades det öfverblifna lagret till c. 15 à 16 tusen daler. Om upplagornas storlek kan man bilda sig en föreställning, då man finner, att t. ex. ett latinskt kompendium i teologisk kasuistik samt en grekisk och latinsk upplaga af evangelierna utgingo i åtminstone c. 1,500 exemplar.

Efter Gezelii död öfvergick tryckeriet jämte förlagsvärksamheten till sonen och efterträdaren på biskopsstolen Johan Gezelius d. y., hvilken snart nog fann det nödigt att inskränka produktiviteten. I resolution af år 1690 tillförsäkrade regeringen honom privilegium på alla de böcker, „hvilka 1:o antingen hans framledne fader eller han själf skrifvit och upplägga låtit eller ännu kunna af honom utarbetade varda och 2:o af andre språk verterat och öfversatt eller ock genom arbetsamme tillökningar eller register sådant förbättrat och hvarpå icke tillförene något vårt privilegium finnes utfärdadt, samt 3:o af andre kunna vara skrifne och utarbetade,

[1]) Bidrag 1:sta ser. V: 26.

men dock efter aftal och kontrakt genom någon biskopens kostnad
uppläggas". Privilegiet skulle vara i tio år efter hvarje arbetes ut-
gifvande, och skulle det under denna tid vara enhvar förbjudet att
„förenämda af honom vid ofvanbemelte dess tryckeri upplagda böc-
ker, ehvad namn de hälst hafva kunna, antingen styckevis eller eljest
att af- eller eftertrycka eller annorstädes upplagda införa, försälja
eller föryttra". Ledningen af tryckeriet innehades fortfarande af
Johan Winter, som afled 1705 och efterträddes af Henrik Kristofer
Merckell (+ 1730). Denne tillöste sig år 1715 tryckeriet för en
köpesumma af 4,000 daler k. m.

    Med det gezeliusska boktryckeriet var äfven ett pappersbruk
förenadt, det första i Finland. Redan år 1665 hade biskop Geze-
lius på akademins vägnar ingått med en tysk „pappersmakare",
mäster Bertil Obenhär aftal om anläggningen af ett pappersbruk i
S:t Mårtens socken, men Obenhär svek öfverenskommelsen och ingick
med sin svåger Zachris Witte samt ryttmästaren Falkenhagen kontrakt
om uppförandet af ett bruk på Tomasböle hemman i Pojo. Innan
bruket ännu blifvit färdigt — det timade 1667 — hade de två bo-
lagsmännen afstått sina andelar till Gezelius och år 1671 blef äfven
Obenhär, på grund af laga dom, tvungen att till biskopen öfverlåta
sin tredjedel såsom ersättning för vid byggnadsarbetet erhållna för-
sträckningar[1]). Brukets värksamhet fortfor till år 1713.

----

    [1]) Rådst. prot. 1671 s. 75 följ.

XVIII.

Kvinnans ställning i näringslifvet.

terstår till sist att egna några ord åt kvinnans ställning i näringslifvet. Redan i det föregående har frågan några gånger blifvit berörd, men för bättre öfverskådlighets skull återhämta vi det tidigare sagda, jämte det vi tilllägga de sparsamma uppgifter till ämnets belysande, hvilka möta oss i tidens handlingar.

Kvinnans plats var i hemmet och de husliga göromålen voro hennes rätta uppgift i lifvet. Men mången kvinna drefs af förhållandenas tvång till att lämna det för henne reserverade gebitet och att för sin timliga bärgning inlåta sig på ett värksamhetsområde, som var mannen förbehållet. Isynnerhet i början af seklet, men äfven senare påträffa vi köpmansenkor, hvilka fortsatte de af mannen inledda affärsförbindelserna, mottogo laster från utlandet och utskeppade på egna eller fraktade skepp hemlandets produkter. Såsom ledare af den aflidne makens affär nämnas vid seklets ingång bl. a. hustru Walborg Innemaa (sigill s. 469) samt Simon Clemetssons och Daniel Rölckes efterlefverskor. Denna affärsvärksamhet var dock i regeln provisorisk. Den fortgick tills någon af sönerna mäktade att öfvertaga boets förvaltning, tills enkan ingått nytt gifte eller på annat sätt öfverlåtit affärerna åt en representant för det starkare könet.

Oftare nämnas kvinnor såsom utöfvare af „borgarerörelse". De anträffas såsom krögerskor och såsom utminuterare af salt och tobak, lika ofta utan som med vederbörligt tillstånd. På torget utminuterade de lifsförnödenheter, som de täflat om att uppköpa af landtmannen antingen ute på landsbygden eller vid stadens tullar så tidigt på morgonen, att andra kunder ännu icke hunnit sätta sig i rörelse. För myndigheterna voro dessa uppköp icke rätt i smaken och otaliga voro de tillfällen, då månglerskorna tillhöllos att i sin handel iakttaga faststäld ordning. Särskilda små artiklar såsom nålar, tvål m. m. var dem medgifvet att försälja, men gärna gömdes i korgarna äfven andra kramvaror, hvilkas försäljning var inskränkt till handlandenes butiker. Flera månglerskor tillhandahöllo allmänheten bröd af egen tillvärkning.

Inom handtvärksklassen var det enkor efter mästare förunnadt att antingen inom ett bestämdt tidsmått eller på behaglig tid uppehålla värkstaden med af ämbetet utsedd värkgesäll. Men att själf taga del i arbetet var icke förutsedt. Icke häller var det någon mästare tillstadt att begagna sig af kvinliga biträden i värkstaden. En gång upptäktes i skräddareämbetet, att en halfmästare, hvilken icke fick hålla gesäll eller lärodräng, i tvänne års tid meddelat sitt yrkes hemligheter åt en piga, med hvilken han ingått ordentligt lärokontrakt. Denna upptäkt väkte stor sensation, enär „aldrig sådant var hördt att lära någon piga ämbetet och taga lärpenningar", och mästaren hade endast sin fattigdom att tacka för att han slapp från saken med sträng förmaning att framdeles akta sig för „sådane pusser". Att sörja för sina och familjens kläder var naturligtvis en kvinnas rätt och ära, men sömnad såsom yrke synes icke förekommit. Tidens modister voro skräddarene, bland hvilkas mästerstycken vanligen ingick något kvinnoplagg. Af särskild gunst tillät skräddareämbetet 1689 en gammal kvinna att lifnära sig med lappning af gamla kläder.

En kvinlig husslöjd, som räknade gamla anor, var väfnadskonsten. Väl kändt i handeln var isynnerhet det finska lärftet, men att äfven andra väfnader utbjödos kan tagas för gifvet. År 1670 talas t. ex. om „flameskmakerskan". Genom linväfvareämbetets uppkomst blef borgarehustrurnas handelsrörelse betydligt inskränkt och förslag¹ väktes t. o. m. om att förbjuda dem användningen af tyska väfstolar, men saken aflopp med förbud för hustrurna att till personer utanför den egna familjekretsen afyttra alstren af sin idoghet. Förbudet blef naturligtvis icke iakttaget, men värkade dock hämmande på arbetet.

På handarbetets gebit träffas år 1688 en nyss inflyttad fransyska, som sysslade med att „sömma spetsar". Säkerligen var hon icke den enda i sitt yrke.

Det finaste och dyrbaraste handarbetet var pärlstickningen, hvilken omfattade brodyr såväl med pärlor som med försilfrade och förgylda trådar. Dess förnämsta alster bestodo i för kyrkorna afsedda prydnader, såsom mässkåpor och altarkläden. Yrket utöfvades både af kvinnor och män och hade under medeltiden räknat i Sverige många utöfvare såväl inom som utanför klostermurarna. Antagligen var det under samma tid icke alldeles okändt i Finland. Under sjuttonde seklet omnämnes i Åbo åtminstone en kvinlig och tvänne manliga representanter för denna konstslöjd: en till namnet icke angifven pärlstickare 1619, Eskil Pärlstickare 1663 samt Hebla Pärlstickerska 1625—57.

För bönhåseri inom perukmakareyrket stod år 1695 en kvinna tilltalad.

Ännu omnämnas i mantalslängder och andra handlingar utöfvarinnor af specielt kvinliga yrken, såsom kopperskor, barnmorskor, strykerskor, tvätterskor samt s. k, „skrapekvinnor".

Trykta källor:

Aspelin, E., Suomalaisen taiteen historia pääpiirteissään. H:fors 1891.

— — **H. Em.**, Wasa stads historia I—II. Wasa 1892—93.

— — **J. R.**, Anteckningar rörande Finlands industri före Stora ofreden. (Tidningen Morgonbladet 1881 n:o 107—134).

— — Muistoonpanoja taiteilijoista Suomessa ennen aikaan (Hist. Arkisto VIII).

— — Muistoonpanoja aseteollisuudesta Suomessa (Hist. Arkisto VIII).

Berch, C. R., Om handtverkeriernas ålder (Tidskr. Samlaren 1774).

Berg, W., Samlingar till Göteborgs historia. Göteborg 1882.

Bergström, O., Strödda uppgifter om utöfvare af konst och konstslöjd i Stockholm under 1600-talet. (Svenska autografsällskapets tidskrift del 2, n:o 7, 1894).

Bidrag t. Åbo stads historia. Första ser. I—VII. H:fors 1884—91.

Cronholm, A., Sveriges historia. Lund 1857—72.

Danckwardt, G. M., Sammandrag af gällande författningar rörande handtverkerier m. m. Sthlm 1823.

Ehrström, E., Helsingfors stads historia. H:fors 1890.

— — Öfversikt af det finska skråväsendets historia. H:fors 1893.

Eichhorn, C., Bokbindare och bokband i Sverige till år 1720. (Meddelanden från Svenska slöjdföreningen år 1888).

Elmgren, S. G., Öfversigt af Finlands litteratur ifrån år 1542 till 1710. H:fors 1861.

Flintberg, J. A., Borgerliga förmoner och skyldigheter I. Sthlm 1786.

Fontell, A. G., Consistorii academici protokoller. I—II. H:fors 1883—87.

Grotenfelt, K, Suomen kaupasta ja kaupungeista. H:fors 1887.

Hildebrand, H.. Sveriges medeltid. Sthlm 1881—84.

— — Medeltidsgillena i Sverige. (Historiskt bibliotek, utg. af C. Silfverstolpe. Ny följd. Del I). Sthlm 1876.

Kalender öfver kvinnoarbetet i Finland, utg. af Finsk kvinnoförening. H:fors 1894.

Klemming, G. E., Skråordningar (Samlingar utg. af Svenska fornskriftsällskapet häft 27). Sthlm 1856.

— — och **Nordin, J. G.**, Svensk boktryckerihistoria 1483—1883. Sthlm 1883.

Lagus, G., Ur Wiborgs historia I. Wiborg 1893.

— — **V.**, Åbo akademis studentmatrikel. (Skrifter utg. af Sv. litt. sällsk. i Finland XI).

Lindholm, A. J., Bidrag t. kännedom af Finlands ekonomiska tillstånd 1634 —1654. H:fors 1892.

Lundell, J., Om handtverksskrån, näringsfrihet och arbetets organisation· Lund 1846.

Mennander, C. F., Tal om bokhandeln i Sverige. Sthlm 1756. (Vetenskapsakad. inträdestal).

Nervander, E., Tvenne konstnärer i Finland under stora ofredens dagar. (Tidn. Hufvudstadsbladet 1871, n:o 83).

Nordström, J. J., Sv. samhällsförfattn. hist. H:fors 1839—40.

Odhner, G. F., Svenska städernas o. borgarest. hist. Ups. 1860.

— — Sveriges inre hist. Sthlm 1865.

Pipping, F. W., Några historiska underrättelser om boktryckeriet i Finland. (Acta societatis scientiarum fennicae. Tom. I—III. H:fors 1842 —52).

— — Förteckning öfver i tryck utgifna skrifter på finska. (Suomal. Kirjall. Seuran Toimituksia 20). H:fors 1856—57.

Samfundet för Nordiska museets befrämjande. Meddel. utg. af A. Hazelius f. 1890. Sthlm 1892.

Schück, H., Om den älsta bokhandeln i Sverge. (Svenska bokförläggareföreningens festskrift den 4 december 1893). Sthlm 1893.

Snellman, A. H., Turunlinnan rakennushistorian aineksia. H:fors 1890.

Stiernman, A. A. v., Commerceförordn. ock Riksdagsbeslut. Sthlm 1747— 66 o. 1728—43.

Tengström, J. J., Johan Gezelii d. ä:s minne. Åbo 1825.

— — Gezelii den yngres minne. H:fors 1833.

Tigerstedt, K. K., Handlingar rörande Finlands hist. H:fors 1863—78.

— — Bref från generalguvernörer och landshöfdingar i Finland. Åbo 1869.

Waaranen, J. E., Samling af urkunder. H:fors 1863—78.

BIDRAG TILL ÅBO STADS HISTORIA

UTGIFNA PÅ FÖRANSTALTANDE AF

BESTYRELSEN FÖR ÅBO STADS HISTORISKA MUSEUM

ANDRA SERIEN I—IV

ÅBO STADS HISTORIA

UNDER SJUTTONDE SEKLET

CARL v. BONSDORFF
DOCENT VID UNIVERSITETET I HELSINGFORS

FÖRSTA BANDET

HELSINGFORS,
J. SIMELII ARFVINGARS BOKTRYCKERI AKTIEBOLAG
1894

Första bandets innehåll.

Sjätte afdelningen: Handtvärk.

I. Skråväsendet.
Sid. 541—553.

II. Handtvärkarens utbildning.
Sid. 554—569.

III. Mästaregillen.
Sid. 570—583.

IV. Gesällgillen.
Sid. 584—588.

V. Generalgillet i Åbo.
Sid. 589—597.

VI. Guldsmedsämbetet.
Sid. 598—604.

Planscher, sigill och teckningar.

Kartor.

Redovisning

öfver

Sällskapets för utgifvande af bidrag till Åbo stads historia räkenskaper för år 1893.

INKOMSTER:

An Behållning från år 1892		2,668: 92
» 4 ständiga ledamotsafgifter	200: —	
» 162 ledamotsafgifter för år 1893 à 5 mk	810: —	
» 2 » » 1892 »	10: —	1,020: —
» Försåldt genom Waseniuska bokhandeln i Helsingfors	45: 80	
» » genom Frenckellska bokhandeln i Åbo	120: 80	166: 60
» Räntor		130: —
» För bestridande af halfva kostnaden för II ser. III häfte af Herr Fredric Rettig		1,232: 45
	𝓢𝓶𝓯	5,217: 97

UTGIFTER:

Per D:r Carl von Bonsdorffs räkning	1,125: —
» J. Simelii arfv. boktryckeri d:o	674: —
» Algot Laurents bokbinderi d:o	65: 90
» Gravör A. Th. Nordgrens d:o	333: —
» d:o d:o d:o	255: —
» Lindsteds Antikv. Bokhandel	12: —
» Frakt för böcker från Helsingfors	11: 30
» Behållning till 1894	2,741: 77
𝓢𝓶𝓯	5,217: 97

Förestående redovisning är af undertecknade granskad och riktig befunnen.

Ferd. Jusélius   Julius Österblad.

Bidrag till Åbo stads historia, utgifna på föranstaltande af Bestyrelsen för Åbo stads historiska museum, utgå i tvenne serier. I den första serien, meddelas in extenso eller i förkortning intressantare urkundsamlingar och aktstycken, som tjena till belysande af stadens framfarna öden. Den andra serien omfattar allenast originalafhandlingar och bearbetningar af källorna.

De hittills utkomna häftena af ›Bidragen› äro följande:

Första serien.

I. Utdrag ur Åbo domkyrkas räkenskaper 1553—1634. Utgifven af R. Hausen. Helsingfors 1884.

II. Utdrag ur Åbo stads dombok 1624—1625. Utgifna af Carl v. Bonsdorff. Helsingfors 1885.

III. Åbo stads dombok 1623—1624. Utgifven af Carl v. Bonsdorff. Helsingfors 1886.

IV. Utdrag ur Åbo stads dombok 1626—1632. Utgifna af Carl v. Bonsdorff. Helsingfors 1887.

V. Kyrkorådets i Åbo protokoll 1675—1689. Utgifna af Carl v. Bonsdorff. Helsingfors 1889.

VI. Utdrag ur Åbo stads dombok 1633—1634. Utgifna af George Granfelt. Helsingfors 1890.

VII. Utdrag ur Åbo stads dombok 1635. Utgifna af Torsten Hartman. — Hertig Johans af Finland diarium öfver utgångna bref. Meddeladt af K. G. Leinberg. Helsingfors 1891.

Andra serien.

I. Åbo stads historia under sjuttonde seklet. Af Carl v. Bonsdorff. Första häftet (Afd. I: Topografi). Helsingfors 1889.

II. Åbo stads historia under sjuttonde seklet. Af Carl v. Bonsdorff. Andra häftet (Afd. II-IV: Förvaltning, Rättskipning och Borgerskapet). Helsingfors 1892.

III. Åbo stads historia under sjuttonde seklet. Af Carl v. Bonsdorff. Tredje häftet (Afd. V: Handel och sjöfart). Helsingfors 1892.

IV. Åbo stads historia under sjuttonde seklet. Af Carl v. Bonsdorff. Fjärde häftet (Afd. VI: Handtvärk). Helsingfors 1894.

[Dessa häften omfatta första bandet. Andra bandet skall behandla den andliga kulturen under afdelningarna Kyrka och skola samt Seder och lefnadssätt.]

Pris för köpare 7 mark.

Lightning Source UK Ltd.
Milton Keynes UK
UKOW02f0142221013

219514UK00012B/1459/P